SEEING LIKE A STATE
HOW CERTAIN SCHEMES TO IMPROVE THE HUMAN CONDITION HAVE FAILED

국가처럼 보기

왜 국가는 계획에 실패하는가

초판 1쇄 발행일 2010년 12월 20일   초판 3쇄 발행일 2018년 11월 20일

지은이 제임스 C. 스콧 | 옮긴이 전상인
펴낸이 박재환 | 편집 유은재 김예지 | 관리 조영란
펴낸곳 에코리브르 | 주소 서울시 마포구 동교로 15길 34 3층(04003) | 전화 702-2530 | 팩스 702-2532
이메일 ecolivres@hanmail.net | 블로그 http://blog.naver.com/ecolivres
출판등록 2001년 5월 7일 제10-2147호
종이 세종페이퍼 | 인쇄 · 제본 상지사 P&B

ISBN 978-89-6263-042-8 03300

책값은 뒤표지에 있습니다.   잘못된 책은 바꿔드립니다.

국가처럼 보기

왜 국가는 계획에 실패하는가

제임스 C. 스콧 지음 | 전상인 옮김

에코리브르

루이저를 위해, 다시 한 번 그리고 언제나

오웬 잘되고 있어?

욜랜드 잘 모르겠어. 난 단지 내가 맡은 부분에 관심이 있을 뿐이야. 일종의 퇴출 작업이지.

오웬 우리는 이 나라를 6인치 크기의 지도로 만드는 작업을 하고 있어. 그게 뭐 나빠?

욜랜드 그런 건 아니지만…….

오웬 그리고 우리는 수수께끼처럼 혼란스러운 장소 이름들을 잡아내고…….

욜랜드 누가 혼란스럽지? 사람들이 혼란스러워해?

오웬 그리고 우리는 그런 이름을 우리가 할 수 있는 한 최대한 정확하게 그리고 최대한 세심하게 표준화하고 있어.

욜랜드 뭔가가 무너지고 있어.

－브라이언 프리엘(Brian Friel), 〈번역〉 2막 1장에서

차례

감사의 글

이 책을 만드는 데는 내가 인정하고 싶은 것보다 오랜 시간이 걸렸다. 충분히 숙고하기 위해서 그렇게 오랜 시간이 걸렸다고 주장할 수만 있다면 좋겠지만 사실은 그게 아니다. 이렇게 지연된 이유는 부분적으로 꾀병과 행정적 잡무의 치명적인 조합 때문이다. 나머지 이유는 내가 이 책에 부여하고자 했던 모든 공간을 채우기 위해 범위를 무한정 넓혔기 때문인데, 이를테면 파킨슨 법칙의 학문적 양상이라고 할 수 있을 것이다. 결국, 나는 독단적으로 중단을 선언하거나 아니면 이를 필생의 역작으로 생각해야만 했다.

이 책의 범위는 완성하는 데 걸린 시간과 더불어 오랜 세월 동안 내가 축적해온 지적 부채의 기나긴 목록을 보여준다. 채권자 일부는 최종 결과와 무관하다는 점을 내가 곧 깨달았다는 사실을 제외하고 그와 같은 부채를 일일이 설명하자면 끝이 없을 것이다. 여기에서 굳이 드러내지 않는다 해도 나는 그들에게 빚을 지고 있다. 그들이 주장하는 방향으로 내 관점을 전환하는 대신 내 연구를 좀더 강화함으로써 그들의 비판을 가슴속에 새겼다. 그렇게 하는 것이 그들의 반대 의견에 한결 좋은 대답을 하는 것이라고 여겼다. 사전에 최종 결과물을 부정할 기회를 얻지 못한 나의 또 다른 지적 채권자들에 대해서는 이 자리에서 이름을 밝혀야 할 것이다.

내가 진 부채의 일부는 연구 기관들의 몫이다. 1990~1991학년도를 나는 베를린 학술연구원의 환대와 배려 속에서 보냈다. 냉전의 장벽이 붕괴된 지 1년이 막 지난 그때 베를린에서 한동안 살고 싶은 유혹을 도저히 뿌리칠 수 없었다. 동독 지역의 메클렌부르크 평원에 있는 옛 집단 농장 한 곳에서 6주간 육체노동을 경험한 뒤(괴테 연구소에서 여드름투성이 십대들과 함께해야 하는 6주간의 수업을 피하기 위해 대신 선택한 곳이었다), 나는 독일어와 베를린 그리고 독일인 동료들에게 흠뻑 빠져들었다. 내 연구는 형식적으로 볼 때 거의 진전되지 않았지만, 유익한 문제의식 가운데 많은 것들은 그때 이미 시작되었다. 나는 특히 Wolf Lepenies, Reinhard Prasser, Joachim Nettlebeck, Barbara Sanders, Barbara Golf, Christine Klohn, Gerhard Riedel의 친절에 감사를 표하고 싶다. 지적인 동지 Georg Elwert 그리고 나의 현지 후견인 Shalini Randeria, Gabor Klaniczay, Christoph Harbsmeier, Barbara Lane, Mitchell Ash, Juan Linz, Jochen Blaschke, Arthur von Mehren, Akim von Oppen, Hans Luther, Carola Lenz, Gerd Spittler, Hans Medick 그리고 Alf Lüdke는 유익했던 것으로 판명된 나의 조사 연구에 눈을 뜨게 해주었다. Heinz Lechleiter와 Ursula Hess가 보여준 최선의 노력과 절대적 우정은 내 독일어를 (간신히) 참아줄 만한 수준까지 향상시켜주었다.

이 책을 준비하는 힘든 과정에서 나는 여러 기관을 오랫동안 방문할 수 있는 특권을 가졌는데, 그곳의 동료들은 활력이 넘치면서도 내 작업에 회의적인 시각을 갖고 있었다. 내가 얻은 행운은 그들이 내 작업을 바로잡아주었다는 점이다. 그들은 최종 결과물에 만족하지 않을지 모른다. 하지만 이 책에 그들의 영향이 담겨 있다는 사실을 확인할 수 있을 것이라고 나는 확신한다. 특별히 마르세유에 있는 프랑스 고등사회과학연구원(EHESS)의 내 동료 Jean-Pierre Olivier de Sardan과 Thomas

Bierschenk 그리고 그들의 동료에게 감사의 인사를 전하고 싶다. 르 비외 파니에(Le Vieux Panier)에서 사는 동안 라 비엘 샤리테(La Vielle Charité)의 웅장한 분위기 속에서 하루하루 일한 것은 잊지 못할 경험이었다. 캔버라의 오스트레일리아 국립대학교 인문학연구소에서는 어깨너머로 감히 인문학자 및 아시아 전문가 틈에 끼는 혜택을 누리기도 했다. 특별히 감사하고 싶은 분은 Graeme Clark 소장과 나를 초청해준 Iain McCalman 부소장 그리고 내 방문의 전제 조건이기도 했던 '아시아에서의 자유 개념'이라는 이름의 학회를 주선해준 Tony Reid와 David Kelly이다. Tony Milner, Claire Milner, Ranajit Guha(나의 스승)와 Mechthild Guha, Bob Goodin, Diane Gibson, Ben Tria Kerkvliet, Melinda Tria, Bill Jenner, Ian Wilson, John Walker 또한 여러 모로 나의 체류를 즐겁게 해주었을 뿐 아니라 지적으로 보람차게 해주었다.

만약 나를 1994년부터 1995년까지 웨슬리언 대학교 인문학연구소의 방문 연구원으로 초대해준 Dick Ohmann과 Betsy Traube가 없었다면, 이 책을 만드는 데 소요된 시간이 훨씬 더 길어졌을 것이다. 그곳의 동료들은 매주 함께했던 세미나와 더불어 내게 지적인 자극을 주었으며, 그 대부분은 각 논문의 틀을 훌륭하게 잡아준 Betsy Traube의 능력 덕분이었다. 그 연구소의 고독한 환경과 유능한 직원은 이상적으로 조합되어 전체 원고의 초고를 마치는 데 더할 나위 없이 큰 도움을 주었다. 지칠 줄 모르는 친절함을 보여준 Pat Camden과 Jackie Rich에게도 무한한 감사를 전한다. Betsy Traube와 Khachig Tololyan의 기민한 통찰력도 이 책 속에 다양한 방법으로 녹아 있다. Bill Cohen, Peter Rutland, Judith Goldstein에게도 고마움을 표한다.

만약 해리 프랭크 구겐하임 재단(폭력, 공격 그리고 지배의 감소와 이해를 위한 연구) 그리고 평화와 안보 연구를 위한 존 D. 및 캐서린 T. 맥아더 재단의 넉넉한 연구비가 없었다면 1994~1995년 사이의 성찰과 글쓰기를 위한 휴식도 없었을 것이다. 내 작업에 대한 그들의 확신과 지원이 나로 하여금 각종 행정 잡무나 강의 같은 자질구레한 일상에서 벗어나게 해 주지 않았다면, 이 연구가 언제 끝날지 기도조차 못했을 것이다.

끝으로 '제6차 연례 W. F. Wertheim'에서의 강연을 위해 방문할 기회를 준 네덜란드와 암스테르담 사회과학연구소의 동료 Jan Breman, Bram de Swaan, Hans Sonneveld, Otto van den Muijzenberg, Anton Blok, Rod Aya, Roseanne Rutten, Johan Goudsblom, Jan-Willem Duyvendak, Ido de Haan, Johan Heilbron, Jose Komen, Karin Peperkamp, Niels Mulder, Frans Hüsken, Ben White, Jan Nederveen Pieterse, Franz von Benda-Beckmann과 Keebet von Benda-Beckmann에게도 인사를 전하고 싶다. 그곳에서 Wim Wertheim을 만나 충고와 비평을 받을 수 있던 점도 나에게는 커다란 특권이었다. 평소 사회과학 이론과 동남아시아 연구에 대한 그분의 수많은 기고문을 존경하고 있었기 때문이다. 내가 맡은 세미나에서 논문을 쓰고 있던 대학원생들이 나에게 배웠던 것 못지않게 나역시 그들에게서 많은 것을 배웠다. 특히 Talja Potters와 Peer Smets는 이 책의 도시 계획에 대한 부분을 읽고 날카로운 비평을 해줄 정도로 친절했다.

새로운 관점에 대해 내 눈을 뜨게 만들거나 혹은 결코 나 혼자만의 힘으로는 감히 포괄적으로 연구할 수 없는 쟁점에 대해 뛰어난 분석을 제공해준 수많은 위대한 저술가들이 있다. 그중 일부는 이 책을 읽지 못할 수도 있고, 그중 일부는 내가 한 번도 만난 적이 없고, 또 그중 일부는 내가 쓴 내용에 대해 자기하고는 아무런 관계가 없다고 말할지도 모른다. 그럼에도 나는 감히 이 무거운 지적 부채에 대해 그들 모두에게 감사하고 싶다. Edward Friedman, Ben Anderson, Michael Adas, Teodor Shanin,

James Ferguson, Zygmunt Bauman이 바로 그들이다. 브라질리아에 대한 James Holston의 뛰어난 통찰력을 부끄러운 줄도 모르고 이용하지 않고서는 하이 모더니즘적 도시에 대한 장은 결코 쓸 수 없었을 것이다. 소련의 집단 농장과 미국 산업 영농과의 연관성에 대한 장은 많은 부분 Sheila Fitzpatrick과 Deborah Fitzgerald의 연구에 의존했다. Sheila Fitzpatrick의 날카로운 의견은 그중 일부만이 마지막 장에 약간 반영되었을 뿐이지만 감사를 드리는 바이다.

메티스(mētis) 개념을 다듬은 것은 Marcel Detienne과 Jean-Pierre Vernant 덕분이었다. 비록 사용하는 용어는 달랐지만, Stephen Marglin과 나는 서로에 대해 잘 모르는 채 각자 거의 같은 목적지를 향해 가는 기차를 타고 있었던 셈이다. Marglin은 록펠러 재단의 지원을 받아 이탈리아 벨라지오에서 '경제의 녹색화'라는 주제로 학술 대회를 개최했는데, 그 자리에서 나는 초기에 내가 가졌던 생각을 발표할 기회를 얻었다. Marglin의 인식(episteme)과 기술(techne)에 대한 연구뿐 아니라 농업에 대한 연구 또한 내 생각에 영향을 미쳤다. Stephen Gudeman의 통찰력 있는 조언, 우두 접종에 대한 Frédérique Apffel Marglin의 연구 그리고 Arun Agrawal의 저서와 논평은 실행지(實行智)에 대한 나의 감각을 날카롭게 해주었다. 농업에 관해 서술한 제8장은 내가 Paul Richards와 Jan Douwe van der Ploeg에게서 배운 모든 것을 잘 보여주고 있다. 아프리카 연구 분야에서 아마추어인 나는 탄자니아의 '우자마아(ujamaa)' 촌락에 관한 장에서 Joel Gao Hiza의 덕을 톡톡히 보았다. 그는 예일 대학에서 그 주제와 관련해 매우 뛰어난 논문을 썼으며 자신의 방대한 연구 성과를 아낌없이 나와 공유했다. (그는 지금 캘리포니아 대학교 버클리 캠퍼스에서 인류학 박사 학위 논문을 마무리하는 중이다.) Bruce McKim, Ron Aminzade, Goran Hyden, David Sperling 그리고 Allen Isaacman은 탄자니아에 관한 장을 읽어줌으로써 나를 커다란 실수에서 구원해주었다. 물론 그들의 노력에도 불구하고 약간의 실수는 남아 있을 것이다. 통일 이전 동독의 제조업 경제에서 나타난 '해결사와 거래인(fixers and traders)'의 역할을 자세히 분석한 Birgit Müller는 계획된 질서와 비공식 장치 간의 공생 관계를 이해하는 데 큰 도움을 주었다.

Larry Lohmann과 James Ferguson은 원고의 초안을 읽고 내 생각을 명확하게 정리하도록 해줌으로써 이 책의 심각한 과오를 예방하는 데 도움을 주었다. 다른 몇몇 친구도 엄청난 분량의 원고를 전부 또는 일부분 자원해서 읽어주었다. 읽어주겠다고 말하며 눈을 굴리거나 은근히 복잡한 심경을 드러내는 사람한테는 부담을 주지 않았다. 진심으로 읽기를 원했던 일부 사람 혹은 짐짓 관심을 가진 척하다 완전히 확신을 갖게 된 사람은 어떤 경우든 이 책의 틀을 갖춰나가는 데 도움이 되는 논평을 보태주었다. Ron Herring, Ramachandra Guha, Zygmunt Bauman, K. Sivaramakrishnan, Mark Lendler, Allan Issacman 그리고 Peter Vandergeest 에게 커다란 빚을 졌으며 가장 열렬한 감사를 보낸다.

사려 깊은 수많은 동료가 내게 유용한 비평을 해주었거나, 나로 하여금 논지나 증거를 개선하는 데 도움이 되는 작업에 눈길을 돌리도록 해주었다. Arjun Appadurai, Ken Adler, Gregory Kasza, Daniel Goldhagen, Erich Goldhagen, Peter Perdue, Esther Kingston-Mann, Peter Sahlins, Anna Selenyi, Doug Gallon, Jane Mansbridge 등이 바로 그들이다. 또한 Sugata Bose, Al McCoy, Richard Landes, Gloria Raheja, Kiren Aziz Chaudhry, Jess Gilbert, Tongchai Winichakul, Dan Kelliher, Dan Little, Jack Kloppenberg, Tony Gulielmi, Robert Evenson, Peter Sahlins에게도 감사를 전한다. 친절하게 도와준 또 다른 이들로는 Adam Ashforth, John Tehranian, Michael Kwass, Jesse Robot, Ezra Suleiman, Jim Boyce, Jeff Burds, Fred Cooper,

Ann Stoler, Atul Kohli, Orlando Figes, Anna Tsing, Vernon Ruttan, Henry Bernstein, Michael Watts, Allan Pred, Witoon Permpongsacharoen, Gene Ammarell, David Feeny도 있다.

지난 5년간 예일 대학의 농업 연구 과정은 나에게 농촌 생활에 대한 폭넓은 학제적(學際的) 교육의 공간이자 지적 동료애의 주요 원천이었다. 그 과정은 내가 보답할 수 있는 것 이상을 제공해주었다. 실제로 이 책의 모든 페이지는 그곳에서 이루어진 폭넓은 만남을 한 가지 이상은 담고 있다. 한 해 평균 50명 정도 방문한 박사 후 과정 학생을 일일이 언급하는 것은 포기하는 게 낫겠다. 하지만 그들 모두는 크고 작은 방법으로 이 책을 쓰는 데 기여했다. 그들의 작업을 존중했기에 우리는 그들이 우리에게 동참하도록 초청했고, 그들 역시 한 번도 우리를 실망시키지 않았다. 농업 연구 과정 주임교수인 Marvel Kay Mansfield는 비단 농업 연구 과정뿐만 아니라 내가 예일 대학에서 관계한 모든 업무의 구심점이자 핵심이었다. 그녀에게 내가 진 빚에 감사를 표하는 것은 이번이 처음은 아니다. 그녀에 대한 고마움은 시간이 갈수록 더 커졌다. K. Sivaramakrishnan, Rick Rheingans, Donna Perry, Bruce McKim, Nina Bhatt, Linda Lee 등의 결단력이 없었다면 예일 대학의 농업 연구 분야는 번성하지 못했을 것이다.

예일 대학의 동료들에게 내가 진 지식의 빚은 헤아릴 수가 없다. 내가 Bill Kelly, Helen Siu, Bob Harms, Angelique Haugerud, Nancy Peluso, John Wargo, Cathy Cohen, Lee Wandel을 가르치긴 했지만 실제로는 그들이 나를 가르쳤다. 이 책에서 자신들의 지문(指紋)을 찾을 수 있는 동료로는 Ian Shapiro, John Merriman, Hal Conklin, Paul Landau, Enrique Meyer, Dimitri Gutas, Carol Rose, Ben Kiernan, Joe Errington, Charles Bryant 등이 있으며, 여기에는 동독의 조림 사업에 관한 학위 논문을 준

비 중인 객원 연구원으로서 독일의 과학적 삼림 역사에 대해 뛰어난 정보를 갖고 있던 Arvid Nelson이 포함된다. 나의 '무정부주의' 세미나와 '농촌 사회 비교 연구' 합동 세미나에 참석한 대학원생들도 원고의 몇 장을 읽어주었는데, 단순한 몇 가지 이슈 이상으로 원고 내용을 재검토하게끔 해주었다.

부질없는 시도로 시작한 것을 진지한 탐구의 대상으로 바꿔준 연구 조교들은 내게 축복이었다. 만약 그들의 상상력과 노력이 없었다면 아마도 나는 영구적인 성씨(姓氏)의 창제, 새로운 마을의 물리적 형태 그리고 언어 계획에 대해 거의 아무것도 배우지 못했을 것이다. Kate Stanton, Cassandra Moseley, Meredith Weiss, John Tehranian, Allan Carlson의 탁월한 노고에 이 기회를 빌려 감사를 표한다. Cassandra Moseley에게는 감사뿐만 아니라 사과할 것도 있다. 왜냐하면 테네시 강 유역 개발 사업에 관한 그녀의 모든 섬세한 작업이 이 책을 적당한 분량으로 만드는 과정에서 어쩔 수 없이 잘려나갔기 때문이다. 그 부분은 조만간 다른 집을 찾게 되리라고 나는 믿는다.

예일 대학 출판부가 나에게 훌륭했던 점은 한 가지 이상이다. 특별히 John Ryden과 Judy Metro에게 감사를 표하며, 이 책의 편집자인 Charles Grench와 지금까지 내가 함께 일해본 원고 편집자 가운데 가장 뛰어난 Brenda Kolb에게도 고마움을 전한다.

1장은 여러 가지 변형된 형태로 다른 곳에서 소개되었다. 그리고 이들 각각은 나머지 장의 내용을 일부 포함한다. 이들을 열거하면 다음과 같다. '국가의 단순화: 자연, 공간 그리고 인간'〔캐나다 서스캐처원 대학 역사학과 비정기 논문집 No. 1(Nov. 1994)〕, '국가의 단순화'〔*Journal of Political Philosophy* 4. no. 2(1995)〕, '국가의 단순화: 자연, 공간 그리고 인간'〔Ian Shapiro & Russell Hardin, eds., *Political Order*, vol. 38 of *Nomos*(뉴욕: 뉴욕 대학 출판부, 1996): 42-85〕,

'자유 대 자유 보유권: 동남아시아의 국가 단순화, 공간 그리고 인간'(David Kelly & Anthony Reid, eds., *Freedom in Asia*(근간)), '국가의 단순화: 동남아시아의 경우'(Sixth Annual W. F. Wertheim Lecture, 암스테르담 아시아학연구소(June, 1995)), '국가의 단순화와 실용적 지식'(Stephen Marglin & Stephen Gudeman, eds., *People's Economy, People's Ecology*(근간)).

　당분간 나는 책 쓰는 습관을 멀리하고 싶다. 만약 해독을 위한 병동이나 상습 범죄자를 위한 니코틴 패치 비슷한 것이 있다면 나를 치료해달라고 서명할 것만 같다. 내 습관은 이미 내가 감히 인정하는 것 이상으로 귀중한 시간을 빼앗았다. 책을 쓰는 것이나 다른 중독의 경우, 문제는 그만두겠다는 결심이 뒤로 물러나 있을 때는 매우 강하지만 고통스러운 증상이 희미해지면 본래의 열망이 되돌아오기 쉽다는 점이다. 내가 '깨끗해질' 때까지 참아낸다면 아내 루이저와 우리 아이들 미아, 아론 그리고 노아가 너무나 행복해할 것이라는 사실을 나도 물론 알고 있다. 나도 그렇게 노력하는 중이다. 내가 노력하고 있다는 것을 하느님은 아실 것이다.

서론

이 책은 일종의 지적(知的) 우회로에서 만들어졌는데, 그것이 얼마나 내 마음을 사로잡았던지 나는 처음에 계획했던 여정을 통째로 포기하는 결정을 내리고야 말았다. 신중하지 못한 선회 같아 보이는 그런 우회로를 만난 이후, 놀랍게도 새로운 풍경과 함께 한층 만족스러운 목적지를 향하고 있다는 느낌이 나로 하여금 원래의 계획을 변경하도록 설득했다. 내 생각에 새로운 여행 일정표는 나름대로 논리를 갖고 있었다. 만약 내가 처음부터 그런 생각을 할 수 있는 지혜를 가졌더라면 훨씬 더 품격 있는 여행이 될 뻔했다. 확실한 점은 이와 같은 우회로가 내가 상상한 것 이상으로 바닥이 울퉁불퉁하고 또한 많이 에둘러 가는 길이었음에도 훨씬 더 내실 있는 목적지로 나를 인도했다는 사실이다. 독자 여러분이 좀더 풍부한 경험을 가진 안내자를 발견하게 되리라는 점은 두말할 나위가 없다. 그 여정은 항상 다니는 길에서 아주 유별나게 떨어져 있어 만약 당신이 그 길에 들어선다면 눈에 띄는 현지 안내자 누구에게라도 의존할 수밖에 없게 된다.

선택하지 않았던 길에 대해 몇 마디 적고 싶다. 애초에 내가 알고 싶었던 것은 왜 늘 국가는 거칠게 표현해서 '돌아다니는 사람들'의 적처럼 보일까 하는 점이었다. 동남아시아의 경우, 이는 한편으론 화전민처럼 계속 이동하는 언덕 너머의 사람들과 다른 한편으로는 벼농사를 짓는 골짜기 왕국 사이에 항상 지속되는 긴장 상태를 해명하는 데 유효한 방법이었다. 그러나 이러한 질문은 특정 지역의 범주를 넘어선다. 유목민과 목축민(베르베르인이나 베두인족처럼), 수렵·채취인, 집시, 부랑자, 무주택자, 뜨내기, 도주하는 노예 그리고 농노는 국가 입장에서 볼 때 항상 가시 같은 존재였다. 이처럼 이동하는 사람을 항구적으로 붙잡아두려는 노력(이를테면 정착화)은 영원히 반복되는 국가적 과제인 듯싶다—영원히 반복되는 부분적인 까닭은 그러한 노력이 성공하는 경우가 거의 없기 때문이다.

정착화를 위한 이러한 노력을 고찰하면 할수록 나는 그런 노력이 사회에 대한 가독성(可讀性)을 높이고 인구를 적절히 배치함으로써 조세나 징병 그리고 반란 예방이라는 국가의 고전적 기능을 단순화하는 과정이라는 사실을 더욱더 잘 알게 되었다. 이런 관점으로 이해하기 시작하면서 나는 가독성을 국가 통치술의 핵심 문제로 간주하게 되었다. 전근대적 국가는 많은 중요한 측면에서 부분적으로 맹인 같은 존재였다. 곧, 자기 백성에 대한 귀중한 정보를 별로 갖고 있지 않았다. 이를테면 백성의 부, 그들의 토지 소유 관계 및 소출, 그들이 사는 곳 그리고 정체성 등이 바로 그것이다. 지역과 사람에 대한 여하한 형태의 상세한 '지도'도 없었던 것이다. 대부분의 경우, 국가가 알고 있는 것들을 개괄적으로 조망하는 데 필요한 공통의 기준으로 '번역' 가능한 어떤 척도나 측정법도 없었다. 그 결과, 국가의 개입은 종종 거칠거나 자기파멸적이었다.

우회를 시작한 것은 바로 이 지점에서였다. 어떻게 국가는 자기 백성과 그들의 환경을 점차적으로 관리하게 되었을까? 성씨의 창제, 도량형 표준화, 토지 조사와 인구 등록, 토지 소유제 창안, 언어와 법률적 담론의 표준화, 도시 설계 그리고 교통의 조직화처럼 전혀 이질적인 과정을 문득 가독성과 단순화를 위한 시도로 이해할 수 있을 듯싶었다. 각각의 경우 국가 관리들은 토지 보유 관습이나 작명(作名) 습관같이 너무나 복잡하고 파악하기 어려운 지역적 관행을 빼앗는 대신, 중앙 집권적인 차원에서 기록하고 감시할 수 있는 하나의 표준화된 격자를 창조했다.

자연 세계에 대한 조직화도 결코 예외가 아니었다. 농업이란 궁극적으로 인간에게 필요한 목적을 위해 식물상(植物相)을 급진적으로 재조직하고 단순화하는 것이다. 다른 어떤 목적이 있을지라도, 과학적 삼림과 농업의 설계나 대농장과 집단 농장, 우자마아 마을, 전략촌 등의 배치는 모두 지형과 생산물 그리고 노동력에 대한 위에서의 그리고 중앙에서의 가독성을 증대시키기 위해—따라서 좀더 쉽게 통제하기 위해—계산된 것처럼 보인다.

양봉과 관련한 친근한 비유가 여기서 도움이 될 수 있겠다. 전근대 사회에서 꿀을 채집하는 것은 어려운 과제였다. 비록 벌집 속에서 벌을 기른다 하더라도 꿀을 수확한다는 것은 벌을 쫓아내거나 군체(群體)의 파괴를 종종 의미했다. 애주머니(brood chamber)와 봉방(蜂房)의 배치가 벌집마다 서로 다른 형태를 띠고 있어 깔끔하게 꿀을 채취하는 일이 결코 쉽지 않았다. 이와 대조적으로 근대적 양봉은 양봉업자의 문제를 해결하도록 고안되었다. 격왕판(隔王板)이라는 도구를 이용해 여왕벌로 하여금 어느 선 위에서는 알을 낳지 못하도록 예방하는 것인데, 이로써 아래쪽에 있는 애주머니가 위에 있는 꿀 공급원과 분리된다. 그뿐만 아니라 밀랍 세포도 박스당 9~10개씩 수직적인 형태로 잘 정돈되어 꿀이나 밀랍, 프로폴리스(propolis)의 추출을 쉽게 해준다. '꿀벌 공간(bee space)'을 관찰하는 것으로 추출이 가능해진 것이다. 여기서 '꿀벌 공간'은 매개 벌집을 만들어 프레임을 연결하는 대신 벌들이 통과하게끔 열어두는 프레임 간의 정확한 거리를 의미한다. 양봉업자의 관점에서 볼 때 근대적 벌집은 질서 있고 '가독성 높은' 벌집이다. 곧, 양봉업자는 봉군과 여왕벌의 상태를 점검한 다음 (무게에 따라) 꿀의 생산 여부를 판단하며, 표준 단위에 의거해 벌집의 크기를 늘리거나 줄이고, 그것을 새로운 장소로 옮기고, 무엇보다 (온화한 날씨를 골라) 적정량의 꿀만 추출함으로써 벌떼가 성공적으로 겨울을 날 수 있게끔 확실히 조처할 수 있게 되었다.

이와 같은 비유를 계속할 수도 있지만 이 정도에서 그만두자. 어쨌거나 근대 초기 대부분 유럽 국가의 통치술은 읽기 어려운 일종의 사회적 상형문자를 해독할 수 있도록, 곧 행정적인 차원에서 좀더 편리한 체제가 되도록 합리화하고 표준화하는 데 전력을 다했다는 점에서 근대 양봉과 유사한 측면이 있다. 사회적 단순화는 따라서 한층 정교한 조세와 징병 체제를 갖추기 위해 도입되었을 뿐만 아니라 국가 능력 그 자체를 획기적으로 신장시켰다. 그것들은 공중 보건 정책, 정치 사찰 그리고 빈민 구제 등 모든 분야에 걸쳐 서로 뚜렷이 구별되는 방식의 개입을 가능하게 만들었다.

나는 이와 같은 국가 단순화—근대적 국가 통치술과 관련해 가장 기본적인 기정사실—가 말하자면 약도(略圖) 같은 것이라고 생각하게 되었다. 약도는 그것이 묘사하는 사회에서 벌어지는 실제 활동을 성공적으로 대변하지도 않거니와 그렇게 하려고 의도하지도 않는다. 이를테면 공식적인 관찰자들이 관심을 갖는 부분만 대변할 뿐이다. 게다가 그것은 단순한 지도가 아니다. 그것은 국가 권력과 연계해 자신이 묘사하고 있는 현실 가운데 상당 부분을 다르게 재구성할 수 있는 지도이다. 따라서 징세 가능한 자산 소유자들을 표기하기 위해 만든 국가의 지적도는 단순히 토지 소유 제도만 기술하는 것이 아니다. 곧, 자기 능력을 통해 그 자체의 범주로 법적 강제력을 확보하게 만드는 제도를 창출한다. 제1장 대부분은 가독성이라는 국가 지도에 의해 사회와 환경이 얼마나 철저하게 재편되었는지를 설명하는 데 할애할 것이다.

근대 초기의 국가 통치술에 대한 이러한 견해는 특별히 독창적인 것이 아니다. 그러나 적절히 수정할 경우, 가난한 제3세계와 동구권 국가들이 개발도상에서 경험한 수많은 낭패를 효과적으로 관찰할 수 있는 탁월한 관점을 제공하기도 한다.

그러나 '낭패'라는 표현은 내가 염두에 두고 있는 재앙을 의미하기에는 너무나 약한 단어이다. 중국의 대약진 운동, 러시아의 집단 농장, 탄자니아와 모잠비크 그리고 에티오피아의 강제 촌락은 인명 손실이나 회복할 수 없게끔 망가진 인생이라는 두 측면에서 공히 20세기 인류가 경험한 엄청난 비극에 해당한다. 이들보다는 덜 극적이긴 해도 훨씬 더 보편적인 차원에서 제3세계 발전의 역사도 엄청난 규모의 농업 계획 및 주민을 만족시키는 데 실패한 신도시의 (브라질리아나 찬디가르를 생각해보라) 잔해로 얼룩져 있다. 아아, 왜 그렇게 수많은 목숨이 종족 집단, 종교 분파 혹은 언어 공동체 사이에 동원된 폭력에 의해 희생되었는지 이해하는 것은 그리 어렵지 않다. 정작 그것보다 더 이해하기 어려운 것은 인간의 삶을 개선하기 위해 선의를 갖고 시작한 수많은 계획이 왜 그렇게 비극적인 모습으로 엉망이 되고 말았는가 하는 점이다. 이제 나의 목표는 20세기가 경험한 몇몇 거대한 유토피아적 사회공학 구상이 궁극적으로 실패할 수밖에 없었던 확실한 이유를 제시하는 것이다.

나는 국가 주도 사회공학의 가장 비극적인 사건은 다음 네 가지 요소의 치명적인 결합에서 비롯되었다고 주장한다. 재앙다운 재앙을 위해서는 네 가지 모두가 필요하다. 첫 번째 요소는 자연과 사회에 대한 행정적 질서화, 곧 앞에서 설명한 것처럼 변혁을 위한 국가 단순화이다. 그것 자체로는 별로 특별할 것 없는 근대적 국가 통치 수단이다. 왜냐하면 국가 단순화는 미구(未久)의 근대 독재자에게 필요할 수도 있지만 우리의 복지와 자유를 유지하는 데도 마찬가지로 긴요하기 때문이다. 그것은 시민권이나 사회 복지 정책의 기반임과 동시에 달갑지 않은 소수 집단을 제거하는 정책 기반이 될 수도 있다.

두 번째 요소는 내가 하이 모더니즘 이데올로기라고 일컫는 것이다. 그것은 과학적·기술적 진보, 생산의 증대, 인간의 필요에 따른 만족의 증가, 자연에 대한(인간의 본성을 포함해) 정복 그리고 무엇보다 자연 법칙에 대한 과학적 이해에 상응하는 사회 질서에 대한 합리적 설계 등과 관련해 갖고 있는 자기 확신의 강력한—심지어 근육처럼 단단한—버전으로 이해하면 가장 정확하다. 물론 그것은 서구가 미증유로 경험한 과학과 산업의 진보가 초래한 부산물이다.

하이 모더니즘을 과학적 실천과 혼돈해서는 안 된다. 그것은 근본적으로—'이데올로기'라는 용어가 암시하는 것처럼—과학과 기술의 정당성을 차용한 하나의 신념이다. 따라서 그것은 인간의 정착 그리고 생산과 관련한 포괄적인 계획의 가능성에 대해 비판적이지도, 회의적이지도 않다. 말하자면 비과학적이리만큼 낙관적이다. 하이 모더니즘 추종자들은 합리적 질서를 놀라우리만큼 시각적이고 미학적인 견지에서 바라보는 경향이 있다. 그들에게 효율적이고 합리적으로 조직화된 도시나 촌락 혹은 농장은 기하학적 의미에서 병영처럼 질서정연해 '보이는' 그 무엇이었다. 하이 모더니즘 추종자들은 또한—만약 자신의 계획이 좌절하거나 뒤틀릴 경우—내가 모형화라고 일컫는 것으로 후퇴하는 경향이 있다. 즉 시범 도시, 시범 마을 그리고 시범 농장을 통해 좀더 쉽게 통제되는 미시적 질서를 창조하려 한다.

하이 모더니즘은 신념과 관련한 것이기도 하지만 동시에 '이익'과도 관련이 있다. 그 신봉자들은—심지어 자본주의적 기업가조차도—자신의 계획을 현실화하는 데 국가의 개입을 요구했다. 대부분의 경우 하이 모더니즘 추종자들은 힘 있는 관료와 국가수반이었다. 그들은 일련의 기획 및 사회적 조직(예컨대 거대한 댐, 중앙 집중화된 통신 및 교통 허브, 대단위 공장과 농장 그리고 격자형 도시)을 선호하는 경향을 드러내는데, 그 이유는 이런 형태가 하이 모더니즘적 시각에 매우 적합할 뿐 아니라 국가 관리들의 입장에서 자신의 정치적 이해에도 적절히 부합했기 때문이다. 다소 부드럽게 표현하면 하이 모더니즘과 수많은 국가 관리의 이해관계 사이에는 일종의 선택적 친화력이 존재했던 것이다.

모든 이데올로기가 그런 것처럼 하이 모더니즘 또한 특정한 시대적 및 사회적 맥락을 갖고 있다. 제1차 세계대전 기간 동안 (특히 독일에서) 국가 차원의 경제적 동원이 성취한 위업이 하이 모더니즘의 최고조를 달성한 듯싶다. 하이 모더니즘의 가장 비옥한 사회적 토양이 계획가, 엔지니어, 건축가, 과학자 그리고 기술자들 사이에서 발견된다는 사실은 전혀 놀라운 일이 아니다. 이들의 재능과 지위에 대해 하이 모더니즘은 새로운 질서의 설계자라고 격찬했다. 하이 모더니즘적 신념은 기존의 정치적 범주를 뛰어넘었다. 곧, 좌파나 우파 같은 정치적 스펙트럼을 초월하는 가운데, 특히 인간의 노동 관행, 생활 방식, 도덕적 행동 그리고 세계관과 관련해 거대하고도 이상주의적인 변화를 가져오기 위해 국가 권력을 사용하고자 한 사람들의 몫이었다. 이와 같은 유토피아적 비전이 그 자체로서 위험한 것은 결코 아니다. 자유주의적 대의제 사회에서 계획에 활기를 불어넣는 한, 따라서 계획가들이 조직화된 시민과 협상을 벌이지 않을 수 없는 한 하이 모더니즘은 개혁을 촉발할 수도 있었다.

이와 같은 두 가지 요소가 세 번째 요소와 합쳐질 때 이들의 결합은 잠재적으로 치명적이 된다. 세 번째 요소는 이러한 하이 모더니즘적 계획을 실현하기 위해 자신의 강압적 권력을 한껏 사용하고자 하는 의지와 능력을 갖춘 권위주의적 국가다. 이러한 요소가 태동할 수 있는 가장 비옥한 토양은 전형적으로 전쟁, 혁명, 공황 그리고 민족 독립을 위한 투쟁 기간이다. 이런 상황에서 비상(非常)한 조건은 비상한 권력의 쟁취를 초래하며 흔히 이전 정권의 정당성을 부정한다. 또한 이런 상황은 과거를 부정하면서 자기 국민을 위해 혁명적 구상을 갖고 있는 엘리트의 등장을 부추긴다.

네 번째 요소는 세 번째 요소와 긴밀히 연관되어 있다. 곧, 국가의 이러한 계획에 저항할 능력을 상실한 기진맥진한 시민 사회다. 전쟁이나 혁명 그리고 경제적 파탄은 종종 시민 사회를 극단적으로 약화시킬 뿐만 아니라 사람들로 하여금 새로운 통치 제도를 한결 쉽게 수용하게끔 만든다. 과거 식민지 통치는—그 사회공학적 열망과 대중적 반대에 대한 막강한 통제 능력과 더불어—흔히 이와 같은 네 번째 조건을 잘 충족시킨다.

요컨대 사회에 대한 가독성은 대규모 사회공학을 위한 능력을 제공하고, 하이 모더니즘 이데올로기는 그러한 열망을 제공하고, 권위주의 국가는 그와 같은 열망을 실행으로 옮길 수 있는 결단을 제공하고, 끝으로 무능한 시민 사회는 그것을 이룩할 수 있는 사회적 지형을 제공한다.

권위주의 권력을 배경으로 한 이와 같은 하이 모더니즘 계획이 현실적으로 실패하고 만 이유에 대해 아직 언급하지는 않았지만 독자들은 아마 알아차렸을 것이다. 그 실패를 설명하는 것이 나의 두 번째 목적이다.

설계 혹은 계획에 입각한 사회 질서는 필연적으로 도식적이다. 다시 말해서 그것은 현실에서 존재할 뿐만 아니라 나름대로 기능하고 있는 사회 질서의 어떠한 본질적인 요소도 항상 무시한다. 이와 같은 진리는 준법 투쟁의 경우 가장 잘 드러난다. 이를테면, 어떤 생산 과정은 결코 성문화될 수 없는 일련의 비공식적 관행과 임기응변에 의존할 수밖에 없다. 단순히 정해진 규칙을 따르는 것만으로도 노동력이 사실상 생산을 멈출 수밖에 없는 것이다. 마찬가지로 예컨대 도시나 촌락 혹은 집단 농장 계획을 고무하기 위해 만든 단순화된 규칙은 실제로 기능하는 사회적 질서를 창조하는 지침으로서는 부적절하다. 공식적 계획은 스스로의 힘으로는 창조하거나 유지할 수 없는 비공식적 과정에 기생한다. 공식적 계획이 이와 같은 비공식적 과정을 허용하지 않거나 혹은 사실상 억압할 경우, 그것은 처음 의도했던 수혜 집단을 만족시키지 못할뿐더러 궁극적으로는 그와 같은 계획 자체도 실패하고 만다.

이 책의 내용 대부분은 하이 모더니즘적 혹은 계획적 사회 질서의 '제국주의적' 양태에 대한 비판으로 읽힐 수 있다. 나는 여기서 '제국주의'라는 말을 강조하고자 한다. 그 까닭은 내가 관료주의적 계획 혹은 하이 모더니즘 이데올로기를 무조건 비판하는 것은 아니기 때문이다. 내가 비판하고자 하는 것은 현장에 기초한 지식과 지혜의 필요한 역할을 배제하는 제국주의적 혹은 패권주의적인 계획관이다.

이 책 전체를 통해 나는 실행지와 비공식적 과정 그리고 불확실성에 대처하는 임기응변이 수행하는 불가피한 역할을 옹호할 것이다. 제4장과 제5장에서는 도시 계획가와 혁명가들의 하이 모더니즘적 사고와 관행을 과정과 복잡성 그리고 끝없는 개방성을 강조하는 견해와 대조할 것이다. 르코르뷔지에(Le Corbusier)와 레닌이 그 주인공이며, 제인 제이콥스(Jane Jacobs)와 로자 룩셈부르크(Rosa Luxemburg)는 그에 대한 신랄한 비판자들이다. 제6장과 제7장에서는 소련의 집단화와 탄자니아의 강제 촌락화를 설명할 것이다. 여기서는 생산과 사회 질서에 대한 도식적, 권위주의적 해결 방법이 현장 관습 속에 용해되어 있는 귀중한 지식을 배제할 경우 왜 실패할 수밖에 없는지를 보여준다. (초고에는 미국 내 하이 모더니즘적 실험이자 지역 발전 계획의 원조인 테네시 강 유역 개발공사에 대한 사례 연구가 포함되어 있었다. 하지만 현재 상태로도 너무 두꺼운 이 책을 다소나마 얇게 만들기 위해 어쩔 수 없이 대폭 축약했다.)

　끝으로 제9장에서 실행지의 본질을 개념화한 다음, 그것을 좀더 공식적이고 연역적이고 인식론적인 지식과 대비한다. 그리스 고전에서 유래한—오직 실용적인 경험에서만 도출되는 지식을 의미하는—메티스라는 용어는 내가 염두에 둔 것을 포괄할 수 있는 유용한 어휘다. 여기서 나는 또한 일단의 무정부주의 저술가들(크로포트킨, 바쿠닌, 말라테스타, 프루동)에게 진 빚을 언급하지 않을 수 없다. 그들은 사회 질서를 창조하는 것과 관련해 명령적이고 위계적인 방식에 반대하면서 상호성의 역할을 줄곧 강조한 인물들이다. '상호성'이라는 개념에 대한 그들의 이해는 내가 '메티스'라는 용어를 통해 전달하고자 하는 의미를 어느 정도—비록 전부는 아니지만—공유한다.

　사회 조직을 위해 급진적으로 단순화된 설계는 자연 환경을 위해 급진적으로 단순화된 설계 못지않게 실패의 위험을 자초하는 것으로 보인다. 상업용 단작(單作) 임업이나 유전학적 변형을 통한 기계적 단작 농업의 실패와 취약성은 집단 농장과 계획 도시의 실패를 방불케 한다. 이 지점에서 나는 사회적·자연적 다양성의 끈질긴 복원력을 지지하며, 특히 우리가 복잡하면서도 기능적인 질서에 대해 알고 있다고 생각하는 것들의 한계에 대해서도 원칙적으로 강력히 동의한다. 내가 생각하기에 혹자는 이러한 주장을 일종의 환원주의적 사회과학에 대한 반대로 치부할지도 모르겠다. 여기에 관해서는 이미 내가 고민할 수 있는 것 이상으로 충분히 다루었기 때문에 이와 같은 추가적인 우회는 다른 사람들의 몫으로 돌리고자 한다. 행운을 빌면서 말이다.

　나는 매우 강력하고 전형적인 사례를 부각시키고자 노력하면서, 나 자신이 하이 모더니스트들은 비난받아 마땅하다는 오만함을 드러내는 위험을 무릅쓰고 있다는 점을 깨달았다. 만약 당신이 당신의 관점을 변화시키는 쪽으로 렌즈를 손질하면 세상만사를 똑같은 안경을 통해 바라보려는 엄청난 유혹에 빠질 것이다. 그러나 나는 이 책을 정독하게 되면 결코 그렇지 않다는 사실을 알아차리게 될 두 가지 비난에 대해 결백을 주장하고자 한다. 첫 번째 비난은 내 주장이 토착적이고, 전통적이고, 관습적인 것들을 무비판적으로 예찬한다는 것이다. 내가 서술하는 실행지가 근대 자유주의적 감수성에 반하는 지배와 독점 그리고 배제의 관행과 종종 불가분의 관계에 있다는 사실을 나는 알고 있다. 나는 결코 실행지가 모종의 신비한 그리고 평등주의적인 그 무엇의 산물이라고 주장하지 않는다. 대신 내가 주장하는 바는 이렇다. 곧, 질서의 공식적 체계는 그것들이 간과하기 십상인 몇몇 실행지와 관련된 요소 없이는 유지될 수 없다는 사실이다. 이 책에 대한 두 번째 비난은 내 주장이 국가 자체를 부정하는 무정부주의적 성향을 갖고 있다는 것이다. 내가 이미 수차례에 걸쳐 분명히 밝혔듯이 국가는 우리의 자유와 속박 모두의 기반이 되는 아주 골치 아픈 제도다. 내 주장은 이렇다. 어떤 종류의 국가는 주민의 가치와 욕구 그리고 반대를 유토피아적 계획과 권위주의적 묵살을 통해 밀어붙임으로써 실제로 인간의 복지에 치명적인 위협이 된다는 사실이다. 비록 이처럼 극단적이지는 않을지라도 많은 경우에 공통적으로 나타나는 현상은 우리가 어떤 국가 개입에 의해 발생한 수익과 그것이 초래한 비용을 신중하게 서로 비교하지 않을 수 없다는 점이다.

이 책의 집필을 끝낼 무렵 나는 일련의 국가 개입에 대한 이 책의 비평이 자본주의의 승리라는 1989년 이후의 역사적 관점에서 볼 때 일종의 낡은 고고학처럼 비칠지도 모른다는 생각을 하게 되었다. 내가 비판한 국가들, 곧 허세와 무력을 내세웠던 국가들은 이제 대부분 사라졌거나 아니면 그 야망을 극단적으로 접고 말았다. 그럼에도 불구하고 내가 과학적 농경이나 산업적 영농 그리고 자본주의 시장 일반을 검토하며 분명히 지적한 것처럼 동질화, 획일성, 격자 그리고 용감무쌍한 단순화의 조직이라는 점에서 대규모 자본주의와 국가는 사실상 똑같은 존재다. 차이점이 있다면 전자의 경우 단순화의 비용을 자본가들이 지불한다는 사실 정도다. 시장은 가격 메커니즘을 통해 질을 양으로 환원시키며 표준화를 촉진한다. 이를테면 시장에서 말하는 것은 사람이 아니라 돈이다. 오늘날에는 아마도 글로벌 자본주의가 동질화를 촉진하는 가장 강력한 힘일 것이다. 반면 국가는 몇몇 경우 지역적 차이와 다양성의 옹호자 같은 역할을 수행한다. (《계몽주의의 탄생》이라는 책에서 존 그레이(John Gray)는 자유주의에 대해 비슷한 언급을 했다. 그는 자유주의에 내재적 한계가 있다고 간주했다. 자유주의가 의존하고 있는 문화적이고 제도적인 자본은 스스로에 의해 그 기반이 약화되기 때문이다). 유럽 단일 통화 제도에 부응하려는 프랑스의 구조 조정이 광범한 파업에 밀려 '중단'된 사태는 아마도 그러한 조짐의 전조일 것이다. 단도직입적으로 말하면, 어떤 종류의 국가에 대해 내가 보내는 고지서가 매우 세부적인 내용을 담고 있다고 해서 그것이 곧 프리드리히 하이에크(Friedrich Hayek)나 밀턴 프리드먼(Milton Friedman)이 권고하는 것처럼 정치적으로 아무런 규제도 받지 않는 시장의 자율적 조정을 지지하는 것은 결코 아니다. 우리가 이제 곧 살펴보겠지만, 사회 공학이라는 근대적 계획의 실패에서 도출할 수 있는 결론은 관료주의적 동질화에 적용되는 것만큼 시장 주도적 표준화에 대해서도 마찬가지로 적용된다.

1부 가독성과 단순화의 국가 프로젝트

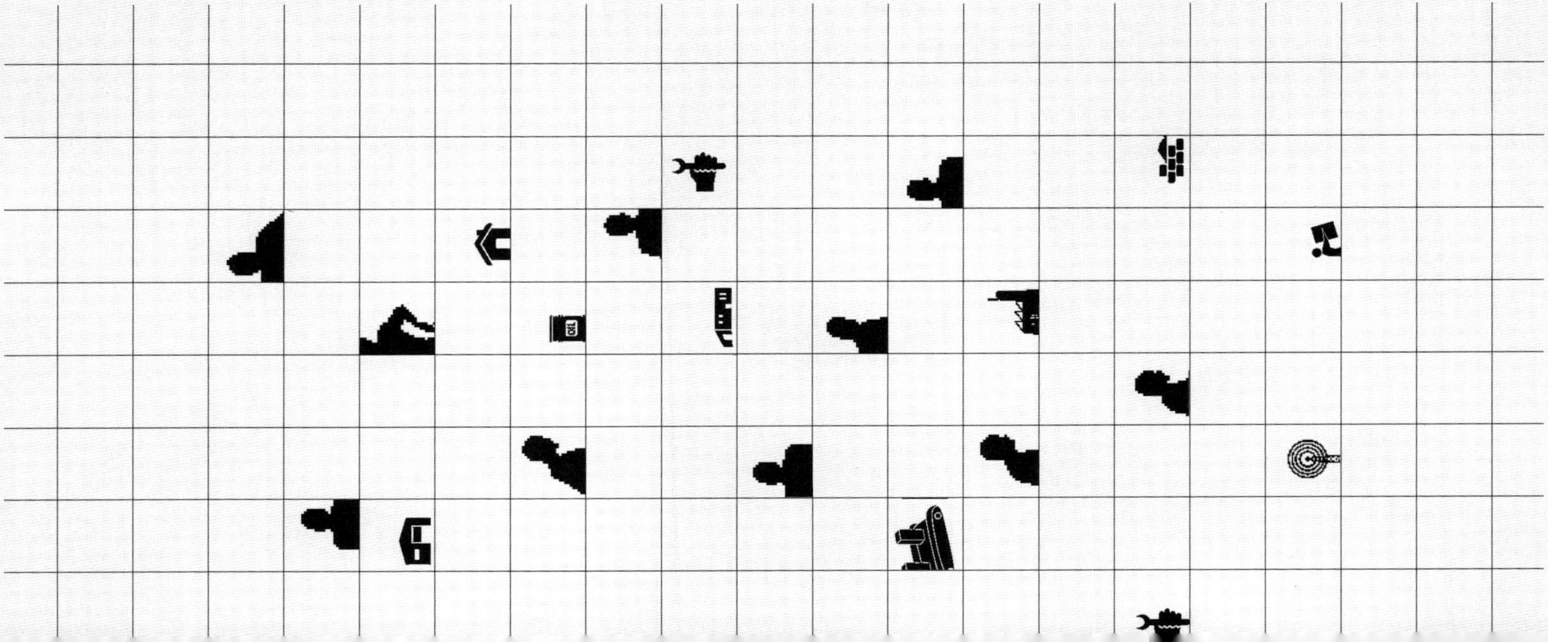

 01 자연과 공간

어떤 종류의 지식과 통제는 시야를 좁혀서 봐야 한다. 이러한 터널 비전(tunnel vision)의 장점은 평소에 복잡하고 다루기 힘든 실제를 예리한 관점으로 볼 수 있다는 데 있다. 이와 같은 단순화는 시야의 중심에 있는 현상을 한층 읽기 쉽게 만들어 세심한 측정과 계산을 용이하게 한다. 또 유사한 관찰과 결합함으로써 선택된 현실을 좀더 총체적이고 총량적으로 개관할 수 있게 하며, 고도의 체계적 지식이나 통제 또는 조작을 가능하게 한다.

18세기 후반 프로이센과 작센에서 고안된 과학적 조림은 이러한 프로세스의 모델을 제공한다.[1] 과학적 조림의 역사 자체도 중요하지만, 이 책에서 그것은 분명한 목표를 가진 막강한 권력 기관의 특징, 곧 지식의 형태와 그 조작에 관한 일종의 은유로 사용된다. 국가 관료 조직과 대규모 영리 기업이 그 탁월한 사례다. 일단 삼림 경영에서 단순화, 가독성,

조작이 어떻게 작동하는지 이해하면, 우리는 근대 국가가 도시 계획, 농촌 정착, 토지 행정, 농업에 대해 어떤 방식으로 그와 유사한 렌즈를 활용하는지 알 수 있다.

국가와 과학적 삼림: 우화 하나

나(길가메시)는 삼나무 숲을 정복하겠다. ……나는 그곳에 손을 대어 삼나무를 찍어 넘어뜨릴 것이다.
- 《길가메시 서사시》

과학적 조림이 발전하기 훨씬 이전, 근대 초기의 유럽 국가는 삼림을 주로 국가 재정의 필요라는 시각에서 보았다. 물론 나라 살림의 차원에서 볼 때 삼림은 조선(造船)에 필요한 목재, 국가 토목 사업, 백성의 경제적 안정을 위한 연료 확보 등과 같은 다른 관심사와 전혀 무관하지 않았다. 이러한 관심은 또한 국가의 재정 및 안정과 관련해 상당한 함의를 가지고 있기도 했다.[2] 조금 과장해서 말하면, 삼림에 대한 국왕의 관심은 재정 수익이라는 시각을 통해 결국 하나의 숫자로 귀착된다고 말할 수 있다. 그것은 다름 아닌 목재의 연간 조세 수입액이다.

이러한 관점의 압축이 얼마나 극단적인지를 이해하는 가장 좋은 방법은 그 관점의 영역에 무엇이 제외되었는지를 주목하는 것이다. 조세 수입을 가리키는 숫자 뒤에 숨어 있는 것은 1인치(2.54센티미터) 두께에 1평방피트(0.09제곱미터)의 부피를 가진 대량의 판매용 목재와 특정 가격에 팔리는 장작용 나무뿐이다. 물론 여기서 누락된 것은 국가 수익에 이바지할 잠재력이 낮거나 거의 없는 다른 모든 종류의 나무 또는 덤불이다. 사람들이 유용하게 사용하고 소득이 될 만한 나무라 하더라도 국고로 수령할 가치가 없는 것들은 누락된다. 내가 보기에는 이를테면 다음과 같은 것들이다―가축의 사료로 사용되거나 지붕을 짓는 데 이용하는 나뭇잎, 사람과 가축의 식량이 되는 열매, 잔가지나 울타리, 호프 덩굴 받침대, 불쏘시개로 쓰이는 나뭇가지, 약재를 만들거나 무두질에 쓰이는 나무껍질과 뿌리 그리고 송진을 만드는 수액 등. 사실 모든 종류의 나무는 매 성장 단계에서 고유한 가치와 쓰임새를 갖고 있다. 조경수목학과 관련한 17세기의 대중적인 백과사전에 수록된 '느릅나무'라는 항목의 설명 중 일부는 나무를 이용하는 실용적 방식의 범위가 대단히 넓었다는 것을 시사한다.

느릅나무는 가장 독보적인 쓰임새를 갖고 있는 목재이다. 특히 극단적으로 계속 말라 있거나 젖어 있는 용도에서 그렇다. 따라서 느릅나무는 상수도, 방앗간, 바퀴의 밑판, 펌프, 수로(水路), 수면 아래의 선박용 목재에 딱 맞다. 또 수레바퀴 제조업자, 한 손을 사용하는 톱의 손잡이, 레일과 문짝에도 잘 어울린다. 느릅나무는 뜯어내거나 쪼개는 데 적합하지 않다. ……그리고 도마, 모자 제조를 위한 받침 나무, 가죽으로 둘러싼 여행 가방과 상자, 관(棺), 화장대, 원반 밀치기 놀이에 필요한 매우 긴 받침대를 만드는 데 사용되기도 한다. 또 조각가는 물론 과일 모양 장식, 잎 무늬 장식, 방패, 조상(彫像), 건축물의 장식 대부분을 작업하는 세심한 직공들에 의해 사용되기도 한다. ……그리고 마지막으로 …… 이 나무의 잎, 특히 암나무 잎의 쓰임새를 무시해서는 안 된다. ……왜냐하면 그 잎들은 겨울이나 찜통 같은 여름처럼 건초와 사료가 부족할 때 소들에게 매우 소중한 대체 식량이기 때문이다. ……느릅나무의 푸른 잎은 빻아서 갓 생긴 상처를 치료하고, 나무껍질과 함께 달여 부러진 뼈를 붙이는 데도 쓴다.[3]

하지만 국가의 '재정 삼림'에서는 다양한 용도를 가진 실제의 나무가 목재와 땔감의 양을 표현하는 추상적인 나무로 대체되고 말았다. 삼림에 대한 국왕의 개념이 만약 공리적이라면, 이는 분명 국가의 직접적인 필요에 국한된 공리주의일 뿐이다.

자연주의자의 관점에서 볼 때, 거의 모든 것이 국가의 좁은 기준 틀에서 누락되었다. 빠진 것은 풀, 꽃, 이끼류, 양치식물, 관목, 덩굴식물 등과 같은 대부분의 식물상이다. 또 파충류, 조류, 양서류는 물론 셀 수 없이 많은 곤충 종(種) 역시 빠졌다. 왕실의 사냥터지기가 관심을 가질 만한 것을 제외한 거의 대부분의 동물 종이 누락된 것이다.

또 인류학자의 관점에서는 삼림과 인간의 상호작용에 관여하는 거의 모든 것이 국가의 터널 비전에서 누락되었다. 국가는 삼림에서 거둬들일 세수(稅收)나 왕실의 수렵권을 침범하는 밀렵에 주의를 기울일 뿐이었다. 그렇지 않은 것들, 곧 사냥과 채집, 방목, 어로, 목탄 제조, 덫사냥, 식량이나 귀한 광물질 채집 등 광범위하고 복잡한 영역에서 사회적으로 합의되어온 용도뿐만 아니라 마법, 숭배, 도피 등의 측면에서 숲이 지니고 있는 중요성 또한 무시되기 일쑤였다.[4]

공리주의 국가가 (상업적) 나무만 보느라 현실적으로 존재하는 실제 숲을 보지 못한다면 그리고 삼림에 대한 공리주의의 관점이 추상적이고 부분적이라면, 그 자체로서는 그다지 독특한 건 아니다. 어느 정도의 추상화는 잠재적으로 모든 분석 형태에 필수적이며, 국가 관료에 의한 추상화가 그들 고용주에게 절대적으로 중요한 재정적 이해를 반영해야 한다는 사실은 전혀 놀랍지 않다. 디드로의 《백과사전》에서 '삼림'이라는 항목은 거의 전적으로 삼림의 생산물과 세금, 총수입, 이윤 등 국가 관료가 산출할 수 있는 '공적 유용성'과 관련되어 있다. 동식물 서식지로서의 삼림은 사라지고 이윤이 남고 효율적으로 관리할 수 있는 경제적 자원으로 대체된 것이다.[5] 여기서 재정적·상업적 논리는 일치한다. 두 논리가 확고하게 손익 계산에 고정되어 있다는 측면에서 말이다.

자연을 체계화하는 데 사용하는 어휘는 전형적으로 그것을 사용하는 인간들의 가장 중요한 관심사를 드러낸다. 사실, 공리주의 담론은 '자연'이라는 용어를 '자연 자원'으로 대체하는데, 이는 인간의 사용 목적에 부응할 수 있는 자연의 측면에만 초점을 맞추는 것이다. 이와 유사한 논리가 더 범용(汎用)의 자연 세계로부터 공리주의적 가치를 갖는 (흔히 시장성 있는 상품) 식물 혹은 동물을 추출해내는 것이다. 곧, 가치 있는 종들과 경쟁하는 종, 이들을 포식하는 종, 혹은 그들의 산출량을 감소시키는 종들로 재분류한다. 따라서 가치 있는 식물은 '농작물'이 되고, 그 농작물과 경쟁하는 종은 '잡초'로 낙인찍힌다. 그리고 농작물에 기생하는 벌레는 '해충'으로 낙인찍힌다. 또한 가치 있는 나무는 '목재'가 되는 반면, 이와 경쟁하는 종은 '잡목'이 되거나 '덤불'쯤으로 여겨진다. 이와 동일한 논리는 동물의 경우에도 적용된다. 높은 가격이 매겨진 동물은 '사냥감'이나 '가축'이 되지만 그것과 경쟁하는, 혹은 그것들을 먹이로 삼는 동물은 '약탈자'나 '야생 동물'쯤으로 간주된다.

따라서 국가가 관료를 통해 삼림에 적용하는 것과 같은 종류의 추상화 혹은 공리주의 논리는 완전히 독창적인 것이라고 볼 수 없다. 다른 점이 있다면 시야가 한층 더 좁다는 것, 매우 정교하게 적용된다는 것 그리고 무엇보다도—앞으로 살펴보겠지만—국가가 주어진 현실에 대해 그와 같은 논리를 매우 강도 높게 부과한다는 것이다.[6]

과학적 조림은 대략 1765년에서 1800년 사이에 주로 프로이센과 작센에서 최초로 개발되었다. 궁극적으로는 이것이 프랑스, 영국, 미국 그리고 제3세계 전반에 걸쳐 삼림 관리 기술의 근간이 되었다. 과학적 조림의 등장은 그 시기에 행해진 중앙 집권적 방식의 국가 사업이라는 큰 맥락을 벗어나서는 이해할 수 없다. 사실상 새로운 삼림과학은 왕국의 재정 관리를 체계적 계획이 가능한 과학적 원칙 하에 정비하려는 일련의 노력, 곧 관방학(官房學)이라 불리는 분야의 하위 과목이었다.[7] 당시까지 전통적인 영지 내 삼림의 경우는 대략 동일한 크기의 플롯(plot: 삼림을 일정하게 분할한 구역—옮긴이)으로 나누는 방식이 적용되었는데, 그 플롯의 숫자는 추정된 성장 주기의 햇수와 일치한다.[8] 동일한 면적의 플롯에서 동일한 산출(그리고 가치)이 발생한다는 가정 하에 매년 하나의 플롯이 벌목된다. 지도가 조악하고, 값비싼 큰 나무들이 균등하게 분포되어 있지 않고, 장작 나무의 측정 단위 또한 정밀하지 않은 탓에 재정 계획의 결과는 불만족스러웠다.

18세기 후반 들어 재정 관료들이 목재 부족 현상이 악화되는 것을 인식하면서 영지 내 삼림의 철저한 관리는 그만큼 더 긴박한 사안이 되었다. 참나무, 너도밤나무, 서어나무, 보리수나무 등 대부분의 오래된 삼림은 계획된, 혹은 계획되지 않은 남벌로 인해 심각하게 훼손되어왔다. 그에 반해 재생은 기대했던 것처럼 활발하지 않았다. 산출이 감소할 것이라는 심상치 않은 전망이 생겨났다. 이는 단순히 국가 수익의 흐름을 위협하기 때문이 아니라 땔감을 찾는 소작농들의 대규모 불법 채취를 초래할 수 있기 때문이다. 이 문제와 관련해 국가가 관심을 보인 증거 중 하나는 더욱 효율적인 난로 설계를 놓고 열린 수많은 국가 후원 공모전이다.

한층 정밀하게 삼림을 측정하기 위한 최초의 시도는 요한 고틀리프 베크만(Johann Gottlieb Beckmann)이 표본 플롯을 세심히 조사하면서 시작되었다. 몇몇 연구 보조원들이 나무의 크기를 식별하는 방식을 익힌 후 어깨를 나란히 하고 걸어갔다. 그들은 서로 다른 크기의 나무에 상응하는 다섯 종류 색깔의 못이 담긴 상자를 각자 들고 다녔다. 각각의 나무를 정해진 못으로 표시하는 작업이 표본 플롯 전체를 대상으로 진행되었다. 보조원은 각자 일정한 개수의 못을 가지고 작업을 시작하기 때문에 최초의 개수에서 남은 개수를 빼 전체 플롯에 대한 분류별 나무 목록을 작성하는 것은 간단한 일이었다. 표본 플롯은 대표성을 고려해 신중히 선택했는데, 삼림 감독관으로 하여금 주어진 가격 조건 하에서 전체 삼림의 목재와 산출 수익을 계산할 수 있도록 했다. 삼림과학자의 목적은 "항상 가장 안정적으로 일정량의 목재를 조달하는 것"[9]이었다.

수학자들은 기존의 크기 분류상 '표준화된 나무'가 함유하고 있는 판매 가능한 목재량을 명시하고자 원뿔 공식을 이용해 작업해나가면서 정확성을 기하기 위한 노력에 가일층 박차를 가했다. 그들의 계산은 표본이 된 나무의 실제 목재 부피와 실증적으로 대조되었다.[10] 그러한 계산의 최종 목적은 정상적인 성장과 성숙이라는 특정한 조건 하에서 나무의 크기와 나이로 구성된 정교한 표를 개발하는 것이었다. 자신의 시야를 상업적 목재에 극단적이리만큼 제한함으로써 국가 삼림관은 역설적이게도 전체 삼림에 대한 개관을 할 수 있게 되었다.[11] 표에 반영된 초점의 제한은 사실 특정한 시각으로 전체 삼림을 취할 수 있는 유일한 방식이다. 현장 검증과 맞물린 표의 평가 기준은 삼림 감독관으로 하여금 해당 삼림의 목재 재고, 성장, 산출을 면밀히 추정할 수 있게 했다. 삼림학자에 의해 규제되고 관념화된 삼림에서는 계산과 측정이 지배적이었다. 이와 관련해 당시 세 가지 암호가 있었는데, 현대적인 용어로 말하면 '다양성의 최소화', '대차대조표', '지속 가능한 산출'이 바로 그것이다. 국가 관리 삼림과학의 논리는 상업적 착취의 논리와 동일하다.[12]

상업적 목재와 그로 인한 수익의 지속 가능한 산출을 계산하는 기술 표준화에서 독일 삼림과학의 성과는 충분히 인상적이었다. 하지만 우리의 목적과 관련해 더 결정적인 것은 삼림 관리에서 나타난 그 이후의 논리적 단계이다. 그것은 세심한 파종, 조림, 벌목을 통해 국가 삼림 감독관이 숫자를 세고, 다루고, 측정하고, 평가하는 데 더욱 손쉬운 삼림을 만들기 위한 시도였다. 국가 권력의 후원을 받는 삼림과학과 기하학이 다양하고 혼란스러운 실제 원시림을 국가 기술의 행정적 격자와 매우 유사한 모습을 띤 균질하면서도 새로운 삼림으로 변화시킬 수 있는 능력을 가졌던 것은 분명하다. 이를 위해 덤불이 밀려나고 종의 수가 감소했으며(때로는 단일종이 되기도 했다), 조림은 넓은 지역에 곧게 줄을 세워 동시에 진행되었다. 헨리 로우드(Henry Lowood)가 관찰한 바에 따르면 이러한 관리 방식은 "결국 표준적인 나무를 추상적인 존재에서 현실적인 것으로 바꾼, 말하자면 균일한 수령의 단일 종 삼림을 만들어냈다. 독일의 숲은 정돈되지 않은 자연에 단정하게 정리된 과학적 구성을 강요한 본보기가 되었다. 실용적 목적에 따라 수학적 공리주의가 고무되었고, 이는 자연스럽게 잘 관리된 삼림의 외적 기표로서 기하학적 완성을 촉진했다. 이에 따라 합리적으로 정리 정돈된 나무의 배치는 자연을 통제하는 데 새로운 가능성을 열었다."[13]

엄밀하게 말하면 이러한 경향은 획일적 통제를 향한 것이었다. 요컨대 삼림의 나무를 군대의 병사처럼 빽빽하게 열을 지워 측정하고 번호를 붙이고, 베어낸 후에는 마치 꼭 닮은 사병으로 대체하듯이 새로 심는 것이다. 또 군대에서처럼 단일한 목적을 수행하고 한 명의 사령관이 재량껏 통솔할 수 있도록 위로부터의 위계적 방식으로 설계되었다. 극단적으로 삼림 그 자체를 볼 필요가 없는 경우도 있다. 삼림감독사무소의 목록과 지도만으로도 정확히 '읽을' 수 있기 때문이다.

불필요한 모든 것을 제거한 새로운 숲을 관리하는 일은 얼마나 더 쉬워졌을까? 동일한 수령의 나무를 좁은 길을 따라 선형으로 배치하면서 덤불을 제거하고 나무를 베어낸 뒤 새로 조림하는 것이 한층 더 판에 박힌 절차에 따라 이루어졌다. 삼림을 더욱더 질서정연하게 관리하는 것은 삼림 노동자들로 하여금 광범하게 적용할 수 있는 문자화된 교육 지침을 활용할 수 있도록 했다. 이로써 상대적으로 미숙련되고 경험 없는 인력들이 새로운 삼림 환경에서 몇 가지 표준적 규칙에 따라 그 과업을 적절히 수행할 수 있게 되었다. 상대적으로 균일한 너비와 길이를 가진 통나무를 수확함으로써 산출량을 성공적으로 예측할 수 있게 되었을 뿐 아니라 목재 벌채 도급업자와 목재 상인에게 동질의 상품을 팔 수 있게 되었다.[14] 이 경우 상업적 논리와 관료적 논리는 같은 의미다. 장기간에 걸쳐 단일 상품의 이익을 극대화함과 동시에 중앙 집권적 관리 계획에도 적합한 동일한 시스템인 것이다.

읽기 쉬워진 삼림은 실험적으로 다루기에도 한층 더 용이했다. 불변하던 것을 통제할 수 있는 새로운 삼림이 많은 변수를 가진 이전의 복잡한 원시림을 대체한 이상, 동일한 수령과 동일한 종류의 입목(立木)에 대해 비료, 강우, 제초 같은 변수가 어떤 영향을 미치는지 검토하는 것이 훨씬 간단해졌다. 그것은 당시 수준에서 사람들이 생각할 수 있던 일종의 삼림 실험실에 가장 근사한 모습이었다.[15] 바로 이러한 삼림의 단순성이 최초로 거의 실험실에 가까운 조건 하에서 삼림 관리에 대한 새로운 시도를 평가할 수 있도록 했다.

기하학적이고 균일한 삼림은 관리와 벌채를 촉진하고자 하는 의도에서 이루어졌지만, 얼마 지나지 않아 강력한 심미적 성격까지 가미하게 되었다. 독일에서뿐만 아니라 독일식 과학적 삼림 관리가 자리 잡은 많은 다른 지역에서도 잘 관리된 삼림의 시각적 기표는 외양상 규칙성과 정리 정돈의 형태를 띠었다. 마치 지휘관이 자기 군대의 행진을 사열하는 것처럼 삼림도 점검을 받았고, 자기 '관할 지역' 내 나무를 제대로 관리하지 못하거나 '가꾸지' 못한 관리인은 화를 당했다. 이와 같은 공공

그림 1 혼합 온대림. 일부는 관리되고 일부는 자연적으로 재생.

그림 2 관리된 삼림의 포플러 가로수 길 모습. 토스카나 지방.

연한 질서에 따라 덤불은 제거될 수밖에 없고, 쓰러진 나무와 떨어진 나뭇가지는 따로 모아야 했다. 허가받지 못한 교란 행위는—화재에 의한 것이건 지역 주민에 의한 것이건 간에—관리 절차에 대한 암묵적 위협으로 여겨졌다. 삼림이 균질해지면 질수록 중앙 집권적 관리의 가능성은 더욱 커졌다. 실제 적용할 수 있는 통상적 절차는 다양하게 구성된 원시림을 관리하는 데 필요한 재량권을 최소화했다.

재설계된 과학적 삼림의 통제 환경은 여러 가지 획기적인 이익을 가져왔다.[16] 우선, 책임 감독관에 의한 개괄적 조사가 가능해졌다. 또한 중앙 집권적 장기 계획에 따라 감독하고 수확하는 것도 용이해졌다. 아울러 균일한 상품을 꾸준히 제공함으로써 국가 수익에 변동을 주는 중요한 요인 중 하나를 제거했다. 마지막으로 조작과 실험을 용이하게 하는 가독성 있는 자연 영역을 창출했다.

물론 과학적 삼림 관리라는 이상적인 꿈은 그 기술의 '내재적' 논리였을 뿐이다. 그것은 실제로 구현된 적도 없고, 그럴 수도 없었다. 여기에는 자연적 요인과 인위적 요인이 모두 개입했다. 환경과 관련해 기존 지형, 화재, 폭풍, 가뭄, 기후 변화, 병충해 등 예측 불허의 상황은 삼림 관리를 좌절시키고 실제 모습의 삼림을 형성하는 데 모두 일조했다. 또 광대한 삼림을 경비하는 일은 견디기 힘든 난관이었다. 인근 주민은 으레 가축을 방목하고 무단으로 땔감을 채취하고 숯을 만들 뿐 아니라 삼림을 다른 방식으로 사용함으로써 삼림 감독관의 관리 계획이 완전히 실현되지 못하게 만들었다.[17] 이상적인 여느 계획과 마찬가지로 그 목적을 제대로 달성하지 못한 것은 사실이지만 그 계획을 실제 삼림에 적용하는 데 부분적으로는 성공했다는 점이 중요한 사실이다.

과학적 삼림 관리의 원리는 19세기를 통틀어 독일의 큰 숲 대부분에서 실행 가능한 범위 내에서 엄격히 적용되었다. 견고함과 빠른 성장,

고급 목질로 유명한 노르웨이가문비나무는 상업적 삼림의 기반이 되었다. 애초에 노르웨이가문비나무는 과도하게 개발한 혼합 삼림을 재생시킬 수 있는 복원 수종으로 간주되었다. 그러나 최초 순환에서 비롯된 상업적 이윤이 놀라울 만큼 컸기 때문에 혼합 삼림으로 되돌아가려는 노력은 거의 없었다. 과거의 삼림에서 얻을 수 있었던 방목, 식량, 천연소재, 약품 모두를 박탈당한 농부들에게 단일 수종 삼림은 재앙이었다. 대략 4분의 3이 활엽수이고 다양한 종으로 구성되었던 원시림은 대부분 노르웨이가문비나무나 스코틀랜드소나무가 지배적인 혹은 유일종인 침엽수림으로 대체되었다.

단기적으로는 삼림을 단일 상품으로 급격히 단순화시키는 실험이 대성공을 거두었다. 단일 수종의 순환이 성숙하기까지 80년 정도 걸린다는 것을 감안할 때 다소 긴 편에 속하기는 하지만 말이다. 새로운 삼림의 생산성은 국내 목재 공급의 침체 국면을 벗어나 한층 더 균일한 입목과 더욱 쓰기 편리한 목질 섬유를 공급하는 한편, 삼림 토지의 경제적 수익성을 높이고 순환 시간(입목을 수확하고 다른 것을 조림하는 데 걸리는 시간)[18]을 상당히 단축했다. 평야 지대의 이랑 경작처럼 새로운 침엽수림은 단일 상품에 관한 한 경이적인 생산자였다. 집약적, 상업형 삼림 관리의 독일식 모델이 전 세계의 표준이 된 것은 당연했다.[19] 기퍼드 핀초트(Gifford Pinchot) 미국삼림학회 제2대 회장은 낭시에 있는 프랑스 삼림학교에서 교육을 받았는데, 당시 대부분의 미국과 유럽 삼림학교가 그랬던 것처럼 그 학교 역시 독일식 커리큘럼을 추종했다.[20] 인도와 버마(미얀마의 옛 이름—옮긴이)의 거대한 삼림 자원을 평가하고 관리하기 위해 영국이 고용한 최초의 삼림학자는 디트리히 브란데스(Dietrich Brandes)라는 독일인이었다.[21] 19세기 말까지 독일의 삼림과학은 독보적이었다.

독일 삼림과학이 성문화되고 교육 가능한 엄밀한 기술적 · 상업적 학문이 될 수 있었던 것은 정확히 말해서 삼림을 '하나의 상품 기계'로 크게 단순화시킨 노력 덕분이었다. 그 엄밀성을 위한 조건은 선택한 종의 산출량과 재배 및 벌채 비용에 직접 관련된 변수를 제외한 다른 모든 변수가 엄격하게 통제되거나 불변이라는 가정이다. 우리가 앞으로 도시 계획, 혁명 이론, 집단화, 농촌 재정착 등에서 살펴보겠지만 '통제 바깥'에 놓여 있는 전체 세계는 이러한 기술적 비전을 성가시게 만들며 되돌아온다.

독일 사례에서는 불필요한 요소를 모두 제거한 삼림으로부터 생물학적으로, 한 걸음 더 나아가 상업적으로도 부정적인 결과가 나오기 시작했는데, 이는 침엽수림의 두 번째 순환이 있고 나서 뼈아프게 명백해졌다. "그것들〔부정적 결과들〕이 명확해지는 데에는 약 100년이 걸렸다. 단일종의 순수한 입목 대부분이 그 첫 세대에는 훌륭하게 성장했다. 하지만 불과 제2세대에 이르러 놀라운 퇴행을 보였다. 그 원인은 매우 복잡하므로 단순한 설명만 가능할 뿐이다. ……따라서 전체적인 영양 사이클이 망가졌고 결국 거의 멈추게 되었다. ……어쨌든 순수 침엽수의 경우 두어 세대를 거치는 동안 〔목재의 품질을 분류하는 데 사용하는〕 등급이 한두 단계 떨어진 것은 널리 알려졌을뿐더러 흔히 관측되는 사실이었다. 이는 20~30퍼센트의 생산 손실로 나타났다."[22]

최악의 경우를 묘사하기 위해 새로운 개념인 '숲의 죽음(Waldsterben)'이 독일어 어휘에 추가되었다. 당시는 물론 현재에도 제대로 이해할 수 없는 균류와 곤충, 포유류와 식물상 간의 공생 관계, 토양 형성과 양분 흡수를 포함하는 유난히 복잡한 과정이 명백하게 붕괴함으로써 심각한 결과를 초래했다. 이러한 결과 대부분은 과학적 삼림의 극단적 단순화에서 그 원인을 찾을 수 있다.

무엇이 잘못되었는지에 관해서는 오직 정교한 생태학적 연구를 통해서만 판단할 수 있다. 하지만 몇몇 단순화의 주요 영향을 언급하는 것만으로도 과학적 삼림 관리가 일괄적으로 처리했던 요소 대부분이 얼마나 치명적인 것으로 판명되는지 설명할 수 있다. 독일의 삼림 관리에서 관리와 채취를 위한 형식적 정렬과 접근성에 대한 관심은 덤불이나 쓰러진 나무, 고목(枯木) 등을 거둬내고 토양 형성 과정에 필수적인 곤충, 포유류, 조류 집단의 다양성을 대폭 감소시키는 결과를 낳았다.[23] 오늘날 새로운 삼림의 지면에서 덮개 짚과 목질 바이오매스의 부재는 양분 있는 토양층을 얇게 만드는 주요인으로 여겨진다.[24] 동일 수령, 동일 종의 삼림은 서식 개체의 다양성이 낮을 뿐 아니라 큰 폭풍우 앞에 한층 취약하다. 곧, 종과 수령의 균일성이 문제였던 것이다. 일례로 노르웨이가문비나무 역시 그 종에 특화된 모든 '해충'에게 훌륭한 서식지를 마련해주었다. 이들 유해 생물 집단은 전염병 수준까지 증가했고 산출량의 손실을 초래했으며 비료, 살충제, 살균제, 쥐약 등에 높은 비용을 치르게 했다.[25] 최초 순환에서 대부분의 노르웨이가문비나무 삼림이 예외적으로 잘 성장한 것은 다양하게 구성된 원시림을 대체하기 이전에 오랜 기간 동안 축적된 토양을 먹고 살았기 (혹은 고갈시키면서 살았기) 때문이다. 일단 그 자원이 고갈되자 성장률이 가파르게 내려앉기 시작한 것이다.

과학적 삼림 관리의 선구자로서 독일인은 의도하지 않은 결과를 인식하고 개선하려는 시도에서도 선구적 역할을 했다. 이를 위해 그들은 스스로 '삼림위생학'이라는 학문을 창안했다. 삼림학자들은 딱따구리, 부엉이를 비롯해 나무에 둥지를 틀고 사는 새들의 집이 되어온 속 빈 나무를 대신해 특별히 설계한 상자를 마련했다. 개미 군체를 인공적으로 양성해 삼림에 이식하기도 했는데, 이 개미집을 돌보는 일은 지역 학생들이 맡았다. 단일 수종 삼림에서 사라졌던 몇몇 거미 종도 다시 들여왔다.[26] 이러한 노력과 관련해 인상적인 점은 생산을 목적으로 여전히 침엽수 단일 수종이 재배되고 있는 허약한 서식지 주변에서 그 작업을 시도했다는 것이다.[27] 이 경우 '가상적' 생태를 만들기 위한 '삼림 복원'이 시도되어 뒤섞인 결과를 드러냈지만, 숲을 지탱하는 데 가장 중요한 조건을 여전히 부정하고 있었다. 바로 다양성이다.

과학적 상품인 삼림을 대략 살펴봄으로써 얻을 수 있는 은유적 가치는 이를 통해 극도로 복잡한 그러나 잘 알지 못하는 관계와 과정의 조합으로부터 중요한 가치를 위해 한 가지 요소를 분리시킬 경우 초래되는 위험성을 잘 설명해준다는 점이다. 원시적인 삼림을 개척했던 새로운 도구, 그 칼은 단일 상품 생산에서 면도날처럼 예리한 이해관계였다. 핵심 상품의 효율적 생산을 방해하는 모든 것은 무자비하게 제거되었다. 효율적 생산과 무관해 보이는 모든 것이 무시되었다. 삼림을 하나의 상품으로 바라보려 했기 때문에 과학적 삼림 관리는 삼림을 상품 생산 기계로 개조하려 했다.[28] 삼림에서 공리주의적 단순화는 중 · 단기적 차원에서는 목재 생산을 극대화하는 효과적인 방법이었다. 하지만 결국 산출량과 장부상 이익에 대한 강조, 상대적으로 짧은 시간적 안목 그리고 무엇보다 과학적 삼림이 매사를 일사분란하게 처리했던 엄청난 결과는 유령처럼 되돌아와 삼림을 괴롭혔다.[29]

오래지 않아 가장 거대한 이익 영역, 즉 목질 섬유 생산에서조차도 나무를 보느라 숲 전체를 못 본 결과가 명백해졌다. 많은 경우, 관리상의 수월함과 경제적 보상을 좇는 이해관계가 강요하는 근본적 단순화와 직접 관련되는 것은 단일 수종 재배이다. 보통 단일 수종 재배는 복합 수종 재배에 비해 충격에 취약하고, 따라서 질병에 대한 스트레스나 일기 변화에도 취약하다. 리처드 플로크만(Richard Plochmann)이 표현한 것처럼 "모든 단종 재배가 전형적으로 갖는 한 가지 아주 심각한 약점은 자연 상태의 식물 군집 생태가 균형을 잃게 된다는 것이다. 자연 서식지 바깥에서 단일종 입목을 심을 경우, 나무 한 그루의 물리적 조건은 약해지고 적에 대한 저항력은 감퇴한다."[30] 관리되지 않는 어느 삼림도 폭풍, 병해, 가뭄, 척박한 토양, 혹한에서 비롯한 스트레스를 경험할 수 있다. 하지만 많은 수종과 새, 곤충, 포유류가 완전한 보완 관계를 갖춰 구성이 다양하고 복잡한 삼림은 단일 수종 삼림에 비해 훨씬 더 건강하며 여러 가지 난관을 견디고 회복하는 능력이 한층 뛰어나다. 바로 그러한 다양성과 복잡성이 황폐화를 방지하는 데 도움이 되는 것이다. 폭풍이 어느 한 종의 크고 오래된 나무를 쓰러뜨려도 같은 종에 속하는 작은 나무와 다른 종의 큰 나무는 대부분 화를 면할 수 있다. 참나무를 위협하는 병충해의 공격에도 린덴(linden)이나 서어나무는 피해를 입지 않을 수 있다. 바다에서 어떤 상황에 맞닥뜨릴지 모르는 상인이 다양한 형태, 무게, 돛, 길잡이가 있는 일군의 선단을 이뤄 항해하면 더 많은 배가 항구에 도착할 가능성이 있지만 단일한 형태와 단일한 크기의 배로 구성된 선단에 모든 것을 실어 보내면 모든 배를 잃을 위험이 커지는 것과 마찬가지로 삼림의 다양성이야말로 보험 정책 같은 역할을 담당한다. 후자의 방식을 따르는 상인이 운영하는 기업처럼 특히 장기간에 걸쳐 토양, 물, '병충해'에 맞서야 할 경우 단순화된 삼림은 매우 취약한 시스템이다. 그러한 위험은 인공적인 비료, 살충제, 살균제를 사용해 단지 부분적으로만 억제할 수 있을 뿐이다. 우리가 행정가의 숲이라 부를 수 있는 단순화된 상품 생산 삼림의 허약성 때문에, 그러한 삼림을 조성하는 데 필요했던 막대한 외부의 개입은 그것을 계속 유지하는 데도 점점 더 필요하게 되었다.[31]

사회적 사실, 날것 그리고 요리한 것

사회가 계량화의 대상이 되려면 개조되어야 한다. 사람과 재화의 범주를 정의해야 하고, 척도는 교환 가능해야 한다. 또 토지와 상품은 금전적 등가(等價)로 표현할 수 있도록 고안되어야 한다. 여기에는 베버가 합리화라고 일컬었던 개념이 많이 포함되어 있고, 집중화라는 개념 또한 마찬가지다.

－시어도어 M. 포터(Theodore M. Porter), 《표준화로서 객관성》

행정가의 숲은 자연주의자의 숲이 될 수 없다. 숲에서 실제 일어나는 생태적 상호작용은 널리 알려졌다 하더라도, 그 상호작용이 너무 복잡하고 다채로워 간단히 기술하기 어려운 하나의 현실을 구성한다. 관리할 수 있는 차원으로 그 복잡성을 줄이는 데 필요한 지적 필터가 상업적 목재와 세입을 늘이기 위한 국가의 이해에 따라 도입되었다.

아무리 인간의 필요에 의해 변형되었다 하더라도 자연적인 것이 '날것'의 형태로는 행정적으로 다루기 매우 힘든 것이라면, 자연을 포함하는 인간 상호작용의 사회적 패턴 역시 '날것'의 형태 그대로는 받아들이기 힘들다. 추상화와 단순화를 위해 웅대하고 거대하게 조직적으로 체계화된 과정을 거치지 않는다면, 행정 시스템은 현존하는 어떤 사회적 공동체도 재현할 수 없다. 삼림에서처럼 인간 사회도 물론 매우 복잡하고 변동이 심하다. 따라서 그 비밀을 관료적 공식에 맞춰 쉽게 드러내지 않는 것은 사실이지만, 이는 결코 단순한 능력의 문제가 아니다. 그것은 목적에 관한 문제이기도 하다. 국가 관리(agent)는 사회적 현실 전체를 기술하는 데 아무런 관심이 없고 또 없어야 한다. 이는 과학적 삼림 감독관이 삼림의 생태를 아주 구체적으로 기술하는 데 관심이 없는 것과 마찬가지다. 국가 관리들의 추상화와 단순화는 몇몇 목적에 맞추어 단련되었는데, 19세기까지는 대체로 조세, 정치적 통제, 징병 등이 가장 중요한 목적이었다. 그들에게는 이런 일들을 처리하는 데 필요한 적절한 기술과 이해력만이 필요했다. 앞으로 살펴보겠지만 '국가 재정을 위한 삼림'의 개발과 '과세 가능한 토지 소유권의 근대적 형태' 사이에는 몇 가지 교훈적인 유사 사례가 있다. 전근대 국가도 근대 국가만큼 세금 징수에 관심을 가졌다. 그러나 전근대 국가의 삼림처럼 전근대 국가의 징세 기술과 세력 범위에도 미진한 점이 많았다.

17세기 프랑스 절대왕정이 적절한 사례다.[32] 소금 및 담배 소비세, 통행세, 면허세 그리고 관작(官爵) 판매 등과 같은 간접세가 조세의 형태로 선호되었다. 이런 종류의 세금은 행정가에게 특히 편리했으며, 토지 소유와 수입에 관한 정보를 거의 필요로 하지 않았다. 귀족과 성직자처럼 세금을 면제받는 지위는 많은 양의 토지 재산에 전혀 세금을 매기지 않는다는 것을 의미한다. 많은 의무를 부유한 평민, 농부, 소작인에게 전가하면서 말이다. 비록 공유지가 농촌 저소득층을 위한 생계 수단으로 사실상 중요했지만 아무런 국가 수익도 산출하지는 못했다. 18세기가 되자 중농주의자들은 두 가지 가정에 근거해 공유 재산을 비난했다. 이를테면 공유 재산은 불충분하게 이용되었으며, 재정 운영상 무의미하다는 것이다.[33]

절대왕정의 조세 현황을 관찰할 때 누구나 받는 인상은 그것이 얼마나 심하게 변덕스럽고 비체계적인가 하는 점이다. 제임스 콜린스(James Collins)는 직접 토지세의 근간인 타유(taille)가 종종 전혀 징수되지 않았으며, 어떤 공동체도 그들에게 부과된 세금의 3분의 1 이상을 납부하지 않는다는 점을 발견했다.[34] 그 결과 국가는 세입 부족을 극복하거나 특히 군사 행동 같은 것에 소요되는 새로운 경비를 충당하기 위해 각종 예외적인 수단에 일상적으로 의존했다. 국왕은 지불할지 어떨지도 모르는 연금에 대한 보상으로 '강제 공채(종신 연금이나 양도권)'를 가차 없이 거두었다. 또 관직을 팔거나 이례적으로 벽난로세를 부과하기도 했다. 그리고 그중 가장 악질적인 것은 공동체 내에 군대를 주둔시키곤 하는 과

정에서 국가가 도시를 황폐화한 것이다.[35]

재정적 형벌의 일반적 형태인 군대의 숙영이 체계적 조세의 근대적인 형태에서 갖는 의미는, 대역죄인의 마예사열형(馬曳四裂刑, drawing and quartering)(이에 대해서는 미셸 푸코의 《감시와 처벌》도입부에 충격적으로 묘사되어 있다)이 범죄자를 체계적으로 감금하는 근대적 형태의 의미와 같다. 그렇다고 해서 다른 선택의 여지가 많았던 것은 아니다. 국가는 국민이 실제 지불할 수 있는 역량에 한층 근접한 수준에서 믿을 만한 세입을 거두어들일 정도의 정보와 행정망을 전혀 갖지 못했다. 삼림의 세입에서와 마찬가지로 졸속적인 계산과 여기에서 비롯된 산출량의 수시 변동 이외에 별로 대안이 없었다. 찰스 린드블럼(Charles Lindblom)의 적절한 표현을 빌리자면, 전근대 국가는 재정 측면에서 "모두 엄지만 있고 다른 손가락은 없는" 상황이었다. 정교한 조율이 불가능했던 것이다.

이 지점에서 삼림 관리와 조세 사이의 개략적인 유사성이 무너지기 시작한다. 지속 가능한 목재 산출에 대한 신뢰할 만한 정보의 부재에 따라 국가는 자원을 과잉 개발해 미래의 공급에 위협을 자초하거나, 아니면 삼림의 지속 가능한 개발 수준을 자각하는 데 실패했을 것이다.[36] 하지만 나무 그 자체는 정치적 행위자가 아닌 반면, 국왕의 과세 가능 대상자는 분명히 정치적 행위자였다. 그들은 조용한 저항과 다양한 회피 방식을 동원하거나 극단적으로는 노골적인 반란을 통해 무리지어 불만을 표현했다. 따라서 과세를 위한 확실한 방법은 국민의 경제 상태를 파악하는 것뿐만 아니라 무엇을 징세할 때 그들이 격렬히 저항할 것인지를 판단하는 것에 달려 있었다.

국가가 자국 영토의 각 지역 구석구석까지 인구, 토지 소유, 수확량, 부, 교역 규모 등을 측정하고 체계적으로 성문화하기 시작한 배경은 무엇인가? 이러한 과업과 관련해 가장 초보적인 지식에 도달하는 길에서부터 그 장애는 엄청났다. 단일한 도량형을 확립하고 토지 소유 지적도를 완성하기 위한 노력이 그 특징을 잘 드러내는 사례에 해당한다. 이들 각각의 경우는 강렬한 저항에 맞서기 위해 엄청난 비용이 드는 장기 캠페인을 필요로 했다. 저항은 일반 대중뿐만 아니라 지역의 토호들에게서도 일어났다. 그들은 종종 공직 사회 내부에서 분화된 이해관계와 임무가 만들어내는 행정상의 모순을 이용하기도 했다. 그러나 다양한 캠페인과 국가별 특성의 성쇠에도 불구하고 단일 도량형을 채택하고 지적도를 작성하는 패턴이 결국에는 보급되었다.

이들 각각의 사업은 지역 특유의 인식 및 관행과 국가 행정의 일상화된 절차 사이의 관계 패턴을 보여주기도 한다. 그리고 이러한 패턴은 이 책 전반에 걸쳐 공감을 얻게 될 것이다. 측정 및 토지 소유와 관련해 각 지방의 관행은 가공되지 않은 형태로서 국가가 '읽을 수 없는' 것들이었다. 그것들은 국가가 아니라 순전히 지방적인 갖가지 이해관계를 반영하는 다양성과 복잡함을 대변했다. 곧, 그들의 이해관계는—부분적으로 허구이기는 하지만—편리한 약기(略記)로 변형되거나 환원되지 않고서는 하나의 행정적 격자망으로 동화할 수 없었다. 필수적인 약기의 이면 논리는 과학적 삼림 관리에서처럼 통치자의 물질적 이해관계를 강요함으로써 제공되었다. 재정 인수, 군사력 그리고 국가 안보가 그것이다. 약기는 베크만의 '표준 삼림'이 그랬듯이 아무리 불충분하다 해도 단순한 기술(記述)은 아니었다. 기록, 법정 그리고 궁극적으로는 강압을 통한 국가 권력의 지원을 받으면서 이러한 국가 픽션(fiction)은—비록 격자망에 전체적으로 정확히 부합한 적은 없을지라도—측정하고자 한 현실을 나름대로 변형시킬 수 있었다.

가독성의 도구 만들기: 대중의 측정, 국가의 측정

비국가적 형태의 측정 방식은 지방적 관행의 논리에서 성장했다. 따라서 그 다양성이 당황스러울 정도로 행정적 단일성에 대한 장애물로 작용함에도 불구하고 그것들은 몇 가지 발생론적 양태를 공유한다. 중세 연구자인 비톨드 쿨라(Witold Kula)의 종합적인 연구 덕분에 측정의 지역적 관행을 고무하는 논리를 비교적 간명하게 설명할 수 있다.[37]

초기에 대부분의 측정은 인간적인 규모였다. 사람들은 거리에 대해서는 '돌을 던진 거리' 혹은 '귀가 들리는 거리'로, 부피에 대해서는 '한 대의 짐수레', '한 바구니' 혹은 '한 움큼' 등의 표현을 사용했는데, 이것들은 지금까지도 여전히 사용되고 있다. 짐수레나 바구니의 크기가 지역마다 다르고, 돌을 던진 거리가 개인마다 동일하지 않으므로 이러한 측정 단위는 지리적으로나 시간적으로 서로 달랐다. 심지어 분명하게 확정된 측정 방법조차 의심스러웠다. 예를 들어 18세기 파리의 '핑트(pinte)'는 0.93리터와 같았으나, 센 엔 몽타뉴(Seine-en-Montagne)에서는 1.99리터였고, 프레시 수 틸(Precy-sous-Thil)에서는 아주 놀랍게도 3.33리터와 같았다. 옷의 치수를 재는 데 쓰인 '앙(aune)'이란 측정 방식은 재료에 따라 다양했고(예를 들어 비단을 재는 단위는 리넨보다 작았다), 프랑스 전역에 걸쳐 최소 17개의 서로 다른 '앙'이 있었다.[38]

지방의 척도는 또한 상대적이거나 서로 '필적'하는 방식이었다."[39] 측정을 판단하는 거의 어떤 요구에 대해서도 그 요청의 맥락에 따른 다양한 응답이 가능했다. 내게 가장 친숙한 말레이시아의 한 지역에서 만일 어떤 사람이 "다음 마을까지 얼마나 떨어져 있나요?"라는 질문을 받았을 때 나올 법한 대답은 "밥을 세 번 지을 만큼"이다. 이 대답은 질문한 사람이 그곳까지의 거리가 얼마나 떨어져 있는지가 아니라, 얼마나 많은 시간 동안 가야 하는지에 관심을 갖고 있다고 가정한다. 물론 어떤 지역에서는 여행 시간을 안내하는 데 마일(mile)로 표현하는 거리를 전혀 신뢰할 수 없다. 특히 여행자가 도보로 혹은 자전거를 타고 여행할 때 그렇다. 최근까지 손목시계조차 드물었기 때문에 시간에 대한 대답은 분(minute)이 아니라 그 지방에서 의미 있는 단위들로 표현되었다. 그 지방의 쌀을 요리하는 데 시간이 얼마나 걸리는지 모르는 사람은 없다. 그러므로 접시 하나에 필요한 소금의 양을 물어보는 질문에 에티오피아 사람의 대답은 "닭을 요리하는 데 필요한 양의 절반"일 수 있다. 이러한 대답은 모든 사람이 알고 있을 것이라고 기대하는 하나의 표준에 의거한다. 이렇게 측정하는 관습은 지극히 지방적이기 때문에 쌀을 먹는 방식이나 닭 요리를 선호하는 방식에 따라 지역마다 결과가 달라질 수 있다.

지방 특유의 측정 단위에는 사실상 특정 행위가 결합되어 있는 경우가 많다. 아르준 아파두라이(Arjun Appadurai)가 언급하듯이 인도 마라티(Marathi) 지방의 농부는 그들이 재배하는 양파의 줄 간격을 뼘(handbreadth)으로 표현한다. 밭이랑을 따라 이동할 때는 손으로 재는 것이 가장 편리하기 때문이다. 이와 비슷하게 삼끈이나 로프를 측정하는 일반적 단위는 엄지에서 팔꿈치까지의 거리다. 끈을 감아 보관하는 방식에 잘 들어맞기 때문이다. 양파를 심을 때와 마찬가지로 측정 과정은 행동 자체에 내재되어 있으며, 어떤 별도의 과정이 필요하지 않다. 더욱이 그런 측정치는 근사치인 경우가 많다. 오직 당장 필요한 과제에서만 정확하면 되기 때문이다.[40] 만약 질문의 맥락이 특정 작물에 대한 것이라면 강우량의 경우 '풍부하다' 혹은 '부족하다'고 말하는 것으로 충분하다. 강우량을 '인치' 단위로 대답하는 것이 비록 정확할지는 모르지만 원하는 정보를 전달하는 데는 실패할 수도 있는 것이다. 그와 같은 대답은 이를테면 비가 내리는 시점 같은 중요한 문제를 배제한다. 분명 모호한 측정임에도 불구하고 다양한 목적에 이바지하는 데 한층 유리하며 통계적으로 정확한 숫자보다 한층 가치 있는 정보를 주고받을 수 있는 것이다. 관심의 초점이 산출량의 변동에 있을 경우, 어떤 농지에서 산출된 쌀의 양이 넷에서 일곱 바구니 사이라고 보고하는 경작자가 10년 평균 산출량이 5.6바구니라고 보고하는 것보다 더 정확한 정보를 전달하는 셈이다.

따라서 문제를 제기하는 해당 지역의 적절한 관심사를 구체화하지 않으면 측정의 문제를 내포한 질문에 대해 모든 의도를 만족시키는 유일한 답변은 없다. 개개의 측정 관습은 상황적으로, 지리적으로, 시간적으로 구속을 받는다.

관습적 측정의 특수성이 경작지에서보다 더욱 분명해지는 곳은 없다. 몇 에이커 혹은 몇 헥타르처럼 표면적을 기준으로 측정하는 근대의 추상적 토지 수치는 그저 몇 에이커의 땅으로 생계를 유지하는 가족에게는 그다지 유용하지 않은 숫자들이다. 한 농부에게 단순히 20에이커의 토지를 임대하고 있다고 말하는 것은 이를테면 학자에게 6킬로그램의 책을 빌렸다고 말하는 정도의 도움만 줄 뿐이다. 따라서 토지에 대한 관습적인 측정은 각각의 경우 실용적 관심이 가장 큰 측면들에 맞춰 실로 다양한 형태를 띤다. 땅은 풍부하지만 노동력과 역축(役畜)이 부족한 곳에서 가장 의미 있는 토지 단위는 땅을 갈고 제초하는 데 걸리는 일수(日數)인 경우가 많다. 일례로 19세기 프랑스의 토지 구획은 '모르겐(morgen: 1모르겐은 약 8516제곱미터. 독일어에서 유래한 단위로 'morgen'은 '아침'이라는 뜻. 즉, 1모르겐은 아침에 갈 수 있는 땅만큼의 면적을 의미한다—옮긴이)'이나 '주르날(journals: 대략 0.3~0.45헥타르. 프랑스의 전통적 토지 단위로 하루 동안 경작할 수 있는 땅을 말한다. 'jour'는 프랑스어로 '하루'를 뜻한다—옮긴이)' 혹은 땅파기나 풀베기 등 농사에 필요한 구체적인 작업 종류를 표현함으로써 기술되곤 했다. 말하자면 10에이커의 땅을 표현하는 '모르겐'의 수는 매우 다양했다. 만약 땅에 돌이 많고 가파른 경사가 있다면 비옥한 저지대에 비해 두 배의 노동력이 필요할 수도 있다. 또한 그 지방에서 사용하는 역축의 힘과 파종한 작물에 따라 장소별로 '모르겐'이 달라지기도 했다. 쟁기질 방식, 멍에, 마구 같은 기술적 조건이 하루에 달성할 수 있는 한 사람의 작업량에 영향을 주기 때문이다.

땅은 파종에 필요한 씨앗의 양에 따라 평가되기도 한다. 만약 토양이 좋다면 빽빽하게 씨앗을 뿌릴 테지만 반대로 척박한 농지에는 한층 성글게 심을 것이다. 농작지에 뿌린 씨앗의 양은 사실상 평균적인 성장 조건 하에서 기대하는 평균 소출과 관련해 비교적 좋은 대용물이라고 보면 된다. 물론 실제 계절별 산출은 훨씬 다양하게 나타나지만 말이다. 특정 작물을 재배하기 위해 뿌리는 씨앗의 양은—비록 얼마나 경작하기 힘들고 얼마나 다양한 작물을 수확할 수 있는지에 대해서는 거의 알려주지 않을지라도—그 땅의 생산성이 대략 어느 정도인지를 말해준다. 하지만 토지의 구획당 평균 산출량 자체는 다소 추상적인 수치이다. 겨우겨우 살아가는 농부 대부분이 가장 알고 싶은 것은 각각의 농지가 자신의 기본적 필요를 확실히 충족시켜줄 수 있는지 여부다. 따라서 아일랜드의 작은 농장들은 '암소 한 마리의 농장' 혹은 '암소 두 마리의 농장'으로 묘사되기도 했다. 우유 생산과 감자에 크게 의존하며 사는 농부들에게 목초지의 용량을 알려주기 위해서이다. 농장을 이루는 물리적 면적은 그 농장이 개별 농가를 먹여 살릴 수 있는지 여부와 비교할 때 전혀 중요한 요소가 아니었다.[41]

놀랍도록 다양한 관습적 토지 측정 방식을 이해하기 위해 우리는 단순한 표면적과는 다른 방식으로 만들어진, 문자 그대로 다수의 '지도'를 상상해야만 한다. 내가 염두에 두고 있는 것은 일종의 도깨비 집(fun house) 효과로서, 우리의 주목을 끌기 위해 다른 방식으로 고안된 지도 종류이다. 여기서는 이를테면 국력이 국가의 지리적 크기보다는 인구에 비례해 결정된다. 이렇게 볼 경우 중국과 인도는 러시아, 브라질, 미국을 압도하고 리비아, 오스트레일리아, 그린란드는 사실상 지도에서 사라진다. 이러한 유형의 관습적인 지도(매우 많은 종류가 있을 것이다)는 어느 것 하나 표면적과 일치할 필요가 없는 것들, 이를테면 산출량, 토양 유형, 접근성 그리고 생계를 유지하는 능력 등을 기본 단위로 환경을 구성한다. 이러한 측정 방법은 명백히 토착적이고, 실용적이고, 맥락적이며, 역사적으로 구체적이다. 한 가족의 생계를 충족시키는 것이 다른 사람들의 생계 소요를 충족시키지 않을 수도 있다. 지역의 작물 재배 방식, 노동력 공급, 농업 기술, 날씨 등의 요인은 시간에 따라 장소에 따라 평가의 기준이 다양하다. 국가가 직접 통제하기 위해 나설 때, 이 많은 지도는 어찌할 도리 없이 당황스러운 혼란만 드러낼 뿐이다. 그러한 기준 자체를 단일한 일련의 통계로 취합해 국가 관료로 하여금 의미 있는 비교를 할 수 있게 만드는 것은 절대적으로 불가능하다.

측정의 정치

지역적 측정 관행과 관련한 지금까지의 설명을 보면 비록 거리, 면적, 부피 등에 대한 각 지방의 개념이 국가가 선호할 것 같은 단일한 추상적 표준에 비해 훨씬 다양하고 다채로움에도 불구하고 나름대로 객관적인 정확성을 목표로 하고 있다는 인상을 줄 위험이 있다. 하지만 그러한 인상은 틀렸다. 모든 측정 행위는 권력 관계의 작동이 뚜렷이 드러나는 행동이다. 쿨라가 기술하듯이 근대 초기 유럽의 측정 관행을 이해하기 위해서는 그것을 귀족, 성직자, 상인, 장인, 농노 등과 같은 주요 신분 집단 사이의 경쟁적 이해관계와 연관해 살펴보아야 한다.

측정의 정치에서 상당한 부분은 오늘날 경제학자들이 봉건적인 지대

(地代)의 '가변성(stickiness)'이라 부를 법한 것에서 발생했다. 귀족과 성직자들은 봉건적 부담액을 직접 인상하는 것에 자주 어려움을 느꼈다. 다양한 수준의 부과조(賦課租: 농민이 영주에게 납부하던 여러 형태의 지대—옮긴이)는 기나긴 투쟁의 결과였으며, 기존의 수준에서 조금이라도 더 인상하는 것은 전통을 위협하는 행위로 여겨졌다.[42] 하지만 측정법을 조정하는 것은 동일한 목적을 얻기 위한 우회로를 의미했다. 일례로 지방 영주는 소작농에게 조금 작은 바구니로 식량을 빌려주고 더 큰 바구니로 갚도록 강요했다. 영주는 비밀스럽게 혹은 대놓고 (영주가 독점하고 있는) 제분소로 들어가는 곡물 자루의 크기를 늘리고, 밀가루로 만들어 나누어 담는 바구니의 크기를 줄일 수 있었다. 또 봉건 부과조를 큰 바구니로 거두고, 임금은 현물로 작은 바구니에 담아 지불할 수 있었다. 따라서 봉건 부과조와 현물 임금에 적용하는 공식적인 관습 그 자체는 손을 대지 않은 채 유지되었지만 (일례로 주어진 보유 토지의 수확량에서 동일한 개수의 자루를 요구하는 것) 실제 거래는 점차 영주에게 유리해졌다.[43] 이러한 사기(詐欺)의 결과는 결코 작지 않았다. 쿨라가 추정한 바에 따르면 주요 봉건 지대를 징수하는 데 사용한 부셸(bushel)의 크기는 1674년부터 1716년 사이, 이른바 '봉건 반동(feudal reaction)'이라 불리는 시기 중 일부 기간 동안 3분의 1만큼 증가했다.[44]

모든 사람이 측정 단위, 이를테면 부셸에 대해 분명하게 동의한 이후에도 우스운 일은 계속 나타났다. 사실상 초기 근대 유럽의 모든 지역에서 닳게 하거나 부풀리거나, 혹은 천이나 습기를 이용해 속이거나, 또는 테두리의 두께 등을 통해 바구니 크기를 조정하는 술수가 끊임없이 자행되었다. 어떤 지역에서는 부셸의 현지 표준은 물론 측정 단위까지도 아예 금속 형태로 만들어 신뢰할 만한 관료에게 맡기거나, 그렇지 않으면 문자 그대로 교회나 시청의 석재(石材)에 새겨 넣었다.[45] 하지만 거기서 끝나지 않았다. 곡물을 어떻게 쏟아 부을 것인지 (어깨 높이에서 부어 더욱 압축되게 할 것인지, 아니면 허리 높이에서 부을 것인지), 곡식에 얼마나 습기를 채울 수 있는지, 용기를 뒤흔들어 꽉 채울 수 있는지 그리고 최종적으로 꽉 채운 다음에는 어떻게 수평으로 깎을지 등에 대한 길고 지독한 논쟁을 둘러싸고 의견이 팽팽하게 맞섰다. 일부 협상에서는 곡식을 산처럼 수북이 담도록 요구했고, 또 다른 일부 협상에서는 절반만 수북하게 담도록 요구했는가 하면, 나머지는 평평하게 하거나 평미레질을 하도록 요구했다. 이는 사소한 일이 결코 아니었다. 봉건 영주는 수북이 담긴 부셸로 밀과 호밀을 받음으로써 소작료를 25퍼센트 인상할 수 있었기 때문이다.[46] 만일 관습적으로 곡물의 부셸에 평미레질을 해야 했다면 평미레(말이나 되에 곡식을 담고 그 위를 평평하게 밀어 고르게 하는 데 쓰는 방망이 모양의 기구―옮긴이)를 두고 한층 교묘한 술수가 자행되었을 것이다. 테두리 위로 평미레질을 할 때 평미레는 둥그스름해야 하는가, 아니면 날이 서 있어야 하는가? 누가 평미레질을 할 것인가? 그 일을 누구에게 안심하고 맡길 것인가?

누구나 짐작할 수 있듯이 여기에 비견되는 술수가 토지 측정 단위에 대해서도 끊이지 않았다. 길이의 일반적 단위인 엘(ell)은 봉건적 노동 부과조의 일환으로 밭을 갈거나 제초할 구역의 경계를 표시하는 데 사용되었다. 엘의 길이와 너비 역시 긴 투쟁을 통해 정착된 '가변적' 개념이다. 영주나 감독관 입장에서 엘의 길이를 늘임으로써 간접적으로 노동 부과조를 올리는 시도는 구미가 당기는 일이었다. 만약 이런 시도가 성공했다면, 부역 노동과 관련한 공식 규정을 위반하지 않고도 산출해 낸 부역의 양은 증가했을 것이다. 아마도 19세기 이전의 모든 측정 방식 가운데 가장 가변적인 것은 빵 가격이었을 것이다. 전근대 시기에 생존을 위해 지극히 중요했던 빵은 일종의 생계비 지표로 여겨졌고, 이때 빵 가격은 전형적인 도시 임금과 맺고 있는 상관성과 관련하여 여러 가지 뿌리 박힌 대중적 관행의 주제가 되었다. 쿨라는 제빵업자가―비록 '정해진 가격'을 대놓고 무시할 경우 폭동이 일어날까 두려워했지만―밀가루와 호밀 가루의 일정한 가격 변동을 벌충하기 위해 빵 덩어리의 크기와 무게를 조작했던 방식을 뛰어난 묘사를 통해 보여주고 있다.[47]

통치술과 측정의 상형문자

측정의 지역적 기준은 실용적인 필요와 결합되었기 때문에, 특정한 수확 패턴과 농업 기술을 반영했기 때문에, 기후와 생태에 따라 변화했기 때문에, "권력의 특성과 계급 특권을 옹호하는 수단"이었기 때문에 그리고 쓰디쓴 계급투쟁의 중심이었기 때문에 통치술과 관련해 상상을 초월하는 문제를 드러냈다.[48] 측정을 단순화하거나 표준화하려는 노력은 프랑스 역사를 관통해 라이트모티프(leitmotif: 오페라나 교향시 등에서 되풀이 나타나는 주제―옮긴이)처럼 반복되었다. 그러한 노력이 계속 재등장하는 것은 그 이전의 노력이 실패했음을 보여주는 확연한 징표였다. 지방적 관행을 간소하게 성문화하거나 변환표를 작성하고자 하는 시도는 현실적 변화에 추월당해 금세 시대에 뒤떨어지게 되었다. 왕의 대신(大臣)들은 지방적 측정 코드의 잡동사니에 직면했는데, 그것들은 하나같이 분쇄해야 할 대상이었다. 그것들은 각 행정 구역마다 각자의 사투리로 말하듯 외부인은 알 수도 없고 동시에 예고도 없이 쉽게 바뀌곤 했다. 국가는 지역의 조건과 관련해 중대하고도 잠재적인 손해를 초래하게 될 오산(誤算)을 스스로 감수하거나, 아니면 국왕의 신임을 받고 있는 귀족이나 성직자처럼 지역 현지 사정에 정통한 인물들―자신의 권력을 최대한 활용하는 일에 거리낌이 없는 사람들―의 조언에 전적으로 의존하는 수밖에 없었다.

지방적 측정 관행의 비가독성은 국왕에게 행정적 골칫거리 이상이었다. 그것은 국가 안보와 관련해 극히 치명적이고 민감한 측면을 손상시키기도 했다. 식량 공급은 초기 근대 국가의 아킬레스건이었다. 종교 전쟁만큼은 아니지만 식량 부족과 그로 인한 사회적 격변만큼 국가를 위협하는 요인도 없었다. 시장의 동태를 파악하는 일이 비록 불가능하지는 않았다 하더라도 비교 가능한 측정 단위가 없는 상태에서 지역의 생필품 가격을 비교하거나 식량 공급을 효과적으로 조절하기란 결코 쉬운 일이 아니었다.[49] 국가는 피상적인 정보, 소문, 개인적 이익에 입각한 지방의 보고서에 기초해 상황을 맞추어나가야 했기 때문에 뒤늦게 부적절한 대응을 하는 경우가 허다했다. 또 다른 민감한 정치적 사안인 조세 형평 문제에 대해서는 국가의 영향력이 아예 미치지 못했는데, 이는 수확량이나 가격과 관련해 비교 가능한 기본적 사실을 파악하기조차 어려웠기 때문이다. 세금 징수, 주둔군을 위한 징병, 도시의 식량 부족 해소 등을 위한 활발한 노력들은—다른 많은 측정 방식과 마찬가지로—국가의 보잘것없는 정보 수집 능력 탓에 실질적인 정치적 위기를 초래할 수도 있었다. 비록 국가 안보를 위협하지는 않을지라도 측정의 혼란은 심각한 비효율성을 초래하고, 재정 목표를 달성하지 못하거나 또는 초과하는 하나의 패턴을 낳았다.[50] 표준화하고 확정된 측정 단위 없이는 효과적인 중앙의 모니터링도, 세심하게 관리하는 비교도 불가능했던 것이다.

측정의 단순화와 표준화

우리의 시대, 인민, 영주를 정복한 자들은 자신의 제국이 그 견해를 손상시키거나 제약할 일체의 불균형과 마주치지 않은 채 당당하게 권력의 시선을 움직일 수 있는 하나의 통합된 영토를 갖기 원한다. 이를테면 같은 법률 조항, 같은 도량형, 같은 규칙 그리고 우리가 점진적으로 달성해온 같은 언어가 그것이다. 바로 이것들이 사회 조직의 완성을 공표한다. 그날의 위대한 슬로건은 '통일성'이다.
— 뱅자맹 콩스탕(Benjamin Constant), 《정복의 정신》

단순화함으로써 가독성 높은 삼림을 만들고자 했던 과학적 삼림 관리 계획이 삼림 이용권에 위협을 느낀 마을 주민의 반대에 직면한 것에 비해, 표준적이고 가독성 있는 측정 단위에 대한 정치적 반대는 훨씬 감당하기 어려웠다. 지역의 측정 방식을 확립하고 강제하는 힘은 귀족과 성직자가 흔쾌히 넘겨주지 않을 중요한 봉건적 특권이었다. 표준화를 거부하고자 했던 그들의 역량은 일정 정도의 통일성을 고수하려 했던 절대주의 통치자들의 노력이 연속적으로 실패하고 말았다는 사실에서 분명히 드러났다. 지역의 봉건적 관행의 특수성 그리고 그러한 관행이 중앙 집권화를 꾀하는 세력에 대항해 드러낸 완고함이 지방 차원에서 존재하던 힘의 자율성을 입증하는 데 도움을 준 것이다.

결국, 쿨라가 일컬은 '계량 혁명'이 가능하게 된 것은 세 가지 요인이 공히 작용했기 때문이다. 먼저, 시장 교환의 성장이 측정에서의 통일성을 촉진했다. 둘째, 대중적인 정서와 계몽주의 철학이 프랑스 전역에 걸친 단일 표준화에 유리하게 작용했다. 마지막으로, 혁명, 특히 나폴레옹의 국가 건설은 프랑스와 그 제국에서 계량 시스템을 실질적으로 강제했다.

대규모 상업 교환과 장거리 무역은 측정과 관련해 공통된 표준을 촉진하는 경향이 있다. 상대적으로 적은 규모의 교역을 할 때 곡물 거래상은 각자 사용하는 척도를 아는 범위 내에서만 몇몇 공급자와 거래할 수 있었다. 밀수업자처럼 세금과 관세 사이의 미세한 차이를 이용할 경우에는 수많은 종류의 단위를 탁월하게 이해함으로써 실제로 이익을 챙길 수 있었다. 그러나 어느 선을 넘어서면 대부분의 교역은 익명의 구매자와 판매자 사이의 원거리 거래망으로 구성되고, 경우에 따라서는 그 거리가 대단히 멀 때도 있다. 그러한 교역은 매우 단순화되어 있으며, 표준화된 중량과 측정을 통해 가독성 또한 높다. 장인의 수공품이 한 명의 생산자가 특정 고객의 요구에 맞춰 제작하고 그 물건 하나가 고유한 가격을 갖게 되는 전형적인 경우인 반면, 대량 생산된 상품은 특정한 사람이 아니라 다수의 구매자를 대상으로 하는 것이다. 어떻게 보면, 대량 생산된 상품의 미덕은 믿을 만한 균일성이었다. 교역 규모가 증가하고 재화 교환이 (1톤의 밀, 한 타의 쟁기 머리, 스무 개의 수레바퀴 등으로) 점차 표준화됨에 따라, 측정 단위에 대한 포괄적 합의를 받아들이려는 경향이 크게 증가했다. 관료와 중농주의자들은 동일 표준의 척도가 전국적 시장을 창출하고 합리적 경제 행위를 촉진하기 위한 전제 조건이라고 확신했다.[51]

왕국 전체에 걸쳐 단위 통합을 이룩하려는 지속적인 국가 프로젝트는 18세기에 들어와 '봉건 반동' 덕분에 상당한 대중적 지지를 받았다. 봉건 영지의 소유자나 야심가들은 대부분 자기 소유지에서 수익의 극대화를 바랐으며 측정 단위를 조작함으로써 그 목적의 일부를 달성했다. 이러한 기만행위는 혁명 직전 삼부회 소집을 위해 준비한 카이에(cahiers: 삼부회 의원이 선거 구민의 의견을 반영해 제출한 진정서—옮긴이)에서 분명하게 드러났다. 제3신분 집단의 카이에는 초지일관 동일한 척도를 요구한(비록 이것이 그들의 핵심적인 불만은 아니었지만) 반면 성직자와 귀족의 카이에는 조용했다. 아마도 그들은 이 이슈와 관련해 현상을 유지하는 것이 만족스러웠던 모양이다. 브르타뉴 지방의 다음과 같은 청원은 단일한 척도를 간청하는 것이 왕권에 대한 충성과 동일시된 전형적인 형태이다. "우리는 시민 계급에게 저지른 압제자들의 악행을 조사하는 데 그분들〔국왕과 왕실 그리고 총리〕께서 우리와 함께해줄 것을 간청합니다. 시민 계급은 사려 깊고 친절하며, 지금까지 왕좌 발치에서 감히 불만을 제기하지 않았습니다. 이제 우리는 왕께 정의를 청합니다. 또한 우리의 진심을 담아 오직 한 분의 왕, 하나의 법, 하나의 도량형을 향한 열망을 표명합니다."[52]

중앙 집권적 엘리트들에게 보편적 계량 단위와 특수한 계량 관행의 관계는 표준어와 현존하는 방언 사이의 혼란스러운 상태와 같았다. 절대주의 중앙은행이 봉건적 지방 통화를 일소했던 것과 마찬가지로 그와 같은 기묘한 방언은 새로운 보편적 금본위(金本位) 표준으로 대체되었다. 미터 체계는 이내 행정적 중앙 집권화 그리고 상업 개혁과 더불어 문화적 진보의 도구가 되었다. 혁명공화파 학자들은 이전의 왕립 아카데미 학자들처럼 미터법을 프랑스의 "국고 세입을 증진시키고, 군사력을 강하게 하며, 통치를 쉽게 할 수 있도록 만드는" 지적 도구 중 하나로 보았다.[53] 공통된 측정 방식은 곡물 교역에 박차를 가하고, 토지를 한층 생산적으로 만들며(가격과 생산성을 한결 쉽게 비교함으로써), 국가의 조세 체계 구축을 위한 토대를 놓는 것이라고 여겨졌다.[54] 그러나 개혁가들은 진정한 문화 혁명을 마음에 품고 있기도 했다. "수학이 과학의 언어이듯이" 프랑스 사회를 변화시키고 통합하는 데 복무하는 "계량 체계 역시 상업과 산업의 언어가 될 것"이라고 믿은 것이다."[55] 측정의 합리적 단위가 합리적 시민 의식을 고무할 것이기 때문이다.

하지만 측정의 단순화는 근대 사회의 혁명적이고 정치적인 단순화와 결부된 또 다른 사안이었다. 동질적이고 균일한 시민권 개념이 바로 그것이다. 각각의 사유지가 개별적인 법률 영역 내에서 작동하는 한, 사람을 구분 짓는 다양한 범주가 법적으로 평등하지 않은 한, 측정의 측면에서도 반드시 불평등한 권리를 갖게 된다.[56] 평등한 시민권 개념, 즉 '동등한' 시민이라는 관념은 계몽주의에서 그 기원을 찾을 수 있으며 백과전서파의 저작들에서 여실히 드러난다.[57] 백과전서파가 볼 때 측정과 제도, 상속법, 조세, 시장 규제 사이의 불협화음은 프랑스 사람이 하나의 국민이 되는 데 커다란 장애였다. 그들은 일련의 중앙 집권화 및 합리화 개혁을 구상했는데, 이는 모든 곳에서 동일한 성문법, 도량형, 관습, 신념이 지배하는 국가 공동체로 프랑스를 개조하는 것이 목적이었다. 이 프로젝트가 국가적 차원의 시민권 개념을 장려했다는 점을 지적할 필요가 있다. 곧, 프랑스 국민 한 사람이 왕국을 거닐면서 완벽히 공정하고 동등한 조건에서 나머지 동포들과 마주치게 되는 국가 시민권의 개념을 촉진했다는 사실에 주목할 필요가 있다. 표준이 각기 달라 그 지역 주민에게는 친숙하지만 외부인에게는 당혹스러운 작은 공동체들의 어수선한 덩어리가 아니라, 중앙 정부가 완벽하게 읽어낼 수 있는 하나의 국가 사회가 생겨날 터였다. 이러한 비전을 제안한 사람들은 당면한 현안이 단순한 행정적 편의성의 문제가 아니라 한 사람 한 사람의 변화라는 것을 잘 이해했다. "관습, 관점, 행동 원리의 균일성은 필연적으로 습속과 성향을 (공유하는) 거대한 공동체로 이끌 것이다."[58] 평등한 시민권이라는 추상적 격자는 새로운 현실, 곧 프랑스 시민을 창출했다.

따라서 측정의 동질화는 좀더 큰 해방적 단순화의 일부였다. 모든 프랑스 국민이 법 앞에 평등하다는 것이 국가에 의해 단번에 보증되었다. 그들은 더 이상 단순히 국왕과 영주의 백성이 아니었다. 이제 누구도 빼앗을 수 없는 시민으로서 권리의 담지자가 된 것이다.[59] '당연했던' 예전의 모든 구분이 이제는 적어도 법 앞에서만큼은 '당연하지 않을'뿐더러 무효화되었다.[60] 완전히 새로운 정치 체제가 기본 원칙을 가지고 창출되는 전례 없이 혁명적인 상황에서, 단일 계량법에 대한 법률 제정은 그다지 큰 문제가 아니었음이 분명하다. 혁명적 법령에 따르면 "수백 년을 이어온 단 하나의 계량법에 대한 대중의 꿈이 실현되었다! 혁명은 국민에게 미터법을 제공했다."[61]

보편적 미터법에 대한 선언은 그것을 프랑스 시민의 일상생활이 되도록 하는 것에 비하면 훨씬 쉬웠다. 국가는 법정에서, 학교 제도에서 그리고 부동산 소유 증서, 법적 계약서, 세법 조항 같은 문서에서 미터법 단위의 배타적 사용을 강조했다. 하지만 이러한 관료 영역 바깥에서는 미터법 체계가 매우 더디게 자리 잡았다. 가게에서 토아즈(toise) 막대를 몰수하고 미터 막대로 대체하도록 한 법령에도 불구하고, 대중은 여전히 옛날 방식을 선호하고 새로운 미터 막대에 예전의 계량 단위를 덧칠하는 경우도 잦았다. 심지어 1828년까지도 새로운 계량 단위는 '실제 영역'이 아니라 '법적 영역'의 일부였다. 프랑수아 르네 드 샤토브리앙(François-René de Chateaubriand: 프랑스 낭만주의 초기의 작가이자 외교관—옮긴이)은 "당신이 아르팡(arpent), 토아즈 그리고 피에(pied) 대신 헥타르, 미터, 센티미터라고 부르는 사람을 만날 때에는 안심하라. 그 사람은 국가 관리다"[62]고 언급했다.

토지 소유권: 지역적 관행과 재정 약기(略記)

초기 근대 국가의 세입은 당시 부의 주요 원천이던 상업과 토지에 세금을 부과하는 것에서 충당되었다. 상업에 대해서는 소비세, 사용세 및 시장세, 면허세, 관세 등을 적용했다. 토지에서 비롯된 부에 대해서는 과세 대상 토지와 관련해 납세 의무가 있는 개인이나 기관에 어떤 방식으로든 필지 단위로 세금을 부과했다. 근대 국가의 맥락에서는 이런 절차가 매우 간단해 보일지 모르지만, 그것을 현실화하는 데는 심각한 어려움이 있었다. 거기엔 두 가지 이유가 있다. 첫째, 관습적 토지 소유권에 대한 실제 관행이 각양각색으로 뒤얽혀 있어 납세자와 과세 대상 토지를 일대일로 대응시키는 것이 불가능한 경우가 많았다. 둘째, 측정의 표준화 과정에서 흔히 있는 일이지만 국가의 재정 관료가 바라는 통합적이고 투명한 토지 관계 시스템으로 인해 경제적으로 손해를 볼 수밖에 없는 사람들의 사회적 권력이었다. 궁극적으로 중앙 집권적 국가는 읽기 쉬운 새로운 토지 소유 시스템을 강제하는 데 성공했다. 과학적 삼림 관리의 경우에서처럼 국가는 토지 시스템의 기존 관행을 급진적으로 단순화시키는 동시에 그러한 관행이 토지를 더욱 간단하고 명료하게 읽는 일에 한층 적합하도록 조정하고 변형했다.

한 가지 사례

돈은 그 나름의 질서를 가지고, 마을은 그 나름의 관습을 가진다.　　　　　　　－자바 속담

토지 소유 습속을 극도로 단순화된 근대적 토지 대장의 도식에 근접시키는 것이 얼마나 어려운지 기술하는 데는 그러한 습속에 대한 하나의 가설적 사례가 도움이 될 수 있겠다. 필자가 얘기할 패턴은 동남아시아 답사 과정에서, 혹은 관련 문헌에서 우연히 보았던 습속의 혼합이다. 비록 이 사례가 가설적이긴 하지만 비현실적인 것은 아니다.

　중요한 식물 생장기에 각 가구가 몇 필지의 토지에 대한 이용권을 갖는 어떤 부락을 가정해보자. 하지만 여기서는 정해진 작물만 재배할 수 있으며, 매 7년마다 각 가구의 크기와 노동 가능한 성인 숫자에 따라 거주하는 가구들 간의 토지 이용권이 재분배된다. 주요 계절마다 추수가 끝난 후에는 모든 경작지를 공유지로 되돌리며 어떤 가구라도 이삭을 줍고, 가금과 가축을 방목할 수 있으며, 심지어 건기 작물을 재빨리 재배할 수도 있다. 목초지에 방목할 권리는 촌락 내 모든 가구가 공유하지만, 방목 가능한 가축의 숫자는 가구 규모에 따라 제한을 받는다. 가뭄이 들어 마초(馬草)가 부족한 해에는 특히 엄격하다. 각 가구는 자신의 방목권을 사용하지 않고 다른 주민에게 양도할 수 있다. 단, 외부인에게는 양도할 수 없다. 모든 사람이 통상적인 가구의 수요에 따라 땔감을 채집할 수

있는 권리를 가지며, 대장장이와 제빵업자에게는 더 큰 지분이 주어진다. 촌락의 삼림에 대한 일체의 상업적 판매는 허용되지 않는다.

나무와 그 나무에 열린 열매는 그 경지가 현재 누구의 땅인지와 무관하게 그 나무를 심은 가족의 소유이다. 그러나 그 나무에서 떨어진 열매는 그것을 채집한 사람의 소유이다. 어떤 집에서 나무 한 그루를 베거나 폭풍에 그 나무가 쓰러질 경우 그 나무 밑동은 심은 가족의 소유이고 쓰러진 부분은 현재 가족의 것이며, 잎과 잔가지는 그것을 가져간 어느 가난한 마을 주민의 것이 될 수도 있다. 자녀를 둔 과부나 병사로 징집된 가족이 있는 가구가 사용하거나 임대할 토지는 따로 남겨둔다. 토지와 나무에 대한 이용권은 마을 주민 누구에게나 임대할 수 있으며, 마을 주민 중 아무도 이의를 제기하지 않는 경우에 한해 외지인에게 이용권을 임대할 수도 있다.

흉작이 들어 식량이 부족해지면 이러한 합의 내용 중 상당 부분이 재조정된다. 부유한 주민은 가난한 이들에게 토지를 나누어주거나, 고용하거나, 혹은 단순히 식량을 보태주는 식으로 일정한 책임을 질 수 있다. 식량 부족이 더 지속되면 각 가구의 대표로 구성된 회의에서 식량 공급 목록을 만들고 일일 배급 제도를 시행할 수도 있다. 심각한 식량 위기나 기근이 발생할 경우, 마을로 시집온 여성 중 자녀가 없는 사람은 식량을 보조받지 못하고 친정이 있는 촌락으로 보내진다. 이 마지막 사례는 우리에게 지방의 관습적 토지 소유와 관련해 흔히 불평등이 지배적이라는 점을 환기시킨다. 홀로 사는 여성, 어린 남자아이, 그 외에 공동체의 핵심에서 떨어져나간 이들은 누구라도 명백히 불이익을 당한다.

이와 같은 설명을 한층 더 상술할 수도 있다. 앞에서 든 사례의 경우 그 자체가 단순화일 뿐 지역적 관습이 지배적인 경향을 띠는 상황에서는 실제 소유권 관계가 더 복잡할 것이라는 점을 부분적으로 시사한다.

그와 같은 방식으로 일상적 습속을 기술하는 것은 비록 그것이 법률처럼 보이더라도 그 자체로서 하나의 왜곡이다. 물론 권력 관계를 포함하는 여러 관습은 새로운 생태적·사회적 상황에 지속적으로 적응해나가는 관행의 살아 있는 그리고 매번 타협이 이루어지는 연속적 과정으로 생각할 때 더욱 잘 이해할 수 있다. 토지 소유의 관습적 시스템은 낭만적으로 볼 일이 아니다. 그 시스템은 젠더(gender), 신분, 혈통에 근거한 불평등으로 얼룩진 것이 일반적이다. 하지만 매우 토착적이고 특수하며 융통성이 있기 때문에, 그 유연성이 지배적 습속을 변화시키는 미세조정의 원천이 될 수도 있다.

오직 토지 관행을 존중하는 것에만 관심이 있는 입법자를 상상해보자. 달리 말해, 토지 보유와 소유 관계의 복잡한 실태래를 표현하고자 했던 성문화된 실정법 체계를 상상해보자. 이런 관행을 행정 관료가 이해할 수 있는—집행은 차치하고—수준의 법규로 정리하는 데 필요한 조항, 하위 조항, 차하위 조항은 상상조차 하기 힘들다. 그리고 설령 그러한 관행이 성문화되더라도 그 결과물은 필연적으로 습속의 유연성이나 기민한 적응성을 희생시킬 것이다. 새로운 적응을 촉진하는 상황은 셀 수 없이 많아 법 조항으로 구체화하는 것은 고사하고 예측조차 하기 어렵다. 그러한 법 조항은 살아 움직이는 과정에서 사실상 작동하지 않을 것이다. 진화하는 관행을 반영하기 위한 실정법상의 변화는 기껏해야 기계적이고 조화롭지 못한 적응을 보여줄 뿐이다.

옆에 있는 마을의 경우는 어떠하며, 또 그다음 마을의 경우는 어떠한가? 하지만 악마같이 영리하고 면밀한 우리들 상상 속의 입법자는 일련의 지방 습속에 맞춰 고안한 조항이 다른 지방에서는 그다지 성공적으로 적용되지 못한다는 점을 알아차릴 것이다. 각 마을은 저마다 독특한 역사, 생태, 경작 패턴, 친족 관계, 경제 행위를 갖추고 있어 전혀 새로운 일련의 법이 필요할 것이다. 궁극적으로는 적어도 공동체 숫자만큼 많은 법 조항이 필요할지 모른다.

물론 행정적으로 볼 때 소유권 관련법의 지역 간 불협화음은 악몽과도 같을 것이다. 그러한 악몽은 고유한 습속 때문에 그것을 표출하는 쪽이 아니라 균질하고 동질적인 국가 행정 법률을 열망하는 국가 관료들이 경험하는 것이다. '이국적인' 계량 단위처럼 한 지방의 토지 소유 관행은 그 지역 내에서 매일매일 살아가는 사람들에게는 완벽한 가독성을 지닌다. 그 구체적 내용은 이따금 서로 경쟁하기도 하며 그러한 관행을 실천하는 모든 이들이 만족스럽게 느끼는 것도 아니다. 그럼에도 불구하고 완전히 친숙한 것만큼은 사실이다. 지역 주민은 그러한 관행의 미묘한 내용을 이해하고 나름의 목적에 따라 유연하게 사용하는 데 아무런 지장이 없는 것이다. 이에 반해 국가 관료가 이 관행들을 해독해 각 관할 지역에서 새로운 소유 관계 법률을 적용한다는 것은 생각하기 어렵다. 근대 국가의 개념은 매우 단순화되고 정형화된 소유권 제도를 전제로 하며, 사실 이를 통해 중앙으로부터의 가독성과 통제력이 높아지는 것이다.

근대 소유권 법을 기술하면서 필자가 사용하는 '단순한'이라는 수식어는 그 복잡성 때문에 수많은 법률 전문가 집단에게 일자리를 제공하고 있다는 점을 감안하면 아주 잘못 사용한 것처럼 보일 것이다. 소유권 법은 여러 측면에서 일반 시민이 헤치고 지나갈 수 없는 덤불이었다. 따라서 이런 맥락에서 '간단한'이란 수식어를 사용한 것은 상대적일뿐더러 관점의 차이이기도 하다. 근대적인 '자유 토지 보유권'은 국가를 통해 매개되며, 따라서 국가 법령을 충분히 훈련받고 이해할 수 있는 사람들만 손쉽게 해독할 수 있다.[63] 마치 관습적 보유권의 상대적 명확성이 촌락 외부인에게 전달되지 않는 것처럼 그것의 상대적 단순성 역시 코드를 풀지 못하는 사람에게 허용되지 않는다.

모든 근대 국가가 열망하는 재정적 및 행정적 목적은 과학적 삼림 관리가 삼림을 재인식하는 것과 거의 유사한 방식으로 토지 보유권을 측정하고, 성문화하고, 단순화하는 것이다. 관습적인 토지 소유 관계에 내재된 풍부한 다양성을 조정하는 것은 사실상 생각하기 어려웠다. 적어도 자유주의 국가에서 단행된 역사적 해결책은 대체로 개인의 자유 토지 소유권을 극단적으로 단순화하는 것이었다. 토지는 법적 개인이 소유하게 되었다. 법적 개인은 사용, 상속, 매매에 관한 광범한 권한을 가지며, 그 소유권은 국가의 사법 당국과 경찰 당국을 통해 강제되는 균일한 토지 소유 권리 증서를 통해 표현된다. 삼림의 식물상이 표준화된 수목으로 단순화되었듯이 습속의 복잡한 소유권 체계가 자유 소유권과 양도 가능한 증서로 정리된 것이다. 농업에서 행정적 환경은 동질적인 토지의 균일한 격자로 일괄 처리되며, 각 필지는 법적 개인을 소유자, 곧 납세자로 갖는다. 면적, 토양 등급, 평균 수확고, 기대 산출량을 근거로 토지와 소유자를 평가하는 것이 공동 소유로 뒤얽힌 상태나 혼합 보유 형태를 평가하는 것보다 얼마나 수월하겠는가.

이와 같은 강력한 단순화의 최고 걸작은 지적도이다. 지적도는 훈련받은 조사원들이 작성하고 주어진 축척에 따라 작성했기 때문에 모든 토지 소유에 관해서는 어느 정도는 완벽하고 정밀한 조사 결과다. 지도 이면의 주도적 논리는 관리 가능하고 신뢰할 만한 조세 형식을 창출하는 것이다. 따라서 지도는 지도상에 구획된 각각의 구체적인 (통상적으로 번호가 매겨진) 토지를 납세 의무를 가진 소유자와 연결시켜주는 토지 등기부와 관련이 있다. 지적도와 토지 등기부 그리고 토지 조세의 관계는 삼림 감독관의 지도나 목록표와 국가 재정을 위한 삼림 개발의 관계와 같다.

거의 실재했던 협동조합법

혁명 이후 프랑스 지배자들은 거의 침투할 수 없는 그물망 같은 농촌 사회에 직면했다. 그것은 봉건적이면서도 혁명적인 관행이 만들어낸 것이었다. 통치자들이 단기간에 농촌 사회의 복잡성을 제거하는 일은 말할 것도 없거니와 그것을 목록화한다는 것조차 터무니없는 일이었다. 예를 들어, 이데올로기적으로 통치자들이 약속한 평등과 해방은 여전히 '주인'과 '하인'이라는 용어를 사용하는 장인 길드에서의 계약과 같은 농촌의 관습적 계약과 모순되었다. 그들은 왕국이 아닌 새로운 국가의 통치자로서 사회적 관계를 규정하는 하나의 총체적인 법적 프레임이 없다는 점 때문에 애를 먹기도 했다. 일부 사람에게는 프랑스인 모두를 포괄하는 새로운 시민법이 충분히 갖춰진 것처럼 보이기도 했다.[64] 그러나 프랑스 혁명과 공포 정치 시기에 나타난 지방의 봉기는 물론—좀더 일반적으로—대담하고 독자적인 농민의 공격성에 직면해 귀족과 비슷한 위협을 느끼게 된 농촌 토지 소유 부르주아 입장에서는 명시적인 협동조합법(Code Ruval)이 신변 보장에 필수적인 것으로 보였다.

결국, 혁명 이후 어떤 협동조합법도 성공적인 연맹을 이끌어내지는 못했다. 심지어 나폴레옹 법전의 광풍이 거의 모든 다른 영역에 불어닥칠 때조차 그랬다. 우리의 목적을 상기해보면, 궁지에 몰린 역사는 쓸모가 있다. 최초의 입법안은 1803년에서 1807년 사이에 제출된 것으로서 (공유 목초지와 타인 소유지에 대한 무료 통과, 통행 등과 같은) 대부분의 전통적 권리를 일소하고 부르주아 소유권 및 자유 계약권이라는 측면에서 농촌의 소유 관계를 본질적으로 수정할 것처럼 보였다.[65] 당시 제안된 법률은 모종의 근대적 프랑스 관행을 미리 상정하고 있었지만 많은 혁명가들이 그것을 가로막았다. 방임적 자유주의가 대지주로 하여금 봉건제의 종속 관계를 새로운 모습으로 재창출하게 할지도 모른다고 두려

위했기 때문이다.[66]

이 문제에 대한 재검토는 나폴레옹의 지시를 받은 조제프 베르넬 푸라소(Joseph Verneilh Puyrasseau)에 의해 이루어졌다. 이와 동시에 하원의원이던 라루엣(Lalouette)도 내가 가설적 사례에서 불가능하다고 보았던 것을 정확히 제안했다. 곧, 그는 모든 지방적 관행에 대한 정보를 체계적으로 수집하는 일에 착수했다. 그 목적은 그러한 관행을 분류하고 성문화한 뒤 법령에 따라 규정을 세우기 위해서였다. 문제의 법령은 협동조합법이 될 터였다. 기존의 습속을 나름대로 반영해 협동조합법으로 만든 다음 그것을 농민에게 제안하고자 했던 이 매력적인 계획은 두 가지 문제로 인해 좌절되었다. 첫 번째 어려움은 농촌의 생산 관계에서 상존하는 문자 그대로 '무한한 다양성' 중 어떤 측면을 재현하고 성문화할지를 결정하는 데 있었다.[67] 동일한 지역 내에서도 토지와 시기에 따라 관행은 크게 달랐다. 어떤 성문화 작업이라도 임의적인 부분이 있었을 테고 인위적으로 금지시킨 측면도 있었을 것이다. 따라서 지방의 관행을 성문화하는 것은 근본적으로 정치적 행동이었다. 지방의 명망가들은 법의 장막을 이용해 자신의 이익을 지켜낼 수 있었다. 하지만 다른 사람들은 그동안 의지해온 관습적 권리를 상실할 수밖에 없었다. 두 번째 문제는 라루엣의 계획이 모든 중앙 집권적 국가론자와 경제적 근대화론자에게 치명적인 위협이 되었다는 것이다. 왜냐하면 그들은 가독성을 갖춘 국가 소유권 제도야말로 진보의 전제 조건이라고 여겼기 때문이다. 서지 애버댐(Serge Aberdam)이 말하는 것처럼 "라루엣의 프로젝트는 메를랭 드 두에(Merlin de Douai)와 부르주아, 혁명적 법학자들이 항상 피하고자 했던 것을 정확하게 초래했다."[68] 라루엣과 푸라소의 법안 모두 결코 통과되지 못했다. 1807년의 법안들이 그랬듯이 그들의 법안 역시 지주들의 권한을 강화하도록 의도한 것처럼 보였기 때문이다.

공동 소유권의 비가독성

앞에서 말한 것처럼 전근대 및 근대 초기 국가는 세금을 부과할 때 개인보다는 공동체를 더 많이 겨냥했다. 러시아의 '인명세(soul tax)'와 같이 모든 국민으로부터 거둬들인 명백하게 개인적인 조세도 실제로는 공동체가 직접 납부하거나 관할 귀족을 통해 간접적으로 납부되었다. 부과된 총액을 조달하지 못할 경우에는 집단적 처벌이 뒤따랐다.[69] 개별 가구 수준 및 그들의 경작지에 정규적으로 손을 미칠 수 있었던 유일한 징세 행위자는 봉건 부과조와 십일조를 거두는 과정에서의 지방 귀족과 성직자들뿐이었다. 국가 입장에서는 이와 같은 수준에 도달할 정보도 없고 행정 수단도 없었다.

국가 지식의 한계 중 일부는 지역 생산의 복잡성과 다양성에 기인한다. 하지만 이것이 가장 중요한 원인은 아니다. 조세의 집합적 형태는 일반적으로 지방세와 징집의 부담을 최소화하기 위해 거짓 상황을 고하는 지방 관료의 이익 챙기기라고 볼 수 있다. 지방 관료들은 해당 지역의 인구를 최소로 추산하고 경작지 면적을 체계적으로 저평가하는 한편, 새로운 상업적 이윤을 감추거나 폭풍우나 가뭄에 따른 수확의 손실을 부풀렸을 것이다.[70] 지적도와 토지 등기부의 핵심은 재정 문제와 관련해 봉건주의를 타파하고 국가 재정 수입을 합리화하는 데 있었다. 과학적 삼림 감독관에게 삼림의 상업적 잠재력을 파악하기 위해 수목 목록표가 필요했던 것처럼 재정 개혁가에게도 지속 가능한 최대 세입 산출을 파악하기 위해 토지 소유권에 대한 상세한 목록이 필요했다.[71]

국가가 지방 귀족과 엘리트의 저항에 대처할 의지가 있고 (시간이 오래 걸리고 비용도 많이 드는) 또한 지적(地籍) 총조사에 착수할 재정 자원을 확보하고 있었다 가정하더라도 또 다른 장애가 기다리고 있었다. 특히 소유권의 몇몇 공동체적 양식은 지적도 형태로 적절히 표현하기가 불가능했다. 일례로 17세기와 18세기 초 덴마크 농촌 생활은 아이에르라우 (ejerlav)로 조직되어 있었다. 그 구성원은 지역의 경작지, 황무지, 임야를 사용할 수 있는 일련의 권리를 갖고 있었다. 그런 공동체에서 각 가구와 개인에게 지적도상의 토지 보유권을 특별히 부여하는 것은 불가능했다. 노르웨이의 대규모 농장에도 유사한 문제가 있었다. 각 가구는 농장의 일정 지분을 갖고 있었는데 그것은 토지의 크기가 아니라 가치에 대한 것이었다. 공동 소유자 중 누구도 농장의 특정 부분을 자신의 것이라고 주장할 수는 없었다.[72] 각 공동체의 경작 가능한 토지를 측정하고 수확고와 실질적 필요에 관한 몇 가지 가설을 적용해 수용 가능한 세금 부담을 도출할 수 있긴 했지만, 이들 마을 주민은 생계의 중요한 몫을 공유지에서의 어로, 임업, 수렵, 수지(樹脂) 및 숯 채취 등에서 확보했다. 이런 종류의 수입을 감독하는 것은 거의 불가능했다. 인근 마을의 거주자조차 (비록 금지된 관행이긴 했지만) 종종 각자의 공유지를 공동으로 사용했기 때문에 공유지에 대한 대강의 가치를 추정하는 것 또한 여의치 않은 문제였을 것이다. 그런 공동체에서의 생산 양식은 지적도 안에 담긴 자유 토지 소유권이 추정한 것과 양립하기 어렵다. 비록 증거가 충분하지 않더라도 공동 소유권이 자유 토지 소유권의 경우보다 생산성이 떨어진다고 주장되기도 했다.[73] 하지만 토지 소유의 공동체적 형태에 반대하는 국가의 입장은 그것이 재정적 측면에서 가독성이 없기 때문에 국고 수입상 생산성이 떨어진다는 정확한 관측을 기반으로 삼았다. 불운한 라루엣처럼 현실에 지도를 맞추기보다는 국가의 재정 격자망에 맞춰 소유권 체계를 강제하는 해결책이 역사적으로는 더 일반적이었다.

공동 자산이 방대하고 본질적으로 아무런 재정적 가치가 없는 한 소유권의 비가독성은 문제되지 않는다. 하지만 ('자연'이 '자연 자원'이 될 때) 공동 소유가 드물어지면서 국가 소유인지 개인 소유인지를 따져야 하는 법적 소유권이 문제로 대두되었다. 이런 측면에서 소유권의 역사는 한때 천혜의 공짜 선물로 여겨지던 삼림, 사냥터, 황무지, 목초지, 지하 광물, 물과 물줄기, 공중권(건물과 지표 위 공중에 대한 권리), 숨 쉴 공기, 심지어 유전자 서열까지 소유권 제도에 가차 없이 편입시키는 것을 의미했다. 공동 소유 농지의 경우 자유 토지 소유권의 강제는 관습적 권리 구조가 언제나 명확하고 충분했던 지역 주민을 위한 것이 아니라 조세 관료나 토지 투기꾼을 위한 것임이 명백해졌다. 지적도는 문서상의 정보를 국가 권력에 추가해주었고 이는 국가의 총체적 조망과 토지의 초지역적 시장을 위한 근간이 되었다.[74]

다음의 사례는 한층 가독성 높은 새로운 소유 제도가 자리 잡는 과정을 밝히는 데 도움이 될 것이다. 혁명 이전 러시아의 두 마을에서 겪은 경험은 농업 성장과 행정 질서에 대한 국가적 확신에 따라 개인별 소유권을 창출하려 했던 시도의 교과서적 사례이다. 대부분의 러시아 농촌은 1861년 농노 해방 이후에도 재정적 비가독성의 모델이었다. 공동체 소유가 지배적이었기 때문에 국가는 누가 어디를 경작하는지, 그 산출량과 수입이 얼마인지에 대해 아예 모르거나 조금밖에 몰랐다.

노보세로크(Novoselok) 마을은 경작, 목축, 조림 등 다양한 경제를 가졌던 반면 호티니차(Khotynitsa) 마을은 경작과 약간의 목축이 전부였다(그림 3~4). 복합적 지조(地條: 중세 유럽에서 장원의 경작지를 분할하는 최소 기본 단위—옮긴이) 단지는 마을 내 각 가구가 모든 생태 지역에서 일정한 지분을 받을 수 있도록 설계되었다. 개별 가구는 마을의 생태 지역과 국지성 기후에 따라 구분한 10~15개 정도의 다양한 플롯을 가질 수 있었다. 이러한 배분은 한 가족이 처할 수 있는 위험을 현명하게 분산시켰다. 또한 토지는 가계의 부침에 따라 재조정되었다.[75]

이런 상황은 토지 대장 조사단의 대표가 방향을 잃기에 충분했다. 얼

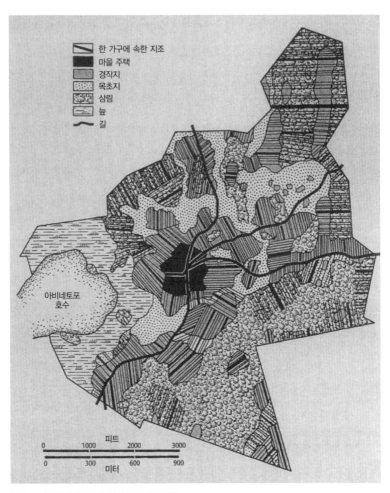

그림 3 스톨리핀 개혁 이전의 노보세로크 마을.

핏 보기에 그 마을 자체도 토지 상황을 이해하기 위해 전문적인 조사원이 필요한 것처럼 보였다. 그러나 지조 뒤얽기(interstripping)로 불리는 이러한 체계가 그 속에서 사는 이들에게는 실상 굉장히 간단했다. 지조는 일반적으로 곧고 평행해서 재조정이 필요할 때는 면적 차원의 고려 없이 단지 땅의 한쪽 편을 따라 작은 말뚝들을 옮기기만 하면 됐다. 그 반

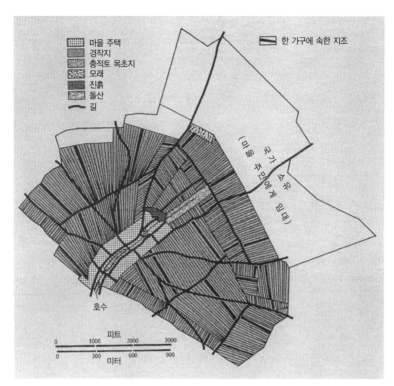

그림 4 스톨리핀 개혁 이전의 호티니차 마을.

대편 끝이 평행하지 않은 곳에서는 말뚝을 옮겨 더 좁거나 더 넓은 경작지의 끝부분을 향해 지조가 놓인 것을 보상해주면 그만이었다. 울퉁불퉁한 경작지는 면적이 아니라 산출량에 따라 분할되었다. 표면상으로는 그리고 지적도 작성에 나선 이들에게는 이런 패턴이야말로 분명 복잡하게 뒤얽힌 비합리적 관행처럼 보였다. 그러나 여기에 익숙한 사람들에게는 아주 간단하고, 그들의 목적을 달성하는 데 감탄할 정도로 적합했다.

적어도 농노 해방 이래 국가 관료와 농지 개혁가들의 꿈은 봉건적 '개방 경작 제도(open-field system)'를 자신이 서구적 모델이라고 생각한 일련의 통합된 독립적 농장으로 전환하는 것이었다. 그들은 개별 가구에 대한 공동체의 지배력을 깨뜨리고, 전체 공동체에 대한 집합적 조세를 개별 토지 소유자에 대한 조세로 바꾸려는 열망에 이끌렸다. 프랑스에서처럼 재정상 목적은 당시 유행하던 농업적 진보 이념과 긴밀히 연결되어 있었다. 게오르게 야니(George Yaney)가 적고 있듯이 세르게이 비테(Sergei Witte) 백작과 표트르 스톨리핀(Pyotr Stolypin) 총리 치하에서 개혁을 위한 계획은 과거 상황이 어떠했으며 그것이 어떻게 변해야 하는지에 대한 비전을 공유하고 있었다. "첫 번째 장면: 가난한 농부들이 마을에 북적거리고, 모두가 배고픔으로 고통을 받는다. 좁아터진 지조에서 쟁기를 든 채 맞부딪치기도 한다. 두 번째 장면: 농업 분야 전문가가 진보적인 농부 몇 명을 새로운 땅으로 데려가 더 넓은 터전에 정착시킨다. 세 번째 장면: 새로 정착한 농부들은 지조의 제약에서 벗어나 새로운 땅에 쿠토르(kuthor)〔주거지가 딸린 통합 농장〕를 세우고 최신 농사법에 적용한다. 촌락과 가족의 제약에서 풀려난 이들은 수요 경제에 뛰어든다. 모두 더 풍요로워지고 생산성도 더 높아진다. 도시는 성장하고 농부들은 프롤레타리아가 되지 않는다."[76]

지조 뒤얽기에 대한 편견이 확실한 증거에 의존했던 것 못지않게 러시아 촌락의 자율성, 외부인에 대한 그것의 비가독성 그리고 과학적 농업에 대한 지배적 도그마에 의존하고 있었다는 사실 또한 매우 분명하다.[77] 국가 관료와 농지 개혁가들은 일단 개별적인 구획이 확고하게 주어지면 농부들이 갑자기 부자가 되기를 원하고 가족을 효율적인 노동력으로 조직화하며 과학적 영농을 시작할 것이라고 추론했다. 이에 따라 스톨리핀의 개혁이 진행되었고 토지 대장의 질서가 개혁의 파도를 타고 두 마을에 도입되었다(그림 5~6).

노보세로크 마을에서는 각 가구에 목초지, 경작지, 삼림의 일정 부분

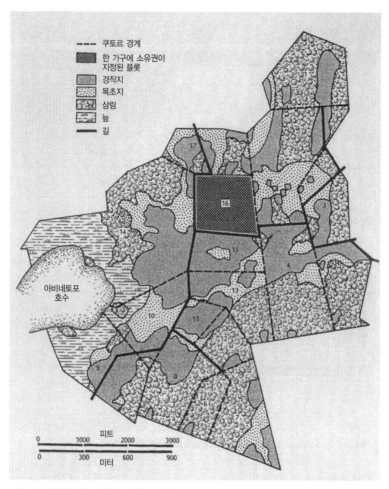

범례:
- --- 쿠토르 경계
- 한 가구에 소유권이 지정된 플롯
- 경작지
- 목초지
- 삼림
- 늪
- 길

아비네토포 호수

0   1000   2000   3000   피트
0   300   600   900   미터

그림 5 스톨리핀 개혁 이후의 노보세로크 마을.

을 제공하는 방식으로 17개의 독립적 농장, 곧 쿠토르가 생겨났다. 호티니차 마을에서는 10개의 쿠토르와 함께 78개의 농장, 곧 오트루브(otrub)가 생겨났는데, 소유자들은 계속해서 마을 중앙에 살았다. 토지 대장이 중요한 만큼 새로운 농장은 지도화가 가능했고 상부 혹은 외부에서의 가독성도 높았다. 각각의 농장을 식별 가능한 개인이 소유해 평가가 가

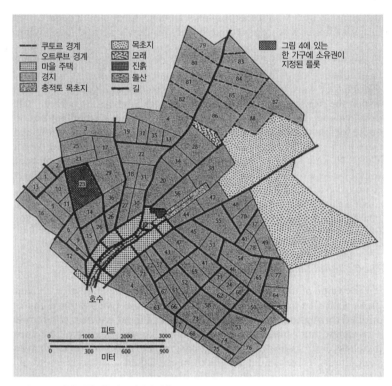

그림 6 스톨리핀 개혁 이후의 호티니차 마을.

능했기 때문이다.

　그림 5와 6의 지도를 아무런 도움 없이 보면 오해할 수도 있다. 이런 종류의 시범 마을은 지방 구석구석을 부지런히 돌아다니며 혼돈스러운 개방형 경작지를 정돈된 작은 농장으로 바꾼 토지 대장 작성팀을 떠올리게 한다. 현실은 별개였다. 사실상 잘 정돈된 네모꼴 땅에 대한 꿈은 조사자가 지리적, 사회적 저항에 직면하지 않은 새로 정착한 땅에서나 가능했다.[78] 다른 곳에서는 통합 농장 건설을 위한 엄청난 압력에도 불구하고 대개의 경우 개혁가들은 좌절했다. 금지되었음에도 불구하고 허가 없이 이루어진 합병도 있었다. 또한 새로 정착한 농부들이 과거처

럼 그들의 지조에서 농사를 짓는 '서류상 합병'도 있었다.[79] 농업의 소유권 체계를 중앙의 세리들이 읽을 수 없었다는 가장 큰 증거는 제1차 세계대전 기간 중 차르 정부가 군수품을 조달하는 정책을 펼 때 막대한 손실을 입었다는 사실에서 알 수 있다. 아무도 곡식과 역축을 얼마나 징발해야 할지 몰랐다. 결국 일부 농민은 파산했고 나머지는 곡식과 가축을 가까스로 비축했다.[80] 토지 소유권과 부에 대한 적절한 지식이 없는 상태에서 이루어진 강제 징발의 똑같은 경험은 10월 혁명 이후 전시(戰時) 공산주의 시기에 또다시 반복되었다.[81]

외부인에 대한 객관적 정보로서의 지적도

국가에게 지적도의 가치는 추상화와 보편성에 있다. 원칙적으로 말해, 전체 토지에 대해 모호하지 않은 완벽한 지도를 도출하기 위해서는 적어도 동일한 객관적 기준이 지역적 맥락과는 무관하게 국가 전반에 걸쳐 적용될 수 있어야 한다. 완벽한 지적도는 흥미롭게도 추상적 소묘와 구체성 결여, 곧 얇음 혹은 빈약함에 달려 있다. 지적도만 볼 때, 그것은 본질적으로 토지 구획 간 경계 혹은 변경에 대한 기하학적 표현일 뿐이다. 그 구획 안에 펼쳐져 있는 것은 구체화되지 않은 채 빈칸으로 남는다. 왜냐하면 그 안을 보여주는 것이 지도 제작 그 자체는 아니기 때문이다.

확실히 토지 구획과 관련해 면적이나 경계의 위치보다 훨씬 더 중요한 다른 많은 것들이 있다. 토양은 어떤 종류이고 어떤 작물이 자랄 수 있는지, 일하기는 쉬운지, 시장과 가까운지는 지적도의 잠재적 구매자가 가장 먼저 물어볼 만한 질문이다. 물론 세금 사정관도 물어보고 싶은 질문일 것이다. 자본주의 시각에서 토지의 물리적 차원은 핵심을 벗어나 있다. 그러나 앞에서 말한 여러 가지 속성은 그것들을 적용할 영역이 정해지고 측정을 시행한 다음에야 (특히 국가에게) 유의미해지는 법이다. 위치와 경계를 규명하는 것과 달리 이러한 속성에 대한 규명은 판단하기 복잡하고 속기 쉬울 뿐만 아니라 여러 사건에 휩싸일 수 있다. 농작물 순환과 산출량은 변할 수 있다. 새로운 도구와 기계가 경작을 바꿀 수도 있고, 시장이 바뀔 수도 있다. 이와 반대로 토지 대장 조사는 정교하고 도식적이며 일반적이고 획일적이다. 다른 결점이 무엇이건 간에 토지 대장 조사는 모든 토지 구획과 그 소유자, 즉 납세자가 종합적으로 관련된 조세 통치의 전제 조건이다.[82] 이러한 정신에 따라 1807년 (나폴레옹의 프랑스에서 영감을 받아 시행된) 네덜란드의 토지 조사 사업은 모든 측량사가 동일한 척도를 사용해야 하고, 측량 도구는 정기적으로 적합성 검사를 받아야 하며, 모든 지도는 1:2880의 동일한 축척에 따라 그려야 한다고 강조했다.[83]

토지 지도 일반, 특히 지적도는 지역적 상황을 외지인이 읽을 수 있도록 고안되었다. 순전히 지역적 용도에서만 보면 지적도는 반드시 필요한 것이 아니다. 이를테면 강을 끼고 있는 목초지를 누가 보유하고 있는지, 거기서 산출하는 목초의 가치가 얼마인지, 감당해야 할 봉건 부과조가 얼마인지는 이미 모든 사람이 알고 있다. 그 정확한 수치는 전혀 알 필요가 없다. 중요한 토지에는 글로 쓰인 지도, 곧 테리에(terrier)를 만들어두었다. 해당 토지의 소유자가 부담했던 의무를 기록한 오래된 증서에서는 이를테면 "큰 참나무에서 북쪽으로 120피트 강둑 방향으로, 거기서부터⋯⋯"라는 식의 내용을 찾을 수 있다. 우리는 그러한 문서가 젊은 상속자에게는 가치 있는 것이며, 소유지를 관리하는 데는 새로운 방식이라고 상상한다. 그러나 특히 토지 시장이 활성화되면서 제대로 된 지도가 유용성을 갖게 된 것으로 보인다. 네덜란드는 빠른 상업화 추세와 투기꾼 덕분에 토지 지도 제작의 선두 주자가 되었다. 풍차를 돌려물을 퍼내는 것에 투기하는 사람의 경우, 어느 구역에서 새롭게 토지 소유권을 부여받을 수 있는지 사전에 정확히 알아야 했기 때문이다. 지도는 토지 자산을 보유한 신흥 부르주아에게 특히 중요했다. 왜냐하면 지도를 통해 한눈에 넓은 면적의 영역을 조사할 수 있었기 때문이다. 지도의 소형화는 토지가 여러 작은 필지로 구성되어 있거나 소유주가 그 영역을 상세히 알지 못할 때 비망록으로서도 기능하게 되었다.

이미 1607년에 영국인 측량 기사 존 노든(John Norden)은 지도가 시찰 여행을 대체할 수 있다며 지도를 귀족들에게 판매했다. "정밀한 정보를 바탕으로 정확히 그린 도면은 장원의 이미지를 생생히 기술할 수 있으므로 영주는 의자에 앉은 채로 자신이 무엇을 가지고 있는지 그리고 어디가 자기 소유인지, 어떤 상태인지 알 수 있다. 그리고 각각의 용도와 업무를 한눈에 알 수 있다."[84] 국가 조세 행정에도 이와 동일한 논리가 필요하다. 곧, 신참 관료가 자기 사무실에 있는 서류를 통해 빠르게 이해하고 집행할 수 있는 가독성 있는 관료적 방식이 필요한 것이다.

이 그림에서 사라진 것은

행정가는 자신이 지각하는 세계가 실제로는 소란스럽고 굉장히 혼란스럽게 구성된 세계를 철저히 단순화한 모델이라고 인식한다. 그는 과감한 단순화에 만족한다. 왜냐하면 실제 세계가 대체로 공허하다고 믿기 때문이다. 또 실제 세계에 있는 대부분의 사실이 자기가 직면한 특정 상황에서 그다지 적절하지 못하며, 가장 중요한 인과 사슬은 짧고 단순한 것이라고 믿기 때문이다.

— 허버트 사이먼(Herbert Simon)

아이자이어 벌린(Isaiah Berlin)은 자신의 톨스토이 연구에서 '엄청나게 중요한 것 한 가지'를 알고 있는 고슴도치와 '많은 것'을 알고 있는 여우를 비교했다. 과학적 삼림 감독관과 토지 대장 담당 관료는 고슴도치와 같다. 삼림 감독관의 이해관계는 상업용 목재에 뚜렷이 집중되어 있고, 토지 대장 담당 관료는 토지에서 나오는 세입에 집중한다. 이처럼 외통수로 집중된 이해관계는 그들로 하여금 단 한 가지 질문에 대한 명쾌한 해답을 찾도록 강요한다. 한편, 자연주의자와 농부는 여우와 같다. 그들은 삼림과 경작지에 대해 매우 많은 것을 알고 있다. 삼림 감독관과 토지대장 관료의 지식은 비록 범위가 훨씬 좁을지라도 체계적이고 총괄적이다. 여우가 이해 못하는 것을 보고 알 수 있게 해준다는 점을 잊어서는 안 된다.[85] 하지만 내가 여기서 강조하고 싶은 것은 토지 소유권에 대한 다소 정태적이고 근시안적인 시각을 희생해 이 지식을 얻어내는 방식에 관한 것이다.

지적도는 강의 흐름을 찍은 스틸 사진과 매우 비슷하다. 측량이 이루어지는 그 순간의 구획 배치와 소유 상태를 그대로 재현한다. 하지만 강물은 지속적으로 움직인다. 그리고 중요한 사회적 격변과 성장의 시기에 지적 조사는 거대한 소용돌이 광경을 정지시킨 듯 찍을 뿐이다.[86] 변화는 땅의 경계에서 일어난다. 곧, 토지는 상속이나 구매로 인해 나뉘거나 병합되고 새로운 수로, 길, 철도가 놓이며, 이용 방법도 늘 변화한다. 이와 같은 특정한 변화는 세금을 매기는 데 직접 영향을 주므로 그것을 지도나 토지 등기부에 기록하기 위한 조항이 있게 마련이다. 이렇게 주석(註釋)과 방주(旁註)가 특정한 지점 위에 계속 쌓이게 되면 지도의 가독성이 떨어진다. 그다음에는 더 최신의 그러나 여전히 정태적인 지도를 그려야 하고, 이러한 과정은 다시 반복된다.

이용 중인 토지 소유 체계도는 단순히 필지와 소유권을 규명하는 데서 멈출 수 없다. 비록 정태적인 것이라 하더라도 다른 개략적 사실 또한 지속 가능한 징세에 필요한 나름의 판단을 내리기 위해 도출되어야 한다. 토지는 배수가 잘되는지, 어떤 작물이 잘 자라는지 그리고 추정 산출량이 얼마인지 등에 대해 표본 수확을 통해 확인함으로써 토양의 등급을 매길 수 있다. 이러한 사실은 늘 변화하며, 평균값이 그들 간의 크고 다양한 편차를 감출 수도 있다. 지적도의 스틸 사진처럼 이러한 사실은 시간이 지남에 따라 더욱 비현실적이 되므로 반드시 재조사해야 한다.

국가의 다른 모든 단순화와 마찬가지로 이런 종류의 국가 단순화는 그것이 대표한다고 가정하는 실제 사회 현상보다 언제나 훨씬 더 정태적이고 도식적이다. 농부가 평균 수확량, 평균 강우량, 작물의 평균 가격을 경험할 일은 거의 없다. 근대 초기에 유럽을 비롯한 다른 지역에서 나타난 농촌 조세 저항의 역사 중 대부분은 한편으론 융통성 없이 납세를 요구하고 다른 한편으론 그러한 요구를 충족시킬 수 있는 농촌 주민의 역량에 기복이 클 경우, 이들을 조정하지 못했기 때문에 발생했다고 말할 수 있다.[87] 선의에서 나온 지적 체계가 아무리 공평하다 하더라도, 측량과 계산의 안정적인 단위에 기초하지 않고서는 균일하게 운영될 수 없다. 그 체계가 더 이상 농부가 경험한 실제 복잡성을 반영하지 못하는 것은 과학적 삼림 감독관의 도식이 더 이상 자연주의자가 보는 삼림의 복잡성을 반영하지 못하는 것과 마찬가지다.[88]

실용적이고 구체적인 목적이 지배하므로 지적도라는 안경 역시 매우 뚜렷이 정의되는 관점 바깥에 놓인 일체의 것을 무시해버린다. 이는 측량 과정 그 자체에서 구체적인 사항의 손실로 나타난다. 최근 스웨덴의 연구 결과에 따르면, 측량 기사는 지면을 실제보다 더욱 기하학적으로 정형화한다. 구불구불하고 울퉁불퉁한 것을 제거해버리면 작업이 수월할뿐더러 결과에도 실질적인 영향을 주지 않기 때문이다.[89] 상업적인 삼림 관리자가 삼림의 소소한 상품을 못 본 척하는 게 더욱 편리하다는 사실을 발견한 것과 마찬가지로, 토지 조사 관료 역시 주요 상업적 토지 이용을 제외한 다른 모든 것을 무시하려 했다. 밀과 건초 재배를 위해 지정해둔 땅이 깔짚, 이삭, 토끼, 새, 개구리, 버섯 등의 보고(寶庫)일 수 있다는 사실은 잘 알려지지 않았다기보다 무시되었다. 왜냐하면 그로 인해 행정 처리가 불필요하게 복잡해질지 모른다고 우려했기 때문이다.[90] 물론 근시안적 접근의 가장 두드러진 사례는 지적도와 토지 사정 체계에서 토지와 그 가치의 차원을 오직 생산적 자산 혹은 판매 상품으로 국한시킨다는 점이다. 생계 목적이나 지역 생태와 관련해 차지할 수 있는 토지의 가치가 심미적, 제의적(祭儀的), 감상적 가치로 치부되어 고려 대상에서 제외되고 마는 것이다.

변형과 저항

지적도는 작성을 지시한 사람들의 권력을 반영하는 동시에 강화하는 통제 도구이다. ……지적도는 당파적이다. 여기서 지식은 권력이다. 18~19세기의 세금 투쟁에서 통치자와 피치자 모두 잘 알고 있었듯이 지적도는 일부에 이익이 되고 다른 이에게는 손해가 되는 종합적 정보를 제공하기 때문이다. 마지막으로 지적도는 적극적이다. 어떤 현실을 표현하는 과정에서 지적도는—신세계나 식민지 인도에서처럼—구세계를 제거하는 데 일조한다.
—로저 케인(Roger Kain)과 엘리자베스 베이전트(Elizabeth Baigent), 《지적도》

세무 관료가 현실을 이해하는 공식으로 삼는 약기(略記) 방식은 단순한 관측 도구가 아니다. 세무 관료들은 이른바 재정 분야의 하이젠베르크 원리를 통해 자신이 주목하는 사실을 변형시킬 만한 권력을 갖는 경우가 많다.

프랑스 집정부 시기에 제정되어 1917년에 이르러서야 폐지된 창문세가 적절한 사례이다.[91] 이 법안의 입안자는 거주 가옥의 문과 창문 숫자가 집의 크기에 비례한다는 것을 분명 추론했을 것이다. 따라서 세금 사정관은 집에 들어가 실제로 측정하지 않고 단순히 문과 창문의 숫자를 세기만 하면 되었다. 간단하고 실행 가능한 방식으로서는 기막힌 아이디어였다. 하지만 이에 따른 나름의 문제가 있었다. 농민의 가옥은 이러한 공식을 염두에 두고 점차 가능한 한 창문 수를 줄이게끔 설계되고 개조되었다. 재정 손실은 창문당 세금을 올려 벌충할 수 있었지만 농촌 주민의 건강에 미친 장기적 영향은 한 세기 이상 지속되었다.

국가가 강제한 토지 소유권의 새로운 형태는 창문세보다 훨씬 더 혁명적이었다. 그것은 제도적 틀 전체를 새로 구축했다. 행정가에게는 단순하고 균일한 새로운 소유 체계였을지 모르지만, 이것이 마을 주민을 부동산 권리 증서, 토지 관리 사무국, 세금, 토지 감정, 청원의 세계에 무계획적으로 밀어 넣었다. 주민은 토지 사무관, 측량 기사, 판사, 변호사 등 익숙하지 않은 절차와 결정 규칙을 다루는 강력한 전문가 집단을 마주할 수밖에 없었다.

새로운 토지 소유 제도가 식민지 통치에 의해 이식된 경우, 곧 전적으로 생경한 지역, 미지의 언어와 제도적 맥락을 사용하는 외부 정복자가 새로운 체제를 강제했던 지역 그리고 지역의 토지 소유 관행이 자유 토지 소유 체계와 조금도 비슷하지 않은 지역에서는 그 결과가 더욱 치명적이었다. 일례로 인도에서의 영구 정착은 새로운 계급을 출현시켰다. 이들은 토지에 대해 세금을 낸다는 이유로 상속권과 매매권을 갖는 온전한 소유자가 되었다. 이는 과거에는 전혀 존재하지 않았던 것이다.[92] 이와 동시에 문자 그대로 수백만 명의 경작자, 소작인, 노동자가 토지와 그 부산물에 접근할 수 있는 관습적 권리를 상실했다. 식민지에서는 새로운 토지 소유 행정의 비밀스러운 미스터리를 먼저 알아챈 사람이 유례없는 기회를 누렸다. 따라서 베트남 출신 사무관과 통역관들은 메콩 강 삼각주의 프랑스 관료와 그들의 베트남 피지배자 사이에서 중개인 역할을 하며 막대한 부를 챙겼다. 권리 증서 같은 법적 서류나 수임 수가를 집중적으로 다루는 과정에서 이들 중개인은 공유지를 무상으로 개발했다고 간주된 경작자들의 마을 전체 지주로 변하는 경우가 잦았다. 물론 새로운 중개자들은 이따금 같은 동포를 새로운 법의 덤불에서 보살펴주기 위해 자신의 지식을 활용하기도 했다. 그들이 어떻게 처신했든 행정 관료를 위해 가독성 있고 투명하게 특별히 고안된 토지 소유 체계의 언어를 잘 이해한 중개자들이 그 체계를 해독할 수 없는 농촌 주민을 상대하게 되면서, 권력 관계에 중대한 변화가 발생한 것은 사실이다.[93] 중개자에게는 단순한 것이 대다수 경작자에게는 당혹스러운 것이었다.

토지의 자유 보유권과 표준화된 토지 측정이 중앙 집권적 과세와 부동산 시장에 대해 갖는 의미는 중앙은행의 통화가 시장에 대해 갖는 의미와 같다.[94] 똑같은 이유로 이는 지방 권력과 자율성의 상당 부분을 파괴할 위험이 있다. 따라서 그것들이 격렬한 저항에 부딪힌 것은 당연한 결과였다. 18세기 유럽에서 전국적 토지 조사 사업은 어떤 경우에든 중앙 집권화의 첫 단추였다. 지방의 성직자와 귀족은 자신의 조세 권한과 자신이 누리던 면세권이 위협받는 상황을 지켜봐야 했다. 평민 계급은 토지 조사 사업을 지방 조세를 강화하기 위한 위장으로 보았을 것이다. 프랑스 절대주의 시대의 위대한 '중앙 집권론자' 장바티스트 콜베르(Jean-Baptiste Colbert)가 국가 차원의 토지 지적 조사 실시를 제안했으나 1679년 이를 반대하는 귀족 세력과 성직자의 결탁으로 좌절했다. 한 세기가 지난 프랑스 혁명 이후 급진파인 프랑수아 노엘 바뵈프(François Noël Babeuf)는 자신의 '영구 토지 대장 프로젝트'에서 모든 사람이 균등한 필지를 받게 되는 완전한 평등주의적 토지 개혁을 꿈꾸었다.[95] 그 역시 실패했다.

우리는 세상을 변형시키는 국가의 단순화 능력뿐만 아니라 그것에 의해 부과된 카테고리를 수정하고, 방지하고, 심지어 전복하는 사회의 능력도 기억해야 한다. 여기서 실제적 사실과 서류상 사실이라고 부를 만한 것을 구별하는 것이 필요하다. 샐리 포크 무어(Sally Falk Moore)를 비롯한 다른 많은 다른 사람들이 강조하듯이 토지 관리 사무소의 기록이 과세의 근거가 될 수는 있지만, 그것과 토지에 대한 실제 권리 사이에는 관계가 없을 수도 있다. 서류상의 소유자가 실제 소유자가 아닐지도 모르기 때문이다.[96] 이미 살펴보았듯이 러시아의 농부들은 지조 뒤얽기를 계속하면서 '서류상'의 병합을 등기할 수도 있었다. 무단 침입, 불법 점거, 불법 토지 이용 등은—만약 성공했다면—서류상으로 드러나지 않는 사실상의 소유권 행사이다. 어떤 토지세와 십일조는 그것이 사문화되는 단계에 이르러 회피되거나 무시되었다.[97] 토지 소유의 실제적 사실과 서류상 사실 사이의 간극은 아마도 사회적 혼란과 폭동의 순간에 가장 높아질 것이다. 그러나 평온한 시기라 해도 지적 사무소에서의 공식적인 평가를 비껴 잠복해 있거나 그 아래 숨어 있는 토지 소유 체계는 언제나 존재할 것이다. 지역 관행이 국가 이론을 따른다는 가정은 절대 금물이다.

중앙 집권화한 모든 국가는 균일하고 종합적인 지적도의 가치를 인지한다. 하지만 막상 지도를 제작하는 것은 별개의 문제이다. 경험적으로 볼 때, 지적도 제작은 강력한 국가가 상대적으로 약한 시민 사회에 대해 스스로를 강제할 수 있는 곳에서 한층 더 빨리 그리고 더 포괄적으로 이루어졌다. 이와 대조적으로 시민 사회가 잘 조직화되고 국가가 상대적으로 취약한 곳에서는 지적도 제작이 더디고, 때로는 임의적이며 파편적이었다. 따라서 법조인들이 오랫동안 지방의 수익 확보 기능을 위협하는 지적도 제작을 방해한 영국에 비해 나폴레옹 시대의 프랑스가 훨씬 먼저 지도화되었다. 이는 지적도 제작을 지시한 식민지 본국보다 명령에 따라 통치되던 식민지에서 지적도 제작이 먼저 이루어지곤 했던 것과 같은 논리다. 아일랜드는 그 최초의 사례일 것이다. 이언 해킹(Ian Hacking)은 이렇게 적고 있다. 크롬웰이 정복한 이후 "1679년 영국의 수탈을 원활하게 하기 위해 윌리엄 페티(William Petty)의 지도 아래 아

그림 7 측량 경관(노스다코타 주 캐슬턴).

일랜드의 토지, 건물, 인구 및 가축에 대한 총조사가 단행되었다."[98]

북미나 오스트레일리아처럼 인구가 적은 이주 식민지의 경우, 철저하고 단일한 지적도 격자에 대한 저항은 아주 적었다. 그곳에서는 기존의 토지 이용 패턴을 지도화하는 것보다 유럽의 이주자들에게 주어질 혹은 팔릴 땅을 조사하거나 원주민과 그들의 공유 토지 시스템을 묵살하는 것이 더 큰 문제였다.[99] 계몽적 합리주의로 단련된 시각을 가진 토머스 제퍼슨(Thomas Jefferson)은 오하이오 강 서쪽을 '10마일×10마일'짜리 정사각형 '수백 개'로 나눈 다음, 이주민에게 지정된 땅에 정착하도록 요구하는 방안을 상상했다.

제퍼슨이 계획한 기하학적 명확성은 단순한 심미적 선택이 아니었다. 그는 규정되지 않은 구획 때문에 사기 행위가 촉진된다고 주장하며 자신의 입장을 강화하기 위해 매사추세츠에서의 경험을 인용했다. 그곳의 경우, 실제 토지 소유는 증서상에 비해 10~100퍼센트 더 많았다.[100] 격자의 규칙성은 조세 당국에 가독성을 제공할 뿐만 아니라 동질적인 단위로 토지를 묶고 그것을 팔 수 있게 만드는 편리하고 값싼 방식이기도 했다. 격자망은 세금과 경계의 계산 못지않게 토지의 상품화를 촉진했다. 행정적으로도 엄청나게 간단해졌다. 멀리 떨어져 있어 지역의 사정에 대한 지식이 없는 그 누구라도 토지를 등기하고 그것에 대한 소유권을 확보할 수 있었다.[101] 일단 제자리를 찾자 이러한 계획은 삼림 감독관의 목록표 같은 비인격적이고 기계적인 논리를 어느 정도 갖기 시작했다. 하지만 실제로 제퍼슨의 계획[이는 하원에서 직사각형 구획과 36평방마일의 '타운십(township)'으로 수정되었다]에 따른 토지 소유 증서 발급이 항상 미리 정해진 패턴을 따른 것은 아니다.

토지 등기와 관련해 1860년대 오스트레일리아와 뉴질랜드에서 개발된 토렌스 시스템(Torrens system)은 사전에 측량해 석판으로 인쇄한 격자망을 제공했는데, 이는 이주자에 대해 선착순으로 등기된 토지 할당을 의미했다. 이 시스템은 토지 판매를 위해 고안된 것 중에는 가장 빠르고 가장 경제적인 수단이었으며 훗날 많은 영국 식민지에서 채택되었다. 하지만 기하학적 격자가 더 동질적이고 더 엄격해질수록 이것에 어긋나는 자연적 형태의 경관과 충돌하기 쉬웠다. 놀라움의 가능성은 다음의 뉴질랜드 풍자시에 잘 담겨 있다.

지금 마이클의 구역을 가로질러 난 길
비록 그것이 지도에서는 좋아 보여도
그 목적은 정말 보잘것없고
한밤중에 얼마간의 불상사도 피하기 힘들다

그 도로는 서류상으로 멋진 계획이었고
망설임 없이 선이 그어졌다.
절벽, 솟아오른 산, 협곡 위로
곧고 평평한 진로를 유지하나
사람과 말은 그 길을 지날 수 없네.[102]

그러나 지적 조사는 공리주의적 근대 국가의 늘어나는 기술 가운데 단지 하나일 뿐이었다.[103] 전근대 국가가 질서를 지키고, 세금을 징수하고, 군대를 양성할 정도의 지식 수준에 만족했던 반면, 근대 국가는 물적·인적 자원을 '차지하고' 그것들을 더욱 생산적으로 만드는 데 점점 더 열중했다. 이처럼 국가 통치의 목적이 한층 적극적이 되면서 사회에 대한 더 많은 지식이 필요했다. 그리고 토지, 인구, 수입, 직업, 자원, 일탈에 관한 목록은 논리적 출발점이 되었다. "점차 관료화되는 국가가 스스로를 조직화하고 그 자원을 통제할 필요성은 결정적이거나 부수적인 통계 자료 수집, 삼림과학과 합리적 농업, 측량과 정확한 지도 제작, 위생학과 기후학에 추진력을 제공했다."[104]

비록 국가의 목적이 확장되고 있었지만, 그 국가가 파악하고자 하는 것은 여전히 바로 그와 같은 목적에 직접적으로 연관되어 있었다. 일례로 19세기 프로이센은 이민자의 성별과 나이에 무척 관심이 많았다. 반면 그들의 종교나 인종에는 관심이 없었다. 국가에 중요한 것은 징병 기피자를 집요하게 추적해 징집 연령대의 남성 인력 보충을 유지하는 것이었기 때문이다.[105] 생산성, 보건, 공중위생, 교육, 교통, 광물 자원, 곡물 생산, 투자에 대한 국가의 관심 증대는 국가 통치의 전통적 목적을 포기하는 것이 아니라 근대 세계에 수반된 국가의 목적을 심화하고 확장하는 것이었다.

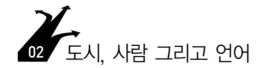

02 도시, 사람 그리고 언어

지도 제작 동업자 조합은 제국의 지도를 만들었는데, 이는 제국 자체만 한 크기로 실제와 하나하나 일치하는 것이었다. ……이와 같은 초대형 지도가 쓸모없다는 사실을 깨달은 후세대들은 불경한 느낌이 없지 않았지만 염천과 엄동에 그것을 방치해버렸다.

－수아레즈 미란다(Suarez Miranda), 《조심성 많은 남자의 여행》(1658)

공중에서 보면 중세 때 건설한 서양의 타운이나 원형이 잘 보존된 중동 지방 도시의 가장 오래된 구역들은 독특한 외양을 갖고 있다. 그것은 얼핏 무질서해 보인다. 혹은 더 정확하게 표현하면, 전체적으로 전혀 추상적인 형태를 따르지 않고 있다. 길(도로, 골목길, 통행로)은 다양한 각도에서 교차하며 어떤 유기적 과정의 복잡성을 방불케 하는 밀도를 보여준다. 방어를 위해 성벽 또는 해자가 필요했던 중세 도시의 경우에는 나무의 나이테처럼 외벽과 내벽이 겹쳐진 흔적을 찾을 수 있다. 1500년경 브뤼헤(Brugge)의 모습이 이러한 패턴을 보여주고 있다(그림 8). 그곳에서는 도시가 성 내부의 잔디, 시장, 강 그리고 (침식되기 전까지) 이 직물 교역 도시의 생명줄이었던 운하에 의해 정의된다.

전체적인 설계 없이 발전해온 이 도시의 구조에 일관된 기하학적 논리가 결여되어 있다는 사실이 거주민을 혼란시킨다는 의미는 결코 아

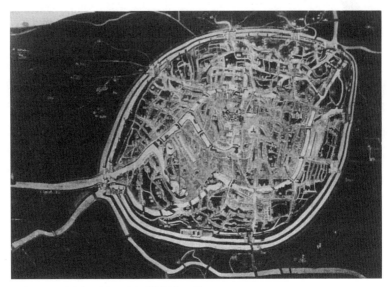

그림 8 1500년경의 브뤼헤. 브뤼헤 시청에 있는 그림.

니다. 이 도시의 포장도로는 단지 지속적으로 사용한 탓에 표면이 정비된 보도에 불과한 것이다. 브뤼헤의 여러 구역에서 성장한 사람들에게 그곳은 아주 친근하며 완벽하게 가독성 높은 도시다. 도시의 골목과 통행로는 평범한 일상생활의 동선과 밀접하게 일치한다. 그러나 이방인이나 처음 방문한 무역업자에게는 방향을 잡을 수 있게끔 도와주는 반복적이고 추상적인 논리가 부족하기 때문에 분명 이 도시가 매우 혼란스럽게 느껴졌을 것이다. 1500년경 브뤼헤의 도시 경관은 바깥 정치 세력을 포함한 외부적 지식에 대해 지역적 지식을 특화했다고 말할 수 있다.[1] 공간적 측면에서 복잡한 도시 구조는 어렵고 난해한 사투리 같은 기능을 수행한다. 방언은 도시 내 의사소통에는 용이하지만, 이런 특수한 방언을 사용하며 성장하지 못한 사람에게는 대단히 낯설 뿐이다.

역사적으로 외부인에 대한 도시 근교(혹은 언덕, 늪, 숲 같은 농촌적 유사성)의 상대적인 비가독성은 바깥 세력의 간섭으로부터 정치적 안정을 확보하는 데 결정적인 이점을 제공해왔다. 이러한 이익의 존재 여부를 판단할 수 있는 가장 간단한 방법은 외부인이 목적지를 성공적으로 찾기 위해 현지 안내원이 필요한지를 묻는 것이다. 만약 대답이 '예'라면 해당 지역이나 공동체는 외부의 침입으로부터 최소한 약간의 절연을 즐길 수 있었다. 해당 지역의 결속 형태와 더불어 이러한 절연은 18~19세기 초 유럽에서 발생한 빵 값 폭동, 알제리 카스바에서 발생한 반프랑스 민족해방전선 운동,[2] 이란의 왕을 실각시킨 바자르(bazaar) 정치 같은 서로 이질적인 사건들에서 알 수 있듯이 정치적으로 매우 중요하다는 것이 판명되었다. 따라서 비가독성은 정치적 독자성의 신뢰할 만한 원천이었고 현재도 그렇다.[3]

도시의 가독성을 한층 더 높이기 위한 재설계에 앞서 (이 주제는 곧 다룰 것이다) 국가 당국은 낡고 복합한 도시에 대한 치안과 통제의 편의를 촉진시키는 목적으로 지도를 만들고자 노력했다. 프랑스의 대부분 주요 도시는 특히 대혁명 이후에 정밀한 군사 지도 제작의 대상이 되었다. 이는 폭동이 발생했을 때 이를 효과적으로 진압하기 위해 당국이 정확한 소요 장소로 최대한 빨리 이동하길 원했기 때문이다.[4]

예상할 수 있는 것처럼, 국가와 도시 계획가들은 이러한 공간적 비명료성을 극복함으로써 외부인들에게 도시의 지리적 투명성을 높이려고 노력해왔다. 계획이 수립되지 않은 채 뒤죽박죽인 도시를 대하는 그들의 태도는 삼림업자들이 미개발된 숲을 대하는 태도와 다를 바 없었다. 격자형 또는 기하학적으로 규칙적인 정착지 형태의 기원은 확실히 군사적 논리에 기원을 두고 있을 것이다. 로마의 카스트라(castra)처럼 생긴 사각형의 정돈된 군대 캠프는 많은 이점을 가지고 있다. 병사는 캠프 건설 방법을 쉽게 배울 수 있고, 군대의 지휘관은 휘하 장교와 부대가 어떤 배열을 갖추고 있는지 정확히 파악할 수 있으며, 캠프를 처음 방문하는 전령이나 파견 장교들은 자신이 찾고 있는 지휘관이 어디에 있는지 정확히 알 수 있다. 한 가지 더 추측해본다면, 드넓게 퍼져 있는 데다 수많은 언어를 사용하는 제국의 입장에서 질서와 권위의 표식 같은 규칙에 따라서 부대와 마을을 배치하는 것은 상징적인 차원에서도 유용하다는 것을 발견했을지 모른다. 다른 조건이 동일하다면, 단순하고 반복적인 논리에 따라 배치한 도시는 통치와 치안에 가장 유리할 수 있다.

기하학적 도시 경관이 정치적, 행정적으로 얼마나 편리하든 계몽주의는 직선과 가시적 질서를 매우 우호적으로 바라보는 미학을 강력하게 지지했다. 그 누구도 데카르트만큼 이러한 편견을 강하게 표현하지 않았다. "한때 단순히 제멋대로 흩어져 있던 마을에 불과했지만 시간이 지나면서 대도시가 된 고대 도시들의 공통점은 기술자가 자신의 꿈을 빈 공간에 설계해 도시를 매우 질서정연하게 만든 것과 비교해볼 때 계획이 제대로 되어 있지 않다. 그럼에도 불구하고 고대 도시들의 건물을 하나하나 살펴보면 현대 계획 도시의 건물만큼 또는 그 이상으로 예술적이다. 그러나 이곳에 큰 건물, 저곳에 작은 건물이 들어섬과 동시에 길이 구불구불하고 정비되지 않은 모습으로 만들어진 것을 보면, 이것은 사람이 이성을 활용해 건물을 배치하려는 의지에서 나온 결과라기보다는 우연의 결과라고 말할 수 있겠다."[5]

데카르트의 관점은 과학적 삼림의 도시적 등가물에 해당한다. 곧, 길은 곧게 뻗어 직각으로 교차하도록 설계되고, 건물은 동일한 디자인과 크기로 건축되고, 이들 전체는 동일한 하나의 총체적인 계획에 의거해야 한다.

강력한 국가와 획일적으로 설계된 도시 사이의 선택적 친화력은 명백하다. 도시 형태 역사학자 루이스 멈퍼드(Lewis Mumford)는 이들 사이에 존재하는 공생의 기원을 이탈리아 도시국가들의 개방적이고 가독성 있는 바로크 스타일에서 찾았다. 데카르트의 주장에 공감하면서 멈퍼드는 "공간을 조직화하고, 그것을 연결시키며, 또 그것을 측량과 배치의 대상으로 삼는 것은 바로크 정신의 승리 중 하나"[6]라고 주장했다. 요컨대 바로크 방식으로 대저택, 대로, 조망대, 광장 등을 건설하고 획일성, 비례, 원근법에 초점을 맞추어 중세 도시를 재설계한 목적은 군주의 권위와 막강한 권력을 과시하기 위해서였다. 이와 같은 미학적 고려는 종종 기존 사회 구조와 도시의 진부한 기능을 능가할 정도로 중요했다. 또한 멈퍼드는 "불도저가 발명되기 한참 이전에 이탈리아 군대 기술자들은 파괴에 대한 전문 지식을 통해 불도저식 사고방식을 개발했다. 스스로의 단호한 수학적 직선에 입각해 방해물을 치우고 아주 깨끗한 출발을 하도록 한 것이다"[7]고 덧붙인다.

바로크 도시의 시각적 힘은 내부 및 외부의 적으로부터 군주의 군사적 안전을 도모하려는 주도면밀한 관심에 기반을 둔다. 알베르티(Alberti)와 팔라디오(Palladio)는 모두 주요 가도(街道)를 군용 도로로 생각했다. 그와 같은 길은 직선으로 뻗어 있어야 했는데, 팔라디오는 "만약 모든 길이 똑같이 만들어진다면 군대가 행군하는 데 아무런 방해를 받지 않기 때문에 더욱더 편리할 것이다"[8]고 생각했다.

데카르트의 모델에 근접한 도시는 물론 많다. 명백한 이유 때문에 대부분의 도시는 기초부터 새로운, 종종 유토피아적인 도시로 계획되었다.[9] 일찍이 황제의 칙령에 의해 만들어지지 않은 도시는 최초의 건설자들에 의해 반복적이고 균일한 가구(街區)로 구성된 형태로 설계되어 미래의 정착에 대비했다.[10] 19세기 후반 시카고 중심부(윌리엄 펜(William Penn)이 건설한 필라델피아나 뉴헤이븐 역시 적합한 사례일 것이다)의 조감도는 격자형 도시의 전형을 보여준다(그림 9).

행정가의 관점에서 볼 때 시카고의 기본 계획은 거의 유토피아적이

그림 9 1893년경 시카고 시내 지도.

었다. 도시 전체에서 직선과 직각이 반복적으로 구성되기 때문에 총체적인 조화를 한눈에 감상할 수 있다.[11] 심지어 강들도 도시의 완전한 균형을 방해하지 못한다. 외지인 혹은 경찰관이 주소지를 찾는 것은 비교적 간단한 문제다. 이를테면 현지 출신 가이드가 필요 없다. 지역 주민의 지식이 외부인의 그것보다 특별히 더 우월하지도 않다. 맨해튼 북부 지역이 그런 것처럼 만약 교차로에 대해 연속적으로 일련번호를 매기고, 이것을 다시 더 긴 가로와 교차시키고 여기에 또 일련번호를 붙이게되면 그 계획은 더 큰 투명성을 얻게 된다.[12] 지상의 격자형 도시 질서는 지하에서의 수도관, 하수구, 전선, 천연 가스관, 지하철 등의 질서 있는 배치를 촉진한다. 이것은 지상에서의 질서만큼 도시 행정가에게 중요하다. 편지를 배달하고, 세금을 거두고, 인구 조사를 시행하고, 도시 안팎으로 물자와 사람을 운반하고, 폭동을 진압하고, 상하수도 시설을 설치하고, 중죄인을 찾거나 신병을 모집하고(만약 그 사람이 주어진 주소에 살고 있다면), 대중교통, 물 공급, 쓰레기 처리 등을 계획하는 모든 일이 격자의 논리에 의해 훨씬 더 단순해지는 것이다.

인간의 정착지에서 이러한 기하학적 질서와 관련해 세 가지 측면을 강조할 만하다. 첫째, 길거리에서보다는 위에서 내려다볼 때나 밖에서 볼 때 질서가 아주 뚜렷하다. 대열 안에서 행진하는 사람이나 긴 조립 라인에서 나사를 조립하는 사람처럼 이 격자 한가운데 있는 보행자는 도시의 한층 큰 디자인을 즉각 인식하지 못한다. 도시의 조화는 마치 자와 종이 한 장을 건네받은 학생에게서 기대할 수 있는 그 무엇처럼 상상력을 통해 파악되든지, 아니면 헬리콥터를 타고 하늘 높은 곳에서 내려다볼 때 파악할 수 있다. 요컨대 신의 시각이나 절대 통치자의 시각이다. 이러한 공간적 사실은 도시 계획이나 건축 계획 자체에 내재되어 있으며, 그 과정에서 고객과 계획가가 마치 헬리콥터를 타고 위에서 내려다볼 때 같은 소형화 또는 축적 모형이 동원된 것이다.[13] 거대한 규모의 건설 프로젝트가 완성되었을 때의 이미지를 시각화하는 유일한 방법은 결국 이런 소형화뿐이다. 나는 그런 계획이 장난감만 한 척도 속에 드러난 조각적 특성과 시각적 질서에 따라 평가될 수밖에 없다고 믿는다. 실제로 그런 복제를 할 수 있는 사람은 아무도 없거나 매우 소수의 사람에게 한정된다.

도시나 경관의 축적 모형에 따라 상상된 소형화는 실제로 비행기를 통해 이루어진다. 시카고 지도에서 분명히 드러나듯이 지도 작성과 관련한 조감 방식의 전통은 더 이상 단순한 관습이 아니었다. 아주 먼 거리, 곧 공중에서 볼 수 있게 된 덕분에 지상에서 느끼던 혼란은 언뜻 보기에 한층 광대한 질서와 균형으로 인해 해소되었다. 근대주의적 사상과 계획과 관련해 비행기가 끼친 영향의 중요성은 아무리 강조해도 지나치지 않다. 지형을 마치 도화지처럼 평평하게 제시하는 조망을 통해 비행은 "총체적 비전, 합리적 통제, 공간적 질서"[14]에 대한 새로운 열망을 고무시켰다.

외부에서 쉽게 읽을 수 있는 도시 질서와 관련해 강조할 만한 두 번째 측면은 대단위 계획의 종합적 구성과 거주민이 경험하는 생활의 질서가 반드시 관련될 필요는 없다는 점이다. 간혹 국가의 어떤 서비스가 쉽게 제공되고 멀리 있는 집주소도 한층 쉽게 파악할 수 있을지는 몰라도, 이런 장점은 다음과 같은 단점에 의해 희석될 수 있다. 이를테면 붐비는 거리 생활의 부재, 비호의적인 행정 기관의 일방적 강요, 안락함을 촉진하고 비공식적 여흥을 위한 모임 장소를 제공하면서 이웃사촌을 느끼게 하는 공간적 불규칙성의 부재 같은 것 말이다. 기하학적으로 규칙적인 도시 공간의 형식적 질서는 어디까지나 형식적인 질서일 뿐이다. 이러한 공간의 시각적 질서는 행진이나 군대 막사의 질서와 마찬가지로 의식(儀式)이나 이념적 특징을 갖고 있다. 이러한 특징이 정부가 도시를 관리하는 데 효과적이라고 해서 시민들에게도 그렇다는 것을 의미하지는 않는다. 잠정적으로 우리는 형식적 공간 질서와 사회적 경험 사이의 관계에 대해 문외한일 수밖에 없다.

동질적이고 기하학적이고 균일한 특성과 관련해 세 번째로 주목할 만한 측면은 시장에서의 상품 표준화가 편리하다는 점이다. 측량에 대한 제퍼슨의 계획이나 노지(open land)에 명명(命名)하는 토렌스 시스템처럼, 격자는 규칙적인 부지와 블록을 만들어 사고팔기에 이상적이다. 정확히 말해서 그것은 어떤 생태적 혹은 지형적 실제와도 분리된 추상적 단위이기 때문에 집합과 분열에 무한하게 순응하는 일종의 화폐 통화와 닮았다. 이러한 격자형 계획의 특징은 측량사, 계획가, 부동산 투자자에게 적합하다. 이 경우 관료적 논리와 상업적 논리는 곧잘 결합한다. 멈퍼드가 주목하듯이 "상업적인 견지에서 보았을 때 이 기계적인 격자 패턴의 아름다움은 평범하다. 이 계획은 불규칙한 필지나 곡선 경계가 갖는 어떠한 문제점도 기술자에게 제기하지 않는다. 사무실에서 심부름하는 사환도 도로의 통로 또는 매매하고자 하는 대지의 면적을 알 수 있다. 심지어 변호사의 비서조차도 단지 표준화된 서류에 적합한 치수를 기입함으로써 필요한 판매 증서에 대해 설명할 수 있다. 도시의 기술자는 건축학이나 사회학에 대해 전혀 교육받지 않고서도 T-자와 삼각자만을 가지고 표준 부지, 표준 블록, 표준 가로 넓이로 형성된 대도시를 '계획'할 수 있다. ······경관이나 인간의 이용 목적과 관련한 좀더 구체적인 내용의 부재는 바로 그런 불명확성으로 인해 교환의 일반적 유용성을 증가시켰을 뿐이다."[15]

대다수 구세계(Old World: 아시아, 아프리카, 유럽을 가리키는 말—옮긴이) 도시들은 어느 정도 브뤼헤와 시카고의 역사적 혼합물이다. 한 명 이상의 정치가, 독재자, 도시 계획가가 현존하는 도시를 전면적으로 개선하기 위해 계획을 고안했음에도 불구하고, 그런 꿈들이 초래하는 재정적·정치적 비용 때문에 거의 모두 계획 단계를 벗어나지 못했다. 이와 대조적으로 점진적인 계획이 한층 일반화되었다. 많은 도시의 오래된 중심부가 브뤼헤 같은 상태로 남아 있는 반면, 새로운 도시 외곽에는 계획의 흔적이 하나 혹은 그 이상 나타난다. 구(old) 델리와 제국의 수도 뉴델리 사이의 명백한 대조처럼 이러한 차이는 때때로 일정한 형식을 갖추기도 한다.

권력자들은 도시를 개선하기 위해 종종 무자비한 조치를 취하곤 한다. 루이 나폴레옹 통치 시기의 파리시장 오스망(Haussmann) 남작이 시행한 파리 재건 사업은 1853~1869년에 걸쳐 진행된 대규모 공공사업 프로젝트였다. 오스망의 거대한 계획은 전례 없이 많은 공공 부채를 발생시켰고 수만 명이 살고 있는 보금자리를 빼앗았다. 게다가 이 계획은 직접 선거를 통해 뽑지 않은 오직 한 명의 통치자에 의해 완성되었다.

파리 재건 논리는 통합적 재정 운영을 위해 오래된 숲을 과학적인 숲으로 변형시키는 논리를 방불케 한다. 단순화, 가독성, 직선, 중앙 집중 그리고 전체에 대한 종합적 이해를 똑같이 강조했다. 숲의 경우처럼 계획의 대부분은 이행되었다. 그러나 한 가지 중요한 차이점은 오스망의 계획이 재정상의 이유보다는 파리 사람들의 행동과 생각에 미치는 영향 때문에 고안되었다는 점이다. 재건 계획이 수도에서 한층 가독성 높은 재정상의 공간을 창조한 것은 사실이다. 그러나 이는 도시를 더 통치하기 쉽고, 번영하고, 건강하고, 건축적인 측면에서 인상적인 장소로 만들기 위한 열망의 부산물이었다.[16] 두 번째 차이점은 프랑스 제2제정의 도시 계획에 의해 보금자리에서 쫓겨난 사람들이 반격을 할 수 있었고, 또한 실제로 반격을 했다는 사실이다. 앞으로 살펴보겠지만, 파리 재건은 우리가 곧 좀더 구체적으로 다루게 될 많은 권위주의적 하이 모더니즘 계획이 갖고 있는 패러독스를 암시한다.

그림 10에서 드러난 그 계획은 오스망의 조치에 따라 건설한 새로운 대로와 확장되고 직선화된 혁명 이전의 내부 도로를 함께 보여준다.[17] 그러나 단순히 새로운 도로 지도처럼 보이는 파리 재건은 변화의 본질을 과소평가한다. 과정상 요구된 모든 해체 및 건설 그리고 새로운 가독성을 확립하기 위한 도로 계획은 '고도(古都)' 파리에서 생활의 편의를 도모하는 방향으로 이루어졌다. 예를 들어 도시 외곽의 대로는 좀더 오래된 1787년의 세관(稅關) 벽을 따라 건설되었다. 그러나 오스망의 계획은 결코 교통 개혁 정도가 아니었다. 대로의 가독성은 새로운 수로, 한층 효과적인 하수 처리 시설, 새로운 철도와 터미널, 중앙 상점가(레알), 가스 시설과 전기 시설, 새로운 공원과 광장 등 일상생활의 혁명적인 변화와 함께 찾아왔다.[18] 루이 나폴레옹에 의해 창조된 새로운 파리는 세기가 바뀌면서 기적이라 불리게 되었고, 외국의 계획가들에게는 성지

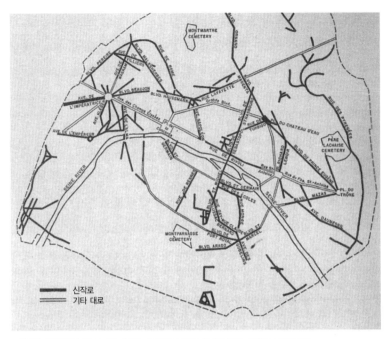

신작로
기타 대로

그림 10 1870년의 파리 지도. 1850~1870년 사이에 건설된 주요 신작로를 보여준다.

가 되었다.

　루이 나폴레옹과 오스망의 파리 재건 계획의 핵심에는 국가의 군사
적 안보가 있다. 새로 설계된 파리는 무엇보다 민중 폭동으로부터 안전
을 꾀하기 위한 목적이 있었다. 오스망은 "이 퀸 시티(Queen-City)의 질서
는 대중의 (혹은 공공의) 안전을 위한 주요 전제 조건 중 하나"[19]라고 말했
다. 1851년 이전까지 25년 동안 바리케이드가 아홉 번 설치되었다. 루
이 나폴레옹과 오스망은 1830년과 1848년의 혁명을 직접 경험했다. 그
들이 겪은 1848년의 6월 봉기와 루이 나폴레옹의 쿠데타에 대한 저항은
19세기의 가장 큰 폭동이었다. 망명지에서 돌아온 루이 나폴레옹은 자
신의 권력이 얼마나 취약한지 잘 알고 있었다.

　그러나 파리 전역에 걸쳐 폭동의 지리적 분포는 동일하지 않았다. 저

항 세력은 인구 밀도가 높은 노동자 계급 거주 지역에 집중되었는데, 그곳은 브뤼헤처럼 도로가 복잡하고 읽기 어려웠다.[20] 1860년 (세관 벽과 외부 방어벽 사이에 위치하면서 24만 명의 시민이 거주하는) '내부 근교(inner suburb)'의 합병은 이른바 '야수들의 벨트(ceinture sauvage)'에 대한 통제력을 확보하기 위해 명시적으로 계획되었다. 오스망은 이 지역을 "20개의 서로 다른 행정 기관이 관리하고, 우후죽순으로 건설되어 좁고 구불구불한 길과 막다른 골목이 뒤엉켜 있어 유랑 집단이 어떤 효율적인 통제나 감시 없이 빠른 속도로 증가할 수 있는 교외의 밀집 벨트"[21]라고 묘사했다. 이 지역은 파리 내에서 루이 나폴레옹의 쿠데타에 대한 저항 세력의 집결지였던 마레(Marais)나 포부르 생앙투안(Faubourg Saint-Antoine)처럼 혁명 세력에게는 좋은 집결처였다.

지도에는 잘 표시되어 있지 않지만 폭도들의 공간에 대한 공권력의 통제는 오스망의 계획에서 가장 중요한 부분이었다.[22] 내부 도로와 세관 벽 사이의 새로운 대로는 도시 외곽의 군대 막사와 폭동 지역 사이의 이동이 원활하도록 설계되었다. 오스망의 관점에서 볼 때 새로운 대로는 도시의 각 지역과 그곳의 치안을 담당하는 군대 사이에 철도와 도로상의 연결을 보장했다.[23] 예를 들어, 파리 북동쪽의 대로는 군대가 쿠르브부아(Courbevoie)의 막사에서 바스티유까지 돌진할 수 있도록 함으로써 혼란을 일으킨 포부르 생앙투안 지역의 폭동을 진압할 수 있도록 했다.[24] 새로운 철도와 대부분의 역도 이와 비슷한 전략적 목적을 갖고 계획되었다. 가능한 한 폭도들의 거주 지역은 새로운 길, 공공 공간, 상업 시설을 건설하기 위해 파괴되었다. 레옹 포세(Leon Faucher)는 이러한 작업을 시행하는 데 소요되는 5000만 프랑을 대출하기 위해 국가 안보의 필요성을 역설했다. "공공질서는 물론 위생을 위해서라도 가능한 한 빨리 이 바리케이드 지역에 걸쳐 있는 넓은 구획을 잘라낼 필요가 있다."[25]

파리 재건은 또한 파리 시민의 공공 위생에 대한 조치였다. 당시 위생사들은 파리를 한층 위생적으로 만들기 위한 각종 조치가 경제적으로 효율적이고 군사적으로 안전한 도시를 만드는 일에도 도움이 될 것이라고 말했다. 한물간 하수도와 오수 웅덩이, 1850년 기준으로 약 3만 7000마리의 말이 배설하는 대변, 위생 상태가 엉망인 물 공급 시스템은 파리를 전염병 그 자체로 만들었다. 파리는 프랑스 내에서 가장 높은 사망률을 기록했고 치명적인 전염병인 콜레라에 가장 걸리기 쉬운 곳이었다. 1831년에는 콜레라로 인해 총리를 포함해 1만 8400명이 죽었다. 혁명에 저항하는 세력이 거주하는 지역은 위생 시설 부족과 높은 인구 밀도 때문에 사망률이 가장 높았다.[26] 추방되지 않은 사람들에게 오스망의 파리는 훨씬 건강한 도시가 되었다. 공기와 물의 잘 갖추어진 순환 시스템 그리고 일광욕이 전염병의 발생을 줄였다. 이는 상품과 노동력(게다가 한층 더 건강해진)의 순환성 향상이 도시의 경제적 번영에 기여한 것과 마찬가지이다. 노동 생산성과 상업적 성공에 대한 공리주의적 논리는 전략적이면서도 공중 보건에 대한 관심과 일치했다.

　파리 재건의 원동력인 루이 나폴레옹 자신의 '정치적·미학적' 취향 역시 매우 결정적이었다. 오스망이 센(Seine) 지사로 임명되었을 때, 루이 나폴레옹은 그에게 중앙 시장인 부아 드 볼로뉴(Bois de Bologne)와 더불어 언젠가는 건설되어야 할 많은 도로가 표시된 지도를 건넸다. 루이 나폴레옹의 계획이 비전으로 가득 찬 잡지 〈르 글로브(Le globe)〉에 참여한 생시몽주의자의 아이디어 그리고 샤를 푸리에(Charles Fourier)와 에티엔 카베(Étienne Cabet)가 스케치한 도시 커뮤니티 모델에서 착안했다는 사실에는 의심할 여지가 없다.[27] 그들의 대담한 계획은 자신의 위대한 통치력에 대한 증거로서 웅장한 수도를 만들겠다는 나폴레옹의 결심과도 딱 맞아떨어졌다.

권위적인 많은 근대화 계획에서 흔히 나타나는 것처럼 지배자의 정치적 기호는 종종 순전히 군사적이거나 기능적인 필요성을 넘어서기도 한다. 예를 들어 폭도를 진압하기 위한 직선 도로가 군사를 이동시키는 데 유리하지만, 그 도로 양쪽에 우아한 외관을 가진 건물을 세우는 등 방문객에게 감명을 줄 수 있는 건축물로 마무리하도록 했다.[28] 새로운 대로를 따라 건설된 동일한 형태의 근대식 건물은 한결 깨끗한 주거 환경을 보여주고 있지만, 그것들은 단지 외관에 불과했다. 규제를 받는 지구에서는 오직 건물 외관에만 신경을 썼으며, 그 뒤편에는 조밀하고 공기도 통하지 않는 주택이 허용되었다. 많은 건물주들은 이런 방식으로 건물을 지었다.[29]

티모시 J. 클라크(Timothy J. Clark)가 관찰한 것처럼 새로운 파리는 강렬하리만큼 시각적으로 변했다. "오스망의 목적은 모더니티에 형상을 부여하는 것이었다. 그리고 어느 정도 성공을 거뒀다. 그는 도시에 일련의 형식을 부여함으로써 한결 가시적이고 심지어 이해가 가능하도록 만들었다. 그런 형식을 반복함으로써 파리는 인상적인 모습으로 변해갔다."[30]

파리의 경우 도시의 가독성은 계급과 기능에 따른 인구 분할에 의해 높아졌다. 도시 각 부분은 부르주아의 쇼핑 공간, 부유층 거주지, 공업 지역, 예술가 지구, 보헤미안 지구처럼 의복이나 행위 그리고 부의 수준 등에 따라 차별적인 특징을 갖기 시작했다. 오스망의 대담한 단순화 덕분에 도시는 한층 관리하기 쉬워졌고, '읽기'가 더욱더 편해졌다.

근대 도시 계획의 야심작 대부분이 그러하듯 오스망에 의해 넓어지고 당당해진 새 수도에는 그것에 버금가는 어두운 측면이 있었다. 파리 중심지를 고위층이 차지하는 도시 공간의 새로운 위계 구조에는 도시 빈곤층을 도시 외곽으로 쫓아내야 하는 전제가 깔려 있었다.[31] 이와 같은 사실이 가장 확연하게 드러난 지역은 1856년까지 6만 명이 살던 파리 북동쪽의 노동자 거주 공간인 벨빌(Belleville)이다. 이 지역 거주민 대부분은 오스망의 계획에 의해 쫓겨났으며, 사람들은 그곳을 '추방자 동네'라고 불렀다. 1860년대에 들어서면서 그곳은 과거 폭도들의 안식처였던 포부르 생앙투안이 그랬던 것처럼 읽히지 않는 반란의 공간이 되었다. "문제는 벨빌이 공동체가 아니라는 사실이 아니었다. 대신 부르주아가 두려워하고, 경찰이 들어갈 수 없고, 정부가 규제할 수 없을 정도로 민중 계급이 감당할 수 없는 흥분과 정치적 분노를 품은 채 우세를 점하고 있는 그런 종류의 공동체라는 것이 문제였다."[32] 많은 사람이 주장하는 것처럼 만약 1871년 파리 코뮌의 부분적 원인이 오스망에 의해 쫓겨난 사람들의 도시 복귀 시도라면[33] 벨빌은 그러한 정서의 지리적 거점이었다. 1871년 5월 항쟁 때 군사적으로 밀린 파리 코뮌 지지자들은 파리 북동쪽과 벨빌로 퇴각했고, 군대의 진압으로 인해 그들은 벨빌 시청에서 최후를 맞았다. 혁명가들의 소굴로 여겨지던 벨빌은 무자비한 군사적 점령을 피하지 못했다.

우리는 파리 코뮌 진압 과정에서 두 가지 특징적인 아이러니에 주목할 필요가 있다. 첫째는 오스망의 전략적 설계의 승리이다. 제2제정이 바라던 대로 대로와 철로는 민중 반란을 저지하면서 그 가치를 증명했다. "오스망 덕분에 베르사유 군대는 샤토 도(Chateau d'eau) 광장에서 벨빌까지 신속하게 이동할 수 있었다."[34] 두 번째 아이러니는 오스망의 계획에 의해 포부르 생앙투안이 사라진 것과 마찬가지로, 새롭게 신경을 거슬리는 구역 또한 성심 성당(Eglise Sacre Coeur) 축성에 의해 흔적을 감췄다는 사실이다. 그 성당은 "죄를 범한 도시에 건설되어 …… 범죄의 온상에 대한 보상으로" 지어졌다.[35]

성씨의 창제

우리들 대부분이 당연시하면서 지금의 세상을 일상적으로 이해하는 데 필요한 몇몇 범주는 표준화와 가독성을 위해 주력한 국가적 사업에 그 기원이 있다. 일례로 영구적인 성(姓) 같은 어떤 근본적인 것을 생각해 보자.

예컨대 영화 〈위트니스(Witness)〉에 나오는 짧은 장면에서 우리는 낯선 사람들 사이에 있을 때 각자의 성이 마치 핵심적인 내비게이션 도구 같은 역할을 한다는 것을 알 수 있다.[36] 영화 속에서 형사는 살인 사건을 목격했을 것으로 추정되는 어린 아미시파(Amish: 현대 기술 문명을 거부하고 소박한 농경 생활을 하는 미국의 종교 집단—옮긴이) 소년을 찾아 나선다. 형사가 그 아이의 성을 알고 있음에도 불구하고 수사는 아미시 교도들이 사용하는 고대 독일 방언을 포함한 여러 가지 전통주의적 행태들로 인해 좌절된다. 그는 본능적으로 이름과 주소가 적힌 전화번호부를 찾지만, 아미시 교도들은 전화를 갖고 있지 않다. 게다가 그들에게는 아주 소수의 성만이 존재하고 있다는 사실을 알게 된다. 그의 곤혹스러운 모습을 보면서 우리는 미국 내에 존재하는 수많은 성이 우리가 전혀 만난 적 없는 다수의 개개인을 서로 명확하게 구별하도록 하는 역할을 수행하고 있음을 깨닫게 된다. 이름이 존재하지 않는 세상은 혼란스럽다. 아닌 게 아니라 아미시 사회가 너무 이해하기 힘들어서 영화 속 형사는 자신에게 길을 안내할 토박이 안내자를 찾는다.

전 세계적으로 이름을 붙이는 관습은 매우 다양하다. 어떤 사회에서는 개인이 유아기, 청소년기, 장년기 등 성장 단계에 따라 서로 다른 이름을 가질 뿐만 아니라 심지어는 사후에도 이름을 갖는 일도 드물지 않다. 여기에 농담이나 제례, 애도 등의 경우에 따로 사용되는 이름이 있고, 동성 친구끼리 어울려 놀 때 혹은 법률적 인척 관계에 사용되는 이름도 있다. 각각의 이름은 생애 단계, 사회적 상황, 대화하는 상대방에 따라 특별하다. 한 개인은 생애 단계나 대화하고 있는 사람이 누구냐에 따라 종종 여러 개의 다른 이름으로 불리곤 한다. 현대 서구 사회에서 "당신의 이름은 무엇입니까?"라는 질문에 대해 기대할 수 있는 좀더 분명한 대답은 "경우에 따라 다르다"이다.[37]

이와 같은 작명 관습을 가진 사회의 내부자 입장에서 볼 때 이런 이름들은 가독성이 높고 분명하다. 각각의 이름과 그것이 사용되는 맥락은 중요한 사회적 지식을 전달한다. 브뤼헤의 좁은 뒷골목, 지역 고유의 다양한 계량법, 얽히고설킨 부동산 보유 관습처럼 작명의 복잡성은 그 지역 나름의 목적과 직접적 혹은 종종 매우 실용적 관련성을 갖고 있다. 그러나 외부인에게 미로같이 복잡한 이런 이름은 그 사회를 이해하는 데 만만찮은 장애물이다. 외부인이 어떤 사람을 찾거나, 친족 네트워크 안에서 그 사람의 위치를 파악하거나, 재산 상속을 추적하는 것은 꽤 힘든 일이다. 게다가 만약 그 사회 구성원이 모종의 이유로 자신들의 정체성이나 활동을 외부 세력에 드러내고 싶어 하지 않는다면 이러한 작명 관습의 위장 가치는 막강하다.

자연(예를 들면 숲)과 공간(예를 들면 부동산 소유 체계)에 대한 행정적 단순화 과정에 이어 근대적 국가 통치가 필요로 했던 마지막 조처는 영구적인 부계 성의 발명이었다. 거의 모든 경우에 이는 국가적 프로젝트였으며, 관리가 시민들의 신분을 분명하게 확인할 수 있도록 의도적으로 설계되었다. 이 프로젝트의 성공은 '읽기 가능한' 국민의 탄생으로 이어졌다.[38] 개개인의 신원을 확보한 다음 이를 친족 집단과 연결시키는 방법 없이는 세금과 십일조, 재산 공문서, 징병 대상자 목록, 인구 조사, 소유권 증서 발행 등은 상상할 수조차 없었다. 여기서 짐작할 수 있는 것처럼 부계 성을 부여하고자 하는 노력은 전형적으로 한층 견고하고 수지맞는 재정 시스템을 구축하려는 국가의 의도에서 비롯되었다. 인구에 대한 통계와 등록을 시행하려는 국가의 시도가 새로운 세금 부담과 징집에 대한 준비 작업이라는 것을 깨달은 지방 관리와 국민들은 종종 이에 저항했다.

만약 영구적인 성이 공식적인 가독성을 위한 프로젝트라면 시기적으로 일찍 발전한 국가에서 그런 가독성을 위한 노력이 가장 먼저 나타난 것은 당연했다. 이 점과 관련해 중국은 인상적인 사례이다.[39] 대략 기원전 4세기에(정확한 시기와 규모에 대해서는 여전히 논란이 제기되고 있음에도 불구하고) 진(秦) 왕조는 세금 부과, 강제 노역, 징집 등에 이용하기 위해 국민 대다수에게 성을 부여한 다음 그들의 숫자를 센 것으로 알려져 있다.[40] 이러한 시도가 '라오바이싱(laobaixing, 老百姓)'이라는 용어의 기원이 되었으며, 이는 문자 그대로 '오래된 100개의 성'이란 뜻으로 현대 중국에서 '백성'을 의미하게 되었다. 중국의 저 유명한 부계 전통에도 불구하고 진나라 이전에는 몇몇 지배 계층의 가문 및 그 일족을 제외한 백성에게는 성이 없었다. 그들에게는 성이 없을뿐더러 이 점과 관련하여 사회 엘리트의 관습도 따르지 않았다. 부계 성을 따르도록 하는 국가 정책은 가족 내에서 남편에게 우월한 지위를 부여했다. 그들에게 부인, 자식과 손아랫사람에 대한 법적인 지배권을 주면서, 당연한 일이지만 가족 전체에 대한 재정적 의무를 책임지도록 했다.[41] 바로 이러한 진나라의 정책은 모든 국민에게 인구 등록을 요구했다. 아무렇게나 불리던 사람들의 이름을 성에 따라 분류한 다음, 부계 쪽 후손에게 이를 영구히 물려주도록 한 것이다.[42] 이러한 관점에서 영구적인 성의 확립이나 부계 가족의 탄생은 국가 단순화의 초기 형태라고 말할 수 있다.

적어도 14세기까지 대다수 유럽인은 영구적인 부계 성을 갖고 있지 않았다.[43] 각 개인은 성 없이 이름만 갖고 있었으며, 그들의 거주 지역 내에서는 이름만 가지고도 서로를 충분히 확인할 수 있었다. 이름 외에 다른 정보가 더 필요한 경우는 보통 직업이나 〔영국의 경우, 스미스(대장장이), 베이커(빵 굽는 사람)〕 혹은 지리적 위치〔힐(언덕), 에지우드(숲 가장자리)〕, 아버지 이름, 개인적 특성〔쇼트(작은 키), 스트롱(강한 힘)〕이 추가되었다. 이러한 부수적인 호칭은 영구적으로 물려받는 성이 아니었다. 우연히 베이커 씨의 아들이 똑같은 직업을 갖게 되고 그로 인해 똑같은 이름을 갖게 될 수도 있지만 대부분의 경우 그것은 이름의 주인과 함께 사라졌다.

우리는 유럽에서 영구적인 부계 성의 탄생 과정을 1427년 도시 국가 피렌체에서 실시하려다 실패한 인구 조사 관련 문서에서 확인할 수 있다.[44] 이 인구 조사는 국민의 재산, 거주지, 토지 소유 여부, 연령 등을 구체적으로 조사함으로써 합리적으로 국가의 세수를 증대하고 국방력을 강화하기 위한 대담한 시도였다.[45] 이러한 기록에 대한 면밀한 검토는 첫째, 중국의 경우가 그랬던 것처럼 국가가 주도적으로 새로운 성을 탄생시킨 것이지, 결코 이미 존재하는 성을 단순히 기록한 것이 아니었다는 사실을 보여준다. 그러므로 국가에 의해 기록된 성이 그것을 기입하게 된 맥락에서의 역할 이외에 나름의 사회적 존재 가치를 갖는지에 대해서는 결코 알 수 없다. 둘째, 토스카나가 그랬던 것처럼 한 나라의 영토 내에서 영구적인 성이 불규칙하게 시행된 것은 국가 역량의 정도를 나타내는 거칠지만 효과적인 기준이 될 수 있다.

15세기 초 토스카나에서 성씨를 갖고 있는 가문은 스트로치(Strozzi)처럼 권력과 재력을 갖춘 소수의 혈통에 국한되었다. 이러한 혈통에게 성은 '기업 그룹' 같은 사회적 인지도를 획득하는 방법이었고, 친척과 인척들은 그 성을 사용함으로써 영향력 있는 가문의 후원을 받고 있다는 사실을 드러냈다. 이와 같이 사회의 매우 제한된 영역과 그와 같은 관행을 모방한 소도시 귀족 계급 이외에 항구적인 성은 존재하지 않았다.

이 경우, 인구 조사 관리는 주소, 재산 그리고 연령을 제외하고 어떻게 개개인을 정확히 지목해 파악했을까? 자신이 누군지를 밝힐 때 전형적인 토스카나 사람들은 성경에 준하는 방식으로 (예컨대 루이기, 지오바니의 아들, 파올로의 아들) 자신의 이름뿐 아니라 아버지 혹은 할아버지의 이름도 기입했다. 하지만 세례명의 개수가 제한되어 있다는 사실 그리고 많은 가족이 세대를 건너뛰며 같은 이름을 반복하는 경향이 있다는 점을 감안하면, 그와 같은 방식의 명명조차도 명확한 확인을 불가능하게 만들었다. 따라서 사람들은 자신의 이름에 직업이나 별명 혹은 개인의 특성을 덧붙이기 시작했다. 그러나 비록 이런 방법이 적어도 서류상에서는 성을 정착시키는 데 공헌했을지 모르지만, 그런 이름 중 어떤 것도 영구적인 부계 성이 되었다는 증거는 없다. 결국, 피렌체는 인구 조사를 통해 원래 의도한 행정적인 업적을 달성하지 못했다. 대중의 저항, 정책에 대한 지방 유지들의 비협조, 인구 조사에 소요되는 고통과 비용은 결국 실패를 자초했고 관리들은 예전의 세수 시스템으로 되돌아갔다.

현재 우리가 갖고 있는 기록을 봤을 때, 국가가 재정 장악력에서 멀어질수록 종류를 불문하고 성을 가진 사람의 수는 점점 줄어든다. 피렌체의 경우 전체 가구의 3분의 1이 성을 가졌던 반면 중소 규모 도시에서는 5분의 1, 농촌 지역에서는 10분의 1로 그 비율이 점점 떨어진다. 17세기에 들어서야 토스카나의 가장 빈곤하고 멀리 떨어진 지역에서도 성이 등장하는데, 이런 지역은 정부 관료와의 접촉이 아주 적었을 것이다.

국가 건설과 영구적인 부계 성 탄생 사이의 상당한 연계는 14~15세기 영국에서 발견할 수 있다. 토스카나에서처럼 영국에서도 부유한 귀족들만이 성을 갖고 있었다. 영국의 경우 이러한 이름은 보통 노르망디 지방 가문의 기원을 말해주거나〔예를 들어 보몽(Baumont), 퍼시(Percy), 디즈니(Disney)〕정복왕 윌리엄 시대부터 소유하고 있던 영지의 위치〔예를 들어 제러드 드 서식스(Gerard de Sussex)〕를 나타낸다. 그 밖에 남성의 경우, 신원 확인 수단으로서 단지 부자 사이에서만 관련되는 것이 일반적 관행이었다.[46] 그러므로 윌리엄 로버트슨(William Robertson)의 아들은 토머스 윌리엄슨〔Thomas Williamson(윌리엄의 아들)〕으로 불리고, 토머스의 아들은 헨리 톰프슨〔Henry Thompson(토머스의 아들)〕으로 불리게 되었다. 하지만 손자의 이름 자체로 할아버지의 신원을 확인할 수는 없어 단지 이름만으로 가계를 추적하는 것은 복잡한 일이었다. 북유럽 지역의 많은 성들은 아직도—마치 호박(琥珀) 속에 갇혀 있는 파리처럼—그 사람의 아버지가 누구인지를 알려주고자 했던 오래전 옛날의 흔적을 간직하고 있다(Fitz-, O'-, -sen, -son, -s, Mac-, -vich).[47] 성은 만들어질 때 종종 일종의 지역적 논리를 갖고 있었다. 방앗간을 소유한 존(John)은 존 밀러(John Miller)가 되었다. 마차 바퀴를 만드는 존은 존 휠라이트(John Wheelwright)가 되었고, 키가 작은 존은 존 쇼트(John Short)가 되었다. 하지만 그 이후의 남자 후손들은 직업이나 사회적 지위에 상관없이 부계 성을 보유하게 됨으로써 이름은 점차 자의적인 모습을 띠게 되었다.

개인의 성은〔문자 그대로 다른 이름에 하나의 이름이 추가된 것이자 영구적인 부칭(父稱)과 혼동되지 않아야 할 그 무엇〕십일조 기록, 장원의 소작세 명부, 혼인 증명서, 인구 조사 기록, 세금 문서, 토지 문서 등 문자로 작성된 다른 공문서와 함께 발달했다.[48] 성은 개개인을 일일이 확인하면서 관료가 직접 알지 못하는 수많은 인구를 상대해야 하는 행정적 업무를 성공적으로 처리하는 데 필요했다. 남성 인구의 90퍼센트가 여섯 개의 이름(존, 윌리엄, 토머스, 로버트, 리처드, 헨리)밖에 갖고 있지 않은 상황에서 십일조 또는 인두세를 거두는 사람이 직면하게 될 딜레마를 상상해보자. 기록을 위해서 부차적인 호칭이 절대적으로 필요했을 것이다. 만약 이때 개인이 스스로 추가적인 호칭에 대해 아무런 제안을 하지 않을 경우, 이들을 위해 새로운 이름을 지어낸 것은 행정 관료였다. 이런 과정에서 만들어진 부차적인 이름과 명부는 통일된 측량 단위와 지적도가 부동산의 가독성을 높여준 것과 마찬가지로 인구의 가독성을 높여주었다. 당사자 입장에서도 평소에는 익명성이 제공하는 안전을 선호했겠지만, 막상 세금을 강요받을 때는 똑같은 세금을 두 번 내는 것을 피하기 위해 자신이 누구인지를 정확하게 확인받는 것이 더 유리했다. 14세기에 등장한 이런 성은 대부분 국가 재정상 인구를 더 잘 읽고자 하는 목적에 따라 만들어졌다는 점에서 단지 행정적 가공에 불과한 것이었다. 서류상으로 '성'을 갖게 되더라도 사람들은 아마도 자신에 대해 무엇이 기록되었는지 알지 못했을 것이며, 대다수 사람에게 성은 서류상 이외에는 사회적으로 존재하지 않았다.[49] 아주 드문 경우에만 영구적인 부칭을 암시하는 '윌리엄 카터, 테일러(William Carter, Tailor)' 같은 기록을 볼 수 있을 뿐이다.

국가 그리고 국가와 유사한 사회 조직(영지, 교회) 사이의 교류 강도가 높아지는 것에 비례해 영구적이고 상속 가능한 부계 성도 발전했다. 따라서 장자 상속 제도 및 영지의 등본 보유권에 대한 조건을 확립함으로써 토지 소유 제도를 명확하게 하고자 했던 에드워드 1세는 영구적인 부계 성을 수용하는 데 강한 동기를 갖고 있었다. 장자가 아버지의 성을 물려받는 것은 아버지 사후에 그 재산을 물려받는 권리를 의미한다.[50] 이처럼 재산권이 국가에 의해 그 정당성을 인정받게 되자 관료적 환상에 불과하던 성은 사회적 존재 가치를 발견하게 되었다. 오랫동안 영국 국민은 실질적으로 자신의 고향에서만 통용되는 이름과 불변의 '공식적인' 이름 두 개를 가지고 있었으리라 생각된다. 하지만 비인격적 관료 조직과의 교류가 증가함에 따라 공식적인 이름은 주변의 친밀한 집단을 제외한 나머지 모든 생활 속에서 사용하게 되었다. 중앙 정부로부터 사회적으로나 지리적으로 한층 멀리 떨어져 있는 국민은 토스카나 사람들의 경우처럼 한참 나중에 가서야 성을 갖게 된다. 상류 계급과 영국의 남부 거주민은 하류 계급이나 북부 거주민에 비해 성을 더 빨리 갖게 되었다. 스코틀랜드 사람과 웨일스 사람들은 그보다 훨씬 더 나중에야 성을 갖게 되었다.[51]

지도를 만드는 관행처럼 이름을 부여하는 국가의 관행 또한 세금(노동, 병역, 곡물, 소득)과 불가피하게 관련됨으로써 국민적 저항을 불러일으켰다. 1381년에 발생한 영국의 농민 반란(흔히 와트 타일러의 난(Wat Tyler Rebellion)이라고 불린다)은 전례 없는 10년간의 인구 등록과 인두세가 그 원인이었다.[52] 토스카나 농민들과 마찬가지로 영국 농민들에게 남자 성인에 대한 인구 조사는 비록 재앙은 아닐지라도 불길한 징조로 보일 수밖에 없었다.

식민지 인구에 대한 항구적인 성 부여는 우리로 하여금 서구 사회에서 수세대에 걸쳐 발생한 일들이 10년 이내로 압축된 과정을 관찰할 수 있는 기회를 제공한다. 국가적 목적에 따라 대부분 똑같은 것들이 유럽과 식민지에서 작동했지만, 식민지의 경우 국가는 더욱 관료적이었고 대중의 저항에 한층 덜 관대했다. 식민지에서의 이름 만들기에서 드러난 퉁명스러움 자체가 그 같은 과정의 목적과 역설을 뚜렷이 보여준다.

스페인의 식민지였던 필리핀에서 우리는 이러한 사실을 가장 잘 관찰할 수 있다.[53] 필리핀 사람들은 1849년 11월 21일 공포된 법령에 의해 항구적인 히스패닉계 성을 갖게 되었다. 법령을 만든 사람은 스페인 육군 중장이기도 했던 나르시소 클라베리아(Narciso Claveria) 총독이었다. 그는 기존 법률이나 지역 간의 경계 그리고 합리적인 역법(曆法)에 대한 의지와 동일한 정도의 굳은 결의를 성명의 합리화에 대해서도 갖고 있던 신중한 행정 관료였다.[54] 법령에서 밝힌 바와 같이 클라베리아는 필리핀 사람들이 일반적으로 "가족 단위로 구분할 수 있는" 개인 성을 갖고 있지 않다고 말하면서, 몇 개 안 되는 성인(聖人) 목록에서 이름을 선택하는 관습이 큰 '혼란'을 초래한다고 주장했다. 해결책은 '카탈로고(catalogo)'였다. 여기에는 개인의 이름뿐만 아니라 식물군, 동물군, 광석, 지리, 예술 등에서 파생된 명사와 형용사가 수록되어 있었는데, 이것이 관료들에 의해 항구적이고 상속 가능한 성을 부여하는 목적에 이용되었다. 각 지역 관리들은 자신의 관할 구역에 충분한 양의 성을 부여받았고, "이것을 알파벳순으로 분배하도록 당부받았다."[55] 실제로는 각 도시가 알파벳 순서로 나열된 '카탈로고'에서 몇 페이지씩 성을 부여받음에 따라 도시 전체가 똑같은 문자로 시작되는 성을 갖는 경우도 많았다. 과거 150년 동안 인구 유입이 전혀 없는 상황에서 이러한 행정 조처의 흔적은 지금까지도 곳곳에서 거의 완벽하게 드러난다. "예를 들어 비콜(Bikol) 지역에서는 모든 알파벳이 1849년 알바이(Albay)의 단일 관할권에 속했던 알바이, 소르소곤(Sorsogon), 카탄두아네스(Catanduanes) 지역에 걸쳐 마치 승리의 징표인 양 사용되었다. 이 지역의 수도는 알파벳 A로 시작하고, 알파벳 B와 C는 타바코(Tabaco)를 넘어서 티위(Tiwi)에 이르는 해안 마을을 표시한다. 왔던 길을 되돌아가면 소르소곤 해안을 따라 알파벳 E부터 L까지의 흔적을 발견할 수 있다. 이어서 다라가(Daraga)에 있는 이라야(Iraya) 계곡 아래쪽을 알파벳 M부터 시작한 다음, 포랑구이(Polangui)와 리본(Libon)에서 S로 멈춘다. 그리고 카탄두아네스 섬을 신속하게 일주하면서 모든 알파벳이 끝난다."[56]

이 법령은 대체로 관리와 세리가 겪는 혼돈에 대한 해결책이었다. 그들은 성을 보편적으로 사용함으로써 재판과 재정 그리고 공공질서의 실현이 용이할 뿐 아니라 결혼할 때 배우자와의 친족 관계 정도를 따지는 것이 더 간편해진다고 믿었다.[57] 그러나 클라베리아 같은 공리주의적 국가 건설자에게 그 궁극적인 목표는 국민과 납세자의 완벽하고도 가독 가능한 명단이었다. 이 같은 사실은 법령의 서문에서 매우 분명하게 드러난다. "이 법령의 유용성과 실용성의 관점에서 볼 때, 이제는 공무 수행을 위한 [과거에는 성직(聖職) 수행에 필요한 기능을 가진] 국민 등록 지침이 필요한 시점이 되었다. 이는 앞에서 언급한 목적을 수행하고 완수할 뿐 아니라 세금의 징수, 노역의 정기적 수행 그리고 면제 대가의 수령을 보장하기도 한다. 이는 또한 인구 이동에 대한 정확한 정보를 제공하므로 허가받지 않은 이주, 탈세한 납세자의 도피 등 다른 악습을 방지한다."[58]

식민지 주민의 정확한 인구 목록을 바탕으로 클라베리아는 각 지역의 공무원에게 공물 약정, 부역 의무, 이름, 성, 나이, 혼인 여부, 직업, 세금 면제 등 8개 항목으로 구성된 표를 만들도록 했다. 지속적인 갱신을 위해 9번째 칸에는 변경 유무를 기록하고, 매달 조사관에게 제출했다. 이 기록들은 정확성과 통일성 덕분에 마닐라의 국가 기구로 하여금 정밀한 통계 작성을 통한 재정적 효율성을 높일 수 있게끔 했다. 인구 전체에 성을 부여하며 완벽하고 변별력 있는 납세자 명단을 만드는 데 2만 페소라는 막대한 비용이 들어갔지만 연간 10만~20만 페소의 국가 수익금을 연속적으로 창출한다는 예측에 의해 정당화되었다.

필리핀 사람들이 자신의 새로운 성을 무시한다면 어땠을까? 클라베리아는 이런 가능성을 고려해 성이 확실히 뿌리내릴 수 있도록 여러 가지 조치를 취했다. 학교 선생님은 학생들이 공식적으로 표기된 이름 외에는 말하거나 심지어 아는 것조차 금지시키도록 명령받았고, 이 규정을 의욕적으로 따르지 않는 선생님은 제재를 받도록 했다. 보잘것없는 학교 입학 상황을 고려할 때, 어쩌면 더욱 효과적인 방법으로는 성직자, 군대 및 행정 관료에게 공식적인 성을 사용하지 않은 공문서, 신청서,

청원서 등을 받지 못하게 금지하는 것이었다. 그 외 다른 이름을 사용한 모든 문서는 아무런 효력이 없었다.

예상대로 가독성 있고 조직화된 납세자를 지향했던 클라베리아의 유토피아적 행정은 기대치를 상당히 밑돌았다. 마가사이(Magasay)나 마카파갈(Macapagal) 같은 비(非)히스패닉계 성의 지속적인 존재는 인구의 상당 부분이 이 법령을 따르지 않았다는 것을 말해준다. 지방 관리들은 불완전한 성과물을 제출하거나 아예 제출하지 않는 경우도 있었다. 게다가 클라베리아가 예상하긴 했지만 미처 적절하게 대처하지 못한 또 다른 심각한 문제도 있었다. 새로운 서류에 등록자들이 과거에 사용했던 이름이 기록되어 있지 않았던 것이다. 이는 정부 관리의 입장에서 볼 때, 이름이 변경되기 이전 기간에 축적한 재산을 추적해 세금을 징수하는 것이 대단히 어려워졌음을 의미한다. 사실상 국가는 새로운 계획의 성공으로 인해 눈이 멀고 말았다.

숲, 토지 소유권 그리고 가독성 있는 도시의 경우와 마찬가지로 성을 통해 그 기획자들이 도달하고자 했던 단순하고도 획일적인 완벽성에 조금이라도 근접한 성과는 결코 이루어지지 않았다. 인구 조사를 실시하려던 시도는 1872년까지도 완벽하게 실패했음이 분명하고, 1896년의 혁명까지는 다시 시도조차 되지 않았다. 그럼에도 불구하고 20세기에 필리핀 사람 대부분은 클라베리아가 그들을 위해 구상한 성을 가지고 살아야만 했다. 그것을 고집한 것은 국민들의 생활에 미치는 국가의 권한 증대와 법률 및 조항을 강조하는 국가 역량이었다.

성이 보편화된 것은 상대적으로 최근에 등장한 역사적 현상이다. 자산 소유 및 상속의 추적, 세금 징수, 법정 기록 관리, 경찰 업무 수행, 징집, 전염병 통제 등은 성명과 함께 고정 주소가 명료해짐에 따라 훨씬 쉬워졌다. 공리주의적 국가들이 완전한 인구 목록 작성에 전념하는 동안, 투표권과 병역에 관련된 자유주의적 시민권 논리 역시 이름 만드는 관행을 표준화하는 데 크게 기여했다. 항구적인 성의 법제적 강요는 성에 대한 전통이 전혀 없던 서유럽 유대인의 경우 특히 분명하게 드러난다. 1808년 "영구적인 성이 없는 유대인들에 관한" 나폴레옹 법령은 성의 보유를 명령했다.[59] 1787년 오스트리아는 법률 제정을 통해 유대인에게 성을 선택하거나, 그들을 위해 선택된 성을 갖도록 요구했다. 프로이센에서 유대인 해방은 성을 갖는 조건 하에서 이루어졌다.[60] 유대인이든 아니든 미국으로 이주한 많은 사람들은 유럽을 떠날 때까지 성을 갖고 있지 않았다. 그러나 공식적인 성 없이 서류 작업을 마친 것은 극히 소수였고, 그들의 후손은 지금도 그 성을 사용하고 있다.

고정된 성씨를 창조하는 과정은 제3세계 대부분 지역에서는 물론 한층 발전한 국가들의 '종족 경계지(tribal frontier)'에서도 계속 진행되고 있다.[61] 물론 오늘날에는 다른 많은 국가 표준이 지정됨에 따라 한 개인의 신분을 확인할 수 있는 국가적 능력이 크게 향상되었다. 출생 및 사망 증명서, 한층 구체적인 주소 (일례로 '언덕에 사는 존' 같은 주소보다 한결 구체적인 주소), 신분증, 여권, 사회보장번호, 사진, 지문 그리고 최근에 등장한 DNA 프로파일의 탄생은 항구적인 성과 관련한 과거의 다소 투박한 수단을 대신하게 되었다. 그러나 성은 시민 개개인을 공식적으로 판별하는 데 가장 우선적이고 결정적인 단계로서 아직도 사진과 함께 신원 확인의 첫 번째 요소이다.

표준적 공용어 지침

서로 다른 언어가 초래한 문화적 장벽이야말로 내부자들에게는 쉽게 접근 가능한 세상이 외부자들에게는 불투명하게 남아 있도록 만드는 가장 효과적인 방법이다.[62] 이방인이나 국가의 관리가 16세기 브뤼헤에서 길을 찾기 위해 현지 안내인이 필요했던 것처럼 익숙하지 못한 언어 환경에서 의사소통을 하기 위해서는 반드시 토박이 통역관이 필요했다. 그러나 자치의 기반이라는 측면에서 독자적인 언어는 복잡한 거주 유형보다 훨씬 더 강력하다. 언어는 또한 차별적 역사, 문화적 감수성, 문학, 신화, 음악적 전통의 전달자이다.[63] 이런 면에서 고유한 언어는 식민지화나 통제, 조작, 훈육 혹은 선전은 차치하더라도 국가 지식을 확립하는 데 매우 강력한 장애물이다.

국가의 모든 단순화 작업 중에서 단일한 공식 언어를 정하는 것은 가장 중요한 일인지도 모르며, 이는 다른 분야의 단순화를 위한 선행 조건이다. 유진 웨버(Eugen Weber)가 프랑스의 경우를 놓고 말한 것처럼 그 과정은 브르타뉴와 옥시타니(Occitanie) 같은 많은 외국 지역들을 언어적으로 정복하고 문화적으로 통합시킨 일종의 국내 식민지화라고 볼 수 있다.[64] 처음 프랑스어를 사용하도록 강요했던 이유는 그 지역에 대한 가독성을 높이기 위해서였다. 관리들은 유언장, 판매 서류, 대출 서류, 계약서, 연금 수령권, 재산 증서 등 모든 법적 서류를 프랑스어로 작성하라고 명령했다. 법적 서류가 각 지역의 고유 언어로 작성되는 한 파리에서 파견한 관리는 업무를 진행하기가 부담스러울뿐더러 이들을 법적 및 행정적 표준화를 지향하는 중앙 정부의 계획에 동참시킬 수도 없었다. 언어의 중앙 집중화 전략은 국가 권력의 팽창과 관련해 어느 정도 성공이 확실했다. 19세기 후반이 되자 극소수 사람을 제외한 모든 국민은 국가와 상대하는 것을 피할 수 없었다. 탄원서, 판결 사례, 학교 서류, 신청서, 행정 서류가 모두 프랑스어로 작성되었기 때문이다. 지역적 지식의 가치를 한순간에 떨어뜨리면서 공식적 언어 코드에 통달한 사람들을 우대하는 일에 이것보다 더 효과적인 방식은 없었다. 이것은 거대한 권력 이동이었다. 프랑스어 사용 능력이 떨어지는 주변부 사람들은 입을 다문 채 소외되었다. 새로운 국가 문화에 익숙해지기 위해 그들은 이제 변호사, 공증인, 교사, 서기, 군인 등의 모습으로 나타난 지역 가이드가 필요했다.[65]

언어의 중앙 집중화 뒤에는 문화적 프로젝트가 도사리고 있었다고 충분히 의심할 수 있다. 프랑스어는 국가 문명의 전달 수단으로 여겨졌다. 단순히 나폴레옹 법전을 지역에서 소화하도록 강요하는 것이 목적이 아니라 볼테르(Voltaire), 라신(Racine), 파리의 신문들 그리고 국가적 차원의 교육을 지역에 심어주기 위함이었다. 유진 웨버가 도발적으로 말한 것처럼 "프랑스어권 백인의 책무를 능가하는 제국주의적 정서의 표현은 없다. 그 첫 번째 정복은 바로 집 안에서 이루어졌다."[66] 한때 라틴어 구사 능력이 소수의 엘리트 그룹에게 폭넓은 문화에 참여할 수 있도록 만든 것처럼 표준 프랑스어 구사력이 프랑스 문화에 대한 완전한 참여 여부를 규정했다. 이 같은 움직임 속에 함축된 논리는 문화들 사이에 위계를 정하고, 방언과 지역 문화를 기껏해야 예스러운 고루함으로 격하시키는 것이다. 이런 함축적 피라미드의 정점에는 파리와 그곳에 속한 기관들, 예컨대 정부 부처, 학교, 아카데미[언어의 수호자인 프랑스 학술원(Academie Francaise)를 포함해]가 있었다. 이러한 문화 사업의 상대적 성공은 당근과 채찍 둘 모두에 따라 정해진다. 알렉상드르 상귀네티(Alexandre Sanguinetti)가 주장하듯이 "프랑스 사람들의 무관심에도 불구하고 프랑스를 만든 것은 중앙 집권화이다. 프랑스는 의도를 갖고 만든 정치적 구성물로서 집중된 권력을 창조하고자 하는 투쟁을 멈춘 적이 없다."[67] 표준 프랑스어(파리 사람들이 사용하는 프랑스어)와 파리는 단순히 권력의 핵심이라는 위치에 머물지 않았다. 동시에 그것은 자석이었다. 시장의 성장, 물리적 이동, 새로운 경력, 정치적 후원, 공공 서비스 그리고 국가의 교육 제도 등 모든 측면에서 유창한 프랑스어와 파리의 연계가 사회적 지위의 향상과 물질적 풍요의 첨경이 되었다. 국가의 단순화는 국가의 논리에 순응하는 사람들에 대한 보상과 그것을 무시하는 사람들에 대한 처벌을 약속했다.

교통 체계의 중앙 집중화

파리지앵의 프랑스어를 공용어로 강요함으로써 촉진된 언어의 중앙 집중화는 교통 분야에서도 반복되었다. 새로운 언어 체계가 파리를 커뮤니케이션의 중심지로 만든 것처럼 새로운 도로와 철도 시스템은 파리에서 출발하거나 도착하는 이동을 지역 간 혹은 지방 교통 체계보다 점점 더 우대했다. 국가 정책은 컴퓨터 관련 용어인 '하드와이어링(hardwiring: 컴퓨터 내의 전자 장치 사이에 배선을 접속하는 것—옮긴이)' 패턴과 비슷했는데, 그 결과 절대 군주조차 쉽게 상상한 것 이상으로 중앙 정부에 대한 지역의 접근성과 가독성이 획기적으로 높아졌다.

상대적으로 중앙 집중화가 잘된 커뮤니케이션 네트워크와 그렇지 못한 것을 도식적으로 한번 대조해보자. 만약 지도에 표시한다면, 집중화되지 않은 패턴은 행정적 의지와 무관한 길을 따라 물자와 사람들이 실제로 이동하는 것을 나타내는 물리적인 이미지일 것이다. 그러한 움직임은 무작위적이지 않다. 따라서 계곡 또는 수로를 따라가거나 협곡을 돌아 여행하기 쉬운 방법을 보여주고, 중요한 자원이나 종교적 성지의 위치를 가르쳐준다. 웨버는 경관을 가로지르는 이러한 움직임에 생기를 불어넣는 인간 행위의 풍요로움을 다음과 같이 포착한다. "이러한

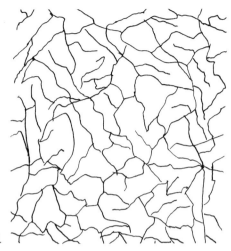

그림 11 이용 및 지형에 따라 만들어진 길.

길은 전문적인 업무를 수행하는 데 이용되었다. 어떤 특별한 오솔길은 유리 세공업자, 소금 장사치나 짐꾼, 도공이 따라갔고, 어떤 길은 용광로, 광산, 삼밭으로 향하거나 시장에 아마, 대마, 리넨, 방적사(紡績絲)를 갖고 가는 통로였다. 그것은 순례의 길이자 행렬의 자국이었다."[68]

　논의 그 자체를 위해 우리가 물리적인 자원이 동등하게 분배되고 (산이나 늪지처럼) 이동을 가로막는 커다란 물리적 장벽이 전혀 존재하지 않는 장소를 상상할 수 있다면, 사용 중인 길의 지도는 모세관처럼 빽빽한 연결망 형태를 닮아 있을 것이다(그림 11). 물론 길을 따라가다 보면 완전히 무작위적이지 않은 것은 사실이다. 위치와 자원에 기초한 중세의 시장 도시는 작은 허브를 이루었으며 종교적 성지, 채석장, 광산 등 다른 중요한 장소들도 사정은 마찬가지였다.[69] 프랑스의 경우에도 도로망은 중앙 집중화에 대한 지방 영주와 군주의 야망을 오랫동안 반영해왔을 것이다. 그러나 이처럼 실례를 들어 설명하는 까닭은 도로망의 모습이 국가적 차원의 중앙 집중화로부터 아주 사소하게만 영향을 받았다는 점을 보여주기 위해서이다. 그것은 앞서 살펴본 것처럼 많은 면에서 14세

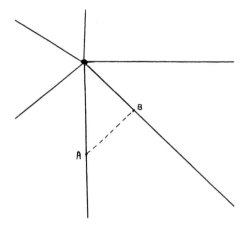

그림 12 집중화된 교통 허브.

기 말 브뤼헤의 도시 경관을 닮았다.

장바티스트 콜베르의 등장과 함께 프랑스의 국가 건설 근대주의자들은 이 형태 위에 행정적 중앙 집권화를 위해 정교하게 계획된 격자형을 포개고자 노력했다.[70] 비록 완전히 실현되지는 않았지만 그들의 계획은 고속도로, 운하 그리고 궁극적으로는 철도를 바퀴살처럼 파리에서부터 방사형으로 뻗어나가게 하는 것이었다(그림 12). 이런 모습의 통행 격자와 콜베르의 고안에 따라 잘 관리된 국가 삼림의 연속적 '평지(tire-aire)' 사이의 유사점은 우연이 아니었다. 그것은 둘 다 접근성을 최대한 높이고 중앙의 통제를 용이하게 하기 위해 고안되었다. 여기서 단순화의 종류는 다시 한 번 전적으로 위치에 따라 상대적이었다. 허브 중심에 있는 관료에게는 새로운 길을 따라 A로 가거나 B로 가는 것이 더 용이했다. 도로는 "정부와 도시를 위해 구상되었으며 간선 도로를 보완하는 연결망의 부재는 일반 사람들의 습관이나 수요와 아무런 상관이 없었다. 중앙에서 활동하는 한 역사가가 행정적 고속도로라고 부른 길들은 군대가 행진하거나 세금이 국고(國庫)로 이동하는 데 사용하기 위해 만들어졌다."[71] 그러나 A에서 B로 여행하거나 이동하기를 원하는 사람들에게 문제는 그리 단순하지 않다. 모든 문서가 공식적인 법적 언어를 '경유' 해야 하듯이 대부분의 상업적 수송도 반드시 수도를 통과해야만 한다.

이러한 기하학적 정신의 배후 동력은 예전부터 현재까지 저 유명한 프랑스 토목사업단(Corps des Ponts et Chaussées) 소속 기술자들이었다.[72] 토목사업단의 감독관인 빅토르 르그랑(Victor Legrand)은 파리를 대서양 에서 지중해에 이르기까지 7개의 교차 광폭 라인과 연결하는 '벨 이데 (belle idée: beautiful idea—옮긴이)'의 창시자였다. 그의 계획은 르그랑 스타 (Legrand Star)로 널리 알려져 있으며 처음에는 운하를 대상으로 제안되었 다가 나중에는 철도〔그중에는 파리 북역(Gare du Nord)과 파리 동역(Gare de 1'Est) 이 있다〕에 대해서도 제안되었는데, 그 효과는 훨씬 더 컸다.[73]

집중적 미학으로서 그 계획은 상업적 논리나 비용 대비 효과를 무시 했다. 격자의 첫 번째 구간은 파리 동쪽에서 스트라스부르 및 국경에 이 르는 도로였는데, 마른(Marne)을 따라 인구 중심지를 지나는 대신 브리 (Brie) 고원으로 직통했다. 기하학적 완전함을 위해 지형을 무시한 결과, 여기에는 영국이나 독일의 철도 건설에 비해 막대한 비용이 들었다. 군 대 또한 토목사업단의 논리를 받아들였는데, 그것은 국경까지의 직선 도로가 군사적으로 유리하다고 판단한 것에서 알 수 있다. 그들의 비극 적 오류는 1870~1871년에 걸쳐 벌어진 보불 전쟁 때 확인되었다.[74]

교통 패턴의 개량에 따라 엄청난 결과가 초래되었으며, 그것 대부분 은 의도한 바였다. 이를테면, 지방과 그곳의 프랑스 국민을 파리와 국가 에 연결하고, 프랑스 내 어느 지방에서 발생하든 시민 소요를 진압하기 위해 수도에서 군대를 파견하는 일을 쉽게 만들었다. 국가에 대한 군사 적 통제라는 측면에서 이는 오스망이 수도 파리 자체에서 이룩한 의미 있는 성과를 목표로 삼았다. 이렇듯 지방을 희생함으로써 파리와 국가 의 권한은 크게 확대되었고, 입지의 경제학(economics of location)에 큰 영향을 미쳐 중앙 집권적 재정 및 군사 통제를 촉진했을 뿐 아니라 수직적 연계를 선호함에 따라 문화 및 경제의 수평적인 연대가 단절되거나 약화되었다. 프랑스 관리들이 지방 방언을 소외시킨 것처럼 이것 또한 프랑스 외곽 지역을 단숨에 주변화시키고 말았다.

결론

근대 국가의 관리들은 자신이 다스려야 할 사회로부터 종종 몇 단계 혹은 적어도 한 단계 정도 반드시 떨어져 있다. 그들은 일련의 전형(典型)을 통해 그들 사회의 삶을 평가하는데, 이러한 추상화 과정을 통해 포착하려 했던 본래의 온전한 현실로부터 항상 약간 동떨어져 있는 것이다. 따라서 여러 개별적인 사실을 한층 큰 패턴으로 정리할 수 있는 개관적 능력에도 불구하고 삼림 전문가의 표와 그림은 매우 다양한 모습을 갖고 있는 숲의 진정한 모습을 포착하지 못한다(그렇게 할 의사가 애초 없을 수도 있다). 따라서 토지 측량도와 부동산 증서는 실제 존재하는 토지 이용 및 처분에 대한 권리를 거칠게 그리고 더러는 잘못 표현할 뿐이다. 거대한 조직에서 일하는 사람은 자신이 관심을 갖고 있는 인간 행위를 주로 세금 수입, 납세자 명단, 토지 대장, 평균 수입, 실업률, 사망률, 무역 및 생산량, 한 지역에서의 콜레라 발병률처럼 문서와 통계에 의해 단순화된 근사치를 통해 '본다'.

이러한 전형화는 정치적으로 필수적이다. 지도, 인구 조사, 토지 대장, 도량형의 통일 같은 국가의 단순화는 크고 복잡한 현실을 이해하는 기법을 의미한다. 관리들이 총체적인 측면을 이해하기 위해 복잡한 현실은 체계적 범주 속으로 축소되어야 하기 때문이다. 이것을 성취하는 유일한 방법은 끝없이 세분화된 집합체를 한 세트의 범주로 줄임으로써 요약된 설명과 비교 그리고 집적을 용이하게 만드는 것이다. 찰스 틸리(Charles Tilly)가 지적했듯이 이러한 추상화의 발명, 개선 그리고 활용은 국가 능력의 대폭적인 신장—공물과 간접 통치로부터 과세와 직접 통치로의 이동—을 의미한다. 간접 통치는 국가 기구를 단지 최소한으로만 요구하는 가운데 자원과 지식을 중앙 권력에 빼기지 않으려는 지방 엘리트와 지역 사회에 의존했다. 직접 통치가 광범위한 저항을 불러일으키고 종종 불가피하게 중앙 권력을 제한하는 타협이 있기도 했지만, 처음으로 국가 관리들에게 과거에 불투명했던 사회에 대한 직접적인 지식과 접근을 허락한 것은 분명하다.

직접 통치의 가장 선도적 기법이 얼마나 막강한지에 대해 말하자면, 그것은 단순히 이미 알려진 사실을 요약할 뿐만 아니라 새로운 사회적 진실을 발견하기까지 한다. 애틀랜타의 질병관리센터는 이 점과 관련해 발군의 사례이다. 병원들 간의 네트워크는 독성 쇼크 증후군, 리지오넬로시스증(legionellosis disease: 에어컨 등에 의해 전파되는 세균으로 인해 발생하는 급성 폐렴—옮긴이), 에이즈 등과 같이 지금까지 알려지지 않았던 전염병을 제일 먼저 '발견'하는 일을 가능케 한다. 이때 국가 지식은 전형적으로 강력한 형태를 띠게 된다. 즉, 관리들이 전염병 전파를 사전에 막을 수 있도록 하고, 대중의 복지에 큰 영향을 미치는 경제적 추이를 이해하게 만들며, 그들의 정책이 바람직한 효과를 가져올 것인지에 대해 판단하는 일을 돕고, 정책 결정이 더 많은 핵심적인 사실을 확보한 상태에서 이루어지는 데 기여한다.[75] 이와 같은 것들이 차별화된 개입을 가능케 하며 그중 어떤 것들은 문자 그대로 사람 목숨을 구하기도 한다.

통치자가 사회를 한층 쉽게 읽을 수 있도록 고안한 기술은 엄청나게 세련되어졌지만 그렇게 하도록 만든 정치적 동기는 별로 달라지지 않았다. 전용(轉用), 통제 그리고 (나쁜 의미에서가 아닌) 조작이 가장 현저하게 남아 있다. 우리가 만약 국민의 숫자를 알고, 위치를 파악하고, 부를 측정하고, 토지 자원과 주거지에 대한 지도를 만들 수단이 없는 국가를 상상한다면, 사회에 대한 개입이 아주 미숙한 어떤 국가를 떠올릴 수밖에 없다. 따라서 국가에 대해 상대적으로 불투명한 사회는 미세하게 조정된 국가 개입의 몇몇 형태로부터 고립된다. 그것은 보편적인 예방 접종처럼 환영의 대상이 될 수도 있고, 개인 소득세 부과의 경우처럼 원망의 대상이 될 수도 있다. 경험적으로 볼 때 국가 개입은 전형적으로 해당 사회 내부를 잘 파악하고 있어 그들 자신의 특정한 이해관계에 집착하기 쉬운 지역 정보통에 의해 조정될 것이다. 이와 같은 조정이 없다면—그리고 종종 있다 하더라도—국가 행위는 서투를 확률이 높아서 목표에 미치지 못하거나 목표를 과도하게 넘어버릴 것이다.

그 목적이 약탈이든 아니면 공공복지 증진이든, 가독 불가능한 사회는 효과적인 국가 개입을 방해한다. 국가의 관심이 단지 몇 톤의 곡물을 모으거나 약간의 군인을 징집하는 것에 있는 한 국가의 무지는 치명적이지 않다. 그러나 국가의 목적이 시민의 일상적인 습관(위생이나 건강과 관련한 관행)이나 작업 능률(질적 노동 또는 기계 관리)을 변화시키는 것이라면 국가의 무지는 곧 무능을 의미하게 된다. 철저하게 가독 가능한 사회는 정보의 지역 독점을 막으며 일치된 법령, 신분 확인, 통계, 규제 그리고 측량 등을 통해 일종의 국가적 투명성을 확보한다. 동시에 국가가 새로 창조한 형식을 쉽게 해독할 수 있는 지식과 접근성을 갖춘 고위층 사람들에게 그 지위에 따르는 이점을 제공한다.

가독 가능한 사회에서 차별적 개입은 물론 치명적일 수도 있다. 이에 관한 진지한 사례는 1941년 5월 나치 치하에서 암스테르담의 도시통계

그림 13 암스테르담 도시통계소가 작성한 '도시 내 유대인 분포(1941년 5월)'.

소가 작성한 지도를 통해 말없이 상기할 수 있다(그림 13).[76] 그 지도는 거
주자 목록과 함께 도시 내에 거주하는 유대인을 개괄적으로 표시하고 있
는데, 이것을 바탕으로 결국 6만 5000명의 유대인이 강제 이송되었다.

이 지도의 제목은 '도시 내 유대인 분포'다. 각각의 점(點)은 10명의
유대인을 의미하며, 이를 통해 유대인 밀집 지역을 정확히 파악할 수 있
다. 이 지도는 유대인 혈통을 가진 사람들이 자발적으로 등록하도록 명
령함으로써 확보한 정보뿐만 아니라 인구 등록 ("네덜란드에서는 특히 광범

위하게 실시되었다")[77] 및 사업자 등록을 통해 추출한 정보에 의해서도 작성되었다. 성명, 주소, 인종적 배경(아마도 인구 등록표에 있는 이름이나 본인의 진술을 통해 알아냈을 것이다) 등에 관한 이처럼 상세한 정보와 이런 통계적 표현을 산출하는 데 필요한 지도상의 정확성에 대해 잠시 생각해보면, 국가 능력에 대한 가독성의 공헌은 분명하다. 물론 나치 당국이 그와 같은 행동 이면에 있는 살인 의도를 제공했지만, 네덜란드 당국이 제공한 가독성은 그것을 효율적으로 수행하게끔 한 수단이었다.[78] 그와 같은 가독성은—나는 이 점을 강조해야겠다—차별적 개입을 위한 국가의 능력을 단순히 증폭시킬 뿐이며, 그와 같은 능력이 원칙적으로 유대인을 강제 이주시키는 것만큼 쉽게 그들을 먹여 살릴 수도 있다.

가독성은 중심부에 위치하고 총괄적인 시야를 가진 어떤 관찰자를 암시한다. 우리가 검토해온 종류의 국가 단순화는 당국에 그들 사회에 대한 체계적 시야를 제공하려는 의도로 고안되었으며, 그러한 권한이 없는 사람에게는 허용되지 않는다. 미국의 고속도로 순찰 경찰이 거울처럼 반사하는 선글라스를 착용하듯이 당국은 전체 사회에서 선별된 일부 측면에 대해 준(準)독점적인 광경을 즐긴다. 이러한 특권적 시점은 복잡한 인간 행위에 대한 지배와 통제가 최고로 발달한 모든 조직적 환경에서 전형적으로 나타난다. 수도원, 군대 막사, 공장 내 작업장 및 행정적 관료제는 (공적이든 사적이든) 국가와 유사한 많은 기능을 수행하며, 이따금 국가의 정보 체계를 흉내 내기도 한다.

국가 단순화는 '가독성 프로젝트'의 진행상 일부로 간주할 수 있으며 결코 완전할 수 없는 성질을 갖고 있다. 비록 정도의 차이는 있지만 이런 단순화를 만들어내는 자료는 부정확성, 생략, 잘못된 합산, 부정, 부주의, 정치적 왜곡 등으로 가득 차 있다. 사회를 조작하려는 어떤 국가통치에도 가독성 프로젝트가 내재해 있지만, 그것은 국가 내부의 경쟁자, 기술적 장애 그리고 무엇보다 국민들의 저항에 의해 약화된다.

국가 단순화에는 적어도 다섯 가지 정도의 강조할 만한 특징이 있다. 그중 가장 분명한 것은 국가 단순화가 사회적 삶의 측면 중에서 공공의 이해에 부합하는 것들에 대한 관찰일 뿐이라는 사실이다. 그것은 '이해관계가 결부된' 공리주의적 사실들이다. 둘째, 국가 단순화는 거의 항상 (언어 또는 숫자로 나타내는) '문서상의 사실'로 작성된다. 셋째, 국가 단순화는 전형적으로 '정태적 사실'이다.[79] 넷째, 가장 잘 양식화된 국가의 사실은 거의 언제나 '집합적 사실'이다. 집합적 사실은 (대중교통 네트워크의 밀도처럼) 비인격적인 것일 수도 있고 (취업률이나 문맹률, 거주 유형처럼) 개인들에 관한 사실을 단순 수집한 것일 수도 있다. 마지막으로 국가 관료들은 대부분의 경우 집단적 평가가 가능한 방법으로 시민을 분류할 필요가 있다. 평균 혹은 분포로 집성되고 표현할 수 있는 사실은 따라서 '표준화된 사실'이다. 집성된 자료를 구성하는 다양한 개인의 실제 상황이 아무리 독특하더라도 관심 있는 내용은 그들의 유사점, 아니면 더 정확히 말해서 표준화된 척도 혹은 연속선상에서 나타나는 그들 간의 차이점이다.

집성할 수 있는 표준화된 사실이 가공되는 과정은 적어도 세 가지 단계를 거친다. 가장 없어서는 안 될 첫 번째 단계는 측정 혹은 코딩(coding: 정보를 계산 조작에 편리한 부호로 바꾸는 것—옮긴이)의 공통 단위를 창조하는 일이다. 나무의 크기에 대한 등급, 부동산 소유권, 토지 자산 또는 곡물의 부피를 측정하는 미터법, 일반화된 명명(命名) 관행, 초원의 구획, 규격화된 크기의 도시 공간 등은 이러한 목적으로 만들어진 단위의 실례이다. 그다음 단계는 해당 범주에 속하는 각각의 항목과 사례를 새로운 평가 기준에 따라 계산하고 분류하는 것이다. 어떤 나무는 특정한 부피 등급이 매겨진 나무의 본보기로, 어떤 농경지는 지적 측량도상의 특정

좌표로, 어떤 일은 직업 분류상의 특정 사례로 그리고 어떤 사람은 새로운 공식에 따라 만들어진 성명(姓名)으로 각각 다시 나타난다. 각각의 사실은 "일련의 총체적 분류 격자"[80] 중 일부로서, 말하자면 공식 복장의 새로운 유니폼을 입고 무대 위에 다시 등장해야 한다. 이 사실들은 바로 그러한 복장을 갖춤으로써 과정상의 정점에서 역할을 수행할 수 있다. 말하자면, 새로운 단위의 논리에 따른 통계적 집성에 의해 완전히 새로운 사실이 창조되는 것이다. 마지막 단계는 관료들이 필요로 하는 총괄적 사실에 도달하는 것이다. 예를 들면 정해진 등급의 부피에 해당하는 수천 그루의 나무, 18~35세 사이에 걸친 수천 명의 남성, 정해진 면적의 등급에 부합하는 어느 정도의 농장, A로 시작하는 이름을 가진 얼마간의 학생, 결핵 환자 몇 명 등 같은 것이다. 통계적 집성의 다양한 계량법을 혼합할 경우 예전에 미처 몰랐던 매우 치밀하고 복잡한 사실―예컨대 소득과 도시 위치에 따른 결핵 환자의 분포 상황―까지 알 수 있다.

이처럼 정교한 지식의 가공물을 '국가 단순화'라고 일컫는 것은 오해를 불러일으킬 수 있다. 그것은 결코 단세포적이 아니며 이따금 관리들에 의해 매우 정교하게 활용된다. 더 정확하게 말하면 '단순화'라는 용어는 두 가지 특별한 의미를 갖고 있다. 첫째, 관료가 필요로 하는 지식은 그들에게 전체에 대한 총괄적 시각을 제공해야 한다. 즉, 여러 사례를 통해 반복 가능해야 한다. 이런 측면에서, 이와 같은 사실들은 고유한 특성을 상실한 채 체계적 혹은 단순화된 형태가 되어 사실들을 구분하는 등급의 구성 요소로 다시 나타난다.[81] 두 번째는 첫 번째와 매우 긴밀히 연관되어 있는 것으로, 개괄적 사실의 집성은 그렇지 않을 경우 관련 있어 보이는 차이점들을 필연적으로 없애거나 무시해버린다.

예컨대 고용에 대한 단순화 사례를 살펴보자. 많은 사람의 근로 생활은 대단히 복잡하고 매일매일 바뀔 수 있다. 그러나 공식적 통계 목적에서 볼 때 '유급 고용'은 양식화된 사실이다. 사람은 유급으로 고용이 되었거나 그렇지 않은 것이다. 또 다소 이색적인 직업은 통계적 집성에 사용하는 범주로부터 심하게 제약을 받는다.[82] 그와 같은 자료를 수집하고 해석하는 사람들은 자신의 분류법에 허구적이고 임의적인 속성이 있다는 것 그리고 그것이 문제를 일으킬 만한 엄청난 차이들을 감추고 있다는 것을 알고 있다. 그러나 일단 한 번 분류하고 나면 이런 빈약한 범주는 비슷하게 분류된 모든 경우가 사실상 동질적이고 균일한 것이거나 한 것처럼 어쩔 수 없이 가동된다. 주어진 크기 등급 안에서 모든 표준화된 나무는 같은 것이고, 정해진 토양 등급에 속하는 흙은 통계상 동일한 것이며, (산업별로 분류한다면) 모든 자동차 노동자는 똑같고, (신앙별로 분류한다면) 모든 천주교 신자는 하나다. 시어도어 포터가 기계적 객관성에 대한 자신의 연구에서 말하고 있는 것처럼 "매우 정확한 것보다 규칙적이고 표준화될 수 있는 측정을 더 선호할 만한 강력한 동기가 존재한다"고 볼 수 있는데, 왜냐하면 동일한 절차가 다른 모든 곳에서 확실히 실행되지 않을 경우 정확성만으로는 의미가 없기 때문이다.[83]

지금까지 나는 국가 관료들이 주민의 일부 또는 전부에 대한 상황을 관찰하는 데 필요한 단순화와 추상화 그리고 표준화에 관해 다소 쉽고 심지어 진부한 점들을 지적해보았다. 그러나 나는 여기서 한 걸음 더 나아가는 주장을 하고 싶다. 그것은 과학적 삼림 관리에 대해 언급한 대목과 유사하다. 곧, 근대 국가는 관료를 통해―비록 얼마나 성공할지는 가변적이지만―감시와 계산 그리고 평가와 관리를 가장 쉽게 하는 표준화된 특성을 갖춘 영역과 국민을 창조하고자 시도한다는 것이다. 유토피아적이고 본질적이면서도 또한 지속적으로 좌절하고 마는 근대 국가의 목표는 혼돈스럽고 무질서한 모습으로 항상 변화하는 사회 현실을 행정적 격자망처럼 어떤 관찰 가능한 형태로 바꾸는 것이다. 18~19세기 통치술의 상당 부분은 바로 이 프로젝트에 충실했다. 틸리가 말하듯이 "공물이 세금으로, 간접 통치가 직접 통치로, 복종이 동화로 변화하는 시대에 국가는 일반적으로 국민을 동질하게 만들었고, 공통의 언어, 종교, 통화, 법체계를 부과하면서 동시에 무역, 교통, 통신의 연계 시스템을 구축하고자 노력함으로써 국민의 분열을 막으려 했다."[84]

삼림 관리자가 과학적 관리를 통해 덤불과 사냥꾼을 제거하고 같은 수령, 같은 수종, 같은 형태의 나무를 일직선으로 조림함으로써 완벽하게 읽을 수 있는 숲을 기대할 수 있는 것처럼[85] 정교한 국가 관리자 또한 완벽하게 읽을 수 있는 인구를 열망할 수 있다. 곧, 등록된 하나의 이름과 주소가 격자 형태의 거주지에 맞춰져 있으며, 단 하나의 확인 가능한 직업을 추구할 뿐이며, 모든 거래 관계를 정해진 양식과 공식 언어에 따라 문서화하는 그런 국민 말이다. 이런 사회를 연병장과 비교하는 풍자는 지나치게 과장된 측면이 있지만 그 속에 담긴 일말의 진실은 우리가 나중에 다루게 될 거대한 계획을 이해하는 데 도움이 된다.[86] 그와 같은 획일성과 질서에 대한 열망은 우리로 하여금 근대적 통치란 결국 대개의 경우 내부적 식민화 프로젝트이자 제국주의와 관련한 수사법에서 종종 나타나는 '문명화 책무'와 다름 없다는 사실을 깨닫게 한다. 근대 국가 건설자들은 단순히 묘사하고 관찰하고 지도화하는 것에 그치지 않고, 사람과 경관을 자신의 관찰 기법에 맞춰 형상화하고자 노력한다.[87]

이러한 경향은 어쩌면 많은 거대한 위계 조직이 공유하고 있다. 행정적 조정 업무에 관한 문헌 연구를 통해 도널드 치섬(Donald Chisholm)은 "중앙에서 조정하는 계획은 업무 환경이 분명하고 불변하며, 폐쇄적인 체제로 취급할 수 있는 조건 하에서 효과적으로 작동한다"[88]고 결론지었다. 인구나 사회 공간이 정태적이고 표준적이고 동질적일수록 더욱더 잘 읽히며, 국가 관료의 기술에 더욱더 순종한다. 많은 국가 행위는 국가의 관할권 아래 있는 인구, 공간 및 자연을 폐쇄적인 체제로 변형시키는 것을 목표로 삼고 있다고 나는 주장한다. 그것이 놀랄 만한 일을 제거하면서 가장 관찰하고 통제하기 좋은 상태이기 때문이다.

국가 관리는 종종 자신의 범주를 고집하고, 자신의 단순화를 강요할 수 있다. 이것은 다른 어떤 기관에 비해 국가가 자기 도식에 따라 국민을 다루는 데 아주 뛰어난 채비를 갖추고 있기 때문이다. 그러므로 토지 측량사, 인구 조사자, 판사, 경찰이 인위적으로 만든 것에서 시작된 발명품이 사람들의 일상적 경험을 정확하게 조직화하는 범주로 귀결될 수 있다. 이는 그 범주가 그와 같은 경험을 구조화하는 국가 자체의 기관들 안에 깊숙이 이식되어 있기 때문이다.[89] 경제 계획, 측량 지도, 소유 기록, 삼림 관리 계획, 인종 분류, 통장, 체포 기록, 정치적 경계를 나타내는 지도 등은 바로 이와 같은 총괄적인 자료야말로 국가 관리들이 현실을 이해하고 형상화하는 출발점이라는 사실로부터 힘을 얻는다. 또 다른 현실을 주장할 만한 효과적 방법이 없는 독재적인 환경에서는 종종 서류상으로 존재하는 가상의 사실이 결국 현장을 지배할 수 있다. 왜냐하면 바로 그런 종이 쪼가리를 위해 경찰과 군대가 배치되기 때문이다.

이러한 서류 기록은 법정이나 관청 안에서 그리고 대다수 관리 앞에서 작동하고 있는 사실들이다. 이런 관점에서 볼 때, 그와 같은 목적을 갖고 표준화된 문서 속에 저장된 내용보다 더 실제적인 사실은 국가에 없다. 그런 서류상에 나타난 오류는 보고되지 않은 사실보다 오히려 더 강력한―그리고 훨씬 더 오래가는―힘을 갖는다. 예를 들어, 만약 당신이 부동산 소유권에 대한 주장을 방어하고 싶다면 부동산 소유 문서라는 것을 갖고 임하는 것이 당연하다. 만약 당신이 법적 보호를 원한다면 출생증명서든, 여권이든, 주민등록증이든, 국가 관리가 당신을 시민이라고 인정할 수 있는 공문서를 갖고 있어야 한다. 국가 관리들에 의해 사용되는 범주는 단순히 그들 주변의 환경을 가독 가능하도록 만들고자 하는 수단일 뿐만은 아니다. 이를테면, 대부분의 인구가 그것에 맞춰 춤을 춰야 하는 권위주의적 장단(tune)인 것이다.

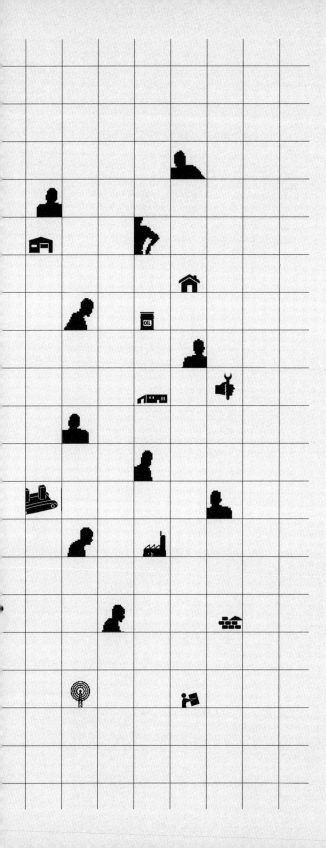

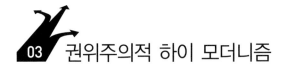

03 권위주의적 하이 모더니즘

그러고 나서 나는 부두에서의 오늘 아침처럼, 마치 난생처음인 양 이런 것들을 다시 보았다. 흠잡을 데 없이 곧게 뻗은 거리들, 유리처럼 빛나는 포장도로, 투명한 집들의 성스러운 육면체 그리고 《민수기》에 있는 것처럼 한 줄로 늘어선 청회색 정사각형의 조화를. 그리고 나는 낡은 신과 삶에 대해 승리를 거둔 자는 지나간 세대가 아니라 바로 나 자신인 것처럼 느꼈다.

– 유진 자미아틴(Eugene Zamiatin), 《우리들》

신을 추방하고 대체한 현대 과학은 '자유에 대한 제한'이라는 장애물을 없애버렸다. 또한 그것은 공백을 창조했다. 곧, 최고 입법관이자 경영자이며 세상 질서의 설계자이자 행정가의 사무실이 지금 끔찍할 정도로 비워져 있다. 그것은 채워져야 하고, 그렇지 않으면 …… 옥좌의 부재는 근세 내내 선지자와 모험가에게 영구적이고 매력적인 유혹이었다. 포괄적인 질서와 조화에 대한 꿈은 항상 생생하게 남아 있었고, 그 꿈은 과거 어느 때보다 더 인간 곁으로 가까이 다가와 인간이 도달할 수 있는 범위 안으로 들어왔다. 꿈을 만들어내고 그것에 대한 지배력을 확보하는 일은 이제 인간이 하기에 달렸다.

– 지그문트 바우만(Zygmunt Bauman), 《근대성과 대학살》

우리가 검토한 모든 국가의 단순화는 지도의 특성을 갖고 있다. 곧, 복잡한 세상 가운데 제작자가 당장 관심을 가진 측면은 정확하게 요약하되 나머지는 무시하는 것이 지도다. 지도의 기능에 필요한 정보가 누락되지 않는 한, 미묘한 차이와 세부적인 사항이 결여된 지도를 불평하는 것은 의미가 없다. 모든 교통 신호, 길에 패인 모든 구멍, 모든 건물과 모든 공원에 있는 모든 덤불과 나무를 표시하고자 열망하는 도시 지도는 그것이 묘사하려는 도시 자체만큼이나 크고 복잡해질 우려가 있다.[1] 또한 발췌하고 요약하는 지도 제작 본연의 목적을 달성하는 데도 분명히 실패하고 말 것이다. 지도는 어떤 목적을 위해 설계하는 도구이다. 우리는 그 목적이 고귀한지 혹은 도덕적으로 문제가 있는지 판단할 수 있다. 하지만 그 지도 자체는 의도한 용도를 만족시키는 데 이바지하거나 그렇지 않거나 둘 중 하나이다.

그런데 여러 가지 사례를 살피다 보니, 우리는 지도가 그것이 묘사하는 사실을 단순히 요약할 뿐만 아니라 그것을 변형시킬 수 있는 확실한 힘도 함께 갖고 있다는 점을 알게 되었다. 물론 지도의 이러한 변형 능력은 지도에 내재해 있는 것이 아니라, 그와 같은 특정 지도에 대해 모종의 관점을 배치한 사람의 능력에 달려 있다.[2] 지속적인 목재 산출, 이윤 또는 생산량을 극대화하는 것이 목표인 민간 기업은 그런 논리에 따라 세상의 지도를 만들 것이고, 그와 같은 지도의 논리를 보편화하는 데 필요하다면 무슨 힘이라도 사용할 것이다. 국가는 공리주의적 단순화에 대한 독점권이 없다. 하지만 국가가 최소한 진정으로 바라는 것은 폭력의 합법적인 사용에 대한 독점이다. 바로 이것이 17세기부터 지금까지 창안되고 활용된 각종 지도 가운데서 가장 강력한 변형 능력을 갖춘 지도가 사회 안에서 가장 강력한 제도, 곧 국가에 의해 만들어진 이유일 것이다.

얼마 전까지만 해도 자신의 계획을 사회에 강제할 수 있는 국가의 능력은 국가의 소심한 야망과 한정된 역량에 의해 제한되었다. 비록 미세하게 조정되는 사회 통제를 위한 유토피아적 열망의 유래가 계몽주의 사상이나 수도원 또는 군대의 관행에까지 소급될 수는 있겠지만, 18세기 유럽 국가는 여전히 주로 착취를 위한 기계일 뿐이었다. 물론 절대주의 국가 관료의 경우, 특히 자신의 전임자에 비해 그들 왕국 내의 인구와 토지 소유 관계, 생산 그리고 교역 상황을 지도에 훨씬 더 많이 그려 넣었으며, 따라서 지방으로부터의 징세와 징병이 훨씬 효율적으로 변한 것은 사실이다. 그러나 그들이 절대왕정이라고 주장하는 것에는 적잖은 아이러니가 있었다. 그들은 사회공학 측면에서 훨씬 더 강압적인 실험을 해볼 수 있도록 만드는 일관된 강제력, 조밀한 행정 격자 그리고 세부적 지식이 부족했다. 날로 성장하는 자신의 야망을 더 자유롭게 펼치기 위해서 그들은 훨씬 큰 자신감, 과업에 상응하는 국가 기구 그리고 그들이 완전히 지배할 수 있는 사회를 필요로 했다. 이러한 조건은 서양에서는 19세기 중반에, 그 밖의 지역에서는 20세기 초반에 이르러서야 충족되었다.

19세기 후반과 20세기 국가 발전의 가장 비극적인 에피소드 가운데 많은 것들은 무엇보다 세 가지 요소의 치명적 조합에서 비롯되었다고 나는 믿는다. 첫 번째는 자연과 사회의 행정적 질서화에 대한 열망이다. 곧, 우리가 과학적 삼림에서 이미 작동하고 있다고 본 그 열망, 그러나 한층 더 종합적이고 야심적인 수준으로 격상된 열망이다. 이 열망에 적절한 용어는 아마도 '하이 모더니즘(High Modernism)'인 것 같다.[3] 하이 모더니즘은 하나의 신념으로서 정치적 이데올로기의 넓은 스펙트럼을 초월해 많은 사람들에 의해 공유되었다. 하이 모더니즘의 주요 담지자와 옹호자들은 공학자, 계획가, 고위 행정 관료, 건축가 그리고 과학자와 공상가 가운데 선두를 달리는 자들이었다. 만약 하이 모더니즘의 명사(名士)들을 위한 신전이나 명예의 전당을 상상한다면 앙리 콩트 드 생시몽(Henri Comte de Saint-Simon), 르코르뷔지에, 발터 라테나우(Walther Rathenau), 로버트 맥나마라(Robert McNamara), 로버트 모지스, 장 모네(Jean Monnet), 이란의 국왕(the Shah of Iran), 데이비드 릴리엔설(David Lilienthal), 블라디미르 I. 레닌(Vladimir I. Lenin), 레온 트로츠키(Leon Trotsky), 줄리어스 니에레레(Julius Nyerere) 같은 이름들이 거의 분명히 포함될 것이다.[4] 그들은 인간의 환경을 개선하기 위해서 사회생활의 모든 측면에 대한 포괄적이고 합리적인 공학을 계획했다. 일종의 확신으로서 하이 모더니즘은 어떤 특정한 정치적 성향을 가진 배타적인 자산이 아니었다. 앞으로 살펴보겠지만, 하이 모더니즘은 좌파와 우파 모두에 걸쳐 그 변형을 갖고 있다. 두 번째 요소는 이러한 목적을 이루기 위한 수단으로서 근대 국가의 힘이 통제되지 않은 채 사용되었다는 점이다. 세 번째 요소는 이러한 계획에 저항하기에는 역량이 부족한 혹은 굴종적인 시민 사회이다. 하이 모더니즘 이데올로기는 말하자면 욕망을 제공했고, 근대 국가는 그 욕망을 위해 작용하는 수단을 제공했으며, 무력화된 시민 사회는 유토피아(혹은 디스토피아)를 만들어낼 수 있는 순탄한 지형을 제공했다.

하이 모더니즘의 전제에 대해서는 잠시 후에 살펴보고, 여기서는 20세기에 국가가 주도해 발생한 다수의 대형 참사가 그들 사회를 위해 숭고하고 이상적인 계획을 가졌던 지도자들 책임이었다는 사실을 지적하는 것이 중요하다. 우파 쪽에서도 하이 모더니즘 이상주의를 발견할 수 있는데, 그 대표적 사례 가운데 하나는 나치즘이다.[5] 남아프리카공화국에서 인종차별정책에 따라 추진된 대규모 사회공학, 이란 국왕의 다양한 근대화 계획, 베트남의 '촌락화 사업(villagization)' 그리고 대단위 탈식민지 국가 발전 계획〔예컨대 수단의 게지라(Gezira) 사업〕이 여기에 해당할 수 있다.[6] 그러나 20세기가 경험한 대규모 국가 주도 사회공학 대부분은 좌파적 혹은 혁명적 엘리트들의 과업이었다는 점을 부인할 수 없다. 왜?

나는 그 해답이 진보주의자는 전형적으로 기존 사회에 대한 포괄적 불만과 그것을 바꾸고자 하는 (최소한 처음에는) 대중적 희망에 힘입어 권력을 쟁취했다는 사실에 있다고 믿는다. 이들 진보주의자는 국민의 관습, 노동, 생활 패턴, 도덕적 행동과 세계관에 엄청난 변화를 유도하는 방향으로 자신의 권력을 사용하고자 했다.[7] 그들은 바츨라프 하벨(Václav Havel)이 "총체적 사회공학의 무기고"[8]라고 불렀던 것을 효율적으로 사용했다. 유토피아적 열망 그 자체가 위험한 것은 아니다. 오스카 와일드(Oscar Wilde)가 말한 것처럼 "유토피아를 포함하지 않은 세계 지도는 눈길 한 번 줄 가치조차 없다. 왜냐하면 그것은 인류가 언제든 머물고 있는 한 나라를 지우고 있기 때문이다."[9] 유토피아적 비전이 악화되는 것은 지배 엘리트들이 민주주의와 시민권에 대한 신념 없이 그것을 성취하기 위해 국가 권력을 무자비하게 사용하려고 할 때이다. 또 유토피아적 비전이 잔인할 정도로 악화되는 것은 그러한 유토피아적 실험을 당하는 사회가 그것에 대해 결연한 저항을 할 만한 역량을 결여하고 있을 때 발생한다.

그렇다면 도대체 하이 모더니즘이란 무엇일까? 그것은 대략 1830년대부터 제1차 세계대전까지 서유럽과 북미 지역이 경험한 산업화와 관련 있는 것으로, 과학적·기술적 진보에 대한 신념의 강력한(근육질이라고도 말할 수 있다) 형태로 가장 잘 이해할 수 있다. 그 핵심에는 다음과 같은 것들에 대한 최고 수준의 자기 확신이 있다. 곧, 선형적 진보의 지속, 과학적이고 기술적인 지식의 발전, 생산의 확대, 사회 질서의 합리적 설계, 인간의 요구에 대한 만족의 증가 그리고―이것들에 비해 결코 덜 중요하지 않은―자연 법칙에 대한 과학적 이해에 상응하는 것으로서 자연(인간을 포함해)에 대한 통제의 증대.[10] 하이 모더니즘은 따라서 인간 활동의 모든 영역에서―일반적으로 국가를 통해―기술적이고 과학적인 진보의 혜택이 어떻게 적용될 수 있는지를 보여주는 아주 획기적인 비전이다.[11] 우리가 앞에서 살펴본 것처럼 만약 국가 관료의 단순화되고 공리주의적인 '묘사(description)'가 국가 권력의 행사를 통해 사실을 자신들이 내세우는 것에 일치시켜왔다면, 하이 모더니즘 국가의 경우에는 새로운 사회를 만들기 위한 포괄적인 '처방(prescription)'을 갖고 시작했으며 그것들을 의도적으로 강요했다고 말할 수 있다.

19세기 말 서양에서는 어떤 종류의 근대주의자가 되지 않는 일도 어려웠을 것이다. 과학과 산업에 의해 비롯된 엄청난 변화에 경외심마저 생기는 감동을 어찌 외면할 수 있었겠는가?[12] 영국 맨체스터에 살았던 당시 60세가량의 사람은 누구나 자신이 사는 동안 면과 울의 방직 제조, 공장 시스템의 발전, 생산과 관련해 증기력을 위시한 새로운 기계 장치의 이용, 야금술과 수송 기관(특히 철도)에서의 괄목할 만한 약진 그리고 저렴한 대량 생산 상품의 출현 등에 걸친 하나의 혁명을 목격했을 것이다. 화학, 물리, 의학, 수학 그리고 공학에서의 눈부신 발전을 감안한다면, 과학적 세계에 별로 관심이 없는 대부분의 사람도 (내연식 엔진과 전기 같은) 새로운 경이가 지속적으로 나타나길 기대했을 것이다. 19세기의 전례 없는 변혁이 비록 많은 사람을 빈곤화시키고 주변화시켰을지 모르지만, 그 희생자들조차도 무언가 혁명적인 것이 진행 중이라는 것을 인정했다. 이러한 기술적 진보의 한계와 비용에 대해 훨씬 더 냉정하게 인식하고 또한 무엇인가를 전체화시키는 담론에 대해 탈근대주의적 회의가 득세한 오늘날의 입장에서 보면 과거의 이 모든 것들은 차라리 순진한 것 같다. 하지만 바로 이와 같은 새로운 지각조차도 근대주의적 가정(假定)이 우리의 삶을 지배하는 정도와 더불어 특히 하이 모더니즘의 핵심 부분인 거대한 열정과 혁명적 오만을 무시하고 있다.

사회의 발견

'묘사'에서 '처방'으로의 행로는 뿌리 깊은 심리적 경향의 우연적 결과라기보다는 의도적인 움직임이었다. 법적 규범에 대한 계몽주의적 견해의 핵심은 각 개인의 특징적인 관습이나 관행을 반영하기보다 하나의 문화적 공동체를 새롭게 창조하는 것이었으며, 이러한 공동체는 관습 가운데 가장 합리적인 것은 성문화하거나 일반화하는 반면 약간 모호하고 야만적인 것들은 억압하는 방법을 통해 이루어졌다.[13] 왕국 전역에 걸쳐 도량형의 표준을 동일하게 제정하는 것은 단순히 교역을 한층 용이하게 하는 것 이상으로 큰 목적이 있었다. 새로운 표준은 새로운 문화적 단일체를 표방하고 진작하기 위함이었다. 그런데 이러한 문화적 혁명을 실천하는 수단이 나타나기 훨씬 이전에, 콩도르세(Condorcet) 같은 계몽주의 사상가들은 그러한 수단이 등장하게 될 날을 내다보았다. 1782년에 그는 다음과 같이 썼다. "대부분 우리 시대에 태동했고, 그 대상이 인간 자신이며, 그 직접적인 목적이 인간의 행복인 학문이 물리과학들 못지않게 진보를 구가하게 될 것이다. 그리고 지혜와 계몽의 측면에서 우리 후손이 우리 시대를 능가할 것이라는 달콤한 생각 역시 더 이상 환상이 아니다. 도덕과학의 본질에 대해 숙고해볼 때, 도덕과학도 물리과학과 마찬가지로 사실에 대한 관찰에 기초하고 있다. 따라서 도덕과학도 물리과학과 똑같은 방법에 따라 같은 수준의 정확하고 정밀한 언어를 획득함으로써 동일한 정도의 확실성을 획득해야 한다."[14] 콩도르세의 눈에 비친 이 어렴풋한 기대는 19세기 중반이 되면 현실에서 유토피아적 프로젝트가 되었다. 이전까지 삼림, 도량형, 징세 그리고 공장들에 적용되었던 단순화와 합리화가 이제는 사회 전반의 설계에 적용되었다.[15] 매우 강력한 사회공학이 탄생한 것이다. 공장과 삼림은 민간 기업에 의해 계획될 수 있었지만, 사회 전체에 대한 공학적인 열망은 거의 배타적으로 국민 국가의 프로젝트였다.

국가의 역할에 대한 이와 같은 새로운 개념은 근본적인 변혁을 의미했다. 과학적 삼림과 관방학의 경우가 보여주는 것처럼 그 이전까지 국가의 활동은 대부분 군주의 부와 권력을 늘이는 활동에 한정되었다. 국가의 핵심적 목표 가운데 하나가 건강, 기술과 교육, 수명, 생산성, 도덕과 가정생활 등에 걸친 사회 구성원 모두의 진보라는 사실은 매우 새로운 현상이었다.[16] 물론 국가의 전통적 개념과 새로운 개념 사이에는 직접적인 관련이 있었다. 어떤 국가라도 국민의 기술과 활력, 시민 도덕과 노동 관습을 개선시킬 경우 조세원이 늘어나고 한층 우수한 군대를 갖추게 될 터였다. 이를테면 어떤 계몽 군주라도 추구했을 정책이었던 것이다. 그러나 19세기에는 국민의 복지가 단순한 국력의 수단이 아니라 점점 더 그 자체의 목적으로 인식되기 시작했다.

이러한 변혁과 관련된 핵심적인 전제 조건은 국가로부터 구분되고, 과학적으로 기술할 수 있는 구체적인 대상으로서의 사회를 발견하는 것이었다. 이러한 측면에서 연령 분포, 직업, 출산율, 문맹률, 자산 소유권, (범죄 통계를 통해 나타나는) 준법성 등과 같은 인구 통계 지식의 생산은 마치 과학적 임업이 관리자로 하여금 삼림을 주의 깊게 기술할 수 있도록 한 것처럼, 국가 관료로 하여금 정교하고도 새로운 방법으로 인구의 특징을 기술하게끔 만들어주었다. 이언 해킹은 어떻게 자살률이나 살인율이 국민의 특성처럼 보이게 되는지를 설명한다. 예컨대 비록 특정한 살인자와 그들에 의해 희생된 사람이 누구인지 모르더라도 살인 사건 관련 '예산'으로 연간 얼마나 '소비'할 것인지에 대해 마치 계좌에서 정기적으로 돈을 인출하는 것처럼 말할 수 있게 된 것이다.[17] 통계적 사실은 사회적 법칙처럼 정교해졌다. 그러나 그것은 사회를 단순하게 기술하는 것부터 시작해 사회적 진보를 염두에 둔 사회의 설계와 조작에 이르는 과정의 단지 작은 걸음에 불과했다. 만약 우리가 더 적절한 삼림을 설계하기 위해 자연을 개조할 수 있다면, 더 적절한 인구를 만들어내기 위해 사회를 개조하는 것이 왜 불가능하겠는가?

개입의 범위는 잠재적으로 끝이 없다. 완벽함을 지향하는 관점에 따라 사회는 국가가 관리할 수도 있고 변형할 수도 있는 대상이 되었다. 전향적인 국민 국가는 새로운 도덕과학의 가장 발전한 기술적 기준에 따라 해당 사회를 공학적으로 다룰 터였다. 그 이전의 국가들에 대해 어느 정도 주어진 것으로 간주되었던 그리고 국가의 감시 하에 재생산될 뿐이던 기존의 사회 질서가 처음으로 국가에 의한 적극적인 관리 대상이 되었다. 관습이나 역사적 우연에 의해서가 아니라 의도적이고, 합리적이고, 과학적인 기준에 따라 설계되는, 인위적이고 공학화된 사회를 개념화하는 것이 가능해진 것이다. 개인위생, 식이 요법, 육아, 주거, 태도, 휴양, 가족 구조는 물론 가장 악명 높게는 인구의 유전적 유산에 이르기까지 사회 질서의 모든 구석구석을 개선할 수 있게 되었다.[18] 종종 노동 빈민들이 과학적 사회 계획의 첫 번째 대상이 되었다.[19] 그들의 일상생활을 개선하기 위한 일련의 구상은 진보적인 도시나 공중 보건 정책에 의해 전파되기도 하고, 시범 공장 단지나 신설 복지 기관에 수용되기도 했다. 빈민, 부랑자, 정신 장애자 그리고 범죄자 같은 하위 집단은 잠재적 위협 요인으로 간주되어 사회공학에서 가장 집중적인 공략의 대상이 되었다.[20]

원예에 대한 비유가 이 새로운 정신의 상당 부분을 정확하게 포착한다고 지그문트 바우만은 말한다. 정원사는—사실은 기하학적 정원 전문가인 조경사가 가장 적절한 사례이다—자연적 부지에서 식물적 질서의 완벽한 설계 공간을 창조한다. 비록 식물 나름의 유기적 특성이 있어 모든 것을 마음대로 할 수는 없겠지만, 정원사는 전반적인 배치는 물론 가지치기, 잡초 제거 등에서 막강한 재량권을 갖고 있다. 방치된 삼림과 오랫동안 관리된 과학적 삼림의 관계는 '방치된 자연'과 '정원'의 관계와 같다. 정원은 질서와 효용 그리고 아름다움에 대한 인간 자신의 원칙을 자연에 강요하려는 시도 가운데 하나이다.[21] 정원에서 자라는 식물은 항상 거기에서나 자랄 법한 작은 종류로서 의식적으로 선택된 견본이다. 이와 마찬가지로 사회공학자 역시 한층 완벽한 사회 질서를 계획하고 관리하고자 의도적으로 설계한다. 자기 증진에 대한 인간의 계몽주의적 신념이 점차 사회 질서의 완벽성에 대한 믿음이 되었다.

사회공학의 큰 역설 가운데 하나는 그것이 일반적 근대주의 경험과 불화(不和)하는 것처럼 보인다는 사실이다. 사회적 세계의 가장 두드러진 특징은 유동성인 듯하다. 사회적 세계를 결정체로 만들고자 하는 시도는 마치 소용돌이를 관리하려고 시도하는 것과 같다. "생산의 영구적인 혁명화, 모든 사회적 관계의 끊임없는 동요, 지속적인 불확실성과 흥분이 부르주아 시대를 그 이전 시대와 구분하고 있다"[22]고 주장한 것은 마르크스뿐만이 아니었다. (문학, 예술, 산업, 교통, 대중문화에서) 근대주의 경험은 무엇보다도 방향 감각을 잃게 하는 속도와 이동과 변화의 경험들이었고, 자칭 근대주의자들은 바로 거기서 통쾌함과 해방감을 찾았다.[23] 아마도 이러한 역설을 해결하는 가장 관대한 방법은 이들 사회 디자이너의 마음속에 이를테면 기관차 설계자의 '유선형' 개념이 있다고 상상하는 것이다. 그들은 사회적 변화에 제동을 거는 대신 진보의 마찰을 최소화하는 식으로 사회적 삶의 형태를 설계하고자 했다. 이러한 방식의 문제점은 국가 주도의 사회공학이 본질적으로 권위주의적이라는 것이다. 발명과 변화를 위한 수많은 원천이 있음에도 불구하고 단 하나의 계획 기구만 존재했다. 곧, 기존의 사회생활에 자리 잡고 있던 유연성과 자율성 대신 위치가 지정된 단 하나의 고정된 사회 질서가 있을 뿐이었다. 다양한 형태의 '사회적 박제(剝製)'로 나아가는 경향은 불가피했다.

하이 모더니즘의 급진적 권위

사실을 말하자면, 이번에는 우리가 과학이 사회 문제를 해결하도록 하고 국가 전체가 그것을 지원하도록 한다는 점이다. 마치 과거에 국가 전체가 전쟁을 지원했듯이 말이다.
—C. S. 루이스, 《저 소름끼치는 힘》

하이 모더니즘의 걱정스러운 모습들은 대개의 경우, 과학적 지식의 권위에 입각한 인간 조건의 개선을 말하면서 그것과 다른 경쟁적 판단을 용납하지 않으려는 경향이다.

　무엇보다도 먼저 하이 모더니즘은 역사와 전통에 대한 단호하고도 급진적인 단절을 암시한다. 합리적 사고와 과학적 법칙이 모든 구체적 질문에 대해 유일한 대답을 제공할 수 있는 한 어떤 것도 당연하게 받아들일 수는 없다. 가족 구조와 거주 패턴에서 도덕적 가치와 생산 형태에 이르기까지 인간이 물려받은 모든 관습과 실재는 과학적 추론에 입각해 있지 않기 때문에 재검토되고 재설계되어야 했다. 과거의 구조는 전형적으로 신화와 미신 그리고 종교적 편견의 산물이었다. 생산과 사회 생활을 위해 과학적으로 설계된 계획은 과거로부터 물려받은 전통보다 분명히 나아 보였다.

　이러한 견해의 원천은 본질적으로 권위주의적이다. 만약 계획된 사회 질서가 역사적 현실의 우연적이고 비합리적인 발현보다 더 낫다면 두 가지 결론이 뒤따른다. 이와 같은 최상의 사회 질서를 식별하고 창조할 수 있는 과학적 지식을 갖춘 사람들만이 새로운 시대에 세상을 지배할 자격이 있다. 또한 퇴행적인 무지에 의해 그와 같은 과학적 계획에 복종하지 않는 사람들은 그 혜택을 얻을 수 있도록 교육받아야 하며, 만약 그렇지 않으면 거세되어야 한다. 레닌과 르코르뷔지에 같은 인물이 갖고 있던 하이 모더니즘의 강성(強性) 버전은 그들이 개입할 대상에 대해 가공할 만한 잔인성을 배양했다. 가장 급진적인 경우, 하이 모더니즘은 과거를 철저하게 청산한 다음 원점에서 다시 시작하는 것을 고려했다.[24]

하이 모더니즘 이데올로기는 따라서 정치를 평가 절하하거나 소멸시키는 경향이 있다. 정치적 이해관계는 세상을 분석하는 데 적합한 과학적 수단을 갖춘 전문가들이 고안한 사회적 해결을 단지 좌절시킬 뿐이기 때문이다. 개인적 차원에서는 하이 모더니스트들도 당연히 국민 주권에 대한 민주주의적 견해나 사적 영역의 신성불가침에 대한 고전적 자유주의 견해를 당연히 가질 수 있다. 하지만 그러한 개인적 신념은 그들의 하이 모더니즘적 신념에 대해 형식적일 뿐이어서 양자는 종종 서로 갈등을 일으킨다.

비록 하이 모더니스트들이 종국에는 사회적 관습과 인간 본성 그 자체를 새롭게 개조하는 것을 상상하게 되었지만, 그 시작은 자연을 인간의 목적에 맞게 변화시키려는 거의 무한대의 야망이었다―이 야망은 그들 신념의 핵심을 이루고 있었다. 이상적 가능성이 거의 모든 부류의 정치적 지식인들을 어떻게 완벽하게 사로잡았는지는 기술적 진보에 대한《공산당선언》의 찬사에 잘 나타나 있다. 여기에서 마르크스와 엥겔스는 "인간에 대한 자연력(自然力)의 복종, 기계 그리고 농업 및 산업에 대한 화학의 적용, 증기 항해, 철도, 전기 통신, 경작을 위한 모든 대륙의 정지(整地), 강의 운하화, 마법으로 땅에서 불러낸 듯한 그 많은 전체 인구"[25]에 대해 썼다. 사실상 자본주의 발전에 의해 이행된 이러한 약속은 마르크스에게 자본주의의 과실을 노동자 계급에게 돌려주는 사회주의의 출발점이었다. 19세기 후반의 지적 분위기는 수에즈 운하 건설 같은 거대한 공학적 프로젝트의 제안으로 가득 찼는데, 1869년에 완성된 수에즈 운하는 아시아와 유럽 간 교역에 엄청난 결과를 초래했다. 생시몽파를 위시한 공상적 사회주의자들의 기관지 〈르 글로브〉의 지면은 대규모 프로젝트들에 관한 논의의 열기로 항상 가득 찼다. 예컨대 파나마 운하 건설, 미국의 발전, 에너지와 교통에 대한 원대한 계획 등을 들 수 있다. 인간의 이익에 부합시키기 위해 자연을 길들이고 자신의 안전을 도모하는 것이 인간의 운명이라고 보는 신념은 아마도 하이 모더니즘의 핵심일 것이다. 이렇게 된 부분적인 이유는 너무나 많은 엄청난 모험적 프로젝트가 이미 성공했기 때문이다.[26]

다시 한 번 말하지만 이와 같은 관점의 권위주의적이고 국가주의적인 성격은 분명하다. 몇몇 예외(초기의 운하와 같은)를 제외할 때 그러한 엄청난 규모의 계획은 세금이나 국채를 통한 거대한 자금 유입을 필요로 했음을 의미한다. 자본주의 경제 하에서는 그와 같은 재원을 사적으로 충당할 수 있다고 상상할 수 있다. 하지만 그러한 계획은 일반적으로 사유 재산의 강제 수용, 사람들의 의사에 반하는 인구 재배치, 필요한 대부나 채권의 보증 그리고 관련된 수많은 국가 기관의 업무 조정 등을 위해 엄청난 공권력을 요구했다. 루이 나폴레옹의 프랑스나 레닌의 소련 같은 국가주의적 사회에서는 그러한 권력이 정치 구조 속에 이미 내재되어 있었다. 한편 국가주의적 사회가 아닌 경우, 인간을 달로 보내거나 댐, 관개 시설, 고속도로, 대중교통 시스템을 건설하기 위해서는 준(準)정부적 권력을 갖는 새로운 공공 기구나 '특별 조직'이 필요했다.

하이 모더니즘이 시간적 차원에서 강조하는 것은 거의 예외 없이 미래이다. 비록 거대한 제단을 갖추고 진보를 위해 헌신하는 어떤 이데올로기도 미래를 중시하는 것이 사실이지만, 하이 모더니즘은 이 점을 더욱더 관철시킨다. 과거는 장애물이자 극복해야 할 역사이고, 현재는 더 나은 미래를 위한 계획에 착수하기 위한 기반이다. 하이 모더니즘의 담론과 그것을 채택한 국가의 공개적인 선언에 나타나는 한 가지 핵심적 특징은 완전히 달라진 미래를 지향하는 용감무쌍한 진보라는 시각적 이미지에 크게 의존하고 있다는 사실이다.[27] 미래에 대한 전략적 선택에 따라 어떤 결과가 나타날지 모른다. 미래를 아는 만큼 그리고 미래가 성취 가능한 만큼—진보에 대한 신념이 장려하는 믿음으로서—불확실성 때문에 미래의 이익이 감소하는 일은 줄어들 것이다. 실질적인 효과는 더 나은 미래에 대한 확신이 대다수 하이 모더니스트로 하여금 그곳에 도달하는 데 필요한 단기간의 수많은 희생이 정당하다고 믿게 만드는 것이다.[28] 사회주의 국가들에 보편화되어 있는 5개년 계획은 그러한 확신의 실례이다. 진보는 사전에 설정된—주로 물질적이고 계량화할 수 있는—일련의 목표에 의해 객관화되며, 그것은 해당 기간 동안의 저축, 노동 그리고 투자를 통해 성취된다. 물론 특히 전쟁에서 승리하는 것과 같은 단일 목표의 절박함이 다른 모든 것을 종속시킬 필요가 있는 것처럼 보일 경우, 계획 이외의 다른 어떠한 대안도 있을 수 없다. 하지만 그것을 실천하는 내재적 논리는 미래에 대한 수단과 목적의 대차대조 그리고 진실로 야심적인 인간 복지의 의미 등에 대한 확신의 정도를 암시한다. 이러한 계획이 종종 수정되거나 폐기되는 것은 단지 그 이면의 가정들이 얼마나 터무니없이 야심적이었는지를 말해주는 징표이다.

이렇게 본다면 하이 모더니즘은 신분이나 권력, 부(富)에 있어서 자신들의 세계관으로부터 얻을 것이 가장 많은 계급과 계층에게 더 크게 호소해야 한다. 그리고 실제로 하이 모더니즘은 관료적 지식인, 기술자, 계획가 그리고 공학자들을 위한 최상의 이데올로기이다.[29] 그들에게 주어진 것은 단순히 지배와 특권의 역할뿐만 아니라 국가 건설과 사회 변혁이라는 거대한 과업을 책임지는 역할이다. 이러한 지식 계급이 기술적으로 낙후되고 학교 교육도 받지 못하고 그저 생존에 급급한 인구를 20세기로 이끄는 것이야말로 자신들의 임무라고 생각할 때, 국민적 교육자를 자임하는 그들의 문화적 역할은 두 배로 커진다. 이처럼 광범한 역사적 사명은 지배적 지식 계급에게 스스로를 희생하거나 남에게 희생을 강요하는 데 필요한 높은 사기와 연대감 그리고 적극성을 제공한다. 위대한 미래에 대한 이러한 비전은 엘리트들이 일상적으로 목도하게 될 무질서와 고통 그리고 사소한 이익을 둘러싼 꼴사나운 갈등과 뚜렷이 대조된다. 사실상 계획가가 직면한 실제 세상이 한층 완고하고 저항적일수록, 말하자면 절망을 초래할지도 모르는 공허감을 채울 유토피아적 계획의 필요성은 점점 커질 것이라고 짐작할 수 있다. 그런 계획을 고안하는 엘리트는 자기 동료들이 갖고자 하는 교양과 진보적 견해의 모범이 바로 자기 자신이라는 점을 은연중에 과시한다. 일종의 담론으로서 하이 모더니즘이 갖고 있는 이데올로기적 장점을 감안한다면, 그토록 많은 탈식민지 엘리트들이 하이 모더니즘의 깃발 아래에서 행진했다는 사실은 별로 놀랄 만한 일이 아니다.[30]

뒤늦게 깨달은 것이지만, 하이 모더니즘의 담대함에 대한 이와 같은 비우호적 평가는 한 가지 중요한 점에서 대단히 불공평하다. 만약 우리가 하이 모더니즘 신념의 발전을 역사적 맥락 속에 집어넣은 다음, 누가 진정으로 하이 모더니즘의 적이었는지를 묻는다면 훨씬 더 동정적인 그림이 그려질 것이다. 수백만의 생명을 구할 수 있는 새로운 지식으로 무장한 의사와 공중 보건 전문가들은 종종 대중적 편견과 정치적 기득권에 의해 좌절을 겪었다. 주택을 사실상 더 저렴하고 더 위생적이고 또한 더 편안하게 재계획할 수 있었던 도시 계획가들은 부동산에 관련한 이득과 기존의 취향에 의해 방해를 받았다. 동력(動力)과 교통 분야에서 획기적으로 새로운 형태를 고안했던 발명가와 기술자는 그것들에 의해 대체될 것이 거의 확실해 보이는 수익과 업종에 종사하는 기업가 및 노동자의 반대에 직면했다.

19세기 하이 모더니스트들에게 (인간을 포함한) 자연에 대한 과학적 지배는 해방적 성격을 띠었다. 데이비드 하비(David Harvey)에 따르면 그것은 "결핍과 욕구 그리고 자연적 재해의 자의성으로부터 자유를 약속했다. 사회 구조의 합리적 형태와 합리적 방식에 따른 사고(思考)의 발달은 불합리한 신화, 종교, 미신으로부터의 해방과 함께 우리들 인간성의 어두운 측면과 권력의 자의적 행사로부터 해방을 약속했다."[31] 더 훗날 나타난 하이 모더니즘의 새로운 버전들을 살펴보기 전에 우리는 먼저 그 버전들의 19세기 전신(前身)에 대한 두 가지 중요한 사실을 상기해야 한다. 첫째는, 사실상 모든 하이 모더니즘적 개입은 도움과 보호를 바라는 시민의 이름으로 그리고 시민의 지지와 더불어 시작되었다는 점이고 둘째는, 이루 헤아릴 수 없는 방법으로 우리 모두는 이처럼 다양한 하이 모더니즘 계획의 수혜자라는 점이다.

20세기 하이 모더니즘

실현 가능한 유토피아를 창조하기 위해 전체 사회 질서의 철저하고 합리적인 공학 기술을 생각하게 된 것은 주로 20세기의 현상이다. 게다가 광범한 역사적 토양이 하이 모더니즘 이데올로기의 융성에 특별히 우호적인 것처럼 보였다. 그러한 토양에는 전쟁과 경제적 공황 같은 국가 권력의 위기가 포함되기도 하고, 권력의 혁명적 쟁취와 식민 통치처럼 비교적 방해받지 않는 계획을 위한 국가의 역량이 엄청나게 강해지는 환경이 포함되기도 한다.

20세기의 산업 전쟁은 사회와 경제의 총체적 동원을 향한 전례 없는 행보를 요구했다.[32] 미국과 영국처럼 꽤 자유주의적인 나라조차도─전시 동원이라는 맥락에서는─국가의 직접적인 관리를 받는 사회가 되었다. 이와 유사하게 1930년대의 세계적인 대공황도 자유주의 국가들로 하여금 경제적 시련을 완화하고 대중적 정당성을 유지하기 위해 사회적·경제적 계획에서 광범한 실험을 하도록 촉진했다. 전쟁과 공황의 경우, 관리받는 사회로 급속히 움직이는 것은 어느 정도 불가항력적인 측면이 있었다. 전쟁으로 인해 파괴된 국가의 전후(戰後) 재건도 똑같은 범주에 충분히 포함시킬 수 있다.

그러나 혁명과 식민주의는 다른 이유 때문에 하이 모더니즘에 호의적이다. 혁명적 체제와 식민지 체제는 각각 엄청난 정도의 권력을 행사한다. 혁명적 국가는 구체제를 무너뜨린 다음, 종종 자신들의 상상에 따라 사회를 개조하는 것이 스스로에게 부과된 책무라고 생각한다. 그리고 그 국가는 적극적인 저항 능력을 상실한 채 정신을 못 차리는 시민사회와 마주한다.[33] 혁명 운동과 흔히 연계되어 있는 천년왕국에 대한 기대는 하이 모더니스트의 야망에 더욱더 자극을 준다. 식민지 체제, 특히 19세기 말 이후의 식민지 체제는 종종 사회공학을 위한 광범한 실험 무대가 되었다.[34] '복지 식민주의' 이데올로기는 식민 통치에 내재한 권위주의적 권력과 결합해 토착 사회를 거듭나게 만들고자 하는 야심찬 계획을 고무시켰다.

만약 특정한 시간과 장소 그리고 사람을 분명하게 명시하며 20세기 하이 모더니즘의 '탄생'을 정확하게 지적하라고 한다면—하이 모더니즘과 관련한 지적(知的) 기원이 수없이 많다는 점을 감안해 어느 정도 자의적인 판단을 인정한다면—가장 강력한 후보는 제1차 세계대전 당시 독일에서의 국가적 동원에 아주 밀접하게 관련된 인물인 발터 라테나우를 꼽을 수 있을 것이다. 독일에서의 경제적 동원은 전쟁의 기술관료적 경이였다. 독일이 전장에 군대를 계속 주둔시키고, 대부분의 관찰자가 독일의 붕괴를 예측한 훨씬 이후까지도 물자를 충분히 공급할 수 있었던 것은 주로 라테나우의 계획 때문이었다.[35] 자신의 아버지가 창립한 대규모 전기 회사 'A.E.G'의 사장이자 산업공학자였던 라테나우는 전시물자지원국[36]의 운영을 책임졌다. 그는 원료와 차량의 계획적인 보급이야말로 전시 체제를 유지하는 핵심 비결이라는 것을 알았다. 독일에서는 계획 경제의 창안이라고 할 만한 위업이 하나하나 진척되었다. 산업 생산, 군수품 및 무기 공급, 수송과 교통 규제, 가격 통제와 민간인 배급 등에 걸친 그것은 전례가 없는 일이었다. 계획과 조정의 범주는 징집병, 군인 그리고 전쟁 관련 산업 노동자의 유례없는 동원을 필요로 했다. 그와 같은 동원은 사회 전체를 포괄하게 될 '관리받는 대중 조직'을 창출하는 관념을 조성했다.[37]

포괄적 계획 및 생산 합리화에 대한 라테나우의 신념은 한편으로는 물리학에서의 열역학 법칙, 다른 한편으로는 노동과 관련한 새로운 응용과학 사이에 맺어진 지적 연계성에 깊은 뿌리가 있다. 많은 전문가에게 협의의 물질주의적 '생산제일주의'는 인간 노동을 에너지 전환, 이동 그리고 물리적 과정으로 분해할 수 있는 하나의 기계적 시스템으로 간주했다. 노동을 기계적 효율성에 국한된 문제로 단순화시키는 것은 전체 노동 과정의 과학적 통제를 위한 열망과 직결되었다. 안손 라빈바흐(Anson Rabinbach)가 강조한 것처럼 19세기 말의 물질주의는 형이상학적 본질에 있어서 과학기술과 생리학을 등가적인 것으로 취급했다.[38]

이러한 생산제일주의에는 최소한 두 가지로 구분되는 계보가 있는데, 그 하나는 북미이고 다른 하나는 유럽이다. 미국의 기여는 프레더릭 테일러(Frederick Taylor)의 영향력 있는 저서에서 비롯되었는데, 그는 공장 노동을 고립적이고 정밀하고 또한 반복적인 동작으로 미분화함으로써 공장 업무 조직을 혁명적으로 변화시키기 시작했다.[39] 공장 관리자나 기술자를 위해 새롭게 고안된 조립 라인은 비숙련 노동자의 고용을 가능하게 만들었으며, 작업 속도뿐 아니라 전체 노동 과정에 대한 통제를 가능하게 만들었다. 운동, 피로, 정량화된 휴식, 합리적 위생과 영양 문제 등에 초점을 둔 '에너지학'의 유럽적 전통 또한 노동자를 기계처럼 개념적으로 다루었다. 두말할 나위 없이 그 기계는 잘 부양해야 하고 잘 운용해야 하는 그런 기계였다. 일하는 사람 대신, 동일한 육체적 능력과 수요를 가진 추상화되고 표준화된 노동자만 남게 되었다. 원래 전선(戰線)과 산업에 걸쳐 전시 효율성을 증가시키기 위한 방안으로 등장했던 '빌헬름 황제 노동생리학연구소'도 테일러주의와 마찬가지로 신체를 합리화하기 위한 구상에 기반을 두고 있었다.[40]

두 전통과 관련해 가장 눈에 띄는 것은—다시 한 번 말하거니와—만약 그렇지 않았을 경우 정치적으로 정반대 입장을 취했을 교육받은 엘리트들에 의해 공통적으로 신봉되었다는 사실이다. "테일러주의와 기술관료주의는 세 가지 좌우명을 갖고 있는 이상주의인데, 그것은 경제적 · 사회적 위기의 제거, 과학을 통한 생산성 확대 그리고 기술의 재신비화를 의미한다. 기술적 · 과학적 필요를 위해 사회적 갈등을 제거해야 한다는 식의 사회관은 자유주의, 사회주의, 권위주의, 공산주의, 심지어 파시스트적 해결조차도 포용할 수 있게 했다. 요컨대 생산제일주의는 정치적으로 문란했다."[41]

정치적 스펙트럼의 우파 및 중도파의 대부분에 걸쳐 생산제일주의의 이런저런 매력은 주로 계급투쟁에 대한 기술적 '해결'이라는 전제에 기인했다. 그 지지자들이 주장하는 것처럼 만약 생산제일주의가 노동자의 생산성을 크게 증가시킬 수 있다면 재분배의 정치는 계급 협력에 의해 대체될 수 있고 그런 가운데 이윤과 임금이 동시에 증가할 수 있을 터였다. 한편 대다수 좌파의 경우, 생산제일주의는 자본가를 기술자 또는 국가의 전문가나 관료로 대체할 것을 약속했다. 또한 노동 조직에서 어떤 문제와 관련해서든 한 가지 최선의 해결책 또는 '최선의 실천'을 제안했다. 그 논리적 결과는 짐작컨대 모든 사람의 이익을 위한다는 일종의 맞춤식 권위주의와 같은 형태였다.[42]

철학과 경제학에 걸친 광범위한 지적 연마, 계획과 관련한 전시(戰時) 경험 그리고 전력의 정확성과 송전 거리 및 변전 능력에 내재되어 있다고 생각한 사회적 결론은 라테나우로 하여금 사회 조직에 관해 폭넓은 교훈을 제시했다. 전시에 사기업은 일종의 국가사회주의로 바뀌었다. 곧 "거대한 산업체는 겉으로 드러난 사적 소유자와 모든 재산 관련 법률을 초월했다."[43] 요구된 결정은 이데올로기와 상관이 없었다. 순전히 기술적이고 경제적인 필요성에 의해 이루어졌기 때문이다. 전문가에 의한 지배, 새로운 기술적 가능성 그리고 특히 거대한 전력(電力) 격자는 중앙 집권적이면서 동시에 지방 자치적인 새로운 '사회적-산업적' 질서를 가능케 했다. 전시 상황이 기업, 기술관료 그리고 국가 간의 동맹을 필요하도록 만드는 동안, 라테나우는 평시에 합당한 진보적 사회의 형태도 발견했다. 전후 재건을 위한 기술적이고 경제적인 요구 사항이 무엇인지 분명하고 또한 모든 국가에 동일한 종류의 협력 사업이 요구되는 한, 계획에 대한 라테나우의 합리주의적 신념은 국제주의적 성향을 갖고 있었다. 그에 의하면 근대의 특성은 "새로운 기계 질서로서 …… 세상을 통제의 무의식적 연계 그리고 생산과 조화의 부단한 공동체로 공고화"[44]하는 것이었다.

기술자와 계획가의 정치적 영향력에 관한 한 세계대전은 최고조였다. 극단적인 상황에서 무엇을 성취할 수 있는지 목격한 이후 그들은 만약 동일한 역량과 계획을 대량 파괴가 아닌 대중의 복지를 위해 사용할 경우 무엇을 이룰 수 있을 것인지에 대해 상상했다. 많은 정치 지도자, 기업가, 노동 지도자 그리고 전도유망한 지식인(영국의 필립 깁스(Philip

Gibbs), 독일의 에른스트 융거(Ernst Jünger)와 프랑스의 귀스타브 르 봉(Gustave Le Bon) 등]은 서로 합심했고, 기술적 혁신에 대한 새롭고도 포괄적인 헌신과 그것을 가능케 하는 계획만이 유럽 경제를 재건할 수 있고 또한 사회의 평화를 가져올 수 있다고 결론 내렸다.[45]

레닌 자신은 독일식 산업 동원화가 이룩한 성과로부터 깊은 인상을 받았고, 그것이 생산을 어떻게 사회화할 수 있는지 보여주었다고 믿었다. 다윈의 진화론과 유사한 불변의 사회 법칙을 마르크스가 발견했다고 믿었던 것과 마찬가지로, 레닌은 대량 생산을 위한 신기술은 사회적 구성물이 아니라 과학적 법칙이라고 믿었다. 1917년 10월 혁명이 발발하기 불과 한 달 전에 레닌은 전쟁이 "독점자본주의를 '국가'독점자본주의로 전환하는 엄청난 수준으로까지 자본주의의 발전을 가속화했고, 그것이 프롤레타리아 계급이나 혁명적 프티부르주아 민주주의자를 '공히' 자본주의의 한계 안에 가두어둘 수 없도록 만들었다"[46]고 썼다. 레닌과 그의 경제 자문관들은 소비에트 경제를 위한 계획을 수립하는 데 라테나우와 묄렌도르프(Möllendorf)의 업적에 직접적으로 의존했다. 레닌이 볼 때 독일의 전시 경제는 "근대적 대규모 자본주의 기술, 계획과 조직에서 최고 수준"[47]이었기에 그것을 사회화된 경제의 전형으로 간주했다. 만약 해당 국가가 노동자 계급 대표의 수중에 있다면, 아마도 사회주의 체제의 기반은 존재했을 것이다. 우리가 권력의 혁명적 장악이라는 결코 작지 않은 문제를 무시할 수 있다면, 미래에 대한 레닌의 비전은 라테나우와 매우 유사한 것처럼 보인다.

레닌은 작업장 바닥 위에서의 테일러주의가 생산의 사회주의적 통제를 위해 커다란 도움을 준다는 사실을 인정하는 데 주저하지 않았다. 비록 레닌이 과거 "땀에 대한 과학적 착취"라고 부른 그러한 생산 기법을 비난한 것은 사실이지만, 혁명을 도모할 무렵 그는 독일에서 실시된 것과 같은 체계적 통제를 열렬히 지지했다. 그는 "가장 근대적이고 기계화된 공업, 책임과 통제의 가장 엄격한 체제에 기반을 두고 있는 규율과 조직 그리고 조화로운 협동의 원칙"[48]을 극찬했다.

이런 측면에서 자본주의의 최종 단어인 테일러주의는—모든 자본주의적 진보와 마찬가지로—부르주아적 착취의 미묘한 잔인성과 작업 과정상 기계적 동작의 분석에서 이루어진 몇 가지 위대한 과학적 성취의 조합이다. 그것들은 불필요하고 어색한 동작의 제거, 정확한 작업 방식을 통한 노동, 책임과 통제에서 최상의 체제 도입 등을 포함한다. 소비에트 공화국은 어떤 희생을 치르더라도 이 분야에서 과학과 기술이 성취한 업적 가운데 가치 있는 모든 것을 채택해야 한다. ……우리는 러시아에서 테일러주의에 대한 교육과 연구를 조직하고, 그것을 체계적으로 실험해본 다음 우리의 목적에 적응시켜야 한다.[49]

생산량이 하락한 1918년경, 레닌은 엄격한 노동 규범을 요구하면서, 만약 필요하다면 사람들이 싫어하는 삯일까지도 다시 도입하도록 요구했다. 1921년에 개최한 '과학적 관리를 주도하기 위한 제1차 전노(全露) 회의(ARCISM, The first All-Russian Congress for Initiatives in Scientific Management)'에서 테일러주의 지지자와 [인간공학(ergonomics)이라고 불리기도 하는] 에너지학 지지자 사이에 논쟁이 벌어졌다. 그 무렵 최소한 20개의 연구소와 같은 숫자의 전문 잡지가 소비에트연방에서 과학적 기법에 몰두하고 있었다. 거시적 수준에서의 명령 경제와 작업장 바닥이라는 미시적 수준에서의 테일러식 중앙 조정 원칙이 레닌처럼 권위주의적이고 하이모더니즘적인 혁명가를 위해 매력적이고도 공생적인 패키지를 제공한 것이다.

20세기 하이 모더니즘의 권위주의적 유혹에도 불구하고 그들은 종종 도전을 받았다. 그 이유는 복잡할뿐더러 사례별로 다르기도 하다. 하이 모더니즘 계획에 대한 잠재적 방해물을 모두 상세히 검토하는 것이 나의 의도는 아닐지라도, 자유민주주의적 이념과 제도로부터 특별히 제기된 장애물은 강조할 만한 가치가 있다. 세 가지 요소가 결정적인 듯하다. 첫 번째는 국가와 국가 기구들이 합법적으로 개입할 수 없는 사적 행위 영역의 존재 및 그것에 대한 믿음이다. 카를 만하임(Karl Mannheim)에 의하면 지금까지 사적 영역이었던 많은 것들이 공적 개입의 대상이 됨에 따라 이러한 자율적 영역은 포위된 존재 같은 성격을 갖게 된 것이 확실하다. 미셸 푸코(Michel Foucault)가 한 작업의 대부분은 건강, 성욕, 정신병, 부랑 또는 공중위생 등에 대한 공적 개입과 그 이면의 전략을 분류하려는 시도였다. 그럼에도 불구하고 사적 영역에 대한 관념은─그 나름의 정치적 가치에 의해서 또는 그러한 공적 개입에 의해 초래될 정치적 소용돌이에 대한 건전한 고려를 통해─많은 하이 모더니스트의 야망을 제한하는 데 기여해왔다.

두 번째로 이와 밀접하게 연관된 요인은 자유주의 정치 경제에서의 사적 부문이다. 푸코가 말한 것처럼 절대주의나 중상주의와 달리 "정치 경제는 경제 과정의 총체성에 관한 주체의 불가해성을 표방하며, 따라서 '경제적 주권 설정의 불가능성'을 표방하기도 한다."[50] 자유주의 정치 경제의 핵심은 자유 시장이 자산을 보호하고 부를 증가시키는 것뿐만 아니라, 경제가 너무나 복잡한 나머지 위계적인 행정 관리를 통해서는 정교하게 통제할 수 없다는 사실에 있다.[51]

매우 철저한 하이 모더니즘 계획에 대한 세 번째 그리고 가장 중요한 장애물은 저항적인 사회가 그 영향력을 느낄 수 있는 능동적인 주민 대표 기구의 존재이다. 아마르티아 센(Amartya Sen)이 주장한 것처럼 이러한 기구는—개방 사회에서 공개성과 동원된 저항이 기근을 예방한 것과 거의 비슷한 방식으로—하이 모더니즘 계획의 가장 가공할 만한 행태를 좌절시켰다. 스스로 굶주릴 리 없는 지배자는 자신의 제도적 여건이 강력한 동기부여를 하지 않는 한 기근에 대해 알려고 하지도 않고 또한 기근 방지를 위해 선뜻 반응하지도 않을 것이라고 센은 기록했다. 언론, 집회 그리고 출판의 자유는 광범위한 기아를 널리 공개하게 될 것이며, 이때 대의 기구에 보장된 집회와 선거의 자유는 선출직 공직자로 하여금 자신이 할 수 있을 때 기근을 종식시키는 것이 자기 지위를 보존하는 데도 도움이 된다는 점을 알게 만들 것이다. 동일한 방식으로, 자유민주주의적 여건 하에서 하이 모더니즘 계획은 선거에서 망가지는 일을 피하기 위해 밑바닥 여론에 스스로를 충분히 순응시키지 않으면 안 된다.

그러나 자유주의 정치경제에 의해 방해받지 않는 하이 모더니즘은 그 고귀한 야망과 결과물을 통해 가장 잘 이해할 수 있다. 지금부터 우리가 살펴보고자 하는 것은 도시 계획과 혁명적 담론에서 나타나는 그것들의 실제적 영역이다.

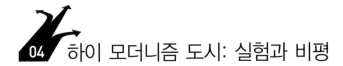

04 하이 모더니즘 도시: 실험과 비평

현자 쿠빌라이여, 도시를 설명하는 말과 도시 그 자체를 결코 혼동해서는 안 된다는 점을 당신은 누구보다 잘 알고 있습니다.

— 이탈로 칼비노(Italo Calvino), 《보이지 않는 도시들》

바로크식 세계관에서 시간은 치명적인 장애 요소이다. 바로크식 기계적 질서는 성장, 변화, 수용, 창조적 재생을 고려하지 않기 때문이다. 요컨대 바로크식 계획은 통째 성취되는 그 무엇이다. 마치 아라비안나이트의 정령(genie)이 하룻밤에 한 것처럼 단번에 설계되어야 하며 영구히 고정되고 동결되어야 한다. 그와 같은 계획은 일종의 건축적 독재자를 필요로 한다. 그는 자신의 개념이 살아생전 완성되기를 바라는 절대적 지도자를 위해서 일하는 사람이다. 이런 형태의 계획을 변경하거나 다른 양식에서 신선한 요소를 도입하는 것은 그것의 미적 근간을 깨뜨리는 짓이다.

— 루이스 멈퍼드, 《역사 속의 도시》

위에서 언급한 멈퍼드의 글에서 그의 비판은 좁게는 피에르 샤를 랑팡 (Pierre-Charles L'enfant)의 워싱턴에 관한 것이며, 넓게는 바로크식 도시 계획에 관한 것이다.[1] 과장해서 말한다면, 멈퍼드의 비평은 르코르뷔지에라는 이름으로 더 유명한 스위스 태생의 프랑스 수필가이자 화가, 건축가이자 도시 계획가인 샤를 에두아르 잔네레(Charles-Édouard Jeanneret)에 적용할 수 있다. 잔네레는 하이 모더니즘 도시 디자인의 화신이었다. 대략 1920~1960년 사이에 활동한 그는 사실 건축가라기보다는 지구적 야망을 갖고 비전으로 무장한 계획가였다. 그의 거대한 계획은 대부분 실현되지 않았다. 어떠한 정치 세력도 부응할 수 없는 정치적 결단과 자금을 필요로 했기 때문이다. 그의 광대한 천재성과 관련해 몇 가지 기념비적 업적이 있는데, 그중 가장 주목할 만한 것은 아마도 인도 펀자브 주의 소박한 수도 찬디가르와 마르세유에 있는 대규모 복합 아파트 단지 유니테 다비타숑(Unite d'Habitation)일 것이다. 그러나 그의 유산은 실현 못한 초대형 계획 논리 안에 더 분명히 남아 있다. 이런저런 기회가 있을 때 그는 파리, 알제리, 상파울루, 리우데자네이루, 부에노스아이레스, 스톡홀름, 제네바, 바르셀로나 같은 도시에 계획안을 제안했다.[2] 초기에 그의 정치관은 조르주 소렐(Georges Sorel)의 혁명적 노동조합주의와 생시몽의 유토피아적 모더니즘이 기묘하게 결합된 것이었으며, 소비에트 러시아(1928~1936)[3]와 필리프 페탱(Philippe Petian) 원수의 비시 정부를 위해 활동했다. 근대 도시 계획의 핵심적 장전인 근대건축국제회의〔Congés Internationaux d'Architecture Moderne(CIAM)〕의 아테네 헌장(Athens Charter)은 그의 신념을 충실하게 반영한다.

르코르뷔지에는 거대하고 기계시대적(machine-age)이며, 위계적이고 중앙 집권적인 도시를 강력히 선호했다. 만약 근대 도시 계획을 상징하는 풍자적 인물, 이를테면 블림프 대령(Colonel Blimp: 1930년대 영국의 만화 캐릭터—옮긴이) 같은 사람을 꼽으라면 르코르뷔지에보다 더 나은 인물을 찾기 어려울 것이다. 그의 견해는 극단적이기는 했으나 영향력 있고 하이 모더니즘 논리를 찬미한다는 점에서 그것을 대표하는 측면을 갖고 있었다. 자신의 대담성, 탁월성, 일관성을 통해 르코르뷔지에는 하이 모더니즘적 신념을 뚜렷하게 각인시켰다.[4]

총체적 도시 계획

1935년에 출판된《빛나는 도시(La ville radieuse)》에서 르코르뷔지에는 자신의 관점을 가장 완벽하게 보여준다.[5] 다른 곳에서와 마찬가지로 이 책에서도 르코르뷔지에의 계획은 자신감으로 가득 차 거리낌이 없었다. 만약 에른스트 슈마허(Ernst Schumacher)가 작은 것의 미덕을 주장했다면, 사실상 르코르뷔지에는 '큰 것이 아름답다'고 단언했다. 르코르뷔지에의 견해가 노골적으로 어떤 것인지를 가장 잘 파악할 수 있는 방법은 그가 설계한 작품 세 가지를 간략히 살펴보는 것으로 충분하다. 첫째는 파리 중심부의 부아쟁 계획(Plan Voisin) 이면에 깔린 핵심적 사상이고(그림 14 참조), 둘째는 부에노스아이레스를 위해 만든 새로운 '업무 도시' 계획이며(그림 15 참조), 마지막은 9만 명을 수용하기 위한 리우데자네이루의 대규모 주택 단지 계획이다(그림 16 참조).

이들 계획은 크기로 승부한다. 기존 도시와의 타협은 있을 수 없으며, 완전히 새로운 도시 경관이 그 이전의 모습을 대체한다. 이 새로운 도시들은 각각 괄목할 만한 조각 작품 같은 성격을 갖는데, 이는 하나의 '형상'으로서 강력한 시각적 충격을 주기 위한 것이다. 주목해야 할 점은 그러한 효과가 원거리에서만 가능하다는 사실이다. 부에노스아이레스의 경우는 수킬로미터 떨어진 바다에서 보이는 것처럼 설계되었다. 현대판 크리스토퍼 콜럼버스(Christopher Columbus) 관점을 채택한 르코르뷔지에는 그것을 "2주간의 항해 끝에 발견한"[6] 신대륙 같은 경관이라고 썼다. 리우는 마치 비행기 위에서처럼 수킬로미터 떨어진 곳에서 내려다보는 것 같다. 지금 우리가 보는 것은 100미터 정도 높이에서 15층짜리 아파트들을 연속적으로 둘러싸고 있는 6킬로미터 길이의 고속도로다. 새로운 도시는 문자 그대로 기존의 도시를 압도한다. 파리의 '300만 명의 도시' 계획도 아주 높은 곳에서 그리고 아주 먼 곳에서 바라보는 것 같은데, 그와 같은 거리감은 대로를 통행하는 자동차를 점으로 표시하거나 작은 비행기 혹은 헬리콥터를 그려 넣는 방식을 통해 강조되고 있다. 어떤 계획도 그것이 들어설 장소에 이미 존재하는 도시의 역사, 관습 그리고 미적인 취향에 대해서는 언급하지 않는다. 그 도시가 아무

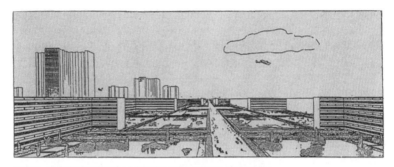

그림 14 '300만 인구의 도시' 파리에 대한 르코르뷔지에의 부아쟁 계획.

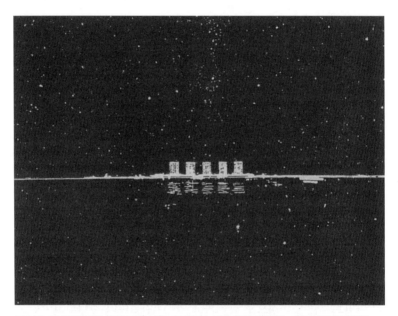

그림 15 르코르뷔지에의 '업무 도시' 부에노스아이레스. 마치 항구로 접근하는 선박에서 보는 듯하다.

그림 16 리우데자네이루의 도로와 주거에 대한 르코르뷔지에의 계획.

리 놀랍게 그려지더라도 결코 맥락을 드러내는 법은 없으며, 바로 그런 특색의 부재는 도시가 어디나 상관없이 들어서는 것을 가능하게 만든다. 놀라울 정도로 엄청난 건설 비용이 이들 계획을 현실적으로 무산시켰지만, 르코르뷔지에가 기존 도시의 지역적 자긍심에 대해 품었던 거부감 또한 그런 계획의 실현을 방해했다.

수백 년에 걸쳐 도시 생활이 만들어낸 물리적 환경에 대해 르코르뷔지에는 인내심이 없었다. 그는 19세기 말 파리를 비롯한 유럽의 여러 도시가 경험했던 혼란, 어두움, 무질서 그리고 사람들로 북적이고 전염병이 만연한 상태를 경멸했다. 우리가 앞으로 살펴보겠지만, 그가 가졌던 경멸은 어느 정도 기능적이고 과학적인 근거를 갖고 있다. 왜냐하면 도시가 원래 모습보다 효율적이고 건강해지려면 과거에 물려받은 것 대부분을 척결해야 하기 때문이다. 그러나 그가 기존 도시를 경멸한 또 다른 이유는 미학적 근거였다. 무질서와 혼란은 시각적으로 그를 불쾌하게 만들었다. 르코르뷔지에가 바로잡고 싶어 했던 무질서는 사실상 지상에서의 것이라기보다 원거리에서 바라보는 조감도[7] 상의 것들이었다. 르코르뷔지에의 이러한 복합적 동기는 공중에서 바라본 시골 마을에 대한 그의 비판에서 잘 드러난다(그림 17 참조). "공중에서 내려다보면 경작지는 무한대로 세분화되어 서로 어울리지 않게 헝클어져 있다. 오늘날 기계는 점점 더 발전하는데 토지는 더욱더 작은 단위로 잘게 나뉘어 기계 문명의 놀라운 약속이 점점 더 쓸모없어진다. 그 결과는 낭비로서 개인들의 비효율적 경작이 있을 뿐이다."[8] 순수하게 형식적인 질서는 기계 시대에 최소한으로 적응하기 위해서라도 중요하다. 그는 "건축이야말로 최상의 예술"이라고 주장했는데, 왜냐하면 그것은 철학적 웅장함, 수학적 질서, 성찰 그리고 감정적 관계에 내재된 조화의 관념을 달성하기 때문이다.[9]

그림 17 공중에서 내려다본 알자스(1930년경), 르코르뷔지에의 《빛나는 도시》에서.

형식적이고 기하학적인 단순성과 기능적 효율성은 함께 추구해야 할 두 개의 서로 다른 목표가 아니다. 오히려 형식적인 질서는 효율성의 전제 조건이다. 르코르뷔지에는 자신의 과업을 이상적 산업 도시를 만드는 것으로 규정했다. 이를 통해 기계 시대 이면의 '보편적 진리'가 시각적 간결성으로 잘 표현되기 때문이다. 이러한 이상적 도시를 향한 그의 열정과 일관성은 현존하는 도시의 역사에 대해 조금의 양보도 하지 않게 만들었다. 심지어 그는 "궁지에 빠져 있는 현재의 상태에 대해 우리는 한 치의 양보도 할 필요가 없다"고 말했다. "그곳에는 우리가 찾을 수 있는 해결점이 없다"는 것이 그의 생각이었다. 대신 자신의 새로운 도시가 단일하고 통합된 도시 구성체로서 완전히 새로 정비된 땅 위에 들어서기를 바랐다. 르코르뷔지에의 새로운 도시 질서는 데카르트식의 순수 형태와 철두철미한 기계주의 사이의 아름답고 열정적인 결혼과 비슷하다. 그는 특유의 과장된 말투로 다음과 같이 선언했다. "증기선, 비행기,

자동차의 이름으로 우리는 건강, 논리, 담대함, 조화 그리고 완벽에 대한 권리를 요구한다."[10] 기존의 도시 파리가 르코르뷔지에에게 "고슴도치"를 닮았고 "단테의 지옥과 비슷한 모습"이었다면, 자신이 만들 도시는 "조직화되고, 평화롭고, 힘차고, 경쾌하고, 정돈된 모습이었다."[11]

기하학과 표준화

르코르뷔지에의 저서를 많이 읽거나 그의 건축 디자인을 많이 보고서도 단순하고 반복적인 선에 대한 그의 사랑(혹은 중독?)과 복잡성에 대한 혐오를 인식하지 못한다는 것은 불가능한 일이다. 그는 엄격한 선을 자신의 신념으로 삼았으며, 그와 같은 신념을 인간 본성의 본질적 특징으로 보았다. 그는 이렇게 말한다. "수없이 다양한 요소가 함께 섞여 있을 때 무한대의 조합이 가능하다. 그러나 그런 가능성의 미로 속에서 인간의 마음은 지치고 피곤해진다. 그것이 초래하는 영적 좌절은 낙심하게 만든다. ……이성은 …… 부서지지 않는 직선이다. 따라서 자신을 이러한 혼란에서 구하기 위해, 자신의 존재에 대해 인내할 수 있고 수용할 수 있는 틀을 스스로 제공하기 위해―그 틀은 인간의 행복과 통제에 기여한다―인간은 자연 법칙을 인간 정신 그 자체의 표현인 하나의 시스템에 담았는데, 그것이 바로 기하학이다."[12]

　뉴욕을 방문했을 때, 르코르뷔지에는 맨해튼 중심부의 기하학적 논리에 완전히 매료되었다. 스스로 "마천루 기계"라고 불렀던 그 명료함과 가로 계획이 그를 기쁘게 했다. "도로는 서로서로 직각으로 교차하고, 마음은 해방되었다."[13] 르코르뷔지에는 다른 곳에서 기존 도시―이 경우에는 파리―의 다양성을 그리워하는 사람을 비판하기 위해 자신이 뉴욕에서 본 것을 근거로 제시했다. 도로가 실제로는 여러 다양한 각도로 서로 교차하며 따라서 그 변형이 무한대라는 사실에 대해 사람들이 불평할지 모른다는 것을 르코르뷔지에는 알고 있었다. 이에 대해 그는 이렇게 대답했다. "그러나 바로 그것이 문제의 핵심이다. '나는 그와 같은 모든 요소를 없애고자 한다. 그것이 내 출발점이다. ……나는 오직 직각 교차로만 주장한다.'"[14]

르코르뷔지에는 직선과 직각에 대한 자신의 열정에 기계와 과학 그리고 자연의 권위를 부여하고 싶어 했다. 하지만 그의 뛰어난 설계도, 그의 열띤 논쟁도 결국에는 이러한 동기를 정당화하는 데 실패했다. 그가 가장 흠모했던 기계, 예컨대 비행기, 자동차, 기관차는 직각이 아닌 원 혹은 타원 형태를 띠고 있었기 때문이다(아마 가장 유선형적인 것은 눈물방울일 것이다). 과학적 기준에서 말하자면 사다리꼴이든, 삼각형이든, 원형이든 어떤 모양도 기하학적이다. 만약 단순함이나 효율성이 기준이라면, 최소한의 표면으로 최대한의 공간에 접하는 원형이나 구형을 정사각형이나 직사각형보다 더 선호하지 않았을까? 르코르뷔지에가 주장했듯이 자연 역시 수학적일 수는 있지만 복잡하고, 뒤얽히고, '혼란스럽고' 살아 있는 자연의 모습은 단지 최근에야 컴퓨터의 도움으로 이해되기 시작했다.[15] 그런데 그게 아니었다. 이 위대한 건축가는 심미적 이데올로기 이상도 아니고 이하도 아닌 어떤 것을 표현하고자 했다. 그것은 다름 아닌 자신이 강력히 선호했던 고전주의적 선, 즉 그가 "프랑스 특유"의 선이라고 불렀던 "웅대한 직선, 웅대한 프랑스 열정"[16]을 의미했다. 그것은 공간을 정복할 수 있는 '단 하나의' 유력한 방법이었다. 게다가 그것은 대상을 일목요연하게 파악할 수 있게 하는 가독성 높은 격자를 제공할 뿐 아니라 모든 방향에 걸쳐 무한대로 반복할 수도 있다. 물론 실질적으로 직선형 계획은 비현실적이기도 하고, 파산에 이를 정도로 많은 비용이 투입되기도 한다. 표고가 불규칙적인 지역에 오르막과 내리막 없이 그저 곧고 평평한 대로를 건설하려면 엄청난 양의 땅파기와 땅고르기가 필요하다. 르코르뷔지에 방식의 기하학은 비용 면에서 효과적일 때가 드물었다.

르코르뷔지에는 추상적 선형 도시에 대한 자신의 유토피아적 계획을 인상 깊을 정도로 철저히 밀어붙였다. 그는 건축업의 산업화가 기꺼이 표준화를 초래하게 될 것이라고 예견했다. 또한 각 부품이 공장에서 만들어진 다음 건설 현장에서 조립되는 주택과 사무실을 예상했다. 모든 요소의 크기가 표준화되어, 다양하게 표준화된 사이즈에 의한 독특한 조합이 건축가에 의해 가능해질 터였다. 문틀, 창문, 벽돌, 지붕의 타일뿐 아니라 나사 하나까지도 단일한 코드로 맞춰질 것이다. 1928년 국제연맹에서 입법화된 CIAM의 제1강령은 세계 전역에 걸쳐 보편적인 기술 언어를 의무적으로 교육하도록 요구했다. 한 차례의 국제회의를 통해 국내용 장비와 기기에 대한 측량 기준이 '정상화'되게끔 한 것이다.[17] 르코르뷔지에는 자신의 주장을 실천하기 위해 노력했다. 그가 설계한 (건축되지는 않았다) 소비에트의 거대 궁전은 소비에트 하이 모더니즘에 어필하고자 했다. 그의 주장에 따르면, 그 건물은 모든 건축물에 대해 정확하고 보편적인 새로운 기준을 제시할 터였다. 그 기준은 조명, 난방, 환기구, 구조, 심미성 같은 모든 것을 포함하면서 다른 모든 곳에서도 통용되는 것이었다.[18]

직선, 직각 그리고 국제적 건축 표준의 설정은 모두 단순화를 향한 확고한 발걸음이었다. 아마도 여기서 가장 단호한 조처는 엄격한 기능적 분리에 대한 르코르뷔지에 필생의 집착이었을 것이다. '가로의 죽음'이라고도 하는《빛나는 도시》도입부에서 그가 선언한 14가지 원칙 중 두 번째가 이러한 신조를 보여준다. 이를 통해 그가 추구하고자 했던 것은 단순히 차로와 인도를 명확히 분리하는 것이었으나, 한 걸음 더 나아가 저속 차량과 고속 차량의 분리를 뜻하기도 했다. 르코르뷔지에는 교통의 흐름을 방해하고 보행을 불쾌하게 만드는 차량과 행인의 혼합을 혐오했다.

기능적 분리의 원칙은 전면적으로 적용되었다. 르코르뷔지에와 그의 사촌 피에르 잔네레(Pierre Jeanneret)가 작성한 1929년 CIAM 제2차 회의 최종 보고서는 전통적인 주택 건설 방법에 대한 비난으로 시작된다. "전통적 기술의 빈약함과 부적절함은 결과적으로 서로서로 별다른 연관이 없는 에너지원의 혼란과 기능의 인위적인 합성을 초래했다. …… 우리는 반드시 새로운 방법들을 찾아서 적용해야 하는데, 이것은 자연스럽게 표준화, 산업화, 테일러주의에 이르게 될 것이다. ……만약 우리가 두 가지 기능이 혼합되고 상호 의존하는 현재의 방식에〔예컨대 배치 및 비치 대(對) 건설, 순환 대 구조〕 집착한다면 똑같이 정지된 상태에서 망연자실하고 말 것이다."[19]

아파트 단지뿐 아니라 도시 자체가 계획에 의한 기능적 분리를 시행했고, 이는 1960년대 말까지 도시 계획에서 표준적 관행이 되었다. 도시에는 노동 공간, 주거지, 쇼핑과 여가 센터, 기념비, 정부기관을 위한 각각의 구역이 설정되었다. 가능한 한 업무 공간은 다시 사무실 건물과 공장 건물로 세분화되었다. 도시 계획과 관련해 하나의 구역은 단지 한 가지 기능만을 수행해야 한다는 르코르뷔지에의 확고한 주장은 자신이 유일하게 실제로 건설한 찬디가르 계획을 맡은 이후 처음 취한 행동에서 분명히 드러났다. 르코르뷔지에는 도시 중심부에 계획되어 있던 주거 시설을 220에이커 규모의 '아크로폴리스 기념비'로 대체했다. 이는 가장 가까운 주택가에서도 대단히 먼 곳에 있었다.[20] 파리를 위한 '부아쟁 계획'에서도 그는 '라 빌(La ville)'이라고 부르는 주거지와 업무 용도인 중심 업무 지구를 분리시켰다. "이들은 두 개의 서로 다른 기능으로서 연속적이거나 동시적이지 않으며, 카테고리상 분리되는 별개의 지역을 나타낸다."[21]

이처럼 기능을 엄격히 분리하는 이유는 분명하다. 도시 계획 수립의 목적이 하나인 경우에는 도시 계획을 하기에 훨씬 용이하다. 보행자가 자동차나 기차 등 서로 다른 통행 수단과 경쟁하지 않는다면 보행자를 위한 통행 계획은 훨씬 쉬워질 것이다. 만약 숲을 조성하는 목적이 오로지 가구용 수목의 수확을 최대화하기 위한 것이라면 삼림 계획은 훨씬 용이해진다. 하나의 계획이나 시설로 두 가지 목적을 달성하려면 타협하기가 까다롭다. 계획한 여러 가지 목표를 담보해야 한다면 계획가는 수많은 변수와 곡예를 하듯이 정신이 어지러워지기 시작한다. 그와 같은 미로의 가능성에 직면하게 되면, 르코르뷔지에가 지적하듯이 "인간은 의식을 잃고 지치게 된다."

기능의 분리는 따라서 계획가로 하여금 효율성에 대해 훨씬 더 분명하게 생각하도록 만들었다. 도로를 설계할 때 그 목적이 단지 A 지점에서 B 지점으로의 신속하고도 경제적인 통행 한 가지라고 한다면, 효율성에 입각해 두 개의 도로 계획안을 비교할 수 있다. 이와 같은 논리는 우리가 A 지점과 B 지점 사이의 도로를 건설하는 목적이 명확한 한 분명히 타당하다. 하지만 그러한 명분은 우리가 바라는 도로의 다른 역할, 예를 들어 여가 목적의 통행이나 주변 경관의 즐거움, 미학적 아름다움이나 시각적 흥미 제공, 혹은 물류 수송 같은 것을 포기함으로써 정당화된다는 사실을 명심하라. 도로의 경우라 하더라도 효율성이라는 협소한 기준은 결코 사소하지 않은 다른 목적을 무시하게 된다. 사람들이 '주택(집)'이라고 부르는 공간의 경우에도 효율성이라는 협소한 기준은 인간적 삶에 대해 상당한 폭력을 행사한다. 르코르뷔지에는 공기, 빛, 열, 사람이 필요로 하는 면적 같은 요소를 마치 공중 보건의 문제인 듯 계산했다. 처음에 그는 1인당 14제곱미터의 공간이라는 수치로 시작했으나 취사와 세탁을 공용으로 할 경우, 실질적으로 공간을 10제곱미터까지 축소할 수 있다고 주장했다. 그러나 도로를 대상으로 효율성이라는 기준을 적용할 수 있을지는 모르나 노동과 여가, 사생활, 사회 활동, 교육, 요리, 잡담, 정치 같은 다양한 활동이 이루어지는 주택에 대해 똑같은 기준을 말하기란 도저히 힘들다. 한 걸음 더 나아가 이처럼 각각의 다양한 행위는 효율성이라는 기준으로 좁혀지는 것을 거부한다. 집에 찾아오는 누군가를 위해 주방에서 요리를 하는 행위는 결코 '음식 준비'만이 아닌 것이다. 그러나 대규모 인구를 위한 하향적 방식의 효율적 계획 논리는 각각의 가치를 극대화하되 영역을 분명히 구분하고, 가치의 종류는 최대화하되 그 숫자를 제한해 가급적 하나로 통합할 것을 요구한다.[22] 르코르뷔지에 원칙의 논리는 용도와 기능에 따라 도시 공간을 면밀하게 기술함으로써 단일 목적의 계획과 표준화를 가능케 하는 것이다.[23]

계획, 계획가 그리고 국가에 의한 통치

'가로의 죽음'보다 앞서 르코르뷔지에가 가졌던 최초의 '도시주의 원칙'은 '계획은 독재자'라는 격언이었다.[24] 데카르트와 마찬가지로 르코르뷔지에가 도시에 단일한 합리적 계획을 반영하도록 추구했다는 것은 아무리 강조해도 지나치지 않다. 그는 설계의 전반적인 논리라는 측면에서 로마 병영과 제국의 도시를 대단히 높이 평가했다. 르코르뷔지에는 역사의 우연적 산물인 기존 도시와 과학적 원칙에 입각해 시종일관 의도적으로 설계될 미래 도시 간의 대비로 끊임없이 되돌아갔다.

르코르뷔지에의 계획(그는 항상 'Plan'의 'P'를 대문자로 썼다) 원칙이 요구한 중심화는 도시 자체의 중심화를 통해 재현되었다. 기능적 분리는 위계와 결합되었다. 그의 도시는 대도시권 중앙에 입지한 중심부가 '상위' 기능을 수행하는 '일두(一頭) 도시'였다. 이것은 르코르뷔지에가 파리의 부아쟁 계획에서 중심 업무 지구를 주로 설명하는 방식이었다. "업무 기능을 하는 사무실에서 세상에 질서를 부여하는 모든 명령이 나온다. 사실상 마천루는 도시의 '두뇌'이자 국가 전체의 두뇌이다. 그것들은 모든 활동이 비롯되는 심사숙고와 명령의 작업을 의미한다. 모든 것이 그곳으로 집중된다. 전화기, 전신, 라디오, 은행, 무역 사무소처럼 시간과 공간을 정복하는 수단은 물론 상업, 기술, 금융과 같이 공장의 의사 결정을 담당하는 기관까지 말이다."[25]

중심 업무 지구는 명령을 내린다. 그것은 제안하는 곳이 아니며, 협의하는 곳은 분명히 아니다. 여기에 작동하는 하이 모더니즘적 권위주의 프로그램은 부분적으로 공장의 질서에 대한 르코르뷔지에의 애정에서 비롯되었다. 현대 도시의 주택이나 거리의 부패한 모습을 비난하면서 그는 공장만을 유일한 예외로 꼽았다. 공장에서는 단 하나의 합리적 목적이 물리적 공간 배치와 수백 명에 달하는 사람들의 협력적 행동을 동시에 구조화한다. 로테르담에 있는 판 넬레(Van Nelle) 담배 공장의 경우가 특히 찬미의 대상이었다. 르코르뷔지에는 그 공장의 간결함, 바닥에서 천장에 이르는 유리창을 층마다 설치한 점, 작업장 질서, 겉으로 확연히 드러나는 노동자들의 만족을 예찬했다. 그는 생산 라인의 권위주의적 질서를 찬미하는 것으로 이야기를 끝낸다. 그는 노동자들을 존경스럽게 바라보며 "그곳에는 아주 잘 만들어지고 존중받는 위계적 등급이 있다. 그들은 자기 자신을 일벌의 식민지처럼 관리하기 위해 질서, 규칙성, 시간 엄수, 정의와 온정주의를 수용한다"[26]고 말했다.

기술자가 공장을 디자인하고 건설하는 것처럼 과학적 도시 계획가는 도시를 건설하고 디자인한다. 단 하나의 두뇌가 도시와 공장을 계획하듯이 단 하나의 두뇌가 도시의 중심 업무 지구에서 그리고 공장의 사무실에서 그 활동을 통제한다. 위계는 거기서 멈추지 않는다. 도시는 그 사회 전체의 두뇌이다. "대도시는 전쟁, 평화, 노동과 같은 모든 것을 명령한다."[27] 의복이든 철학, 기술, 취향이든 상관없이 도시는 지방을 지배하고 식민지화한다. 영향력과 명령의 선(line)은 오직 중심에서 주변으로 흘러갈 뿐이다.[28]

권력 관계의 구성 방법에 대한 르코르뷔지에의 관점은 명확하다. 곧 모든 영역에서 위계가 지배한다는 사실이다. 피라미드의 정점에는 이제 변덕스러운 독재자가 아니라 모두의 행복을 위해 과학적 진실을 제공하는 현대판 철인왕(Philosopher King)이 앉아 있다.[29] 물론 이 총괄 계획가는 과대망상적 발작을 종종 자연스럽게 일으키면서도 자신만이 진리를 독점한다고 상상한다. 자신의 책 《빛나는 도시》를 개인적으로 회상하면서 르코르뷔지에는 예컨대 다음과 같이 선언했다. "나는 분석과 계산을 마친 연후에 상상력과 시적 영감을 활용해 〔알제리를〕 계획했다. 그 계획은 비범한 진실이었다. 그 계획에는 논쟁의 여지가 없었다. 실로 놀랄 만한 것이었다. 그것은 우리 시대의 모든 탁월함을 표현했다."[30] 그러나 여기서 우리가 우려하는 것은 그의 지나친 자만심이 아니다. 오히려 르코르뷔지에가 보편적으로 통용될 수 있는 과학적 진리 주장에 대해 진정으로 부여했던 모종의 절대적 권위를 우려한다. 내가 아래에 길게 인용한 글만큼이나 하이 모더니즘에 대한 그의 믿음이 더 완고하게—혹은 더 불길하게—표현된 곳은 없다.

독재자는 인간이 아니다. 그것은 '계획'이다. 일단 문제가 제대로 명확하게, 온전히 그대로 그리고 총체적 조화 속에서 제기된 이후에 당신을 위해 해결책을 제공하는 것은 옳고, 현실적이며, 정확한 계획이다. 이 계획은 시장 집무실이나 시의회의 열정으로부터, 혹은 유권자의 목소리로부터, 혹은 사회적 희생자들의 비탄으로부터 멀리 떨어진 곳에서 더욱더 잘 수립된다. 이 계획은 차분하고 맑은 정신으로 수립된다. 이 계획은 인간의 진실 이외에는 아무것도 고려하지 않는다. 이 계획은 기존의 규제, 현재의 관습, 경로를 무시한다. 이 계획은 현재 효력을 갖고 있는 헌법을 통해 실행할 수 있는지 여부를 고려하지 않는다. 이 계획은 인간을 위해 운명적으로 주어진 그리고 현대 기술을 통해 실현 가능한 하나의 생물학적 피조물이다.[31]

계획의 지혜는 선출된 권력, 투표하는 대중, 헌법, 법적 구조 같은 모든 사회적 장애물을 쓸어버린다. 아주 작게는 우리가 계획가의 독재에 직면해 있고, 크게는 무자비한 권력에 대한 숭배에 접근하고 있는데, 이는 마치 파시즘 이미지를 연상시킨다.[32] 그런 이미지에도 불구하고 르코르뷔지에는 자신을 기술적 천재라고 생각했으며, 자신이 말하는 진실의 이름으로 권력을 요구했다. 이런 경우, 기술주의는 도시 설계의 인간적 문제에 대한 유일한 해결책이라는 믿음이며, 오로지 전문가만 발견하고 실행에 옮길 수 있는 것이다. 정치나 협상을 통해 이러한 기술적 문제를 결정하는 것은 잘못된 결론에 이르고 말 것이다. 근대 도시 계획의 문제에 대해서는 오직 하나의 정답만 존재하기 때문에 타협은 불가능하다.[33]

자신이 활동한 전 기간에 걸쳐 르코르뷔지에는 그의 철두철미한 도시 계획이 권위주의적 조처를 요구한다는 점을 분명히 알고 있었다. '기계 시대를 향한 파리'라는 제목의 초기 기사에서 그는 자신의 프랑스 대중 독자를 향해 "콜베르가 필요하다"고 주장했다.[34] (장바티스트 콜베르는 1665년부터 1683년까지 루이 14세 통치 하에 프랑스의 재무장관을 역임하며 프랑스 제조업을 활성화하고 재정 파탄의 위험을 막은 업적으로 명성을 얻었다—옮긴이.) 르코르뷔지에의 주요 저서 표지에는 다음과 같은 문구가 쓰여 있다.

"이 책을 최고 당국자에게 헌정합니다." 공공 건축가가 되고 싶었던 그의 경력 상당 부분은 자신을 왕실의 콜베르로 임명할 정도의 권력을 가진 어떤 '왕자'(되도록이면 권위주의자)를 찾는 탐색 과정으로 읽을 수 있다. 그는 국제연맹에 디자인을 출품하고, 모스크바에 대한 자신의 새로운 도시 계획을 받아들이도록 소비에트 엘리트들에게 로비하고, 프랑스 전역에 대한 조닝(zoning: 토지에 대한 이용을 통제할 목적으로 용도별 또는 용적별로 지역을 정해 건축을 규제하는 제도—옮긴이)과 계획의 조정자로 임명되고 새로운 알제리가 자신의 계획을 받아들이도록 하는 데 모든 노력을 경주했다. 마침내, 그는 자와할랄 네루(Jawaharlal Nehru)의 후원 하에 인도 찬디가르 지방에 수도를 건설했다. 프랑스에서의 정치적 성향이 확실한 우파였음에도 불구하고, 르코르뷔지에는 자신에게 재량권을 허락하는 모든 나라의 권력을 가리지 않고 받아들였다.[35] 그는 정치보다는 논리에 호소했다. 이러한 점은 그가 "일단 결정을 내리고 난 다음에 (과학적 계획가는) '그대로 이루어질지어다'라고 말할 수 있는 위치에 있고 또한 실제 그렇게 말한다"고 주장한 데서 분명히 드러난다.[36]

르코르뷔지에가 소비에트연방에 매료된 것은 그들의 이데올로기라기보다는 혁명적이고 하이 모더니즘적인 국가가 자신처럼 선견지명 있는 계획가를 환영할 것이라는 기대감 때문이었다. 센트로소유즈(Centrosoyuz)라고 하는 소비협동조합연합[37] 본부를 건설한 지 불과 6주 만에 르코르뷔지에는 무계급 사회에서 완전히 새로운 생활양식을 창조하고자 하는 소비에트의 열망에 자신의 관점을 일치시키고자 하는 거대한 도시 계획을 모스크바 재건을 위해 제안했다. 르코르뷔지에는 〈제너럴 라인(The General Line)〉이라는 세르게이 에이젠슈테인(Sergey Eisenstein)의 영화가 대형 농장, 원심 크림 분리기, 트랙터를 찬양하는 데 완전히 매료되었다. 러시아의 도시 경관도 이와 비슷하게 바꾸고자 했던 그의 계획에서 이 영화는 자주 언급되었다.

스탈린의 정치국원들은 모스크바와 소비에트 궁전에 대한 르코르뷔지에의 계획이 지나치게 급진적이라고 보았다.[38] 소비에트 모더니스트이던 엘 리시츠키(El Lissitzky)는 르코르뷔지에의 모스크바 계획안을 이렇게 공격했다. "어느 곳에도 없는 도시 …… 자본주의 도시, 프롤레타리아 도시, 사회주의 도시 중 그 어느 것도 아니며 …… 도면상의 도시, 살아 있는 자연과는 무관한, 사막에 위치한 도시이며 그 한가운데 강이 흐르는 것조차 허용되지 않는다(곡선 하나도 그 양식과 모순되기 때문이다)."[39] 마치 "어느 곳에도 없는 도시"를 설계했다는 리시츠키의 비난을 확인하듯이 르코르뷔지에는 모스크바와 관련된 내용을 삭제하지도 않고 자신의 계획을 그대로 재활용해 파리 중심지에 적합한 '빛나는 도시'로 제안했다.

유토피아적 프로젝트로서의 도시

르코르뷔지에는 자신의 혁명적 도시 계획이 보편적인 과학적 진실의 표현이기 때문에 대중이 그 논리를 이해하게 되면 자신의 계획을 환영할 것이라는 점을 자연스럽게 가정했다. CIAM의 성명서 원안은 초등학생들에게 햇빛과 맑은 공기가 건강에 중요하다는 사실, 전기 · 난방 · 조명 · 소음에 관련된 기본 원리, 적합한 가구 디자인의 올바른 수칙 등 과학적인 주택에 대한 기본적인 원칙을 가르치도록 했다. 이러한 것들은 과학의 문제이지 취향의 문제가 아니었다. 이러한 교육을 통해 과학적 건축의 가치를 이해하는 고객이 오랜 시간에 걸쳐 양성될 터였다. 과학적 삼림 전문가는 숲 속의 일터에서 작업을 바로 시작함으로써 자신의 계획을 실현할 수 있는 반면, 과학적 건축가는 우선 새로운 고객을 길러내는 일부터 해야 했다. 왜냐하면 그래야 르코르뷔지에가 그들을 위해 계획한 도시 생활을 '자연스럽게' 선택하기 때문이다.

내가 상상하는 바로는 어떠한 건축가라도 자기가 디자인한 주택이 고객에게 고통이 아닌 행복을 주기를 바랄 것이다. 차이는 건축가가 행복을 어떻게 이해하고 있는지에 달려 있다. 르코르뷔지에에 의하면 "숫자, 수학, 적절히 계산된 설계의 표현으로, 곧 그 도시가 이미 연상되는 계획 속에서 '행복은 벌써 존재한다.'"[40] 적어도 수사학적인 차원에서 말하자면, 르코르뷔지에는 자신의 도시가 기계 시대 정신의 합리적 표현이기 때문에 근대적 인간이라면 반드시 환영하리라고 믿었다.[41]

그러나 르코르뷔지에가 만든 도시의 주민이 경험했을 종류의 만족은 결코 개인적 자유나 자치의 기쁨은 아니었다. 그것은 합리적 계획에 논리적으로 부합해야 하는 기쁨이었다. 곧, "이제 권위가 개입해야 한다. 가부장적 권위, 아버지가 아이들을 염려하는 권위 말이다. ……우리는 인류가 다시 태어날 장소를 반드시 건설해야 한다. 도시 공동체의 집합적 기능이 체계화되면, 모두를 위한 개별적 자유도 생길 것이다. 각 개인은 질서정연한 관계 속에서 살아가게 될 것이다."[42] 파리의 부아쟁 계획에서 개인적 공간은 거대한 도시의 위계 속에서 공간적으로 코드화된다. 비즈니스 사무직 엘리트가 중심부의 고층 아파트에 거주하는 동안, 하위 계급은 주변부에서 정원이 딸린 소형 아파트에 살 것이다. 한 사람의 지위는 중심부로부터의 거리를 통해 즉시 알 수 있다. 그러나 마치 잘 가동되는 공장에서처럼 도시민 모두는 완벽한 생산품을 만들어 내는 노동자 집단이 갖고 있는 것과 같은 일종의 '집합적 긍지'를 갖게 될 것이다. "그 일의 일부만을 담당하는 노동자는 자신이 하는 노동의 역할을 이해하고 있다. 공장을 꽉 채우고 있는 기계는 그에게 권력과 명료함의 실제적 보기이며, 그를 자신의 단순한 영혼이 감히 꿈꾸지 못할 어떤 완벽한 세계의 일부로 만든다."[43] 자신이 '주택은 생활을 위한 기계'라고 단언한 것처럼 르코르뷔지에는 계획된 도시 또한 엄격하게 조정한 수많은 요소로 구성된 대형의 효율적 기계라고 생각했다. 그렇기 때문에 그는 자신이 만든 도시의 시민들이 고상하고 과학적으로 계획된 기계 도시 속에서 각자에게 주어진 작은 역할을 긍지를 갖고 받아들일 것이라고 가정했다.

르코르뷔지에에 따르면, 그는 기존 도시에서 무시되고 비방받는 자신의 주변 동료 인간들의 기본적인 수요를 충족하기 위해 도시를 계획했다. 본질적으로 그는 모종의 물질적이고 육체적인 조건을 요구하는 추상적이고 단순화된 인간 주체를 규정한 다음, 그 주체에 걸맞은 수요를 상정했다. 이처럼 계획화된 주체는 얼마만큼의 생활 공간, 얼마만큼의 신선한 공기, 얼마만큼의 햇빛, 얼마만큼의 열린 공간, 얼마만큼의 기본 서비스 등을 필요로 한다. 이런 차원에서 보면 르코르뷔지에는 자신이 비난했던 어두운 슬럼이나 북적대는 군중 대신, 실로 훨씬 건강하고 기능적인 도시를 설계했다. 따라서 그는 적절한 아파트 크기를 결정하기 위한 다양한 공식 가운데 하나로 '정확하고 적합한 호흡'을 언급하기도 했고, 주차 공간과 더불어 무엇보다 교통의 효율적 순환을 위해 마천루 아파트를 주장하기도 했다.

르코르뷔지에의 도시는 무엇보다도 생산을 위한 작업장으로 설계되었다. 이런 상황에서 인간의 수요는 계획가에 의해 과학적으로 규정된다. 계획의 대상이 될 주체가 이 문제에 대해 어떤 가치 있는 의견을 가졌을 가능성이나, 혹은 그들의 요구 조건이 단수가 아니라 복수일 가능성에 대해 르코르뷔지에는 조금도 인정하지 않았다. 효율성에 대한 관심이 얼마나 컸던지 장보기나 식사 준비를 귀찮은 행위로 간주해 이것들을 고급 호텔에서처럼 중앙 집중식 서비스에 맡기고자 했다.[44] 사회적 활동을 위한 공간이 제공되었음에도 불구하고, 그는 도시민의 실질적인 사회적 · 문화적 수요에 대해서는 거의 언급하지 않았다.

우리가 살펴보았듯이 하이 모더니즘은 과거를 하나의 모델로 삼아 개선하는 것을 거부하면서 완전히 새로운 것을 시작하고자 한다. 하이 모더니즘이 유토피아적일수록 기존 사회에 대한 암시적 비판은 더욱더 철저하다. 《빛나는 도시》에서 그가 가장 혹평했던 문장은 도시의 고통, 혼란, '부패', '쇠퇴', '찌꺼기' 그리고 '쓰레기'를 향한 것이었다. 이것들은 르코르뷔지에가 넘어서고자 한 대상이었다. 그가 사진으로 보여준 슬럼에는 '초라한'이라는 딱지가 붙었고, 프랑스 수도의 경우에는 '역사, 역사적이며 결핵에 걸린 파리'라는 꼬리표가 붙었다. 그는 슬럼의 조건과 슬럼이 만들어낸 사람 모두를 개탄했다. "〔출세를 위해 시골에서 올라온〕 500만 명 가운데 얼마나 많은 숫자가 도시에 단지 짐이나 장애물일 뿐이며 고통과 실패 그리고 인간쓰레기의 시커먼 덩어리란 말인가?"[45]

슬럼에 대한 그의 혐오감은 두 가지로 나눌 수 있다. 첫째는 슬럼이 미학적으로 규율, 목적, 원칙에 대한 르코르뷔지에의 기준에 부합하지 않는다는 것이다. "규율 없는 대중만큼 천박한 것이 있는가?"라고 그는 수사학적으로 물었다. 그는 자연은 '전체가 규율'이며, 비록 자연이 '인간의 이익에 반하는' 논리에 의해 작동하는 경우에도 "규율 없는 대중은 일소해버릴 것"이라고 덧붙였다.[46] 여기서 그는 근대 도시의 창시자들은 반드시 무자비하게 행동할 준비가 되어 있어야 한다는 사인을 보낸다. 슬럼의 두 번째 위험은 시끄럽고, 위험하고, 먼지투성이고, 어둡고, 병들어 있다는 사실 외에도 권력에 대항하는 잠재적 혁명의 위험을 안고 있다는 점이다. 오스망이 그랬던 것처럼 그는 복잡한 슬럼 지역은 효율적 치안의 방해물이라고 생각했다. 르코르뷔지에는 루이 14세 시절의 파리와 로마 제국 시대를 오르내리며 다음과 같이 썼다. "밀담을 나누는 오두막에서, 더러운 은신처 깊숙한 곳에서〔카이사르 시대 로마의 평민들은 토끼장 같은 마천루와 얽히고설킨 혼돈 속에서 살았다) 이따금 뜨겁고 격정적인 반란이 일어났다. 음모가 꾸며진 곳은 어떤 부류의 경찰 활동조차 지극히 어렵게 만들었던, 오랫동안 혼란이 축적된 어둡고 깊은 장소였다. ……타르수스(Tarsus)의 성 바울로가 슬럼에 머무는 동안 그를 검거하는 것은 불가능했으며, 그의 설교는 들불처럼 입에서 입으로 전해졌다."[47]

뭐가 뭔지 잘 모르면서도 르코르뷔지에의 잠재적 부르주아 후원자와 그들의 대리인은 르코르뷔지에의 읽기 쉬운 기하학적 도시가 경찰 업무를 용이하게 해줄 것이라는 주장에 위안을 얻었을 것이다. 오스망이 절대 권력의 바로크 도시를 개조하는 데 성공했다면, 르코르뷔지에가 제안한 것은 파리를 완전히 밀어버리고 오스망의 도시 중심부를 통제와 위계를 염두에 둔 도시로 대체하는 것이었다.[48]

하이 모더니즘 건축의 교과서적 사례

르코르뷔지에가 건축사에 남긴 지적 영향은 그가 실제로 지은 건축물에 비해 균형이 맞지 않는다. 소련조차도 그의 엄청난 야망을 감당할 수 없었다. 이 책에서 소개하는 르코르뷔지에는 하이 모더니즘 계획의 핵심적 요소를—종종 과장해서—드러내는 하나의 실례 혹은 교과서적 사례라는 뜻이다. 스스로 새로운 기계 시대 문명의 "총체적 효율성과 종합적 합리화"[49]라고 부른 것에 대한 그의 신념은 단호했다. 어쩔 수 없이 국가를 상대할 수밖에 없었지만 그의 비전은 세계적이었다. 그가 말했듯이 그것은 "어디서나 가능한 도시 계획이자 보편적 도시 계획이며 종합적 도시 계획"[50]이었다. 우리가 앞서 살펴보았듯이 알제리, 파리, 리우를 대상으로 한 그의 실제 계획은 사실상 규모 면에서 전례가 없었다. 르코르뷔지에는 동시대의 다른 계획가들이 그랬듯 제1차 세계대전 시기에 일어난 총체적 군사 동원의 기이한 양상에 영향을 받았다. 그는 "20세기의 사건에 걸맞은 규모의, 사탄의 〔전쟁〕만큼이나 큰 계획을 수립하자. 더 크게! 더 크게!"[51]라고 재촉했다.

그의 대담한 계획에서 중심적인 것은 시각적, 미학적 구성 요소였다. 깨끗하고 부드러운 선을 그는 '다목적' 기계의 날씬함과 연관시켰다. 그는 기계와 그 생산품의 아름다움에 대해 매우 서정적으로 동조했다. 그리고 주택, 도시 또는 농업 도시도 "공장이나 작업장에서 새로 잘 만들어져 반짝거리며 등장하는, 곧 부드럽게 윙윙거리는 기계처럼 완벽한 생산품으로 대두할 수 있는"[52] 그 무엇이었다.

결국 전통, 역사 그리고 기존 취향에 대한 르코르뷔지에의 거부는 초강력 모더니즘의 필수 요소였다. 당시 파리의 교통이 혼잡한 원인을 설명한 다음, 그는 이를 개선하고자 하는 유혹을 경고했다. "우리는 현재 존재하는 것에 대해 조금이라도 고려해서는 안 된다." 그리고 이렇게 강조했다. "여기에서는 찾을 만한 해답이 없다."[53] 그 대신 "백지 위에서", "깨끗한 테이블보 위에서", 처음부터 새로운 계산을 시작해야 한다고 주장했다. 이것이 그가 소비에트연방과 개발도상국의 야망에 찬 통치자들에게 끌린 이유였다. 자신이 이름 붙인 '정형외과적 건축'만 실행 가능할 뿐인 서양에서와 달리 그런 곳에서 그는 '희한하게 부적절한 부지'의 속박으로부터 자유롭기를 바랐다.[54] 장시간 동안 형성된 서양의 도시에서는 전통, 이해 집단, 느리게 움직이는 조직 그리고 복잡하기만 한 법적 규제가 하이 모더니스트 걸리버의 꿈에 단지 족쇄만 채울 뿐이었기 때문이다.

브라질리아: 거의 만들어진 하이 모더니즘 도시

또한 도시는 의도적 결과 혹은 우연의 산물이라고 믿지만 사실은 둘 중 어느 것도 그들의 벽을 지탱할 만
큼 충분하지는 않다.

－이탈로 칼비노, 《보이지 않는 도시들》

예언자적 건축가에 의해 설계된 것처럼 정확하게 건설된 유토피아적
도시는 없다. 마치 과학적 삼림 전문가가 예상치 못한 자연의 변덕과 숲
에 드나드는 사람 그리고 그들의 고용주 사이에 존재하는 서로 다른 목
적 때문에 어려움을 겪는 것처럼 도시 계획가는 건축업자, 노동자, 거주
민의 저항뿐 아니라 고객의 취향 그리고 재정 상태와도 싸워야 한다. 그
럼에도 불구하고 브라질리아는 르코르뷔지에와 CIAM의 설계에 따라 건
설된 하이 모더니즘 도시에 가장 근접한다. 제임스 홀스턴(James Holston)
의 책 《모더니즘 도시: 브라질리아에 대한 인류학적 비평》[55] 덕분에 브
라질리아의 계획 논리와 그 실천 범위 모두를 분석하는 것이 가능해졌
다. 한편으로 브라질리아가 그 도시의 창시자에게 무엇을 의미했으며,
다른 한편으로는 그것이 그곳 거주자들에게 무엇을 의미했는지에 대한
차이를 제대로 분석함으로써(이는 결코 말장난이 아니다) 제인 제이콥스에
게 근대 도시 계획에 대한 철저한 비판의 길을 터주었다.

　내륙 깊숙한 곳에 새로운 수도를 건설한다는 구상은 심지어 브라질
의 독립보다도 앞선 일이었다.[56] 그러나 이것은 1956~1961년 동안 인
기 영합형 대통령 주셀리누 쿠비체크(Juscelino Kubitschek)가 가장 아끼던
프로젝트였다. 그는 브라질 국민에게 "50년 걸릴 발전을 5년 내에 완성
하는 것"과 자족적 경제 성장의 미래를 약속했다. 1957년, 공공건물과
주택의 프로토타입(prototype: 대량 생산하기에 앞서 제작해보는 원형－옮긴이)
수석 건축가로 임명된 오스카르 니에메예르(Oscar Niemeyer)는 설계 공모

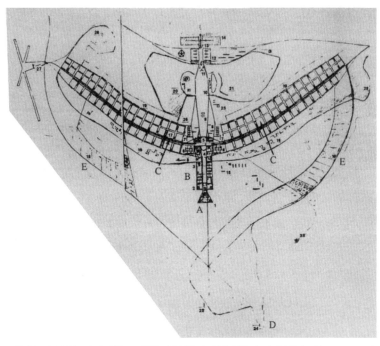

그림 18 1957년의 코스타 계획. A. 삼권(三權) 광장, B. 행정 부처, C. 수페르쿠아드라(superquadra), D. 대통령 관저, E. 독신 가구 주택.

전을 기획했다. 수상자는 매우 거친 스케치에 기초한 작품을 제출한 루키우 코스타(Lucio Costa)로 결정되었다. 코스타의 아이디어는 도시의 중심을 규정하기 위한 '거대한 축' 그 이상의 것은 아니었다. 그의 스케치는 중앙에서 직선 도로에 의해 원호 모양으로 잘리는 계단형 제방과 도시의 경계를 구분하기 위한 삼각형으로 구성되어 있었다(그림 18 참조).

두 건축가 모두 CIAM과 르코르뷔지에의 강령 안에서 일하고 있었다. 오랜 기간 브라질 공산당 당원이었던 니에메예르 역시 모더니즘 건축의 소비에트 형식에 영향을 받았다. 공모전이 끝나자마자 새로운 수도는 리우데자네이루와 해안에서 1000킬로미터 떨어져 있고, 북동쪽 태평양에서는 1620킬로미터 떨어져 있는 고이아스 주(州) 중앙 고원의 빈 공간에 바로 건설되었다. 이는 실로 황무지 위의 신도시였다. 이때 오늘날 계획가들에게 필요한 '정형외과적' 타협은 필요 없었다. 브라질리아 건설을 최우선 순위로 생각하는 쿠비체크 대통령 덕분에 실로 '깨끗한 테이블보'를 받았다. 주 정부의 계획 기구가 대상지에 있는 모든 토지를 통제했으므로 협상해야 할 사유지 소유권자도 없었다. 도시는 정교하고 통일된 계획에 따라 처음부터 새로 설계되었다. 주택, 직장, 여가, 교통 그리고 공공 행정 분야는 르코르뷔지에가 주장한 것처럼 공간적으로 분리되었다. 브라질리아 자체가 매우 엄격하게 단일한 기능만 수행하는 행정수도였으므로 그 계획 자체도 크게 단순화되었다.

브라질을 부정(혹은 초월)하는 브라질리아

쿠비체크와 코스타, 니에메예르는 브라질리아를 미래의 도시, 발전의 도시 그리고 실현 가능한 유토피아로 고안했다. 이 도시는 상파울루, 산살바도르, 리우데자네이루 같은 대도시나 브라질의 과거 관습, 전통, 일상에 대해서는 전혀 언급하지 않았다. 이것을 강조하려는 듯 쿠비체크는 브라질리아에 있는 자신의 관저를 '여명의 궁'이라고 불렀다. "새로운 날의 여명이 브라질을 위한 것이 아니라면 브라질리아는 도대체 무엇이란 말인가?"[57] 표트르 대제의 상트페테르부르크와 같이 브라질리아는 모범적인 도시가 될 것이며, 개인적 습관과 가족 구성에서부터 사회생활, 여가, 업무에 이르기까지 그곳에 사는 브라질 사람의 삶을 바꿔 줄 중심이 될 터였다. 브라질과 브라질 사람을 변화시키고자 한 목적에는 필연적으로 기존 브라질에 대한 경멸이 내포되어 있었다. 이런 의미에서 새로운 수도는 전반적으로 과거 브라질의 부패, 퇴보, 무지와 확실히 정반대였다.

도시 계획의 시작점이라 할 수 있는 대규모 교차로는 예수 십자가의 상징 혹은 아마존의 활처럼 다양하게 해석되었다. 그러나 코스타는 이것을 르코르뷔지에가 자신이 설계한 여러 도시의 중심을 설명할 때 사용했던 용어와 똑같이 '기념비적 축'이라고 불렀다. 비록 그 축이 브라질리아를 어떤 방식으로든 국가적 전통에 융화시키고자 하는 작은 시도를 상징한다 할지라도, 그것은 브라질리아를 어디에나 있을 수 있는 도시 그리고 자신의 역사에 대한 어떠한 단서도 제공하지 않는 도시로 만들었다. 만약 그것이 CIAM 모더니즘 강령의 역사가 아니라면 말이다. 브라질리아는 브라질 사람들에게 크게는 세계를 향해 새로운 브라질을 각인시키고자 국가 주도로 만든 도시였다. 그리고 또 다른 측면에서도 국가 주도적이었다. 이 도시는 국가 공무원을 위해 만들어진 도시이기 때문에 가사나 주택 문제에서부터 의료 서비스, 교육, 보육, 여가, 할인점 등 그렇지 않았을 경우 당연히 사적 영역으로 남을 수밖에 없는 수많은 삶의 측면이 미세하게 조직화되었다.

만약 브라질리아가 브라질에서 도시의 미래라면, 브라질 도시의 과거와 현재는 무엇인가? 새로운 수도가 부인하고자 했던 것은 정확히 무엇인가? 이에 대한 대답은 상당 부분 르코르뷔지에의 신도시주의 제2원칙, 곧 '가로의 죽음'을 통해 추측할 수 있다. 브라질리아는 공공을 위한 공간인 가로와 광장을 제거하도록 설계되었다. 동네 토박이 충성자들과 경쟁자들을 제거하고자 한 것이 비록 계획된 일은 아니었을지라도 그것 또한 새로운 도시의 재앙이었다.

공공 광장과 붐비는 '회랑' 거리는 식민지 시대부터 도회지 브라질에서 시민적 삶의 현장이었다. 홀스턴이 설명하듯이 이러한 시민적 삶에는 두 가지 유형이 있었다. 첫 번째 유형은 교회나 국가의 후원을 받는 의식적(儀式的)인 혹은 애국적인 행진과 축제이다. 이것은 전형적으로 도시의 가장 큰 광장에서 열렸다.[58] 두 번째 유형은 도시 내 모든 광장에 대한 대중의 무제한적 이용을 포함한다. 그곳에서 아이들은 뛰어놀고, 어른들은 단순히 쇼핑을 하거나 길을 걷다가 아는 사람을 만나기도 하고, 친구와 식사를 하거나 커피를 마시기 위해 만나고, 카드놀이나 체스를 하기도 하고, 사람들을 구경하기도 하고 자신을 보여주기도 하는 사회적 기분 전환을 즐길 수 있었다. 요컨대 광장은 정확히 가로들이 합류하는 지점 그리고 울타리가 확실하게 쳐진 공간으로서 홀스턴이 적절하게 부른 것처럼 '공공의 사랑방'이었다.[59] 공공의 장소로서 이 광장은 모든 사회 계급의 접근이 가능하고 매우 다양한 활동을 수용할 수 있다는 점에서 특징적이다. 국가의 규제를 거부한 채 광장은 누구라도 '그들의' 공유된 목적에 따라 탄력적으로 사용하는 것이 가능하다. 광장이나 붐비는 가로가 군중을 확실하게 끌어들이는 이유는 그것이 계획되지 않은, 형식을 차리지 않은, 즉흥적인 조우가 한꺼번에 일어나는 활기찬 장면을 제공하기 때문이다. 가로는 대체로 비좁은 주택 바깥에 존재하던 공공 생활의 공간적 거점이었다.[60] "시내에 간다"는 말의 구어적 표현은 "거리로 나간다"였다. 사회성의 중심으로서 이러한 공간은 스포츠 팀, 음악 밴드, 수호성인 축일, 축제 공연 단체 등과 같은 형태를 띠고 있는 '길거리 민족주의'는 물론 여론의 형성을 위해서도 매우 중요한 장소이다. 그리고 가로 혹은 공공 광장이 어떤 상황에서는 반국가적 군중 시위와 폭동의 장소가 될 수 있다는 사실 또한 두말할 필요도 없다.

브라질리아의 경관을 한 번만 살펴봐도 우리가 설명한 브라질의 다른 도시들과 나란히 놓고 비교할 경우, 그러한 변화가 얼마나 급진적인 것인지를 곧바로 알아차릴 수 있다. 브라질리아에는 공공의 모임 장소가 될 만한 거리는 전혀 없고 오직 자동차만 이용할 수 있는 일반도로와 고속도로가 있을 뿐이다(그림 19와 20 비교).

광장이 있기는 하다. 그러나 참으로 대단한 광장이 아닐 수 없다! 정

그림 19 상파울루 바라푼다의 주택가 거리. 1988.

그림 20 주거지로 접근하는 길 L1. 브라질리아, 1980.

그림 21 펠로리뇨 광장(Largo do Pelourinho), 도시의 도서관이자 과거 노예 시장. 산살바도르, 1980.

그림 22 삼권 광장, 도시의 도서관과 대통령 집무실. 브라질리아, 1980.

그림 23 세 광장(Praca de Se). 상파울루, 1984.

그림 24 삼권 광장과 관공서 거리. 브라질리아, 1981.

부 청사로 가는 도로에 둘러싸인 거대한 기념비적 삼권(三權) 광장은 심지어 군대 행진조차도 위축되어 보이게 할 만한 엄청난 규모이다(그림 21과 22 비교, 그림 23과 24 비교). 여기에 비하면 톈안먼 광장과 붉은 광장은 차라리 아늑하고 정겹다. 르코르뷔지에의 계획 가운데 많은 것이 그렇듯 삼권 광장은 공중에서 가장 잘 보인다(그림 24 참조). 만약 어떤 사람이 이곳에서 친구를 만나기로 계획했다면 이는 차라리 고비 사막 한가운데서 누군가를 만나는 일과 같을 것이다. 그리고 설령 누군가가 그곳에서 친구를 만난다 할지라도 아무 할 일이 없을 것이다. 기능적 단순화는 공공의 사랑방 역할을 하는 광장의 근본적 존재 이유 자체가 브라질리아에서 사라질 것을 요구한다. 대신 이 광장은 국가를 위한 상징적 중심이다. 왜냐하면 그곳에서 할 수 있는 행위는 오직 정부 차원의 일뿐이기 때문이다. 한층 오래된 광장의 활력이 그 지역 내에 위치한 주거와 상업 그리고 행정 구역의 혼합에서 나온다면, 브라질리아의 정부 기관에서 일하는 사람들은 귀가할 때 운전을 해야 하며 멀리 떨어진 상업 지구로 이동하기 위해 또다시 차를 몰아야 한다.

브라질리아 도시 경관에서 한 가지 주목할 만한 결과는 경기장, 극장, 콘서트홀, 인가된 식당 같은 모든 공적 공간이 사실상 정부에 의해 설계되었다는 점이다. 노천카페, 길모퉁이, 소공원, 근린 광장 같은 비공식적이고 비체계적인 소규모 공공 공간은 존재하지 않는다. 르코르뷔지에의 도시 계획이 그런 것처럼 이 도시의 특성은 명목상으로만 개방된 공간이 대단히 많다. 그러나 그 공간은 삼권 광장의 경우처럼 '죽은' 공간이 되는 경향이 있다. 홀스턴은 이것이 CIAM 강령이 조각 같은 건물 덩어리 사이로 넓은 빈 공간을 창조하는 모습에 해당한다고 설명했는데, 이는 오래된 도시의 '전경-배경(figure-ground)' 관계를 뒤집는 것이다. 우리의 지각적 습관에 따르면 모더니즘 도시의 공간은 사람을 초대하는 공적 공간이 아니라 피해 가야만 할 것처럼 한없이 빈 공간처럼 느껴진다.[61] 혹자는 이러한 계획이 갑작스러운 접촉을 갖거나 군중이 자연발생적으로 모일 수 있는 모든 승인받지 않은 장소를 없애는 효과를 발휘하니 공평하다고 말할 수 있겠다. 분산과 기능적 분리는 누군가를 만나는 것에도 사실상 계획이 필요하다는 사실을 의미한다.

코스타와 니에메예르는 그들의 유토피아적 도시에서 가로와 광장만을 배제한 것이 아니었다. 그들은 지저분하고 어둡고, 범죄와 교통난, 질병과 소음에 시달리며 공공 서비스 또한 결여된 복잡한 슬럼 역시 정리해야 한다고 믿었다. 국가 소유의 공지(空地)에서 새로 시작한다는 것은 분명한 이점이었다. 왜냐하면 최소한 대부분의 계획가들이 곤란을 겪는 부동산 투기, 임대료 폭리, 자산 관련 불평등의 문제 등을 회피할 수 있었기 때문이다. 르코르뷔지에나 오스망의 경우처럼, 여기에는 해방의 비전이 있었다. 위생, 교육, 보건, 여가에 관한 최신의 그리고 최고의 건축 지식이 설계에 포함되었다. 1인당 25제곱미터의 녹지 공간 확보는 유네스코가 규정한 이상적 목표에 도달하는 것이었다. 그리고 모든 유토피아적 도시 계획이 그런 것처럼 브라질리아의 설계 역시 건축주이자 후원자인 쿠비체크의 정치적·사회적 공약을 반영했다. 모든 거주자는 유사한 주택을 소유하게 되었다. 차이가 있다면 각 세대가 부여받은 번지수였다. 유럽과 소비에트연방의 진보적 건축 계획에 따라 브라질리아의 계획가들은 집단생활을 촉진하기 위해 아파트 건물을 수페르쿠아드라(Superquadra: 초대형 블록—옮긴이)라고 부르는 그룹 단위로 구성했다. 각각의 수페르쿠아드라(대략 360개 동 1500~2500가구로 구성)에는 보육 시설과 초등학교가 있고, 네 개의 수페르쿠아드라마다 중학교, 극장, 체육 시설, 사교 클럽과 소매 구역이 들어섰다.

브라질리아의 미래 거주자에게 필요한 모든 것이 사실상 이 계획에 반영되었다. 문제는 그와 같은 필요가 르코르뷔지에의 계획 공식이 항상 그런 것처럼 다분히 추상적이고 도식적이라는 데 있었다. 분명히 합리적이고 건전하며 국가에 의해 만들어진 상대적으로 공평한 도시임에도 불구하고, 그 계획은 실제 거주민의 욕망과 역사 그리고 관행에 조금의 양보도 하지 않았다. 어느 정도 중요한 관점에서 볼 때, 브라질리아와 상파울루 혹은 리우와의 관계는 과학적 삼림 관리와 계획되지 않은 숲의 관계와 비슷했다. 두 계획 모두 효율적 질서를 만들어내기 위한 고도의 가독성과 계획적 단순화에 입각했고, 상부에서의 관찰과 통제도 용이했다. 우리가 앞으로 살펴보겠지만 두 계획 모두 비슷한 측면에서 실패했다. 최종적으로 두 계획 모두 도시와 나무를 계획가의 단순한 격자에 맞추기 위해 변화시킨 것이다.

브라질리아에서 산다는 것

브라질의 다른 도시에서 브라질리아로 이사한 대부분의 사람은 '군중 없는 도시'라는 사실에 놀란다. 사람들은 길게 펼쳐진 상점 앞 보도라든가 붐비는 거리 모퉁이처럼 보행자에게 볼거리를 제공하는 것들이 없는 브라질리아의 모습, 곧 북적거리는 거리 생활이 없는 것에 대해 항의한다. 그들이 볼 때 브라질리아를 만든 사람들은 도시를 계획했다기보다 실제로는 도시가 되는 걸 막도록 계획한 것처럼 느껴졌다. 이 같은 점을 지적하기 위해 가장 공통적으로 언급하는 것이 브라질리아에서의 '길모퉁이 부재'다. 이는 여가나 노동, 쇼핑을 위한 장소와 더불어 일반 레스토랑이나 카페 그리고 주택으로 구성된 밀집한 이웃 공동체의 복합적 교차 공간이 없다는 것을 뜻한다. 브라질리아가 인간의 몇 가지 수요를 잘 채워주는 것은 사실이다. 하지만 주거 지역과 일터를 구분하고 상업과 오락 지구로부터 주거 지역과 일터를 분리한 다음, 수페르쿠아드라 사이에 거대한 공터를 조성하고 차량 통행만을 위한 도로 시스템을 구축했다는 사실은 길모퉁이의 소멸과 관련해 이미 예정된 결과였다. 그와 같은 계획이 교통의 혼잡을 없애기는 했지만, 홀스턴이 "사회적 충만(conviviality)의 지점"[62]이라고 불렀던 길거리 보행인끼리의 다정하고 친숙한 혼잡도 함께 없애버리고 말았다.

브라질리아의 제1세대 거주민이 만든 브라질리테(brasilite, '브라질리아 바로 그것'이라는 의미)라는 개념은 그들이 경험한 충격을 잘 묘사하고 있다.[63] 마치 가상의 임상 조건에 대한 것처럼 그것은 브라질리아에서 삶의 익명성과 표준화에 대한 거부를 함축한다. "그들은 브라질 내 다른 도시의 옥외 생활에서 향유하는 담소, 오락, 장난, 작은 의식 같은 기쁨이 존재하지 않는 자신들의 일상에 대한 느낌을 표현하기 위해 브라질리테라는 단어를 사용한다."[64] 브라질리아에서 누군가를 만난다는 것은 통상적으로 그들의 아파트나 직장에서 이루어진다. 브라질리아가 애초부터 행정 도시로 구상되었다는 단순한 전제를 감안하더라도, 그 수도의 구조 자체에 냉담한 익명성이 담겨 있는 것이다. 리우와 상파울루 사람들이 역사적으로 그랬던 것처럼 브라질리아의 일반 주민들도 활동의 성격에 따라 다양하게 활용할 수 있는 접근 용이한 작은 공간이 필요했다. 물론 브라질리아에 사는 주민에게 일상적 실천을 통해 도시를 변모시킬 만한 충분한 시간이 없었던 것은 사실이다. 하지만 그 도시는 그러한 시도조차 매우 어렵도록 설계되었다.[65]

하나의 개념으로서 '브라질리테'는 또한 건축 환경이 그곳에 거주하는 사람에게 어떤 영향을 미치는지 잘 보여준다. 다양하고 특색 있는 리우나 상파울루의 삶과 비교했을 때, 브라질리아에서의 평범하고 반복적이고 간소한 일과는 감성을 박탈당한 옥중 생활과 닮았다. 하이 모더니즘 도시 계획이라는 처방은 형식적 질서와 기능적 분리를 창조하는 과정에서 감각적 황폐화와 단조로운 환경―어떤 환경은 필연적으로 거주민의 정신에 큰 피해를 준다―이라는 비용을 치르게 했다.

브라질리아에서 드러난 익명성은 각각의 수페르쿠아드라 주거 단지를 전형적으로 구성하는 아파트의 외관과 규모에서 분명히 드러난다(그림 25와 26 비교). 수페르쿠아드라 거주민들이 가장 흔히 갖는 두 가지 불만은 일률적인 아파트 블록과 거주민의 고립에 관한 것이다("브라질리아에는 오직 집과 직장밖에 없다").[66] 각 블록의 외형은 엄격하게 기하학적이며 평등하다. 외관상 아파트의 차이를 만들 수 있는 것은 하나도 없다. 곧, 아파트에는 주민이 차별화를 위해 손을 대거나 준(準)공적 공간으로 꾸밀 만한 발코니조차 없다. 이와 같은 정신적 혼란을 초래한 부분적 이유는 아파트 주거, 특히 아마도 이런 유형의 아파트 주거가 진짜 자기 집이라는 관념을 불러일으키는 데 실패했다는 사실에 기인한다. 홀스턴이 대부분 수페르쿠아드라에 거주하는 아홉 살짜리 아이들의 교실에서 '집'을 그려보라고 했더니, 누구도 아파트 같은 종류의 건물을 그리지 않았다. 대신 모두가 창문과 대문 그리고 경사진 지붕이 있는 전통적인 단독 주택을 그렸다.[67] 이와 대조적으로 수페르쿠아드라 블록은 개성적인 특징에 반대하면서 집에 대한 사적 공간 감각을 침해하는 유리벽으로 외관을 꾸몄다.[68] 계획의 전반적 심미성을 고려해 건축가들은 외관상으로 드러나는 현상의 차별만 없앤 것이 아니라 차이점의 시각적 영향까지도 거의 다 지워버렸다. 종합 도시 설계가 자율적인 공공 생활을 방해하는 것처럼 주거 도시 설계 또한 개성을 방해한다.

브라질리아의 혼란스러운 특성은 건축적 반복과 획일성에 의해 악화된다. 도시 행정이나 업무에 종사하는 사람이 합리성과 가독성이라고 느끼는 것에 대해, 실제로 도시에서 살아가는 평범한 거주민은 어리둥절한 혼란으로 인식하는 사례다. 브라질리아에는 랜드 마크가 적다. 각

그림 25 티라덴테스 거리(Rua Tiradentes)에 접해 있는 주거 지역. 오루프레투(Ouro Preto), 1980.

그림 26 수페르쿠아드라 아파트 블록. 브라질리아, 1980.

각의 상업 지역이나 수페르쿠아드라 군집은 서로 비슷해 보인다. 도시 내 각 구역은 머리글자와 약자를 사용해 정교하게 명명되었는데, 그것들을 숙지하기란 거의 불가능하다. 거시적 차원의 질서와 미시적 차원의 혼란 사이에 존재하는 아이러니에 대해 홀스턴은 다음과 같이 말했다. "따라서 전체 질서의 공간적 배치가 계획에 대한 비일상적이고 추상적인 인식을 만들어내는 반면, 도시에 대한 실행지는 체계적 합리성을 강요하는 정도에 비례해 사실상 감소한다."[69] 하지만 세상에 순응하기보다 세상을 바꾸는 것이 목표였던 유토피아적 도시 계획가들의 입장에서는 브라질리아에서 발생한 삶의 충격과 혼란은 교훈적 목적의 일부일지도 모른다. 단순히 현존하는 취향과 관습을 방조할 뿐인 도시는 자기의 유토피아적 책무를 다하지 않는 것이기 때문이다.

계획되지 않은 브라질리아

브라질리아는 처음 계획한 대로 정확하게 건설되지 않았다. 건축 책임자들은 새로운 브라질과 새로운 브라질 사람을 위해 설계했다—질서정연하고 근대적이고 효율적이며 또한 자신들의 규율 하에 있는 사람들 말이다.

그들이 좌절한 것은 상이한 이해관계를 갖고 자신의 결의를 관철하고자 했던 동시대 브라질 사람들 때문이었다. 어쨌든 (6만 명 넘는) 엄청난 노동 인력이 새로운 도시를 건설한 다음 원래 예정한 대로 그 도시를 행정가들에게 조용히 넘겨주고 떠날 것으로 예상했다. 게다가 건설 노동자들은 적절한 계획조차 전혀 갖고 있지 않았다. 쿠비체크는 브라질리아 건설 계획을 최대한 빨리 끝내는 데 최우선 순위를 두었다. 이에 따라 비록 대부분의 인력이 매일 노동 시간을 초과해가며 일했지만, 건설 현장의 인구는 그들에게 할당된 이른바 '자유 도시(Free City)'의 임시 주택 숫자를 빠르게 앞질렀다. 머지않아 그들은 추가로 늘어난 토지를 무단으로 점유하고 그곳에 가건물을 지었다. 전 가족이 브라질리아로 옮겨온 경우 (혹은 그곳에서 농사를 지을 경우), 그들이 세운 주택은 종종 규모가 제법 컸다.

이들 브라질리아 '개척자'는 브라질 내륙을 처음으로 차지한 옛 탐험가들의 뒤를 잇는 통칭 '20세기 반데이란테스(bandeirantes: 브라질 내륙을 탐험하는 데 중요한 역할을 한 오지 탐험 대원을 일컫는 말—옮긴이)'라는 이름을 얻었다. 이러한 명칭은 일종의 칭찬을 의미했고, 쿠비체크의 브라질리아 역시 역사적으로 해안을 따라 발전해온 브라질이 마침내 내륙을 정복한 상징처럼 여겨졌다. 하지만 맨 처음 브라질리아에 끌려온 육체 노동자들은 칸당구(candango)라는 이름으로 비하되었다. 칸당구는 "품격 없고 문화도 없는 부랑자이자 하층 계급에 속하는 교양 없는 사람"[70]이었다. 쿠비체크는 이러한 인식을 바꿨다. 브라질리아 건설을 이용해 마침내 브라질을 변화시키고, 칸당구를 새로운 국가의 프롤레타리아 영웅으로 변화시켰다. 그는 다음과 같이 선언했다. "훗날 브라질 문명을 해석하게 될 사람은 브라질리아를 건설한 이 무명의 구릿빛 건장한 존재들 앞에 경의를 표해야 한다. ……이들 칸당구는 브라질리아를 건설한 익명의 위대한 영웅이었다. ……내가 건설하고자 했던 신도시의 계획적 유토피아를 회의론자들이 비웃는 동안, 칸당구들은 그 책임을 짊어졌다."[71] 자신들에게 주어진 '수사적(修辭的)' 공간을 최대한 이용해 칸당구는 유토피아 도시에 그들만의 작은 구획을 요구했다. 그들은 자신의 토지를 지키기 위해 조직을 만들고, 도시 서비스를 요구하고, 법적 권리를 보장받고자 했다. 1980년에 이르러 브라질리아 인구의 75퍼센트가 예상치 못한 공간에 살게 되었는데, 이 무렵 계획된 시가지의 경우는 예상 인구 55만 7000명의 절반도 채우지 못한 상태였다. 브라질리아에서 저소득층이 쟁취한 이익은 쿠비체크와 그의 아내 도나 사라(Dona Sara)의 선의에 의한 것만은 아니었다. 정치 구조 역시 핵심적인 역할을 했다. 꽤나 경쟁적인 정치 체제 덕분에 무단 거주자들은 조직과 저항을 통해 자신의 주장을 외부로 드러낼 수 있었다. 쿠비체크는 물론 다른 어떤 정치가도 하나의 연합을 형성해 투표할지도 모를 유권자들을 자기 편으로 만들 수 있는 기회를 결코 무시할 수는 없었다.

계획되지 않은 브라질리아, 곧 진짜로 실존하는 브라질리아는 원래 계획안과 상당 부분 달랐다. 무계급의 행정 도시 대신 사회적 계급에 따라 뚜렷하게 공간이 분화된 도시가 되었다. 가난한 사람은 도시 주변부에 거주하면서 대다수 엘리트 계층이 살고 일하는 도심까지 먼 거리를 통행해야 했다. 많은 부유층 역시 그들만의 단독 주택과 사적인 클럽을 갖춘 자신들만의 거주 지역을 만들어냈으며, 그 결과 브라질 어느 곳에서나 발견할 수 있는 풍요로운 생활양식을 재현했다. 부유층의 도시이든 저소득층의 도시이든 계획되지 않은 브라질리아는 단순히 부차적인 것이나 지엽적인 것이 아니었다. 곧, 계획의 중심부에서 이런 종류의 질서와 가독성을 유지하는 비용은 주변부에 위치한 계획되지 않은 브라질리아가 실질적으로 부담하도록 요구되었다. 두 개의 브라질리아는 서로 달랐던 것만이 아니었다. 이를테면 공생 관계였다.

5년이라는 짧은 기간은 차치하더라도 브라질같이 크고 다양한 나라 전체를 급진적으로 바꾸는 것은 거의 생각조차 못할 일이었다. 이런 상황에서 쿠비체크는 자신의 조국에 대해 원대한 야망을 품었던 다른 통치자처럼 모든 브라질과 모든 브라질 사람을 대상으로 정면 승부를 하는 대신, 원점에서 유토피아 모델을 창조해내고자 하는 제법 그럴싸한 구상에 눈길을 돌렸다. 새로운 위치, 새로운 장소에 세워질 그 도시는 그곳의 새로운 거주민에게 물리적 환경 변화를 제공할 것이며, 그 환경은 건강, 효율성, 합리적 질서와 관련한 최신 방침에 입각해 상세하게 맞춰질 터였다. 진보적인 도시가 모든 계약, 상업 허가와 조닝을 계획 기관인 이른바 노바캡(Novacap)에 맡겨 국가가 완전히 소유한 토지에 대한 단일적이고 통합적인 계획으로부터 진화해온 것처럼 성공적인 '유토피아 모형화'를 위한 여건은 겉으로 보기에 우호적으로 보였다.

하이 모더니즘 유토피아 공간으로서 브라질리아는 얼마나 성공적이었을까? 우리가 만약 그 점을 과거의 브라질 도시에서 벗어난 정도로 얘기한다면 그 성공은 상당하다. 만약 우리가 그것이 브라질의 다른 지역을 변화시키거나 새로운 삶의 방식에 대한 애정을 고무시키는 데 얼마나 효과적이었는지를 묻는다면 그 성공은 미미하다. 설계 도면 속에 있는 가상의 브라질리아와 반대로 실제 브라질리아는 저항, 전복 그리고 정치적 계산에 의해 크게 얼룩졌다.

찬디가르에서의 르코르뷔지에

르코르뷔지에가 브라질리아를 디자인한 것은 아니기 때문에 그 명백한 실패에 대해 그를 비난하는 것은 옳지 못하다는 느낌을 줄지 모른다. 하지만 두 가지 점이 르코르뷔지에와 브라질이아의 연관성을 정당화시켜준다. 첫째는 브라질리아가 대부분 르코르뷔지에가 만든 CIAM 강령에 입각해 충실히 지어졌다는 것이고, 둘째는 브라질리아에서 드러난 인간적 문제들이 정확하게 반영된 또 하나의 수도가 있는데, 그 도시의 설계 과정에 르코르뷔지에가 중요한 역할을 했다는 것이다.

펀자브 주의 새로운 수도 찬디가르는 책임 설계자인 마트헤프 노비키(Matthew Nowicki)가 갑자기 사망할 당시 계획의 절반 정도만 수립된 상

그림 27 르코르뷔지에가 찬디가르 중심부에 설계한 광장 또는 초크(chowk: 상가 거리—옮긴이).

태였다.[72] 후임자를 찾던 네루는 설계를 마감하고 건설을 감독하는 작업에 르코르뷔지에를 초청했다. 그러한 선택은 네루 자신의 하이 모더니즘적 목적과 잘 어울렸다. 이를테면 새로운 수도에서 근대 기술을 장려함으로써 인도의 새로운 엘리트들이 전달하고자 하는 가치를 극적으로 보여주리라 기대한 것이다.[73] 노비키와 앨버트 메이어(Albert Mayer)의 설계 원안에 대한 르코르뷔지에의 수정안은 모두 선형성과 모뉴멘탈리즘(monumentalism: 근대 국가에서 전 국민으로 하여금 동시성을 공유하도록 기념비적 건축물을 짓는 것—옮긴이)을 지향했다. 거대한 곡선 대신 르코르뷔지에는 수직의 축을 이용했다. 그는 수도 중심부에 자신의 파리 계획이나 브라질리아에서와 유사한 대형 기념비적 축을 집어넣었다.[74] 좁은 장소에 가능한 한 많은 사람과 상품을 억지로 집어넣어 붐비는 상가를 그는 대부분 텅 비어 있는 오늘날의 큰 광장으로 대체했다(그림 27 참조).

인도에서는 교차로가 전형적으로 공공의 모임 장소로서 역할을 하는 데 반해 르코르뷔지에는 가로 광경의 활성화를 방지하기 위해 가로의 규모를 바꾸고 조닝을 변경했다. 최근에 그곳에 다녀온 관찰자는 다음과 같이 기록했다. "현지에서는, 규모가 너무 크고 교차로 간의 간격 또한 너무 넓어서 여기저기 흩어진 소수의 외로운 사람들이나 거대하게 뻗은 콘크리트 포장 이외에는 아무것도 볼 수 없다. 골목의 상인, 행상인 혹은 손수레는 시내 중심부에서 활동이 금지되었고, 콘크리트로 포장한 광장의 메마른 정서와 권위를 줄이기 위해 단지 재미와 여가의 원천으로 활용하고자 하는 일조차 용납되지 않았다."[75]

브라질리아에서처럼 그러한 노력은 현존하는 인도를 초월한 채 찬디가르 도시민(주로 행정 관료)에게 자신들의 미래상을 제공하기 위한 것이었다. 브라질리아에서처럼 그 결말은 도시 중심부에서의 엄격한 질서와 반대되는 도시 주변부에서의 계획되지 않은 또 다른 도시였다.

하이 모더니즘 도시주의의 반대 사례: 제인 제이콥스

제인 제이콥스의 《미국 대도시의 죽음과 삶》은 근대주의적·기능주의적 도시 계획의 강력한 조류에 대항해 1961년에 쓴 책이다. 그녀의 저서가 하이 모더니즘 도시주의에 대한 최초의 비평은 아니었으나, 나는 그 책이 가장 면밀한 관찰과 지적인 근간을 갖춘 비평이라고 믿는다.[76] 도시 계획의 근대적 원칙에 대한 가장 포괄적인 도전으로서 그 책은 엄청난 논쟁을 제기했고 지금도 그 반향을 느낄 수 있다. 30여 년이 지난 오늘날 도시 계획가들의 작업 가설에 제이콥스의 여러 관점이 편입되는 결과를 가져온 것이다. 비록 그녀는 자신의 '근대 도시 계획과 재건에 대한 공격'이 주로 미국의 도시를 겨냥한 것이라고 했지만, 그녀의 대표적인 표적은 국내외를 막론하고 적용된 르코르뷔지에의 원칙들이었다.

제이콥스의 비평에서 주목할 만한 것은 독창적 관점이다. 그녀는 이웃, 보도, 교차로에서의 미시적 질서와 관련한 민속지학(ethnography)을 통해 거리 차원에서 연구를 시작했다. 르코르뷔지에가 자신의 도시를 처음부터 공중에서 '보았다'면, 제이콥스는 자신의 도시를 일상의 보행자로서 바라보았다. 제이콥스는 또한 자신이 잘못된 것이라고 판단한 구획 개조, 도로 건설, 주택 개발 등의 제안에 반대하는 여러 가지 사회 운동에 정치 행동가로 참여하기도 했다.[77] 놀라운 것은 일종의 급진적 비평이 다름 아닌 이러한 유행에 근간을 둔 도시 계획가 지식인 그룹에서 비롯되었다는 점이다.[78] 도시 설계에 적용된 그녀의 참신한 일상적 도시사회학은 그 당시 도시 계획 관련 대학의 정통파 교육 관행과는 너무나 거리가 멀었다.[79] 학계 주변부에서 그녀가 시도했던 비평의 내용을 검토해보면 하이 모더니즘의 수많은 문제점이 잘 드러난다.

시각적 질서 대 경험적 질서

제이콥스의 논지를 이끌어낸 통찰력은 얼핏 보기에 깔끔한 기하학적 질서와 일상적 욕구를 효과적으로 충족시키는 시스템이 굳이 동일할 필요는 없다는 점이다. 그녀는 우리가 왜 원활하게 작동하는 건축 환경이나 사회적 장치가 질서와 규칙성에 대한 시각적 개념을 충족시킬 것이라고 기대해야 하는지 의문을 제기했다. 이러한 어려운 질문을 설명하기 위해 그녀는 뚜렷하게 직사각형인 잔디밭을 자랑하는 이스트 할렘(East Harlem) 지역의 새로운 주택 사업을 예로 들었다. 그 잔디밭은 거주민들에게 대체적으로 경멸의 대상이었다. 심지어 그곳은 강제 이주 대상으로 이방인들과 섞여 살아야 하는 처지에서 신문 한 장이나 커피한 잔도 얻을 수 없고 50센트를 빌리는 것도 불가능한 사람들에게는 모욕으로까지 받아들여졌다.[80] 잔디밭의 명확한 질서는 더욱더 날카롭게 느껴지는 무질서의 잔인한 상징처럼 여겨졌다.

제이콥스가 보기에 도시 계획가들이 범하는 근본적 실수는 건물 형태의 복제와 병렬, 곧 순전히 시각적인 질서에서 기능적 질서를 추정한다는 사실이다. 이와 반대로 대부분의 복잡한 시스템은 표면적 규칙성을 잘 드러내지 않으므로 더 심오한 수준에서 질서를 찾아야 한다. "기능적 질서의 복잡한 구조를 혼란이 아닌 질서로 보기 위해서는 이해가 필요하다. 가을에 떨어지는 낙엽, 비행기 엔진의 내부, 토끼의 내장, 신문사의 사회부 데스크는 공히 이해하지 않을 경우 혼란스럽게만 보일 뿐이다. 하지만 그것들은 질서의 체계라는 관점에서 현실적으로 달리 보인다." 이런 점에서 우리는 제이콥스를 르코르뷔지에의 스튜디오에서 금기어인 '기능주의자'라고 말할 수 있을지도 모른다. 그녀는 다음과 같이 묻는다. "이 구조는 어떤 기능에 이바지하며, 그것을 얼마나 잘 수행하고 있는가?" 사물의 '질서'는 겉으로 드러난 질서의 순수한 미적 관점에 의해서가 아니라 그것에 의해 제공되는 목적에 의해 결정된다.[81] 이와 반대로 르코르뷔지에는 가장 효율적인 형식은 언제나 엄격한 정확성과 질서를 갖는다고 강력히 믿었던 것으로 보인다. 르코르뷔지에가 설계하고 건축했던 물리적 환경은─브라질리아가 그랬던 것처럼─형식의 총체적 조화와 간결성을 갖추고 있었다. 그러나 대부분의 경우, 사람들이 일하며 살고 싶은 장소라는 측면에서는 크게 실패했다.

제이콥스를 사로잡은 것은 이와 같은 일반적 도시 계획 모델의 실패였다. 도시에 대한 계획가들의 관념은 실질적 차원에서 도시 지역의 사회적 · 경제적 기능과는 물론 (그것과 긴밀히 연관된) 주민들의 개별적 수요도 일치하지 않았다. 그들의 가장 근본적인 오류는 질서를 전적으로 심미적 관점에서 이해한 것이었다. 이러한 오류는 각 기능 사이를 엄격하게 분리하는 추가적 오류로 이어졌다. 그들이 볼 때 (상점이 아파트나 소규모 일터, 음식점, 공공건물과 뒤섞이는) 부동산의 복합 용도는 일종의 시각적인 무질서와 혼란을 초래하는 것이었다. 단일 용도(하나의 쇼핑 지역, 하나의 거주 지역 같은)의 큰 장점은 그들이 추구하는 단일 기능적 통일성과 시각적 배열을 가능케 한다는 것이었다. 하나의 계획 과제로서 보면, 물론 단일 용도 구역을 계획하는 것이 복합 용도 구역을 계획하는 것보다 훨씬 더 쉽다. 용도의 숫자를 최소화하고, 그에 따라 다루어야 할 변수를 최소화하는 일은 단일 용도 원칙을 주장하는 시각적 질서의 심미성과 결합되었다.[82] 이와 관련해 떠오르는 비유는 행군 장소에 정렬한 군대와 적군과 교전 중인 군대이다. 전자의 경우 부대와 서열에 따라 직선으로 정렬된 시각적 질서가 만들어진다. 그러나 그 군대는 아무것도 하지 않는, 말하자면 전시용이다. 교전 중에 있는 군대는 이와 똑같은 형식으로 줄을 서고 있지는 않지만—제이콥스의 표현에 따르면—훈련 받은 대로 자신의 역할을 수행한다. 제이콥스는 위로부터의 추상적이고 기하학적인 질서에 대한 이와 같은 집착의 뿌리가 무엇인지 자신이 알고 있다고 생각한다. "간접적으로는 유토피아적 전통을 통해서, 직접적으로는 세금 부과에 따른 현실적 예술 이론을 통해서, 근대 도시 계획은 도시를 잘 훈련된 예술 작품으로 바꾸고자 하는 부적절한 목적과 함께 처음부터 무거운 짐을 지고 있었다."[83]

근자에 들어 계획가들이 이용할 수 있는 통계적 기술과 투입-산출 모델이 훨씬 더 정교해졌다고 제이콥스는 지적하고 있다. 지역 재건에 필요한 예산, 자재, 공간, 에너지, 교통 수요를 거의 정확히 계산할 수 있게 되자 계획가들은 대단위 슬럼 정화 사업 같은 야심찬 계획을 추진하도록 권유받게 되었다. 이러한 계획은 "모래나 전자(電子) 혹은 당구공처럼"[84] 함께 있어야 의미가 있는 가족을 옮기는 데 소요되는 사회적 비용을 지속적으로 무시했다. 이러한 계획은 매우 불안정하기로 악명 높은 가정에 근거하고 있을뿐더러 복잡한 질서 시스템 또한 산술 기법을 통해 단순화시킬 수 있다고 보았다. 예컨대, 그들은 쇼핑을 쇼핑 공간에 한정된 순수한 수학적 문제로 보았고, 교통 관리를 어떤 너비를 가진 도로의 숫자를 활용해 주어진 시간 안에 주어진 숫자의 차량을 이동시키는 문제로만 생각했다. 이러한 것들은 실로 엄청난 기술적 문제이지만—우리가 앞으로 살펴볼 것처럼—실제로는 이것 이외에도 관련된 문제들이 훨씬 더 많다.

용도 혼합과 복잡성의 기능적 우위

우리가 점차 깨닫게 되었듯이 대도시에서 사회적 질서를 확립하고 유지하는 일은 무너지기 쉬운 업적이다. 사회적 질서에 대한 제이콥스의 견해는 섬세하기도 하고 교훈적이기도 하다. 사회적 질서는 T-자나 계산자에 의해 만들어진 건축학적 질서의 결과가 아니다. 사회적 질서는 경찰, 야간 경비, 공무원 같은 전문가들에 의해 만들어지는 것도 아니다. 대신, 제이콥스가 말하듯이 "공공의 평화는—가로와 보도의 평화—자발적 통제와 기준에 대한 사람들 사이의 복잡하고 거의 무의식적인 연결망에 의해 유지되며 또한 사람들 스스로에 의해 수행된다." 안전한 거리를 위한 필요조건은 사적 공간과 공적 공간 사이의 명확한 경계, 거리를 수시로 쳐다보는 다수의 사람들('거리에 있는 눈') 그리고 거리를 지키는 눈의 숫자와 더불어 그것을 상당히 연속적이고 집중적으로 이용하는 것이다.[85] 그녀가 이러한 조건을 만족시키는 장소로 예를 든 곳은 보스턴의 노스엔드(North End) 지역이었다. 그곳의 거리는 식료품 가게, 술집, 레스토랑, 빵집 등이 밀집한 덕분에 하루 종일 보행자들로 가득 차 있다. 그곳은 사람들이 쇼핑하고 산책하러 와서 다른 사람이 쇼핑하고 산책하는 것도 구경하는 장소다. 상점 주인들은 길거리를 쳐다보는 것과 관련해 가장 직접적인 이해관계를 가지고 있다. 그들은 많은 사람의 이름까지 알고, 하루 종일 그곳에 있으며, 인근의 통행량에 따라 사업이 좌우된다. 용건이 있거나 혹은 먹고 마시기 위해 그곳에 오는 사람들도 역시 거리를 지켜보는 눈을 제공하며, 자신의 아파트 창문을 통해 지나가는 광경을 바라보는 노인들도 같은 역할을 한다. 이들 가운데 친구 사이는 거의 없다. 하지만 상당히 많은 사람이 서로가 누구인지를 알아볼 수 있는 관계에 있다. 이러한 과정은 강하게 누적된다. 거리가 더욱더 활기차고 바빠질수록 그 거리를 바라보고 쳐다보는 일도 덩달아 즐거워진다. 그리고 동네 사정에 제법 익숙한 위와 같은 무보수 관찰자들이 기꺼이 유용한 감시를 제공한다.

제이콥스는 맨해튼의 혼합 용도 거리에서 나이 많은 남자가 여덟이나 아홉 살쯤 된 여자애를 강제로 데려가려 하는 것을 목격했다. 제이콥스가 그 장면을 자신의 2층 창문에서 내려다보며 개입해야 할지 망설이고 있을 때, 정육점 주인의 아내와 식료품 가게 주인이 거리로 뛰쳐나왔다. 여기에 술집에 있던 2명의 손님, 과일 가게 아저씨, 세탁소 주인 그리고 다른 몇몇 사람이 자신들의 집 창문으로 그 광경을 내다보자 유괴 가능성은 좌절되었다. 어떤 '보안관'도 출동하지 않았으며, 그럴 필요도 없었다.[86]

비공식적 도시 질서와 공공 서비스의 또 다른 사례는 교훈적이다. 제이콥스는 자신과 남편이 집에 없는 동안 친구들이 자기 아파트를 사용하거나 혹은 밤늦게 찾아오는 방문객을 그때까지 기다리지 못할 경우, 아파트 열쇠를 식료품 가게 주인에게 맡기곤 했다. 식료품 가게 주인은 그럴 때를 대비해 친구들의 열쇠를 맡아 보관하는 특별한 서랍을 갖고 있었다고 한다.[87] 그녀는 용도 혼합 지역의 모든 이웃에게는 그런 역할을 해줄 누군가가 있다고 말한다. 그들은 식품 가게 상인일 수도, 사탕 가게 주인일 수도, 이발사일 수도, 정육점 주인일 수도, 세탁소 운영자일 수도 혹은 서점 주인일 수도 있다. 이것이야말로 개인적 비즈니스의 다양한 공적 기능 가운데 하나다.[88] 제이콥스에 의하면 이러한 공공 서비스는 어떤 깊은 우정의 분출도 아니다. 이는 그녀가 타인과의 '길거리 친분 관계'라고 일컫는 현상의 결과이다. 그리고 이러한 공공 서비스는 공공 기관에 의해 그럴듯하게 제공받을 수 있는 것이 아니다. 작은 농촌 공동체처럼 사회 질서를 보장하는 개인적 평판의 안면 정치에 의존할 수 없기 때문에, 도시에서 최소한의 공공질서를 유지하기 위해서는 서로서로 '길거리 친분 관계'를 맺을 수 있는 인구 밀도에 의존할 수밖에 없다. 익숙함과 친근함의 연결망은 매우 중요하면서도 눈에는 잘 띄지 않는 수많은 일을 가능케 한다. 사람들은 극장에서 자리를 맡아달라거나, 화장실에서 볼일을 보는 동안 잠깐 아이를 봐달라거나, 샌드위치를 사러 급히 식료품 가게로 들어가는 동안 자전거를 잠깐 봐달라는 부탁을 하는 데 별로 주저하지 않는다.

제이콥스의 분석은 공공질서의 미시사회학에 주의를 기울였다는 점에서 주목할 만하다. 이런 성격의 질서를 만드는 사람은 모두 비전문가로서 각자 본업은 따로 있다. 그곳에는 도시의 질서를 책임지는 형식적 차원의 공공 기관이나 자발적인 조직이 따로 없다. 경찰도 없고, 사설 경호원도 없고, 근린 감시 체제도 없고, 공식 회의도 없고, 담당 공무원도 없다. 대신 질서는 일상생활의 논리 속에 깊이 뿌리내리고 있다. 여기에 덧붙여 제이콥스는 공식적 공공 기관의 질서 유지 기능은 풍부하고 비공식적인 공공 생활에 의해 뒷받침될 때만 성공적으로 작동한다고 말한다. 질서를 지키는 유일한 기관이 경찰인 도시 공간은 매우 위험한 곳이다. 제이콥스는 비공식적인 공공 생활의 작은 교류는 각기—목례로 인사를 한다거나, 새로 태어난 아이를 축하한다거나, 먹음직한 배를 어디서 구했는지 묻는 것 등—평범해 보일 수 있다고 인정한다. "그러나 그 총합은 전혀 그렇지 않다"는 것이 제이콥스의 생각이다. "동네 차원에서 이루어지는 우연하고도 공개적인 개별적 접촉의 총합은—그 대부분은 우연히 발생하고 작은 일들과 연관되어 있으며, 그 모든 것은 누구에 의해 강요되는 것이 아니라 각자의 관심을 반영한다—사람들 사이에 공공의 정체성을 형성케 하는 감정이자 공공의 배려와 신뢰의 연결망이며 또한 필요할 경우 개인이나 이웃을 위한 일종의 자산이다. 이러한 신뢰의 부재야말로 도시 길거리에서 일종의 재앙이다. 신뢰의 배양은 결코 제도화할 수 없다. 그리고 무엇보다 신뢰는 '개인적 책임감을 의미하지 않는다.'"[89] 르코르뷔지에가 위로부터의 형식적이고 건축적인 질서에서 시작했다면, 제이콥스는 아래로부터의 비형식적이고 사회적인 질서에서 시작했다.

다양성, 용도 혼합 그리고 복잡성(사회적이면서 동시에 건축적인)은 제이콥스의 좌우명이었다. 주거지와 쇼핑 구역, 직장이 섞여 있을 때 그 지역은 더 재미있고, 더 편리하고, 더 매력적이 된다. 이러한 특성은 거리로 통행인을 끌어들이고, 이는 다시 거리를 상대적으로 안전하게 만든다. 그녀의 사례를 포괄하는 전체적인 논리는 사람들이 살고 싶어 하는 환경을 제공하는 군중과 다양성 그리고 편의성의 창조에 달려 있다. 게다가 활력 있고 다양한 이웃을 통해 촉진된 보도 통행량의 증가는 결코 하찮다고 말할 수 없을 정도로 상업과 자산 가치에도 영향을 미친다. 어떤 구역의 인기와 그곳의 경제 성장은 서로 연결되어 있다. 일단 이러한 공간이 생기면 다른 곳에서는 대다수 계획가들이 별도의 계획 수립을 통해서나 성취할 만한 활동까지 가능하게 된다. 어린이들은 놀이 자체를 위해 특별히 만든 대규모 공원에서 노는 것보다 가게나 집처럼 한층 안전하고, 한층 볼거리가 많고, 한층 편리한 곳을 선호한다.[90] 좀더 특화된 환경보다 붐비는 거리가 왜 사람들을 더 끌어들이는 효과가 있는지 이해하는 것은 왜 부엌이 집 안에서 일반적으로 가장 바쁜 장소인지를 이해하는 것만큼 쉽다. 그곳이 가장 용도가 많은 환경, 즉 음식과 음료 그리고 요리와 식사의 장소로서 결과적으로는 사회화와 교류의 공간이기 때문이다.[91]

이와 같은 다양성의 조건은 무엇인가? 제이콥스는 해당 구역이 기본적으로 혼합 용도 지역인 것이 가장 중요한 요소라고 주장한다. 거리와 블록은 길이 때문에 보행과 상업 기능에 방해가 되지 않도록 짧아야 한다.[92] 이상적인 건물은 건축 연도와 상태가 최대한 다양해서 서로 다른 임대 조건과 그에 따른 상이한 용도를 수용할 수 있어야 한다. 두말할 나위 없이 각각의 이러한 요건은 단일 용도 구역, 기다란 가로, 건축적 통일성 같은 우리 시대 정통파 도시 계획가들의 작업 가설 가운데 하나 혹은 그 이상을 위반할 수밖에 없다. 제이콥스에 의하면 혼합 위주의 용도는 다양성과 밀도에 따른 시너지 효과를 발생시킨다.

이를테면 월 스트리트의 금융 지구 같은 단일 용도 구역 내의 작은 레스토랑 하나를 예로 들어보자. 그 레스토랑은 사실상 오전 10시부터 오후 3시 사이에 모든 수익을 내야 한다. 왜냐하면 사무직 노동자가 커피를 찾는 것은 늦은 아침이나 점심시간 때이며 퇴근 후 집으로 향하기 시작하면 거리가 한산해지기 때문이다. 이와 달리 혼합 용도 지구의 레스토랑은 밤낮을 불구하고 거리를 지나다니는 잠재적 손님들이 있다. 그래서 가게 문을 몇 시간 더 열어둘 수 있는데, 이는 해당 레스토랑뿐 아니라 인근의 다른 상점에도 이익을 준다. 단일 용도 지역에서는 경제적으로 주변부에 위치하지만 활기찬 혼합 용도 지역에서는 사람들로 하여금 일부러 찾아오게도 할 수 있기 때문이다. 계획가의 미적 시각에 반하는 명백한 무질서, 다시 말해 활동과 건물 그리고 사람을 한데 뒤섞는 일이야말로 제이콥스에게는 역동적 활력의 상징이었다. 곧 "서로 다른 용도를 복잡하게 뒤섞는 것은 혼란스러운 유형이 아니다. 반대로 복합적이면서 고도로 발전된 질서의 유형이다."[93]

제이콥스가 치안, 사회적 신뢰, 시각적 흥미 그리고 편의의 미시적 기원을 검토하면서 혼합 용도와 복합의 필요성을 강력하게 주장한 것은 사실이다. 하지만 그녀가 용도 혼합과 다양성을 주장하는 데는 그것보다 더 큰 이유가 있다. 다양한 수종을 갖춘 오래된 숲과 마찬가지로 상점이나 오락 시설, 공공 서비스, 주거 선택권, 공적 공간 등이 풍부하게 차별화된 근린 지역은 두말할 나위 없이 그것만으로도 한층 탄력적이고 활력에 차 있게 마련이다. 경제적으로 볼 때, 그것의 상업적 '내기(bet)'의 다양함은 (장례식장나 공공 서비스부터 식료품 가게와 술집에 이르기까지 모든 부문에 걸쳐) 경제 침체에 덜 취약하다. 동시에 다양성은 상승 국면에서 경제 성장을 위해 많은 기회를 제공한다. 단일한 수종만 자라는 숲처럼, 단일 용도 구역 역시 비록 처음에는 경제 붐을 탈지 모르지만 위기 국면에서는 특히 취약하다. 다양화된 근린 지역이 한결 지속 가능한 것이다.

내 생각에 제이콥스의 핵심적 관점은—달리 더 나은 표현이 없기에— '여성적 시각'이다. 물론 많은 남자들이 하이 모더니즘 도시 계획에 대해 통찰력 있는 비평을 했고, 제이콥스 역시 그들의 저작 가운데 다수를 참고했다. 그럼에도 불구하고 그녀의 논쟁이 남성들의 비평과 똑같은 방법으로 수행되었다고 상상하기란 어렵다. 제이콥스의 비평 중 몇 가지 요소가 이러한 인상을 강하게 뒷받침한다. 첫째, 제이콥스는 상품과 서비스를 획득하거나 노동을 위해 매일 출퇴근하는 환경 그 이상의 것으로 도시를 경험했다. 따라서 그녀가 거리를 바라보는 관점은 볼일을 보러 나선 쇼핑객, 유모차를 미는 엄마, 뛰어노는 아이, 커피를 마시거나 간식을 먹는 친구, 함께 걷는 연인, 창밖을 내다보는 사람, 손님과 거래하는 상점 주인, 공원 벤치에 앉아 있는 노인의 시각이었다.[94] 제이콥스의 설명에서 직장이 배제되지는 않았지만, 그녀의 관심은 직장 주변이나 직장 바깥에서 벌어지는 거리에서의 일상적인 것들에 집중되었다. 공적 공간에 대한 관심은 집 안 내부나 바깥의 공장 사무실 모두를 그녀의 연구 범위 안에 두게 했다. 산책하는 것부터 아이쇼핑하는 것에 이르기까지 그녀가 주의 깊게 관찰한 행동은 넓은 의미에서 보면 단 한 가지 목적만을 가진 것이 아니고, 좁은 의미에서 보면 뚜렷한 목적이 전혀 없었다.

이러한 관점을 하이 모더니즘 도시 계획의 핵심 요소와 비교해보라. 후자의 경우는 인간의 활동을 명확하게 정의한 단일 목적에 일치시키는 단순화된 형태를 요구한다. 정통주의 도시 계획에 의하면, 이러한 단순화는 직장과 거주지 간의 엄격한 기능적 분리 그리고 그 둘과 상업 지역 간의 격리라는 원칙으로 이어진다. 르코르뷔지에 같은 사람에게 교통의 문제는 어떻게 사람들을 (주로 자동차로) 가능한 한 신속하고 저렴하게 이동시킬 수 있는가라는 데 있다. 쇼핑 활동은 일정한 규모의 쇼핑객과 상품을 위해 적절한 연면적과 접근성을 제공하는 문제였다. 심지어 여가 활동의 범주도 특화된 행위로 세분되어 운동장, 체육관, 극장 등의 공간으로 분리되었다.

따라서 제이콥스가 여성적 시각을 가진 두 번째 결과는 (당연히 직장을 포함한) 인간의 수많은 활동이 사실은 광범한 목표와 만족을 추구하고 있다는 사실을 이해하는 것이었다. 동료와의 기분 좋은 점심 식사는 직장인에게 하루 일과 중 아마도 가장 중요한 부분일 수 있다. 엄마들은 유모차를 밀면서 친구와 이야기할 수도 있고, 볼일을 볼 수도 있으며, 빵 한 조각을 베어 물 수도 있고, 동네 도서관이나 서점에서 책을 찾을 수도 있다. 이런 일을 하다 보면 초대받지 않은 또 다른 '목적'이 새로 생겨나기도 한다. 남자나 여자가 출근길에 자동차를 타고 가는 것은 단순한 운전뿐만이 아니다. 그 남자 혹은 그 여자는 운전하는 동안 주변 경관이나 동승자에게 신경을 썼을 수도 있고, 주차장 근처에 커피를 살 만한 곳이 있는지 살펴보았을 수도 있다. 제이콥스는 '거리에 대한 관점'을 풍부하게 갖춘 인물로서, 인간의 행위 속에 내포된 목적의 엄청난 다양성을 충분히 인식하고 글을 썼다. 도시의 목적은 바로 이처럼 풍부한 다양성을 북돋우고 조화시키는 것이지 결코 방해하는 것이 아니다. 그리고 제이콥스는 현재와 같은 도시 계획 이론이 이러한 목적을 달성하는 데 끊임없이 실패하는 것은 젠더(gender) 문제와 상관이 있다고 주장했다.[95]

도시 박제술 같은 권위주의적 계획

제이콥스에게 도시는 사회 유기체로서 끊임없이 변화하고 놀라움이 솟아나는 생명체 같은 조직이다. 조직 간의 상호 연계는 너무 복잡한 나머지 쉽게 이해하기 어려워 무릇 계획이란 자기도 모르게 살아 있는 조직을 잘라내는 위험에 항상 노출되어 있으며, 그로 인해 활력 넘치는 사회적 프로세스가 죽거나 손상을 입게 된다. 그녀는 계획가의 '예술'을 일상의 실제 현실과 대비했다. 그녀에 의하면 "'도시는 절대로 예술 작품이 될 수 없다.' ……삶이 포괄적이고 문자 그대로 무한한 복잡성을 갖고 있는 데 비해 예술은 자의적이고 상징적이며 또한 추상적이다. 그것이 바로 예술의 가치이며, 자기 나름의 질서와 일관성의 근원이다. ……예술과 삶을 혼동할 때 일어나는 엄청난 결과는 삶도 아니고 예술도 아니다. 그것은 박제술이다. 박제술은 그 자체로 유용하고 훌륭한 기술이 될 수 있다. 그러나 전시된 표본이 죽어서 박제화된 도시는 너무 극단적이다."[96] 근대 도시 계획에 반대하는 제이콥스의 핵심 논지는 근대 도시 계획이 이처럼 풍성한 미지의 가능성 위에 정태적인 격자를 덮어씌운 다는 사실이다. 그녀는 에베네저 하워드(Ebenezer Howard)의 전원도시에 관한 비전도 비판했는데, 그 까닭은 계획에 입각한 공간적 분리가 농부, 노동자 그리고 사업가라는 계층이 항상 구분 가능하고 고정 불변이라고 가정했기 때문이다. 그러한 가정은 19세기 도시의 주요 특성이었던 '자발적 자기 다양화'와 유연성을 예측하고 준비하는 데 실패했다.[97]

도시 계획가들이 슬럼가에 대한 대대적 정비를 선호한 것도 같은 논리로 공격당했다. 슬럼은 도시로 유입된 가난한 이민자들에게 첫 발판이었다. 이런 지역이 어느 정도 안정되어 있는 한 경제는 상대적으로 강하고, 개인이나 사업체는 대출에 목을 매지 않을뿐더러 시간이 지나면 슬럼은 스스로 '슬럼화에서 벗어날' 수도 있다. 이미 많은 사례가 그랬다. 계획가들은 자주 '슬럼화에서 탈출하고 있는' 슬럼 지역을 헐어버리는데, 그 이유는—'도시 재개발'이라는 그럴듯한 용어 뒤에 숨어 있는 토지 투기와 담보 문제는 말할 것도 없이—그 지역이 "배치, 용도, 토지 면적, 혼합, 활동 등과 같은 개념으로 구성된 그들의 개발 원칙을 어겼기 때문이다."[98]

때때로 제이콥스는 미국 도시의 무한한 그리고 변화하는 다양성에 대해 일종의 경외와 겸손을 표현하고자 한 발 물러서기도 한다. "그 도시들의 복잡하게 뒤얽힌 질서는 수많은 사람이 수많은 계획을 만들고 실천하는 자유의 표현으로서 여러 가지 측면에서 실로 놀랄 만한 것이다. 우리는 이처럼 서로 상호 의존적인 용도를 가진 삶의 집적, 이런 자유, 이런 삶의 본질을 만드는 데 주저하지 말아야 한다. 한 걸음 더 나아가 도대체 그것이 뭔지에 대해 우리가 실상은 충분히 잘 모르고 있다는 사실 또한 깨달아야 한다."[99] 많은 도시 계획가의 이론 배후에 깔린 권위적인 가설은—사람들이 무엇을 원하는지 알고 있으며 사람들이 어떻게 시간을 보내는지 알고 있다는 식의—제이콥스가 보기에 근시안적이며 오만했다. 그들은—혹은 최소한 그들의 계획은—사람이 열린 공간, 가시적(구획된) 질서, 정숙한 상태를 선호한다고 간주했다. 그들은 사람이란 직장과 거주지가 분리되기를 바란다고 가정했다. 제이콥스는 그들이 틀렸다고 믿는다. 가장 중요한 점은 그녀가 인간의 욕구를 위에서 관조하는 대신 거리 수준에서 밀접한 일상적 관찰을 통해 자신의 주장을 폈다는 사실이다.

제이콥스의 비평에 따르면, 도시 계획가들의 공간 분리와 단일 용도 구획 배후에 있는 논리는 심미적이고 과학적이며 또한 실용적인 것을 한꺼번에 요구했다. 우선 심미적 차원은 전체에 대한 조각적 관점을 요구하는 시각적 규칙성으로—심지어 획일화로—이어졌다. 과학적 차원은 계획가들이 해법을 찾아야 하는 미지의 것들을 수적으로 줄였다. 대수학(代數學)의 연립방정식같이 도시 계획에서 잘 모르는 것이 너무 많을 경우에는 어떤 해법이라도 문제가 있어 보이거나 아니면 엄청나게 용감한 가설을 요구한다. 계획가들이 직면하는 문제는 삼림 감독관들이 접하는 문제와 유사하다. 삼림 감독관의 딜레마에 대한 근대적 해결 방법 가운데 하나는 '최적 통제 이론'이라는 경영 기법에서 차용한 것이다. 이 이론에 따르면 관찰은 거의 하지 않는 가운데 매우 단순한 공식만으로 지속적인 목재 생산을 성공적으로 예견할 수 있다. 두말할 필요도 없이 최적 통제 이론은 더 많은 변수를 상수로 바꿀 수 있을 때 가장 단순하다. 따라서 일정한 토양과 수분을 갖춘 평지에 같은 종류와 같은 수령의 나무를 일렬로 심을 경우 더욱더 간단하고 정확한 최적 통제 공식을 산출할 수 있다. 획일성에 비해 다양성은 설계와 건축 그리고 통제를 하는 데 항상 훨씬 더 어렵다. 하워드는 도시 계획을 하나의 폐쇄적 시스템 안에서 직업의 개수와 주택 수요를 연계시키는 단순한 두 가지 변수만으로 접근하며, 시간적·기능적으로 공히 자기 자신이 부과한 한계 내에서 '과학적으로' 운용했다. 나머지는 1인당 녹지, 채광, 학교 그리고 면적을 위한 공식들이 맡았다.

조림에서와 같이 도시 계획에서는 매우 보수적인 가설에서 출발해 실제로 환경을 형성할 때까지의 짧은 과정에 의해 공식이 요구하는 단순화를 만족시킨다. 주어진 인구의 쇼핑 욕구를 만족시키고자 하는 계획의 논리를 예로 들어보자. 일단 상업 공간의 크기를 결정하는 공식을 적용해 그것을 의류, 식품 등과 같은 범주로 분리하게 되면, 계획가들은 인근 경쟁 업체가 손님을 빼앗아가지 않도록 자신들의 상가가 그 지역 내에서 독점적인 지위를 가져야 한다고 생각한다. 요컨대 공식을 정함으로써 그 쇼핑센터로 하여금 해당 지역을 독점하게끔 보장하려는 것이다.[100] 그렇다면 엄격한 단일 용도 조닝은 결코 단순한 미학적 문제만은 아니다. 단일 용도 조닝은 과학적 계획의 필수적 보조 수단일 뿐 아니라 관찰의 결과인 척하는 공식의 준수를 자기 충족적 예언으로 변화시키는 데도 사용될 수 있다.

공중에서 내려다본 광경처럼 급진적으로 단순화된 도시는 또한 실용적이고 효율적이다. 공공 서비스 기능은—전기, 상하수도, 쓰레기, 우편—지상과 지하 양쪽으로 단순화된다. 기능적으로 유사한 아파트나 사무실이 반복되는 덕분에 단일 용도 지구는 짓고 만드는 일이 한결 쉽다. 르코르뷔지에는 이러한 건물의 모든 구성 요소가 미래에는 조립식 산업으로 바뀔 것이라고 전망했다.[101] 이러한 선들을 따라 구획을 나누는 것 또한 구역 하나하나를 미학적으로 더욱더 통일되고, 기능적으로 더욱더 '질서 있는' 도시로 만든다. 단 한 가지 활동 혹은 좁은 범위로 제한된 활동들은 각각의 구역을 차지할 뿐이다. 예컨대 일은 업무 지구,

가족 생활은 주거 지구 그리고 쇼핑과 여가 활동은 상업 지구의 몫이다. 경찰 입장에서 이러한 기능적 분화는 통제하기 어려운 군중을 최소화시키며, 단지 물리적 계획만으로도 주민의 이동과 행동을 통제하는 체제를 도입할 수 있다.

종합적 도시 계획을 수립하고자 하는 열망이 한 번 자리를 잡으면, 통일되고 획일적인 논리는 거의 멈추지 않는다. 비용 대비 효과 분석이 이러한 경향을 부채질한다. 마치 모든 죄수에게 같은 질감, 같은 소재, 같은 규격의 유니폼을 입히는 것으로 교도소가 수고와 비용의 측면에서 부담을 덜 수 있듯이 다양성을 포기하는 모든 조처는 관리 시간이나 예산 비용 측면에서 그것에 상응하는 이익을 발생시킨다. 만약 계획 당국이 굳이 대중적 욕구를 충족시키지 않아도 된다면, 두루두루 적용되는 범용(汎用) 방식의 해결책이 팽배하게 될 것이다.[102]

계획가들의 시각과 공식에 대항해 제이콥스는 자신만의 것을 제시했다. 그녀의 주장에 따르면, 자신의 미학은 실용적이고·일상적인 것으로서 도시에 실제 거주하는 사람을 위한 경험 속 삶의 질서를 중시한다. 그녀는 이렇게 질문한다. 어떤 물리적 환경이 사람을 끌어들이고, 사람들 간의 순환을 촉진시키며, 사회적 교류와 접촉을 증진시키고, 공리주의적이고 비공리주의적인 수요 두 가지 모두를 충족시키는가? 이러한 질문을 통해 그녀는 많은 결론에 도달했다. 작은 블록이 큰 블록보다 나은 것은 더 많은 활동을 엮어내기 때문이다. 대형 트럭 터미널 혹은 보행자의 이해와 상관없는 주유소는 가급적 회피해야 한다. 시각적이고 물리적인 장애물로 작용하는 폭 넓은 도로와 금단의 넓은 공적 공간 역시 최소화해야 한다. 여기에도 논리는 있다. 하지만 그것은 시각적 논리를 최우선으로 내세우는 것도 아니고, 좁은 의미에서의 순수한 공리주의적 논리도 아니다. 대신 하나의 공간 배치가 도시민의 실제 활동 속에서 드러나는 그들의 수요, 곧 그들의 사회적이고 실천적인 욕구를 얼마나 잘 만족시키는지를 평가하는 기준이 제이콥스의 논리이다.

계획되지 않은 것을 위한 계획

한 도시의 역사적 다양성, 이를테면 그 가치와 매력의 원천은 오랜 역사적 관행과 수많은 사람에 의한 비계획적 창조물이다. 대부분의 도시는 눈에 띄는 전체적 의도와 무관하게 결실을 맺는 수많은 작은 행위의 결과이자 총합이다. 군주나 계획 기구 그리고 자본주의 투기꾼에 의한 최선의 노력에도 불구하고 "대부분 도시의 다양성은 공공 활동의 형식적 틀 바깥에서 계획하고 고안된 서로 다른 수많은 생각과 목적을 반영한 것으로서 무수히 이질적인 사람 그리고 개인적 조직에 의해 만들어진다."[103] 르코르뷔지에는 현존하는 도시에 대한 이러한 묘사에 동의할 것이며, 이것이 바로 그의 간담을 서늘하게 만들었을 것이다. 바로 이와 같은 다양한 의도 사이의 불협화음이 계획되지 않은 도시의 혼란, 추함, 무질서 그리고 비효율성을 초래한다. 똑같이 사회적이고 역사적인 사실을 보면서 제이콥스는 그것들을 찬양해야 하는 이유를 발견했다. 곧, "도시는 모든 사람에게 무언가를 제공할 능력을 갖고 있으며, 이는 오직 도시가 모든 사람에 의해 만들어졌기 때문에 그리고 오직 그렇게 만들어질 때만 가능하다."[104] 그녀는 결코 자유시장주의자가 아니었다. 왜냐하면 자본주의자와 투기꾼이 자신들의 경제적 능력과 정치적 영향력을 통해 도시를 무계획적으로 변화시키고 있다는 사실을 정확히 이해했기 때문이다. 그럼에도 불구하고 도시 공공 정책에 관한 한 그녀는 이처럼 무계획적인 도시를 또 다른 계획이 빼앗지 말아야 한다고 생각했다. "도시 계획과 설계의 주된 역할은—공공 정책과 공공 활동이 허용하는 범위 안에서—도시를 이처럼 다양한 영역의 비공식적 계획, 아이디어 그리고 기회가 번성하는 데 적합한 장소로 개발하는 것이다."[105]
르코르뷔지에의 계획가들이 도시 경관의 전반적 형태와 한 곳에서 다른 곳으로 이동할 때의 효율성을 중요시한 데 반해, 제이콥스의 계획가들은 '생명력 있는 도시'의 활력을 만들어내는 예상 밖의 작고, 비공식적이며 심지어 비생산적이기까지 한 인간 활동을 염두에 둔 공간을 의도적으로 마련해두었다.

제이콥스는 다른 어떤 도시 계획가보다 도시를 지속적으로 변화시키는 생태계와 시장의 힘을 잘 알고 있었다. 사람과 상품을 이동시키는 수단이 항만에서 철도로 그리고 고속도로로 변화하는 과정은 도시 내 어떤 구역이 번영하고 쇠퇴할지를 이미 나타낸다. 심지어 제이콥스가 매우 소중하게 여기는 번창하고 활기찬 근린 지역 역시 그들 자신의 성공에 의해 희생된다는 사실을 그녀는 알고 있었다. 저렴한 토지 가격과 이로 인한 저렴한 임대료 때문에 그런 지역은 도시 이주민에 의해 '식민지화'되었다. 어떤 지역이 살기에 한층 매력적인 곳이 됨에 따라 임대료가 오르고 지역의 초기 상업이 바뀌며, 새로운 종류의 사업이 그러한 변화를 촉발한 원조 개척자들을 종종 밀어낸다. 도시의 본성은 유동성과 변화이다. 곧, 성공적인 근린 지역은 계획가에 의해 고착되거나 보존되지 않는다. 광범하게 계획된 도시는 대도시의 특성이라고 할 수 있는 다양성의 대부분을 불가피하게 축소시킬 것이다. 한 계획가에게 기대할 수 있는 최대치는 도시의 복잡성이 커지는 것을 막기보다 그것을 적절히 늘이는 것이다.

제이콥스에게 도시가 발전하는 방법은 언어가 진화하는 방법과 같다. 언어는 수백만 명의 사용자가 함께 만든 역사적 창조물이다. 비록 모든 언어 사용자가 그와 같은 궤적에 영향을 끼쳤다 할지라도, 그 과정이 특별히 평등한 것은 아니다. 언어학자, 문법학자, 교육학자가 그 과정에서 중요한 몫을 담당하는데, 그들 가운데 일부는 국가 권력의 지원을 받기도 한다. 하지만 '중앙 집권적 계획'을 지향하는 이런 노력에도 불구하고, 언어(특히 일상적 구어)는 자기 나름대로의 풍성하고 복잡하고 또한 다채로운 방향을 고집하는 경향이 있다. 이와 비슷하게 도시를 디자인하고 안정시키려는 도시 계획가의 시도에도 불구하고, 도시는 그들의 통제를 벗어난다. 곧, 도시는 언제나 거주민에 의해 재창조되고 변형된다.[106] 커다란 도시나 풍부한 언어에 공통점이 있다면 바로 이러한 개방성, 유연성 그리고 다양성이 무수히 다양한 목적—개중엔 우리가 아직 모르는 것도 많다—을 충족시킬 수 있다는 것이다.

도시와 언어의 유사점에 대해서는 좀더 논의할 수 있다. 계획된 도시와 마찬가지로 계획된 언어도 물론 가능하다. 에스페란토가 그 한 예이고, 기술과 과학 언어는 또 다른 예이다. 이런 언어는 그것을 만든 제한된 목적 안에서 제법 정확하고 강력한 의사 표현 수단이다. 그러나 무릇 언어란 단 한두 가지 목적을 위해 존재하는 것이 아니다. 언어는 그 적응성과 유연성 덕분에 수많은 목적을 위해 사용할 수 있는 보편적 도구이다. 상속받은 언어라는 역사 자체는 그 유연성을 지속시키는 연상과 의미의 연속성을 제공하는 데 도움을 준다. 이와 매우 유사한 방법으로 인간은 아무것도 없는 상태에서 도시를 계획할 수 있다. 그러나 현재와 미래를 막론하고 그곳에서 사는 거주민에게 활력을 불러일으키는 삶의 목적과 생활 방식을 어떤 개인이나 조직도 완벽하게 망라할 수 없다. 따라서 그것은 필연적으로 나름의 역사를 가진 복잡한 도시의 얇고 창백한 형태일 수밖에 없다. 리우데자네이루, 모스크바, 캘커타보다는 브라질리아, 상트페테르부르크, 혹은 찬디가르가 그런 도시일 것이다. 세월과 수백만 거주민의 노력만이 이런 얇은 도시를 두텁게 바꿀 수 있다. 계획된 도시가 내포한 심각한 단점은 그곳에 사는 사람들의 자율적 목적과 주관성을 존중하는 데 실패했을 뿐 아니라, 도시에 사는 사람들과 그 도시가 생산하는 것들 사이의 상호작용이 초래할 수 있는 우연성의 문제를 감안하는 데도 실패했다는 것이다.

제이콥스는 여러 도시의 근린 지구에서 부상하는 새로운 유형의 사회적 질서에 대해 나름대로 잘 알고 있었다. 이에 대한 관심은 그녀가 제대로 기능하고 있는 근린 지역에 존재하는 보잘것없지만 의미 있는 인간적 유대에 주목한다는 점에서 잘 나타난다. 어떤 도시 공동체도 정태적일 수 없고, 또 그래서도 안 된다는 것을 인식한 그녀는 도시의 지역성을 한데 묶는 데 필요한 최소한의 지속성, 사회적 연결망 그리고 '길거리에서 알고 지내는' 면식 관계를 강조했다. 그녀는 혼잣말처럼 이렇게 말한다. "한 장소의 자치(自治)가 작동하기 위해서는 인구 유동이 어떻게 진행되든 그 저변에서는 이웃 간의 연결망을 구축하는 지속성이 필요하다. 이러한 연결망이야말로 도시의 결정적인 사회 자본이다. 어떤 이유에서건 그 자본이 사라지면 그로 인한 [사회적] 소득이 사라지며, 새로운 자본이 천천히 그리고 우연한 계기를 통해 축적되기 전까지 절대로 회복되지 않는다."[107] 심지어 슬럼 지역의 경우에도 이러한 점은 결코 예외가 아니어서 제이콥스는 자신이 활동하던 시대에 매우 유행한 대규모 슬럼 정비 프로젝트에 강력히 반대했다. 비록 슬럼이 충분한 사회 자본을 갖고 있지 않더라도, 약간이나마 존재하고 있는 것을 파괴하기보다 새로운 사회 자본의 토양으로 활용해야 한다.[108] 제이콥스를 모든 전통을 찬양하는 에드먼드 버크(Edmund Burke)류의 보수주의자로 만들지 않은 것은 변화, 재건 그리고 독창성에 대한 그녀의 열정이다. 이러한 변화를 저지하고자 하는 시도는 (비록 약간만 영향을 미치고자 하더라도) 현명하지 않을뿐더러 쓸모없는 일이기도 하다.

강한 도시처럼 강한 이웃은 위로부터 복제할 수 없는 복잡한 과정의 결과이다. 제이콥스는 당시 흔치 않게 대규모 슬럼 정화에 반대했던 도시 계획가 스탠리 탱클(Stanley Tankel)의 허락을 얻어 다음처럼 그의 글을 인용했다. "다음 단계에서 우리는 대단한 겸손을 요구받게 될 것이다. 지금 우리는 위대한 건설 사업을 위대한 사회적 업적으로 혼동하는 경향이 있기 때문이다. 공동체 창조와 관련해 우리는 그것이 어느 누군가가 상상할 수 있는 범위를 뛰어넘는다는 사실을 인정해야 할 것이다. 우리는 반드시 우리가 속해 있는 커뮤니티를 소중하게 여기는 법을 배워야 한다. 그것은 결코 쉽게 얻을 수 없다. '건물은 고치되 사람들은 그대로 두어라.' '지역 바깥으로 사람들을 이주시키지 마라.' 공공 주택이 인기를 얻기 위해서는 반드시 이런 것들을 슬로건으로 삼아야 한다."[109] 사실상 제이콥스 경우와 관련한 정치적 논리는 비록 계획가가 잘 작동하는 커뮤니티를 만들 수는 없지만, 잘 작동되는 커뮤니티는 일정한 범위 내에서 자체적으로 삶의 조건을 개선할 수 있다는 것이다. 계획의 통상적 논리를 거꾸로 뒤집으며 그녀는 좋은 학교, 유용한 공원, 생기 넘치는 도시 서비스 그리고 수준 높은 주거 환경을 만들고 유지하기 위해 합리적이고 강력한 이웃 공동체가 민주주의라는 제도적 틀 속에서 어떻게 싸워야 하는지를 설명한다.

제인 제이콥스는 자신이 활동하던 시대에 도시 계획 분야를 여전히 지배하고 있던 주요 인물, 곧 하워드와 르코르뷔지에에 반대하는 글을 썼다. 몇몇 비평가들에게 그녀는 많은 사람이 떠나고 싶어 하는 빈곤한 근린 지역에서 공동체의 가치를 격찬한다는 점 때문에 그리고 대중 주도나 국가에 의해서가 아니라 정치 커넥션과 연결된 개발업자나 금융업자에 의해 그 도시가 이미 '계획되어 있는' 정도를 무시한다는 점 때문에 오히려 보수적인 인물로 비치곤 했다. 이렇게 보는 데는 나름대로 일리가 있다. 하지만 우리의 목적과 관련해 그녀가 하이 모더니즘 도시 계획에 내포된 오만함의 핵심 결점들을 지적하고 있다는 점에 대해서는 조금도 의심할 여지가 없다. 첫 번째 결점은 계획가들이 자신의 계획이 요구하는 미래에 대해 충분히 예측할 수 있다는 가정이다. 지금 우리는 현재의 추세를 통해 출산율, 도시 인구 이동, 혹은 고용 구조와 소득을 예측하는 것에 매우 회의적이다. 이러한 예측은 자주 엉뚱하게 빗나가기 때문이다. 게다가 전쟁이나 유류 금수 조처, 날씨, 소비자 취향 그리고 정치적 돌발 사태 등에 관한 한 우리의 예측 능력은 사실상 제로에 가깝다. 둘째, 부분적으로 제이콥스 덕분에 이제 우리는 무엇이 거주민을 위한 만족스러운 근린 주거 지역인지 조금은 잘 알고 있지만, 이러한 커뮤니티가 어떻게 형성되고 유지되는지에 대해서는 아직도 아는 것이 그리 많지 않다. 밀도, 녹지 공간, 교통 등과 관련한 공식에 입각해 살펴보면 좁은 범위에서 효율적인 성과를 얻어낼 수는 있겠지만, 이것이 곧 살기 좋은 장소를 의미하는 것은 아니다. 최소한 브라질리아와 찬디가르가 이를 증명해준다.

실제로 건설된 하이 모더니즘 도시(브라질리아, 캔버라, 상트페테르부르크, 이슬라마바드, 찬디가르, 아부자, 도도마, 시우다드과야나)[110]가 모두 행정수도였다는 것은 우연의 일치가 아니다. 이곳은 국가 권력의 중심이자 완전히 새로운 환경이며, 주민 대부분도 그곳에 거주해야 하는 공무원이기 때문에 국가가 자신의 계획 격자를 확실히 성공적으로 부과할 수 있다. 도시 업무가 국가 행정이라는 사실 자체가 이미 계획의 과업을 대폭 단순화시킨다. 당국은―오스망이 그랬던 것처럼―기존 상업 거점이나 문화 센터와 싸울 필요가 없다. 또한 당국이 조닝 기관, 고용, 주택, 임금 체계 그리고 물리적 배치를 통제하기 때문에 그들은 환경을 도시에 맞출 수 있다. 국가의 후광을 업고 있는 이들 계획가는 차라리 일종의 재단사 같은 존재로서, 무엇이든 자신이 원하는 옷을 만들 자유뿐 아니라 자신의 기준에 고객을 맞출 수 있는 자유까지 누린다.

　그럼에도 불구하고 '박제술'을 거부하는 도시 계획가는 새로운 도전과 우연성을 자극하고 선택의 가능성을 최대한 열어둘 뿐 아니라, 그와 같은 시도를 잉태할 수 있는 사람들 사이의 유동과 접촉을 장려하는 계획을 창안해야 한다고 제이콥스는 주장한다. 도시 생활의 다양성을 표현하기 위해 제이콥스는 루이빌(Louisville)의 아트센터가 수년 동안 마구간, 학교, 극장, 바, 체육 시설, 대장간, 공장, 도매상, 예술가 스튜디오 등 12가지 이상의 용도로 사용되었다는 점을 열거한다. 그런 다음 그녀는 다음과 같이 수사학적으로 묻는다. "이처럼 꼬리에 꼬리를 물고 일어나는 희망과 서비스를 그 누가 미리 예측하거나 대비할 수 있겠는가?" 그녀의 답변은 간단하다. "오직 상상력이 없는 사람이나 예측하고 대비할 수 있다고 생각할 것이고, 단지 오만한 사람이나 예측하고 대비하기를 원할 것이다."[111]

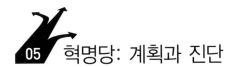

05 혁명당: 계획과 진단

감정은 하나의 대중적 요소이지만 사상은 조직이다. 레닌 동지에 의하면 우리 가운데 가장 높은 것은 조직이다.

　　　　　　　　　　　　　　－안드레이 플라토노프(Andrei Platonov), 《체벤구르(Chevengur)》

공산주의는 근대주의의 가장 열렬하고 강력한 그리고 당당한 투사였다. ……무자비하고 전지전능한 국가가 모든 방해물을 제거한 이후, 근대성의 대담한 꿈은 공산주의 체제 하에서 극단적 한계까지 밀고 나아갔다. 곧, 거대한 계획, 무한한 사회공학, 크고 엄청난 기술, 자연의 총체적 변화까지 말이다.

　　　　　　　　　　　　　　　　　　　　－지그문트 바우만, 《대안 없는 삶》

혁명을 건설하기 위한 레닌의 설계는 여러 가지 면에서 근대 도시를 위한 르코르뷔지에의 설계와 비교할 만하다. 양자 모두 계획을 끝까지 추진할 수 있는 충분한 권한 그리고 과학적 통찰력과 전문성을 갖춘 훈련된 핵심 그룹에 맡겨야 하는 복잡한 시도였다. 르코르뷔지에와 레닌이 넓은 의미에서 하이 모더니즘을 공유했다면, 제인 제이콥스는 정치적으로 레닌에 반대한 로자 룩셈부르크와 알렉산드라 콜론타이(Alexandra Kollontai)를 닮았다. 제이콥스가 중앙 집중적 계획 도시의 가능성과 타당성 모두를 미심쩍게 여겼다면, 룩셈부르크와 콜론타이는 전위 정당에 의해 위로부터 계획된 혁명의 가능성과 타당성을 공히 의심했다.

레닌: 혁명의 건축가와 기술자

만약 우리가 레닌을 그의 주요 저서를 통해서만 판단한다면, 그는 확신에 찬 하이 모더니스트라고 할 수 있다. 그의 전반적 사상 체계는 비교적 일관성이 있었다. 혁명에 대한 글이든, 산업 계획에 관한 글이든, 농업 조직에 관한 글이든, 혹은 행정에 관한 글이든, 그는 훈련받은 지식인에게 알려진 그리고 훈련받은 지식인이라면 반드시 따라야 할 하나의 통합된 과학적 답변에 초점을 두고 있었다. 물론 실천가로서 레닌은 별개다. 혁명가 레닌의 성공을 설명하는 데 하이 모더니스트보다 더 중요한 것은 볼셰비키 선전 활동에서 대중적 분위기를 이해하는 능력, 필요하다고 판단될 경우 전술상 후퇴를 할 줄 아는 능력 그리고 기회가 왔을 때 과감히 치고 나갈 줄 아는 능력이다. 하지만 여기서 우리의 일차적 관심은 하이 모더니스트로서 레닌이다.

혁명에 대한 레닌의 하이 모더니즘적 입장을 보여주는 대표작은 《무엇을 할 것인가?》[1]이다. 레닌의 목적과 관련하여 핵심은 하이 모더니즘이었다. 곧, 소수의, 선택받은, 중앙 집중적인 그리고 전문적인 혁명가 집단만이 러시아에 혁명을 가져다줄 수 있다고 러시아 좌파를 설득하는 것이었다. 1905년의 '총연습(dress rehearsal)' 이전인 1903년에 쓴 이 책의 관점은 한 번도 완전히 포기된 적이 없다. 심지어 차르를 폐위시킨 1917년의 2월 혁명과 10월 혁명을 통해 볼셰비키가 권력을 쟁취한 시기에도 그랬다. 당시 레닌은 《국가와 혁명》이라는 책을 썼다. 나는 먼저 위의 두 책과 농업에 관한 저술에서 드러난 레인의 견해를 《무엇을 할 것인가?》에 대한 대답으로 쓴 로자 룩셈부르크의 글 '대중 파업(Mass-Strike), 정당 그리고 노동조합'과 먼저 비교하고자 한다. 혁명 이후 볼셰비키 정당 내부에 레닌의 많은 정책을 비판하던 이른바 '노동자 반대파(Workers'

Opposition)가 있었는데, 이 집단을 이끌었던 알렉산드라 콜론타이의 생각과 비교하는 것이 그다음 차례다.

《무엇을 할 것인가?》의 레닌

레닌이 '무엇을 할 것인가?'라는 제목을 선택한 데는 대단히 큰 의미가 있다. 이는 니콜라이 체르니솁스키(Nicholay Chernyshevsky)의 유별나게 인기 많던 소설과 제목이 같다. 체르니솁스키의 소설은 지식인 계급에 속하는 한 '새로운 인간'이 기존의 것을 모두 부수고 사회적 이상향을 건설하기 위해 독재적으로 통치하는 내용이다. 이 소설은 차르에 대한 살해 음모를 꾸몄다는 이유로 1887년 처형당한 레닌의 형 알렉산데르가 가장 좋아한 책이기도 했다. 레닌은 마르크스주의자가 된 이후에도 이 책을 가장 좋아했다. "나는 마르크스, 엥겔스, 플레하노프(Plekhanov)의 저작에 친숙해졌다. 하지만 가장 압도적인 영향을 준 것은 체르니솁스키였다."[2] 《무엇을 할 것인가?》라는 같은 제목의 이 두 책은 월등한 지식, 권위주의적 교육 그리고 사회적 설계가 사회를 변혁시킬 수 있다는 사고로 점철되어 있다.

 《무엇을 할 것인가?》에는 전위 정당과 노동자의 연계에 대한 레닌의 분석이 몇 가지 은유로 가득 차 있다. 이러한 은유가 이 책의 논조를 규정하며 그 범위 안에서 말할 수 있는 것을 제한한다. 이러한 은유는 교실과 병영에 집중되어 있다.[3] 당과 지역 선동가 그리고 선전원은 단순히 경제적 불만에 불과한 것들을 혁명적인 정치적 요구의 차원으로 승화시킬 수 있는 교사로 기능하거나, 혹은 자신의 병력을 가장 유리하게 배치하는 혁명 군대의 장교로 기능한다. 교사와 같은 역할을 함으로써 전위 정당과 그들의 신문은 결정적으로 권위주의적 양식의 교육학을 개발한다. 당은 수많은 대중의 다양한 고충을 분석한 다음, 적절한 시기에

"전반적 정치 투쟁"에 기여하는 "적극적인 프로그램을 지시"한다.[4] 사실 레닌은 당의 활동가들이 대단히 부적절하게 행동해왔다고 불평했다. 그리고 이와 같은 운동을 "전위"라고 부르는 것만으로는 충분하지 않다고 주장했다. "우리는 '군대의 모든 다른 조직'이 우리를 받들어 볼 수 있도록 그리고 그들이 우리가 전위 전당이라는 사실을 인정하지 않을 수 없도록 해야 한다." 전위 정당의 목표는 의욕은 넘치나 "낙후된" 무산 계급을 혁명 정치에 적합하도록 훈련시키고 이를 통해 "남아 있는 단 한 톨의 원초적인 불만도 수집하고 이용하려는" 군대에 복무시키는 것이다. 곧, 규율을 갖춘 혁명 군대를 창조하는 것이다.[5]

이런 은유법에 따라 일반 '대중'과 더불어 특히 노동자 계급은 '몸'이 되고, 전위 정당은 그들의 '두뇌'가 된다. 노동자 계급에게 당이란 야만적 폭력 앞에서 지성, 혼란 앞에서 숙고, 노동자 앞에서 관리자, 학생 앞에서 교사, 부하 직원 앞에서 상사, 아마추어 앞에서 프로, 군중 앞에서 군대 그리고 비전문가 앞에서 과학자와 같은 존재다. 이러한 은유적 표현이 어떻게 작동하는지에 관한 간략한 설명은 하이 모더니즘—비록 혁명적이긴 하지만—정치에 대한 레닌 자신의 입장을 밝히는 데 도움이 될 것이다.

물론 레닌은 혁명 프로젝트가 대중의 전투성과 자발적 항거에 달려 있다는 사실을 잘 알고 있었다. 하지만 밑에서의 대중 운동에만 의존할 경우 나타나는 문제는 그러한 행동이 산발적이고 돌발적이어서 러시아 차르 경찰에 의해 쉽게 진압된다는 점이었다. 만약 우리가 대중 운동을 선동 정치의 재료라고 생각한다면 전위 정당의 역할은 이와 같은 폭발적인 힘을 결집해 그 목표를 정권 쟁취에 두는 것이다. 전위 정당은 "대중의 '초보적' 파괴력을 혁명가 조직의 '의식적' 파괴력에 결합시켰다."[6] 말하자면 전위 정당은 혁명의 사고(思考) 기관으로서, 가만히 두면 흩어지고 말 대중의 폭력적 힘을 효과적으로 활용하는 조직이었다.

이러한 관점의 논리는 레닌으로 하여금 전위 정당을 이미 전투 중에 있는, 규모는 크지만 미숙한 신병 군대 조직의 미래 참모로 생각하게끔 했다. 규칙에 잘 따르지 않는 군대일수록 소수의 응집력 있는 참모에 대한 요구가 더욱 크다. 현명한 사람 10명은 경찰에 쉽게 잡히지만 100명의 바보(혁명적 군중)는 통제할 수 없다고 주장한 자신의 좌파(경제 전문가) 경쟁자를 향해 레닌은 다음과 같이 대답했다. "전문적 훈련과 오랜 경험에 의한 학습 그리고 완벽한 조화 속에서 만들어진 '12명' 내외의 신뢰할 만하고 유능한 지도자 이외에는 (그렇게 능력 있는 사람은 수백만 명씩 나타나지 않는다) 현대 사회에서 어떤 계급도 결의에 찬 투쟁을 전개할 수 없다."[7]

군사 조직과 관련한 레닌의 비유는 반드시 연설의 다채로운 측면이라고만 할 수는 없다. 그 비유는 동시에 레닌이 당 조직 대부분의 측면에 대해 어떻게 생각하는지를 보여주기도 한다. 그는 직설적인 군대 스타일로 '전술'이나 '전략'에 대해 썼다. 오로지 참모만이 전반적인 전투 계획에 부합하는 방식으로 혁명 세력을 배치시킬 능력이 있다고 생각했다. 오직 참모만이 전쟁 전체를 볼 수 있고, 적군의 움직임을 예측할 수 있다. 또 군대의 참모만이 "다양하고 빠르게 변화하는 상황을 즉각적으로 받아들일 수 있는 융통성"을 갖고 있다. 또 "압도적이고 집중적인 공세 앞에서는 전면적인 전투를 단념하는 능력을 갖고 있으면서도 적군의 서툰 행동과 기동력 부재를 이용해 그들이 가장 예측하지 못한 시간과 장소에서 공격을 다시 감행할 수 있는 능력"[8]을 갖고 있다. 레닌이 볼 때 초기 사회민주주의 혁명이 실패한 것은 정확히 말하면 참모들이 제공하는 조직과 계획 그리고 조정의 역할이 없었기 때문이다. "놀랍게도 원시적인 도구와 훈련으로 무장한 채 전쟁터로 행진하는" 이들

"젊은 용사"는 마치 "쟁기질이나 하면서 연장을 휘두르는 소작농과 같았다." 그들의 "즉각적이고 완전한 실패"는 사실상 예정된 결론이었다. "왜냐하면 그와 같은 전면적인 전투는 장기적으로 힘든 투쟁에 대비해 체계적으로, 신중하게 고려되거나 단계별로 준비한 계획의 결과가 아니었기 때문이다."[9]

엄격한 규율이 필요한 부분적 이유는 혁명의 적들이 더욱더 잘 무장하고 더욱더 정교하다는 사실에서 비롯되었다. 이 점이 혁명 세력 사이에 존재하는 '비판의 자유'가 왜 단지 부르주아적 가치의 기회와 지배를 촉진시킬 뿐인지를 설명해준다. 다시 한 번 레닌은 요점을 말하기 위해 군사적 비유를 꺼낸다. "우리는 소수가 무리를 이루어 서로 손을 잡은 채 험하고 가파른 길을 따라 행군하고 있다. 우리는 온 사방에서 적에게 둘러싸여 있으며 줄곧 저들의 사정거리 안에 거의 노출되어 있다. 우리는 자발적으로, 특히 적군과 싸우기 위해 모인 것이지 근처의 소택지로 후퇴하기 위해 모인 것이 아니다." 이것이 비판의 자유다.[10]

레닌이 구상한 전위 정당과 보통 사람 사이의 관계는 아마도 '대중' 또는 '대중들'이라는 용어에서 가장 잘 드러날 것이다. 이 용어가 사회주의자들의 어법에서 하나의 표준이 되었음에도 그것이 뜻하는 함의는 꽤 강력하다. 우선 질서가 없는 상태에서 단순한 양이나 숫자를 뜻할 때 '대중'보다 나은 단어는 없다. 일단 보통 사람을 그렇게 규정하면 혁명 과정에서 그들이 주로 담당하는 것은 숫자의 힘 그리고 강력한 지도력에 의해 발휘되는 일종의 폭력이라는 사실이 분명해진다. 이때 갖게 되는 인상은 전혀 단결되지 않은 채 밀려드는 거대하고도 형태가 없는 군중이다. 그들에게는 역사도 없고 이념도 없고 또한 행동 계획도 없다. 레닌 역시 노동자 계급이 자신만의 역사와 가치를 갖고 있다는 사실을 당연히 알고 있었다. 하지만 이러한 역사와 가치는 과학적 사회주의라는 역사적 분석과 진보적 혁명 이론으로 대체되지 않는 한 노동자 계급을 잘못된 길로 이끌 뿐이라고 보았다.

따라서 전위 정당은 대중의 전술적 결합에 필수적일 뿐 아니라 자신의 생각을 반드시 대중을 위해 실천해야 한다. 당은 역사와 변증법적 유물론에 통달함으로써 계급투쟁에서 정확한 '전쟁 목표'를 창안할 수 있는 일종의 집행 엘리트로서 기능하게 된다. 그러한 권위는 과학적 지식에 근거한다. 레닌은 "카를 카우츠키(Karl Kautsky)의 대단히 진실하고 중요한 발언"을 인용한다. 카우츠키에 의하면 프롤레타리아는 "심오한 과학적 지식"이 결여되어 스스로 "근대적 사회주의 의식"을 갖출 수 없는 존재다. 그에 의하면 "과학의 수단은 프롤레타리아가 아니라 어디까지나 부르주아적 지성이다."[11]

바로 이 점이 자발성에 반대하는 레닌의 핵심적 입장이다. 이 세상에는 두 개의 이데올로기밖에 없는데, 부르주아지와 사회주의자가 그것이다. 부르주아 이데올로기의 일반성과 역사적 권력을 감안한다면 노동자 계급의 자발적 발전은 언제나 부르주아 이데올로기의 승리를 초래할 뿐이다. 레닌의 유명한 공식에 의하면 "노동자 계급은 배타적인 그들 스스로의 노력만으로는 고작 노조(勞組) 의식만 키울 수 있을 뿐이다."[12] 이에 반해 사회민주주의 의식은 외부에서, 곧 사회주의 지식인에게서 비롯되어야 한다. 전위 정당은 양심적이며 과학적인, 따라서 완벽하게 사회주의적인 것으로 묘사된다는 점에서, 비양심적이고 전(前)과학적이며 항상 부르주아적 가치를 흡수할 위험에 처한 대중과 더욱더 대조된다. 규율 부재에 대한 레닌의 엄격한 경고는—사회주의 이데올로기에서 조금이라도 벗어나는 것은 결국 부르주아 이데올로기의 강화를 의미한다[13]—강력한 통제만이 언제든 해체되고 방황할 수 있는 혁명 대중을 바로잡을 수 있는 유일한 평형추라는 인상을 참모들에게 남겼다.

레닌의 담론에서는 또 다른 비유가 가끔 등장해 군대가 교실을 대신하기도 한다. 이는 관료 기구 혹은 산업체의 이미지로서, 행정가나 기술자만이 조직의 상위 목적을 알 수 있다는 뜻이다. 혁명 과정에서 일종의 분업을 생각한 것인데, 책임자가 고급 이론을 독점하고 있지 않으면 혁명은 불가능하다는 주장이다. 공장 주인이나 기술자가 생산을 위해 합리적 계획을 수립하는 것과 유사하게, 혁명 이론에 대한 과학적 지식으로 무장한 전위 정당만이 해방을 위한 프롤레타리아 투쟁 전체를 이끌 수 있다는 것이다. 이러한 점을 설명하기 위해 1903년 레닌이 대량 생산을 위한 조립 라인을 언급한 것은 다소 시기상조였다. 하지만 그는 차선책을 건설 산업에 적절히 비유했다. "제발 내게 말해보십시오"라며 그는 이렇게 제안했다. "어떤 벽돌공이 전대미문의 '엄청난 구조물'의 각 부분에 벽돌을 쌓는다고 칩시다. 그로 하여금 벽돌 하나하나를 제 위치에 놓을 수 있도록 도와주는 것, 그로 하여금 작업 전체의 목적을 가르쳐주는 것, 그로 하여금 온전한 벽돌뿐 아니라 부서진 벽돌까지도 골고루 잘 활용하도록 하는 것이 그냥 '문서상'의 작업 지시이겠습니까? 그리고 지금 우리는 우리의 정당 생활에서 벽돌과 벽돌공은 있지만 우리의 활동을 이끌 수 있는, 그리고 모두가 알 수 있는 지침이 부재한 시기를 거쳐가고 있는 것 아닙니까?"[14] 당은 완전히 새로운 구조에 대한 청사진이며, 그 청사진은 과학적 통찰력에 의해서만 가능하다. 노동자의 역할이란 자신이 하는 일이 무엇인지 잘 알고 있는 혁명의 건축가들을 믿고, 그들에게 할당된 바로 그 청사진의 일부를 그저 따라가기만 하면 되는 것이다.

근대 자본주의적 생산의 분업 원리에 대한 비유는 군대에 대한 비유와 거의 유사한 함의를 갖고 있다. 예를 들어, 두 경우 모두 권위주의적인 방법과 중앙 집중적인 통제를 요구한다. 레닌은 따라서 당이 "조직적 활동을 수행하기 위해 수없이 많은 미세한 기능을 배분할 필요"가 있다고 썼다. 그리고 많은 "기술적 결함"에 대해 불평하며 또한 "이 모든 사소한 부분이 하나의 전체 속에" 통합되기를 바랐다. 그가 결론 내렸듯이 "전문화는 필연적으로 중앙 집중화를 전제로 하며, 중앙 집중화 또한 전문화를 반드시 요구한다."[15]

레닌의 《무엇을 할 것인가?》에는 확실히 엄청난 역설이 존재한다. 곧, 혁명의 성공이라는 주제와 관련해 새로운 정치적 목적을 위한 대중적 분노와 폭력, 결의를 기술적 전문화와 위계 그리고 효율적이고 예측 가능한 수단으로 조직하는 데 따른 담론으로 변화시켰다는 점에서 그러하다. 정치는 혁명 대중 사이에서 기적적으로 사라지는 대신 전위 정당의 엘리트에게 맡겨진다. 마치 산업 기술자끼리만 공장을 어떻게 배치할지 의논하는 것처럼 말이다. 전위 정당은 혁명을 생산하는 기계다. 전위 정당 내부에서 정치가 필요하지 않은 것은 그 대신 사회주의 지식인 집단의 과학성과 합리성이 기술적으로 필요한 복종을 요구하기 때문이다. 따라서 당의 판단은 주관적이거나 가치 함의적인 것이 아니라 객관적이고 또한 논리적으로 필연적인 것이다.

레닌은 이러한 추론의 연장선상에서 혁명 엘리트의 특성을 규정했다. 그들은 결코 단순한 혁명가가 아니다. 곧, 그들은 '전문적 혁명가'다. 레닌은 '전문적'이라는 용어의 의미를 강조하는데, 그것은 곧 경험 있고, 전업(專業)적이며 훈련받은 혁명가를 뜻한다. 이들 소수의 비밀스럽고 규율을 갖춘 그리고 전문적인 요원은 대중적이고 직능별로 구성된 다수의 노동자 조직과 특히 대조된다. 이들 둘은 절대 혼동되지 않는다. 따라서 공장 관리자 대(對) 노동자라는 비유에 레닌은 전문가 대 도제(徒弟) 혹은 아마추어라는 비유를 추가했다. 두 번째 부류에 속하는 사람은 뛰어난 지식과 경험을 갖춘 첫 번째 부류의 사람과 다른 존재로 간주된다. 르코르뷔지에가 일반 대중은 건축 전문가의 지식과 계산에 순응할 것이라고 기대한 것처럼 레닌도 의식 있는 노동자라면 자신을 전문적인 혁명가의 권위 아래 맡길 것이라고 확신했다.

마지막으로, 전위 정당은 교사이고 일반 대중은 학생인 교실의 비유로 되돌아가자. 레닌이 이러한 은유법을 사용한 유일한 인물은 아니다. 그가 살던 시대는 전반적으로 교육을 중시하던 시기였으며, 노동자를 위한 독서 동아리나 사회주의 군대를 위한 학교도 흔했다. 특히 독일의 경우가 그러했는데, 예컨대 로자 룩셈부르크는 베를린의 사회주의 정당 학교에서 가르쳤다. 학교 교실의 이미지 자체는 아주 흔한 것이지만, 사회주의자를 훈련하기 위해 레닌이 사용한 방법은 매우 특기할 만하다. 엄청나게 많은 레닌의 생각과 글 가운데 대부분은 넓은 의미에서 '사회주의 교육'을 위한 것이었다. 그가 열중한 것은 병사의 훈련, 당 기관지 〈이스크라(Iskra)〉의 역할 그리고 연설과 선언문 그리고 슬로건의 내용이었다. 그러나 레닌의 사회주의 교실은 위험으로 가득 찼다. 그가 줄곧 가졌던 두려움은 교사가 학생에 대한 통제력을 잃은 나머지 편협한 경제적 요구, 입법 개혁 그리고 순전히 지역적인 현안의 막대한 영향력에 압도되는 것이었다. 학교 교실에 대한 비유는 본질적으로 계급적이지만, 레닌의 주된 걱정은 사회주의 교사가 투항한 나머지 "원래의 모습으로 되돌아가는" 것이었다. 레닌의 저작 이면에 감춰져 있는 것은 강력한 문화적 판단인데, 이는 아래의 대표적인 구절에 분명히 드러난다.

우리의 가장 우선적이고 가장 절박한 과제는 노동자 계급 혁명가를 훈련시켜 당의 활동과 관련한 그들의 수준을 지식인 혁명가 정도에 도달하도록 만드는 것이다. (우리는 '당의 활동과 관련한'이라는 말을 강조하는데, 그 이유는 비록 그것이 필요하다 할지라도 다른 영역에서 노동자를 지식인 계급 수준까지 끌어올리는 것은 쉽지도 않고 또한 절박하지도 않기 때문이다.)
그러므로 '전적으로' 노동자를 혁명가 수준으로 '끌어올리는' 데 주의
를 집중해야만 한다. 하지만 그렇게 하는 과정에서 경제 전문가들이 바
라듯이 우리 스스로를 '노동 대중'의 수준으로 격하시키거나, 〈스보보
다(Svoboda: '자유'라는 뜻의 슬라브어—옮긴이)〉 신문이 원하듯 일반 노동
자 수준으로 전락시키는 일을 피해야 한다.[16]

  당의 딜레마는 어떻게 하면 혁명가를 노동자와 밀접한 존재로 훈련
시키되(어쩌면 그들이 노동자 계급 출신일 수도 있다), 노동자의 정치적·문화
적 후진성에 의해 흡수, 오염, 약화되지 않도록 하느냐이다. 레닌이 가
졌던 고민 중 일부는 러시아의 노동자 계급과 사회주의 지식인이 독일
의 노동자 계급이나 사회주의 지식인에 비해 한참 뒤떨어져 있다는 확
신이었다. 《무엇을 할 것인가?》에서 독일의 사회민주주의와 노동 운동
은 지속적으로 모델 같은 역할을 했다. 이 점에 관한 한 러시아는 매우
역부족이었다. 그러나 레닌의 관심 이면의 원칙은 이런 국가적 차이를
초월했다. 왜냐하면 그는 정당과 노동자 계급에게 서로 정확히 구분되
고 기능적으로 분화된 역할을 주문했기 때문이다. 최종 분석에 따르면,
계급 의식은 전위 정당을 지도하는 이데올로기적 계몽 세력에 의해서
만 전달되는 객관적 진실이었다.[17]
  아무리 뉴턴의 제1운동법칙과 상반된다 하더라도, 레닌의 논리를 말
해주는 핵심 아이디어는 당이 '부동의 원동력'이 될 것이라는 점이다.
선전과 선동을 위해 노동자 계층과 밀접해지는 것은 반드시 필요하다.
하지만 아무리 가까워지더라도 지식과 영향력 그리고 권력의 위계를
위협해서는 안 된다. 만약 혁명 전문가가 효과적인 리더가 되기를 원한
다면 노동자에 대한 매우 상세한 이해와 지식이 필요하다. 마치 성공적

인 교사에게 제자가, 장교에게 사병이, 혹은 생산 관리자에게 산업 노동자가 필요하듯 말이다. 이것은 엘리트에 의해 설정된 목표를 달성하기 위한 지식이다. 여기서 묘사하는 양자의 관계는 매우 불균형적이다. 심지어 장인과 원재료의 관계에 비교할 수 있을 정도다. 목수나 석수는 자신의 디자인을 그대로 실현하기 위해 죽은 것이나 다름없는 나무나 돌의 성질을 반드시 잘 알고 있어야 한다. 레닌의 경우, 비교적 죽은 것이나 다름없어 보이는 물질은 '대중' 혹은 '프롤레타리아'의 전반적 이미지를 통해 암시된다. 이처럼 두루뭉술한 용어가 일단 한 번 사용되고 나면, 역사와 정치적 경험, 조직화 기술 그리고 이데올로기 등의 영역에서 (종교나 언어, 인종은 더 말할 것도 없이) 노동자 계급 내부에 존재하는 엄청나게 많은 차이점을 고찰하기란 더욱더 어려워진다.

레닌이 비밀스러운 소수 정예 혁명 요원을 고집했던 데는 당시 러시아의 특수한 상황에도 이유가 있다. 어쨌든 그들은 전제 군주 치하에서 활동했고 황제의 비밀경찰에 항상 쫓기는 상태였다. 독일 사회민주당에서는—상당한 정치적 및 언론의 자유 덕분에—모든 후보자의 기록이 공개되어 공직(公職) 경쟁이 개방적으로 진행되고 있다는 점을 높이 평가한 다음, 레닌은 "이런 그림을 우리의 전제 군주 체제 틀에 한 번 넣어 보라지!"라고 외쳤다.[18] 혁명가가 자신의 신분을 감추어야 하고 또한 구속의 위협에 놓여 있는 상황에서 그런 개방된 민주적 방법은 불가능했다. 레닌이 주장한 것처럼 러시아의 혁명가는 자신의 주적, 곧 정치 경찰과 똑같은 전술을 사용해야만 했다. 만약 이것이 레닌이 비밀주의와 철권 통치를 정당화한 유일한 명분이라면, 이는 나름대로 전술적 차원에서 당시 모종의 현실적 조건에 적응한 것으로 평가할 수도 있다. 그러나 사실은 그게 아니었다. 당의 비밀주의는 구속과 추방을 피하기 위한 것이기도 했지만 아래로부터의 감염을 방지하기 위해 계획된 것이기도 했다. 다음과 같은 구절은 달리 해석할 길이 없다. "만약 이러한 조직〔경험 있는 혁명가들의 비밀 단체〕이 견고한 이론에 기초해 있거나 사회민주주의적 언론을 소유하고 있다면, 아마도 우리는 혁명 과업이 거기에서 비롯된 수많은 '외부' 조건 때문에 계획된 도정(道程)에서 이탈할지도 모른다는 두려움을 가질 필요가 없을 것이다."[19]

혁명은 어떻게 변질될까? 레닌은 기본적으로 두 가지 위험을 염두에 두었다. 첫 번째는 자발성의 위험이다. 자발성이 혁명적 압박을 위한 전술적 조절을 불가능하게 하기 때문이다. 두 번째는 물론 노동자 계급이 조합주의와 입법 개혁의 방향으로 나아가는, 사실상 어쩔 수 없는 이데올로기적 전환이다. 노동자 계급 내부에서 진정하고도 혁명적인 계급 의식은 절대로 자동적으로 발전하지 않기 때문에 현실적으로 갖고 있는 노동자의 정치적 세계관은 전위 정당에 항상 위협 요소가 된다.

레닌이 선전과 선동에 대해 글을 쓴 것은 아마도 이런 이유 때문이었을 것이다. 그가 갖고 있던 생각은 정보와 사상의 일방적 전달이었다. 당 기관지에 대한 지칠 줄 모르는 강조는 이런 맥락에 딱 들어맞는다. 신문은 야유를 퍼붓거나 무뚝뚝한 군중을 선동하는 것보다 일방적인 관계를 훨씬 더 잘 창출해낸다.[20] 신문은 지침을 전파하고, 당의 노선을 설명하고, 부대를 결집시키는 데 매우 뛰어난 수단이다. 그 계승자인 라디오와 마찬가지로 신문은 어떤 메시지를 수신하기보다 송신하는 쪽에 훨씬 더 적합하다.

많은 경우 레닌과 그의 동료들은 그야말로 오염의 위험을 심각하게 받아들였으며, 이를 질병의 세균 이론과 위생과학에 비유해 말하곤 했다. 따라서 '프티부르주아 균'과 '감염'에 대해서 말할 정도가 되었다.[21] 그렇게까지 비유하는 것이 결코 억지는 아니지만, 레닌은 바깥 세계에 잠복해 있는 수많은 질병과 당이 접촉하지 않기를 바랐다. 곧, 당을 살

균 혹은 무균 상태의 환경 속에서 유지하고자 했던 것이다.[22]

《무엇을 할 것인가?》에서 레닌이 노동자 계급을 규정한 일반적 방식은 프랑스의 소작농을 '감자 자루'—총체적인 구조나 연대가 결여된 비슷한 형태의 수많은 구성 단위—에 비유한 마르크스의 유명한 표현을 생각나게 한다. 바로 이와 같은 전제가 전위 정당의 역할을 부각시킨다. 그 비결은 형태가 없고, 산발적이고, 파편화되어 있을 뿐만 아니라 분산되어 있는 대중의 분노를 목적과 방향을 가진 하나의 조직적 역량으로 바꾸는 것이다. 마치 강력한 자석이 흐트러져 있는 철 조각을 일렬로 정돈시키는 것처럼 당의 리더십이 군중을 하나의 정치적 군대로 변모시킬 것으로 기대한다. 그들이 대변하는 '원자재' 이상으로 대중이 혁명 과업을 위해 과연 어떤 기여를 할 것인지 제대로 알기는 종종 어렵다. 당이 장악해야 하는 기능적 역할에 대해 레닌이 생각하는 범주는 꽤 포괄적이다. 곧 "우리는 모든 계급에 대해 '이론가, 선전원, 선동가 그리고 조직가'가 되어야 한다."[23] 여기에서 도출되는 결론은 혁명가야말로 지식, 의견, 충동, 행동 방향, 조직 구조 등 모든 것을 제공한다는 점이다. 이처럼 지적, 사회적, 문화적 도구가 위에서 일방적으로 주어질 경우 일반 군중의 입장에서는 동원되는 것 이외에 과연 어떤 역할을 맡을 것인지 상상하기란 어렵지 않다.

레닌은 혁명 과업의 분업에 대해서도 생각했는데, 이는 집권기와 실권기에 공산당에 대해 거는 기대(거의 실현되지 않았음)와 유사했다. 중앙위원회는 전략과 전술에 대한 모든 중요한 결정을 내리고, 당에 소속된 대중 조직과 노동조합은 명령을 위한 '인전대(transmission belt)'로 작용했다. 레닌이 그랬던 것처럼 우리가 전위 정당을 혁명을 달성하는 기계라고 생각한다면, 전위 정당과 노동자 계급의 관계는 자본주의 기업가와 노동자 계급의 관계와 크게 다르지 않다고 볼 수 있다. 노동자 계급은 생산을 위해 필요하다. 따라서 그 구성원은 숙련되고 훈련받아야 한다. 그리고 그들의 노동을 효율적으로 조직화하는 일은 그 방면의 전문가에게 맡겨야 한다. 혁명가의 목적과 자본가의 목적은 물론 전혀 다르다. 하지만 그들 각각이 직면하는 '수단'의 문제는 비슷하며 또한 비슷하게 해결된다. 작업장 관리자에게 주어진 과제는 공장의 수많은 '손'(모두 대체 가능한 것들이다)을 효과적인 생산이라는 목적을 위해 배치하는 일이다. 과학적 사회주의 정당의 과제 역시 혁명을 앞당기기 위해 대중을 효과적으로 배치하는 것이다. 이와 같은 조직상의 논리는 확실히 비일상적이고 중대한 이해관계가 걸린 혁명보다 공장 생산—판에 박힌 일상, 알려진 기술, 하루 일당—에 훨씬 더 적합하다. 그럼에도 불구하고 레닌의 주장 가운데 대부분은 조직 모델이었다.

전위 정당을 향한 레닌의 유토피아적 구상을 파악하기 위해서는 그것을 19세기 말의 반동적 (동원) 운동과 좌파 운동에서 공통적으로 선풍적 인기를 끌었던 '군중집회'와 연관 지을 수 있다. 군중집회에는 커다란 운동장 혹은 연병장과 일사분란하게 훈련받은 수천 명의 젊은 남녀가 필요하다. 종종 율동적인 음악에 맞춘 군중집회는 동작이 복잡할수록 많은 볼거리를 제공했다. 1891년에 열린 제2차 소콜(Sokol) 민족회의에서—소콜은 민족주의를 선양하기 위한 체코의 체조 그리고 신체 훈련 단체이다—1만 7000명 이상의 체코인이 정교한 집체 동작을 보여주었다.[24] 이러한 집체 운동의 전반적인 목적은 상부가 바라는 질서와 훈련 그리고 규율의 외양을 극적으로 전시하는 것이고, 그와 같은 규율 권력의 과시는 관중과 참여자에게 공히 경외감을 불러일으켰다. 그러한 장관은 단 하나의 중앙 집중화된 권위를 가정하거나 요구하며, 바로 그런 권위가 이러한 과시적 행사를 기획하고 집행한다.[25] 대중을 동원하고자 하는 모든 새로운 정당이 이념의 차이를 불문하고 이와 같은 종류의 대중적 과시 행위가 자신의 조직적 이데올로기에 부합한다고 생각한 것은 너무나 당연한 귀결이었다. 레닌은 너무나 현실적이어서 러시아 사회민주주의자들은 이처럼 정연하고 규율화된 모습을 닮기 어려울 것이라고 생각했다. 그럼에도 불구하고 그가 갈망한 것은 분명히 중앙집중적 조정 모델이었으며 자신의 성과를 평가하는 척도 역시 바로 그것이었다.

레닌과 르코르뷔지에는—훈련과 목적에서 나타나는 양자 간의 엄청난 차이에도 불구하고—하이 모더니즘 전망에 관해서는 몇 가지 기본 요소를 공유했다. 비록 우리가 그들 각각의 과학적 주장을 받아들이기는 어렵지만, 두 사람 모두 소수 계획 엘리트의 권위를 주장하는 데 활용할 수 있는 대표 과학(master science)의 존재를 믿었다. 르코르뷔지에는 근대적 건축과 효율적 설계의 과학적 진실이 자신으로 하여금 도시주의의 조화롭지 못하고 혼란스러운 역사적 침전물을 유토피아적인 도시로 대체할 수 있도록 한다고 믿었다. 레닌은 변증법적 유물론이 당에게 혁명 과정에 대한 각별한 통찰력을 제공하며, 조직화되지도 않고 이데올로기적으로 오도되기 쉬운 노동자 계급에 대한 리더십의 근원이 된다고 주장했다. 레닌과 르코르뷔지에 모두 자신의 과학적 지식이 도시를 설계하는 방식에서, 혹은 혁명이 결실을 맺는 방법에서 정확하고도 유일한 정답을 제시한다고 확신했다. 자신의 방법론에 대한 두 사람의 자신감은 '도시 설계 과학'이나 '혁명 설계 과학' 모두 기존의 관행이나 그것이 의도하는 혜택에서 거의 배울 게 없다는 사실을 의미했다. 이와 반대로 두 사람은 자신이 다루게 될 원재료인 인간에 대한 개조를 기대했다. 물론 두 사람 모두 인간 조건의 개선을 자신의 궁극적인 목표로 생각했고, 둘 모두 근본적으로 위계적이고 권위적인 방식으로 그것을 달성하고자 시도했다. 레닌과 르코르뷔지에 두 사람의 저작은 군대와 기계에 관한 은유로 가득 차 있다. 르코르뷔지에의 경우에는 주택과 도시가 삶을 위한 기계였으며, 레닌의 경우에는 전위 정당이 혁명을 위한 기계였다. 그들의 글에는 관료주의적 조정—특히 작업장과 연병장—의 중앙 집권적 형태가 자연스럽게 녹아 있다.[26] 두말할 나위 없이 그들은 하이 모더니즘과 관련해 가장 영향력 있는 위대한 인물이면서 동시에 대표자이기도 했다.

이론과 실천: 1917년 혁명

1917년에 발생한 두 개의 러시아 혁명(2월 혁명과 특히 10월 혁명)을 상세히 설명하는 것은 우리의 주제를 너무 멀리 벗어나는 일이다. 하지만 실제 혁명 과정이 《무엇을 할 것인가?》에서 주장한 조직 이론과 거의 닮지 않았다는 사실을 보여주는 몇 가지 기본 원칙을 간략하게 그려보는 것은 가능하다. 혁명을 위한 하이 모더니즘 계획이 실제로 좌절한 것은 브라질리아나 찬디가르를 위한 하이 모더니즘 계획의 경우와 피장파장이었다.

　러시아 혁명과 관련해 가장 논쟁이 분분한 사실은 전위 정당인 볼셰비키의 실질적 기여에 대한 것이다. 그 과정에서 레닌이 눈부시게 성공한 점은 일단 기정사실화된 혁명을 손아귀에 넣은 데 있다. 한나 아렌트(Hannah Arendt)가 간결하게 언급했듯이 "볼셰비키는 길거리에 방치된 권력을 발견하고 습득했을 뿐이다."[27] 러시아 혁명기에 관해 가장 선도적이고 가장 정확한 연구를 수행한 E. H. 카(E. H. Carr)는 "차르 독재 타도에 대한 레닌과 볼셰비키의 공헌은 하찮은 것"이었으며 "볼셰비즘은 비어 있는 왕위를 계승한 것일 뿐"이라고 결론 내렸다. 게다가 레닌은 전략적인 상황을 정확하게 읽어낼 정도로 예지력을 갖춘 지도자가 아니었다. 2월 혁명을 한 달 앞둔 1917년 1월, 레닌은 수심에 잠겨 "우리처럼 나이 든 세대는 곧 닥쳐올 혁명에서 결정적 전투를 보지 못할지도 모른다"[28]고 말하기도 했다.

혁명 전야의 볼셰비키들은 모스크바와 상트페테르부르크 일대에서 비숙련 노동자를 중심으로 약간의 노동 계급 기반만 갖고 있을 뿐이었다. 한층 지배적인 세력은 사회 혁명가와 멘셰비키, 무정부주의자 그리고 어디에도 속하지 않은 노동자들이었다. 설상가상으로 볼셰비키에 가입한 노동자는 《무엇을 할 것인가?》가 염두에 둔 계급적 통제 구조 같은 것에 좀처럼 동화되지 않았다.

혁명을 실현하기 위한 레닌의 갈망은 볼셰비키가 견고하고 규율적인 명령 통제 기구를 형성하는 것이었다. 실제 경험 이상으로 중요한 것은 없었다. 단 한 가지 결정적인 대목만 제외하면 1917년 혁명은 실패로 끝난 1905년의 혁명과 매우 유사했다. 반란에 참여한 노동자들은 공장을 접수하고 행정 기관을 장악했으며, 농촌의 소작농들은 토지를 빼앗은 다음 지주와 세리를 공격하기 시작했다. 1905년에나 1917년에나 이러한 행위는 공히 볼셰비키 혹은 그와 비슷한 혁명 전위 부대에 의해 촉발된 것이 아니었다. 1917년에 각각의 공장을 운영하기 위해 자발적으로 대표자 회의를 구성한 노동자들은 볼셰비키는 물론이고 그들 자신의 소비에트 집행위원회가 내리는 지시도 마음대로 무시했다. 소작농들은 중앙의 정치적 공백 상황에 의해 초래된 기회를 토지에 대한 공동 소유권을 회복하거나 현지 사정을 배려한 정의(正義) 개념을 세우는 식으로 유리하게 활용했다. 대부분의 소작농은 당의 명령에 따라 움직이는 것은 고사하고 볼셰비키에 대해 들어보지도 못했다.

1917년 10월 하순에 발생한 사건의 상세한 과정을 알고자 하는 사람들에게 가장 충격적인 일은 철저한 혼란과 광범위하게 퍼진 지역적 자발성이다.[29] 이러한 정치 상황에서 중앙 집권적인 조정은 말도 되지 않았다. 군사역사학자나 예리한 관찰자들이 잘 알고 있듯이 전쟁의 와중에는 명령 체계가 불안정해지게 마련이다. 장군들은 예하 부대와 교신하지 못하며, 신속하게 변화하는 전장 상황을 따라가기 어렵다. 그 결과 장군들이 내리는 명령은 전쟁터에 도착하는 순간 이미 부적합한 것이 될 수도 있다.[30] 레닌의 경우에는 '명령과 통제' 구조가 흔들릴 리 만무했다. 애초에 그런 것이 존재하지도 않았기 때문이다. 아이러니하게도 레닌은 당 지도부와 보조를 맞추지 못했으며(그들 가운데 상당수는 수감 중이었다), 그 때문에 혁명 전야에 분별없는 반란 가담자라는 비난을 받았다.

1905년에 비해 1917년의 혁명을 훨씬 더 성공적으로 이끈 새로운 요인은 제1차 세계대전, 그중에서도 특히 오스트리아에서 일어난 러시아 공격 부대의 군사적 궤멸이었다. 수천 명의 병사가 무기를 버리고 도시로 돌아가거나 농촌에서 토지를 접수했다. 알렉산드르 케렌스키(Aleksandr Kerensky) 임시 정부는 스스로를 방어하는 데 동원할 수 있는 물리적 수단이 전혀 없거나 매우 적었다. 바로 이런 점에서 볼셰비키는 레닌이 주도한 10월 24일의 소규모 군사 봉기가 결정적인 일격이었음에도 불구하고 '비어 있는 왕관을 계승'한 셈이었다. 그 이후 1921년까지의 시기는 초보 볼셰비키 국가에 의한 재정복이라고 표현하는 것이 가장 적절하다. 재정복은 단순히 '백군(白軍, Whites: 혁명에 반대해 차르 체제를 복구하려는 귀족 또는 군벌을 일컫는 말—옮긴이)'에 대한 내전만을 의미한 것이 아니라 혁명 과정에서 지방 권력을 장악한 자생적 세력과의 전쟁이기도 했다.[31] 무엇보다 우선 그것은 소비에트들의 독립적인 권력을 분쇄하면서 노동자에 대한 삯일 지급, 노동 통제 그리고 파업권 회수 조처에 대한 장기 투쟁을 포함했다. 농촌에서 볼셰비키 국가는 (자치 권력 대신) 점진적인 정치적 통제와 곡물 배급 그리고 궁극적으로 농민의 집단화를 강요했다.[32] 볼셰비키 국가 건설 과정은 우크라이나의 크론슈타트(Kronstadt),

탐보프(Tambov), 마크노프치나(Maknovchina)에서 발생한 폭동에서 보는 바와 같이 과거 기득권 세력에 대한 엄청난 폭력을 동반하는 것이었다.

《무엇을 할 것인가?》에서 매우 정교하게 묘사한 전위 정당 모델은 명령과 통제를 실천하는 데 대단히 인상적인 본보기였다. 하지만 실제 혁명 과정에 적용되었을 때 그것은 사실과는 거의 아무런 연관도 없는 몽상일 뿐이었다. 그 모델이 서술한 대로 정확해진 것은 놀랍게도 권력을 혁명적으로 쟁취한 이후 국가 권력을 행사하면서부터이다. 실제로 전개된 현실은 레닌이 혁명 과업을 특징지을 것이라고 희망했던 권력 구조가 불멸의 '프롤레타리아 독재 권력'에 훨씬 더 근접했던 것이다. 물론 이런 경우에 노동자와 농민은 권력 구조에 동의하지 않았고, 이에 대해 국가는 긴급하게 조정해야 할 문제의 하나로서 그것을 강요했다.

자신들이 어떻게 권력을 획득했는지에 대한 공식적 역사를 쓰는 쪽은 혁명의 승리자이기 때문에 어떤 의미에서는 그들의 설명이 얼마나 당연하게 역사적 사실에 부합하는지를 따지는 것 자체가 그리 중요하지 않다. 사실이든 아니든 대부분의 사람이 깔끔하게 정리한 설명을 믿는 경향은 혁명 지도자들의 용기, 결단 그리고 통찰력에 대한 확신을 더욱더 부추긴다. 혁명 과정을 '믿을 수도 없고 안 믿을 수도 없게' 표준화한 이야기는 아마도 궁극적인 국가 단순화일 것이다. 국가 단순화는 다양한 정치적·심미적 목적을 위해 이바지하며, 결국에는 그것이 띠고 있는 형태를 설명하는 데 도움을 주기도 한다. 첫 번째 예를 들면, 확실히 혁명 국가의 후예들이 자신을 그와 같은 역사적 업적을 이룬 뛰어난 제작자(animator)로 과시하는 데 일종의 기득권을 갖고 있다는 점이다. 그러한 설명은 자신들이 수행한 지도자나 선구자로서의 피할 수 없는 역할을 강조하며, 레닌의 경우 이는 볼셰비키의 명문화된 조직 이념과 가장 잘 맞아떨어졌다. 밀로반 질라스(Milovan Djilas)가 지적했듯이 혁명의 공인된 역사는 "혁명을 마치 지도자들이 사전에 계획한 행위의 열매인 양 설명한다."[33] 이를 냉소적으로 바라보거나 거짓이라고 생각할 필요는 없다. 지도자나 장군들이 어떤 사건에 대한 자신의 영향력을 과장하는 것은 너무나 자연스러운 일이다. 다시 말해 그것이 그들이 자기 위치에서 세상을 바라보는 방법이며, 그들의 추종자가 그와 같은 모습에 도전하는 것은 스스로에게 전혀 이익이 되지 않는다.

국가 권력을 차지한 이후 승리자들은 가급적 가장 빠른 시일 안에 혁명을 거리에서 끌어내 박물관과 교과서 안으로 옮기기를 바라는데, 이는 사람들로 하여금 그 같은 경험을 반복하도록 결심하는 것을 막기 위해서다.[34] 소수 정예 지도자의 정통성을 강조하는 도식적인 설명은 그들의 정당성을 보강해주며, 응집력과 통일성 그리고 핵심 목적에 대한 강조는 혁명을 불가피한 것으로 보이게 만들어 결국에는 혁명의 영원성을 희망하도록 한다. 덧붙여 자발적인 대중 운동에 대한 경멸은 노동자 계급이 지도자 없이 자기 자신을 위해 행동하는 것은 불가능하다는 사실을 암시한다.[35] 이러한 설명은 혁명 안팎에 존재하는 적들이 누구인지 확인하고, 증오와 억압의 적절한 대상이 무엇인지를 밝히는 데 절호의 기회를 제공한다.

혁명 지도자들에 의해 고취된 표준적 설명은 혁명의 우연적 요소에 대한 증거를 삭제한 채 그러한 역사적 과정 자체가 세상을 '자연스럽게 만들었다'는 식의 생각을 통해 보강된다. '러시아 혁명'에서 투쟁했던 사람들은 자신에 대한 이러한 사실을 훗날에 가서야, 곧 혁명이 기정사실화된 뒤에 가서야 발견했다. 이와 똑같은 논리로 어떤 역사적 사건, 예컨대 종교 개혁이나 르네상스는 물론 제1차 세계대전 혹은 1944년의 벌지 전투(Battle of the Bulge: 1944년 12월 16일부터 한 달간에 걸쳐 독일군의 막바지 공격에 의해 전선의 일부가 '볼록해진' 데서 비롯한 이름—옮긴이)에 참여한 그 누구라도 자신이 몸담고 있을 당시에는 그 사건들이 훗날 그토록 간략하게 설명되리라고는 생각하지 못한다. 그리고 모든 일은 소급해서 볼 때만 확실한 패턴이나 원인과 더불어 결국에는 어떤 특정한 방향에서 실체가 밝혀지기 때문에, 그 결과가 종종 불가피해 보이는 것은 결코 놀라운 일이 아니다. 모든 사람이 결과가 아주 다르게 나타날 수도 있다는 사실을 잊어버리는 것이다.[36] 바로 그러한 망각 속에서 혁명의 승리를 자연스러운 것처럼 보이고자 하는 또 다른 노력이 이루어진다.[37]

레닌 같은 승리자들은 자신의 혁명 이론을 혁명적 사건 그 자체보다 혁명 이후의 공식 역사에 내세우려고 애쓴다. 그리고 그 이야기는 일반적으로 혁명 지도 세력의 역할, 목표 그리고 천재성을 강조하는 대신 우연적 요소는 최소화하려 한다.[38] 마지막 아이러니는 볼셰비키 혁명의 공식 역사가 60년 이상 《무엇을 할 것인가?》에 그려진 유토피아에 매우 근접하는 방향으로 쓰여왔다는 사실이다.

《국가와 혁명》의 레닌

《국가와 혁명》에 나타나는 말년의 레닌은 전위 정당과 군중의 관계에 관한 자신의 입장이 전적으로 달라졌다는 사실과 관련해 《무엇을 할 것인가?》의 레닌과 종종 비교된다. 의심할 여지 없이 1917년 8월과 9월에—2월 혁명 이후와 10월 혁명 직전—매우 급히 쓴 이 팸플릿에 드러난 레닌의 논조 가운데 상당수는 1903년의 책과 일치시키기 어렵다. 1917년 레닌이 대중의 자발적 혁명 역량을 가급적 최대한 촉진시키고자 했던 데는 매우 중요한 전술적 이유가 있었다. 레닌과 볼셰비키는 수많은 노동자—지금은 그들 공장의 주인—와 러시아의 도시 주민이 혁명에 대한 열정을 상실한 나머지, 케렌스키 임시 정부가 권력을 차지해 볼셰비키를 봉쇄할지 모른다고 염려했다. 레닌의 혁명가들에게 모든 것은 카렌스키 정부를 흔드는 것에 달려 있었다. 비록 대중이 볼세비키 정권의 통제 하에 있지 않더라도 말이다. 따라서 볼세비키가 권력을 공고화하기 이전인 11월 초만 하더라도 레닌이 마치 무정부주의자처럼 보인 것은 전혀 이상하지 않았다. "사회주의는 상부의 지령에 의해 창조되지 않는다. 국가 관료주의적 오토마티즘(automatism: 의식적인 사고를 피하고 생각이 흘러가는 대로 그림을 그리는 화법—옮긴이)은 사회주의 정신과 동떨어져 있다. 사회주의는 활기차고 창조적이다—인민 대중 스스로가 만드는 창조물이다."[39]

《국가와 혁명》이 마르크스가 묘사한 공산주의에 공명하는 평등주의와 이상주의적 속성을 갖고는 있지만, 우리의 목적상 더 주목할 만한 사실은 레닌의 하이 모더니즘 신념이 여전히 어느 정도 그 책에 스며들어 있다는 것이다. 첫째, 레닌은 국가의 강압적 권력이 사회주의 건설의 유일한 방법이라는 점을 분명히 했다. 권력을 쟁취한 후 그는 폭력의 필요성을 다음과 같이 공개적으로 인정했다. "사회주의 경제를 조직화하는 사업에서 위대한 인민 대중—농민, 프티부르주아, 준(準)프롤레타리아—을 '지도하기' 위해 …… 프롤레타리아는 국가 권력, 무력의 집중적 조직화 그리고 폭력적 조직을 필요로 한다."[40] 다시 한 번 마르크스주의는 근로 대중의 두뇌를 창조할 수 있는 사상과 교육을 유일하게 제공했다. 곧 "노동자 정당을 교육함으로써 마르크스주의는 권력을 쟁취해 모든 인민을 사회주의로 인도할 뿐 아니라, 새로운 질서를 지시하고 조직화하며 부르주아 없이 그리고 부르주아에 맞서 자신의 사회적 삶을 건설하는 역경 속에서 피땀 흘리며 착취당하는 모든 사람의 교사, 안내원 그리고 지도자가 될 수 있는 프롤레타리아의 전위 부대를 교육시킨다."[41] 이와 같은 주장은 노동자 계급의 사회적 삶은 부르주아 혹은 전위 정당에 의해 조직화될 수 있을 뿐 노동자 계급 구성원 스스로 조직화하는 것이 절대 불가능하다는 것을 뜻한다.

이와 동시에 레닌은 정치가 사라지는 가운데 행정 관리를 통해 누구나 신뢰할 수 있는 새로운 사회를 역설했다. 레닌의 낙관주의 모델은 정확히 말해 당대의 위대한 인간 기계(human machine), 곧 산업 조직과 관료주의였다. 그의 묘사에 따르면 자본주의의 성장은 스스로 비정치적인 기술 구조(techno-structure: 전문 지식을 가진 사람들로 구성된 의사 결정 조직—옮긴이)를 만들어냈다. 곧 "자본주의 문화는 대량 생산, 공장, 철도, 우편 서비스, 전화 등을 창출해냈다. 이에 따라 과거 '국가 권력'의 기능 대부분은 매우 단순화되어 글을 읽을 수 있는 사람이면 누구나 가능한 등기 업무, 서류 작성, 문서 확인 작업 같은 단순한 업무들로 축소되었다. 그런 일들은 노동자 임금 정도만으로도 충분히 가능하기 때문에 모든 관료주의적 특권이나 오만은 사라지거나 사라져야만 했다."[42] 레닌은 근대적 생산의 완벽한 과학적 합리성에 대한 비전을 도출한다. 일단 확립된 분업 시스템 아래 각 부분에 적합한 '단순 작동'에 통달하게 되면 그다음에는 더 이상 말할 것이 없다. 혁명은 '원양 정기선'에 오르는 가교에서 부르주아를 몰아낸 다음 전위 정당을 세우고 항로를 새롭게 정한다. 하지만 수많은 선원의 일은 변하지 않는다. 기술 구조에 관한 레닌의 묘사가 전적으로 정적인 상태였다는 점에 반드시 주목해야 한다. 생산 양식은 고정되어 있기도 하고 변하기도 한다. 그런데 생산 양식이 달라질 경우에도 그러한 변화가 다른 종류의 기술을 요구할 수는 없다.

자본주의자들이 창출해낸 국가 조직의 유토피아적 약속은 누구나 다 국가 행정에 참여할 수 있다는 것이다. 자본주의의 발전은 사회화된 대규모 관료 기구뿐 아니라 "수백만 노동자에 대한 훈련과 '규율화'"[43]를 만들어냈다. 요컨대 이처럼 거대하고 중앙 집권화된 관료 기구는 새로운 세계로 진입하는 열쇠였다. 레닌은 라테나우의 지도 아래 있던 독일의 전시 체제에서 그러한 관료 기구가 작동하는 모습을 보았다. 과학과 분업은 정치와 논쟁을 벗어나 기술적 전문성이라는 제도적 질서를 낳았다. 근대적 생산은 기술적으로 필요한 독재의 기초를 제공한다. 레닌은 말한다. "개별적인 독재 권력의 중요성과 관련해 …… 정확하게 사회주의의 바탕인 대규모 기계적 생산이 수백, 수천, 혹은 수만 명의 노동자를 관리할 절대적이면서도 엄격한 '의지의 통일성'을 요구한다는 점은 반드시 언급해둘 필요가 있다. ……그러나 어떻게 그러한 통일성을 보장할 것인가? 이때 우리는 봄날에 강둑을 넘쳐흐르는 홍수처럼 거칠고 격한 노동자들의 공회(公會) 민주주의를 작업장에서는 오직 한 사람, 곧 소비에트 지도자에게 '군말 하나 없이 복종하는' 철권통치와 결합시키는 법을 배워야 한다."[44]

이런 점에서 레닌은 포드주의자나 테일러주의자의 생산 기술에 대한 자신의 열정을 통해 동시대 많은 자본주의자의 생각에 동조했다. 당시 서방의 노동조합이 장인적(匠人的) 노동력을 '탈숙련화'한다는 이유로 거부한 것들을 오히려 레닌은 합리적 국가 계획의 핵심 요소로 받아들였다.[45] 생산이나 행정을 어떻게 합리적으로 설계할 것인지와 관련한 모든 질문에 레닌은 단 하나의, 객관적으로 정확한 그리고 효율적인 대답을 갖고 있었다.[46]

레닌은 또한 푸리에주의자와 마찬가지로 사실상 자체적으로 운용되는 거대한 국가 연합체를 상상하기도 했다. 그는 이와 같은 연합체를 합리화하고 관습화함으로써 노동자를 적절한 틀에 가둬두는 하나의 기술적 그물망으로 생각했다. 오웰식의 냉철한 글에서—이는 아마도 자신의 논리에 도전하는 무정부주의자와 룸펜프롤레타리아적 요소들에 대한 경고였을 것이다—레닌은 그 시스템이 얼마나 무자비한지 드러낸다. "이러한 국가 체제에서 벗어나는 것은 당연히 점점 더 어려워질 것이며 …… 아마도 즉각적이고 엄격한 벌칙을 동반하게 될 것이다(왜냐하면 무장 노동자는 실천적인 삶을 사는 사람들로서 감성적인 지성인이 아니며, 누구든 자신을 우습게 보는 사람을 용납하지 못하기 때문이다). 그리하여 머지않아 공동체 안에서 단순하고 기본적인 사회생활을 준수할 '필요성'이 하나의 '관습'이 될 것이다."[47]

레닌의 유토피아가 한층 평등주의적이며 프롤레타리아 독재라는 맥락에서 수립되었다는 사실을 제외하고 나면 르코르뷔지에가 지향했던 하이 모더니즘과의 유사점은 크게 두드러진다. 사회 질서는 르코르뷔지에가 "부드럽게 윙윙거리며 돌아가는 기계"라고 불렀던 거대한 공장이나 사무실 같은 것으로, 그 안에서 "각 개인은 전체와 맺고 있는 질서 정연한 관계 속에서 살아간다". 레닌과 르코르뷔지에가 위와 같은 비전을 공유했다는 사실은 큰 의미가 없다. 비록 영향력은 엄청나게 컸지만 말이다. 그들의 유사점이 중요한 이유는 우파는 물론 많은 사회주의 좌파조차도 근대 산업 조직 모델에 크게 매료되었다는 사실을 일깨워주기 때문이다. 이와 버금가는 유토피아는 "프로이센적 가치를 공개적으로 열망하는 권위주의적, 군사주의적, 평등주의적, 관료주의적 사회주의의 꿈"을 말했던 마르크스나 생시몽 그리고 당시 러시아에서 널리 읽혔던 과학 소설, 특히 미국 작가 에드워드 벨러미(Edward Bellamy)의 《돌이켜보면》 번역본에서도 발견할 수 있다.[48] 하이 모더니즘은 정치적으로 다양한 형태를 갖고 있다. 곧, 어떤 정치적 변장을 하고 나타날 수도 있는데, 심지어 무정부주의자의 외양을 띨 수도 있다.

《농업 문제》의 레닌

끊임없이 제기되는 레닌의 하이 모더니즘 관점에 대한 논쟁을 매듭짓기 위해 우리는 하이 모더니즘적 견해를 가장 뜨겁게 토론했던 분야, 곧 농업에 관한 그의 저작을 살펴볼 필요가 있다. 우리가 찾고자 하는 대부분의 증거는 레닌이 1901년에서 1907년 사이에 쓴 《농업 문제(The Agrarian Question)》 한 권에 모두 나와 있다.[49]

이 책은 소규모 가족농업을 부단히 비판하는 가운데 고도로 기계화된 거대한 규모의 근대 농업을 예찬한다. 레닌에게 이 문제는 단지 규모의 미학에 관한 것이 아니라 역사적 필연성에 관한 것이었다. 낮은 기술을 이용하는 가족농업과 대규모 기계화 농업의 차이는 엄밀히 말해 베틀을 이용해 손으로 직접 직물을 짜는 가내공업과 기계를 이용해 직물을 생산하는 대규모 방직 공장 간의 차이와 같다. 첫 번째 종류의 생산 방식은 그야말로 파멸이 예정되어 있다. 레닌의 이러한 비유는 우리로 하여금 가내 수공업에서 봉건제를, 기계적 생산에서 자본주의를 떠오르게 만든 마르크스에게서 차용한 것이다. 이와 같은 이미지는 레닌의 또 다른 저서 《무엇을 할 것인가?》에도 나타나는데, 여기에서 레닌은 볼셰비키 당원이 전문적인 (근대적이고 훈련받은) 혁명가인 반면, 그들의 적수인 우파 경제학자들은 '수공업적 방법'을 사용한다고 말했다.

소작 형태의 농업 생산은—농민 자체는 말할 것도 없고—레닌에게 절망적인 낙후를 의미했다. 대규모 기계 생산에 의해 밀려난 면직 가내 수공업의 경우처럼 소작 농업 역시 반드시 사라져야 할 역사적 유물일 뿐이었다. 레닌은 다음과 같이 말했다. "20년이 지났다. ……그리고 기계는 여전히 자신의 또 다른 마지막 피난처에 숨어 있던 소규모 생산자까지 쫓아냈다. 그것은 경제 전문가라면 항상 앞날을 향해 또한 기술적 진보를 향해 나아가야 한다고, 그렇지 않으면 곧바로 낙오된다고, 눈이 있는 사람은 보고 귀가 있는 사람은 들으라고 말하는 것과 같다. 또한 미래를 내다보지 않는 사람은 역사의 흐름을 외면하는 것이며, 이 점에 관한 한 중도란 있지도 않고 있을 수도 없다."[50] 이 책과 다른 몇몇 저작에서 레닌은 삼포제(three-field system: 중세 유럽에서 경작지를 3등분해 윤작하는 방식—옮긴이)와 관련해 러시아 대부분의 지역에 여전히 남아 있는 모든 경작 형태와 사회적 관행을 공개적으로 비난했다. 이러한 경우 공유 재산이라는 관념은 궁극적으로 혁명의 조건이 될 자본주의의 완전한 성숙을 방해할 것이기 때문이다. 레닌의 결론은 이랬다. "근대 농업 기술은 농지 할당과 관련해 오래되고, 보수적이고, 야만적이고, 무지한 그리고 궁핍한 경제 방식 일체에 대한 변혁을 요구한다. 삼포제, 원시적 농기구, 가부장적 가족 관계, 일상적인 방법에 의한 목축, 시장의 조건과 요구에 대한 지독한 우매는 반드시 극복해야 한다."[51]

그러나 제조업 분야에서 도출해 농업 분야에 적용한 논리가 적절한지 여부는 많은 논쟁거리가 되었다. 수없이 많은 경제학자가 농업 생산 가계(家計)를 대상으로 노동 분배와 생산 그리고 지출에 관한 상세한 연구를 진행했다. 그 가운데 아마도 일부는 소농의 생산적 효율성을 이데올로기적으로 옹호하는 데 전념했지만, 그들 앞에는 정면으로 부딪쳐야 할 엄청난 실증적 증거가 놓여 있었다.[52] 그들은 기계화의 경제적 효과가 집중화의 경제적 효과(퇴비 사용이나 품종 개량 등의 방법으로)와 비교해 보잘것없는 것이 농업 생산의 일반적 특징이라고 주장했다. 수확량의 경우 역시 가족 단위 농장의 단위 면적당 평균 정도이거나 그것을 밑돈다고 주장했다. 만약 낙후된 농촌 기반 시설이 기계화와 상업적 생산을 저해하는 러시아의 자료에만 근거해 판단했다면 레닌은 이러한 주장을 그다지 심각하게 받아들이지 않았을 것이다. 하지만 대부분의 자료는 비교적 발전된 국가인 독일과 오스트리아에서 나온 것으로, 그곳에서는 문제가 된 소농들이 이미 고도로 상업화되었고 시장의 힘에도 적절히 반응하고 있었다.[53]

레닌은 가족농업의 경쟁력이나 효율성을 보여주는 자료에 근거한 주장을 반박했다. 그는 가족농업과 관련한 실증적 증거가 일관적이지 않다는 것을 밝혀냈으며, 그러한 사례를 반박하기 위해 러시아나 독일에서 나온 다른 학자들의 자료를 소개하기도 했다. 그리고 증거에 대한 반박이 어려워 보일 때는 소농들이 스스로는 물론 자신의 아내와 아이들, 소 그리고 경작용 동물을 굶겨 죽이거나 과도하게 일을 시키는 방식으로 근근이 살아가고 있을 뿐이라고 주장했다. 이들 소농이 창출하는 그 어떤 수익도 과로와 저소비의 결과였다. '자동 착취' 같은 패턴이 농민 가족에게 드문 것은 아니었음에도 불구하고 레닌이 내세운 증거가 완벽하게 설득력 있는 것은 아니었다. 생산 양식에 대한 레닌의 (그리고 마르크스의) 견해에 의하면 가내 수공업자와 소농의 생존은 우연한 시대 착오여야만 했다. 오늘날의 우리는 소규모 생산이 얼마나 효율적이며 또한 끈질기게 남아 있는지를 익히 알고 있지만, 레닌은 그 미래가 어떻게 펼쳐질지에 대해 아무런 의심도 하지 않았다. 그는 이렇게 말했다. "이러한 질문은 농업에서 대량 생산의 기술적 우월성을 드러내며 …… 소농들의 과로와 저소비 그리고 지주를 위해 그들이 정규직 혹은 일용직 노동자로 변화하는 모습을 보여준다. ……이러한 사실은 자본주의 체제하에서 농업 부문의 소농이 차지하는 위치가 공업 부문의 수공업자들이 차지하는 위치와 모든 면에서 유사하다는 점을 확실히 증명해준다."[54]

《농업 문제》는 또한 레닌의 하이 모더니즘과 관련해 또 다른 면모를 보여주는데, 그것은 다름 아닌 최신 기술, 특히 전력(電力)에 대한 그의 예찬이다.[55] 레닌은 "공산주의란 소비에트 권력 더하기 전국적 전력 보급"이라고 주장한 것으로 유명하다. 전력은 레닌을 포함한 여러 하이 모더니스트들에게 거의 신화적 매력에 가까웠다. 내가 보기에 이러한 매력은 동력의 한 형태로서 전력이 갖는 독특한 속성과 관련이 있다. 증기기관이나 수력 그 자체 혹은 내연기관의 메커니즘과 달리 전력은 조용하고 정확하며, 또한 거의 눈에 보이지도 않는다. 레닌을 포함한 많은 사람들에게 전력은 마술이었다. 농촌 생활의 근대화와 관련해 전력은 위대한 약속을 담보했다. 곧, 일단 송전선만 설치하면 그것을 바라는 어떤 먼 곳까지도 필요한 양을 즉각적으로 공급할 수 있다는 것이다. 레닌은 대부분의 농장에서 사용하는 내연기관이 전기로 대체될 것이라고 잘못 예측했다. "전기를 사용하는 기계는 더욱더 부드럽고 정확하게 움직이기 때문에 탈곡이나 밭갈이, 젖 짜기, 사료 배식 등에 훨씬 용이하다."[56] 모든 사람이 이러한 전력의 혜택을 입게 됨에 따라 국가는 마르크스가 말한 "바보 같은 농촌 생활"을 종식시킬 수 있을 터였다.

전기 보급은 레닌에게 '내부적인 적의 원천이자 기초'에 해당하는 프티부르주아의 토지 소유 형태와 농촌 지역에서의 '자본주의의 뿌리'를 없애버릴 열쇠였다. 그러한 적은 "소규모 생산 활동에 의존하고 있다. 이것을 뒤집을 수 있는 방법은 단 한 가지, 곧 농업을 포함한 국가 경제 전체에 새로운 기술적 기반인 근대적 대량 생산 방식을 도입하는 것이다. 그리고 오직 전력만이 그와 같은 기초를 제공할 수 있다."[57]

레닌이 전력에 대해 느꼈던 매력의 대부분은 그 완벽함과 수학적 정확성에 있었다. 인력(人力)은 물론이고 증기기관이나 탈곡 기계는 완벽하지 못했다. 이와 대조적으로 전기로 작동하는 기계는 정확하고, 일정하며 또한 지속적이었다. 여기에 덧붙여 전기는 중앙 집권적이기도 하다.[58] 전기는 중앙의 발전소에서 퍼져나가는 가시적인 송전 연결망을 갖고 있으며, 그곳에서 생산되고 공급되고 또한 통제된다. 전력의 이러한 속성은 레닌의 유토피아적이고 중앙 집권적인 비전에 완벽하게 부합한다. 발전소에서 나오는 전기 배선 지도가 한쪽 방향으로만 흐른다는 점을 제외하면, 파리 시내의 중앙 집중적 교통 허브 형태와도 비슷하다(제1장 참조). 송전선은 지리적 한계를 뛰어넘어 국가 전역을 뒤덮었다. 전력은 근대 세계의 핵심 부분에 대한 접근을 평등하게 만들었으며, 그 결과 필연적으로—문자 그대로의 의미에서나 문화적으로—나로드(narod, '어둠의 사람들')에게 빛을 선사했다.[59] 마지막으로 전력은 계획과 계산을 허용할뿐더러 절실히 요구한다. 전기 작동 원리가 레닌이 소망했던 사회주의 국가 권력의 작동 방식과 상당히 닮았던 셈이다.

레닌은 거의 똑같은 발전 논리를 전위 정당과 공장 그리고 농장의 최고 엘리트에게 적용했다. 전문가, 기술자 그리고 공학자가 지도자 자격으로 아마추어를 대체할 터였다. 그리고 과학에 기초한 중앙 집권적 권력이 지배하는 세상이 펼쳐질 터였다. 르코르뷔지에와 마찬가지로 레닌도 조직 내부에서의 기능적 특화 수준, 관행에 의해 제공되는 질서의 정도, 각 부분의 대체 가능성 그리고 기계화 정도 모두를 월등한 효율성과 합리성의 척도로 간주했다. 농장과 공장의 경우 규모가 클수록, 좀더 자본 집약적일수록 더 좋았다. 아마도 독자들은 농업에 대한 레닌의 개념 속에서 기계 트랙터 기지와 대형 국영 농장 건설 그리고 (레닌 사후의) 집단화에 대한 갈망과 함께 훗날 흐루쇼프의 버진 랜드(Virgin Land) 전략 같은 대단위 식민화 계획을 초래한 하이 모더니즘 정신의 낌새를 이미 알아차렸을 것이다. 이와 동시에 레닌의 견해는 강력한 러시아 내부의 역사적 계보를 갖고 있었다. 곧, 그의 견해는 상트페테르부르크를 건설하기 위한 표트르 대제의 프로젝트나 19세기 초 알렉산드르 1세의 후원을 받아 알렉세이 아락체예프(Alexei Arakcheev)가 건설한 거대한 군사 식민지 모델과 매우 닮았다. 이 둘은 모두 러시아를 근대 세계로 끌어내기 위해 고안한 것이었다.

하이 모더니스트 레닌에 초점을 둔 탓에 우리는 생각과 행동 양 측면에서 그것과 상반되는 입장 또한 풍부하게 가졌던, 매우 예외적으로 복잡했던 사상가 레닌을 단순화시키는 위험을 어느 정도 감수할 필요가 있다. 혁명이 진행되는 동안 그는 토지의 공동 몰수, 자치적 행동 그리고 지방 소비에트가 "그들 자신의 실수에서 스스로 배우고자 하는"[60] 욕망을 자극하기도 했다. 모든 것을 황폐화시킨 내란의 막바지와 정부의 식량 공급 위기 상황에서 레닌은 집단화를 보류한 채 소규모 생산과 소액 무역을 장려했다. 레닌의 마지막 저작을 읽고 혹자는 그가 소농에게 한결 우호적이었으며, 1929년 스탈린이 명령했던 것과 같은 무자비한 집단화를 결코 강요하지 않았을 것이라고 추측하기도 한다.

이와 같은 일련의 주장에도 불구하고 나는 레닌이 하이 모더니즘 신념의 핵심을 한 번도 포기한 적이 없다고 생각한다.[61] 이러한 사실은 1921년 크론슈타트(Kronstadt) 반란과 연이어 발생한 도시 식량 위기 상황에서 자신의 전술적 후퇴를 어떻게 설명했는지 살펴보면 명백해진다. "우리가 소농을 개조할 때까지 …… '대형 기계가 그들을 바꿔놓을 때까지', 우리는 그들이 자신의 경제를 아무런 제약 없이 운용할 수 있다고 확신하게끔 해야 한다. 우리는 반드시 소농과 공존하는 방법을 모색해야 한다. …… '왜냐하면 소농을 거듭 태어나게 만드는 것', 곧 그들의 모든 심리와 모든 관습을 바꾸는 데 수세대가 걸리기 때문이다."[62] 만약 이것이 전술적 후퇴라면 농민을 변혁시키는 일에 몇 세대가 소요된다는 인식은 조만간 공세를 재개하리라 기대되는 장군의 입에서 나온 것으로는 결코 믿기 어렵다. 또한 변화를 거부하는 인간의 본성을 바꾸는 데 기계화가 결정적인 역할을 담당할 것이라는 레닌의 신념도 약해지지 않았다. 여기에 근대적이고 사회주의적인 농업으로 나아가는 길이 얼마나 험난하고 오래 걸리는 일인지를 새롭게 말해주는 겸허한 척도—농민 저항의 효과적 결실—가 있다. 그러나 일단 여정이 끝나면 보이는 경치는 마찬가지다.

로자 룩셈부르크: 혁명의 의사와 산파

로자 룩셈부르크는 레닌과 동시대를 살았다는 사실 이상의 큰 의미를 가진다. 레닌과 마찬가지로 그녀 역시 헌신적인 혁명가이자 마르크스 주의자였으며, 1919년 베를린에서 카를 리프크네히트(Karl Liebknecht)와 함께 덜 혁명적인 좌파의 손에 암살당했다. 제인 제이콥스가 르코르뷔 지에와 하이 모더니즘 도시 계획 일반에 대해 비판했지만 르코르뷔지에 는 생전에 제이콥스에 대해 한 번도 들어보지 못했음이 거의 확실하다. 반면에 레닌은 룩셈부르크를 만났다. 그들은 대체로 똑같은 청중을 상 대했으며, 상대방의 의견에 대해 서로 잘 알고 있었다. 특히 룩셈부르크 는 혁명적 상황에서 전위 정당 및 그것과 프롤레타리아 사이의 관계에 대한 레닌의 입장에 이의를 제기했다. 이와 관련해 우리는 주로 레닌의 하이 모더니즘 관점을 가장 직접적으로 거론했던 룩셈부르크의 논문, 이를테면 '러시아 사회민주주의 정당의 조직 문제'(1904년), '대중 파업, 정당 그리고 노동조합'(1906년) 그리고 그녀의 유작 '러시아 혁명'(1918년 에 집필하고 1921년 크론슈타트 봉기 이후 처음 출판)을 살펴보고자 한다.

룩셈부르크가 레닌과 가장 달랐던 점은 노동자 계급의 자발적 창조 성에 대한 그녀의 상대적 신뢰였다. '대중 파업, 정당 그리고 노동조합' 에 나타난 그녀의 낙관성은 레닌의 《무엇을 할 것인가?》와 달리 그 논문 을 1905년의 혁명이 노동자의 호전성에 관해 객관적 교훈을 제시한 이 후에 썼다는 사실에 부분적인 이유가 있다. 룩셈부르크는 특히 1905년 의 혁명에 대한 바르샤바 프롤레타리아의 집단적 반응에 큰 충격을 받 았다. 한편, '러시아 사회민주주의 정당의 조직 문제'는 1905년의 사건 이전에 집필된 것으로, 《무엇을 할 것인가?》에 대한 직접적인 반응을 담고 있다. 이 논문의 주요 내용은 폴란드의 정당이 러시아 사회민주주

의당(RSDP)의 집중적인 통제 하에 들어가는 것을 반대하는 것이다.[63]

레닌과 룩셈부르크의 다른 점을 강조한다고 해서 그들이 당연한 것으로 간주했던 이데올로기적 공통분모를 절대로 간과해서는 안 된다. 예컨대 그들은 자본주의 발전의 모순과 혁명의 불가피성을 믿는 마르크스주의적 가설을 공유했다. 둘 모두 점진주의를 반대했으며, 반혁명주의적 정당과 전술적 차원 이상으로 타협하는 것 또한 반대했다. 심지어 전략적인 차원에서도 두 사람은 전위 정당의 중요성에 동의했다. 그 이유는 대부분의 노동자가 현지 상황이나 자신의 특수한 이익에 대해서만 밝을 뿐 전반적인 상황(곧 전체적인 면)은 전위 정당이 더 잘 알 것이라고 생각했기 때문이다. 레닌이나 룩셈부르크 둘 다 '정당의 사회학'이라고 부를 만한 것을 갖고 있지 않았다. 다시 말해서 그들은 당의 인텔리가 추구하는 이익이 노동자의 이익과—어떻게 정의하든 간에—일치하지 않을 수도 있다는 생각은 하지 못했다. 그들은 노동조합 관료주의의 사회학을 보는 데는 신속했지만 혁명적 마르크스주의 정당의 사회학을 보는 데는 그렇지 못했다.

사실상 룩셈부르크도 레닌과 마찬가지로 왜 노동자가 현재 자신이 위치한 곳에서 즉각적이고도 확실한 목적이 아닌 더욱더 큰 결과에 기여하기 위해 다른 사람의 지시에 따르는지를 설명하는 데 공장 관리자의 비유를 사용했다. 그러나 이러한 논리를 추구하는 방법에서는 차이가 드러났다. 레닌에게 전체성은 전적으로 전위 정당 소유였으며, 그것만이 지식을 사실상 독점했다. 그는 엄격한 위계적 작동의 기초를 형성하는 전방위 전망 센터를—문자 그대로 '하늘의 눈'—상상했는데, 그것에 따르면 프롤레타리아 계급은 보병이나 노리개에 불과한 존재였다. 룩셈부르크의 경우, 정당은 노동자보다 더 멀리 볼 수 있지만, 그럼에도 불구하고 자신이 영도한다고 간주하는 노동자에 의해 끊임없이 놀라기도 하고 새로운 교훈을 배우기도 하는 존재였다.

제인 제이콥스가 성공적인 도시 근린 공동체를 만들어내는 것이 르코르뷔지에가 주장한 것보다 훨씬 더 복잡하고 신비스럽다고 생각한 것처럼, 룩셈부르크는 레닌에 비해 혁명의 과정이 훨씬 더 복잡하고 예측 불가능한 것이라고 보았다. 곧 살펴보겠지만 룩셈부르크가 사용한 은유적 표현도 시사하는 바가 크다. 그녀는 군대, 기술, 공장이라는 비유를 피하는 대신 성장, 발전, 경험 그리고 학습이라는 말을 더 자주 썼다.[64]

휘하 병사에게 돌진하거나 막사에서 대기하라고 지휘관이 명령하는 방식으로 전위 정당이 대중 파업을 명령하거나 금지할 수 있다는 생각은 룩셈부르크에게 바보 같은 것이었다. 이런 식으로 파업을 종용하는 것은 비현실적이며 도덕적으로도 이해하기 어려웠다. 그녀는 이런 견해에 기초한 도구주의를 거부했다. "[대중 파업을 명령하거나 금지하는] 두 가지 경향 모두 똑같은 순수 무정부주의적 개념에서 출발한다. 곧, 대중 파업이란 즐거운 마음으로 '결정'할 수도 있고 '금지'할 수도 있는 투쟁의 단순한 기술적 수단일 뿐이다. 그것은 자신의 지식과 양심에 따름으로써 포켓나이프처럼 '모든 비상 상황에 대비해' 접은 채 호주머니에 넣고 다닐 수도 있고, 사용하기 위해 펼쳐 겨눌 수도 있는 것이다."[65] 총파업 혹은 그런 상황과 관련한 혁명은 수많은 인간 주체의 의지와 지식을 포함하는 복잡한 사회적 사건이며, 이때 전위 정당은 단지 그 일부 요소에 지나지 않는다.

살아 있는 과정으로서의 혁명

룩셈부르크는 파업과 정치적 투쟁을 변증법적이고도 역사적인 과정으로 보았다. 경제 구조와 노동력은 가능한 선택을 결정하는 데 도움을 주지만 직접 결정하지는 않는다. 따라서 만약 기업이 규모가 작고 지역적으로 분산되어 있을 경우, 파업 역시 일반적으로 규모도 작고 지역적으로 분산될 것이다. 그러나 각각의 파업은 자본의 구조적 변화를 초래한다. 예컨대 만약 노동자가 더 높은 임금을 받게 된다면 산업체의 연합, 기계화, 새로운 유형의 관리 감독을 초래할 것이며, 이 모든 것은 다시 다음 차례 파업의 성격에 영향을 미친다. 물론 파업은 노동자에게도 새로운 교훈을 가르치고, 그로 인해 단결력과 지도력의 성격도 바뀔 것이다.[66] 이와 같은 진행 과정과 인간 주체에 대한 강조는 룩셈부르크로 하여금 전술적 차원의 좁은 관점을 경계하도록 만들었다. 파업이나 혁명은 단순히 전술이나 명령에 의해 성취해야 할 최종 목표가 아니다. 그것들을 이끄는 과정은 프롤레타리아의 특성을 형성하는 과정이기도 하다. 혁명이 '어떻게' 만들어지는가는 혁명 그 자체가 만들어지는 것과 똑같이 중요한 일이다. 왜냐하면 그런 과정 자체가 엄청난 결과를 초래하기 때문이다.

　룩셈부르크는 전위 정당을 노동자 계급을 위한 군대 참모진으로 활용하려는 레닌의 야망을 전적으로 비현실적인 것이거나 도덕적으로 부당한 것이라고 생각했다. 레닌의 계급주의적 논리는 (개인 또는 단체이든) 노동자 계급의 필수적인 자치권을 무시하는 것으로, 룩셈부르크는 그들 자신의 이해관계나 행동이 기계처럼 완전히 획일화될 수 없다고 보았다. 더 중요한 것은—만약 그와 같은 규율이 가능하다 해도—그것을 강요할 경우 당은 결국 혁명 주체인 프롤레타리아의 창조적이고 독립적인 능력을 빼앗게 된다는 사실이다. 통제와 질서에 대한 레닌의 갈망과 대조적으로, 룩셈부르크는 대규모 사회적 행위에서 드러나는 무질서하고 소란스러운 장면을 불가피한 것으로 간주했다. 그녀는 레닌을 분명하게 겨냥하면서 다음과 같이 말했다. "최고위원회의 신중한 계획에 따라 실행된 냉철한 정치적 행위의 경직되고 속 빈 구상 대신 우리는 혁명이라는 더 큰 틀에서 결코 잘라낼 수 없는 살과 피로 이루어진 삶의 역동적 요소를 고려한다. 즉, 대중 파업은 혁명의 모든 부분에 대해 1000개의 정맥으로 연결되어 있다."[67] 룩셈부르크의 주장을 레닌의 주장과 대조해 말한다면, 그녀는 줄곧 유기체 자체의 활력을 위협하지 않고서는 결코 임의로 분할할 수 없는 복합적이고 유기적인 과정에 대한 은유를 사용했다. 합리적이고 위계적인 집행위원회가 자기 마음대로 프롤레타리아 군대를 배치한다는 생각은 실제 정치 현실에도 부합하지 않을뿐더러 죽어 있거나 속이 비어 있는 것이다.[68]

《무엇을 할 것인가?》를 반박하는 글에서 룩셈부르크는 중앙 집권적 위계 구조는 아래로부터의 창발성과 능동성을 해친다는 사실을 분명히 했다. "레닌이 염두에 두었던 '규율'은 프롤레타리아에 대해 비단 공장에 의해서뿐만 아니라 군대 막사, 근대 관료주의 그리고 중앙 집권적 부르주아 국가 기구 메커니즘 전체에 의해서도 강요되었다. ……레닌이 옹호한 극단적 중도주의(ultracentrism)는 본질적으로 적극적이고 창조적인 정신에 의해서라기보다는 '야경꾼(야경 정신)'의 메마른 영혼으로부터 스며들었다. 레닌은 주로 당을 비옥하게 만드는 것보다는 규제하는 데, 넓히기보다는 좁히는 데, 통합하기보다는 군사 조직화하는 데 집중했다."[69]

레닌과 룩셈부르크 사이의 핵심적 차이는 그들 각각의 수업 방식을 상상해보면 가장 잘 나타난다. 레닌은 특정한 내용을 전달하고자 하는 엄격한 교사를 연상케 한다. 버릇없는 학생과 부딪치면 그들의 자율성을 확실히 통제하는 스타일이다. 반면 룩셈부르크는 버릇없는 학생을 활력의 징표나 잠재적 유용성을 가진 자원으로 받아들인다. 그녀는 과도하게 엄격한 교사는 학생의 열성을 억제하고 교실을 시무룩하고 침울한 공간으로 만들어 사실상 아무것도 배울 수 없게 만든다고 우려했다. 또 다른 곳에서 룩셈부르크는 독일 사회민주당의 지나친 통제와 규율이 독일 노동자 계급의 사기를 저하시켰다고 주장했다.[70] 레닌은 학생이 유약하고 소심한 교사에게 영향을 줄 수 있는 가능성을 내다보면서, 그것을 위험스러운 반혁명주의적 움직임이라고 개탄했다. 교실이 하나의 진정한 협력 관계를 보여준다고 생각한 룩셈부르크는 오히려 교사가 학생들로부터 가치 있는 교훈을 배울 수도 있다고 암시한다.

룩셈부르크는 혁명을 복잡한 자연적 과정에 비유하기 시작함으로써 전위 정당의 역할을 불가피하게 제한적인 것으로 결론 내릴 수밖에 없다. 혁명의 과정이란 사전에 계획하거나 지도하는 것이 불가능할 뿐만 아니라, 너무나 복잡해서 제대로 이해하기도 어려울 정도이다. 그녀는 1905년 러시아의 겨울 궁전(Winter Palace) 앞에서 발생한 발포 사건 이후 대중이 자발적으로 취한 주도권에서 깊은 인상을 받았다. 아래에 길게 인용한 룩셈부르크의 글은 중앙 집권적 통제는 환상에 지나지 않는다는 자신의 확신을 자연적 흐름에 비유한 것이다.

〔1905년〕 러시아 혁명이 보여준 바와 같이 대중 파업은 모든 단계의 정치적 · 경제적 투쟁 그리고 혁명의 모든 무대와 순간을 반영하는 변화무쌍한 과정이다. 그 적합성, 효율성 그리고 그 기원의 순간은 지속적으로 바뀐다. 대중 파업은 좁은 길로 접어들었다고 판단되는 순간 갑자기 새롭고 넓은 혁명의 비전을 제시하기도 하고, 완벽한 때라고 생각되는 순간 실망을 안겨주기도 한다. 대중 파업은 때로는 전국에 걸쳐 요원의 불길처럼 번져나가기도 하고, 때로는 작은 지류의 거대한 그물망처럼 스스로 분할되기도 한다. 때로는 새로운 샘처럼 대지에서 치솟기도 하며, 때로는 지표 위로 조금씩 흐르기도 한다. 〔대중 투쟁의〕 모든 것은 서로서로 만나고 부딪치면서 다음 사람, 다음 단계로 흘러간다. 그것은 바다

처럼 영원히 움직이며 변화하는 모습을 보여준다.[71]

따라서 대중 파업은 전위 정당이 특정 순간에 활용하기 위해 만들어 낸 전술적 발명품이 아니었다. 오히려 "혁명의 살아 있는 박동이자 가장 강력한 추진력으로서 …… 혁명에서 프롤레타리아 투쟁이 보여준 괄목할 만한 형태였다."[72] 룩셈부르크의 관점에서 보면, 레닌은 강물을 막았다가 일시에 방류함으로써 대형 홍수를 만드는 방식으로 혁명을 기도한 기술자였다. 반면 그녀는 대중 파업 같은 '홍수'는 미리 예측하거나 통제할 수 없다고 믿었다. 곧, 파업의 경로는 전문적인 혁명가에 의해 별로 영향을 받지 않으며, 오히려 레닌이 실제 그랬던 것처럼 그들은 홍수의 힘에 편승해 권력을 차지할 뿐이다. 혁명 과정에 대한 룩셈부르크의 이해는 흥미롭게도 《무엇을 할 것인가?》에 기술된 시나리오에 비해 실제로 레닌과 볼셰비키가 권력을 차지하는 과정을 더욱더 잘 설명해준다.

정치적 갈등을 하나의 과정으로 인식함으로써 룩셈부르크는 레닌이 실패나 종말이라고 간주했던 것을 훌쩍 넘어 한층 더 멀리 볼 수 있었다. 1905년의 논문에서 그녀는 다음과 같이 강조했다. "정치적 행위의 모든 소용돌이가 지나간 자리에는 수천 가지 경제 투쟁의 줄기를 분출하는 퇴적물이 남는다."[73] 이처럼 혁명을 유기적 과정에 비유할 때, 혁명은 자발성과 취약성을 동시에 드러낸다. 프롤레타리아 운동의 살아 있는 세포로부터 도구적 활용을 위한 특정한 종류의 파업을 이끌어내는 일은 유기체 전체를 위협할 수도 있다. 룩셈부르크는 레닌을 염두에 두고 다음과 같이 말했다. "만약 사변적인 이론이 '순수하게 정치적인 파업'을 이루고자 하는 목적으로 대중 파업에 대한 인위적 해체를 시도한다면, 그것은 다른 모든 해체 작업과 마찬가지로 살아 있는 유기체적 본질로서의 현상을 파악하지 못한 채 모든 것을 함께 죽이고 말 것이다."[74] 결국 룩셈부르크가 노동 운동을 보는 시각은 제이콥스가 도시를 바라본 입장과 비슷했다. 곧, 도시나 노동 운동은 모두 그 기원과 동력 그리고 미래가 매우 흐릿하게 이해될 뿐인 복잡한 사회적 유기체이다. 그럼에도 불구하고 노동 운동에 개입하고 그것을 해부하는 일은 그것을 죽이는 결과를 초래할 뿐이다. 이는 마치 도시를 경직된 기능적 선들로 구획함으로써 결국 활력이 사라진 도시, 박제된 도시로 만드는 것과 유사하다.

레닌이 자신의 의도에 따라 가공할 목적으로 원재료를 대하는 기술자처럼 프롤레타리아에게 접근했다면, 룩셈부르크는 마치 의사처럼 접근했다. 각각의 환자와 마찬가지로 프롤레타리아도 고유의 특성을 갖고 있는데, 그로 인해 외부의 간섭은 제한적일 수밖에 없다. 의사는 바로 환자의 이와 같은 특성을 존중할 필요가 있으며, 그들의 잠재적 장점과 단점을 고려해 치료해야 하는 것이다. 최종적으로는 환자의 자율성과 병력(病歷)이 그 결과에 대해 불가피한 영향을 주게 된다. 프롤레타리아 역시 원점에서부터 재구성하기 어려울뿐더러 미리 설계된 방식대로 산뜻하게 부합하지도 않는다.

그러나 레닌과 볼셰비키 일반에 대한 룩셈부르크의 비평에서 가장 중요한 그리고 반복되는 주제는 그들의 독재적인 방법과 프롤레타리아 계급에 대한 불신이 교육적으로 잘못되었다는 점이다. 그것은 혁명과 사회주의 건설에 필요한 성숙하고도 독립적인 노동자 계급의 발전을 방해하기 때문이다. 따라서 룩셈부르크는 독일과 러시아의 혁명가들이 전위 정당의 자아(ego)를 프롤레타리아의 자아로 대체하는 것을 공격했다. 그러한 대체는 혁명의 목적이 프롤레타리아를 단지 수단으로 이용하는 것이 아니라 자의식적인 노동자 운동을 창조하는 것이라는 사실

을 무시하는 일이었다. 자신감 있고 이해심 많은 후견인처럼 그녀는 잘
못된 경로 또한 배움의 과정이라고 여겼다. 사회민주당을 겨냥해 그녀
는 다음과 같이 비판했다. "실수를 범한 민첩한 곡예사는 그것을 통해
역사적 변증법을 배울 권리를 주장하는 노동자 계급의 집합적 자아를
제대로 이해하는 데 실패한다. 결국 우리는 무소불위의 '중앙위원회'가
내세우는 무오류성에 의해서가 아니라 진정으로 혁명적인 노동 운동에
서 발생하는 실수가 역사적으로 한층 더 풍성하고 또한 가치 있다는 사
실을 솔직히 인정해야 한다."[75]

거의 15년이 지난 후, 즉 볼셰비키가 집권한 1917년 10월 혁명 바로
다음 해에 룩셈부르크는 정확하게 똑같은 논리로 레닌을 공격했다. 혁
명 직후 프롤레타리아 독재의 예상 진로에 대한 그녀의 경고는 분명 예
언적인 것처럼 보였다.

룩셈부르크는 레닌과 트로츠키가 프롤레타리아 계급 독재에 대한 적
절한 이해를 완전히 변질시켰다고 믿었다. 그녀에게 이는 프롤레타리
아 계급 전체의 지배를 의미하는 것으로, 모든 노동자(적대 계급은 빼고)에
게 가장 광범한 자유를 제공함으로써 사회주의 건설에서 그들의 영향
력과 지혜를 발휘할 수 있도록 만드는 것이다. 이를테면 레닌과 트로츠
키의 주장처럼 당 지도자라는 소집단이 프롤레타리아라는 이름으로 독
재 권력을 행사하는 것을 의미하지 않았다. 선거 이후 상황이 바뀌었기
때문에 제헌의회를 소집하지 않겠다는 트로츠키의 제안을 룩셈부르크
는 오히려 질병보다도 못한 해결책이라고 생각했다. 오직 적극적인 대
중 활동만이 대표를 자임하는 단체의 단점을 고칠 수 있다. 절대 권력을
소수에게 집중시킴으로써 볼셰비키는 "정치적 경험의 원천을 봉쇄했고
대중 활동을 억압함으로써 (좀더 높은 단계의 사회주의를 달성하려는) 이들
부상하는 발전적 자원들을 가로막았다."[76]

이러한 논쟁 밑바닥에는 단지 전술상의 차이뿐 아니라 사회주의의 본질에 대한 근본적인 불일치가 있다. 레닌은 사회주의로 나아가는 길은 이미 지도에 상세하게 그려져 있으며, 당의 역할은 당 조직의 강철 같은 규율을 사용해 혁명 운동이 바로 그와 같은 길에서 벗어나지 않도록 하는 것이라고 생각했다. 이와 대조적으로 룩셈부르크는 사회주의의 미래는 찾아가는 것으로서, 노동자와 혁명적 국가 사이의 진정한 협력을 통해 만들어진다고 믿었다. 여기에는 사회주의 실현을 위한 "미리 처방된 규칙"도 없고 "어떠한 사회주의 정당의 프로그램 혹은 교과서에 통용될 수 있는 열쇠"[77]도 존재하지 않는다. 사회주의적 미래의 특성인 개방성은 약점이 아니라 오히려 강점의 지표로서, 이미 결정된 유토피아적 사회주의와의 변증법적 과정을 의미한다. 사회주의 창조는 "새로운 영역으로서, 1000가지 문제에 대해 오직 경험만이 교정하고 새로운 방법을 열어준다. 오직 방해받지 않고 활력 있는 생활만이 1000가지 새로운 형태와 '즉흥적 대처'를 가능케 하며, 모든 잘못된 시도를 스스로 시정할 수 있는 창조적 힘을 불러일으킨다."[78] 레닌이 사용한 지령과 테러 그리고 룩셈부르크가 '공장 감독관의 독재 권력'이라고 부른 것은 이와 같은 대중의 창조적 능력과 경험을 박탈해버리는 것이었다. 노동자 계급 전체가 정치 과정에 동참하지 않는 한 "사회주의는 책상 뒤에 있는 몇몇 지식인의 명령에 따르게 될 것"[79]이라고 룩셈부르크는 비관적으로 덧붙인다.

혁명 직후 레닌이 건설하려던 폐쇄적이고 권위주의적인 정치 질서에 대한 룩셈부르크의 예견은 냉담하면서도 정확했다. "정치적 생활의 전국적 억압에 따라 소비에트에서의 삶 역시 심각한 손상을 입었다. 보통 선거, 언론과 집회의 절대 자유, 의사 표현의 자유가 없다면 삶은 어떠한 공공 제도에서도 살아남을 수 없다. 공공 생활은 점차 잠들고 말 것이다. ……현실에서는 몇몇 수뇌〔당 지도자〕만이 주도하는 가운데 노동자 계급은 그들의 연설에 박수를 치거나 그들의 제안에 만장일치로 동의하는 일에 초대될 뿐이다. 그리고 실제로 이는 패거리 현상 …… 부르주아적 의미에서의 독재이다."[80]

알렉산드라 콜론타이
그리고 레닌에 대한 '노동자 반대파'

알렉산드라 콜론타이는 사실상 혁명 이후 현지 볼셰비키 사이에서 룩셈부르크 같은 비평의 목소리를 낸 인물이었다. 혁명적 활동가이자 중앙위원회 여성 분과 대표 그리고 1921년까지 '노동자 반대파'와 깊이 연관되어 있던 그녀는 레닌의 입장에서 볼 때 눈엣가시 같은 존재였다. 레닌은 1921년 제10차 당대회 직전에 쓴 그녀의 날카로운 비평 선전물을 거의 반역에 해당하는 행동이라고 간주했다. 제10차 당대회는 크론슈타트에서의 노동자 및 선원들에 대한 탄압이 막 조직화되고 우크라이나 마크노프치나 지역에서의 봉기가 한창일 때 열렸다. 이토록 위험한 시기에 당 지도부를 공격하는 것은 '대중의 밑바닥 본능'에 호소하는 배신 행위였다.

룩셈부르크와 그녀의 러시아 동료 콜론타이 사이에는 직접적인 관계가 있었다. 콜론타이는 20세기 초반에 출간된 룩셈부르크의 책 《사회변혁 혹은 혁명》을 읽고 깊은 감명을 받았으며, 독일에서 열린 한 사회주의자 모임에서 그녀를 직접 만나기도 했다. 비록 콜론타이의 논문이 대부분 중앙 집권적이고 권위주의적인 사회주의 이행을 비판한 룩셈부르크의 입장에 동조했지만, 그 역사적 배경은 달랐다. 콜론타이의 경우에는 전(全) 러시아 생산자 회의―노동조합에서 자유선거를 통해 선출되어 생산과 산업 계획을 지도하는 단체―를 위한 '노동자 반대파' 주장의 일환이었다. 콜론타이의 가까운 동료 알렉산드르 실리아프니코프(Alexandre Shlyiapnikov)와 다른 노동조합주의자들은 기술 전문가와 관료제 그리고 당 중앙의 주도적 역할이 점차 증가하고 노동자들의 조직이 배제되는 현실을 경계했다. 내란 중에는 계엄령 방식의 관리 체제를 다소 이해할 만했다. 그러나 내란에서 승리한 지금은 사회주의 건설의 방향이 주요 현안이었다. 콜론타이는 노동조합이 산업 관리에 공동으로 참여하는 것을 옹호하며 가사와 육아를 책임져야 하는 여성 노동자를 위해 국가 기관과 힘겹게 협상하는 동안 얻은 풍부한 실천적 경험을 동원하기도 했다. 결국 '노동자 반대파'는 불법화되었고 콜론타이도 입을 다물고 말았지만, 오래지 않아 비판의 선구자적 유산으로 평가받게 되었다.[81]

콜론타이의 글은 마치 룩셈부르크가 그랬던 것처럼 정당 국가를 비판했다. 그녀는 정당 국가를 권위주의적인 교사와 비교했다. 무엇보다 그녀는 중앙위원회와 노동자 사이가 너무나 일방적인 명령 관계로 변화하는 것에 불만을 가졌다. 노동조합은 정당의 지시를 노동자에게 전달하는 단순한 '연결 수단' 혹은 인전대처럼 보였다. 곧, 노동조합은 상부에서 내려온 교과목과 학습 계획을 학생에게 다시 전달하는 교사처럼 '대중을 훈육하는 것'으로 여겨졌다. 그녀는 당이 학생의 잠재적 독창성을 질식시키는 구시대적 교육 이론에 빠져 있다고 혹평했다. "우리의 위대한 지도자들이 남긴 속기록과 연설문을 살펴볼 때 남을 가르치기 좋아하는 그들의 활동이 남긴 전혀 예상치 못한 결과에 놀라게 된다. 그들은 한결같이 대중을 훈육하는 데 필요한 가장 완벽한 제도를 주창한다. 그러나 '교육'과 관련한 이러한 제도는 배우는 사람들이 갖춰야 할 경험의 자유나 창조적 능력을 훈련하고 표현하는 데 따른 준비가 결여되어 있다. 이러한 모든 점을 감안할 때 우리의 교육 방법은 시대에 뒤처져 있다."[82]

여성을 위한 콜론타이의 연구가 '노동자 반대파' 운동에 직접적인 연관이 있다는 것을 보여주는 몇몇 증거가 있다. 마치 제이콥스가 주부와 어머니로서 추가적인 역할을 수행함으로써 도시가 어떻게 기능하는지에 대해 다른 견해를 갖게 된 것처럼 콜론타이 또한 거의 주목받지 못하던 여성의 대변자라는 시각에서 정당 문제를 바라보게 되었다. 그녀는 "생산 영역에서의 창의적인 과업과 창조적 역량 발달"을 조직화하는 데 여성의 기회를 박탈하고, 그들을 "가정 경제와 가사 의무 같은 제한된 노동에 가두는"[83] 당의 입장을 비난했다. 당 내에서 여성 분과를 대표하는 정도로 취급받고 자신을 낮춰야 했던 그녀의 경험이 당 또한 노동자를 자율적이고 창조적인 성인으로 대접하기보다 단지 어린이처럼 대하고 있다는 사실을 비판하게 된 것과 직접 연관이 있어 보인다. 당이 여성을 단지 가정 경제에 적합한 존재로 생각하는 것을 비판하는 같은 문건에서 그녀는 트로츠키를 조롱하기도 했다. 트로츠키는 한때 광산업자 회의에서 상점 창문을 자발적으로 교체한 노동자들을 칭찬했다. 마치 노동자를 단지 잡역부 역할로 제한시키고 싶어 하는 것을 보여주듯이 말이다.

룩셈부르크처럼 콜론타이도 사회주의 건설은 아무리 멀리 내다보는 능력이 있다 해도 중앙위원회의 힘으로만 성취되는 것이 아니라고 믿었다. 노동조합은 사회주의 건설에서 단순한 도구나 인전대가 아니었다. 오히려 대부분 사회주의적 생산 양식의 주체이자 창조자였다. 콜론타이는 기본적인 차이점을 다음과 같이 간단히 정리했다. "노동자 반대파 운동은 노동조합 안에서 공산주의 경제의 관리자와 창조자를 발견하는 반면, 부하린(Nikolai Bukharin)은 레닌이나 트로츠키와 함께 노조에 대해 공산주의 학교의 역할 그 이상은 주지 않는다."[84]

콜론타이는 노동자들이 공장 현장에서 얻는 실무 경험이 기술자나 전문가에게 반드시 필요한 지식이라는 룩셈부르크의 확신을 공유했다. 콜론타이는 행정가나 전문가의 역할이 축소되길 바라지는 않았다. 그들도 중요한 존재이긴 하지만, 노동조합 및 노동자와 진정한 협력 관계를 가질 때에만 효율적으로 자신의 과업을 수행할 수 있다. 이와 같은 협력이 얻을 수 있는 형태와 관련해 그녀가 구상한 것은 확장된 농업 관련 서비스 및 그러한 서비스와 긴밀히 연계된 농부들의 경우와 매우 유사하다. 곧, 산업 생산과 관계있는 기술 센터를 러시아 전역에 설립하되 그들이 수행하는 과업과 그들이 제공하는 서비스가 생산자의 요구에 즉각 반응하게끔 하는 것이다.[85] 전문가는 생산자에게 명령을 내리기보다 봉사하는 존재여야 한다. 이런 목적을 위해 콜론타이는 공장 실무 경험이 없고 1919년 이후 당에 가입한 수많은 전문가와 행정가를 퇴출시킬 것을 제안했다. 최소한 약간의 육체노동을 해볼 때까지 말이다.

룩셈부르크가 그랬던 것처럼 콜론타이 역시 노동자의 자율적 주도성을 좌절시킬 경우 발생하는 사회적이고 정신적인 결과를 분명히 목격했다. 땔감을 마련하거나 식당을 열거나 아이들을 돌보는 노동자 같은 구체적인 사례를 들면서 콜론타이는 그들이 하는 일이 매번 얼마나 관료주의적 지체와 협잡에 의해 방해받고 있는지 설명한다. "모든 독립적 사고나 창조력은 일종의 '이단'으로 취급되고, 모든 것을 사전에 '예상'해야 하며 어떤 것에 대해서도 '명령'을 내려야 하는 당의 규율에 대한 도전 그리고 중앙의 특권에 대한 침해로 간주되었다." 전문가나 관료가 잘못된 결정을 내릴 개연성이 높다는 점이 불행의 전부는 아니었다. 이러한 태도는 다른 두 가지 결과를 초래하기도 한다. 첫째, 그것은 "노동자의 창조적 능력에 대한 불신을 의미하는 것"으로서, 이는 "우리 당이 공언하고 있는 이상"과 어울리지 않는다. 둘째—사실 가장 중요한 것인데—그것이 노동자 계급의 사기와 창조 정신을 약화시킨다는 점이다. 전문가와 관료에 대한 불만 속에서 "노동자는 점차 냉소적으로 변해 '관료가 우리를 마음대로 하게 내버려둬'라고 말하게 된다." 그 결과는 독단적이고 근시안적인 관료 집단이 노동자의 사기를 꺾어 작업 현장을 '불성실'하게 만드는 것이다.[86]

룩셈부르크와 같이 콜론타이의 출발점은 어떤 종류의 과업이 혁명을 일으키고 또한 새로운 생산 양식을 창조할 것인지에 대한 가정이다. 이두 가지 경우 모두 마치 미지의 바다로 여행을 떠나는 것과 같다. 여기에도 분명 대강의 경험 법칙은 있겠지만 미리 준비된 청사진이나 전술 계획은 없다. 왜냐하면 미지의 수많은 요인이 단 한 가지 해법을 불가능하게 만들기 때문이다. 좀더 전문적인 용어로 말하자면, 이러한 목표는 연속적 접근에 따른 확률적 프로세스, 시행착오, 실험, 경험에 의한 학습 등을 통해 도달할 수 있다. 그와 같은 노력에 요구되는 지식은 어떤 근본 원리에 의해 제시되는 연역적 지식이 아니라 고대 그리스 사람들이 '메티스'라고 불렀던 지식이다. 이 개념에 대해서는 앞으로 다시 논의할 것이다. 흔히 '지략'으로 잘못 번역되는 메티스는 변화하는 상황에 부단한 적응을 요구하는, 비슷하지만 똑같지 않은 과업을 오랫동안 수행할 때에만 얻어지는 지식으로 이해하는 것이 더 정확하다. 룩셈부르크가 사회주의 건설을 '임기응변'과 '창조성'을 요구하는 '새로운 영역'으로 규정하면서 호소했던 지식이 바로 이런 것이다. 콜론타이가 당의 지도자들이라고 해서 결코 오류가 없을 수 없으며, 그들에게 필요한 것은 "생산 활동과 생산 조직을 동시에 담당하는" 사람들의 "일상적 경험"과 "기본 계급 집단의 실무"라고 호소했던 지식도 바로 이런 것이다.[87] 마르크스주의자라면 누구나 알아챌 수 있는 비유를 통해 콜론타이는 "가장 영리한 봉건 영주라고 해서 초기 자본주의를 스스로 만들어 낼 수 있었겠는가"라는 질문을 한 적이 있다. 물론 그녀의 대답은 '아니요'였다. 마치 그녀가 살던 시대의 기술 전문가가 자본주의 틀 안에서 학습을 받은 것처럼 봉건 시대의 지식과 기술 역시 봉건적 생산에 매여 있기 때문이다. 간단히 말해서, 지금 막 새로 만들어지는 미래를 위해 존재하는 전례는 없는 법이다.

수사학적 효과를 얻기 위해 콜론타이는 레닌과 룩셈부르크가 언급한 정서를 좇아 다음과 같이 말했다. "공산주의가 태동하도록 명령하는 것은 불가능하다. 이는 오직 현실적 탐색 과정과 시행착오를 통해서, 그것도 오로지 노동 계급 자신의 창조적 힘을 통해서만 만들어진다." 비록 전문가와 관료가 매우 중요한 공동 역할을 수행할지라도 "산업 현장에 직접 참여하는 사람만이 그것에 대해 생동감 있는 혁신을 불어넣을 수 있다."[88]

레닌에게 전위 정당은 혁명을 일으키고 사회주의를 건설하는 기계로서, 그것을 이루기 위한 주요 생산 라인이 무엇인지는 이미 잘 알려져 있다고 가정했다. 르코르뷔지에의 경우 주택은 삶을 위한 기계였으며, 도시 계획가는 도시를 어떻게 만들어야 하는지에 관한 지식을 보여주는 전문가였다. 르코르뷔지에에게는 도시 설계가 비록 사람들의 복지와 생산성을 염두에 둔 것임에도 불구하고, 결과적으로 그 과정에서 사람들은 무시되었다. 레닌은 프롤레타리아 없이 혁명을 성사시킬 수 없었다. 그러나 그들은 군대처럼 어디까지나 동원의 대상일 뿐이었다. 물론 혁명과 과학적 사회주의의 목표 역시 노동자 계급의 이익이다. 하지만 이들 계획은 전문가에 의해서만 발견할 수 있는 하나의 단일한 답안의 존재를 암시하며, 그 결과 하나의 명령 기관이 정답을 강요할 수 있고 또 그래야만 하는 것으로 간주된다.

이와 대조적으로 콜론타이와 룩셈부르크는 발등에 떨어지게 될 일을 미리 알 수는 없다고 생각했다. 이처럼 주어진 과업이 불확실하다면, 다양한 실험과 계획만이 어떤 방향으로의 공격이 성공적이고 어떤 쪽이 무익할지 가장 잘 알려준다. 제이콥스의 도시가 그렇듯이 혁명과 사회주의 역시 기술자와 재능 있는 사람 그리고 경험 많은 아마추어가 서로 협력해서 만들 때 가장 순조롭게 진행될 것이다. 무엇보다 여기에는 결과와 수단 사이의 엄격한 구별이 없다. 룩셈부르크와 콜론타이의 전위 정당은 이를테면 차축(車軸)을 생산하는 공장처럼 혁명이나 사회주의를 직접 생산하지 않는다. 따라서 전위 정당은 공장의 경우처럼—주어진 자본과 노동력 등에 의해 어떤 품질의 차축을 얼마나 생산했는지—산출에 따라 적절히 평가할 수 없다. 또한 룩셈부르크와 콜론타이의 전위 정당은—창조적이고, 의식 있고, 유능하고, 능력 있는—나름의 노동 계급을 동시에 창출한다. 이는 전위 정당의 또 다른 목표를 성취하는 데 필수적인 조건이다. 좋게 말해서 여행 과정도 도착 장소 못지않게 중요하다는 얘기다. 그리고 나쁘게 말하면 전위 정당이 성취한 혁명의 결과가 그 원래 목적을 무산시킬 수도 있다.

3부 촌락과 생산의 사회공학

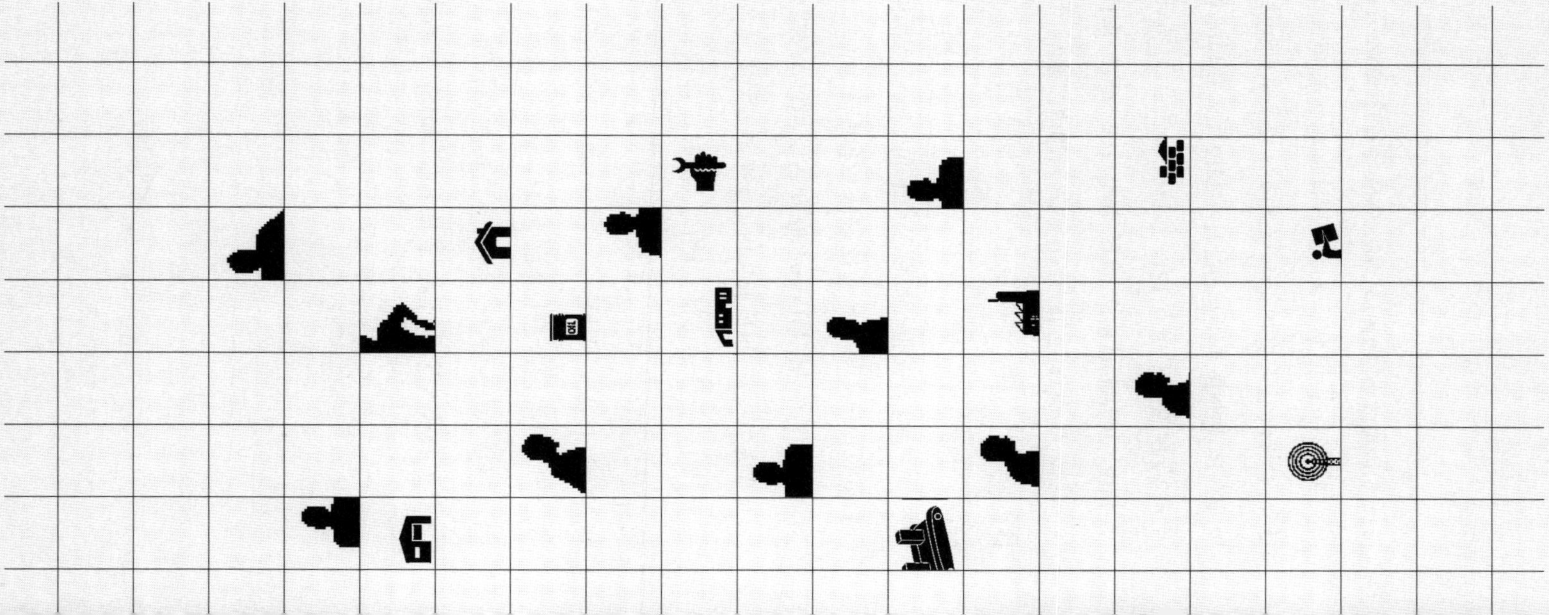

가독성은 조작의 전제 조건이다. 백신 접종, 상품 생산, 노동력 동원, 사람과 재산에 대한 과세, 문맹 퇴치 운동, 징병, 위생 기준의 적용, 범죄 소탕, 보통 교육 실시처럼 국가가 사회에 개입하는 모든 일은 시각적으로 구별되는 단위의 발명을 요구한다. 그러한 단위는 개입의 유형에 따라 시민, 마을, 나무, 경작지, 가옥 또는 연령대로 구분된 사람들일 수 있다. 무엇을 조정하든지 간에 그와 같은 단위는 확인과 관찰, 기록, 계산, 합산, 감시 등이 가능한 방식으로 조직화되어야 한다. 그리고 필요한 지식 수준은 개입의 정도에 어느 정도 비례해야 한다. 다시 말해 좀더 큰 조작을 상상할수록 그것을 달성하기 위한 가독성도 더 높아져야 한다.

19세기 중반 절정에 이른 이러한 현상은 정확하게 프루동(Pierre-Joseph Proudhon)의 다음과 같은 주장에서 잘 드러난다. 곧, "통치된다는 것은 주시, 조사, 감시, 규제, 주입, 훈계, 등록, 대조, 산출, 평가, 검열, 배치된다는 것을 뜻한다. ……통치된다는 것은 모든 활동, 교류 및 이동에서 기록, 등록, 계산, 산정, 권고, 금지, 개혁, 교정, 정정된다는 의미이다."[1]

다른 관점에서 보면, 프루동이 개탄한 것이 오늘날의 통치술이라는 관점에서는 사실상 커다란 진보이다. 이러한 진보가 얼마나 힘들게 이루어졌는지, 또한 얼마나 허술한 것인지는 충분히 강조할 만하다. 포괄적인 의미에서 대부분의 국가는 자신이 통치하고자 하는 사회보다 '젊다'. 그러므로 국가는 자연 환경은 말할 것도 없이 주거 유형이나 사회적 관계 및 생산에서도 국가 계획과는 거의 무관한 조건에 직면한다.[2] 그 결과는 전형적으로 사회적 형태의 다양성, 복잡성 그리고 비반복성으로 나타난다. 국가가 볼 때 그것은 상대적으로 불투명하고, 종종 의도적으로 그렇기도 하다. 잠시 앞에서 살펴본 브뤼헤나 과거 중동에 있던 메디나 같은 도시의 주거 유형을 생각해보자(제2장 참조). 각각의 도시, 각각의 구역 그리고 각각의 근린 지역은 나름대로 독특하며 수백만 개의 디자인과 활동으로 이루어진 역사적 총합이다. 그 형태와 기능은 하나의 논리를 물론 갖고 있다. 하지만 결코 어떤 한 가지 포괄적 계획에서 비롯된 것은 아니다. 그 복잡성은 단순한 지도화를 거부한다. 게다가 어떤 지도라도 공간적으로나 시간적으로나 제한적일 수밖에 없다. 단 하나의 근린 지역에 대한 지도는 그 옆에 있는 근린 지역의 독특한 복잡성과 관련해 길잡이 역할을 거의 할 수 없으며, 지금 현재 만족스러운 기술(記述)도 몇 년 후에는 부적절하게 될 것이다.

국가의 목표가 소극적이라면, 사회에 관해 그다지 많이 알 필요는 없다. 거대한 숲 속에서 가끔 땔감을 구하는 나무꾼이 숲 전체에 관한 상세한 지식을 필요로 하지 않듯이 원하는 바가 몇 수레의 곡물을 빼앗는 것이고 이따금 징집을 하는 국가 정도라면 그 사회에 대한 정확하고 자세한 지도는 필요하지 않을 것이다. 그러나 만약 국가의 야망이 크다면, 예컨대 기근이나 저항을 유발하지 않는 한도 내에서 가능한 한 최대의 곡물과 인력을 차출하고자 한다면, 교육받고 유능하고 또한 건강한 국민을 양성하고자 한다면 그리고 모든 사람이 같은 언어로 말하고 모든 사람이 같은 종교를 갖기 바란다면, 국가는 사회에 대해 훨씬 더 많이 알고 있어야 하고 한층 더 많이 개입해야 할 것이다.

국가는 어떻게 사회를 움직일 수 있을까? 이 장과 다음 두 장에서 나는 농촌 생활과 생산을 재설계하려는 위로부터의 거대한 시도 이면에 깔린 논리에 특히 관심을 갖게 될 것이다. 왕실이나 정부 같은 중앙의 입장에서는 이 절차를 종종 '문명화 과정'으로 묘사한다.[3] 하지만 나는 이를 '길들이기'를 위한 시도라고 보는 게 더 타당하다고 생각한다. 이를테면 농촌과 그 생산물 그리고 주민을 중앙 정부 입장에서 한결 용이하게 파악할 수 있고 한결 쉽게 접근할 수 있도록 만들기 위해 고안한 일종의 사회적 조원술(造園術, gardening)에 가깝다. 이와 같은 길들이기 노력의 몇 가지 요소는 비록 보편적이지는 아닐지라도 최소한 대단히 공통적이며, 주거나 경작의 '정착화', '집중화' 그리고 '급진적 단순화'라고 이름 붙일 수 있다.

우리는 소련의 집단 농장과 탄자니아의 우자마아 촌락이라는 두 가지 악명 높은 농촌 단순화 계획을 자세히 살펴보고자 한다. 이를 통해 한편으로는 그러한 설계 이면에 깔린 좀더 큰 정치적 논리, 다른 한편으로는 생산 계획으로서 그것이 실패하게 된 다양한 원인을 찾아보고자 한다. 하지만 그러기에 앞서 이러한 과정과 관련해 동남아시아의 역사가 보여주는 개략적 실례 하나를 소개하는 것이 도움이 될지 모르겠다. 그것은 식민지 이전 체제, 식민지 체제 그리고 독립 국가 체제 하의 국가적 과제가 계획적 주거와 생산의 실현이라는 근대 국가의 진보적 역량에 동참한다는 목적과 관련해 대단히 연속적이라는 사실을 보여준다.

식민지 이전 동남아시아의 인구 통계에서, 전략적으로 매우 중요한 강하구나 해협, 혹은 관문 지역이 아니라면 토지에 대한 통제 그 자체는 국가 건설에 별로 결정적이지 않았다. 그 대신 주민에 대한 통제가—1700년의 경우 1제곱킬로미터당 대략 5명—훨씬 더 중요한 문제였다. 성공적인 통치술의 전형적인 관건은 왕국의 적당한 반경 내에 실질적이고 생산적인 인구를 유입하고 유지하는 능력이었다. 인구가 상대적으로 광범하게 분포하고 물리적인 도피 또한 용이하다면, 일할 사람이 확보되지 않는 한 경작 가능한 토지에 대한 통제권은 무의미하다. 그러므로 식민지 이전의 왕국은 한편으로는 군주의 야망을 지탱해줄 세금과 강제 부역의 강도(强度), 다른 한편으로는 그것 때문에 대규모 탈출을 유발하는 강도 사이에서 아슬아슬한 길을 걸었다. 식민지 이전의 전쟁은 영토에 대한 점유가 목적이 아니라 포로를 잡아와 그들을 도읍지 근처에 정착시키는 것이 주된 목적이었다. 왕국의 수도 영역 내에서 정착하는 인구의 증가와 생산력은 왕국의 물리적 범주에 비해 왕국의 세력을 측정하는 데 훨씬 더 신뢰할 만한 척도였다.

그러므로 식민지 이전의 국가는 사람들의 정주에—영구적이고 고정된 정착지를 만드는 일—막대한 관심을 가졌다. 인구가 집중될수록—그것이 경제적 잉여를 생산하는 한—식량이나 노동력 그리고 병력 수용이 쉬워진다. 가장 원초적인 수준에서, 이러한 결정론적인 지리학적 논리는 장소에 대한 표준 이론의 적용 그 이상도, 그 이하도 아니다. 요한 하인리히 폰 튀넨(Johann Heinrich von Thünen), 발터 크리스탈러(Walter Christaller) 그리고 윌리엄 스키너(William Skinner)가 상세하게 보여주듯이 이동의 경제학은—다른 모든 조건이 같다고 가정하면—시장의 위치, 곡물의 특화 그리고 행정 구조와 관련해 반복적인 지리학적 패턴을 만드는 경향이 있다.[4] 노동과 식량의 정치적 징수 역시 장소의 논리를 따르는 경향이 있다. 곧, 인구의 분산보다는 집중을 선호하는데, 이는 교통 비용에 기초한 징수의 논리를 반영한다.[5] 이런 맥락에서 통치술에 대한 많은 고전 문헌은 국경 근처로 도망갈 수 있거나 부근의 다른 왕 밑에 정착할 수 있는 환경에서 사람을 끌어들이고 붙잡아두는 기법에 사로잡혀 있다. '발로 투표한다'는 표현은 동남아시아 많은 곳에서 명실상부한 의미를 갖고 있다.[6]

태국의 전통적인 통치술은 도주 행위를 최소한으로 줄여 평민을 국가나 군주에게 귀속시킬 수 있는 묘책 한 가지를 찾아냈다. 이를테면 문신 제도를 고안한 것이다. 이는 문자 그대로 어떤 평민이 누구 '소유'인지를 확실히 보여주는 표식이었다. 이런 문신이야말로 발로 투표하고자 하는 피지배 주민을 확인하고 구속하는 데 특단의 조치가 필요하다는 증거다. 물리적으로 도망가는 일이 너무나 흔해서 엄청나게 많은 현상금 사냥꾼이 도망자를 법적인 주인에게 되돌려주기 위해 숲 속을 종횡무진 수색하는 것을 직업으로 삼을 정도였다.[7] 유사한 문제가 스페인의 필리핀 점령 초기 단계에서 로마 가톨릭 수사들의 경작지를 괴롭혔다. 남아메리카 모델에 입각한 감시(監視) 생산을 위해 재정착된 그리고 조직화된 타갈로그 사람들은 가혹한 노동 시스템에서 자주 도망쳤다. 바로 '언덕 위로 다시 돌아가' 자치를 향유하는 농민이라는 뜻의 '레몬타도스(remontados)'라고 알려진 사람들이다.

좀더 일반적으로, 식민지 시대 이전과 식민지 시대의 동남아시아에 대해서는 국가적 공간과 비국가적 공간이라는 관점에서 생각하는 것이 유용할 수 있다. 첫 번째의 경우, 거칠게 말하면 피지배 주민은 준영구적 공동체에 다소 밀집한 상태로 정착했으며, 그들이 생산하는 잉여 곡물(대개는 쌀)과 노동력은 비교적 쉽게 국가에 수용되었다. 두 번째의 경우, 주민은 산재한 상태로 정착했고, 전형적으로 화전이나 이동 경작을 했으며, 한층 혼합적인 경제생활(예컨대 혼작이나 임산물에 대한 의존을 포함해서)을 영위했다. 따라서 유동성이 매우 높았고, 그만큼 국가가 안정적으로 수탈할 가능성이 대단히 낮았다. 국가적 공간과 비국가적 공간은 예전부터 존재해온 생태학적이고 지리학적인 환경으로서 국가의 형성을 돕거나 방해한 것은 아니다. 장차 지배자가 될 사람들의 주요 목표는 관개 수로를 만들고, 전쟁에서 포로를 잡고, 강제적인 정착을 추진하고,

종교를 체계화하는 등의 방식으로 국가의 공간을 창조하고 확대하는 것이었다. 전형적인 국가는 가까운 영역 내에 인구를 집중시킨 다음, 그들이 쉽게 운송하거나 저장할 수 있는 곡물과 공물을 꾸준히 공급할 뿐만 아니라 치안과 전쟁 그리고 공공사업에 필요한 잉여 인력이 제공되는 상황을 꿈꾸었다.

버마 국경 지대를 이해하기 위한 에드먼드 리치(Edmund Leach)의 사려 깊은 노력은 전통적인 버마 정치 체제를 재구성함으로써 이러한 논리를 은연중에 추종했다. 그는 우리가 근대 국가의 맥락 속에서 살고 있으므로 식민지 이전의 버마 또한 형태적으로 연접된 영토로 생각하는 것은 잘못된 일이라고 말한다. 대신 그는 완전히 다른 논리를 따라 버마를 다양한 색깔의 조각보처럼 바라보라고 제안한다. 그리고 지형에 따른 수평적 조각이라는 관점에서 버마 왕국을 그려야 한다고 주장한다. 이러한 논리에 따라 실제로 버마는 왕궁 가까이 있는 계곡으로 모든 미곡 생산자를 불러 모아 정착시켰다. 그 계곡은—앞에서 언급한 것에 따르면—이른바 국가적 공간이었다. 그것보다 더 높은 수평적 지대는, 이를테면 해발 150~450미터 정도는 생태가 매우 달랐다. 이곳 사람들은 이동 경작을 하고 널리 퍼져 살았기 때문에 왕국에 의한 적극적인 징수 대상이 아니었다. 비록 왕국에 정기적으로 공물을 보냈겠지만, 왕국 입장에서 불가결한 존재는 결코 아니었다. 한편, 그곳보다 훨씬 더 높은 지대는 생태적, 정치적, 문화적으로 한층 더 달랐다. 사실상 리치가 제기하고자 하는 것은 수도의 범주에 존재하면서 상대적으로 인구가 밀집한 가운데 벼농사를 짓는 정착지는 '왕국'이라고 부를 수 있지만, 나머지의 경우는 비록 수도와 거리가 가깝다 하더라도 '비국가적 공간'으로 규정할 수밖에 없다는 사실이다.[8]

이런 맥락에서 통치술의 역할은 국가적 공간 내에서 생산적이고 정착적인 인구를 최대한 늘이는 것이며, 동시에 비국가적 공간에서는 공물을 얻어내거나 최소한 중립적인 상태를 유지하는 것이다.[9] 이러한 비국가적 지역은 상징적 혹은 실질적인 측면에서 항상 잠재적으로 파괴적 역할을 맡아왔다. 왕궁의 우월한 눈높이에서 볼 때 그러한 공간과 그곳 주민들은 무례함, 무질서, 야만의 전형이었으며, 이는 중심부의 정중함, 질서, 문화적 소양과 사뭇 대조되었다.[10] 두말할 나위 없이 그러한 공간은 도주하는 농민, 반역자, 무법자는 물론 가끔 왕국을 위협하는 왕권 경쟁자의 도피처가 되었다.

물론 해발 고도의 차이에 따른 생태 환경은 비국가적 공간을 특징짓는 많은 요소 중에서 한 가지에 불과하다. 비국가적 공간은 다음의 것 가운데 하나 혹은 그 이상의 특징을 공유하는 듯하다. 곧, 그곳은 상대적으로 들어가기가 어렵고(야생적이고 길이 없으며, 미로 같고 또한 폐쇄적이다), 사람들은 흩어져 살거나 이동하는 경향이 있을 뿐 아니라, 잉여 생산물을 빼앗길 개연성도 거의 없는 지역이다.[11] 그러므로 늪지와 습지〔오늘날 이란과 이라크 국경 지대에 둘러싸인 마쉬 아랍인(Marsh Arabs)을 생각할 수 있다〕, 계속해서 모양이 달라지는 삼각주 지역과 강 하구, 산악 지대, 사막(유목을 하는 베르베르족과 베두인족이 선호하는), 바다(버마 남부 지대에 살고 있는 이른바 '해양 집시'에게는 집에 해당하는) 그리고 좀더 일반적으로 변경 지대는 내가 사용하는 용어로 모두 '비국가적 공간'인 셈이다.[12]

동남아시아든 그 밖의 다른 지역에서든 오늘날의 발전 계획은 국가적 공간의 창조를 요구하며, 그 속에서 정부는 '개발'되어야 할 사람들의 사회와 경제를 재조정하고자 한다. 근대적 개발주의 국가에 의해 주변의 비국가적 공간이 국가적 공간으로 전환되는 일은 도처에 흔하며, 그러한 공간에 거주하는 주민에게 그와 같은 과정은 너무나 충격적이다. 칼리만탄 지역의 메라투스 고원에 살고 있는 유목민을 정복하려고 시도한 인도네시아 정부의 노력에 대한 애너 L. 칭(Anna L. Tsing)의 세심한 연구는 이와 관련해 가장 적절하고도 놀라운 사례를 보여준다. 그녀가 지적했듯이 메라투스 사람들은 "그때까지만 해도 개발 계획 모델이 요구하는 명확성이나 가시성과는 무관한" 지역에서 살아왔다. 유목적 수렵 생활과 이동 경작을 병행하고, 끊임없이 변화하는 혈연 단위를 구성하고 있을 뿐만 아니라 대단히 넓은 지역에 흩어져 살고 있으며, 또한 인도네시아 사람들이 볼 때 이교도에 해당하는 메라투스 사람들이야말로 개발의 대상이 되기에는 사뭇 벅찬 사례였다. 인도네시아 정부 관리들은 일관성 없는 방식으로 메라투스 사람들을 주요 도로 근처에 있는 계획 촌락으로 밀집시키려 했다. 이때 암묵적 목표는 고립된 주민에 대한 통제를 담당하는 관리가 관할 구역 내에서 눈으로 확인하고 지시할 수 있도록 고정되고 밀집된 인구를 만드는 것이었다.[13] 메라투스 사람들을 움직이지 않는 인구로 묶어두는 것이 국가의 감독과 개발의 전제 조건이었다면, 메라투스 사람들이 인간으로서 갖고 있던 대부분의 정체성은 "구속받지 않는 이동성"에 의존하고 있었다.[14]

메라투스 사람들에 대한 접근성이 떨어진다는 사실은 국가 개발의 표어나 정부 관리의 시각으로는 유감스럽게도 후진성의 지표였다. 그들은 장차 자신을 문명화시킬 사람들에 의해서 "아직 정돈되지 않았다"거나 "아직 질서가 없다", "아직 종교가 없다"는 식으로 묘사되었다. 또한 그들의 경작 관습은 "무질서한 농업"으로 서술되었다. 메라투스 사람들 입장에서는 정부가 그들을 위해 계획한 일의 핵심을 자신들이 장악하고 있었다. 그들은 숲을 관통하는 주요 도로를 따라 정착하도록 요구받았는데 한 지역 지도자가 말한 것처럼 이는 "정부의 눈에 사람들을 띄게 하는 것이 목적이었다." 자신들이 정착해 살아야 하는 집단 주택은 "만약 정부 사람들이 방문할 경우 좋아 보이도록" 계획되었다고 그들은 생각했다.[15] 개발과 진보 그리고 문명이라는 담론에 따르자면, 메라투스 사람들을 위한 인도네시아의 국가 계획은 가독성과 집중화를 동시에 겨냥하는 프로젝트였다.

비국가적 공간에서 국가적 공간을 창출해 확실히 구분하고자 하는 노력이 국가에 의해 논리적 결론에 도달한 것은 실제로 발생한 반란과 무관하지 않다. 군사적 위협이라는 특성은 요새나 강제 촌락 혹은 수용소처럼 경계가 분명하고 감시와 순찰이 용이한 국가적 공간을 필요로 한다. 이와 관련한 현대의 사례로는 제2차 세계대전 직후 비상사태 동안 말레이시아에서 있었던 이른바 '새로운 마을(new village)'을 들 수 있다. 그 마을은 중국인 소자작농과 고무 채취 종사자를 특별히 격리한 다음, 배후지 너머에서 주로 중국인들로 구성된 게릴라 세력에게 인력이나 음식, 현금, 보급품 등을 제공하지 못하도록 고안되었다. 훗날 이것을 모방해 만든 베트남의 '전략촌'에서는 다루기 힘든 주민을 똑같은 형태에 일련번호를 매긴 집에서 묵게 했다.[16] 사람들의 출입은 엄격히 감시되었다. 그것은 가독성이 높고 경계가 분명할 뿐 아니라 집중화된 국가적 공간을 창출하고 유지하며, 또한 가능한 한 외부로부터 완벽하게 봉쇄된 전시 기간 동안의 포로수용소와 거의 비슷했다. 여기에서는 경제적 수탈보다 직접적 통제와 규율이 훨씬 더 중요하다. 최근에 비국가적 공간을 국가적 공간으로 개조하기 위한 노력이 전례 없이 늘고 있다. 어떤 경우든 이것은 베트남 전쟁 동안 숲의 나무를 고사시키고, 숲의 가독성과 안전성을 담보하기 위해 (물론 정부군을 위해서) 대량 살포한 고엽제의 성격을 말해주는 한 가지 방법이다.

국가적 공간이라는 개념은—시장 경제의 맥락을 위해 적절히 수정될 경우—동남아시아의 식민지 농업 정책에서 나타나는 분명한 모순 구조를 해결하는 데 도움을 줄 수도 있다. 식민지 당국이 소자작농보다 플랜테이션 집단 농업을 왜 확실히 더 선호했는지 우리는 어떻게 설명해야 할까? 선택의 근거가 효율성이 아니라는 점은 확실하다. 아마도 사탕수수를 제외한다면[17] 우리가 아는 거의 모든 곡물들에서 소자작농은 대규모 생산 단위에 비해 역사적으로 경쟁 우위에 있었다. 식민지 정부가 반복적으로 발견한 것은 소규모 생산자가 적은 고정 비용과 가족노동의 유연한 사용 덕분에 국영 집단 농장이나 민간 집단 농장에 비해 상품을 좀더 싼 가격에 지속적으로 판매할 수 있었다는 사실이다.

내가 생각하기에 이런 모순은 집단 플랜테이션의 '효율성'을 고려하면 대개 해소된다. 이는 과세의 단위로서 효율적이고(소득세와 다양한 수출 부담금 포함), 노동 통제와 감독이라는 측면에서도 그러하며, 또한 정치적 통제라는 차원에서도 마찬가지다. 식민지 말레이시아의 고무 생산을 예로 들어보자. 20세기의 최초 10년 동안 고무 열풍이 발흥할 당시만 해도 영국의 관리와 투자가들은 좀더 양질의 종자 심기, 좀더 나은 과학적 관리, 좀더 잘 준비된 노동력을 갖춘 집단 농장에 의한 고무 생산이 소자작농에 의한 것보다 훨씬 더 효율적이고 생산적이라는 사실이 증명될 것이라고 확신했다.[18] 자신이 틀렸다는 것이 드러난 이후에도 역시 관리들은 식민지 경제에 전반적인 부담을 지우면서도 고무 집단 농장을 끝까지 선호했다. 세계 대공황 기간 동안 말레이시아에서 있었던 악명 높은 스티븐슨(Stevenson) 계획은 소자작농 생산을 제한해가면서까지 망해가는 고무 농장 산업을 유지하려 한 정말 노골적인 시도였다. 만약 그런 계획이 없었다면 대부분의 집단 농장은 망했을 것이다.

식민지 지배자들이 집단 농장 부문을 보호하면서 자신의 농촌 동업자와 도시 투자가의 이익을 동시에 보호하려고 했다는 것은 그들의 정책을 설명하는 여러 요인 가운데 단 한 가지에 불과하다. 만약 그것이

주된 이유였다면 이와 같은 정책은 그 나라의 독립과 함께 끝났을 것이다. 하지만 우리가 이제 곧 살펴보겠지만, 사실은 그렇지 않았다. 플랜테이션이 생산자로서는 소자작농보다 덜 효율적이었지만 과세 단위로서는 훨씬 더 편리했던 것이다. 오늘은 여기에 있다가 내일은 저리로 가버릴 뿐 아니라 토지 소유나 생산, 소득에 대한 국가의 가독성이 매우 취약한 소자작농 무리보다는 규모가 크고 공공 기관이 소유한 기업이 감독하기에 훨씬 더 편하고 세금을 걷기에도 훨씬 더 쉬웠다. 플랜테이션 농업은 단일 작물로 특화되었기 때문에 생산과 소득을 평가하는 작업도 간단했다. 고무에 대한 농장 생산의 두 번째 이점은 전형적으로 집중화된 거주와 노동 형태를 제공함으로써 중앙으로부터의 정치적·행정적 통제를 훨씬 더 용이하게 수용했다는 사실이다. 요컨대 자신들의 고유한 역사와 지배 구조 그리고 혼합 경제를 갖고 있던 말레이시아의 '캄풍(kampung) 마을'에 비해 집단 농장은 훨씬 가독성 높은 공동체였다.

유사한 논리를 독립 이후 말레이시아의 연방 토지 계획 수립에 적절히 적용할 수 있다. 말레이시아 정부는 대규모 자발적 이민을 통해 변방이 이미 적극적으로 개척되던 1960년대~1970년대에 왜 거대하고 고비용인 데다 관료적 통제가 필요한 정착지를 세웠을까? 개척자들의 정착지는 실제로 국가에 아무런 경제적 부담도 주지 않았고, 역사적으로 환금 작물을 경작해 시장에 내다 파는 식으로 독자적인 생존이 가능한 가내 기업을 만들었다. 경제적 논리로 본다면 정부가 설립한 거대한 고무 기업 그리고 야자유 기업은 비합리적이었다. 건설하는 데도 엄청난 비용이 들어가고, 거주자 1인당 자본 지출 또한 합리적인 사업가가 투자할 수 있는 정도를 훨씬 넘어섰다.

그러나 정치적으로나 행정적으로 볼 때, 이처럼 거대한 규모로 중앙에서 계획하고 운영하는 정부 기업은 여러 가지 측면에서 이점이 있다.

말레이시아 공산당이 시도한 혁명이 말레이시아 통치자의 기억에 여전히 생생하게 남아 있을 때, 계획된 정착지들은 '전략촌'으로서 장점을 갖고 있었다. 그것들은 단순 격자 형태로 설계되어 외부 관리자의 눈에 쉽게 읽혔다. 가옥 필지에는 일련번호가 매겨졌으며 그곳 주민의 신원을 일일이 등록해 개방적인 변방 지역에서보다 훨씬 더 면밀하게 감시할 수 있었다. 말레이시아의 정착민들은 연령, 기술, 정치적 충성도에 따라 신중하게 선발할 수 있었으며 또 실제로 그렇게 선발되었다. 1970년대 후반 내가 연구를 하기 위해 머물렀던 케다(Kedah) 지역 사람은 자신들이 정착 계획에 선정되기 위해서는 지역 내 여당 정치인의 추천서가 필요하다는 사실을 잘 알고 있었다.

말레이시아 정착민들의 행정적 그리고 경제적 상황은 모든 사람이 유사한 직업에 종사하고, 똑같은 사장에게서 월급을 받고, 사택에 살며 회사 내 상점에서 물건을 구입하던 산업화 초기 단계의 '기업 타운'에 비교할 수 있다. 플랜테이션 작물이 익을 때까지 정착민은 임금을 받았다. 그들의 농작물은 국가가 지정한 경로를 통해 시장에 나갔으며, 계획을 맡은 관리가 제시한 수많은 규정 가운데 어느 것 하나라도 위반할 경우 바로 해고되었다. 경제적 의존과 직접적인 정치적 통제는 여당을 다수당으로 만들기 위한 계획이 일상적으로 시도되었음을 의미한다. 집단적 항의는 드물었으며 대개의 경우 행정가가 사용할 수 있는 제재를 통해 싹부터 제거되었다. 연방토지개발공사(FELDA)의 정착지들은 국가로 하여금 수출용 곡물의 혼합에 대한 통제, 생산과 처리 과정의 감독 그리고 세입 창출을 위한 생산자 가격의 결정을 가능하게 했다.

계획된 정착 체제와 관련해 공공연하게 규정된 근거는 항상 질서 있는 개발과 사회 복지(건강 진료, 위생, 적절한 주거, 교육, 식수, 사회 기반 시설의 보급 같은) 담론 속에 담겨져 있다. 이와 같은 공식적 수사학이 의도적으로 불성실한 것은 아니다. 하지만 이런 종류의 질서정연한 개발이 수용이나 치안 그리고 정치적 헤게모니처럼 자율적인 방식의 변방 정착화가 성취할 수 없었던 중요한 국가 목적을 달성하는 데 도움을 준 여러 가지 방법에 관해서는 침묵하는 오류를 범했다. FELDA의 계획은 반란 억제 정책의 일환으로 만든 새로운 촌락의 '부드러운' 민간(civilian) 버전이었다. 그들이 지불한 배당금은 국가적 공간의 확장에 소요된 배당금에 비해 경제적 수익이 낮았다.

계획된 정착과 정주화라는 국가 계획은—말레이시아에서든 다른 곳에서든—예상한 대로 진행되는 경우가 드물었다. 과학적 삼림이나 격자형 도시에서와 같이 개발의 목표는 그것을 고안한 자들이 갈망해온 미세한 통제를 상습적으로 벗어났다. 하지만 우리는 이런 계획의 효과가 지역적 관습에 의해 아무리 굴절되었다 해도 그들 자신의 수사에 부응하는 만큼 그들이 제자리를 찾았느냐에 달려 있다는 점을 결코 간과해서는 안 된다.

계획된 정착지로의 인구 집중은 국가 계획가들이 의도한 바를 이루지는 못했다. 그러나 응집력의 기반이 비국가적 자원들이던 과거의 공동체를 거의 항상 파괴하거나 분열시켰다. 따라서 이렇게 대체된 공동체는—규범적 차원에서는 반대할 수도 있지만—자신의 고유한 역사와 사회적 연대, 신화 그리고 집단행동에 대한 역량을 나름 갖추고 있었을 공산이 크다. 당연한 일이지만 실제로 국가가 지정한 정착지는 처음부터 응집력과 집단행동을 위한 스스로의 원천을 만들기 시작해야 한다. 그러므로 새로운 공동체는 또한 당연히 해체될 공동체이며, 결국 위로부터 그리고 외부로부터의 통제에 더욱더 고분고분할 수밖에 없다.[19]

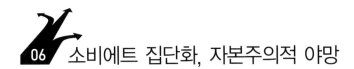

06 소비에트 집단화, 자본주의적 야망

소비에트 사회 건설의 주역들은 파리 대개조를 계획한 오스망 남작보다는 브라질리아를 설계한 니에메예르 쪽에 더 가까웠다. 패전, 경제적 와해 그리고 혁명의 결합은 국가 건설자들이 여태까지 가져본 부지 가운데 불도저로 밀어버린 상태에 가장 가까운 것을 제공했다. 대담성의 측면에서 볼 때 그 결과는 일종의 극단적 하이 모더니즘으로, 그 전례라고 할 수 있는 프랑스 대혁명의 유토피아적 측면을 생각나게 했다.

이 자리는 소련의 하이 모더니즘 일반을 논의하는 지면도 아니고, 내가 그 분야에 가장 정통한 안내자도 아니다.[1] 대신 나는 소련의 하이 모더니즘에서 문화적 · 미학적 요소를 강조하고자 한다. 이를 통해 미소 양국의 하이 모더니즘 사이에 나타나는 직접적인 관계를 고찰하게 될 것이다. 그것은 다름 아닌 거대하고 기계화된 산업적 농장이다.

모종의 결정적인 측면에서 보면, 소련의 하이 모더니즘은 러시아 절대왕정과의 급격한 단절은 아니다. 에르네스트 겔너(Ernest Gellner)에 따르면 계몽주의에는 개인의 주권 그리고 자신의 이익을 주장하는 것과 전문가의 합리적인 권위를 존중하는 두 가지 측면이 있는데, '낙후된'

국가의 지도자로 하여금 선진국을 따라잡도록 만든 것은 후자의 경우였다. 중부 유럽에 당도한 계몽주의는 "자유주의의 힘이 아니라 중앙 집중화의 힘"이었다는 것이 겔너의 결론이다.[2]

따라서 레닌식 하이 모더니즘의 강력한 역사적 선례는 리처드 스타이츠(Richard Stites)가 이름 붙인 것으로 18~19세기 제정 러시아 시대의 황제와 그 참모들의 '행정 유토피아주의'에서 찾을 수 있다. 이러한 행정 유토피아주의는 사람들(농노, 군인, 노동자, 하급 관리)을 "계급, 기강, 결집, 엄격한 명령, 합리적 계획, 기하학적 환경, 공공복지에 기초한" 제도 안으로 조직화하려는 일련의 시도에서 잘 드러난다.[3] 표트르 대제의 상트페테르부르크는 이러한 비전의 도시적 실현이었다. 이 도시는 완전히 새로운 영토 위에 곧은 직선과 방사형 계획에 따라 설계되었다. 상트페테르부르크의 직선 대로는 설계상 그 폭이 가장 높은 건물 높이의 두 배였으며, 이는 당연히 그 도시의 기하학적 중심이 되었다. 또한 건물 스스로 기능과 위계를 반영했다. 건물의 외관, 높이, 재료가 그 건물에 입주한 사람들의 사회 계급과 일치했기 때문이다. 도시의 물리적 외형은 사실상 처음부터 의도된 사회 구조를 읽을 수 있는 지도였다.

상트페테르부르크에는 도시와 농촌이 공존하는 경우가 많았다. 예카테리나 여제 치하에서 그리고리 포템킨(Grigory Potemkin)은 [예카테리노슬라프(Ekaterinoslav) 같은] 일련의 도시 모델과 농촌 주거 모델을 건설했다. 그 뒤를 이은 제정 러시아의 두 황제, 곧 파벨 1세와 알렉산드르 1세는 프로이센적 질서와 효율성에 대한 예카테리나 여제의 열정을 이어받았다.[4] 그들의 자문역이던 알렉세이 아락체예프는 모델 농장을 하나 만들었는데, 그곳의 농부들은 단체복을 입은 채 유지 및 관리에 필요한 상세한 지침을 준수해야 했으며 심지어 지침 위반 기록을 게재한 '벌점책'을 갖고 다녀야 할 정도였다. 이 농장은 널리 산재한 자급자족적 군사 공동체를 연결하기 위한 훨씬 더 대담한 계획의 기초가 되었으며, 1820년대 후반 무렵에는 75만 명을 수용하게 되었다. 러시아 개척 사회의 무질서, 이동성, 유동성과 대비해 새로운 러시아를 창조하고자 하는 이러한 시도는 대중적 저항, 부패, 비효율성에 의해 쉽게 무너졌다. 어쨌든 볼셰비키가 권력을 장악하기 훨씬 이전에도 역사적 장면은 권위주의적 사회 계획에 의해 잘못 운용된 실험들이 남긴 파편들로 얼룩졌던 것이다.

레닌과 그의 동지들은 거의 무(無)에서 하이 모더니즘적 계획을 추진할 수 있었다. 전쟁과 혁명 그리고 뒤이은 기근은 특히 도시에서 혁명 이전 사회를 해체하는 데 큰 도움이 되었다. 산업 생산의 총체적 붕괴는 도시에서의 대규모 주민 탈출과 사실상 물물교환 경제로의 후퇴를 초래했다. 뒤이은 4년간의 내전은 기존의 사회적 유대를 더욱더 해체했고 징발, 계엄령, 탄압 같은 '전시(戰時) 공산주의' 방법을 통해 곤궁에 빠진 볼셰비키를 단련시켰다.

볼셰비키들은 평준화된 사회적 지형 속에서 일하며, 또한 첫 번째 사회주의 혁명의 선구자라는 차별성에 부합하는 하이 모더니즘적 야망을 품고서 실로 엄청난 발상을 했다. 그들이 계획한 거의 모든 것은 집단 농장은 말할 것도 없고 도시와 (소비에트 궁전 같은) 건물에서부터 〔백해 (White Sea) 운하 같은〕 건설 사업 그리고 훗날의 제1차 5개년 계획 같은 대규모 공업화 프로젝트〔이를테면 마그니토고르스크(Magnitogorsk) 공업 도시〕에 이르기까지 기념비적인 규모였다. 쉴라 피츠패트릭(Sheila Fitzpatrick)은 크기에 대한 이런 단순한 열정에 '거대광(巨大狂, gigantomania)'이라는 적절한 이름을 붙였다.[5] 레닌이 예상한 것처럼 경제 그 자체는 누구나 중앙 정부 통계국에 의해 규정된 품질과 양의 상품을 생산하기만 하면 된다는 의미에서 하나의 잘 조직화된 기계로 인식되었다.

그러나 물리적 세계의 변화만이 볼셰비키의 유일한 과제는 아니었다. 그들이 추구한 것은 새로운 인간의 창조라는 문화 혁명이었다. 일반 대중 속의 지식 계급은 혁명의 이러한 측면과 관련해 가장 헌신적인 지지자들이었다. 무신론을 장려하고 기독교 의식을 탄압하는 캠페인은 농촌에서 두드러졌다. 수많은 팡파르 속에서 새로운 '혁명적' 장례식과 결혼식이 창안되었고, 세례식의 대안으로 '10월 혁명의 의식화'가 장려되었다.[6] 합리적이고 깨끗하고 경제적인 화장(火葬)이 촉구되기도 했다. 이런 세속화와 더불어 교육과 문맹 타파를 고취하는 거대하고 폭넓은 대중 캠페인이 전개되었다. 건축가와 사회 계획가들은 부르주아적 가족 양태를 대체하기 위해 고안된 새로운 공동체 생활양식을 창안했다. 공동 취사, 공동 세탁, 공동 보육은 여성을 전통적인 노동 분업에서 해방시킬 것을 약속했다. 주택의 배열은 명시적으로 '사회적 응축기(social condenser)'를 의도했다.

볼셰비키 전문가, 기술자, 혹은 정부 관리 같은 '신인간'은 종종 간단히 '쿨투라(kultura)'라고 불리기도 했는데, 그들이 사회적 윤리의 새로운 코드를 대표하게 되었다. 기술과 과학에 대한 숭배에 맞추어, 쿨투라는 시간 엄수, 청결, 사무적인 단순 명쾌함, 예절 바른 겸손, 선량하지만 허세 부리지 않는 매너를 강조했다.[7] 쿨투라에 대한 이와 같은 이해와 시간 연맹(League of Time)에 대한 당의 애착은 시간관념과 효율적인 노동 습관 그리고 규칙적인 일상생활에 대한 장려와 함께 유진 자미아틴의 소설 《우리들》에서 기막히게 희화화되었고 나중에는 조지 오웰의 소설 《1984》에 영감을 주었다.

문화와 건축 분야에서 이러한 혁명을 바라보는 외부 관찰자에게 남겨진 강한 인상은 공적(公的) 형식에 대한 강조, 곧 새로운 세계의 시각적 그리고 미학적 차원을 극명히 하는 것이었다. 이런 점이 가장 잘 드러나는 것은 아마도 소비에트 국가 초기의 문화 홍행사 아나톨리 루나

차르스키(Anatoly Lunacharsky)가 조직하고 스타이츠가 명명한 '소집(召集)의 축제'일 것이다.[8] 루나차르스키가 제작한 야외 연극에서 혁명은 대포, 악단, 탐조등, 수상 선박, 4000명의 배우와 3만 5000명의 관중을 동원해 진짜 혁명 같은 거대한 규모로 재현되었다.[9] 실제 혁명은 현실의 일상적 혼란을 동반했겠지만, 이를 연극으로 재현할 때에는 군사적 치밀함이 요구되었다. 그래서 배우들은 소대 단위로 조직되어 수기(手旗) 신호와 야전 통신에 따라 움직였다. 집단 체조처럼 이 대중적 장관은 사건들에 대해 과거 소급적인 질서와 목적 그리고 중심적인 지침을 부여했으며, 이것은 실제 역사적 사실을 반영하기 위해서가 아니라 관중을 감동시키기 위해 고안되었다.[10] 만약 알렉세이 아락체예프의 군사 거류지에서 바라던 질서를 예상하고 재현하고자 하는 시도를 보게 된다면, 아마도 루나차르스키의 무대 위 혁명은 볼셰비키와 프롤레타리아 군중 사이에서 바라던 관계의 발현으로 보일 수도 있었을 것이다. 그러한 의식이 옳다는 것을 드러내기 위해 모든 것이 동원되었다. 루나차르스키 자신이 노동절 축하 행사 때문에 교회가 파괴된다고 불평했을 때, 모스크바 시장인 라자르 카가니비치(Lazar Kaganivich)는 이렇게 대답했다. "나의 미적 가치관에 따르면 모스크바 시의 6개 구에서 온 시위 행렬이 붉은 광장에 한꺼번에 진입해야 합니다."[11] 건축, 공적 예절, 도시 설계, 공공 의식에서 시각적이고 합리적이고 규율화된 사회적 외양에 대한 강조가 시대의 대세인 듯했다.[12] 스타이츠는 이러한 질서와 목표의 공식적인 측면 그리고 사회 전반적으로 만연한 무정부 상태 같은 혼란 사이에는 어떤 역학 관계가 있다고 보았다. 곧, "이와 같은 모든 유토피아의 경우에서처럼, 창시자들은 유토피아를 합리적이고 대칭적인 용어를 통해 그리고 계획, 통제 수치, 통계, 예측, 정확한 명령 같은 수학적 언어를 통해 묘사했다. 하지만 유토피아적 계획을 희미하게나마 닮은 군사적 집단 거류지 비전에서조차 이와 같은 합리적 외양은 그것이 수반하는 엄청난 양의 고통, 무질서, 혼돈, 타락 그리고 변덕스러움을 겨우 가려 주었을 뿐이다."[13]

스타이츠의 주장이 함축하는 것은 아마도—어떤 환경 속에서는—내가 질서의 소형화라고 부르는 것이 실제 현실을 대체할 수 있다는 점이다. 하나의 겉모습 혹은 관리하기 쉬운 명령과 순응의 작은 영역이 결국에는 그 자체가 목적이 될 수도 있다. 곧, 재현이 현실을 능가하게 되는 것이다. 물론 축소 모형과 소규모 실험은 더 큰 현상을 연구하는 데 중요한 역할을 한다. 규모에 따라 축소된 비행기 모형과 풍동(風洞, wind tunnel: 공기의 흐름이 비행기 등에 미치는 영향을 실험하기 위해 만든 터널식 장치—옮긴이)은 새 비행기를 고안하는 데 필수적인 단계이다. 그러나 두 가지를 혼동할 때, 예컨대 장군이 연병장을 전쟁터로 착각할 경우 그 결과는 어쩌면 재난에 가까울 것이다.

미·소의 공동 집착: 산업적 영농

소련 집단 농장의 관행과 논리에 대해 본격적으로 살펴보기 전에, 우리는 엄청난—심지어 국가적 규모—규모의 농업에 대한 합리화가 전 세계에 걸쳐 사회공학자와 농업 계획가들에 의해 공유된 신념 가운데 하나였다는 사실을 인정해야 한다.[14] 그들은 서로 공통의 노력을 하고 있다는 사실도 잘 알고 있었다. CIAM 소속 건축가처럼 그들도 학술지, 학술 대회, 전시회 등을 통해 교류했다. 미국의 농업경제학자와 러시아 측 동업자 간의 커넥션이 가장 강했는데, 이들의 관계는 심지어 냉전 동안에도 완전히 깨지지 않았다. 서로 크게 다른 경제적·정치적 환경 속에서 일하면서도 러시아인은 미국 농장, 그중에서도 특히 기계화에 따른 자본 투자 수준을 동경한 반면 미국인은 소련의 계획에서 나타난 정치적 역량을 부러워했다. 대규모의 합리적 산업 영농이라는 새로운 세계를 창조하는 데 그들이 얼마나 함께 작업했는지를 알기 위해서는 둘의 관계에 대한 다음과 같은 간단한 설명으로도 충분하다.

미국에서 산업적 기법을 농업에 적용하려는 열정은 대체로 1910년대~1930년대 말이 절정이었다. 새롭게 대두한 전문가, 즉 농업 기술자들이 주로 이러한 열정을 전파했다. 그들은 자신의 모태 학문인 산업공학에서뿐 아니라, 특히 '시간-동작' 연구의 선구자인 테일러의 학설에서 많은 영향을 받아 농장의 개념을 '식량과 식품 공장'[15]으로 재정립했다. 비숙련 노동자가 빠르게 습득할 수 있도록 작업을 단순하고 반복적인 동작으로 쪼개는 테일러주의, 곧 과학적으로 측정된 노동 과정이 공장 현장에서는 잘 작동했을지 모르지만, 생장하는 농작물이 직면한 다양하고 비반복적인 조건에도 똑같이 적용될 수 있을지는 의문이었다.[16] 따라서 농업공학자들은 농장 운영을 좀더 쉽게 표준화할 수 있는 방향으로 전환했다. 농장 건물의 배치를 합리화하고 기계와 도구를 표준화하며, 주요 곡물 수확의 기계화를 장려하고자 노력한 것이다.

농업공학자들은 직업적 본능에 따라 근대적 공장의 특징을 가능한 한 많이 복제했다. 이는 그들로 하여금 전형적인 작은 농장을 계속 큰 규모로 확장하는 일에 집착하도록 만들었다. 이를 통해 표준화된 농업 상품을 대량 생산하고, 작업을 기계화하며, 결국에는 생산 단가를 크게 감축시킬 수 있다고 보았기 때문이다.[17]

나중에 살펴보겠지만, 산업 모델은 일부 농업에는 적용할 수 있지만 모든 농업에 그렇지는 못했다. 그럼에도 불구하고 그것은 신중하게 실험해야 하는 과학적 가설이 아닌 하나의 신념으로서 무차별적으로 적용되었다. 거대한 규모, 생산의 중앙 집중화, 표준화된 대량 상품 그리고 기계화에 대한 모더니즘적 확신이 산업의 선도적 영역과 관련해 너무나 지배적이어서 똑같은 원칙이 농업에서도 동일하게 작용하리라는 것이 일종의 신념이 되었다.

이러한 신념을 실험해보기 위한 많은 노력이 있었다. 그중에서도 아마 가장 대담한 것은 1918년에 시작된—혹은 설립되었다고 해야 할—몬태나 주의 토머스 캠벨(Thomas Campbell) '농장'일 것이다.[18] 캠벨 농장은 여러 가지 측면에서 산업형 농장이었다. 지분은 농장을 '산업적 기회'라고 설명한 안내서에 의해 팔려나갔고, 금융가 J. P. 모건(J. P. Morgan)은 일반인으로부터 200만 달러를 모았다. 몬태나 농업 주식회사는 9만 5000에이커에 달하는 거대한 밀 농장이었는데, 대부분 미국의 네 개 원주민 부족에게서 임차한 것이었다. 개인적 투자에도 불구하고 이 같은 사업은 미국 농무부와 내무부의 지원과 보조금이 없었다면 절대로 진척되지 못했을 것이다.

농장 경영은 90퍼센트의 공학과 10퍼센트의 농업이라고 선언하면서, 캠벨은 가능한 한 운영의 많은 부분을 표준화하기 시작했다. 캠벨은 파종과 추수 사이에는 거의 돌볼 필요가 없는 튼튼한 두 가지 작물, 곧 밀과 아마를 경작했다.[19] 그가 경작한 토지는 불도저로 밀어버린 브라질리아 신개발지의 농업적 버전에 다름없었다. 그곳은 천연적으로 비옥한 처녀지로서 비료가 필요하지 않았다. 지형 또한 문제를 크게 단순화했다. 기계의 부드러운 작동에 방해가 될 만한 수목이나 개천, 바위, 구릉 등이 없는 평지였던 것이다. 다시 말해서, 가장 단순하고 표준화된 작물을 선정하고, 거의 비어 있는 농지와 다름없는 땅을 임대한 것은 산업적 기법을 적용하는 데 유리하도록 미리 계산된 것이었다. 캠벨은 첫해에 트랙터 33대, (짚단을 묶는) 바인더 40대, 탈곡기 10대, 콤바인 4대와 트럭 100대를 구입했다. 연중 대부분 기간에는 인부를 약 50명가량 채용했지만 농번기에는 200명 정도를 고용했다.[20]

여기서 몬태나 농업 주식회사의 운명을 자세히 열거할 필요는 없다. 하지만 어쨌든 데버러 피츠제럴드(Deborah Fitzgerald)가 그 작업을 이미 훌륭하게 해놓았다.[21] 사업 두 번째 해에 닥친 가뭄과 그 이듬해 정부의 가격 지원 삭감에 따라 J. P. 모건이 100만 달러를 부담하게 되어 파산 지경에 이르렀다는 점만 얘기하는 것으로도 충분할 것이다. 날씨와 가격 이외에도 캠벨 농장이 직면한 문제는 또 있었다. 곧, 토양의 차이, 노동자의 높은 이직률, 감독할 필요가 거의 없는 숙련 노동자의 구인난 등이었다. 1966년 캠벨이 죽기까지 회사의 노력에도 불구하고 산업형 농장이 가족형 농장보다 효율성과 수익성 측면에서 더 우월하다는 어떤 증거도 나타나지 않았다. 산업형 농장이 소농보다 유리한 점은 다른 종류의 것이었다. 바로 농장의 규모가 신용이나 (세금, 지원금, 차압 회피와 관련된) 정치적 영향력 그리고 마케팅 주도권에서 우세하게 작용했다는 점이다. 그들은 따라서 명민하고 질 높은 노동력 확보를 포기하는 대신 이를 매우 정치적이고 경제적인 영향력으로 보충했다.

과학적 방식에 따라 관리하는 많은 대규모 산업형 농장이 1920년대와 1930년대에 설립되었다.[22] 그 가운데 일부는 대공황 당시 매각조차 되지 않아서 은행과 보험 회사들이 가지고 있던 압류물의 의붓자식이나 마찬가지였다. 하나로 통합해 운영하기 위해 심지어 600개의 농장으로 구성된 이와 같은 '농장 체인(chain farms)'은 〔오늘날 가금류 '계약 농업(contract farming)'처럼, 이를테면 돼지를 번식하는 농장과 사육하는 농장 같은 식으로〕 매우 흔했으며, 그 농장의 주주가 되는 것은 일종의 투기였다.[23] 이러한 농장들도 캠벨의 회사와 다름없이 가족 농장과 경쟁이 되지 않는다는 사실이 드러났다. 사실상 이런 농장은 매우 자본 집약적이기 때문에 비우호적인 신용 시장에 취약했다. 또한 인건비 그리고 이자와 관련한 높은 고정 비용을 감안할 때 낮을 수밖에 없는 농장 산지 가격에 대해서도 취약했다. 이와 대조적으로 가족농업은 쉽게 허리띠를 줄이며 생존 모드로 전환할 수 있었다.

미국의 소자산 체제와 거대한 규모의 경제 그리고 과학적이고도 중앙 집중적인 관리가 서로 조화를 이루도록 고안한 제안 가운데 가장 놀라운 것은 1930년 모디카이 에제키얼(Mordecai Ezekial)과 셔먼 존슨(Sherman Johnson)에게서 비롯되었다. 이들은 모든 농장을 통합하는 '국립 농업 주식회사'의 윤곽을 그렸다. 이는 수직적으로 통합되고 중앙 집중화된 것으로 "국가 내 개인 농장을 통해 농업 원료가 이동할 수 있고, 생산 목표와 할당량을 수립하고, 기계와 인력 그리고 자본을 분배할 수 있으며, 가공과 이용을 위해 농장 생산물을 다른 지역으로 이동할 수도 있었다." 산업 분야의 세계와 놀라울 정도로 유사한 이런 조직적인 계획은 일종의 거대한 컨베이어 벨트였다.[24] 에제키얼이 공황에 빠진 국내 경제 상황과 더불어 최근 자신이 방문한 소련 집단 농장의 영향을 크게 받았다는 사실에는 의심의 여지가 없다. 단지 경제 위기에 대한 대응으로서만 아니라 피할 수 없는 하이 모더니즘적 미래에 대한 확신에 따라 거대한 규모의 중앙 집중화된 산업 농장을 요구한 것은 비단 존슨과 에제키얼만이 아니었다. 그런 확신은 다음과 같은 표현에서 잘 나타난다. 곧, "집단 농장은 이제 역사와 경제학으로 자리 잡았다. 정치적으로 소작농이나 소농은 진보의 걸림돌이다. 기술적으로 그들은 목재 창고에서 손으로 자동차를 조립하는 소규모 기계 제작공만큼이나 한물갔다. 처음으로 이것을 직시하고 스스로 역사적 필연에 적응한 것은 러시아 사람들이다."[25]

러시아에 대한 이러한 감탄 이면에는 특정한 정치적 이데올로기보다는 그들이 공유한 하이 모더니즘적 신념이 있었다. 그와 같은 신념은 급조된 하이 모더니즘 교환 프로그램 같은 것들에 의해 한층 더 강화되었다. 많은 뛰어난 러시아 농업경제학자와 기술자들이 산업형 농업의 메카로 여겨지던 미국을 방문했다. 그들의 미국 농업 투어에는 캠벨의 몬태나 농업 주식회사뿐 아니라 1928년에는 몬태나 주립대학 농업경제학과를 책임지고 훗날 헨리 월리스(Henry Wallace) 밑에서 농무부의 고급 관료가 된 M. L. 윌슨(M. L. Wilson)을 방문하는 것도 거의 항상 포함되었다. 캠벨 농장에서 깊은 인상을 받은 러시아인들은 캠벨이 소련으로 와서 농장 경영 방법을 보여준다면 100만 에이커의 땅을 제공하겠다고 말하기도 했다.[26]

다른 방식의 양국 간 왕래도 마찬가지로 활발했다. 트랙터 생산과 그 외 농기계류를 포함한 소련 산업 생산의 다양한 요소를 설계하는 과정에서 도움을 얻기 위해 소련은 수천 명의 미국인 기술자와 엔지니어를 고용했다. 1927년까지 소련은 미국에서 2만 7000대의 트랙터를 구입했다. 에제키얼처럼 미국에서 온 많은 방문객들은 1930년까지 거대한 규모의 집단 농장 건설을 꿈꾸는 소련의 농장들을 동경했다. 미국인들은 단지 국가 농장의 크기뿐 아니라 농업경제학자, 경제학자, 엔지니어, 통계학자와 같은 기술 전문가들이 합리적이고 평등주의적인 노선에 따라 러시아의 생산에 이바지한다는 사실에 감명을 받았다. 1930년에 발생한 서구 시장 경제의 실패는 소련의 실험에 대한 매력을 부추겼다. 양국을 방문한 사람들은 각자 미래를 보았다고 생각하며 자신의 조국으로 돌아갔다.[27]

데버러 피츠제럴드와 루이스 포이어(Lewis Feuer)의 주장처럼 미국의 농업 근대주의자를 사로잡았던 집단 농장의 매력은 마르크스주의에 대한 신념이나 소련식 삶에 대한 선호와는 거의 상관이 없었다.[28] "오히려 그것은 산업적 규모와 산업적 방식으로 밀을 재배한다는 소련식 발상이 미국 농업이 향후 가야 할 방향이라는 미국적 사고와 유사했기 때문이다."[29] 이런 생각을 가진 미국 사람에게 소련의 집단 농장은 미국 제도에서와 같은 정치적 애로 사항이 없는 거대한 시범적 프로젝트처럼 보였다. 다시 말해서, "미국인들은 거대한 소련 농장을 농업 생산, 특히 밀 생산을 증진시키기 위해 필요한 가장 급진적인 아이디어들을 실험해볼 수 있는 거대한 실험실로 보았다. 그들이 배우고자 하는 많은 것들은 미국에서는 시도할 수 없었다. 왜냐하면 그중 일부는 너무 많은 비용이 들기 때문에, 일부는 그러기에 적당한 큰 농장이 없기 때문에, 또 다른 일부는 많은 농부와 농장 일꾼들이 그러한 실험을 하는 의도에 대해 놀랄 것 같았기 때문이다."[30] 희망은 소련의 농장 실험과 미국의 산업형 농업 발전과의 관계가 '테네시 강 유역 개발공사'와 미국의 지역 계획 사이의 관계처럼 되었으면 하는 것이었다. 곧, 현실적 기반을 입증함으로써 적용 가능한 모델이 되었으면 하는 바람이었다.

비록 캠벨은 소련이 제의한 광대한 시범 농장 계획을 수락하지 않았지만 그렇게 한 사람들도 있었다. M. L. 윌슨, (소련에서 폭 넓은 경험을 한) 해럴드 웨어(Harold Ware), 가이 리긴(Guy Riggin)은 미개척지 50만 에이커에 대단위 기계화 밀 농장을 만드는 계획에 초청을 받았다. 윌슨이 자기 친구에게 쓴 편지에서처럼 그것은 세상에서 가장 큰 기계화 밀 농장이 될 터였다. 1928년 12월, 그들은 시카고의 한 호텔 방에서 2주 동안 농장 전체의 윤곽, 노동력, 기계 소요량, 윤작 곡물과 빡빡한 작업 일정에 대한 계획을 수립했다.[31] 그들이 시카고의 호텔 방에서 그런 계획을 수립할 수 있다고 생각했다는 것은 주요 현안이 맥락을 배제한 추상적이고 기술적인 상호 연관성이라는 가정을 명확하게 보여준다. 피츠제럴드는 예리하게 다음과 같이 설명한다. "사실 이 계획은 자연과 인간 행동에 대한 비현실적인 이상화(理想化)에 기반을 두었기 때문에 미국에서조차도 낙관적이었을 것이다. 그리고 수백만 에이커의 평야, 수많은 노동자 그리고 생산 목적을 달성하기 위해 비용을 아끼지 않는 정부의 헌신이 있다면 미국 사람도 할 수 있는 일이었기에, '이 계획은 추상적이고 이론적인 종류의 공간을 위해 설계되었다고 할 수 있다'. 미국이나 러시아 또는 다른 어떤 현실 속의 지역에도 부합하지 않는 이런 농업 공간은 물리나 화학의 법칙에 따르는 것으로서 어떠한 정치적 또는 이념적 입장도 전혀 인식하지 못했다."[32]

모스크바에서 남쪽으로 1600킬로미터 떨어진 로스토프온돈(Rostov-on-Don)에 세워진 베르블루트(Verblud)라는 이름의 거대한 소프호스(sovkhoz)는 밀을 재배할 목적으로 37만 5000에이커의 부지에 걸쳐 만든 농장이다. 이곳은 비록 초기에는 밀을 대량 생산했지만, 경제적인 측면에서는 참담한 실패를 거두었다. 이 책의 목적에 비추어볼 때, 그러한 실패의 세부적 원인보다는 그 원인의 대부분을 '맥락'이라는 측면에서 요약할 수 있다는 사실이 더욱 흥미롭다. 특정 농장의 특정 맥락이 실패의 원인이었다. 계획에서와 달리, 농장은 가설에 따른 포괄적이고 추상적인 농장이 아니라 토양, 사회 구조, 행정 문화, 일기, 정치적 구속, 기계, 도로, 작업 기술 그리고 고용인들 습관 사이의 독특한 조합에 의해 영향을 받는 예측 불가능하고 복잡한 각각의 개별적 농장이었다. 앞으로 살펴보겠지만, 이 농장은 지역적 지식, 관행, 맥락이 서로 상관없다거나 기껏 피하고 싶은 성가신 그 무엇 정도라고 생각했던 야심찬 하이 모더니즘 계획의 전형적 실패라는 점에서 볼 때 브라질리아와 닮았다.

소련의 집단 농장화

여기서 우리가 가진 것은 기계가 아니라 이곳에 사는 사람들이다. 그 사람들이 스스로 정렬할 때까지 우리가 그들을 정리정돈할 수는 없다. 나는 혁명을 증기 엔진이라고 생각했었다. 그러나 이제는 그렇지 않다는 것을 알고 있다.

―안드레이 플라토노프, 《체벤구르》

소련 농업의 집단 농장화는 극단적인 경우이면서도 권위적인 하이 모더니즘 계획의 진단적 사례이다. 그것은 농업 생활과 농업 생산에서 유례없는 변혁이었고 국가가 원하는 대로 잔인한 권력에 의해 강요되었다. 더욱이 거대한 변화를 지시한 관료들은 농촌 경제 저변의 생태적, 사회적, 경제적 방식을 상대적으로 잘 모른 채 운영했다. 이를테면 영문도 모른 채 일했던 것이다.

　1930년 초반부터 1934년까지 소련 정부는 농촌에서 사실상의 전쟁을 벌였다. 스탈린은 '부농의 청산'과 집단 농장화를 위해서는 농촌의 소비에트 당원들에게 의존할 수 없음을 깨닫고 식량 징발, 저항자 체포, 집단화에 대한 전권과 함께 2만 5000명의 전투 경험 있는 도시 공산주의자와 노동자를 농촌에 급파했다. 그는 농민 계급이 소련을 전복하려 한다고 확신했다. 돈 강 지역의 농민이 아사 직전에 있음을 경고한 미하일 숄로호프(Mikhail Sholokhov, 《고요한 돈 강》의 작가)의 편지에 대한 회신에서 스탈린은 이렇게 썼다. "당신네 지역(비단 당신네 지역뿐만 아니라)의 존경받는 곡물 재배자들은 '이탈리아식 파업'으로 사보타주를 벌이고 있소! 그들은 붉은 군대와 노동자를 빵도 없이 내버려두려 하고 있소. 사보타주가 조용하고 겉으로는 (유혈 사태가 없어서) 무해하지만 그 친애하는 곡물 재배자들이 실제로는 소비에트 권력을 상대로 '조용한' 전쟁을 벌이고 있다는 사실에는 변함이 없소. 굶주림과의 전쟁인 거요, 존경하는 숄로호프 동지."[33]

그 전쟁에서 얼마나 많은 인명 손실이 발생했는지는 여전히 논란거리이지만, 엄청나게 참혹했다는 점은 부인할 수 없다. '반(反)부농화'와 집단 농장화 계획 그리고 뒤이어 몰아닥친 기근으로 사망한 사람은 '줄잡아' 300만~400만 명이며, 최근의 한 소련 자료에 따르면 2000만 명에 달한다. 새로운 자료가 입수될 때마다 수치가 얼마나 증가하든 그 신뢰도는 한층 높아지고 있다. 그러한 죽음 배후에서 혁명 직후의 내전 수준을 넘어선 사회 분열과 폭력이 일어났고 수백만 명이 도시로 또는 국경으로 달아났으며, 악명 높은 강제노동수용소가 광범위하게 확장되었다. 또한 많은 시골에서 폭동과 기근이 일어나고, 국가의 전체 가축(견인용 가축을 포함해) 가운데 절반 이상이 도살되었다.[34]

1934년까지 정부는 농민과의 전쟁에서 '승리'했다. 만약 '피로스의 승리(Pyrrhic victory: 패전이나 다름없는 실속없는 승리―옮긴이)'라고 이름 붙일 수 있는 전쟁이 있다면, 바로 이런 경우였다. 소프호스(국영 농장)와 콜호스(집단 농장)는 레닌, 트로츠키, 스탈린 그리고 대부분의 볼셰비키가 품었던 사회주의적 목표 중 어느 것도 이루지 못했다. 이 농장들은 곡물 생산량을 높이거나 도시 산업 노동자를 위해 값싸고 풍부한 식량을 공급한다는 점에서는 확실히 실패했다. 레닌이 기대했던 바 기술적으로 능률적이고 혁신적인 농장도 되지 못했다. 레닌에게 근대화의 시금석이었던 전기 보급 분야에서조차 제2차 세계대전 발발 전날까지도 25개의 집단 농장 중 단 한 개의 농장에서만 전기가 들어왔을 뿐이다. 농업 집단화는 결코 농촌에서 '새로운 남녀'를 창조하지도 못했으며 도시와 시골 간의 문화적 차이를 없애지도 못했다. 다음 반세기 동안 많은 곡물의 헥타르당 생산량은 답보 상태였거나, 실제로는 1920년대에 기록한 혹은 혁명 이전에 도달한 수준에도 못 미쳤다.[35]

다른 차원에서, 집단화는 기이한 국가중심주의 방식으로 일정한 성공을 거두었다. 집단화는 국가 통치와 관련해 전통적인 두 가지 목표, 곧 징수와 정치적 통제를 위한 도구로 급부상했다. 소련의 콜호스가 막대한 잉여 식량을 생산하는 데는 형편없이 실패했을지 모르지만, 국가가 재배 패턴을 결정하고 실제 농촌 임금을 고정하고, 어떤 곡식이 생산되든 상당량을 착취하고, 또한 농촌 지역을 정치적으로 무기력하게 만드는 수단으로는 충분히 제 역할을 달성했다.[36]

만약 누군가가 이를 업적이라고 부를 수 있다면, 농업 분야에서 성취한 소련의 큰 업적은 사회적·경제적 영역에서 징수와 통제에 필요한 비우호적인 환경을 확실히 장악한 다음, 상부의 감독, 관리, 징수 그리고 통제가 훨씬 더 적합한 제도적 형태와 생산 단위를 만든 일이었다. 소련이 물려받은 (그리고 한동안 장려되었던) 농촌 사회는 차르의 국가, 대지주 그리고 귀족 관료의 동맹이었다. 그러나 마침내 이들은 쓸려나가고 중소 농민, 장인, 개인 무역업자, 모든 종류의 이동 노동자, 룸펜 집단으로 대체되었다.[37] 소란스럽고 방종한 '머리 없는(지도자 없는)' 농촌 사회, 곧 통제하기 어려운 데다 정치적 자산도 거의 없는 농촌 사회를 대상으로 볼셰비키는 과학적 삼림 감독관처럼 몇 가지 간단한 목표를 염두에 두고 환경을 재설계하는 일에 착수했다. 물려받은 경관 대신 그들은 거대하고 위계적인 국가 관리 농장이라는 새로운 경관을 만들었다. 이 농장의 재배 양식과 조달 할당량은 중앙에서 하달되었고, 인구는 법적으로 이동이 금지되었다. 이렇게 고안된 시스템은 거의 60년 동안 조달과 관리를 위한 메커니즘으로 작동했는데, 그 결과 경기 침체, 낭비, 사기 저하 그리고 생태적 실패 같은 막대한 희생을 치러야 했다.

집단 농업이 60년간 지속되었다는 사실은 국가 계획 때문이라기보다 그 실패를 부분적으로나마 만회했던 임기응변, 회색 시장(gray market: 품귀 상품을 비싸게 판매하는 시장—옮긴이), 물물교환, 창의력 덕분이었다. 공식 계획에서는 합법적 공간이 아니었음에도 불구하고 도시를 활기차게 만들었던 '비공식 브라질리아'처럼 공식적인 중앙 통제 경제와 소련 법규 바깥의 비공식적 관행이 제도 속에 내재된 엄청난 낭비와 비효율성을 극복하기 위해 생겨났다. 다른 말로 하면, 집단화된 농업은 결코 생산과 조달이라는 위계적 격자에 따라 작동하지 않았다.

다음의 간단한 설명에서 확실한 것은 스탈린에게 집단화의 이례적인 속도와 잔인성에 대한 책임은 분명히 있지만, 집단화 그 자체를 완전히 자기 발밑에 놓을 수는 없었다는 점이다.[38] 집단 농업은 항상 볼셰비키 미래 계획의 일부였으며, '강제 통풍식(forced-draft)' 산업화를 추진하기로 한 맥락에서 보면 1920년대 말 대규모 물품 조달 투쟁이 다른 결과를 기대할 수 있었던 것도 아니다. 집단주의적 대규모 계획을 위한 당의 하이 모더니즘적 신념은 1930년대 초반 절박하게 급조된 이후 오래도록 살아남았다. 미학적이고 과학적이라는 신념은 먼 훗날 농업 하이 모더니즘적 꿈에서 확실히 가시화된다. 흐루쇼프의 '버진 랜드' 계획이 바로 그것이다. 스탈린 사후 농업 집단화 과정에서 스탈린이 저지른 만행이 공개적으로 알려진 다음의 일이었다. 놀라운 일은 이와 같은 여러 가지 실패의 증거에도 불구하고 이런 신념과 구조가 오랫동안 지속되었다는 것이다.

1라운드: 볼셰비키 국가와 농민

누구나 '해방시키다'고 말하고 싶을 때마다 '조직화하다'고 말하게 하고, 누구나 '개선' 또는 '진보'라고 말하고자 할 때마다 '동원'이라고 말하도록 설득할 수 있다면, 나는 러시아의 정부-농민의 관계에 대해 책을 길게 쓸 필요가 없다고 가끔 생각한다.
— 게오르게 야니, 《동원에 대한 충동》

앞서 특별히 인용한 책에서 야니는 혁명 전 러시아에 대해 썼다. 하지만 그는 볼셰비키 국가에 대해서도 마찬가지로 아주 쉽게 쓸 수 있었을 것이다. 1930년까지, 농촌 정책에서 레닌주의 국가와 제정 러시아 시대 전임자들의 연속성은 차이점보다 한층 두드러진다. 생산적 농업의 관건으로서 위로부터의 개혁과 대규모 근대적 기계화 농장에 대해서는 신념이 똑같았다. 또한 두 시대 모두 똑같이 곡물을 강탈하기 위해 농촌지역을 포악하게 다루었으며 복잡한 농촌 경제 현실에 무지했다. 이와같은 연속성은 1930년의 제도적 혁명 이후에도 지속되었지만, 집단화를 위한 총력 동원 과정에서 나타난 새로운 점은 어떤 대가를 치르고서라도 농업 영역의 제도적 경관을 완전히 개조한다는 혁명 국가의 의지였다.

새로운 볼셰비키 국가가 직면한 농촌 사회는 제정 시대의 관료가 직면했던 농촌보다 한층 불투명하고, 저항적이고, 독자적이고, 적대적이었다. 만약 제1차 세계대전 동안 제정 러시아 관리들이 '야만적인 모스크바의 공물 수집 방식' 때문에 대규모 반항과 도피를 자초했다면,[39] 볼셰비키가 농촌 지역에서 식량을 쥐어짜는 일은 그보다 훨씬 더 힘들었을 것이라고 의심해볼 이유는 충분히 존재한다.

농촌 지역 대부분이 볼셰비키에 적대적인 만큼 그와 같은 감정은 보복을 충분히 받았다. 우리가 살펴본 것처럼 레닌에게 있어 농민이 점유했던 토지를 그들에게 되돌려주는 토지 강령은 권력을 공고화하는 동안 농촌을 조용히 무마시키기 위한 전략일 뿐이었다. 의심할 여지 없이 레닌은 대규모로 사회화된 농장을 위해 결국에는 소농들이 사라져야한다고 생각했다. 트로츠키에게는 자신이 이름 붙인 '러시아의 상징과 바퀴벌레'가 더 빨리 변화해 '도시화'될수록 좋은 것이었다. 또한 새롭게 도시화된 수많은 서민층 볼셰비키에게 "어둡고 후진적인 농민 세계"의 소멸은 "새로 등장하는 개인적이고 노동 계급적인 정체성에 결정적일부분"이었다.[40]

소농 계급은 볼셰비키에게 사실상 미지의 영역이었다. 혁명 시기에 볼셰비키 정당은 러시아 전역에 걸쳐 총 494명의 '농민' 당원(아마도 대부분 농촌 지식인)을 갖고 있었다.[41] 농민이 차지하고 있는 토지의 소유권을 보장해준다는 볼셰비키 강령에 대해서는 당연히 들어본 적이 있겠지만 대부분의 시골 사람들은 공산당원을 본 적이 없었다. 농촌에 지지층을 가진 유일한 혁명 정당은 사회혁명당이었는데, 그들의 인기 영합적 뿌리는 레닌의 권위주의적 세계관에 부합하지 않는 경향이 있었다.

혁명 과정 자체가 초래한 결과에 의해 농촌 사회는 더욱 불투명해져서 세금을 부과하기가 훨씬 어려웠다. '토지 개혁'이라는 적절치 못한 표현으로 그럴듯하게 미화된 토지의 전면 압류 조치가 이미 한 차례 소급적으로 실시되었다. 사실상 전쟁 기간 동안 오스트리아에 대한 공격이 좌절되고, 뒤이은 대규모 탈주 이후 '황실 토지'뿐만 아니라 귀족이나 교회가 소유했던 토지 가운데 많은 부분이 농민 계급의 차지가 되었다. 독립된 농장을 경작하는 (스톨리핀 개혁에서 '떨어져나간 자들') 부농은 대부분 마을의 할당 토지로 되돌아가지 않으면 안 되었고, 농촌 사회는 사실상 철저하게 억압받았다. 부유한 사람들은 재산을 몰수당했으며 많은 가난한 사람들은 인생에서 처음으로 소자작농이 되었다. 한 통계에 따르면, 러시아에서 토지가 없는 농촌의 노동자는 절반으로 감소했으며 농민의 토지 보유는 평균 20퍼센트까지 증가했다고 한다(우크라이나는 100퍼센트 증가). 총 2억 4800만 에이커가 몰수되었는데—대부분 지방에서 이루어졌다—대지주 또는 소지주에게서 토지를 빼앗아 농민 소유로 만드는 방식이었다. 이로써 가구당 평균 약 70에이커의 농지를 갖게 되었다.[42]

조세 관료나 군수품 조달 부서의 관점에서 볼 때, 이런 상황은 도대체 이해하기 힘든 것이었다. 각각의 마을마다 토지 소유 상태가 극적으로 변화했다. 과거의 토지 보유 기록은—비록 기록이 존재한다 해도—현재의 토지 소유를 판정하는 지침으로 전혀 믿을 수가 없었다. 각각의 마을은 여러 가지 측면에서 모두 독특했으며, 설령 원칙적으로 각각의 마을을 '지도화'할 수 있다 하더라도 당시의 인구 이동과 군사적 혼란에 따라 6개월 혹은 그 이전에 무용지물이 되었을 것이다. 따라서 소작농과 공동 소유 그리고 시공간적인 끊임없는 변화가 혼합되어 아무리 섬세하게 조정된 세금 징수 제도라도 결코 뚫고 들어갈 수 없는 장벽으로 군림했다.

농촌에서 일어난 혁명의 두 가지 부수적인 결과는 공무원의 어려움을 배가시켰다. 1917년 이전에는 대형 농장과 지주(地主) 기업이 국내 소비용과 수출용 곡식 가운데 거의 4분의 3을 생산했다. 도시를 먹여 살린 것은 농촌 경제 중 바로 이 부분이었다. 하지만 이제는 그것이 끝나버렸다. 나머지 수많은 경작자가 그들의 수확량을 훨씬 능가하는 부분을 소비하게 되었다. 그들은 아무런 저항 없이 이 식량을 포기하지 않을 터였다. 토지에 대한 새로운, 더욱더 평등한 분배는 차르 방식의 어떠한 식량 '착취'보다도 중소 자작 농민의 생계 요구와 볼셰비키의 갈등을 초래하게끔 했다.[43]

두 번째이자 아마도 혁명의 결정적 결과는 국가에 저항하는 농민 공동체의 결의와 역량을 크게 강화했다는 점이다. 구체제의 권력은 파괴되었으나 혁명 체제가 국가 전역을 아직 충분히 장악하지 못할 때, 모든 혁명은 일시적으로 권력의 진공 상태를 초래한다. 볼셰비키 대부분이 도시 거주민인 데다 계속 내전에 휩싸여 있는 동안 농촌 지역의 권력 진공 상태는 이상한 방향으로 표출되었다. 올랜도 피지즈(Orlando Figes)가 언급했듯이 농촌 마을은 억압받는 상황에서도 자유롭게 스스로를 조직할 수 있었다.[44] 우리가 살펴본 대로 농민이 지배 계급을 쫓아내거나 불태우는 일은 흔했고 (공동 토지와 삼림에 대한 권리를 포함해) 토지를 몰수하는 일도 잦았다. 또한 '떨어져나간 자들'을 강제로 코뮌으로 돌려보내기도 했다. 마을은 자치 공화국인 양 행동했으며, 지역 차원의 '혁명'에 동의하는 한에서 붉은 군대의 배치를 허락하기는 했지만 어떤 지역에서도 사람, 가축이나 곡물을 강제로 징수하는 것에 대해서는 강력히 저항했다. 이런 상황에서 군사적 약탈자의 형태로 나타난 풋내기 볼셰비키 국가는 농민이 볼 때 농촌 지역을 다시 정복하는 것으로 비쳤다. 다시 말해서 자신들이 새로 막 획득한 자치권을 식민지화하려는 시도로 여겨진 것이다.

러시아 농촌의 정치적 분위기를 감안할 때 정부가 농촌 경제에 대한 세부 지식을 갖추고, 정치적 지지의 지역적 기반을 확보하고, 또한 뛰어난 외교적 수단을 견지했다 하더라도 엄청난 어려움에 직면했을 것이다. 하지만 볼셰비키는 이 세 가지 모두를 결여하고 있었다. 소득과 재산에 기초한 조세 체계는 유효한 지적도와 최신 인구 조사 자료가 있어야 가능한데 두 가지 모두 존재하지 않았다. 더욱이 농업 소득은 매년 생산량과 가격에 의해 크게 달라지기 때문에 소득세 역시 수확의 이러한 지역적 상황 변화에 민감했다. 새로운 국가는 효율적인 통치에 필요한 기본 정보가 부족했을 뿐만 아니라, 아무리 무능했다 하더라도 나름대로 세금과 곡식을 징수해온 제정 러시아의 지방 공무원, 귀족 계급, 재정과 농업 경제 분야의 전문가조차 전쟁 동안 대부분 말살되었다. 무엇보다 볼셰비키에게는 적대적이고 혼란스러운 환경 속에서 그들을 위해 길 안내를 맡아줄 마을 수준의 추종자가 전반적으로 부족했다. 이러한 역할을 할 것이라고 기대했던 마을의 소비에트들은 일반적으로 중앙의 이익보다는 마을의 이익을 위하는 데 더 충실했다. 지역적 계급투쟁에서 농촌 프롤레타리아를 대표한다는 명분으로 결성된 대안 조직,

곧 빈농위원회(콤베디, kombedy)는 마을에 완전히 흡수당하거나 마을 소비에트와의 무력 충돌 탓에 꼼짝도 못하는 경우가 많았다.[45]

대부분의 볼셰비키 관리에게 미르(mir: 제정 러시아 시대의 촌락 공동체—옮긴이)가 불가사의하게 여겨진 이유는 단순히 그들이 도시 출신인 데다 농촌 사정이 특별히 복잡해서만은 아니었다. 그것은 동시에 지배 계급과 국가 사이의 초기 갈등에서 방어적 가치를 의식적으로 드러낸 지역적 전략의 산물이었다. 지역 공동체는 가능한 한 무척 가난하고 세금을 낼 수 없는 것처럼 보이기 위해 농경지는 적게, 인구는 늘여 보고하는 오랜 역사를 갖고 있었다.[46] 이러한 속임수의 결과, 1917년 센서스에서는 러시아 농경지가 약 15퍼센트 정도 실제보다 적은 것으로 조사되었다. 오래전부터 신고하지 않은 상태에서 농지로 개간한 삼림이나 목초지, 공터를 포함해 이제 농민들은 지배 계급과 지주에게서 막 빼앗은 토지의 상당 부분을 숨기는 데 관심을 쏟았다. 마을위원회는 분할한 농지 할당, 공동 경작팀 구성, 방목 일정 조정 등과 관련한 기록을 당연히 갖고 있었지만, 그중 어떤 것도 관료나 빈농위원회 수중으로 넘어오지 않았다. 당시 유행하던 말이 이런 상황을 매우 적절히 표현해준다. 농민은 '강령(곧, 토지 강령)에 의해서만 소유될 뿐' 실제로는 '은밀하게 살았다'는 것이다.

이처럼 어려운 미궁에 빠진 국가는 어떻게 길을 찾았을까? 가능한 한 볼셰비키는 대규모 국영 농장이나 집단 농장을 세우고자 노력했다. 이런 많은 농장은 단지 기존의 관행에 합법성이라는 포장을 씌우기 위해 고안한 '포템킨식 공동체(Potemkin collective)'였다. 하지만 그와 같은 포장 이면에도 정치적·행정적 매력이 없지 않았다. 그것은 바로 농촌 지역에서 토지 소유와 징세 단위를 급진적으로 단순화할 수 있다는 점이었다. 야니는 그 속에 내포된 논리를 완벽하게 요약했다.

기술적 관점에서 볼 때, 개인의 권리와 상관없이 대단위 농지를 개간하는 것이 가구별 할당량을 확인하고, 토지의 가치를 농민의 전통적 방식으로 측정하고, 분산된 작은 필지를 고통스럽더라도 하나의 통합된 농지로 바꾸는 것보다 훨씬 더 쉬운 일이었다. 게다가 수도에 있는 행정가도 농민을 일일이 상대하는 것보다 대규모 생산 단위를 감독하고 징세하는 것을 선호할 수밖에 없었다. ……공동체는 진정한 농업 개혁가들에게 이중의 매력이 있었다. 공동체는 수사적 목적과 관련해 사회적 이상을 대변함과 동시에 토지 개혁과 국가 통제에 대한 기술적 문제를 단순화시키는 것처럼 보였다.[47]

1917~1921년의 혼란기 동안에는 이러한 농업 실험이 많이 이루어지지 않았고, 시도했다 하더라도 대부분 처참하게 실패했다. 그러나 이러한 시도는 10년 후 완전한 집단화 사업을 위한 작은 밑거름이 되었다.

농촌의 관행을 바꿀 수 없었던 볼셰비키는 전쟁 기간 동안 제정 러시아 시대의 전임자들이 이용한 계엄령 하의 강제 공물 징발 방식에 의존했다. 하지만 '계엄령'이란 용어는 실질적 실천이 결여된 명령의 전달에 불과했다. 굶주린 도시 주민들로 구성된 무장 부대(otriady)는―더러는 인가를 받기도 했지만 대부분 임의로 만들어졌다―1918년 봄과 여름의 식량 위기 동안 농촌 지역을 강탈하면서 무엇이든 필요한 것을 확보했다. 어떻게든 곡물 조달 할당량을 정했다 하더라도 그것은 "믿을 수 없는 경작지 추산에 풍년작을 가정한 완전히 기계적인 계산"에 불과했다. 처음부터 "허구적이고 도달할 수 없는"[48] 것이었다. 곡물 조달은 양도나 매입보다는 약탈이나 강탈에 더 가까워 보였다. 어느 한 추정에 의하면 국가의 곡물 몰수에 저항해 150건이 넘는 개별적 반란이 발생했다. 1918년 3월 볼셰비키가 공산당으로 이름을 바꾼 이후 수많은 반란

자들은 (토지령과 관련해) 볼셰비키와 소비에트에는 찬성했지만 공산주의자에게는 반대했다. 레닌은 탐보프(Tambov), 볼가(Volga), 우크라이나 지역의 농민 봉기에 관해 언급하면서 백군(白軍) 전체를 합친 것보다 더 큰 위협을 지녔다고 선언했다. 농민의 필사적인 저항은 사실상 도시를 굶어 죽일 정도였으며,[49] 1921년 초에 당은 반란을 일으킨 크론슈타트의 선원과 노동자들에게 처음으로 총부리를 겨누었다. 이 무렵, 어려운 상황에 빠진 당은 전시 공산주의를 포기하고 자유 무역과 소규모 자산을 묵인하는 신경제 정책(New Economy Policy, NEP)의 막을 열며 전술적으로 퇴각했다. 피지즈가 지적했듯이 "볼셰비키는 서구 8개국의 지원을 받은 백군은 물리쳤지만 자신의 농부들 앞에서는 굴복했다."[50] 그것은 허망한 승리였다. 1921~1922년 사이 기아와 전염병으로 죽은 사람의 수는 제1차 세계대전과 내전에서 사망한 숫자를 합친 것과 거의 같았다.

2라운드: 하이 모더니즘과 징발

농업의 미래에 대한 하이 모더니즘적 신념과 발등에 떨어진 국가 식량 조달의 위기가 결합된 1929년 겨울과 1930년에 집단화를 위한 총력전에 불이 붙었다. 이 두 가지 문제에만 초점을 맞춰야 하기 때문에 우리는 다른 흥미로운 주제는 다른 사람의 몫으로 남겨둘 수밖에 없다. 여기에는 여러 가지 내용이 포함된다. 이를테면 집단화가 감내해야 했던 인간적 비용도 있고, 부하린이 이끌던 '우익' 반대파와의 투쟁도 있고, 스탈린이 왜 우크라이나 사람뿐만 아니라 우크라이나 문화까지 없애려 했는지 같은 문제도 있다.

스탈린이 산업형 농업에 대한 레닌의 신념을 공유했다는 사실에는 의심의 여지가 없다. 스탈린이 1928년 5월에 말했듯이 집단화의 목적은 "규모가 작고, 후진적이고, 분산된 농장을 통합적이고 거대한 공영 농장(public farm)으로 변모시키는 것이다. 이로써 기계와 최신 과학 장비를 갖추고 시장을 위해 최대한의 곡물을 공급하게 될 것이다."[51]

이와 같은 꿈은 1921년에 시작되었다. 1920년대에는 점차 늘어나는 집단 농업 분야가 국가 전체 식량 수요의 3분의 1 정도를 생산하리라는 희망을 갖고 있었다. 하지만 노동력의 10퍼센트를 흡수한 집단 농업은 (국영 농장과 집단 농장을 합해 모두) 농업 총생산량 가운데 겨우 2.2퍼센트만을 생산했다.[52] 스탈린이 급속한 산업화 프로그램에 착수했을 때, 기존의 사회주의적 농업 부문은 급격히 증가하는 도시 노동력을 위한 생산도, 산업의 성장에 필요한 기술 수입 비용을 충당하는 데 필요한 곡물 수출량의 생산도 여의치 않을 것이 분명했다. 스탈린에게 필요한 곡물을 가진 쪽은 대부분 신경제 정책 이후 다시 번창한 중산층 농민이나 부농들이었다.

1928년에 시작한 공식적 징발 정책에 따라 국가는 농민과 충돌하게 되었다. 조달 가격은 시장가의 5분의 1이었고, 농민 저항이 극심해짐에 따라 정권은 다시금 경찰력을 이용하게 되었다.[53] 조달량이 충분하지 않을 경우, 할당받은 양에 대한 납품을 거부한 사람들은〔이들은 집단화 조처에 반대하는 사람과 함께—경제적 지위에 상관없이—누구나 쿨라크(kulak)라고 불렸다〕 체포되어 국외로 추방당하거나 사형당하고, 그들의 곡물, 장비, 토지와 가축은 몰수되어 매각당했다. 식량 징발을 직접 책임진 사람들이 받은 명령은 이러한 요구가 마치 아래에서부터 시작된 것처럼 보이도록 빈농 회의를 주선하는 것이었다. 조심스럽게 계획된 정책의 추진이라기보다 식량과의 전쟁이라는 맥락에서 1929년에는 '전체(sploshnaia)' 집단화를 위한 강제 결정이 내려졌다. 다른 점에서는 거의 동의하지 않는 학자들조차 집단화의 최우선 목적이 식량 징발 강화라는 점에서는 의견이 일치한다. 피츠패트릭은 집단화에 대한 자신의 연구를 다음과 같은 구절로 시작한다. "집단 농장의 주요 목적은 국가의 곡물 징발을 증대하고 시장에 대한 농민의 곡물 출하 거부 능력을 감소시키는 것이었다. 이와 같은 목적은 농민들이 볼 때 처음부터 명약관화했다. 왜냐하면 1929년 겨울에서 1930년까지의 집단 농장 추진은 곡물 징발을 두고 국가와 농민 사이에 2년 넘게 벌어진 극심한 투쟁이 누적된 것이었기 때문이다."[54] 로버트 컨퀘스트(Robert Conquest)는 다음과 같이 결론지었다. "집단 농장은 본질적으로 곡물과 다른 생산물을 추출하기 위해 선택한 메커니즘이었다."[55]

우리가 농민의 결연한 저항과 그들의 입장을 알고 있다는 관점에서 판단해보건대 이는 또한 대다수 농민이 집단 농장을 어떻게 생각했는지를 말해주는 것이기도 하다. 곡물 몰수는 농민의 생존을 위협했다. 안드레이 플라토노프가 집단 농장에 관해 쓴 자신의 소설에서 묘사한 농민은 곡물 몰수가 어떻게 초기 토지 개혁의 의미를 사라지게 했는지 보여준다. "이것은 교활한 비즈니스다. 처음에 당신들은 땅을 넘겨주었지만 이제 마지막 낱알 하나까지 곡물을 빼앗아간다. 당신도 그와 같이 땅에 목숨이 걸릴 수도 있다! 농민은 땅 위에서 지평선 말고는 아무것도 남은 게 없다. 당신은 누구를 우롱하는가?"[56] 이것 못지않게 위협적인 일은 농민 계급이 혁명 이후 쟁취한 약간의 사회적·경제적 자치권마저 잃었다는 것이다. 가난한 농민조차도 집단 농장을 두려워했다. 왜냐하면 "집단 농장은 토지와 농기구를 포기하게 하고 군대처럼 일시적이아닌 영구적으로 명령에 따라 다른 가족들과 함께 일해야 하기 때문이다. 그것은 평생을 군대 막사에서 사는 것을 의미한다."[57] 농촌으로부터 아무런 의미 있는 지원을 기대할 수 없는 상태에서 스탈린은 도시와 공장에서 2만 5000명의 '전권 위원(당원)'을 급파했는데, 그 목적은 어떤 대가를 치르고서라도 "농민 공동체를 파괴한 다음 그것을 국가 지배 하

의 집단 경제로 대체하기 위해서"였다.[58]

권위주의적 하이 모더니즘 이론과 농노제 관행

집단 농장으로의 '총체적' 이행이 토지에 덧붙여 곡물까지 한꺼번에 몰수한다는 당의 결정에 의해 직접적으로 활기를 띠게 되었다면, 이는 하이 모더니즘의 렌즈를 통해 내려진 결정이었다. 볼셰비키들은 수단에 대해서는 동의하지 않았지만, 종국에는 근대 농업이 어떤 모습이어야 하는지 정확히 알고 있다고 생각했다. 그들의 지식은 과학적인 만큼 시각적이었다. 근대 농업은 대규모여야 했다. 규모가 크면 클수록 좋았다. 고도로 기계화되고 과학적이고 테일러주의적이고, 위계적으로 운영되어야 했다. 무엇보다도 경작자는 농민이 아니라 고도로 숙련된 훈련받은 프롤레타리아를 닮아야 했다. 스탈린은 실제 경험에서의 실패가 거대한 계획에 대한 신념을 흔들기 전에—앞서 미국의 원조 계획에서 설명한 것처럼—12만 5000에이커에서 25만 에이커에 이르는 집단 농장('곡물 공장')을 선호했다.[59]

이러한 비전을 가진 유토피아적 추상화는 현장에서 보면 엄청나게 비현실적인 계획이었다. 지도 한 장 그리고 규모와 기계화에 관한 몇 가지 가정이 주어지면, 전문가는 해당 지역에 대한 지식과 조건에 관계없이 계획을 수립할 수 있었다. 어느 농업 시찰 관리는 1930년 3월 우랄 지역에서 모스크바로 돌아와 다음과 같이 불평했다. "구(區, raion) 집행위원회의 지시로 12명의 농업경제학자들이 20일 동안 사무실을 벗어나거나 현장에 나가보지도 않은 채, 존재하지도 않는 지역의 코뮌을 위해 관리와 생산 계획을 만들며 앉아 있었습니다."[60] 서부의 벨리키에 루키에 (Velikie Lukie)에 있는 또 다른 관료주의적 괴물 농장이 거추장스럽다고 판단되었을 때에도 계획가들은 추상화를 단념하지 않은 채 단순히 규모만 줄였다. 그들은 계획 대상인 8만 헥타르를 2500헥타르씩 32개의 정사각형으로 나누었는데, 하나의 사각형이 하나의 콜호스를 구성했다. "실제 마을, 촌락, 강, 구릉 그리고 토지의 인구학적이고 지형적인 특성은 전혀 고려하지 않은 채 지도 위에 사각형을 그렸다."[61]

　기호학적으로 일종의 고립된 관념적 파편 같은 이런 농업의 근대적 비전을 우리는 이해할 수 없다. 이는 항상 기존의 농촌 세계를 부인하는 것처럼 보인다. 제정 러시아의 촌락 공동체인 미르와 마을을 콜호스로, 말이 끄는 쟁기와 육체노동을 기계로, 농부를 프롤레타리아 노동자로, 전통과 미신을 과학적 농업으로, 무지와 촌스러움을 교육으로, 한계 상황의 생계를 풍요로 대체하려 했던 것이다. 집단 농장은 농민 계급과 그들의 삶의 방식에 대한 종말을 의미했다. 사회주의 경제의 도입은 문화혁명을 동반하기도 했다. 볼셰비키 국가에 대해 다루기 힘들고 마지막까지 남은 위협이라고 할 만한 '암울한' 인민, 곧 농민을 이성적이고 근면하고 탈기독교적이고 진보적 사고를 하는 콜호스 노동자로 대체하려 했다.[62] 집단 농장의 규모는 농민과 그들의 제도를 말살할 의도로 기획되었고, 그렇게 함으로써 농촌과 도시 사이의 간극을 줄이려 했다. 물론 전체 계획 속에는 곡물 그리고 다른 농업 생산물과 관련해 국가의 명령을 충족할 경우 거대한 집단 농장이 중앙 집중적 경제 체제 하의 공장처럼 운영될 것이라는 가정이 깔려 있었다. 요컨대 1931년에는 전체 수확량의 약 63퍼센트를 국가가 몰수했다.

　중앙 계획가의 관점에서 볼 때, 집단 농장의 탁월한 장점은 국가가 곡식별로 얼마나 파종할지 통제할 수 있다는 것이다. 곡식, 육류, 유제품 등을 필두로 이론적으로는 국가에 필요한 것들을 집단화 영역과 관련한 지침으로 만들 수 있었다. 하지만 실제로 위에서 강요한 파종 계획은 대개 비합리적인 경우가 많았다. 계획을 수립하는 토지 관련 부서는 그

들이 강요하는 농작물과 이를 지역에서 경작하는 데 필요한 투입 요소
및 토양 조건에 대해 거의 아는 바가 없었다. 그럼에도 불구하고 채워야
할 할당량이 정해졌고 또한 달성되었다. 1935년 중앙위원회의 농업부
장 A. 이야코플레프(A. Iakovlev)가 "현장에 매우 정통한 종신 간부들"로
하여금 집단 농장을 관리하도록 요구한 것은 기존의 관리들이 그렇지
못했음을 의미한다.[63] '약탈자' 색출을 위해 콜호스 관리자에 대한 농민
의 비판이 어느 정도 장려되었던 1936~1937년 대숙청의 재앙을 잠깐
살펴보도록 하자. 어떤 콜호스는 가축을 기를 수 없게 되었는데도 초원
과 공지를 경작하라는 지시를 받았다. 또 다른 콜호스는 개인 사유지와
모래밭을 압류한 다음 건초를 얻기 위해 예전의 두 배나 되는 면적으로
할당된 땅에 파종하라는 명령을 받았다.[64]

계획가들은 당연히 단일 경작과 노동의 전반적이고도 엄격한 분리를
선호했다. 지역 전체와 개별 콜호스는 예를 들어 밀, 가축, 면 또는 감자
만 생산하도록 점차 특성화되었다.[65] 가축 생산을 예로 들면, 한 콜호스
는 식용 소나 돼지를 위해 사료를 생산하는 반면, 다른 콜호스는 사육과
번식을 담당했다. 콜호스와 지역 특성화에 깔린 논리는 도시를 기능적
으로 특화된 지구로 구획하는 논리와 대강 일치한다. 특성화는 농업경
제학자가 고려해야 할 변수를 줄여주었다. 곧, 작업이 행정적으로 점차
일상화되면서 중앙 관리들의 지식과 권력도 늘어나게 되었다.

징발 역시 중앙 집권화 논리를 따랐다. 계획의 필요성과 늘 그랬던 것
처럼 신뢰할 수 없는 수확량 산출을 시작으로 모든 자치주, 구(區), 콜호
스에 대해 일련의 할당량이 기계적으로 부과되었다. 각각의 콜호스는
자신의 할당량을 채우는 것이 불가능하다고 주장하면서 그것을 낮추어
달라고 호소했다. 쓰디쓴 경험을 통해 그들은 주어진 할당량을 실제로
채울 경우 다음 징발 때 할당 몫이 늘어난다는 사실을 알고 있었다. 이

런 측면에서 집단 농장의 농민이 공업 노동자보다 한층 불안정한 처지가 되었다. 왜냐하면 후자의 경우는 공장이 할당량을 채우는지 여부에 관계없이 여전히 급료와 배급 카드를 받았기 때문이다. 그러나 콜호스 사람에게는 할당량 달성은 곧 굶주림을 뜻했다. 사실 1931~1934년 사이의 대기근은 '집단화와 징발의 기근'이라고 불릴 수 있다. 문제를 일으키고자 하는 사람들에 대해서는 더욱 섬뜩한 할당량으로 충돌을 야기하는 위험도 감수했다. 이를테면 쿨라크와 국가의 적들에 대한 할당량이 그랬다.

대다수 농민에게 콜호스의 권위주의적 노동 체제는 자신의 생계를 위험에 빠뜨릴 뿐만 아니라 1861년의 농노 해방 이후 그들이 쟁취한 많은 자유를 무력화시키는 것으로 보였다. 그들은 집단 농장을 자신의 조부모가 기억하고 있는 농노제와 비교했다. 초기 소프호스 노동자는 다음과 같이 말했다. "소프호스 사람들은 항상 농부에게 강제로 일을 시키고 자신들의 경작지에서 풀을 베게 합니다. 그리고 우리에게 빵이나 물조차 주지 않아요. 이 모든 게 어디서 비롯된 것일까요? 이건 정말 완전히 '바르시나(barschina)'〔봉건 시대의 노역〕와 다름없어요."[66] 농부들은 소련공산당(All-Union Communist Party, VKP)이 또 다른 의미의 VKP(vtoroe krepostnoe pravo), 곧 '제2의 농노제'를 뜻한다고 말하기 시작했다.[67] 유사한 것은 결코 단순한 언어의 형태만이 아니었다. 실제로 그것은 농노제와 많이 닮았다.[68] 콜호스의 구성원은 현금이든 다른 종류든 쥐꼬리만 한 임금을 받기 위해 최소한 반일(半日)은 국영 토지에서 일하도록 강요받았다. 농민들은 자신의 농지를 경작할 자유 시간이 거의 없는 가운데, (곡물 이외에) 필요한 식량을 재배하기 위해 자신의 작은 땅에 크게 의존해야 했다.[69] 납품의 양과 콜호스 생산물에 지불해야 하는 가격은 국가가 정했다. 콜호스 사람들은 매년 도로 작업이나 운송 등 강제 노역을 이행할 의무가 있었다. 농민들은 자신의 사유지에서 우유, 고기, 달걀 등의 할당량을 넘겨야 하는 의무도 부담했다. 집단 농장의 관리들은 봉건 시대의 주인처럼 콜호스 노동력을 자기의 개인적 부업에 이용하는 버릇을 가졌으며, 실제로 법에 명기되어 있지는 않지만 농민을 모욕하고, 구타하고, 추방하는 독단적인 권력을 행사했다. 농민들은 농노제에서처럼 법률상 이주할 권리조차 없었다. 도시에서 '바람직하지 않고 비생산적인 거주자'를 추방하고 또한 농민들이 확실히 도망치지 못하도록 하기 위해 국내용 여권 시스템을 재도입했다. 농민들이 사냥할 때 이용하는 화기류를 빼앗는 법률도 통과되었다. 끝으로 마을 밖에 따로 살고 있던 콜호스 사람들은―더러는 자신의 예전 농장에 살던 사람들도―1939년부터 강제로 재정착되었다. 이와 같은 마지막 재정착 정책은 50만 명 이상의 농민에게 영향을 미쳤다.

결과적으로 이러한 노동 규칙과 재산 체제 그리고 정착 패턴은 한편으로는 플랜테이션이나 농장형 농업의 중간쯤 되는 형태를 닮았고 다른 한편으로는 봉건 시대의 예속 상태를 닮았다.

혁명적 변화를 위한 국가 주도의 거대한 청사진으로 보자면, 집단 농장은 무엇을 건설했는가만큼이나 무엇을 파괴했는지로도 유명하다. 집단 농장이 처음 의도한 대로 그것은 부유한 농민의 저항을 진압하고 그들의 토지를 빼앗은 것만이 아니었다. 여기에 덧붙여 그것은 저항을 표출하던 사회적 단위, 곧 미르를 해체하기도 했다. 혁명 동안의 농민 공동체(코뮌)는 전형적으로 토지 몰수를 조직화하고, 토지와 목초지 이용을 조정하고, 지역 행사를 관리하고, 국가 조달에 저항하기 위한 매개체였다.[70] 만약 집단 농장이 전통적 마을을 기반으로 한다면 단지 농민 저항의 기본 단위를 강화할 뿐이라는 점을 당이 두려한 것은 당연했다. 마을의 소비에트들은 재빨리 국가의 통제를 벗어나지 않았던가? 그 이후 거대한 집단 농장은 마을 조직을 모두 회피하는 결정적 이점을 확보하게 되었다. 집단 농장이 간부와 전문가로 구성된 위원회에 의해 운영될 수 있었던 것이다. 큰 규모의 콜호스가 각 지구별로 나누어진다면, 각 지구에서 한 명의 전문가가 관리자로 임명될 수 있을 터였다. 마치 "억지로 보고서를 써대던 [농노제가 지배하던] '지난날의 토지 관리인처럼'" 말이다."[71] 결국, 국경 지역을 빼고는 현실적 고려가 만연했고, 대다수 콜호스는 예전의 농민 공동체 또는 토지와 대략 일치했다.

그러나 콜호스는 단순히 전통적인 코뮌을 숨겨주는 가림막이 아니었다. 거의 모든 것이 바뀌었다. 자율적인 공공 생활을 위한 모든 주요 장소가 제거되었다. 선술집, 농촌 축제, 농민 시장, 교회, 지역의 방앗간이 사라졌다. 그 자리에 콜호스 사무실, 공공 회의실 그리고 학교가 들어섰다. 비국영 공공장소는 비록 지역 기관이라 할지라도 정부 기관에 자리를 내주었다.

집중화와 가독성 그리고 사회 조직의 중앙 집중화는 트베르(Tver) 주 트리니티(Trinity) 북쪽에 있는 베르친야 트로이차(Verchnyua Troitsa)의 국영 농장 지도에서 볼 수 있다(그림 28).[72] 많은 오래된 마을이 중심지에서 없어지고 교외 지역으로 이전되었다(그림 28의 11).[73] 16가구씩 들어선 2층짜리 아파트가 중심지 근처에 무리지어 생겨났다(그림 28의 13~15와 그림 29). 반면 지역 행정과 상업의 중심지, 학교, 커뮤니티 건물 그리고 모든 국영 공공기관이 새로운 격자의 중심부 근처에 들어섰다. 지도가 갖고 있는 과장된 형식주의를 감안하더라도, 국영 농장은 집단 촌락이 들어서기 이전에 마을이 제멋대로 퍼져나가던 자율적인 질서에 비해 큰 차이가 있었다. 구식 주택과 골목 사진은 강한 시각적 대조를 보여준다(그림 30 참조).

파리에 대한 가독성을 높이고 국가의 통치를 용이하게 하기 위해 오스망 남작이 추진한 물리적 지리 개조와 비교해볼 때 볼셰비키에 의한

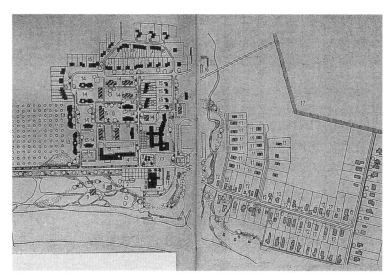

그림 28 트베르 주 베르친야 트로이차(트리니티 북쪽) 국영 농장의 도면.
1. 커뮤니티 센터, 2. 기념비, 3. 호텔, 4. 지역 공공 청사와 무역 센터, 5. 학교, 6. 유치원, 7–8. 박물관, 9. 상점, 10. 목욕탕, 11. 신개발지에서 이전한 옛 목조 주택, 12 기존 마을, 13–15. 2~3층짜리 주택, 16. 창고 (개인 소유), 17 농경지(농장, 저장고, 급수탑 등).

그림 29 16가구로 구성된 2층짜리 새 주택 중 하나, 베르친야 트로이차.

그림 30 옛 마을의 골목을 따라 늘어선 주택, 베르친야 트로이차 .

러시아 농촌 개조는 훨씬 더 철저했다. 불투명하고 종종 다루기 힘든 미르 대신 파악하기 쉬운 콜호스가 만들어졌다. 무수히 많은 작은 농장 대신 하나의 지역 경제 단위가 만들어졌다.[74] 위계적 국영 농장의 설립과 함께 반(半)자율적 프티부르주아는 의존적인 고용인으로 대체되었다. 이에 따라 당과 정부는 개별적 가구가 파종, 수확, 출하를 직접 결정하는 농업 대신 모든 것을 중앙에서 결정해 하달하는 농촌 경제를 만들었다. 기술적으로 독립적인 농민 계급 대신 콤바인, 트랙터 그리고 비료와 종자를 얻기 위해 국가에 직접 의존할 수밖에 없는 농민 계급을 만들었다. 수확, 수입, 이익이 확연하게 판독되지 않는 농민 경제 대신, 단순하고 직접적인 징수에 도움이 되는 이상적인 단위를 만들었다. 독자적인 역사와 관습을 가진 다양한 사회적 단위 대신, 국가의 행정 격자에 모두 맞출 수 있는 동일한 회계 단위를 만들었다. 이러한 논리는 맥도날드 햄버거의 관리 계획과 다르지 않다. 곧, 공통된 공식과 작업의 기계적 절차에 따라 비슷한 상품을 생산하기 위해 비슷하게 설계된 모듈화가 바로 그것이다. 이러한 단위는 쉽게 다른 지역에도 복제할 수 있으며, 그 결과 각 단위의 운영을 평가하기 위해 파견된 감독관들은 단 하나의 체크리스트만으로도 모든 것을 가시적으로 측정할 수 있다.

집단 농장의 60년을 종합적으로 평가하기 위해서는 지금 현재 주어진 문서 기록 자료 이상의 것과 나보다 더욱더 유능한 전문가가 필요하다. 그러나 평범한 학생이라도 집단 농장에 대해 당장 알 수 있는 것은 기계, 기반 시설, 농업경제학 연구 등에 대한 막대한 투자에도 불구하고 어떻게 하이 모더니즘적 목표가 하나같이 다 실패했는가라는 점이다. 역설적이게도 집단 농장의 성공은 전통적인 국가 통치술 영역에 있다. 심각한 비능률, 정체된 수확량 그리고 생태계 훼손과 싸우면서도 국가는 급속한 산업화를 추진하기 위해 충분한 곡식을 어떻게든 수중에 넣었다.[75]

또한 국가는 막대한 인적 희생을 치르면서도 농촌 주민이 조직한 반대 세력의 사회적 기반을 결국에는 제거했다. 반면 시장에 높은 품질의 상품을 공급하기 위해 생산적이고 효율적이고 과학적으로 선진화된 대규모 농장을 만들겠다는 국가의 비전 실천 역량은 사실상 제로였다.

국가가 세운 집단 농장은 실체를 뺀 외형만으로 말할 경우 근대적인 농업임을 여러 가지 방식으로 증명했다. 집단 농장은 (세계적 기준에 의하면) 고도로 기계화되었으며 농업경제학과 공학 분야의 박사 학위가 있는 관리들에 의해 운용되었다. 시범 농장은 엄청나게 비싼 비용을 치르기는 했지만 높은 수확 실적을 거두었다.[76] 하지만 결국에는 어느 것도 소련 농업의 수많은 실패를 감출 수는 없었다. 여기서는 세 가지 실패 원인만 언급하겠다. 왜냐하면 우리는 나중에 이 문제를 다시 다룰 것이기 때문이다.[77] 첫째, 농민에게 토지와 곡식뿐만 아니라 (상대적) 독립성과 자율성을 빼앗음으로써 국가는 기본적으로 자유가 없는 노동자 계급을 형성했다. 자유 없는 노동자가 언제 어디서나 그랬던 것처럼 그들은 모든 형태의 늑장과 저항으로 국가에 대응했다. 둘째, 일률적 행정 구조와 중앙 계획의 강제적 원칙은 지역 현황이나 지역 관련 지식에 철저히 둔감하고 우둔한 기계를 만들어냈다. 마지막으로, 소련의 레닌식 정치 구조는 농업 관리들에게 농촌 주민한테 적응하거나 타협할 수 있는 인센티브를 거의 주지 않거나 전혀 주지 않았다. 기본적으로 농업 생산자를 농노 상태로 다시금 예속하고, 그들의 조직을 해체하고 징수에 대한 의지를 강요한 국가의 역량은—수탈이라는 거친 의미에서 볼 때—단지 레닌이 그렇게도 높이 평가한 하이 모더니즘적 농업의 환상만 성취한 것일 뿐 그 밖에는 모두 실패했다는 사실을 보여준다.

통제와 징발의 국가 경관

소련 집단 농장의 역사를 묘사하면서 나는 권위주의적 하이 모더니즘의 제도적 논리에 관해 몇 가지 더 솔직하고 사변적인 생각들을 과감히 언급하고자 한다. 그런 다음, 왜 대단위 불도저식 사회 밀어붙이기가 어떤 목적에서는 어느 정도 잘 작용할 수 있지만 다른 목적을 달성하는 데는 비참하게 실패하는지를 알 수 있는 방법을 제시할 것이다—이 책 후반부에서 우리는 이 주제로 다시 돌아갈 것이다.

집단화를 무모하게 추진하게 된 것은 급속한 산업화를 위해 충분한 곡식을 확보하고자 하는 단기적 목표 때문이었다.[78] 1928년과 1929년도 수확에 대해서는 위협과 폭력이 어느 정도 효과가 있었다. 하지만 해가 바뀔수록 그 같은 압박은 농민의 더 많은 탈세와 저항을 유도했다. 더욱더 심각한 사실은 소련이 공동체에 기초한 매우 다양한 소규모 토지 소유자들을 직면하게 되었다는 점인데, 중앙에서는 그들의 경제적·사회적 상황을 거의 알지 못했다. 이러한 환경이 정부의 요구에 반대해 (이따금 공개적 반란으로 비화된) 조용한 게릴라전을 펼치는 농민들에게 전략적 기회를 제공했다. 기존의 재산 체제 하에서 정부는 매년 식량 확보를 위해 치열한 투쟁을 예상할 수밖에 없었는데, 성공한다는 보장은 전혀 없었다.

스탈린은 결정적 일격을 위해 이 순간을 선택했다. 징수와 통제 그리고 중앙이 주도하는 변혁에 훨씬 더 유리하도록 설계되고 가독성 높아진 농촌 경관을 강요한 것이다. 그가 마음에 품었던 사회적·경제적 경관은 당연히 선진 농업의 산업 모델로서 국가 계획에 의해 조정되고 공장 라인을 따라 운영되는 거대하고 기계화된 농장들이었다.

이는 '가장 새로운 국가'가 '가장 오래된 계급'을 만난 경우로서 농민을 일종의 합리적인 프롤레타리아로 복제해 개조하려는 시도였다. 농민과 비교해 프롤레타리아는 하나의 계급으로서 상대적으로 훨씬 읽기 쉬웠다. 그런데 그것은 프롤레타리아가 마르크스주의 이론의 중심을 차지하기 때문만이 아니었다. 프롤레타리아 노동 체제는 작업 시간과 인간이 만든 생산 기술에 따라 정해졌다. 마그니토고르스크에 있는 대규모 철강 단지 같은 새로운 산업 프로젝트에서 계획가들은—브라질리아와 마찬가지로—사실상 제로 상태에서 시작할 수 있었다. 반면 농민은 소규모 개별 가구 단위의 혼잡함을 대변했다. 농민의 정주 형태와 사회 조직은 공장의 그것보다 훨씬 더 깊은 역사적 논리를 갖고 있었다.

집단화의 목적 중 하나는 국가 통제에 적대적인 경제적·사회적 단위를 철폐하고 국가가 고안한 제도적 장치에 농민을 억지로 꿰맞추려는 것이다. 집단 농장의 새로운 제도적 질서는 이제 징발과 통제된 개발이라는 국가 목표와 양립할 수 있을 터였다. 농촌 지역에서의 준(準)내전적 조건을 감안한다면, 해결책은 '사회주의적 변혁' 못지않은 군사적 점령 그리고 '평정'의 산물이 될 수밖에 없었다.[79]

나는 한층 일반적으로 권위주의적 하이 모더니즘과 특정한 제도적 장치 사이에는 '선택적 친화력'이 존재한다고 말하는 게 가능하다고 생각한다.[80] 다음에 얘기하는 것은 다소 생경하고 잠정적이긴 하지만 하나의 출발점 역할은 할 수 있을 것이다. 하이 모더니즘 이데올로기는 모종의 사회적 장치에 대한 교리적 선호를 구체화한다. 반면 권위주의적 하이 모더니즘 국가는 그다음 단계로 접어든다. 그런 국가들은 이런 것을 국민에게 부과하려고 노력하며, 종종 성공하기도 한다. 국가가 선호하는 것 대부분은 가독성, 징수, 통제의 중앙 집중화라는 기준에서 추론할 수 있다. 중앙에서 쉽게 감시·감독할 수 있고, (과세의 의미를 가장 포괄적으로 규정하더라도) 세금을 쉽게 거둘 수 있는 한 이런 제도적 장치를 장

사회 집단, 제도 그리고 관행의 가독성

	불가독	가독
정주지	• 수렵 채취 집단의 임시 거주지, 유목민, 화전민, 개척농, 집시 • 비계획 도시와 근린 지역: 1500년의 브뤼헤, 1800년의 다마스쿠스 메디나, 포부르 생앙투안, 파리	• 영구 촌락, 영지, 정착 농민의 플랜테이션 농장 • 격자형 계획 도시와 근린 지역: 브라질리아, 시카고
경제 단위	• 소농, 프티부르주아 • 소규모 농장 • 수제(手製) 생산 • 소규모 상점 • '정부 없는' 비공식 경제	• 대규모 토지 • 대규모 농장 • 공장(프롤레타리아) • 대형 상업 시설 • '정부 있는' 공식 경제
소유 체계	• 개방적 공동 및 공동체 소유 • 사유 재산 • 지방 등기	• 집단 농장 • 국유 재산 • 국가적 지적 조사
기술 및 자원 조직		
물	• 지역 내 관습적 이용, 역내 관개 공동체	• 중앙 집중화된 댐, 관개 통제
교통	• 탈집중화망과 네트워크	• 중앙 집중화된 허브
에너지	• 지역에서 취합한 가축 분비물과 나뭇가지 또는 지역 발전소	• 도심의 대형 발전소
신원	• 규제받지 않는 역내 작명 관습 • 시민 관련 국가 기록 부재	• 부계 성의 영구적 승계 • 신분증, 문서 또는 여권의 국가 체계

려하는 경향이 있다. 이러한 비교의 이면에 깔린 암묵적 목표는 전근대적 국가 통치의 그것들과 다르지 않다.[81] 가독성이란 결국 권위주의적인 전환뿐만 아니라 징수를 위한 하나의 전제 조건이다. 차이가 있다면—사실 이것이 결정적인데—하이 모더니즘이 내포하고 있는 야망과 개입이 완전히 새로운 규모를 갖고 있다는 것이다.

중앙 집중화와 관련한 표준화, 집중적 통제 그리고 개략적 가독성이라는 원칙은 다른 많은 분야에도 적용할 수 있다. 위의 표에서 언급한 것은 몇 가지 샘플일 뿐이다. 예를 들어 이를 교육 분야에 적용한다면, 가장 읽기 어려운 교육 제도는 특정한 지역의 상호작용에 의해 전적으로 결정되는 완전히 비공식적이고 비표준화된 훈육일 것이다. 이에 반해 가장 읽기 쉬운 교육 제도는 19세기 프랑스 교육에 대한 이폴리트 텐(Hippolyte Taine)의 설명과 비슷하다. "교육부 장관은 단지 시계를 보기만해도 그 순간에 제국의 모든 학생이 베르길리우스(Vergilius: 고대 로마 시대의 시인—옮긴이)의 작품 어떤 페이지에 주석을 달고 있는지 자랑스럽게 말할 수 있었다."[82] 더욱더 완전한 표라면 더욱더 정교한 연속성에 착안해 양분법을 대체할 수 있다(예를 들어 공개적 토지 공동 소유는 폐쇄적 토지 공동 소유보다 가독성이 떨어지고 그만큼 과세가 어렵다. 공동 소유지는 개인 소유 토지보다 가독성이 떨어지고, 개인 소유지는 국유지에 비해 가독성이 떨어진다). 가독성이 높을수록 혹은 징수가 용이할수록 토지가—사유 재산으로서든 혹은 국가의 독점적 임대이든—더 쉽게 임대용으로 전환될 수 있다는 사실은 결코 우연이 아니다.

권위주의적 하이 모더니즘의 한계

하이 모더니즘적 질서는 언제 성공하고 언제 실패할까? 효율적인 식량 공급자로서 소련의 농업이 보여준 비참한 성과를 되돌아보면 하이 모더니즘 자체와는 거의 상관없는 다른 많은 원인에 의해 '과도하게 결정된' 측면이 있다. 예컨대 근본적으로 잘못된 트로핌 리센코(Trofim Lysenko)의 생물학적 이론, 스탈린의 집착, 제2차 세계대전 당시의 징병 그리고 기후를 들 수 있다. 중앙 집중화된 하이 모더니즘적 해법이 많은 일을 처리하는 데 가장 효율적이고, 공평하고 또한 흡족하다는 사실은 분명하다. 우주 탐사, 교통망 계획, 홍수 조절, 항공기 제작을 비롯한 몇몇 시도는 소수의 전문가가 매분마다 조정하는 거대한 조직이 필요할지 모른다. 전염병이나 환경오염을 통제하는 데도 수많은 보고 단위에서 올라오는 표준적인 정보를 받고 소화하는 전문가 센터가 필요하다.

다른 한편, 이러한 방법은 정말로 훌륭한 요리를 식탁에 내놓거나 외과 수술을 하는 것 같은 임무에서는 유별나게 서툴러 보인다. 이와 관련한 쟁점은 제8장에서 충분히 설명할 것이지만, 귀중한 암시를 제공하는 약간의 증거를 소련 농업의 경우에서 찾아볼 수 있다. 특정 곡물을 생각한다면 집단 농장은 일부, 특히 밀, 호밀, 귀리, 보리, 옥수수 같은 주요 곡식의 경작에는 성공적이었다. 하지만 과일, 채소, 작은 가축, 달걀, 낙농품, 화훼류 등을 생산하는 일에는 눈에 띄게 비효율적이었다. 이런 작물 대부분은 집단 농장의 전성기 때조차 콜호스 소속 농부가 갖고 있는 아주 작은 개인 농지에서 공급되었다.[83] 이 두 가지 종류의 작물에서 드러나는 체계적 차이는 그 작물들의 제도적 환경이 왜 가변적일 수 있는지를 설명하는 데 도움을 준다.

예를 들어서 내가 '프롤레타리아적 곡물'이라고 이름 붙인 밀을 절대적으로 '프티부르주아적 곡물'이라고 생각하는 빨간 라즈베리(raspberry)와 비교해보자. 밀은 광활한 면적의 농장과 기계화에 적합하다. 밀과 집단화된 농업 사이의 관계는 노르웨이가문비나무와 중앙에서 관리하는 과학적 임업 사이의 관계와 같다고 말할 수 있다. 밀은 한 번 파종하면 수확할 때까지 거의 돌볼 필요가 없다. 콤바인을 이용해 단 한 번에 추수하고 탈곡한 다음 곡물 창고나 트럭 혹은 기차 칸에 던져 넣으면 그만이다. 밀은 땅에서도 비교적 억셀뿐더러 수확한 이후에도 강한 품종이다. 부패로 인한 손실이 아주 적기 때문에 장기간 저장하기가 상대적으로 쉽다. 반면에 라즈베리 나무는 열매를 맺기 위해 특정 토양이 필요하고 매년 가지치기를 해주어야 한다. 수확도 단 한 번에 할 수 없을뿐더러 기계를 사용해 수확하는 것이 사실상 불가능하다. 일단 포장한 다음에도 라즈베리는 최적의 환경에서조차 단 며칠간만 보관이 가능하다. 포장을 너무 단단히 하거나 지나치게 높은 온도에서 저장하면 몇 시간 안에 상할 것이다. 실제 모든 단계에서 라즈베리는 세심한 취급과 속도가 필요하다. 그렇지 않으면 모두 버려야 한다.

프티부르주아 농산물인 과일과 채소가 전형적으로 콜호스 작물이 아닌 개인 사유지에서 부수적인 작물로 생산된 것은 놀라운 일이 아니다. 집단화 영역은 이런 작물을 성공적으로 재배하기 위해 사실상 개인적 관심, 인센티브, 원예 기술을 가진 사람들에게 양도했다. 이런 작물은 원칙적으로 대규모 중앙 집중형 기업에서도 경작할 수 있지만, 그러려면 작물 관리와 여기에 수반되는 노동력 관리에 세심한 주의를 기울여야만 한다. 이런 작물은 대규모 농장에서 경작되는 경우조차 밀 농장에 비해 한층 작은 가족 단위 농업에서 재배되는 경향이 있으며, 더 안정적이고 지혜로운 노동력을 고집한다. 이런 상황에서는 소규모 가족 단위 농업이—신고전주의 경제학 용어로 말하자면—비교 우위를 갖추고 있는 셈이다.

밀 생산이 라즈베리 생산과 구별되는 또 다른 점은 곡물 자체가 튼튼하기 때문에 여유를 갖고 쉬면서 일할 수 있다는 것이다. 밀 같은 곡식은 어느 정도 함부로 다뤄도 무방하다. 하지만 라즈베리의 경우 성공적으로 경작하는 것도 복잡하고 열매 또한 민감하기 때문에, 재배자들은 이에 적응하기 위해 민첩해야 할뿐더러 끊임없이 신경을 써야 한다. 달리 말해, 라즈베리를 성공적으로 생산하려면 지역 고유의 지식과 경험에 대한 실질적 축적이 필요하다. 이런 특징은 앞으로 살펴볼 탄자니아 사례와도 밀접한 관련이 있으며, 나아가 지역의 현장 지식을 이해하는 것과도 관련이 있다.

07 탄자니아의 강제 촌락화: 미학과 소형화

1973년부터 1976년까지 진행된 탄자니아의 우자마아 촌락 캠페인은 그 나라 인구의 대부분을 촌락에 영구 정착시키고자 하는 거대한 시도로서, 중앙 정부 관료들이 부분적 또는 전적으로 공간 구획과 주거 설계 그리고 지역 경제를 계획했다. 우리가 탄자니아의 경험을 검토하고자 하는 것은 세 가지 이유에서다. 첫째, 그 캠페인은 독립된 아프리카에서 당시까지 수행된 강제 재정착 계획 가운데 가장 규모가 컸다는 점이다. 이를테면 최소한 500만 명의 탄자니아인을 재이주시켰다.[1] 둘째, 이러한 실험에 대한 국제적 관심과 탄자니아 정계의 비교적 개방적인 특성 덕분에 촌락화 과정에 대한 문서 자료가 풍부하다는 점이다. 마지막으로, 탄자니아 캠페인은 대부분 발전과 복지 프로젝트로 실시되었으며, 흔히 그런 것처럼 (인종차별정책에 따른 남아프리카공화국의 강제 이주와 흑인 원주민 자치구 계획 같은) 징벌적 수용과 인종 청소 또는 군사적 안보 계획의 일부가 아니었다. 소비에트의 집단 농장화와 비교하면, 우자마아 촌락 캠페인은 비교적 온건한 약소 국가에 의한 대규모의 사회공학적 사례이다.

다른 대규모 재정착 계획도 똑같은 분석 대상이 될 수는 있다. 만약 탄자니아 사례에서 중국식이나 러시아식 모델 그리고 마르크스-레닌 주의의 수사학이 중요한 이데올로기적 역할을 했다 하더라도, 우리는 그런 것들이 이러한 계획을 구상하게 된 기발한 생각의 유일한 원천이 라고 생각해서는 안 된다.[2] 우리는 인종차별정책에 따라 진행된 남아프 리카공화국의 엄청난 강제 이주도 쉽게 검토할 수 있었다. 사실상 그것 은 한층 야만적이고 경제적으로 훨씬 더 큰 파탄에 이르렀다. 우리는 또 한 가난한 나라들에서 국제적 원조와 더불어 실시된 수많은 대규모 자 본주의적 계획도 얼마든지 분석할 수 있었다. 그러한 정책은 생산력을 증대시키기 위해 종종 엄청난 인구 이동을 수반했다.[3] 탄자니아의 국가 원수 줄리어스 니에레레는—앞으로 살펴보겠지만—영구적인 재정착 계획을 놀라우리만큼 식민지 정책의 연장선에서 바라보았고, 농업에서 의 기계화와 규모의 경제에 관한 그의 생각은 당시 국제 개발 담론의 핵 심이었다. 따라서 이러한 근대화 담론은 '테네시 강 유역 개발공사' 모 델과 미국의 자본 집약적 농업 개발 그리고 제2차 세계대전 당시 전시 경제 동원 교훈에서 커다란 영향을 받았다.[4]

소비에트의 집단 농장화와 대조적으로, 탄자니아의 촌락화는 징발을 위한 총력 동원이 그 발단은 아니었다. 니에레레는 어떤 누구도 자기 의 지에 반해 새로운 마을로 떠밀려 들어가서는 안 된다고 주장하며 행정 적 또는 군사적 강권을 행사하지 말라고 강력히 경고했다. 실제로 니에 레레가 추진한 프로그램의 혼란과 비인간성이 심각한 피해를 초래했을 지라도, 스탈린에 의해 초래된 피해에 비할 정도는 아니다. 그럼에도 불 구하고 우자마아 캠페인은 강압적이고 때로는 폭력적이었다. 게다가 경제적으로나 생태적으로 실패로 판명되었다.

이와 같은 권위주의적 하이 모더니즘의 '부드러운' 버전에서도 어떤 근본적 유사점은 존재한다. 첫째는 '개량'의 논리이다. '개량되지 않은' 삼림처럼 탄자니아의 기존 정주와 사회생활 패턴은 가독성이 낮고, 국가의 편협한 목적에서 보면 저항적이기까지 했다. 정주 패턴을 철저히 단순화함으로써 국가는 학교와 병원, 상수도 같은 양질의 서비스를 효율적으로 제공할 수 있었다. 단순한 행정적 편의가 국가 관료 집단의 유일한 목적은 아니었다는 얘기인데, 바로 이것이 우리의 두 번째 요점이다. 촌락화 이면에 감춰진 또 다른 목적은 주민 공동체를 정치적 통제에 더 적합한 대상으로 만들고, 국가가 정책적으로 추진하는 공동 농업이라는 새로운 형태로 재조직하는 것이었다. 이러한 맥락에서 보자면 니에레레와 '탄자니아 아프리카 민족동맹(TANU)'이 추진한 계획과 동아프리카 식민 통치에 의해 실행된 농업 및 정주 프로그램 간에는 현저한 유사점이 있다. 이러한 유사점은 근대 개발 국가의 프로젝트와 관련해 우리가 어떤 일반성을 발견했음을 시사한다.

그러나 관료주의적 관리라는 두 번째 기준을 넘어서는 세 번째 유사점은 효율성과 아무런 직접적 관련이 없다. 소련의 경우가 그랬던 것처럼 여기에는 미학적 측면도 강력하게 존재했다고 나는 믿는다. 질서 그리고 효율성에 대한 일부 가시적 재현은—비록 어느 정도 근본적인 맥락에서는 탁월한 의미를 갖고 있었을지 모르지만—최초의 의도에서 상당히 멀어졌다. 하이 모더니즘 계획은 효율성이라는 축약된 시각적 이미지로 '이동'하는 경향이 있는데, 이는 실험이 필요한 과학적 명제라기보다 질서의 시각적 신호나 재현에 대한 유사 종교적 신념에 더 가깝다. 제이콥스가 말하는 것처럼 그들은 외관상의 시각적 질서로 실제 내용을 대체할 수 있을지 모른다. 어떤 계획이 실제로 작동할지 여부보다 그것들이 외관상 반듯해 보인다는 사실이 더 중요한 셈이다. 말을 바꾸면, 배치가 똑바르게 보이면 그 자체로서 기능도 제대로 발휘될 것이라고 전제하는 것이다. 이와 같은 재현의 중요성은 소형화시키려는 경향, 곧 견본 촌락과 시범 사업, 새로운 수도 등과 같은 외형적 질서의 미시적 환경을 창조하려는 경향에서 잘 드러난다.

　최종적으로, 소비에트 집단 농장과 마찬가지로 우자마아 촌락도 경제적으로나 생태적으로 실패했다. 이념적 이유 때문에 새로운 사회를 건설하고자 했던 계획가들은 지역의 토착 지식 및 경작자와 목축업자의 관행에 대해 전혀 관심을 기울이지 않았다. 그들은 또한 사회공학에서 가장 중요한 사실, 곧 사회공학의 효율성은 살아 있는 인간 주체의 반응과 협력에 달려 있다는 점도 망각했다. 새로운 제도가 아무리 원칙적으로 효율적이라 해도 만약 사람들이 그것을 자신의 존엄, 자신의 계획 그리고 자신의 취향에 적대적이라고 생각한다면, 사람들은 그것을 비효율적인 것으로 '만들어버릴' 수 있다.

동아프리카의 식민지 하이 모더니즘 농업

식민지 국가가 국가 통제 하에 완벽한 가시성을 갖춘 인문 경관(human landscape)을 창조하기 위해 열망했던 것만은 아니다. 이에 덧붙여 이러한 가시성의 조건으로서 모든 사람과 모든 사물은 (말하자면) 일련번호를 가져야만 했다.

　　　　　―베네딕트 앤더슨(Benedict Anderson), 《상상적 공동체(Imagined Communities)》

식민지 통치는 항상 식민지 지배자에게 이득이 돌아가는 것을 의미했다. 이것이 암시하는 바는 농촌 사회에서 시장을 위한 경작이 촉진된다는 점이다. 현금 혹은 환금 작물로 지불할 수 있는 인두세, 민간 영역의 플랜테이션 그리고 백인의 정착 장려 같은 다양한 수단이 이런 목적을 달성하기 위해 추진되었다. 제2차 세계대전 당시 그리고 특히 전쟁 이후에 동아프리카의 영국인들은 대규모 개발 사업을 계획하면서 필요한 노동력을 동원하기 시작했다. 그 전조는 전쟁 기간 동안 대농장〔특히 사이잘 플랜테이션(sisal plantation)〕에서 일할 약 3만 명의 노동자를 강제 징집한 것이었다. 비록 이러한 계획이 전쟁 이전에도 전례가 있었지만, 전후의 계획은 훨씬 더 야심적이었다. 예컨대 대규모 땅콩 사업 계획, 다양한 쌀과 담배·목화·목축 계획 그리고 무엇보다 매우 엄격한 실행 방법을 요구하는 정교한 토양 보전 계획 등이 바로 그것이다. 이러한 계획에서 재정착과 기계화는 필수적인 요소였다.[5] 이런 프로젝트 중 대부분은 인기도 없고 성공적이지도 않았다. 실제로, 농촌 주변에서 TANU가 성공한 이유를 설명하는 내용 가운데 가장 전형적인 것은 과거 식민지 농업 정책에 대해 일반 대중이 광범위하게 분개했다는 바로 그 점인데, 특히 강제적 토양 보전 조치와 재고 감축 그리고 가축에 대한 소독 같은 규제에 대해 더욱더 그랬다.[6]

이러한 '복지 식민주의' 계획에 내재해 있는 논리에 대한 가장 명쾌한 설명은 이웃 국가인 말라위〔Malawi, 당시에는 니아살랜드(Nyasaland)〕에 대한 윌리엄 비너트(William Beinert)의 연구에 나타나 있다.[7] 비록 말라위의 생태 환경은 탄자니아와 달랐지만 농업 정책의 개요는 영국령 동아프리카의 다른 지역에서 시도된 것과 거의 다르지 않았다. 우리의 관점에서 볼 때 가장 인상적인 대목은 과거 식민지 체제의 가설이 독립 국가로서 훨씬 더 정당성을 갖추고 있던 탄자니아 사회주의 국가의 가설과 거의 유사하다는 점이다.

식민지 정책의 출발점은 한편으로는 '과학적 농업'이라고 생각하는 것에 대한 관료들의 완전한 신뢰였고, 다른 한편으로는 아프리카인들의 실제 농업 관습에 대한 거의 절대적인 회의였다. 샤이어 밸리(Shire Valley)에서 일한 지방 농업 관료가 말한 것처럼 "아프리카인은 훈련도 받지 않고 기술도 없을뿐더러 자신의 토양 침식 문제를 점검할 장비도 없다.

또한 과학적 지식에 근거한 보완책을 계획할 수도 없다. 내가 생각할 때 바로 이것이 우리가 들어와 있는 이유이다."[8] 비록 그 관료의 감정이 의심할 바 없이 진지하더라도, 동시에 그 말이 단순한 농업 경작자를 능가하는 농업 전문가의 중요성과 권위를 얼마나 정당화하는지 알아차리는 것은 어렵지 않다.

그 시대의 계획 이데올로기를 들여다보면 전문가들은 '총체적 발전 계획'이나 '종합 토지 이용 계획' 같은 정교한 프로젝트를 제안하려는 경향을 갖고 있었다.[9] 그러나 환경의 제약에 대해 잘 알고 있을 뿐만 아니라 자신들의 경작 관행 논리를 확신했던 농민에게 복잡하고 가혹한 일련의 규제를 강요할 경우 엄청난 장애가 생길 수밖에 없었다. 독재적인 방법으로 밀어붙이는 것은 저항과 탈세를 자초할 뿐이었다. 바로 이러한 맥락에서 재정착 전략은 너무나 매력적이었다. 새로운 토지를 개간하거나 백인 거주자들의 부동산을 재구매함으로써 관료들은 작은 촌락 단지와 더불어 개별 부지를 손에 넣을 수 있었다. 그런 다음, 새로 모집한 이주자를 다른 곳에서와 같은 복잡한 임대 유형이나 산재된 거주 방식 대신, 미리 준비되고 가독성 높은 부지로 재배치할 수 있었다. 계획가들이 한결 세부적인 사항을 충족하면 충족할수록, 다시 말해 더 많은 오두막집을 건설하거나 지정하고, 더 많은 부지의 경계를 획정하고, 또한 들판을 정지(整地)해 개간하고, 더 많은 작물을 선택할수록(그리고 때때로 더 많이 파종할수록) 그와 같은 계획을 통제하고 처음 고안한 형태대로 유지할 가능성도 덩달아 커졌다.

비너트가 분명히 말하는 것처럼 이러한 원칙에 입각한 샤이어 밸리 저지대 계획이 전적으로 과학적인 실행은 결코 아니었다. 그 계획을 고안한 사람들은 토착적 조건이라는 맥락에서 거의 검증된 적 없는 근대 농업과 관련해 일종의 기술적 신념을 전개했을 뿐이다. 그들은 일련의 미학적이고 시각적인 장치를 사용했는데, 그중 일부는 분명히 정돈되고 생산적인 농업을 상징하는 서구 온대 지방에서 비롯된 것이었다.[10] 계획가들은 비너트가 "가능할지도 모르는 것들에 대한 기술적 상상"이라고 부른 것에 의해 좌우되었다.

> 강 하류의 산등성이와 제방의 경우, 상상력은 거의 그림 같은 수준이다. 곧, 그들은 길게 뻗은 경사지 제방 사이로, 숲으로 덮인 빗물 배수관 아래 말끔하게 이랑을 낸 밭이 있는 계곡을 기대했다. 통제하기 쉬운 환경을 만들고, 농업에 대한 농민의 기술적 전환과 규제를 용이하게 할 뿐 아니라 또한 그들의 계획적 미감(美感)에 일치하는 것은 바로 직사각형 모양의 질서였다. 이것이 적절한 생산을 가능하게 만드는 방식이었다. 그러나 자신들의 기술적 신념과 상상으로만 추진한 나머지, 그들은 자신이 농민 사회와 농민 문화에 개입할 때 나타날 영향에 대해서는 잘 알지 못했다.[11]

농업과 삼림 경관의 미학적 질서는 인문지리학에서도 복제되었다.[12] 직사각형의 격자 농경지가 평평하게 펼쳐지는 가운데 도로와 연결된 일단의 시범 마을이 기술적·사회적 서비스의 중심이 될 터였다. 이러한 농경지 자체는 계획에 맞춘 윤작이 건조 지대에서도 가능하도록 정비되었다. 실제로 샤이어 밸리 프로젝트는 강을 따라 만든 수많은 댐과 자본 집약적 처리 공장을 위해 사용될 부지로 가득 찬 '테네시 강 유역 개발 사업'의 축소판이 될 예정이었다. 건축가의 뉴타운 모델처럼 전체 계획이 완성되었을 때의 모습을 축소해서 보여주기 위해 3차원 모델이 건설되었다.[13]

샤이어 밸리 하류 지역의 정착과 토지 이용 계획은 "거의 완전히 실패했다." 이곳의 실패 원인은 우자마아 마을 대실패의 전조이기도 하다. 예를 들어, 토착 농부들은 토지 침식에 대한 식민지 방식의 해결책으로 일반적이던 이랑 세우기에 반대했다. 훗날의 연구 결과가 보여주듯 그들의 저항은 경제학적으로나 생태학적으로 옳았다. 우기에는 엄청난 침식 도랑이 생기는 경향이 있기 때문에 모래흙에 이랑을 세우는 것은 불안정했다. 또 건기의 경우 이랑을 세우면 흙이 빨리 건조되어 흰개미가 작물의 뿌리를 공격하기 쉽다. 정착 예정자들은 정부 계획의 엄격한 통제를 싫어했다. 곧, '공동 경작을 위한 시범 정착'은 자발적인 이주자를 끌어들이지 못했으며, 그 결과 임금 노동자를 고용하는 국영 옥수수 농장으로 전환할 수밖에 없었다. 정착지의 비옥한 습지대인 딤바(dimba)에 대해 경작을 금지한 조처 역시 지원자들을 가로막는 조건이었다. 훗날, 관료들은 농부가 아닌 자신들이 이런 점에서 실수했다는 사실을 인정했다.

샤이어 밸리 하류 지역 프로젝트는 하이 모더니즘 계획의 한계를 이해하는 데 한층 중요한 두 가지 이유 때문에 실패했다. 첫째는 계획가들이 계곡 전체를 위한 표준화된 농업 환경 모델을 운용했다는 점이다. 바로 이런 가정이 특정한 건조 지대의 윤작에 필요한 포괄적이면서도 외관상 영구적인 해답을 모든 경작지를 대상으로 명시하는 일을 가능하게끔 만들었다. 이는 역동적이고 변화무쌍한 계곡의 환경에 대한 정적(靜的)이고 고착적인 형태의 해답이었다. 이와 대조적으로 농민은 홍수 시기와 범위, 일부 지역의 토양 구성 등등에 따라 융통성 있는 전략 레퍼토리를 갖고 있었다. 이러한 전략은 농민마다, 필지마다, 경작 시기마다 어느 정도 독특했다. 샤이어 밸리 하류 지역 프로젝트가 실패한 두 번째 이유는 계획가들이 모든 농민은 대체로 동일한 곡물 배합과 기술 그리고 수확량을 희망한다고 가정함으로써 경작자인 농민 자체에 대한 표준화된 모델을 갖고 임했다는 점이다. 이러한 가정은 가족 규모와 구성, 부업, 노동의 성별, 문화적으로 형성된 수요와 취향 같은 주요 변수를 완전히 무시했다. 사실상 각 가구는 그들만의 독특한 자산과 목표가 혼합되어 있으며, 이는 사회 전체적인 계획에 의해 제공될 수 없는 방식으로 연간 농업 전략에 영향을 미친다. 계획 그 자체는 계획 창안자들에게 미학적인 즐거움을 주었으며, 또한 그 자체의 엄격한 기준 내에서는 나름대로 정확하고 일관성이 있었다. 그러나 발전을 위한 계획으로서는 거의 처음부터 승산이 희박한, 일종의 환경적·사회적 박제물이나 다름없었다. 역설적으로, 정부의 권한이 미치지 않는 곳에서는 어떤 재정 지원도 없는 가운데 성공적이고 자발적인 개척자들의 정착이 빠른 속도로 계속 이어졌다. 이처럼 무질서하고 국가가 쉽게 파악할 수 없는 그러나 한결 생산적인 정착 과정은 무단 정주라는 이유로 혹평을 받고 강력하게 비난받았다. 하지만 실제로 그와 같은 비판 효과는 크지 않았다.

제2차 세계대전 직후 탕가니카(Tanganyika)의 야심찬 땅콩 계획이 비참하게 실패한 것도 대규모 촌락화의 리허설로서는 교훈적이었다.[14] 유나이티드 아프리칸 컴퍼니[United African Company, 유니레버(Unilever)의 자회사]와 식민 국가 간의 합작 기업은 300만 에이커에 달하는 관목 숲의 개간을 제안했다. 그곳에서 수출용 식용 땅콩을 경작할 경우 연간 50만 톤 이상을 수확할 것으로 전망되었다. 이와 같은 사업 계획이 잉태된 것은 전후 대규모 자본주의 기업과 결합한 중앙 통제 경제의 경제적 역량에 대한 신념이 절정에 달한 시기였다. 그러나 1950년까지 해당 면적의 10퍼센트 이하만 정지되었으며 파종한 만큼 땅콩을 수확하지 못하자 이 프로젝트는 중단되고 말았다.

실패한 이유는 무수히 많았다. 사실상 발전된 나라에서 이 땅콩 사업 계획은 하지 말아야 할 사례로서 회자되는 수많은 대표적 실패 가운데 하나이다. 적어도 이러한 대재앙의 두 가지 요소는 샤이어 밸리 하류 지역 프로젝트의 실패와 훗날의 대규모 촌락화 재앙과 관련이 있다. 첫째, 사업 계획에 대한 구상이 거의 농업적이라 말할 수 없을 만큼 다분히 추상적이었다. 개간에 필요한 트랙터 사용 시간과 에이커당 생산량 달성에 필요한 비료 및 살충제의 양 등과 관련해 매우 일반적인 수치가 새로운 경작지에 적용되었다. 토질, 강우 패턴 또는 지형에 관한 상세한 지도도 제작하지 않았고, 물론 어떤 실험도 실시하지 않았다. 경작지 예비 조사를 위해 겨우 9주 정도가 할당되었고, 그것조차 대부분 공중에서 이루어졌다! 건기에 굳는 점토질 토양과 불규칙한 강우, 저항력 없는 품종 사이에 발생하는 작물의 질병 그리고 토양과 지형에 적합하지 않은 기계화 등 해당 지역의 특성에 세심한 주의를 기울이지 않았기 때문에 그러한 일반적 수치는 매우 큰 오류로 판명되고 말았다.

사업 계획 설계에서 두 번째 치명적인 전제는 "기계화와 대규모 작업에 대한 맹목적인 신념"[15]이었다. 그 프로젝트의 창시자 프랭크 새뮤얼 (Frank Samuel)은 "기계 장비를 동원할 수 있는 한 어떤 일도 수작업으로 하지 않을 것"[16]이라는 좌우명을 갖고 있었다. 본질적으로 이 계획은 아마도 전시 경험에서 유래했을 법한 일종의 준군사 작전이었으며 엄밀히 말하면 자족형으로 설계되어 있었다. 그 계획의 추상적 수준은 1928년 시카고 호텔 방에서 윌슨과 웨어, 리긴 등이 구상한 소비에트 집단 밀 농장의 그것과 유사하다(제6장 참조). 땅콩 계획은 유럽식 경영 방식에 따른 거대한 산업형 농장을 만들기 위해 아프리카 소작농을 의도적으로 따돌렸다. 그 계획은 이를테면 캔자스 평원의 가격 비교 요인은 반영했을지 모르지만 탕가니카의 그것은 전혀 고려하지 않았다. 만약 물량적으로 땅콩 재배에 성공했다면, 엄청나게 비경제적인 방법으로 생산했을 것이다. 땅콩 계획에 영감을 준 유토피아 같은 자본주의적 하이 모더니즘은 니에레레에게 영향을 준 촌락화나 집단적 사회주의 생산과 마찬가지로 탄자니아에는 결코 적합하지 않았다.

1973년 이전의 탄자니아 촌락과 '개량' 농업

가독성과 징수의 관점에서 볼 때 탄자니아의 농촌 인구 대다수는 국가의 영향력 밖에 있었다. 독립할 무렵, 추정컨대 1200만 농촌 인구 가운데 1100만 명이 나라 전역에 '흩어져' 살고 있었다. 엄청난 양의 커피와 차를 재배하고 거래하는 서늘하고 습한 고원 지역의 조밀한 정착 지역을 제외하면, 대다수 인구는 생계형 농업이나 목축에 종사했다. 그들이 판매하는 것 대부분은 국가의 감독과 과세 범위 바깥에 폭 넓게 존재하는 지역 시장으로 나왔다. 식민지 농업 정책뿐 아니라 (처음부터 세계은행의 지원을 받은) 독립 국가 탄자니아의 목표 역시 더욱더 많은 사람을 영구 정착할 수 있는 한 장소에 모은 다음, 수출 시장에서 더욱더 많은 잉여 가치를 창출할 수 있는 농업 생산 방식을 장려하는 것이었다.[17] 민간 벤처의 모양을 취하든 사회화된 농업의 양식을 택하든, 고런 하이든(Goran Hyden)의 말대로 이 정책은 "농민을 잡기 위해"[18] 전략적으로 고안되었다. 물론 TANU라는 민족 국가 체제의 정통성은 전신인 식민 국가에 비해 훨씬 강했다. 그러나 우리는 농촌 지역에서 TANU 정권이 누렸던 인기 대부분이 식민 국가의 성가시고 강제적인 농업 규제에 대한 저항에서 비롯된 지지 기반에 의존했다는 사실을 잊어서는 안 된다.[19] 러시아에서와 마찬가지로, 농민 계급은 수도에서 선포된 정책을 무시하거나 이에 대항하기 위해 독립 과정의 정치적 공백을 이용했다.

처음부터 촌락화는 니에레레와 TANU의 핵심 목표였다. 이 단계에서 촌락 만들기의 목적은 세 가지였다. 즉, 공공 서비스를 제공하고, 한층 생산적이고 근대적인 농업을 창시하며, 사회주의적 공동체 협력을 장려하는 일이었다. 니에레레는 이미 1962년 탄자니아 의회에서 행한 취임 연설에서 촌락 생활의 중요성을 강조했다.

그리고 정부가 왜 촌락에 살기를 원하느냐고 나에게 묻는다면, 그 대답은 아주 간단하다. 만약 우리가 그렇게 하지 않는다면 토지를 개발하고 삶의 수준을 올리는 데 필요한 것들을 스스로 공급하지 못할 것이다. 우리는 트랙터를 사용할 수 없을 것이며 아이들에게 학교 교육을 시킬 수 없을 것이다. 또 병원을 짓거나 깨끗한 식수를 얻을 수도 없을 것이다. 소규모 마을 산업을 시작하는 것도 절대로 불가능할 것이며, 대신 모든 필수품 공급을 도시에 계속 의존하며 살아야 할 것이다. 그리고 비록 풍부한 전력을 확보한다 해도 그것을 흩어져 있는 개별 농장까지 결코 연결할 수 없을 것이다.[20]

1967년 니에레레는 '사회주의와 농촌 개발'이라는 주요 정책 연설을 통해 촌락 생활 캠페인이 갖고 있는 사회주의적 측면을 특히 자세히 설명했다. 만약 자본주의식 개발이 당시의 패턴대로 지속된다면, 탄자니아는 궁극적으로 자기 이웃을 임금 노동자의 지위로 전락시킬 것이 분명한 '쿨라크(그 무렵, TANU 집단에서 유행한 러시아 용어)'라는 부농 계급을 만들게 될 것이 분명하다고 니에레레는 생각했다. 우자마아 촌락(곧, 사회주의 협동조합)은 농촌 경제를 다른 방향으로 나아가게 할 터였다. 니에레레는 "이 자리에서 내가 제안하고자 하는 것은 탄자니아가 자본주의 체제의 이윤과 윤리에 점차 적응하는 개별 농민 생산자의 국가에서 벗어나야 한다는 사실입니다. 대신, 소규모 그룹이 직접 협력하고 공동 사업을 위해 함께 일하는 우자마아 촌락 국가를 향해 점진적으로 나아가야 합니다"[21]라고 설명했다.

니에레레에게 촌락 생활, 개발 서비스, 공동체 농업 그리고 기계화는 서로 분리될 수 없는 하나의 묶음이었다. 당장 여기저기에 흩어져 있는 농민이 한 마을로 이주하지 않는 한 교육받기도 쉽지 않고 흔한 질병을 치료할 수도 없을 것이다. 또 현대 농업 기술을 배울 수도 없고, 협동은 말할 것도 없었다. 니에레레는 "그러므로 만약 우리가 경작을 위해 트랙터를 사용하고자 한다면, 가장 먼저 해야 할 본질적인 일은 '제대로 된' 촌락에서 사는 것입니다. ……〔만약 촌락이 없다면〕 트랙터를 사용할 수 없을 것입니다"[22]라고 단언했다. 근대화를 위해서는 무엇보다 국가가 공공 서비스를 제공하고 관할할 수 있도록 표준화한 단위로 구성된 물리적 집중이 필요했다. 발전의 상징인 전화(電化) 사업과 트랙터가 비단 레닌뿐 아니라 니에레레의 혀끝에서도 항상 맴돌았다는 것은 결코 놀라운 일이 아니다.[23] 이 대목에서 근대화의 강력한 미학이 작동했다고 나는 믿는다. 근대 사람들은 그냥 마을이 아닌 '제대로 된' 마을, 곧 일정한 물리적 구획으로 이루어진 공동체에서 살아야 하는 것이다.

스탈린과 달리 처음에 니에레레는 우자마아 촌락 건설이 점진적이고 완전히 자발적이어야 한다고 주장했다. 이를테면 몇몇 가족이 서로 인접한 곳으로 이사해 공동 필지를 개간한 다음, 그 인근에 작물을 심는 것이다. 그들이 성공하면 다른 사람을 끌어들일 수 있을 것이라고 니에레레는 생각했다. 니에레레는 "사회주의 공동체는 강압으로 세울 수 없다"고 단언했다. 사회주의 공동체는 "의지 있는 구성원에 의해서만 성립할 수 있다. 지도자와 정부의 임무는 이러한 발전 과정을 시도하고 강제하는 것이 아니라 설명하고, 독려하고, 동참토록 하는 것이다"[24]라고 말했다. 정부가 생각하는 촌락화 방식에 대한 일반 주민의 저항을 알아

차린 이후인 1973년에 니에레레는 마음을 바꾸었다. 이때부터 정치적
이고 권위주의적인 관료에 의해 그리고 농민은 자신에게 무엇이 좋은
지도 모르는 존재라는 니에레레의 내면적 확신에 의해 강제적 조처를
위한 씨앗이 뿌려졌다. 앞의 문장에서 인용한 '강압'이라는 단어를 부
정하며 니에레레는 "때로는 정해진 구역에서 특정한 작물을 일정 면적
에 경작하는 것이 한층 안정된 생활을 가져다준다는 사실을 모든 농민
이 인식할 때까지 이를 끈질기게 주장할 필요가 있다. 그렇게 된 뒤에는
그 곡물을 재배하도록 강요할 필요가 없다"[25]고 인정했다. 만약 자기 이
익을 위해 행동하는 데 농민을 설득할 수 없다면 강요를 받아 마땅하다.
이 논리는 탕가니카의 제1차 5개년 계획과 관련해 1961년 세계은행이
제출한 보고서의 복사판이었다. 그 보고서에는 후진적이고 완고한 농
민 계급은 미신과 관습을 극복해야 한다는 당대의 표준적 담론이 포함
되어 있었다. 또 설득만으로 과연 일을 성사시킬 수 있을지에 대해서도
염려했다. 보고서의 저자들은 "사회적 경쟁, 협력과 지역 사회 개발 서
비스의 확대"가 태도를 변화시키게 될 것이라고 희망하면서도 "인센티
브와 경쟁 그리고 선전이 비효율적일 경우, 적절한 종류의 강제 또는 강
압적 조치가 고려될 것"[26]임을 음울하게 경고했다.

수많은 촌락 정착과 경작 계획이 1960년대에 착수되었다. 일부는 국
가와 외국 기업 간의 합작이고, 일부는 정부 또는 관변 계획이며, 나머
지는 자발적 민간 주도 계획이라는 엄청난 다양성에도 불구하고, 대부
분은 실패한 것으로 판단이 나거나 법령에 의해 혹은 자체 소멸하는 방
식으로 종료되었다. 이러한 계획의 세 가지 측면은 1973년에 시작된 전
면적 촌락화 캠페인을 이해하는 데 특히 관련이 있어 보인다.

첫째는 시범 계획을 만들려는 경향이었다. 정책 입안자가 더욱 의욕
적인 계획에 착수하기 전 해야 할 것과 하지 말아야 할 것이 무엇인지를

배울 수 있기 때문에 이런 접근 방식은 그 자체로서 충분히 이해할 수 있다. 그러나 이와 같은 계획은 대부분 그러잖아도 부족한 장비와 자금, 인력의 상당 부분을 탕진하는 전시용 시범 농장이 되어버렸다. 진보와 근대화를 상징하는 이 귀중한 축소판 중 일부는 한동안 유지되었다. 고작 300명에 불과한 이주자를 대상으로 한 어떤 계획은 불도저 4대, 트랙터 9대, 작업 차량 1대, 화물 자동차 7대, 옥수수 제분소, 전기 발전기 그리고 행정 관료와 전문가 15명, 노동자 150명과 장인 12명을 확보하는 데 성공했다.[27] 이 계획은 그럭저럭 근대적 농장의 성공 사례가 되었다. 물론 정말로 터무니없는 비효율성 그리고 탄자니아 현지 상황과 도대체 무관하다는 사실을 간과한다면 말이다.

탄자니아의 결과를 미리 예상하게 만든 두 번째 측면은 단일 정당 지배, 권위주의적 행정 전통, 결과 중시형 독재자(비록 다소 자애로운 사람일지라도)[28]가 있을 경우, 일반적 관료주의적 병리 현상이 더욱 악화된다는 사실이다. 새로운 정착 부지는 경제 논리가 아니라 정착민을 쏟아 부을 수 있는 지도상의 (도로에 인접할수록 좋은) '공터'를 찾아 선정되었다.[29] 1970년 웨스트 레이크(West Lake, 빅토리아 호수 서쪽) 지역에 국회의원 한 사람과 기술 전문가 5명이 그곳의 모든 우자마아 촌락을 위한 4개년 계획(1970~1974년)을 설계하기 위해 잠시 방문한 적이 있었다. 자신의 상사를 만족시켜야 한다는 엄청난 부담감을 갖고 있던 그들이 약속한 경작 및 생산의 엄청난 증대는 "마을에서 어떤 발전 가능성도 없는 완전히 비현실적이고 사실과 동떨어진 것"[30]이었다. 그 계획은 어떤 실질적 협의도 없이 공포되었으며 시카고 호텔 방에서 기획한 소비에트 집단 농장 계획이나 땅콩 계획과 마찬가지로 오직 기계 사용과 노동 일수, 토지 개간율 그리고 새로운 곡물 배합과 관련한 추상적인 가정에 기반을 두고 있었다.

끝으로, 새로운 촌락을 가장 멋지게 건설하고자 하는 압박감으로 인해 TANU 활동가와 관료는 강압적으로 일을 추진하지 말라는 니에레레의 충고를 무시했다. 따라서 1970년 니에레레가 도도마(Dodoma, 탄자니아 중부의 가뭄 다발 지역)의 모든 인구를 14개월 안에 우자마아 촌락으로 이전해야 한다고 결정했을 때, 관료들은 즉각 행동에 돌입했다. 관료들은 1969년 이 지역을 덮친 기근에 대한 모든 사람의 선명한 기억에 의존해 우자마아 촌락에 거주하는 사람만이 기근에서 구제받을 것이라는 점을 이해시키려고 했다. 규정된 최소 250가구보다 적은 숫자로 구성된 우자마아 마을에서 살고 있는 사람들은 종종 적정한 규모에 맞추기 위해 다른 정착지와 통합해야만 했다. 공동 필지는 새로운 정착지로 재편되었고, 이론적으로는 노동 규제와 경작 일정도 마찬가지였다. 인접한 사유지를 흡수해 공동 경작지를 170에이커까지 확대하는 결정 과정에서 어떤 공식적 논의도 없었다고 주장한 한 농업 관료는 드물게 벌어진 공개 비판을 통해 마을 회의에서 쫓겨났다. 마을을 편들었던 한 국회의원은 재출마가 금지되고 감시를 받았다. 또 그 국회의원에 동조했던 해당 지역 TANU 회장도 자리에서 쫓겨난 다음 가택 연금되었다. 도도마는 앞으로 벌어질 일의 예고편이었다.

만약 촌락화가 단순한 마을 만들기나 공동 경작이 아니라 중앙 통제를 의미하는 것이라는 점에 의심의 여지가 없다면, 루부마 개발연합(Ruvuma Development Association, RDA)의 유감스러운 운명이 이 문제를 잘 보여준다.[31] RDA는 탄자니아 남서쪽에 위치한 외진 빈곤 지역 송게아(Songea)에서 160킬로미터에 걸쳐 흩어져 있는 15개 공동 촌락의 대표 통괄 조직이었다. 대부분의 우자마아 촌락과 달리 이 마을들은 TANU에 속한 젊은 지역 투사들에 의해 자발적으로 만들어졌다. 니에레레의 정책이 발표된 1967년보다 훨씬 이전인 1960년에 만들어지기 시작한 각각의 촌락은 자기만의 공동 기업 형태를 개발해냈다. 니에레레는 일찍이 그 촌락 중 하나인 리토와(Litowa) 마을을 선정해 농촌 사회주의가 어떻게 성공적으로 진행 중인지를 사람들에게 보여줄 수 있는 장소로 공지하기도 했다.[32] 이웃 마을에게 그 마을의 학교와 제분 협동조합, 시장 협회는 선망의 대상이었다. 마을 사람들이 끌어들인 막대한 후원과 재정 지원을 감안할 경우, 그곳의 기업들이 경제적으로 얼마나 건전했는지는 말하기 어렵다. 그러나 그곳의 지역민들은 니에레레가 천명한 지역 중심 통제 정책과 비권위주의적 협력 관계에 기대를 걸었다. 한편, 촌락 사람들은 국가에 대해 독립적이고 자기주장이 강했다. 지역의 많은 당 간부를 설득하고, 자기의 고유한 방식으로 촌락 협동조합을 개척했기 때문에 마을 사람은 관료주의적 정당 관행에 쉽게 흡수·동화되지 않았다. 상부에서 건조 담배를 1에이커씩 재배하라는 지시를 내리자 이 마을의 가구들은 자신의 조합을 통해 드러내놓고 항의했다. 건조 담배는 노동 집약적인 데다 수익도 나지 않는 작물이라고 생각했기 때문이다. TANU 중앙위원회의 고위 간부들이 1968년 이곳을 방문한 이후, RDA는 불법 조직으로 공식 규정되고 재산도 압류되었으며 그 기능을 정당과 관료제가 대신 맡게 되었다.[33] 아무리 니에레레가 신봉한 목표를 실천에 옮겼다 하더라도, 당의 중앙 집권적 계획에 부응하기를 거부하는 것은 치명적이었다.

"촌락에서의 거주는 명령이다"

1973년 12월,[34] 니에레레는 산발적이면서 비권위주의적 강요로 점철된 촌락화 시대를 마감하는 대신, 모든 국가 기구를 강제적이고 보편적인 촌락화를 위해 배치하기 시작했다.[35] 공권력 사용에 대한 그의 공개적 부정이 지금까지 어떤 영향력을 행사했든 이제는 완전히 무효화되었다. 대신 니에레레가 원하는 신속한 결과를 얻고자 하는 정당과 관료제의 욕망에 의해 대체되었다. 신양가(Shinyanga) 지역의 강제 정착을 담당한 관료 주마 므와파추(Juma Mwapachu)는 촌락화가 결국 그 마을의 이익을 위한 것이라면서 이렇게 말했다. "1974년에 계획된 작전 마을들은 설득의 문제가 아니라 강제의 문제였다. 니에레레가 주장했듯이 탄자니아는 국민 대다수가 '죽음의 삶'을 사는 것을 좌시할 수 없었기에 강제로라도 이주를 해야만 했다. 그럼으로써 국가는 국민이 더 나은 그리고 더 풍요로운 삶을 스스로 선택할 수 있도록 도와주는 '아버지' 역할을 해야만 했다."[36] 적어도 1967년 이후부터는 새로운 촌락과 공동 경작이 정책의 공식적인 우선순위가 되었다. 하지만 그 결과는 실망스러웠다. 이에 니에레레는 개발을 촉진하고 생산을 증진시키는 유일한 방법이 촌락 생활이라고 주장했다. 짐작컨대 실패한 우자마아 촌락의 공동 생산 체제하고는 물론 탄자니아 사람들이 거주하는 비계획적 촌락이나 농장하고도 구분하기 위해, 1973년 이후 사용된 공식 용어는 ('우자마아' 촌락이 아닌) '계획된' 촌락이었다.

실제 캠페인은 '작전' 계획 촌락으로 불렸는데, 이는 군사 작전에 대한 대중의 마음속 이미지에도 부합했다. 그리고 사실상 그랬다. 책자에 의하면 그 작전 계획은 6단계로 상세히 구분되었다. "국민 교육〔또는 '정치화'〕, 적절한 부지 검색, 위치 조사, 촌락 계획과 명확한 토지 분할, 우자마아 방식의 관리자 훈련 그리고 재정착"[37]이 바로 그것이다. 그 과정은 불가피하기도 하고 비자발적이기도 했다. 캠페인의 '단기적이고 집중적인' 성격 그대로 사람을 교육하는 일이 그들의 동의를 구하는 것을 의미하지는 않았다. 곧, 이주해야만 한다는 사실 그리고 그것이 왜 최선의 이득인지를 사람들에게 설명해주는 것이 고작이었다. 게다가 속도도 두 배 빨라졌다. 1970년 도도마에서의 최종 리허설은 계획 팀으로 하여금 하루에 촌락 계획을 하나씩 세울 수 있도록 했고, 그 결과 새로운 캠페인은 계획 기구를 점점 더 지역 사정에 둔감하게 만들었다.

작전의 속도는 단순히 행정적 조급증의 부산물만이 아니었다. 계획가는 번개처럼 빠른 정착의 충격이 효과 면에서 유익하다고 느꼈다. 왜냐하면 그렇게 함으로써 농민을 전통적 환경과 관계 망에서 분리해, 바라건대 전문가의 지시에 따라 근대적 생산자의 모습으로 더욱더 쉽게 개조할 수 있을 것이라고 생각했기 때문이다.[38] 물론 한층 큰 의미에서 볼 때, 강제 정착의 목적은 항상 탈정향(脫定向) 이후의 재정향이었다. 진보적 자영 농민 계급을 창조하려는 많은 계획뿐 아니라 국영 농장이나 민간 플랜테이션 농장을 만들고자 했던 식민지 사업 계획은 공히 생활 환경과 노동 환경의 혁명을 통해 사람들을 근본적으로 변화시킬 수 있다는 가정에서 비롯되었다. 니에레레는 전통적인 경작자들의 느슨하고 자율적인 노동 리듬과 공장의 빈틈없이 잘 짜이고 상호 의존적인 규율을 즐겨 비교했다.[39] 협동 생산을 지향하는 고밀도 정착 촌락은 탄자니아 사람을 그런 이상으로 이끌어줄 터였다.

탄자니아 농민이 국가가 추진하는 새로운 공동체로 이주하는 계획 앞에서 망설인 것은 이해할 만하다. 독립 이전이든, 독립 이후든 과거의 경험에 비추어볼 때 그들의 회의론은 정당한 것이었다. 경작자와 목축민으로서 그들은 나름대로의 정착 유형 또는 많은 경우 정기적인 이동 유형을 발전시켜왔다. 이는 그들이 매우 잘 알고 있는 척박한 자연 환경과 아주 섬세하게 잘 조화된 적응 방식이었다. 국가가 요구한 이동은 이런 적응 방식의 논리를 파괴할 우려가 있었다. 생태학적 고려가 아닌 행정 편의주의에 따라 부지 선정이 좌우되었기 때문이다. 부지는 종종 땔감과 용수(用水)로부터 멀리 떨어져 있었으며, 부지 내 인구는 토지의 수용 한계를 초과하기도 했다. 어느 전문가가 예견한 것처럼 "만약 촌락화가 환경을 지배할 수 있는 참신한 과학 기술을 창조하는 데 필요한 새로운 기반 시설 투입과 결부되지 않는다면, 응축된 정착 유형은 그 자체로 경제적 측면에서 역효과를 낼 수도 있을 뿐만 아니라 전통적인 정착 유형에서 유지해온 생태적 균형을 파괴할 수도 있다. 응축형 정착지는 사람과 가축을 과밀화함으로써 토양 침식과 걸리(gully: 빗물의 침식 작용으로 생기는 골짜기 모양의 지형—옮긴이) 그리고 더스트 볼(dust bowl: 가뭄이나 지나친 경작 등으로 생긴 건조 지대—옮긴이)의 형성을 수반하는 경향이 있다. 이런 일은 인간이 주도하는 토지 수용 능력에 갑자기 과도한 부담을 준 상황에서 발생하는 공통된 특징들이다."[40]

주민의 반발과 단기적이고 집중적인 프로그램의 관료적이고 군사적인 명령이 서로 부딪치는 곳에서 폭력은 불가피했다. 위협은 가히 보편적이었다. 이주 예정자들은 다시금 평화적으로 이주한 사람들에게만 기근 구제 혜택이 주어진다는 얘기를 들었다. 운송 수단을 제공하고 명령에 응하도록 강제하기 위해 민병대와 군대가 동원되었다. 사람들은 만약 자신의 집을 스스로 헐지 않고 정부의 트럭에 짐을 싣지 않으면, 당국이 주택을 부숴버릴 것이라는 얘기를 들었다. 강제 이주자들이 원래 살던 곳으로 다시 돌아가는 것을 방지하기 위해 많은 주택이 불태워졌다. 탄자니아에서 출간된 보고서의 전형은 키고마(Kigoma) 빈민 지역에 살던 한 학생이 쓴 다음과 같은 글이다. "폭력과 만행이 동원되었다. 경찰은 몇몇 정부 관료와 함께 권력을 위임받았다. 칼린지(Kalinzi)의 카타나주자(Katanazuza)에서 있었던 일을 예로 들면, ……경찰은 물리적 주도권을 장악해야만 했다. 농민이 살림을 꾸려 작전용 화물차와 트럭에 싣기를 거부한 몇몇 지역에서는 그들의 가옥을 소각하거나 철거해 파괴시켰다. 가옥 파괴는 니양게(Nyange) 촌락에서도 목격되었다. 당시 이는 일상적 명령이었다. 그래서 농민은 무조건 옮겨야 했다. 몇몇 마을에서 그것은 강제적인 촌락화였다."[41] 공개적인 저항이 위험할 뿐 아니라 대개는 헛수고라는 사실을 깨달은 농민은 기회가 닿는 대로 새로운 촌락에서 벗어나 도망치는 것과 같은 일을 더 이상 하지 않게 되었다.[42]

진료소와 수돗물, 학교 같은 인센티브는 평화롭게 이주한 사람들에게만 제공되었다. 농민은 이따금 평화롭게 이주하기도 했다. 그리고 관료들을 대상으로 서면 계약을 요구하거나 그들이 약속한 새로운 서비스가 이주 '이전' 단계에 확정되기를 요구하기도 했다. 촌락화 초기의 자발적 단계에서는 긍정적인 유인책이 강제적인 단계에서보다 한층 일반적이었다. 몇몇 지역은 거의 영향을 받지 않았다. 왜냐하면 관료들이 기존의 많은 정착지를 간단하게 계획 촌락으로 지정함으로써 그것을 그대로 놔두었기 때문이다. 이런 예외의 경우에는 경제적이고 정치적인 논리가 병존했다. 웨스트 레이크와 킬리만자로 지역같이 부유하고 인구 밀도가 높은 정착 지역은 주로 세 가지 이유로 인해 남겨졌다. 그 지역 농부들이 이미 인구가 조밀한 촌락에 거주하고 있다는 점, 환금 작물의 안정된 생산성이 국가 세입과 외환 거래에 결정적으로 중요하다는 점 그리고 엘리트 관료 가운데 이 지역 출신이 아주 많았다는 점이 바로 그것이다. 일부 비평가들은 한 지역에서 배출한 정부 관리의 비중이 높으면 높을수록 그 지역의 촌락화가 더 늦어졌다고(게다가 더욱더 종잡을 수 없다고) 말한다.[43]

설득이라는 방식이 실제로 얼마나 빈약했고 그 대신 야만성이 얼마나 보편적이었는지를 정확하게 깨달았을 때, 니에레레는 실망감을 토로했다. 그는 파괴된 오두막집에 대해 농민에게 보상하지 않은 것을 개탄하기도 하고, 물과 경작지가 부족해 살기에 적당하지 않은 지역으로 사람들을 이주하도록 한 관료가 더러 있다는 사실을 인정하기도 했다.

니에레레는 "우리의 공식적인 정책에도 불구하고 또한 우리의 모든 민주주의 제도에도 불구하고, 어떤 지도자들은 사람들 말에 귀를 기울이지 않는다. 그들은 국민에게 무엇을 하라고 말하는 것을 너무나 쉽게 생각한다"[44]는 사실을 받아들였다. 그러나 캠페인을 중단하기는커녕 "이런 사례가 촌락화 과정의 전형인 양 주장하는 것은 터무니없다"[45]며 니에레레는 지방 관료가 많은 지식을 갖추고 현지 사람과 친하게 지내면서 국가 정책의 성공적 추진을 위해 뛰어난 설득력을 확보하기를 바랐다. 레닌 이상으로 그는 지방 당국자가 현지 사람이 바라는 것들에 굴복하는 것을 원치 않았다. 사실상 모든 촌락 모임이 강연과 해설, 훈육, 질책, 약속, 경고 같은 일방적인 행사에 불과했다는 것은 놀랄 일이 아니다. 모임에 소집된 마을 사람들은 다른 곳에서 내려진 결정에 대해 단지 대중적 정당성을 부여해주는—샐리 F. 무어가 말한 '대중 비준 조직'—역할을 하도록 기대되었다.[46] 촌락화 캠페인은 대중적 정당성을 얻기는커녕 농민을 소외되고 의심 많고 사기가 저하된, 비협조적인 존재로 만들었으며 결국 이 때문에 탄자니아는 재정적으로나 정치적으로 엄청난 대가를 치르게 되었다.[47]

유선형 인간과 그들의 작물

새로 계획된 촌락은 관료주의적 논리와 미학적 논리를 동시에 따랐다. 니에레레와 그의 계획가들은 근대적 촌락이 어떤 모습을 취해야 하는지에 대한 시각적 아이디어를 갖고 있었다. 그러한 시각적 아이디어는 강력한 수사를 동반했다. '유선형'이란 말을 예로 들어보자. '유선형'은 경제성, 매끈함, 효율성, 마찰이나 저항의 최소화 등을 뜻하는 것으로서 근대적 형태와 관련해 강력한 이미지가 되었다. 정치인과 행정가들은 이러한 용어 배후에 있는 상징적 자산을 적극적으로 이용하고자 했다.

이를테면 이 기관이나 저 조직을 유선화한다고 선언함으로써 관료제에 대한 청중의 시각적 상상력을 날씬한 기관차나 제트 비행기와 등치시키곤 한 것이다. 따라서 어떤 한 분야(항공역학)에서 특수한 문맥적 의미를 가진 용어가 과학적이라기보다는 다분히 시각적이고 미학적인 것들로 일반화되기에 이르렀다. 앞으로 살펴보겠지만, 무엇보다도 새로운 촌락의 미학은 과거에 대한 부정이었다. 하지만 행정 논리에 대한 부정이 먼저였다.

1975년 초 니에레레가 신양가(탄자니아 북서쪽) 지역의 새로운 촌락들을 방문했을 때, 그를 반긴 것은 아주 전형적인 관료주의적 성급함과 무감각이었다.[48] 일부 촌락은 "기관차의 차량처럼 수킬로미터에 걸쳐 뻗은 하나의 긴 주택가"[49]로 설계되었다. 니에레레에게 이는 정착민을 단순히 '내팽개친' 거친 사례로 보였다. 그러나 이러한 선형 촌락 이면에는 흥미로운 논리가 숨어 있었다. 행정가들은 새로운 촌락을 가장 쉽게 접근할 수 있고 또한 감독하기 편한 대로를 따라 만들려는 경향이 있었다.[50] 경제학적으로 볼 때 대로변 입지는 거의 말이 되지 않는다. 곧, 다른 한편으로 그것은 농민에 대한 국가의 정치적 통제를 강화한다는 목표가 농업 생산량을 증대시켜야 한다는 국가의 또 다른 목표를 종종 어떻게 눌러왔는지를 보여준다. 스탈린이 깨달은 것처럼 포획한 농민이 반드시 생산적인 농민은 아니었다.

새로운 촌락이 얼마나 적절한 시각적 미학을 갖추어야 하는지 여부는 전반적인 데카르트식 질서와 연계된 행정적 규칙성, 질서정연함 그리고 가독성이라는 요소와 결합된 것으로 보였다. 바로 이것이 근대적인 행정 촌락 그리고 근대적이고 규율화되어 있고 또한 생산적인 농민을 암묵적으로 연상케 했다. 촌락화의 목적에 찬성하는 한 눈치 빠른 관찰자는 전체적인 효과를 다음과 같이 기술했다. "새로운 접근 방식은 관료주의적 사고, 곧 관료가 무엇을 효율적으로 할 수 있는가에 더욱더 직결되어 있다. 이를테면 농민을 새로운 '근대적' 정착지로 이주시키는 것은 밀집한 주택이 도로를 따라 직선으로 들어서고, 밀집된 촌락 주변의 경작지가 촌락민의 개인 필지로 이루어진 블록형 농장으로 구성되는 것을 의미한다. 그곳에서는 단 한 가지 종류의 작물만 재배하고, 농업 관리가 쉽게 접근할 수 있을 뿐 아니라 궁극적으로는 정부 소유 트랙터가 경작을 모두 담당하게 된다."[51]

촌락을 만드는 일이 반복됨에 따라 근대적 촌락의 행정적 이미지는 점차 체계적으로 정리되었고, 어떤 관료든 쉽게 재생산할 수 있는 전형이 만들어졌다. "웨스트 레이크의 지도자들이 그 지역에서 우자마아를 추진하기 위해 소집되었을 때, 그들은 맨 먼저 재정착에 관해 생각했다. 새로운 촌락을 만드는 일에는 다양한 이점이 있었다. 촌락은 매우 시각적이었으며, 일직선으로 나열된 주택과 샴바(정원, 농장)와 함께 관료들이 선호하는 질서정연하고 보기 좋은 방식으로 시작부터 쉽게 조직화할 수 있었다."[52] 비록 우리의 논지에서 벗어나더라도, 근대적 농촌 생활을 보여주는 이런 합성 사진의 역사적 계보를 재구성하는 일은 매우 흥미롭다. 이것이 식민지 정책은 물론 그 이전의 근대 유럽식 농촌 경관에 일정한 빚을 지고 있다는 점에는 의심의 여지가 없으며, 또한 니에레레가 소련과 중국을 여행하는 동안 본 것에서 영감을 받았다는 사실도 결코 부정할 수 없다. 그러나 중요한 점은 탄자니아의 근대적 촌락 계획이 본질적으로 기존의 농촌 관행을 하나하나 부정했다는 것이다. 여기에는 이동 경작과 목축, 다품종, 도로에서 멀리 떨어진 삶, 친족 또는 혈통의 권위, 뒤죽박죽 지은 집들로 이뤄진 소규모의 분산된 촌락 그리고 널리 산재해 있어 국가 입장에서는 파악하기 어려운 생산 방식이 포함되었다. 이와 같은 부정적인 논리가 건전한 생태학적 혹은 경제학적 고려보다 종종 우세한 것처럼 보였다.

공동 경작과 집약 생산

아주 처음부터 탄자니아 사람들을 촌락으로 불러 모으는 일은 완전히 새로운 형태의 농업 생산 방식을 확립하는 데 필수적 단계로 보였는데, 그 과정에서 주도적 역할을 담당한 것은 국가였다. 이 점과 관련해 제1차 5개년 계획은 분명했다.

> 비록 [변혁적 방식에 반대되는] 개량적 방식이 [강우량이 적고 불규칙한] 지역에서 …… 생산 증가에 다소 유리할 수 있기는 하지만, 어쨌든 농업 생산자들이 분산되어 있고 화전 관행으로 토양이 황폐할 뿐만 아니라 시장에서 생산물을 판매하기 매우 어려운 조건은 실질적으로 좋은 성과를 이루어내기 어렵다. 이들 모든 지역에 대해 정부가 추진하기로 결정한 정책은 가장 좋은 토지에 농부를 재조직·재정착시키고, 그곳에서 사적 혹은 집단적 소유 체제를 설정한 다음, 토양이 일정한 비옥도를 유지할 수 있도록 '윤작과 혼작을 도입하는 것'이다.[53]

계획된 촌락에 모인 사람들은 점차 국가가 제공하는 기계를 이용해 공동 경작지에서 (농업 전문가가 지정한) 환금 작물을 재배하게 되었다. 그들의 주택과 지방 행정, 농업 관습 그리고 무엇보다 가장 중요한 노동량도 정부 당국의 감시를 받았다.

강제적 촌락화 캠페인 자체가 농업 생산에 재앙과 같은 결과를 초래했기 때문에 국가는 전반적인 공동 경작을 당장 밀어붙일 입장은 아니었다. 1973년부터 1975년까지 대규모 식량 수입이 필요했다.[54] 니에레레는 식량 수입에 들어가는 12억 실링이면 탄자니아에서 한 가구당 소한 마리를 살 수 있을 것이라고 단언했다. 새로운 촌락의 약 60퍼센트는 영구적인 경작이 부적합한 반(半)건조 지대에 있었으며, 경작할 수 있는 토지로 이동하기 위해 농민은 먼 거리를 걸어가야만 했다. 이주 자체의 혼란과 새로운 생태적 환경에 대한 더딘 적응이 생산의 붕괴를 가속화했다.[55]

스스로의 고유 권한을 벗어나 생산을 통제하고자 하는 국가의 노력은 1975년까지 고전적인 식민지 형태를 띠었다. 이를테면 각 가구는 법령에 따라 일정한 최소 면적에 특정 작물을 반드시 재배해야만 했다. 이러한 방침을 집행하기 위해 다양한 벌금과 벌칙이 도입되었다. 만약 한 지역에서 규정된 7.5에이커의 토지를 경작하고 있다는 사실을 증명하지 못하는 한 어느 누구도 시장에 가는 것은 물론 버스조차 탈 수 없을 것이라고 관리들은 공언했다. 또 다른 경우, 촌락 주민마다 최소경작법에 따라 1에이커의 카사바(cassava)를 경작할 때까지 기근 구제가 보류되었다.[56] 루부마 우자마아 촌락의 해체를 초래한 갈등의 주요 원인 중 하나는 마을 사람들에게 몰수나 마찬가지인 가격 조건으로 열 건조 처리 담배를 강제로 경작하게 한 것이었다. 과거 식민지 당국이 아주 오래전부터 알고 있는 것처럼 이런 종류의 강제 경작은 농민이 물리적으로 집중되어 감시가 가능하고 필요할 경우 통제가 가능해야만 성공적으로 실행될 수 있었다.[57]

다음 단계는 규제적 공동 생산이었다.[58] 이러한 경작 형태는 '촌락과 우자마아 촌락법'(1975년)에서 예견되었다. 이 법령은 '촌락 공동 농장'을 설립한 다음, 촌락 당국에 연간 작업 계획과 생산 목표를 세우도록 요구했다. 사실, 공동 경작지별 규모와 생산 계획은 폭넓은 협의를 거의 혹은 전혀 거치지 않은 채 대개의 경우 (자신의 상급자를 만족시키기 위해 혈안이 된) 농업 현장 관료와 촌장에 의해 만들어졌다.[59] 그 결과는 농민의 개인적 목표는 물론이고, 지역 노동력의 계절적 공급하고도 아무런 관계가 없는 노동 계획이었다. 경험을 통해 집단 촌락 농장에서의 노동은 강제 노역과 거의 다르지 않다는 사실을 알게 되었다. 촌락 주민들은 선택권이 없었고, 그들의 노동이 이익을 창출하는 경우도 거의 드물었다. 비록 개발 관리들이 공동 경작지에 모든 노력을 집중했지만 작물은 종종 부적합하고, 토양은 척박하고, 종자와 비료는 늦게 도착하고, 약속한 트랙터 역시 어디에도 없었다. 이러한 단점은—공동 경작지에서는 (아주 드문 경우지만) 어떤 이익도 촌락위원회의 수익으로 계산할 수 있다는 조항과 더불어—농업 노동이 깊은 원망의 대상이 되고 있음을 의미했다.

이론적으로 보면 철저한 정치 및 노동 통제 시스템은 피하기 어렵다. 촌락은 미타아(mitaa)라고 불리는 구역으로 분할되었고, 각 구역은 다시 여러 세포[10가구로 구성된 마쉬나(mashina)]로 나뉘었다. 거주지 배열이 공동 경작지에 그대로 복제되었다. 각 구역은 공동 경작지의 한 영역에 대한 경작을 책임지고, 해당 영역 안에서 각 세포는 하나의 담당 부문을 책임졌다. 다시 한 번 이론적으로 보건대, 세포 지도자는 노동 동원과 감독을 책임졌다.[60] 따라서 구조적으로는 주거와 노동 규율의 위계적 유사성이 정부 당국 입장에서는 완벽하게 투명하고 파악하기 쉽도록 고안되었다.

하지만 실제로 이 시스템은 빠르게 붕괴되었다. 사실, 공동 경작을 시행한 지역은 대체로 공식적으로 보고된 수치보다 훨씬 적었다.[61] 대부분의 구획 및 촌락 담당자는 공동 경작의 경우 흉내만 내는 것에 만족했다. 그들은 훨씬 더 중요하다고 생각되는 개인 소유 경작지를 위해 노동 규칙을 무시하는 이웃에 대한 벌금 부과를 망설였다.

이와 같은 지지부진한 반응이 만연함에 따라 많은 공동 경작지가 분할되었고, 나아가 개별 가구는 경우에 따라 0.5에이커의 경작지를 책임지게 되었다.[62] 단일한 대규모 경작지에서 작업하는 데 따른 노동을 더 이상 조정할 필요가 없어지자 이제는 경작에 대한 책임과 그에 따른 벌칙을 정확하게 지적할 수 있었다. 새로운 시스템은 한 가지 차이점만 빼면 식민지 치하의 강제 경작 체제와 유사했다. 곧, 감독을 더욱 용이하게 하기 위해 경작지를 물리적으로 통합했다는 점이다. 이런 노동에 대해 의미 있는 보상이 여전히 이루어지지 않았기 때문에 관료들은 우선순위를 바꾸어야 한다고 자주 경고했다. 그럼에도 불구하고 각 가구는 사유 경작에 초점을 맞추며 공동 경작을 부담스러운 허드렛일 정도로 여겼다.[63] 생산량의 차이는 당연히 관심의 차이를 반영했다.

1967년부터 1980년대 초에 걸친 탄자니아 농업 정책의 목표는 농촌 인구를 국가의 발전 어젠더에 부응하는 형태로 다시 개조하며, 그 과정에서 경작자의 노동과 생산을 통제하는 것이었다. 1978년의 제3차 5개년 계획 관련 문건처럼 이런 사실이 더 분명하게 드러난 곳은 없다. "농업 부문에서 당은 농민을 촌락에 재정착시키는 데 성공했다. 그곳에서 노동할 수 있는 숙련된 개인을 확인하는 일이 가능해졌으며, 농업 목적을 달성하는 데 필요한 토지를 식별하는 것도 가능해졌다. ……계획의 의도는 농촌이든 도시든 상관없이 모든 일터에서 우리의 시행 기관이 구체적인 작업 목표를 매년 확실하게 정하는 것이다. 촌락 정부는 개발 프로그램에 관한 당의 모든 정책이 잘 수행되고 있는지 지켜볼 것이다."[64] 가시성 그리고 통제의 목적과 관련해 의문이 생길 경우, 그 계획은 "현재 우리 수준에서" 농업 발전이 "작업 시간표와 생산 목표의 설정"[65]을 필요로 한다는 점을 꾸준히 설명했다. 공동 농장(지금의 촌락 관영 농장)은 통치를 위임받았다. 그러나 헨리 번스타인(Henry Bernstein)이 말한 것처럼 토지의 불완전한 집단화와 지나치게 가혹한 강제 수단에 대한 반감으로 인해 이러한 공동 농장은 실패할 수밖에 없었다.[66]

전통 문화에 대한 풍부한 수사에도 불구하고, 니에레레의 농업 정책에 깔려 있는 전제는 식민지 농업 정책과 거의 다르지 않았다. 이를테면 아프리카의 경작자와 목축업자의 관행은 낙후되었고, 비과학적이며, 비효율적이고, 생태학적으로 무책임하다는 것이다. 오직 면밀한 감독과 훈련, 필요할 경우 과학적 농업 전문가에 의한 강제만이 그들과 그들의 현실을 근대적 탄자니아에 맞출 수 있다고 생각했다. 농업 전문가들만 해답을 갖고 있는 문제였던 것이다.

한 탄자니아 관리의 말을 인용하면, 식민지 및 독립 국가 체제가 도입한 일련의 전반적 농업 계획은 우자마아 촌락으로의 강제 이주 그리고 통제 경작으로의 전환을 의미했는데, 이는 정확히 "전통적인 세계관과 변화에 대한 거부감"[67]이라는 가정에서 비롯되었다. 농민을 바라보는 이러한 시각은 1964년 세계은행 보고서와 제1차 탕가니카 5개년 계획에도 녹아 있다. 그 계획이 "조합원으로 편성되면서 고무적인 반응을 보이고 있는 농민들의 보수적 성향에 대한 중대한 침해"가 발생한다는 점을 언급하고 있음에도 불구하고, 보고서는 더욱더 광범한 조처가 필요하다고 역설한다.[68] 그에 따라 1964년 계획은 "사람들의 부정적인 보수주의를 어떻게 극복하고, 국가가 생존하기 위해 반드시 성사시켜야 하는 과감한 농업 개혁을 어떻게 추진하느냐 하는 것이야말로 탄자니아 정치 지도자들이 직면한 가장 어려운 문제 가운데 하나"[69]라고 선언했다.

니에레레는 "[농부들의] 무관심과 시대에 뒤떨어진 관습에 대한 집착을 극복"[70]하도록 만드는 것이 자신들의 일이라고 믿는 대다수 개발 관료의 의견에 전적으로 동감했다. 니에레레와 세계은행은 규정을 따르는 농부들만이 토지를 분배받을 것이라는 내용을 포함한 60개의 새로운 정주 계획을 최초로 만드는 데 의견 일치를 보았다. 외골수로 무지한 데다 그것 못지않게 근면과도 거리가 먼 경작자 계급에 대한 이미지는 1961년 니에레레가 총리가 되어 행한 최초의 방송에서 잘 드러난다. "만약 당신의 샴바에서 목화를 따지 않고 내버려둔다면, 만약 당신이 농사지을 수 있는 것보다 적은 0.5에이커만 경작한다면, 만약 당신의 땅에서 농지를 쓸데없이 놀린다면, 만약 당신의 샴바가 잡초로 가득 차 있다면, 만약 당신이 농업 전문가가 한 조언을 고의로 무시한다면, 당신은 전쟁에서의 반역자와 같다."[71]

평범한 경작자들의 신념 부재와 논리적으로 짝을 이룬 것은 농업 전문가들의 과잉 신념과 "기계 및 대규모 농업에 대한 맹목적 믿음"[72]이었다. 계획된 촌락이 가독성과 통제라는 측면에서 과거의 정주 관행에 비해 획기적인 '진보'이듯이 전문가가 제시한 계획적 농업은 가독성과 질서라는 차원에서 볼 때 소자작농의 엄청난 다양성과 혼란 그리고 그들이 현재 갖고 있는 기술이라는 측면에서 볼 때 하나의 '진보'였다.[73] 새로운 촌락에서는 샴바라고 불리는 정주자들의 사유지가 측량사들에 의해 지도 위에 대부분 상세히 그려졌고, 일직선상에 나란히 입지한 동일한 규모의 정사각형 또는 직사각형 부지로 정비되었다(그림 31). 이러한 디자인은 구획된 공동 부지와 동일한 논리를 따랐다. 다시 말해서 농업적 판단의 결과라기보다 시각적 명료성과 행정적 편의성이라는 논리에 따른 것이었다. 여기에 차 경작을 위한 계획이 세워지면 농민은 동일한 블록 안에서 차를 재배해야만 했다. 왜냐하면 "그래야 파견 관료가 똑같은 위치에서 한층 쉽게 차 재배를 관리할 수 있기 때문이다."[74]

경작지의 질서는 경작지 안에서 작물의 질서로 재현되었다. 탄자니아 농부들은 종종 둘 또는 그 이상의 작물을 같은 경작지에서 (혼작, 간작, 교작 등 다양하게 불리는 기술로) 함께 재배해왔다. 예를 들면, 커피 재배 지역에서 커피는 종종 바나나, 콩 그리고 다른 일년초와 혼작되었다. 이러

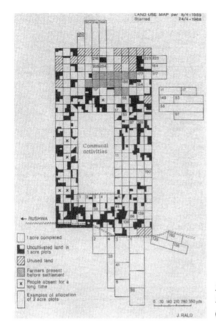

그림 31 우자마아 촌락을 위한 계획: 탄자니아의 루시와, 오물루나지, 마카지 마퍄(Makazi Mapya, Omulunazi, Rushwa, Tanzania).

한 관행은 대부분의 농업경제학자들을 질색하게끔 만들었다. 여기에 동의하지 않는 한 전문가의 설명에 의하면 "농업 개발 지원 서비스는 단종의 커피만 재배하도록 농부를 독려했으며, 이러한 관행을 근대 농업의 필수조건으로 간주했다."[75] 만약 농작물이 바나나라면 바나나 나무 또한 단종으로 재배해야 한다. 농업 현장 관리들이 판단하는 성과의 기준은 자기 감독 하에 각각의 작물이 적절한 간격으로 일렬로 재배되고, 또한 다른 재배종과 섞이지 않는 것이었다.[76] 대규모 기계 농업이 그러하듯이 단일 경작 역시 어떤 특수한 상황에서는 과학적인 근거가 있을 수 있다. 하지만 파견된 관리들이 무비판적으로 단일 경작을 장려한 것은 마치 근대 농업의 교리 문답 가운데 어느 한 구절을 신앙처럼 받드는 것과 비슷했다. 비록 몇몇 간작 방식이 생태학적으로 더 건강하고 생산성이 한층 높다는 사실이 경험적으로 종종 입증되었지만, 기존의 신넘은 약해지지 않은 채 여전히 계속되었다. 그러나 분명한 점은 단일 경작과 정렬 방식의 경작이 관료와 농업경제학자의 업무를 아주 쉽게 만들어준다는 것이다. 이 두 가지 기술은 공히 감독은 물론 경작지와 소출에 대한 계산을 용이하게 만들었다. 또 어떤 한 경작지에 작용하는 변수를 최소화함으로써 현장 실험 재배를 훨씬 단순화시킬 수 있었다. 그리고 파견 관료의 지도 업무와 경작지에 대한 감독 행위를 간소화시켰으며, 끝으로 수확에 대한 통제를 단순화시켰다. 이처럼 단순화되고 가독성 높아진 작물은 '잘 정돈된' 상업적 삼림이 과학적 삼림 감독관과 세무 공무원에게 제공했던 것과 똑같은 이점을 국가 관료에게 가져다주었다.

관료주의적 편의, 관료주의적 이익

권위주의적 사회공학은 전형적인 관료제적 폐단의 온갖 범주를 다 드러내는 경향이 있다. 그들이 달성하고자 하는 변혁은—무력을 사용하지 않거나 자연과 인간을 마치 행정적 일상 업무를 통해 처리할 수 있는 대상으로 취급하지 않는 한—일반적으로 성취할 수 없는 것들이다. 유감스러운 예외이기는커녕 그러한 행태의 부산물은 이런 종류의 하이모더니즘 캠페인에 내재되어 있다. 나는 여기서 더욱 분명한 비인간적 측면에 대해서는 의도적으로 무시하고자 한다. 이는 대중의 저항에도 불구하고 성과를 내야 한다는 상부의 압력을 받고 있는 대다수 무책임한 국가 기관에게 막강한 권력이 주어질 때마다 피할 수 없이 나타나는 현상이다. 그 대신 나는 우자마아 촌락 캠페인에서 드러난 전형적인 관료주의적 대응 가운데 두 가지 중요한 요소만 강조하고자 한다. 첫째는 공무원들이 결과가 더 쉽게 나타나는 방향으로 캠페인을 재해석하려는 경향이며, 둘째는 공무원들이 자신의 집단적 이익에 부합하도록 캠페인을 재해석하려는 경향이다.

첫 번째 경향은 성과에 대해 철저히 수량적인 기준으로 목표를 전환할 때 즉각 드러난다. '실질적인 우자마아 촌락'이라고 할 수 있는 곳은 '명목상의 우자마아 촌락'으로 대체되었다. 전자의 경우 자발적으로 이주한 사람들은 공동 경작지를 어떻게 관리할지 서로 협의하고 또한 (니에레레의 애초 구상처럼) 자신의 지역적 현안을 스스로 관리하는 생산적 농민들이었다. 이에 비해 후자는 쏟아지는 통계에 보태질 수 있는 숫자였다. 따라서 당 간부와 공무원은 그들이 성취한 일이 얼마나 많은지를 보여주는 차원에서 이동한 사람의 숫자, 새로 건설한 촌락, 측량한 주택 부지와 공동 경작지, 관개 작업을 마친 우물, 정지하고 개간한 지역, 교부한 비료의 양, 새로 구축한 TANU 지부를 강조했다. 우자마아 촌락 하나가 몇 트럭분의 분개한 농민 그리고 몇몇 측량사의 손에 의해 구획된 부지에 아무렇게나 버려진 그들 소유의 재산보다 결코 나은 상태가 아니었다 하더라도, 하나의 우자마아 촌락으로서 그것은 여전히 관료들의 실적에 포함되었다. 게다가 엉터리 같은 미학이 실체를 압도할 수도 있었다. 계획화된 촌락에 있는 모든 주택을 일렬로 완벽하게 정렬하려는 욕구는―용이한 측량 방법에 대한 배려에 감독하러 나온 관리를 기쁘게 하려는 바람과 더불어―어떤 주택을 측량사의 기준 선에서 15미터도 채 안 되는 거리로 옮기기 위해 부숴버릴 수도 있었다.[77]

'정치적 조직의 생산성'에 대한 평가는 합산이 가능한 수적인 결과와 어쩌면 그것보다 더 중요한 비교 방법을 통해 이루어졌다.[78] 그리고 관료들이 자기 미래가 인상적인 수치를 재빨리 산출하는 것에 달려 있다는 사실을 깨닫자 경쟁의 과정은 격화되었다. 한 관료는 자신으로 하여금 선택적 실행이라는 초기의 전략을 버리고 완전히 몰두할 수밖에 없도록 만든 분위기를 다음과 같이 설명한다.

이것〔전략〕은 중요한 두 가지 원인 때문에 실행할 수 없는 것으로 밝혀졌다. 첫째는 모든 정치적 함의를 담고 있는 (특히 지역 사이의) 경쟁적 태도이다. 농촌 인구를 통째로 동원하는 능력을 증명함으로써 자기를 과장하는 경우도 있었다. 마라(Mara) 지역에서 들어온 보고서는 그쪽에서의 사업이 거의 막바지 단계에 있다는 내용이었다. 우리는 전혀 시작조차 하지도 않았는데 말이다. 당의 최고위 지도자들은 게이타(Geita) 지구에서의 재정착 성공을 널리 알리면서 이를 적극적으로 강조했다. 상황이 이럴진대 누가 뒤지기를 바라겠는가? 그 결과, 정치 지도자들은 단기간에 재정착을 완성하기 위한 빠른 수단을 요구했다. 물론 그렇게 서두른 집행은 엉성하게 계획된 촌락이라는 형태로 문제를 초래했다.[79]

필연적으로 대부분 통계 자료나 자축적인 공식 보고서를 통해 캠페인 진행 상황을 인지할 수밖에 없었던 니에레레는 경쟁 분위기를 더욱더 격화시켰다. 그가 TANU에 보낸 빛나는 보고서는 숫자와 목표 그리고 백분율로 눈이 멀 지경이었다.[80]

예를 들어 촌락화의 문제를 생각해보자. 1973년도 TANU 회의에 보낸 보고서에서 나는 202만 8164명이 촌락에 거주한다고 말했다. 2년 후인 1975년 6월에 열린 다음 TANU 회의 때는 대략 910만 명이 촌락 공동체에 거주한다고 보고했다. 지금 현재는 약 1306만 5000명이 7684개 촌락에서 거주하고 있다. 이것은 엄청난 성취다. 이것은 탄자니아 국민과의 협력을 통해 TANU와 정부 지도자가 함께 성취한 것이다. 이는 우리나라 국민의 70퍼센트가량이 약 3년에 걸쳐 자신들의 주거지를 옮겼다는 사실을 의미한다.[81]

두 번째 경향이자 우자마아 캠페인 과정에서 국가 관료에 의해 초래된 문제점 가운데 가장 불길한 것은 그와 같은 방식이 관료의 지위와 권한을 승인하는 데 체계적으로 봉사했다는 점이다. 앤드루 쿨슨(Andrew Coulson)이 통찰력 있게 지적한 것처럼 실제로 새로운 촌락을 만들어가는 과정에서 (서로 경쟁 관계인) 행정 관료와 당 지도자는 자신의 막강한 힘을 강화할 수 있는 정책은 확대하는 반면, 자신의 특권과 권한을 약화시킬 수 있는 모든 정책은 효율적으로 회피했다. 따라서 루부마처럼 작은 우자마아 촌락의 관리를 정부의 간섭에서 자유롭게 한 것(1968년 이전), 교내 의사 결정 과정에 학생이 참여하게 된 것(1969년), 노동자가 경영에 참여하게 된 것(1969~1970년) 그리고 촌락위원회와 지도자를 선출하는 권한을 부여한 것(1973~1975년) 등은 모두 난국에 대처하는 겉치레였을 뿐이다.[82] 하이 모더니즘적 사회공학은 권위주의적 허장성세를 위한 이상적 토양이며, 탄자니아 관료 사회는 자신의 지위를 공고화하기 위해 이 기회를 최대한 활용했다.[83]

'국영 대농장'의 개념

촌락화는 탄자니아의 농민을 정치경제적으로 엄격하게 조직화하기 위해 철저히 집중시키는 것을 의미했다. 만약 이게 잘되었다면 그때까지 성가신 국가 정책 대부분을 회피해온 주민들이 탈바꿈했을 것이다. 국가가 보기에 그들은 분산되어 있고 제멋대로이고, 또한 읽기 어려운 존재였기 때문이다. 계획가들은 그 대신 엄격한 행정 통제 아래 정부가 고안한 촌락에 정착한 인구를 구상했다. 이를테면 그들은 국가 지침에 따라 공동 경작지에서 단일 작물을 재배하는 존재였다. 사유지가 지속적으로 존재했고 (이와 관련한) 취약한 노동 통제를 고려하더라도 전반적인 계획은—비록 똑같지는 않더라도—거대한 국영 농장에 위험스러우리만큼 근접했을 것이다. 아무리 호의적이라 해도 중립적인 관찰자가 보기에 여전히 새로운 형태의 노예제로 비칠 만한 현상이 엘리트들에겐 그다지 문제되지 않았다. 왜냐하면 그 정책은 '발전'이라는 기치 아래 추진되었기 때문이다.

되돌아보면 어떤 국가라도 그렇게 오만하게 그리고 너무도 빈약한 정보와 계획을 가지고 수백만 명의 삶을 재배치하려 했다는 사실을 쉽게 믿을 수 없을 것 같다. 한 번 더 생각해보면 그것은 계획가들 자신의 기대는 물론 불운한 희생자들의 물리적이고 사회적인 욕구 또한 충족시키지 못할 것이 분명한, 거칠고 비합리적인 시도였다.

강제적 촌락화의 비인간성은 관료제 안에 깊이 스며든 권위주의적 관행과 우왕좌왕하는 캠페인의 혼란스러움 때문에 더욱더 심화되었다. 하지만 이와 같은 행정적이고 정치적인 결점에 집중하는 것은 핵심을 놓치는 것이다. 비록 캠페인에 더 많은 시간과 더 많은 전문적 기술 그리고 더 나은 '솜씨'가 투입되었다 하더라도 당정(黨政)은 근본적으로 하나의 체계적인 계획을 성공시키는 데 필요한 정보를 아마도 수집하지 못했을 테고, 그것을 소화할 수도 없었을 것이다. 탄자니아 농민들에게 기존의 경제 활동과 물리적 이동이란 그들이 처한 다양한 종류의 사회적 · 물질적 환경에 대한 일련의 적응 결과였다. 그것은 상상을 초월할 만큼 복잡하고, 미묘하고 또한 유연했다.[84] 제1장에서 살펴본 관습적 토지 소유 제도처럼 이러한 적응은 행정적 체계화를 견뎌낸다. 끝없는 지역적 가변성 그리고 새로운 환경에 처할 때 농민들이 보여주는 정교함과 유연성 때문이다. 따라서 이처럼 토지 소유자가 행정적 체계화를 버텨낸다면, 특정한 농민 집단 각각의 전반적인 물질적 및 사회적 삶을 형성하는 연결 고리가 전문가와 관료들에게는 거의 불투명한 상태로 남게 될 것은 너무나 당연하다.

이런 상황에서 전면적이고 탁상공론식인 재정착은 농민의 삶을 황폐하게 만들 수밖에 없었다. 촌락화에 따른 가장 명백한 생태학적 실패 가운데 몇 가지만 언급하는 것으로도 무지(無知)의 유형을 충분히 예시할 수 있다. 농민은 그들의 경작 방식에서 반드시 필요한 연례적 범람 지역으로부터 고지대의 척박한 경작 지대로 강제 이동되었다. 우리가 알고 있듯이 그들은 전천후 도로로 이동했는데, 그곳의 토양은 재배하고자 하는 농작물에 친숙하지도 적합하지도 않았다. 촌락 생활을 하게 된 농민은 그들의 경작지에서 멀리 떨어져 살았기 때문에 작물을 돌보거나 해충을 관리하는 데 어려움이 따랐다. 이는 과거처럼 거주 형태가 분산적일 때는 쉽게 할 수 있는 일들이었다. 가축과 사람이 한데 모여 있기 때문에 종종 콜레라와 가축 전염병이 만연하는 불행한 사태가 일어났다. 기동력이 뛰어난 마사이족이나 다른 유목민 입장에서 보면, 단일 구역에서 가축을 집중 사육하는 우자마아 대목장 설치 계획은 목장 보전과 유목 생활의 관점에서 치명적인 재앙이었다.[85]

우자마아 촌락의 실패는 거의 불을 보듯이 예견되었다. 그것은 오직 자신들만이 시민을 위해 더 만족스럽고 합리적이고 또한 생산적인 생활을 조직하는 방법을 알고 있다고 믿었던 계획가와 전문가들의 하이모더니즘적 오만 때문이었다. 그들이 탄자니아 농촌을 좀더 유익하게 발전시키는 데 어느 정도 기여한 것은 사실이다. 하지만 유용한 지식을 자신들이 독점해야 하고 또한 다른 사람에게 강요해야 한다는 집요한 고집은 재앙의 밑거름이 되었다.

통제받는 촌락에 사람들을 정착시키는 것은 독립된 탄자니아 민족주의 엘리트들의 창작물이 결코 아니다. 촌락화는 탄자니아를 포함한 다른 식민지 나라에서도 오랜 역사를 갖고 있으며, 농민을 한 곳에 집중시키기 위한 프로그램은 계획에 계획을 거듭했다. 아주 최근까지도 세계은행과 미국 국제개발처(USAID) 그리고 탄자니아 개발에 참여한 그 밖의 기관들도 똑같은 기술적·경제적 비전을 공유했다.[86] 그러나 탄자니아의 정치 지도자가 그들의 캠페인을 추진하는 데 아무리 열정적이었다 하더라도, 다른 곳에서 훨씬 이전에 태동한 하이 모더니즘적 신념에 관한 한 생산자라기보다 소비자에 더 가까웠다.

탄자니아의 계획에서 나타난 특징적인 차이는 아마도 속도와 포괄성 그리고 교육과 의료, 상수도 같은 공공 서비스를 공급하려는 목적이었을 것이다. 비록 그와 같은 계획을 실천하는 데 막강한 권력이 동원되었지만, 적어도 그 결과는 소비에트 집단 농장화의 그것만큼 결코 잔인하거나 회복 불가능한 것만은 아니었다.[87] 탄자니아가 상대적으로 약소국이고 스탈린식 방법[88]에 의존하기를 꺼렸을 뿐만 아니라 탄자니아 농민이 비공식적 생산과 거래, 밀수와 게으름 피우기 같은 전술적 이점을 활용했다는 사실은 그나마 촌락화 강행에 따른 피해를 이론적으로보다는 다소 적게 발생시키는 데 기여했다.[89]

'이상적' 국가 촌락: 에티오피아식 변형

에티오피아에서의 강제 촌락화 형태는 강압적인 측면에서는 러시아의 것을 닮았고, 형식적인 합리화라는 측면에서는 신기하게도 탄자니아의 것을 닮았다. 사회주의 노선을 공유한다는 명백한 사실, 탄자니아의 프로그램 실행을 관찰하기 위해 에티오피아 관료들이 탄자니아를 공식 방문했다는 사실 이외에도,[90] 한편으로는 농촌에서 국가 권력이 발현했다는 점에서, 다른 한편으로는 절차와 실제 물리적 계획의 관점에서 두 나라 사이에는 훨씬 더 깊은 유사점이 있는 것처럼 보인다. 탄자니아의 사례에서는 식민지 경영자들의 계획과 니에레레의 계획 사이에 연속성이 분명히 나타난다. 한 번도 식민지를 경험한 적 없는 에티오피아의 경우 재정착은 제국 왕조 건설을 위한 세기적 프로젝트로 보인다. 곧, 암하라(Amharic) 말을 사용하지 않는 사람들을 국가에 종속시키고, 더 일반적으로는 분파적인 지방을 중앙 통제 하에 끌어들이고자 한 시도였다.

1974년 초 권력을 장악한 마르크스주의 혁명 엘리트들이 비록 초기 단계에서는 강제 정착 방식에 의존하긴 했지만, 그들의 지도자 멩기스투 하일레 마리암(Mengistu Haile Mariam) 중령과 혁명 체제의 그림자 같은 통치 기구인 데르그(Derg)는 1985년까지 전면적 규모의 촌락화를 원하지는 않았다. 그 정책은 궁극적으로 에티오피아 농민 3300만 명의 재정착을 예고하는 것이었다. 멩기스투는 니에레레의 말을 흉내 내 "에티오피아 농민의 분산되고 무계획적인 거주지와 생활 상태로는 사회주의를 건설할 수 없다. ……삶을 위한 노력이 분산되고 생활이 개별적인 한 결과는 궁극적으로 헛된 몸부림과 고난에 이르는 하루살이 생존일 뿐이며, 그것으로는 결코 풍요로운 사회를 이룩할 수 없다"[91]고 주장했다. 촌락 정착에 대한 또 다른 설명은 탄자니아의 경우와 크게 다르지 않다. 즉, 분산된 주민을 한 곳에 모으게 되면 공공 서비스를 제공하고, 국가가 구상한 사회적 생산(생산자 조합)이 가능할 뿐 아니라 기계화와 정치 교육을 시행할 수 있다는 것이다.[92]

사회주의와 사회주의의 전제 조건인 촌락화는 사실상 멩기스투가 '근대'를 말하는 방식이었다. 대규모 재정착 계획을 정당화하면서 그는 "낙후의 상징이고 무지의 계곡"이라는 에티오피아의 오명을 개탄했다. 그는 에티오피아 주민들에게 "자연의 험악한 힘으로부터 농업을 해방시키기 위해 함께 단결"하자고 요구했다. 끝으로, 유목 생활 자체를 비난하면서 촌락화를 "우리의 유목 사회를 재활시키기 위한"[93] 하나의 방법이라고 찬미했다.

그러나 재정착 속도는 에티오피아에서 훨씬 더 폭력적이었으며, 역설적으로 그것이 체제의 붕괴를 가져온 반란의 초석을 다지는 데 공헌했다. 캠페인을 착수한 지 불과 1년도 안 된 시점인 1986년 3월에 에티오피아 정부는 460만 명의 농민이 4500개 촌락에 정착했다고 주장했다.[94] 첫 번째 '선전과 선동'('명령'이나 마찬가지다) 단계에서 이주 그 자체—종종 엄청나게 먼 거리—단계까지 겨우 3개월이 걸렸을 뿐이다. 모든 설명에 의하면, 많은 새로운 정착지는 아무런 공공 서비스도 받지 못했으며 하나의 촌락으로서 기능하는 측면보다는 일종의 징벌적 식민지로서의 측면이 더 많았다.

아르시(Arsi) 지역의 강제 촌락화는 현지 사람들의 참여가 거의 없거나 전혀 없는 상황에서 수도인 아디스아바바(Addis Ababa)에서 직접 계획된 것이 분명했다. 지역의 측량사와 행정 관료들에게는 당연히 준수해야 하는 엄격한 기본 골격이 주어졌을 뿐이다. 지역 나름의 임기응변을 용인하는 체제가 아니기 때문에, 그 계획은 각 지역에서 신중하게 복제되었다. "하지만 현지 고용인들은 업무를 재빨리 습득했다. 말뚝과 풀 베기로 조심스럽게 표시한 촌락과 1000제곱미터의 단지는 지침이 요구하는 기하학적 격자형 패턴을 충실히 따랐다. 실제로, 어떤 촌락은 너무 엄격하게 구획되었다. 예를 들어 어떤 농부는 크게 잘 지어진 자신의 전통 초가 투쿨(tukul)을 다른 건물들과 나란히 '일직선'이 되도록 6미터가량 이동시켜야만 했다."[95]

이론과 실제가 얼마나 근접하게 일치했는지는 이상적인 촌락에 대한 정부 계획상의 설계와 새로운 촌락의 항공 사진을 비교해보면 알 수 있다(그림 32와 그림 33). 정부의 모든 주요 기능이 중앙에 위치하고 있음에 주목하라. 어림짐작으로, 표준화된 관료주의적 발상은 촌락마다 1000명의 거주자가 살고 각 단지가 1000제곱미터 넓이로 예정되었다는 사실에서 분명해진다.[96] 만약 모든 촌락이 동일한 인구와 동일한 토지를 할당받는다면, 단일 모델은 어디서나 쉽게 적용할 수 있다. 곧, 어떤 지역적 지식도 필요 없을 것이다. 정착지마다 동일한 토지 배치는 당국으로 하여금 새로운 농업유통공사(AMC)를 통해 통상적인 명령을 발송하고, 곡물 생산을 감독하고, 수확을 통제하는 일을 더욱 용이하게 할 터였다. 일반화된 계획은 심리적으로 쫓기던 측량사들에게 특히 편리했다. 왜냐하면 그 계획은 각 지역의 생태적, 경제적 또는 사회적 형태와 아무런 관계가 없었기 때문이다. 촌락 설계를 마치 과자 틀을 만드는 것처럼 쉽게 하기 위해 계획 관리들은 평탄하고 정지된 부지를 선택한 다음, 직선 도로와 번호를 부여한 닮은꼴 주택들에 집착했다.[97]

이러한 기하학적 실천 대상은 그 목적과 관련해 어떤 착각도 하지 않았다. 이윽고 사람들이 자유롭게 말할 수 있게 되었을 때, 소말리아로 망명한 사람들은 새로운 정착지 패턴이 반체제와 폭동을 통제하고 사람들의 이탈을 방지하고, "사람들에 대한 감시를 더욱 쉽게 만들고", 곡물을 통제하고, 소유물과 가축을 등록하고, 〔올레가(Wollega) 지역에서〕 "우리의 소년들을 더 쉽게 전쟁터로 데려가기 위해"[98] 고안된 것이었다고 인터뷰에서 말했다.

'시범 생산 조합'에는 표준 주택—치카 베츠(chika bets)라는 정사각형의 양철지붕 집—이 공급되었다. 그 이외 지역에서는 전통 주택인 투쿨이 엄격하게 규정된 절차에 따라 해체되거나 개조되었다. 대중이 모이는 장소의 경우는 커다란 촌락 사무실이나 농민 협의회 사무소, 공부방, 건강 진료소 또는 국가 협동 상점 정도만 남긴 채 러시아에서와 마찬가지로 모든 민간 상점과 찻집, 영세 교역 시설이 폐지되었다. 탄자니아의 경험과 대조적으로 에티오피아의 캠페인은 훨씬 더 강력한 군사적 속

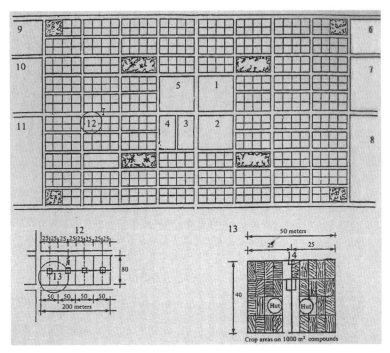

그림 32 에티오피아 아르시 지역의 표준화된 사회주의 촌락을 위한 정부 계획. 배치도는 다음과 같은 것들을 보여준다. 1. 커다란 촌락 사무실, 2. 유치원, 3. 건강 진료소, 4. 국가 협동 상점, 5. 농민 협의회 사무실, 6. 비축 부지, 7. 초등학교, 8. 경기장, 9. 종자 증식 센터, 10. 수공예 센터, 11. 동물 번식 연구소. 상세도 12는 혼합 부지를 확대한 것이고, 상세도 13은 혼합 부지의 두 구역을 확대한 것이다. 14는 인근 화장실을 나타낸다.

성을 갖고 있었다. 곧, 농민은 군사적 요인과 정치적 무력화라는 목적에 따라 매우 먼 거리를 이동했던 것이다.[99] 이는 두말할 나위 없이, 에티오피아가 경험한 촌락화의 가혹한 조건이 탄자니아의 경우보다 농민의 삶과 환경에 더욱더 파괴적이었음을 의미한다.[100]

에티오피아의 강제 재정착 과정에서 발생한 인명 피해에 대한 전반적 평가는 기아와 처형, 남벌, 흉작에 대한 일반적 보고를 훨씬 웃돈다. 새로운 정착은 인간 공동체로서나 식량 생산 단위로서나 거의 항상 거주민들을 좌절시켰다. 대규모 재정착이라는 것 바로 자체가 지역의 농

그림 33 하늘에서 본 에티오피아 남서부의 한 재정착 부지, 1986년.

업과 목축이 확보하고 있던 매우 귀한 지식 유산을 수포로 날렸으며, 이와 더불어 잉여 식량을 안정적으로 생산하던 지역에 있던 3만~4만 개의 제대로 된 지역 공동체 대부분도 사라지고 말았다.

무자비한 조치의 시행 대상으로 지정된 티그라이(Tigray)의 경우, 전통적인 경작자는 대체로 한 계절에 평균 15가지의 작물[테프(teff) · 보리 · 밀 · 사탕수수 · 옥수수 · 기장 같은 곡물 · 고구마 · 감자 · 양파 같은 근채류, 잠두콩 · 렌즈콩 · 이집트콩을 포함한 약간의 콩과 식물 그리고 후추, 오크라와 그 이외에 많은 것들을 포함한 수많은 채소류][101]을 심었다. 농부는 다양한 종류의 작물에 대해 언제 심을 것인지, 얼마나 깊이 파종해야 하는지, 흙은 어떻게 준비해야 하는지, 어떻게 돌보고 수확해야 하는지 등에 두말할 나위도 없이 정통했다. 이러한 지식은 농부가 경작하는 각 필지의 고유한 특성까지 전부 포함하며, 어떤 품종에 대한 성공적인 경작은 강수와 토양에 대한 지역적 지식을 필요로 한다는 점에서 '장소 특수적(place specific)'이라고 말할 수 있다.[102] 또한 이런 지식 대부분이 지역성이라는 집합적 기억 속에 저장되어 있다는 점에서도 '장소 특수적'이다. 이를테면 기술과 다양한 종자 그리고 생태학적 정보에 대한 구전(口傳) 지식 자료인 셈이다.

농부가 일단 한 번 완전히 다른 생태학적 환경으로 이주하면, 그가 갖고 있던 원래의 현장 지식은 전혀 쓸모없게 된다. 제이슨 클레이(Jason Clay)가 강조한 것처럼 "따라서 농부가 고산 지대에서 감벨라(Gambella) 같은 지역의 정착 캠프로 이주하게 되면, 그는 곧장 농업 전문가에서 미숙하고 무지한 노동자로 전락하며, 자신의 생계를 전적으로 중앙 정부에 의존할 수밖에 없게 된다."[103] 재정착은 경관의 변화라는 차원을 훨씬 능가한다. 그것은 사람들로부터 지금까지 자신에게 기본적으로 필요한 것 대부분을 생산해온 기술과 자원은 물론 비교적 자급적으로 살수 있었던 독립적인 생활 수단을 박탈한다. 이러한 기술이 거의 또는 전혀 필요 없는 새로운 환경으로 사람들을 옮기는 것이다. 이런 환경 속에서 정착촌 캠프 관료들은 식량 배급을 미끼로 이주자들에게 복종과 노동을 강요하고, 그 결과 그들은 거지로 전락했다.

설상가상 에티오피아에서는 강제 이주와 함께 가뭄이 발생했다. 하지만 국제 원조 기구까지 나설 수밖에 없게 된 대기근의 원인은 대규모 재정착 프로젝트가 제공했다.[104] 조잡한 계획과 새로운 농업 환경에 대한 무지로 인해 작물 수확에 실패한 만큼 사회적 유대의 붕괴도 기근을 심화시켰다. 과거에 촌락 사람들이 식량이 부족한 시기에도 살아남을수 있었던 주요 수단은 공동 유대, 친인척 관계, 호혜와 협력 네트워크, 지역적 자선과 의존이었다. 하지만 종종 가족과 헤어지거나 아니면 이동이 금지된 무차별 강제 이주 때문에 그와 같은 사회적 자원은 박탈되었고, 캠프 이주자들은 자기 고향에 있을 때보다 훨씬 더 기근에 취약해졌다.

비록 현실적으로는 한 번도 성취된 적이 없지만 데르그 농촌 정책의 내재적 논리는 대단히 인상적이다. 만약 성공적으로 집행되었다면 에티오피아 농민은 거대하고 가독성 있는 촌락의 주요 도로가에 영구히 정착했을 것이다. 그 촌락에는 똑같은 모양에 차례대로 번호를 매긴 집들이 농민 협의회 본부(곧, 당)를 중심으로 격자형으로 배치되고, 농민 협의회 의장과 대의원 그리고 군 지도자들이 자신의 지위를 유지했을 것이다. 또 국가 측량사들에 의해 균일하게 설계된 평평한 들판에서 지정된 작물을 기계를 이용해 집단적으로 재배하고, 그 작물을 국가 기관에 배급용과 해외 판매용으로 출하하기 위해 수확했을 것이다. 노동 역시 전문가와 간부에 의해 엄격하게 통제되었을 것이다. 에티오피아 농업을 근대화하기 위한 목적과―결코 우연이 아니게―데르그의 통치를 강화하기 위한 목적을 동시에 가졌던 그 정책은 수십만 경작자에게 그리고 궁극적으로는 데르그 자체에도 명실공히 치명적이었다.

결론

평화롭고 고요한 시기의 경우, 모든 행정가에게는 자기 통제 하에 있는 전체 인구가 순조롭게 유지되는 것이 오직 자신의 노력 덕분인 것처럼 보인다. 그리고 이처럼 자기가 불가결한 존재라는 의식 속에서 모든 행정가는 자신의 노동과 노력에 대한 중요한 보상을 발견한다. 역사의 바다가 조용하게 멈춰 있는 동안 통치 행정가는 노쇠한 목소리로 사람들과 자신이 탄 배에 보트를 잡아당기는 갈고리 장대를 걸어놓고 그것을 붙잡은 채 그 배를 움직이는 것은 자신의 노력이라고 당연히 생각한다. 그러나 폭풍이 일어나고 바다가 물결치고 배가 흔들리는 순간 그러한 망상은 더 이상 가능하지 않다. 배는 자신의 거대한 힘으로 스스로 움직이며, 보트의 갈고리 장대는 더 이상 움직이는 범선에 닿지 않는다. 행정가는 갑자기 통치자와 권력의 근원으로 보이는 대신, 무의미하고 쓸모없고 나약한 사람이 된다.

―톨스토이, 《전쟁과 평화》

미래를 열심히 계획하는 관료와 전문가 쪽 그리고 농민 집단 쪽 사이의 갈등은 전자에 의해 진보와 퇴행, 합리성과 미신, 과학과 종교 간의 투쟁으로 선전되었다. 그러나 우리가 살펴본 하이 모더니즘적 계획이 추구한 '합리적' 목적은 종종 엄청난 실패로 끝났음이 분명하다. 생산 단위로서, 인간 공동체로서, 또는 공공 서비스를 제공하는 수단으로서 계획화된 촌락은 그것이 대상으로 삼은 사람들, 특히 이따금 그것이 진심으로 섬기고자 했던 사람들의 기대를 벗어났다. 적어도 단기적으로 볼 때는 계획화된 촌락이 사람들을 관습적인 사회적 연결망에서 분리함으로써 집단적 저항을 억제하는 데 효율적으로 작동했을지 모른다. 하지만 장기적으로 볼 때 계획화된 촌락은 성장 역량을 증대시키는 단위로서나 농촌 인구의 충성심을 확보하는 방법으로서나 공히 그것을 창시한 사람들마저 실망시키고 말았다.

하이 모더니즘과 권력의 눈

만약 촌락화를 위한 계획들이 그렇게 합리적이고 과학적이었다면, 왜 그와 같이 총체적인 파멸을 초래했을까? 그 해답은 이러한 계획들이 어떤 엄격한 의미에서도 결코 과학적이거나 합리적이지 않았기 때문이라고 나는 믿는다. 이들 계획가가 마음속으로 상상한 것은 일종의 미학적인 것으로, 더러는 근대 농촌의 생산과 공동생활에 대한 시각적 코드화라고 부를 법한 것이었다. 이러한 시각적 코드화는 종교적 신념처럼 비판이나 그것에 반하는 부정적 증거에 의해 거의 영향을 받지 않았다. 대규모 농장, 단종 재배, '제대로 된' 촌락, 트랙터를 활용한 경작지 그리고 집단 또는 공동 농장에 대한 믿음은 이것이야말로 세계가 나아가야 할 방향이라는 확신, 곧 목적론에 대한 미학적 신념이었다.[105] 거의 대부분의 소수 전문가에게 이러한 촌락은 서구 온대 기후대의 특수한 맥락에서 도출된 경험적 가설이 아니었다. 그러한 경험적 가설은 실행에 앞서 면밀히 검토해야 하는 것이었다. 일정한 역사적·사회적 맥락에서—예컨대 캔자스 평원에 토지를 새로 개간한 농부들이 재배하는 밀 같은 경우에는―이와 같은 신념의 많은 요소는 의미가 있다.[106] 하지만 그것이 하나의 믿음으로서 광범하고 다양한 환경에서 일반화되고 무비판적으로 적용될 경우 비참한 결과를 동반할 수밖에 없다.

만약 화성에서 온 사람이 이와 관련한 사실을 우연히 접하게 된다면, 정확히 누가 경험주의자이고 누가 열렬한 신봉자인지 몰라보아도 용서받을 수 있을 것이다. 예를 들어 촌락화 이전 약 20년 동안 탄자니아 농민은 기후의 변화, 새로운 작물, 새로운 시장에 맞서 자신들의 정책 유형과 농경 관행을 놀라우리만큼 성공적으로 조정해왔다. 비록 신중하기는 하지만 그들은 자기 고유의 관습에 대한 탁월한 경험주의적 관점을 갖고 있었다. 이와 대조적으로 전문가와 정치인들은 국가의 후원을 받아 한층 강력해진 준종교적 열정의 확고부동한 손아귀에 있는 듯했다.

이것은 보통 신념이 아니었다. 그것을 갖고 있는 사람들의 지위 그리고 이익과 직접적인 관련이 있었다. 이러한 시각적 코드화를 신봉하는 자들은 스스로를 사회 근대화를 의식적으로 추진하는 존재라고 여겼기 때문에, 그들의 비전은 근대적으로 보이는 것(단정하고, 직선적이고, 획일적이고, 집중되고, 단순화되고, 기계화된)과 원시적으로 보이는 것(불규칙하고, 분산되고, 복잡하고, 기계화되지 않은) 사이에 확실하면서도 도덕적 함의를 부여한 대조가 필요했다. 근대 교육을 독점한 기술적·정치적 엘리트로서 그들은 스스로의 역사적 사명을 명확히 정의하고 자기 지위를 강화하기 위해 이러한 진보의 시각적 미학을 이용했다.

그들의 근대주의적 신념은 또 다른 측면에서도 스스로의 이익만을 도모했다. 국가 계획이라는 발상 바로 그 자체가―수도에서 고안해 스스로의 이미지에 따라 지방을 단 하나의 명령으로 복종시키는 준군사적 단위를 만든다는 의미에서―기본적으로 중앙 집권화를 의미했다. 주변부 혹은 지방에 있는 단위는 이웃에 있는 것들과 수평으로 연결되기보다는 수도에 있는 명령 기관에 수직적으로 더 강하게 연결되었다. 곧, 의사소통 라인은 차라리 초기 르네상스 회화에서 원근법을 나타내기 위해 사용한 수렴선을 닮았다. "원근법의 관례는 …… 모든 것을 보는 사람의 시야 중심에 둔다. 이는 마치 등대에서 쏘는 광선과 같은데, 차이점은 바깥으로 전해지는 것이 아니라 상(像)이 안으로 맺힌다는 것이다. 일반적으로 그 상들을 현실이라고 부른다. 원근법은 하나의 눈을 가시적 세계의 중심으로 만든다. 모든 것은 무한대의 소실점까지 눈 위에 수렴한다. 한때 우주가 신을 위해 배치되었듯이 눈에 보이는 세상은 관객을 위해 배치된다."[107]

조정과 권위가 추구하는 이미지는 여기서 집단 체조의 그것을 연상시킨다. 집단 체조란 정교하게 숙달된 각본에 따라 수천 개의 몸이 완벽하게 하나로 움직이는 것이다. 그와 같은 조정이 실제로 이루어질 때, 그 광경은 여러 가지 효과를 나타낼 수 있다. 그것을 고안한 사람이 바라는 것은 대중적 조정의 실연이 관객과 참가자들에게 공히 강력한 결합을 통한 경외심을 자극하는 일이다. 그와 같은 경외심은—테일러주의 공장에서처럼—오직 그런 공연의 바깥이나 위에 있는 자만이 전체적인 모습을 온전히 감상할 수 있다는 사실에 의해 더욱 강화된다. 곧, 땅 위에서 참가하는 개개인은 거대한 유기체에 속한 작은 분자이며, 그를 조종하는 두뇌는 다른 곳에 있는 것이다. 이에 따라 작동하는 국가의 이미지는 정상을 차지하고 있는 엘리트에게는 엄청나게 기분 좋은 일이다. 물론 그들에 의해 자기 역할이 매우 하찮은 것으로 격하된 일반 국민에게는 모욕적인 일이지만 말이다. 이러한 공연은 또한 참관자들에게 깊은 인상을 남기는 것 이상으로—적어도 단기적으로는—엘리트의 도덕적 사명감과 자신감을 강화하는 데 도움을 주는 확신적 자기 최면으로 여겨지기도 한다.[108]

계획화된 촌락에 활력을 불어넣는 근대주의적 시각의 미학은 신기하게도 아주 정적인 특성을 갖고 있다. 어떤 의미에서 그것은 더 이상 개선할 여지가 없는 완성된 그림과 같다.[109] 그 디자인은 과학적이고 기술적인 법칙의 결과이며, 그 속에 함의된 가정은 일단 한 번 만들어지면 그 다음 임무는 그 형태를 계속 유지하는 것이라는 점이다. 계획가들은 매번 만드는 새로운 촌락이 마치 맨 마지막인 것처럼 보이려고 한다. 새로운 캠프로 들어가는 로마 군대의 지휘관처럼 다르에스살람(Dar es Salaam)에서 돌아온 관료는 TANU 본부에서부터 농민 조합과 건강 진료소까지 모든 것이 어디에 있는지 정확히 알고 있을 것이다. 모든 경작지와 모든 주택도 원칙적으로는 거의 똑같으며, 전반적 계획에 따라 입지를 정했다. 이러한 비전이 실제로 구현된 정도에 따라 시공간적 특수성하고의 관계는 멀어졌다. 그것은 도대체 출처를 알 수 없는 견해였다. 지역적 생태 및 생계를 위한 일상에 따라 밀접하게 조정된 취락의 반복할 수 없는 다양성 대신, 그리고 인구와 기후와 시장의 변화에 대해 끊임없이 변화하는 지역적 차원의 대응 대신, 국가는 정치 구조에서부터 사회 계급을 거쳐 경작 기술에 이르기까지 모든 면에서 획일적인 촌락, 곧 취약하고 특징 없는 촌락을 만들었다. 움직이는 변수는 최소화되어야 했다. 완벽한 가독성과 동일성이라는 견지에서 보면, 이러한 촌락은 국가 계획이라는 건물에서 이상적이고 대체 가능한 벽돌일 것이다. 과연 그것들이 '기능'할 수 있는지 여부는 다른 문제였다.

격자형의 실패

계획은 현실을 소화할 수 없다.

—장폴 사르트르

개혁가가 되려는 사람들에게는 제도의 실천적 관행을 바꾸는 것보다 제도의 형식적 구조를 바꾸는 것이 훨씬 더 쉽다. 실제로 움직이는 조직을 어떻게 바꾸는 것보다는 조직의 도표에 있는 선과 상자를 재설계하는 것이 훨씬 더 간단하다. 규칙이나 규제를 따르도록 행동을 유도하는 것보다 그것들을 바꾸는 것이 더 간단하다.[110] 촌락의 물리적 구획을 재설계하는 것이 촌락의 사회생활과 생산 활동을 바꾸는 일보다 더 간단하다. 전형적으로 정치 엘리트들이, 특히 권위주의적 하이 모더니스트 엘리트들이 형식적인 구조와 규칙을 변화시키는 일부터 시작하는 데는 확실한 이유가 있다는 얘기다. 그러한 법률적 또는 법에 명시된 변화가 가장 접근하기 편하고 재조정하기도 제일 쉽다.

공식 조직에서 일하는 누구라도―심지어 상세한 규칙에 따라 엄격하게 관리되는 작은 조직에서조차―그 조직이 어떻게 성공적으로 작용하는지를 설명하는 데는 핸드북이나 문서화된 지침이 전혀 도움이 되지 않는다는 사실을 잘 알고 있다. 원활한 운영에 대한 설명은 해도 해도 끝이 없으며, 암묵적 이해나 무언의 조정 그리고 실질적 상호관계의 지속적 변화 역시 결코 문서화된 법령 속에 성공적으로 포함시킬 수 없다. 종업원이나 노동조합에 유용한 것은 이처럼 도처에 존재하는 사회적 사실이다. 준법 투쟁 노동 쟁의로 불리는 것 이면에 깔린 전제가 바로 그러한 사례이다. 파리의 택시 운전기사들은 규정 또는 요금과 관련해 시 당국을 압박하고자 할 때, 이따금 준법 투쟁 노동 쟁의를 하곤 한다. 이는 단지 도로 규정의 세세한 규칙을 모두 지키는 것으로서, 그로 인해 파리 중심부 곳곳에서 아주 곤혹스러운 교통 정체가 초래된다. 곧, 운전자들은 공식적인 규칙을 종종 위반하면서 발전시켜온 일련의 관행을 습득함으로써 원활한 교통 순환이 가능해진다는 사실을 알고 있기 때문에 바로 이 점을 전술적으로 이용하는 것이다.

촌락이나 도시에 대해―혹은 그 점에 관한 한―언어에 대해서까지 무언가를 완전하게 계획하고자 하는 어떤 시도도 동일한 사회적 현실과 충돌할 것이 분명하다. 촌락, 도시 또는 언어는 많은 손을 거쳐서—비록 부분적으로는 의도된 산물이 아니지만—공동으로 창조된 것이다. 당국이 형언할 수 없이 복잡한 활동 망을 형식적인 규칙과 규제로 바꾸자고 주장하는 만큼 당국은 예상할 수 없는 방식으로 그 망을 붕괴시킬 것이 분명하다.[111] 프리드리히 하이에크 같은 자유방임 옹호자들이 이 점을 가장 강하게 주장했다. 이들은 중앙 통제 경제가 아무리 정교하고 가독성이 높더라도, 시장과 가격 시스템에 작용하는 무수히 복잡하고 신속하고 상호 의존적인 조정력을 결코 대체할 수는 없다고 지적하곤 한다.[112] 하지만 이런 맥락에서 볼 때 이것은 물리적 환경과 더불어 훨씬 더 복잡한 사회적 상호작용이 벌어지는 곳에 한층 의미 있게 적용될 수 있다. 그곳을 우리는 도시 또는 촌락이라고 부른다. 유구한 역사를 가진 도시는 아주 오랜 세월 동안 모든 시대에 걸쳐 (관료를 포함한) 수많은 계층에 의해 만들어진 역사적 산물이라는 점에서 '깊은' 또는 '두꺼운' 도시라고 불리곤 한다. 물론 도시나 촌락을 새로 지을 수는 있지만 그것은 '얕은' 또는 '얇은' 도시가 될 테고, 거주자들에게 정해진 규칙이 주어지기도 하지만 그것이 제대로 작동하도록 만드는 일부터 (아마도 이미 알고 있는 지식 창고를 통해) 시작해야 한다. 브라질리아 또는 탄자니아의 계획 촌락 같은 사례를 보면 왜 국가 계획가들이 새로 개간된 부지를 선호하고, 왜 계획가들의 영향력이 극대화된 새로운 환경으로 '충격에 빠진' 사람들을 갑자기 이주시키는지 이해할 수 있다. 그 대안은 원래 모습대로 존재하고 기능하는 공동체를 개혁하는 것이다. 그러한 공동체는 그것을 변혁하고자 계획하는 것에 저항하고 도전하는 사회적 자원을 더 많이 갖고 있게 마련이다.

인위적으로 설계된 공동체의 빈약함은 인위적으로 설계된 언어의 빈

약함과 비교할 수 있다.[113] 단숨에 계획된 공동체와—브라질리아나 탄
자니아 또는 에티오피아의 계획 촌락—더욱더 오래되었지만 계획되지
않은 공동체와의 관계는 에스페란토와 영어 또는 버마어의 관계와 똑
같다. 실제로 우리는 많은 점에서 한층 논리적이고 간단하고 보편적이
고 덜 불규칙적이며, 기술적인 차원에서 보면 훨씬 더 명료하고 정확한
새로운 언어를 고안할 수도 있다. 물론 이것은 에스페란토를 고안한 라
자르 자멘호프(Lazar Zamenhof)의 목적이기도 했다. 그는 국제어로 알려
진 에스페란토가 유럽 각국의 편협한 민족주의를 없앨 수 있다고 생각
했다.[114] 하지만 그 언어의 채택을 강제할 만한 강력한 국가를 갖지 못한
에스페란토가 유럽의 기존 자국어나 방언을 대신하는 데 실패한 이유
는 아주 명확하다. (사회언어학자들은 "국어는 군대를 가진 방언이다"고 말하기를
좋아한다.) 이미 사회적으로 깊이 뿌리내린 언어라면 반드시 갖고 있는
공명, 함축, 은유, 문학, 구전 역사, 관용구 그리고 실질적인 사용이라는
전통을 통째 결여한 것이 바로 에스페란토이다. 이를테면 이례적으로
빈약한 언어인 것이다. 에스페란토는 그것이 내건 약속을 지키려는 소
수 지식 계급 사이에서만 일종의 유토피아적 호기심에서 사용되는 아
주 빈약한 방언으로만 살아남았다.

완벽한 소형화와 통제

실제로 영향권 안에 있는 모든 것을 훈육하고자 하는 권위주의적 하이
모더니즘 계획의 허영심은 완고한 저항에 직면할 수밖에 없었다. 사회
적 관성, 확립된 기득권, 국제 가격, 전쟁, 환경 변화 같은 몇 가지 요인
만 언급해도, 하이 모더니즘 계획의 결과가 원래 구상했던 모습과 확연
히 다르게 보일 것이라는 점은 분명하다. 심지어 스탈린식 집단화처럼
국가가 스스로 내린 명령에 대한 형식적인 복종을 매우 높은 수준으로

강제하는 데 엄청난 자원을 쏟는 경우에도 그렇다. 그런 계획을 실현하는 데 온갖 열의를 바친 사람들은 완고한 사회적 현실과 물질적 조건 앞에 좌절할 수밖에 없었다.

이러한 좌절에 대한 한 가지 대응은 외형적 차원에서 소형화로 후퇴하는 것이다. 이를테면 시범 도시나 포템킨 촌락 같은 것이다.[115] 브라질과 브라질 사람을 근본적으로 변화시키는 것보다 브라질리아를 건설하는 것이 한층 쉽다. 이러한 후퇴의 결과 하이 모더니즘적 열망을 더욱 근접하게 실현할 수 있는, 비교적 자급자족적인 소형의 유토피아적 공간이 창조되었다. 통제는 극대화되지만 외부 세계에 대한 충격은 극소화되는 사례 가운데 극단적인 것으로 박물관이나 테마파크를 들 수 있다.[116]

이와 같은 완벽한 소형화는 대규모 변화를 암묵적으로 포기한 것이기는 하지만 나름의 논리를 갖고 있다는 것이 내 생각이다. 시범 촌락, 시범 도시, 군사 거류지, 전시 프로젝트 그리고 전시용 농장은 정치가나 행정가, 전문가에게 불량 변수와 미지의 영역을 최소화함으로써, 명료하게 정의된 실험 영역을 창조할 수 있는 기회를 제공한다. 물론 만약 이러한 실험이 시범 단계에서 벗어나 일반적으로 적용하는 데 성공한다면 그것이야말로 정책을 계획하는 데 하나의 완벽한 합리적 형태가 될 것이다. 소형화에는 이점이 있다. 초점을 압축시킴으로써 훨씬 높은 수준의 사회적 통제와 규율을 가능케 한다. 국가의 물적·인적 자원을 한곳에 집중함으로써, 소형화는 그 비전이 요구하는 건축, 설계, 기계화, 공공 서비스 그리고 경작 형태에 근접할 수 있다. 포템킨이 잘 이해했듯이 질서와 근대성이라는 작은 섬들은 자신이 무엇을 성취할 수 있는지 보여줄 본보기를 통해 윗사람을 만족시키고자 하는 관료에게 정치적으로 유용했다. 만약 윗사람이 한곳에만 갇혀 있어 잘못된 정보만 접했다면—예카테리나 여제가 포템킨이 보여준 설득력 높은 경관을 보고 그랬듯이—그와 같은 시범적 사례를 마치 한층 큰 현실인 양 잘못 알게 될지도 모른다.[117] 그 효과는 베르사유나 프티트리아농(Petit Trianon)에 대한 일종의 하이 모더니즘적 버전으로, 같은 장소에서 같은 시간에 통제와 관련해 더 큰 손실을 제거하는 것이다.

소형화의 시각적 미학도 중요하기는 마찬가지다. 건축 도면, 모형, 지도 등이 쉽게 이해하거나 전체를 파악할 수 없는 한층 넓은 현실을 다루는 방법인 것처럼 하이 모더니즘적 발전과 관련해 소형화는 미래가 어떤 모습일지에 대해 시각적으로 완벽한 본보기를 제공한다.

갖가지 종류의 소형화가 도처에 널려 있다. 사람들이 쉽게 조작할 수 없는 큰 사물이나 현실을 '장난감'으로 만드는 것을 보면, 소형화에 대한 인간의 본성이 혹시 관료주의적 본성과 같은 것은 아닌지 궁금해진다. 이푸 투안(Yi-fu Tuan)은 우리가 어떻게 사물을 소형화해왔는지 그리고—종종 선한 의도에 따라—그렇게 함으로써 통제할 수 없는 더 큰 현상을 어떻게 길들여왔는지 훌륭하게 조사했다. 그 연장선상에 투안은 인형과 인형의 집, 장난감 기관차, 장난감 병정과 병기 그리고 애완용 물고기나 강아지 같은 '살아 있는 장난감'과 더불어 (식물계를 소형화한) 분재(盆栽)와 분석(盆石)을 나란히 놓았다.[118] 투안이 다소 장난기를 갖고 길들이기 문제에 집중했다면, 통제와 지배를 추구하는 동일한 욕망 가운데 어떤 것은 관료제라는 더욱 큰 차원에서 작동할 수도 있다. 성취 여부를 측정하기 어려운 실질적 목표들이—만들어진 촌락의 숫자나 개간된 경지 면적과 같은—피상적이고 명목적인 통계에 의해 대체될 수 있는 것처럼, 그것들은 근대주의적 질서의 미시적 환경에 의해 대체될 수도 있다.

국가와 국가 통치자들이 자리 잡은 곳으로서, (새로운) 국가의 상징적인 중심으로서 그리고 종종 유력한 외국인이 방문하는 장소로서 수도는 하이 모더니즘적 발전의 진정한 테마파크로서 주의 깊은 관심을 받기에 충분하다. 심지어 동시대의 세속적인 외양에서조차 한 나라의 수도는 국가 숭배를 위한 신성한 중심지임을 알려주는 한층 오래된 전통 중 일부를 갖고 있다. 하이 모더니즘적 수도의 상징적 역량은 과거 한때 그랬던 것처럼 신성한 과거를 얼마나 잘 보여주느냐가 아니라, 현재의 통치자가 그들 국가를 위해 갖고 있는 유토피아적 열망을 얼마나 완벽하게 상징화하는가에 달려 있다. 언제나 그랬듯이 과시는 확실히 과거 또는 미래의 권위뿐 아니라 권력의 발산을 의미한다.

식민지의 수도들은 이러한 기능을 염두에 두고 만들어졌다. 에드윈 루티언스(Edwin Lutyens)가 설계한 제국의 수도 뉴델리는 그 훌륭한 사례이다. 국민(그리고 아마도 국가 관료 자체)을 규모와 위풍으로 압도하고, 군사력과 개선문을 과시하는 퍼레이드를 통해 위압하고자 했던 것이다. '새로운' 델리는 '옛' 델리가 되어버린 도시에 대한 당연한 부정으로 의도되었다. 새로운 수도의 핵심 목적은 조지 5세의 개인 비서가 영국 총독의 미래 관저에 관해 쓴 문건에 잘 드러나 있다. 그는 새로운 수도가 과거 제국의 구조물이나 자연 경관의 형상에 지배될 것이 아니라 무엇보다 "눈에 잘 띄는 가운데 위엄을 갖추어야 한다"며 "우리는 지금 〔인도 사람들에게〕 최초로 서양의 과학과 예술 그리고 문명의 힘을 보여주어야 한다"고 썼다.[119] 어떤 성대한 의식을 거행하고자 그 한복판에 서면 제국주의적 건축물이라는 이 작은 보배가 그것과 모순되거나 혹은 그것에 아랑곳하지 않는 인도의 실체라는 거대한 바다 속에 거의 실종되어 있다는 사실을 잠시 동안 망각할지도 모른다.

이전에 식민지를 경험한 나라를 포함해 수많은 국가에서, 지도자들이 극복하고자 했던 도시의 과거와 타협하는 대신 완전히 새로운 수도를 건설하는 일이 많았다. 브라질, 파키스탄, 터키, 벨리즈, 나이지리아,

코트디부아르, 말라위 그리고 탄자니아가 그랬다.[120] 이들 국가 대부분은 자국의 건축 전통과 조화를 이루고자 할 때조차 서양 건축가나 서양 교육을 받은 건축가의 계획에 의존했다. 로렌스 베일(Lawrence Vale)이 지적한 것처럼 많은 새로운 수도가 완벽하고 자급자족적인 목적을 지향했던 것으로 보인다. 어떠한 삭제나 추가 또는 변형도 고려하지 않은 채 오직 찬양 일색이었다. 또 언덕과 경사, 성벽과 차수벽(遮水壁) 배후의 복잡한 구조 그리고 기능과 지위를 반영하는 세밀하게 등급화된 구조적 위계를 전략적으로 이용함으로써, 패권과 지배라는 인상을 전달하기도 했다. 물론 그러한 전략은 도시의 경계 지점에서 멈추었다.[121]

니에레레가 계획한 새로운 수도 도도마는 사정이 다소 달랐다. 체제의 이데올로기적 공약은 별로 기념비적이지 않은 건축물에 의도적으로 표현되었다. 상호 인접한 몇몇 정착지는 경관에 따라 기복을 드러냈으며, 적당한 규모의 건물들은 엘리베이터와 냉방 장치의 필요성을 없애기도 했다. 하지만 도도마 역시 분명히 유토피아적 공간이 되고자 하는 의도를 갖고 미래를 표현함과 동시에 옛날 수도인 다르에스살람을 확실하게 부정하고자 했다. 도도마에 대한 마스터플랜이 다르에스살람을 비난한 이유는 다음과 같다. 다르에스살람은 "발전의 지배적 초점이며 …… 탄자니아가 이루고자 하는 목표 그리고 탄자니아가 나아가고자 하는 길과 정반대이다. 만약 그것을 통제하지 않는 한 그것은 인간 정착지로서의 도시는 물론 평등한 사회주의 국가인 탄자니아를 망치게 될 것이다."[122] 싫든 좋든 다른 곳에 모든 사람을 위한 도시를 계획한다면서, 지배자들은 이와 더불어 자신을 위해 잘 다듬어지고 질서정연한 주변 환경을 가진 언덕 꼭대기에 은신처를 포함한 새로운 상징적 중심을 고안했는데, 내 생각에 이는 결코 우연이 아니다.

만약 기존 도시를 변형하는 데서 발생하는 힘든 난제가 시범 수도를 건설하고자 하는 유혹을 일으킬 수 있다면, 기존 촌락을 변형하는 데서 예상되는 난제가 소형화로의 후퇴를 가속화할 수도 있다. 이러한 경향의 주요 변형 가운데 하나는 좌절한 식민지 파견 관료들에 의해 조심스럽게 통제받는 생산 환경을 만드는 것이었다. 쿨슨은 이와 관련한 논리를 다음과 같이 설명한다. "만약 농민을 더 이상 강요하거나 설득할 수 없다면, 남은 유일한 대안은 그들을 완전히 무시하고 (땅콩 경작 계획이나 유럽인들이 관리한 정착 농장에서 그랬듯이) 외부인이 관리하는 기계화된 농업 쪽으로 가거나, 아니면 농민을 즉각 전통적인 환경에서 정착 계획으로 끌고 나와 그들로 하여금 토지를 얻는 대가로 농업 관료의 지시에 따르도록 동의하게 만드는 것이다."[123]

또 하나의 변형은 일반 농민으로부터 근대 농업을 실천하는 데 동원할 진보적인 농민 핵심 집단을 추출하고자 하는 시도였다. 이와 같은 정책은 모잠비크에서 차근차근 이루어졌으며, 식민지 시대의 탄자니아에서도 마찬가지로 중요했다.[124] 1956년 탕가니카 농무부에서 나온 한 문건에 의하면 국가가 "보수주의적인 농민 장벽"에 직면했을 때 "몇몇 선택된 곳에 집중하기 위해 다른 곳에서 철수할 필요가 있었는데, 바로 이것이 훗날 '집중 접근법'이라고 알려진 절차이다."[125] 과학적 영농에 부응할 만한 농업 인구 일부를 분리해내고자 하는 열망에 따라 파견 관리들은 종종 자신의 실질적 임무와 직접 관련 있는 다른 현실을 간과하곤 했다. 그런 현실은 그들 코앞에 있기는 했지만 그들의 보호 대상이 되지는 않았다. 폴린 피터스(Pauline Peters)는 말라위에서 농업 당국이 '농업 장인'이라고 지정한 사람들만 놔두고 농촌 지역의 인구를 줄이고자 했던 노력을 이렇게 설명한다. 파견 관리들은 "단일 작물의 윤작에 기초해 깔끔하게 정리된 혼합농의 미시 경관을 창조함으로써 자신들이 보기에 후진적이고 흩어져 있는 다작 농업을 대체하고자 했다. 동시에 그들은 자신이 강제로 성취하고자 했던 극단적인 변혁, 곧 담배 경작을 위한 자율적이고도 보편적인 정책은 완전히 무시했다."[126]

계획된 도시, 계획된 촌락 그리고 계획된 언어는 (명령 경제는 말할 것도 없이)—앞에서 강조했듯이—'얇은' 도시와 촌락 그리고 언어가 될 것이다. '두꺼운' 도시와 촌락을 특징짓는 엄청나게 복잡한 활동의 몇 가지 도식적 측면을 능가하는 그 어떤 것도 합리적으로 계획할 수 없다는 점에서 그것은 '얇다'. 이러한 '얇은' 계획이 확실히 보증하는 한 가지 결과는 계획된 제도가 '어둠 속의 쌍둥이'라는 일종의 비공식적 현실을 생산한다는 것이다. 이러한 비공식적 현실은 계획된 제도가 달성하는 데 실패한 다양한 요구를 실행하기 위해 발생한다. 홀스턴이 보여준 것처럼 브라질리아는 건설 노동자 및 이민자와 더불어 주거와 활동이 필요한 데도 불구하고 계획에 의해 예측하지 못했거나 배제되었던 하나의 '비계획적인 브라질리아'를 낳았다. 새로운 모범적인 수도 거의 대부분은 그것을 공식적으로 건설하는 것과 불가피하게 연관된 또 하나의 훨씬 더 '무질서하고' 복잡한 도시를 탄생시켰다. 이러한 무질서하고 복잡한 도시가 공식적인 도시 자체를 작동할 수 있도록 만든다는 점에서 사실상 그것은 공식적인 도시의 존재 조건이다. 곧, 그와 같은 '어둠 속의 쌍둥이'는 단순한 변칙 혹은 '불법적 현실'이지만은 않다. 만약 그것이 없다면 공식적인 도시의 작동을 정지시키는 활동과 생활을 대표하는 것이 바로 이 어둠 속의 쌍둥이 도시다. 파리 택시 운전사들의 실제 운전 관행과 도로 규정과의 관계처럼 불법적인 도시와 공식적인 도시도 같은 관계를 맺고 있다.

한 가지 더 사변적인 얘기를 덧붙이자면, 공식적으로 공표된 미세 명령에 겉치레와 강요가 많아질수록 허구를 지탱하기 위해 필요한 부적절한 관행의 양도 늘어난다고 나는 생각한다. 가장 엄격하게 계획된 경제도 공식 경제가 공급하기 어려운 것을 수천 가지 방법으로 공급하는 거대한 '지하', '회색', '비공식' 경제를 수반하는 경향이 있다.[127] 이러한 경제가 무자비하게 억압받을 경우 종종 경제적 파탄과 궁핍을 그 비용으로 치러야 하는 경우도 종종 있다(중국의 대약진 운동과 문화 혁명, 폴 포트 치하 캄보디아의 자급자족적 무자본 경제). 한 나라의 주민을 영구적인 정착 주거지에 유지하고자 하는 강압적 노력은 그들이 결코 이동해서는 안되는 도시 지역에 대량의 비합법적 무적(無籍) 인구를 만들어내는 경향이 있다.[128] 수도 중심부에서 시각적 미학을 엄격하게 강조하는 것은 무단 거주자로 가득 찬 정착지와 슬럼을 만들어내는 경향도 있다. 이들 무단 거주자가 주로 하는 일은 다름 아닌 품위 있게 계획된 도심에서 일하는 엘리트들을 위해 마루를 닦거나 식사를 준비하고, 그들의 자녀를 돌보는 것이다.[129]

08 자연 길들이기: 농업의 가독성과 단순성

수레의 부품들을 아무리 열거해봐라. 그래도 여전히 수레는 아니다.

무언가 결정을 내리고 매사를 쪼개기 시작하면 법칙과 이름이 나타난다. 그리고 일단 이름이 나타나면 멈출 때를 알아야 한다.

— 《도덕경》

우리가 살펴본 것처럼 거대한 관료 제도가 불가피하게 요구하는 단순화된 추상화로는 자연적 혹은 사회적 과정의 실질적 복잡성을 결코 적절하게 재현할 수 없다. 그것들이 사용하는 범주는 묘사하고자 하는 세계를 실물대로 나타내기에 너무나 조악하고 정적이며 또한 양식화되어 있다.

  아래에서 그 이유들을 밝히겠지만, 정부가 주도하는 하이 모더니즘적 농업도 동일한 질서의 추상화에 의존하고 있다. 농업의 확대 및 농업 연구와 관련하여 단순한 '생산과 이익' 모델로는 실제 농부 및 농촌 공동체가 복잡하면서도 유연하게 타협해온 목적을 의미 있게 보여주지 못한다. 그 모델은 또한 농부가 경작하는 공간의 국지적 기후, 습도, 물의 흐름, 지형의 미세한 기복 그리고 그 지방 특유의 생물적 역사를 나타낼 수도 없다. 실제 경작지와 농장의 복잡성과 다양함을 효과적으로 나타낼 수 없는 대신 하이 모더니즘 농업은 그 농장이나 경작지를 좀더 직접적으로 파악하고 통제하고 관리하기 위해 현상을 극단적으로 단순화하는 데는 종종 성공했다. 나는 여기서 하이 모더니즘 농업에서 나타나는 '극단적' 단순화를 강조하고 싶다. 왜냐하면 아무리 원시적이고 신석기 시대 같은 형태라 해도 일단 농업은 필연적으로 자연의 풍부한 식물상을 단순화하는 과정이기 때문이다.[1] 그렇지 않다면 먹어도 좋다고 생각되는 특정한 종류의 식물 재배는 촉진하면서, 다른 유해한 식물에 대한 재배는 억제하는 식의 과정을 어떻게 이해할 수 있겠는가?

이렇게 경작지를 극도로 단순화하는 논리의 이면은 삼림의 단순화 논리와 거의 정확하게 일치한다. 사실 농업의 단순화가 더 일찍 발달해 과학적 임업 모델로서 이용되었다. 이런 생각을 이끈 것은 농업 생산량 또는 이윤의 극대화였다.[2] 임업이란 단일 수종을 일렬로 심은 후 익었을 때 곡식처럼 수확한다는 의미에서 '목재 농장' 개념으로 재해석된 것이다. 이런 단순화의 전제 조건은 상품 시장의 존재와 더불어 이익 또는 세수를 극대화하고자 하는 기업과 국가에 주어진 경쟁적인 압박이다. 단일 작물 경작지와 단일 수종의 삼림에서 이처럼 생물 공동체 안에 있는 다른 수많은 개체는 수확을 위한 종들의 건강과 수확에 직접적으로 관련되지 않는 한 무시되었다. 일관되게 가장 상업적인 또는 재정적인 이익 중 하나라는 단일 성과에만 관심이 국한되면서 임업학자와 농업경제학들은 이 단일 종속 변수에 대한 다른 요소의 영향력을 조심스럽게 추적할 수 있는 분석 능력을 갖추게 되었다. 이와 관련해 수확량을 증대하는 데 도움을 주는 막강한 힘을 결코 부정할 수는 없다. 하지만 앞으로 살펴보겠지만, 이처럼 막강하면서도 편협한 견해는 피할 수 없는 맹점과 제한된 시야 바깥에 존재하는 현상 모두에 의해 많은 문제점들을 초래한다. 은유적으로 말하자면, 이런 편협성은 생산적 농업경제학이 경우에 따라서는 분석적 초점 밖에 있는 요소들에 의해 그 약점을 공격받을 수도 있으며, 여기서 초래되는 위기로 인해 불가피하게 더 넓은 시야를 가질 수밖에 없다는 것을 의미한다.

이번 장에서 우리가 살펴보고자 하는 것은 온대 기후대의 산업화된 서구에서는 분명 성공적이었던 근대적이고 과학적인 농업이 왜 제3세계에서는 그렇게 자주 실패했는가 하는 점이다. 결과가 신통치 않음에도 불구하고 이 모델은 식민지 근대주의자, 독립 국가 그리고 국제 기구들에 의해 강요되었다. 그 결과가 특히 나빴던 아프리카의 경우, 한 경륜 있는 농업경제학자는 지난 50여 년간 아프리카 농업에 초점을 맞춘 생태학적 연구가 말해주는 중요한 교훈 가운데 하나는 '극적인 근대화' 방식의 선택이 실적 면에서 그다지 좋지 않았기 때문에 조금 더 느리고 조금 더 점진적인 접근 방식으로 되돌아가는 것에 진지하고 지속적인 주목을 할 필요하다고 주장한다.[3]

여기서 우리는 이런저런 기획 혹은 경작 계획을 실패하도록 만든 특정 요인들에 관해 많이 언급하지는 않을 것이다. 두말할 나위 없이 우리가 잘 알고 있는 관료주의적 병리 현상뿐 아니라 권력의 공공연한 약탈적 관행도 이런 실패의 큰 부분을 차지한 것은 틀림없다. 그러나 이런 실패의 기원을 좀더 심층적인 수준에서 규명해야 한다는 것이 내 생각이다. 다시 말해 이는 시스템적인 실패로서 최상의 행정적 효율성과 청렴성을 가정한다 해도 여전히 발생했을 것이다.

적어도 다음의 네 가지 요소가 이 시스템적 실패에 작용했다고 볼 수 있다. 그중 두 가지는 하이 모더니즘 농업의 역사적 기원과 제도적 맥락과 연관이 있다. 첫째, 온대 기후의 산업화된 서구에서 그러한 학문이 처음 태동했다는 사실을 감안하면—농업 계획과 관련해 근대주의 전파자들은 경작 및 경지 개간에 대한 일련의 검증되지 않은 가설을 물려받았다―그런 것들이 다른 환경에서 제대로 작동할 리 없었다. 두 번째, 근대주의 농업 계획에 내재한 전문 지식을 감안하면, 실제로 집행된 계획은 그와 같은 전문 지식을 통제하는 국가 조직 그리고 관료의 권력과 지위에 봉사하는 경향이 있었다.[4]

그러나 세 번째 요소는 한층 심오한 수준에서 작동한다. 그것은 바로 특정한 종류의 실패를 자초할 수밖에 없는 하이 모더니즘 농업의 체계적이고 외눈박이 같은 근시안이다. 생산지상주의적 목적에 대한 과도한 관심은 농업 투입량과 생산량 사이의 직접적인 관계 바깥에 존재하는 모든 성과를 상대적으로 경시했다. 이는 장기적 결과(토양 구조, 수질, 토지 소유 관계)와 간접적인 효과 둘 모두 또는 복지경제학자들이 '외부효과'라고 부르는 것들이 막상 생산에 영향을 미치기 시작할 때까지는 거의 주목받지 못했다는 것을 의미한다.

마지막으로 과학적 농업 실험이라는 바로 그 강점은―단순화된 가정과 총생산에 대해 하나의 변수가 끼치는 영향을 분리하는 능력―복잡한 형태들을 적절하게 다룰 수 없다. 과학적 농업 실험의 기술에 동화할 수 없는 농업 관행은 무시되거나 간과되는 경향이 있다.

여기서 내 의도를 오해받지 않기 위해 다음과 같은 사실을 강조하고 싶다. 나는 과학적 연구 문화에 대한 공격은커녕 근대 농업과학 일반에 대해서도 공격할 의도가 전혀 없다. 근대 농업과학은 섬세한 파종법, 식물병리학, 식물 영양 분석, 토양 분석과 기술적 기교 등을 가능하게 만들었을 뿐 아니라 대부분의 전통적인 경작자들이 지금까지도 이런저런 형태로 사용하고 있는 기술적 지식의 축적에도 크게 기여했다. 내 목적은 오히려 농업과학의 제국주의적 속성이 자기 패러다임 바깥에서 만들어진 지식을 인정하거나 수용하지 않음으로써, 많은 경작자에게 자기의 유용성을 현저히 제한시키고 말았다는 것을 주장하는 데 있다. 앞으로 살펴보겠지만, 농부들이 자신의 목적에 부합하기만 하면 어떤 분야에서 생겨난 지식이든 실용주의적으로 받아들이는 반면, 근대 농업 계획가들은 다른 방식을 통해 제시된 지식은 좀처럼 받아들이려 하지 않는다.

농업적 단순화의 다양성

초기 농업

농경은 단순화다. 아무리 엉성한 형태의 농업이라 해도 나름대로 하나의 식물 경관을 만들어내기 때문에 손대지 않은 경관에 비하면 다양성이 떨어질 수밖에 없다. 재배용으로 완전히 순치되면 인류가 경작하는 곡식의 생존은 경작자의 관리에 의존하게 된다. 여기에는 잡초의 제거, 덤불의 소각, 땅 갈기, 파종, 가지치기 그리고 비료 주기 등이 포함된다. 엄격히 말해서 들판의 곡식은 인위적인 경관이 아니라 인간을 포함한 모든 동물계가 식량을 확보하는 과정에서 스스로의 환경을 바꾼 것이다. 그러나 확실한 것은 '호모 사피엔스' 경작자가 만든 재배 품종 대부분은 변경된 경관에 너무나 잘 적응한 나머지 야생에서 더 이상 살아남을 수 없는 '생물학적 괴물'이 되었다는 점이다.[5]

수만 가지 변종과 인간의 의도적인 선택은 잡초 같은 야생종과는 체계적으로 다른 재배 품종(cultivar)을 선호하게 되었다.[6] 우리의 편익을 위해 더욱더 큰 씨앗으로 더욱더 쉽게 싹을 틔우고, 더욱더 많은 꽃을 피워 더욱더 많은 열매를 맺고, 더욱더 쉽게 수확해서 더욱더 쉽게 껍질을 벗길 수 있는 식물들을 좋아하게 된 것이다. 이를테면 야생이나 반(半) 순치된 옥수수는 아주 작은 알갱이가 붙은 작은 속대를 가진 데 반해,

재배용 옥수수는 큰 알갱이가 붙은 커다란 속대를 갖고 있다. 이와 같은 차이는 키가 크고 씨앗이 가득 찬 상품용 해바라기와 숲 속에서 자라는 동종의 작은 해바라기를 대조할 때 가장 확실하게 알 수 있다.

수확량의 문제를 넘어서 경작자들은 당연히 일련의 다른 특성도 선호했는데, 이를테면 씹는 느낌, 맛, 색, 저장 능력, 심미적 가치, 제분 및 요리의 질 등이 그것이다. 인간이 갖고 있는 다양한 목적은 각각의 종에 대해 단 하나의 이상적인 단일 품종을 만들어내지 않았다. 대신 나름의 중요한 방법으로 각각 독특하게 구분되는 매우 다양한 변종들을 만들어냈다. 그러므로 보리의 변종은 죽 만드는 것, 빵 만드는 것, 맥주 만드는 것, 가축에게 먹이는 것 등으로 서로 다르다. 이를테면 "달콤하게 씹기 위한 보리 종자, 빵을 만들기 위한 하얀 보리 종자, 맥주를 만들기 위한 작고 검붉은 보리 종자, 집을 짓거나 바구니를 만드는 데 편리한 강한 줄기를 가진 섬유질 많은 보리 종자가 생긴 것이다."[7]

그러나 선택을 하는 데 따른 가장 큰 압박은 경작자들의 최대 걱정거리에서 비롯되었다. 그것은 바로 굶어 죽지 말아야 한다는 것이다. 이처럼 생존과 관련한 가장 근본적인 걱정 또한 다양한 곡식 가운데 '원산지 품종(landrace)'이라 불리는 수많은 재배 품종을 만들어냈다. 원산지 품종은 이질적인 토양 조건, 습도 차이, 기온, 일조량, 질병이나 병충해, 국지적 기후 등에 각각 달리 반응하기 위해 유전적으로 변이된 개체군이다. 경험 많은 응용식물학자처럼 전통적인 농부들은 시간이 지날수록 문자 그대로 한 품종에서 수천 가지의 원산지 품종을 개발해왔다. 비록 전부는 아니지만 이러한 대다수 원산지 품종에 관한 실용적 지식은 농부들이 통제 불가능한 환경적 요인에 직면할 경우 엄청난 유연성을 제공했다.[8]

이 책의 목적에 비추어볼 때, 이렇게 많은 원산지 품종이 장기간에 걸처 개발되었다는 것은 적어도 두 가지 관점에서 의미가 있다. 첫째, 옛날 농부들은 자연 환경을 바꾸고 단순화하면서도 일정한 다양성을 유지하는 데 비상한 관심을 가졌다는 점이다. 폭 넓은 이해관계와 식량 공급에 대한 관심이 결합하면서 그들은 수많은 원산지 품종을 선별하고 보호하게 되었다. 그들이 재배하는 곡식의 유전적 다양성이 가뭄, 홍수, 질병, 병충해 그리고 계절마다 닥치는 예측불허의 기후변화에 대해 일종의 안전한 보험 역할을 해준 것이다.[9] 한 병원균이 어떤 종류의 식물에 영향을 끼친다 해도 다른 종에는 그렇지 않을 수 있다. 한 종류는 가뭄에서 잘 자라고 다른 종은 습한 환경에서 잘 자라며, 어떤 것은 진흙에서 다른 것은 모래 토양에서 잘 자랄 수 있다. 제한된 국지적 조건에 일일이 맞춰가는 신중한 '내기(bet)'를 수없이 하는 동안 경작자들은 웬만한 수확에 대한 신뢰도를 그럭저럭 최대화할 수 있었다.

원산지 품종의 다양성은 다른 의미에서도 중요하다. 경제적으로 의미 있는 모든 근대적 곡식은 원산지 품종의 산물이다. 대략 1930년까지 과학적 곡물 품종 개량은 본질적으로 기존의 품종들에서 한 가지를 선별하는 과정을 의미했다.[10] 원산지 품종과 그것의 야생 원종(原種) 그리고 야생화한 재배용 식물은 '종자 원형' 또는 근대 농업의 기반이 된 종자 자본을 대표한다. 다시 말해서 제임스 보이스(James Boyce)가 말했듯이 근대적 변종과 전통 농업은 서로 보완 관계를 갖고 있지 대체 관계에 놓여 있는 것은 아니다.[11]

20세기 농업

단일 작물 경작, 기계화, 잡종, 비료와 살충제 이용, 자본 집약으로 특징되는 근대적, 산업적, 과학적 농업이 초래한 농업의 규격화 수준은 역사적으로 유례가 없을 정도다. 우리가 앞에서 살펴본 과학적 임업 모델에 입각한 단일 경작 수준을 훨씬 넘어서는 이와 같은 단순화는 일종의 유전학적 편협화를 내포하고 있으며, 우리는 그 유전학적 편협화의 결과를 이제 막 이해하기 시작했을 뿐이다.

작물의 획일화가 날로 증가하게 된 근본적인 원인 중 하나는 경쟁적인 대량 시장에서 이익을 극대화하려는 강도 높은 상업적 압박이다. 따라서 토지 생산성을 증대하기 위해 재배 밀도를 높이려는 노력의 일환으로 밀식(密植)을 견디는 품종을 받아들이게 되었다. 재배 밀도가 높아지면 상업적 비료의 이용도 증가하므로 (특히 질소 같은) 고농도 화학 비료에 잘 반응하고 잘 적응한다고 알려진 아종(subspecies)의 선택도 증가했다. 동시에 거대한 슈퍼마켓 체인의 성장과 더불어 유통, 포장 및 진열이 일상적으로 표준화됨에 따라 농산품의 크기, 모양, 색상 그리고 '시각적 매력'의 획일화가 불가피하게 강조되었다.[12] 그런 압력의 결과, 이러한 기준을 충족하는 소수의 품종에만 집중되고 나머지는 모두 버려지게 되었다.

그러나 경작지에서 획일성에 따른 생산은 기계화 논리에 의해 가장 잘 파악할 수 있다. 적어도 1950년 이후 서구의 요소 비용(factor price)은 고용 노동 대신 경작 기계를 더 선호해왔기 때문에 농민들도 기계화와 양립할 수 있는 품종을 찾았다. 즉, 균일하게 익어서 기계가 한 번 지나가는 것으로 수확할 수 있고 트랙터나 분무기 작동을 방해하지 않는 성분 구조를 가진 작물을 선택한 것이다.

이와 비슷한 시기에 발전한 잡종화 기술을 받아들이면서 기계화에 확실히 부응하게끔 개량된 교배 육종을 생산하는 것이 금방 가능해졌다. 잭 랠프 클로펜버그(Jack Ralph Kloppenberg)가 말했듯이 "유전적 다양성은 기계화의 적이다."[13] 옥수수의 경우, 두 가지 동종 교배 라인의 자손인 잡종은 기계화에 이상적으로 부합하는, 유전적으로 동일한 개체로 가득 찬 경작지를 만들어냈다. 기계화를 염두에 둔 변종의 등장은 이미 1920년대에 시작되었다. 이를테면 헨리 월리스는 자신이 개량한 새로운 옥수수 열매를 경작하는 데 필요한 수확 기계 제조업자들과 서로 협력했다. 따라서 식물공학이라고 명명된 식물 품종 개량 분야 전체는 자연을 기계화 과정에 부응시키기 위해 탄생한 것이다. 식물공학의 두 주창자에 의하면, 기계는 작물을 수확하기 위해 만들어진 것이 아니다. 사실은 기계로 수확하도록 작물을 개량해야 한다는 것이 그들의 생각이었다.[14] 경작지에 맞춰 개량된 식물이 이제는 기계화에 맞춰 다시 개량되었다. 기계 친화적인 작물은 기계를 이용해 더욱더 쉽게 추수할 수 있게끔 만들어진 일련의 특성에 맞춰 개량되었다. 이런 특성 중 가장 중요한 것은 원상 복구력, 착과(着果)의 집중성, 식물 크기와 구조의 균일성, 열매 모양과 크기의 균일성, (특히 나무 작물의 경우) 왜소화(dwarfing), 가지에서 쉽게 딸 수 있는 열매 등이다.[15]

1940년대 후반에서 1950년대에 걸쳐 캘리포니아 대학교 데이비스 캠퍼스의 G. C. 잭 한나(G. C. Jack Hanna)가 개발한 '슈퍼마켓 토마토'는 그 전조를 알리는 초기 사례다.[16] 전시(戰時) 상황에서 농장의 일손이 부족한 조건에 자극받은 연구자들은 수확 기계를 발명하는 것과 더불어 여기에 잘 맞는 토마토 재배에 착수했다. 그 결과 개량된 토마토는 키가 작고 동시에 숙성시킬 수 있는 잡종으로서, 두꺼운 껍질과 단단한 과질, 균열 없는 상태의 비슷한 크기로 생산되었다. 그리고 기계가 열매를 집을 때 흠이 나지 않도록 초록색일 때 수확한 다음 운반 도중 에틸렌 가스로 인공 숙성시켰다. 한 팩에 네 개씩 들어 있는 이 작고 균일한 겨울 토마토는 수십 년 동안 슈퍼마켓 진열장을 장악했다. 기계와의 양립 가능성에 비하면 맛과 영양은 부차적인 것이었다. 더 솔직히 표현하면 개량업자들은 기계화라는 냉혹한 조건 하에서 최적의 토마토를 개발하기 위해 전력을 다했을 뿐이다.

이윤을 극대화하고자 하는 절박성, 곧 수확의 기계화는 작물과 경작지 모두를 변형시키고 단순화하는 데 강력하게 작용했다. 상대적으로 유연성이 떨어지고 변별력 없는 기계는 완전히 일정하게 숙성해 획일적인 열매를 산출하는 평평한 경작지에서 주로 운용되었다. 농업과학은 결국 다음과 같은 이상에 근접하게끔 전개되었다. 광대하고 정교하게 개간된 농경지, 획일적 관개, 성장을 통제하는 영양소, 균일한 건강 상태를 유지하기 위한 잡초 제거제, 살충제와 살균제의 자유로운 사용 그리고 무엇보다도 이상적인 품종을 창조하기 위한 품종 개량 등이 바로 그것이다.

단순화의 비의도적 결과

1850년 아일랜드의 감자 기근을 필두로 주요 식물의 전염병 역사를 검토한 미국 정부조사위원회는 다음과 같은 결론을 내렸다. "이런 사건을 통해서 단일 품종 경작과 유전적 동일성이 전염병을 유인한다는 사실을 확실히 알 수 있게 되었다. 이런 취약성을 역이용하는 기생균이 그 자리로 옮겨가기만 하면 되기 때문이다. 작물의 취약성이 동일하다는 것은 기생균에게는 금상첨화다. 이런 방식의 바이러스 질병 때문에, 곧 사탕무와 복숭아는 '위황병(yellows)'으로, 감자는 잎말이병 및 X와 Y 바이러스로, 코코아는 '새싹 팽창 바이러스(swollen shoot virus)'로, 클로버는 급사병(sudden death)으로, 사탕수수는 모자이크병으로, 벼는 호자 블랑카(hoja blanca)로 황폐하게 되었다."[17] 1970년 옥수수 잎마름병에 의해 옥수수 작농이 황폐화된 이후 모든 주요 작물의 유전적 취약성을 논의하기 위한 위원회가 소집되었다. 옥수수 변종의 선구적 개량자 가운데 한 명인 도널드 존스(Donald Jones)는 유전적 다양성의 상실이 초래할 문제를 예견한 바 있다. "유전적으로 단일한 순수 계통의 변종은 가장 양호한 환경과 모든 종류의 병해로부터 확실히 보호받을 경우 생산성이 매우 높다는 점에서 아주 바람직하다. 하지만 이런 외부적 요건이 불리할 경우, 어떤 새로운 치명적인 기생균으로 인해 …… 그 결과는 처참할 수 있다."[18]

원칙적으로 작물의 전염병학적 논리는 상대적으로 간단하다. 모든 식물은 병원체에 대한 약간의 저항력을 가지고 있다. 그렇지 않을 경우 식물과 병원체는 (그 식물에게만 해를 끼친다면) 사라지게 될 것이다. 동시에 모든 식물은 유전적으로 특정 병원체에 아주 취약하다. 만약 어떤 경작지가 같은 종 사이의 제1대 잡종(single-cross)이나 클론(clone, 복제품)처럼 유전적으로 동일한 개체에 의해 독점될 경우 각각의 식물은 바이러스든, 곰팡이든, 박테리아든 혹은 선충류이든 상관없이 동일한 병원체에 대해 정확하게 똑같은 방법으로 취약해진다.[19] 이런 경작지는 특정 품종에서 번성할 뿐만 아니라 그것을 먹고 사는 병원체의 돌연변이 또는 변종을 확산시키는 유전자의 이상적 서식처가 된다. 특히 그런 식물이 군집한 동질의 경작지는, 이를테면 그런 병원체를 선호하는 자연 선택 압력(natural-selection pressure)에 영향을 끼친다. 병원체가 증식하기에 적당한 천연의 조건(기온, 습도, 바람 등)을 갖추게 되면 그 병원체가 기하급수적으로 증가하는 최상의 조건이 마련되는 셈이다.[20]

그와 반대로 다양성은 전염병의 천적이다. 다양한 식물종을 재배하는 밭에서는 한 가지 병원체에 의해 단지 몇몇 식물만 감염될 것이다. 게다가 각각의 식물은 넓게 흩어져 분포한다. 이를테면 전염병의 수학적 논리가 깨지는 것이다.[21] 미국 정부조사위원회 보고서에 나와 있듯이 단일 품종을 경작하는 밭에서는 한 가지 식물종의 모든 개체가 많은 특정 유전적 성질을 공유하는 한 취약성은 현저히 증가한다. 그러나 유전적으로 다양한 원산지 품종이 서식하는 경작지에서는 그러한 위험이 상당히 줄어든다. 같은 농장 혹은 같은 지역에서 윤작이나 혼작을 하는 등의 방식으로 시공간에 걸쳐 유전적 다양성을 높이려는 모든 농업적 관행은 전염병의 확산을 막는 방어벽으로 작용한다.

지난 50년 동안 살충제 이용이라는 근대 농업 체제의 부상은 이와 같은 유전적 취약성에서 비롯된 '불가피한' 현상이었다. 그것은 결코 순수한 과학적 돌파구가 아니었다. 개량 변종은 너무나 동일해 질병 앞에 매우 취약하다. 따라서 재배 환경을 통제하기 위해서는 특단의 대책을 취해야만 했다. 이런 개량 변종은 면역 체계가 약해 발생하는 전염병에 걸리지 않도록 무균실에 격리해야 하는 환자나 마찬가지다. 이 경우 무균 경작지는 바로 살충제의 무차별 사용을 통해 만들어진다.[22]

미국에서 가장 널리 경작하는 작물이자(1986년의 경우 8600만 에이커)[23] 최초로 교배 육종된 작물 중 하나인 옥수수는 곤충, 질병, 잡초의 성장에 가장 이상적인 조건을 제공해왔다. 따라서 살충제의 사용도 덩달아 증가했다. 전체 제초제 시장의 3분의 1과 살충제 시장의 4분의 1을 옥수수가 차지하고 있다.[24] 자연도태 이론에 따라 쉽게 예측할 수 있는 장기적인 영향 중 하나는 곤충이나 곰팡이, 잡초 중에서 저항력 강한 변종이 등장하는 것인데, 이것들은 더욱더 많은 약품의 투여를 요구하거나 화학적 요소의 새로운 결합을 요구한다. 또 한 가지 예측 가능한 것은 어떤 기생충의 경우 이른바 '교차 내성'이라는 것이 모든 살충제 종류에 대해 발달한다는 점이다.[25] 여러 세대에 걸쳐 살충제에 노출될수록 저항력 있는 변종이 나타날 가능성도 따라서 더 커진다. 토양, 지하수 수질, 인간 건강, 생태계에서 살충제 사용이 유기체의 문제와 관련해 초래하는 문제를 넘어, 살충제는 새로운 질병을 만들어가면서 지금 현재의 곡물 질병도 가일층 악화시킨다.[26]

1970년 미국 남부에서 옥수수 잎마름병이 발생하기 직전, 옥수수 농장 전체 면적의 71퍼센트에 단 6종류의 옥수수 교배 육종만이 재배되고 있었다. 그와 같은 농업 재난을 전문가들은 기계화에 대한 압력과 생산의 획일성이 유전적 작물의 기초를 극단적으로 협소하게 만든 결과라고 강조했다. 보고서는 "문제는 획일성이다"[27]고 역설했다. 교배 육종 대부분은 텍사스 세포질(Texas cytoplasm)을 이용한 웅성불임(male-sterile: 웅성 기관의 형태적 또는 기능적 이상으로 인해 수분, 수정, 종자 형성이 이루어지지 않는 현상—옮긴이) 방법을 통해 개발되었다. 바로 이 획일성이 헬민소스포리움 마이디스(Helminthosporium maydis) 균에 의해 공격을 받은 것이다. 텍사스 세포질로 만들어지지 않은 교배 육종은 단지 사소한 손상만 입었을 뿐인데 말이다. 이 병원균은 결코 새로운 것이 아니다. 미국 정부 조사위원회 보고서에 의하면 인디언들이 미국에 건너온 청교도에게 옥수수 심는 방법을 보여줄 때도 이 병균은 존재했다고 한다. 헬민소스포리움 마이디스가 때때로 더욱더 치명적인 변종을 만들었는지는 모르지만, "미국의 옥수수는 새로운 변종이 튼튼한 기초를 다지기에는 '너무나 가변적'이었다."[28] 새로운 것이 있었다면 그것은 바로 숙주의 취약성이었다.

그 보고서는 주요 곡물 대부분은 놀라울 만큼 유전적으로 서로 동일하며 놀라울 정도로 〔전염병에〕 취약하다는 사실을 잇달아 기록했다.[29] 멕시코산 희귀 토종에서 나온 이국적인 세포질이 잎마름병 감염에 덜 취약한 새로운 교배 육종을 개량할 수 있는 해결책이라는 사실이 밝혀졌다. 이 경우를 포함해 다른 많은 사례를 보면 결국 문제 해결의 탈출구를 만들어낸 것은 오랜 역사를 거치는 동안 유전적 다양성을 발전시킨 비전문가들이었다.[30] 브라질리아 또는 집단 농업의 계획 지구가 보여주는 형식적인 질서와 비슷하게, 단순화되고 규격화된 근대 농업 역시 궁극적으로 비공식적 관행과 경험이라는 '어둠의 쌍둥이'에 기생하며 존재하고 있는 것이다.

하이 모더니즘 농업의 교리

미국의 농업 모더니즘 모델과 전망은 1945년부터 1975년까지 30년 동안 절대적인 헤게모니를 구가했다. 그것은 미국의 대표적인 '수출 모델'이었다. 테네시 강 유역 개발공사(TVA)를 모방한 수백 개의 관개 및 댐 건설 사업이 시작되었다. 거대한 규모에 고도로 자본화된 수많은 농업 계획이 팡파르와 함께 막을 열었으며, 수천 명의 전문가가 파견되었다. 아이디어에서뿐만 아니라 인력에서도 연속성이 있었다. TVA, 농무부, 재무부에서 일한 경제학자, 엔지니어, 농업경제학자, 계획가들이 국제 연합, 식량농업기구(FAO) 또는 미국 국제개발처로 자신의 경험과 아이디어를 갖고 옮겨갔다. 미국의 정치적 · 경제적 · 군사적 헤게모니의 조합, 차관 및 원조의 약속, 세계 인구와 식량 공급에 대한 우려 그리고 미국 농업의 높은 생산성은 미국식 모델에 대한 자기 확신 수준을 한껏 고무시켰다.

레이첼 카슨(Rachel Carson) 같은 몇몇 회의론자들이 이 모델에 대해 의문을 갖기 시작했으나 찬란하고 무한한 미래를 내다본 공상가들의 합창 앞에 수적으로 완전히 압도되었다. 이 낙관주의의 전형이 바로 제임스 B. 빌러드(James B. Billard)가 1970년 〈내셔널 지오그래픽〉에 쓴 기고문, 곧 '수백만 명씩 늘어나는 이들을 위해 더 많은 식량을: 미국의 농업 혁명'이었다.[31] 그림 34가 보여주는 미래 농장의 비전은 근거 없는 환상이 아니었다. 우리는 그것이 미국 농무부 전문가의 지침에 따라 작성된 것으로 알고 있다. 빌러드의 글은 기계화, 과학의 경이, 거대한 규모에 대한 장문의 찬가였다. 그는 모든 기술적 묘기를 동원해 경관의 단순화와 통제의 중앙 집중화 과정을 꿈꾸었다. 경작지는 더 넓어지고 나무, 울타리, 길은 적어지며, 필지는 몇 킬로미터 길이에 수천 제곱킬로미터 넓이가 될 수도 있었다. 기상 통제를 통해 우박과 폭풍과 토네이도를 방지하고, 원자력 발전을 위해 언덕을 까부수고, 바닷물로 관개 용수를 만들고, 농부는 관제탑에 앉아 위성과 센서 그리고 비행기를 이용해 식물의 전염병을 탐지하게 된다.

운용 단계에서 수출을 위한 미국 농업의 신조도 그와 똑같은 근본적 신념을 수용했다. 수출업자와 그들의 열렬한 고객 절대 다수는 다음과 같은 진실 앞에 헌신했다. 곧, 대규모 농장의 우월한 기술적 효율성, 노동력 절약과 기술적 병목 현상을 타파하기 위한 기계화의 중요성, 혼작과 원산지 품종에 대한 단작과 교배 육종의 우월성, 상업 비료와 살충제를 포함한 고투입 농업의 장점 등이 바로 그것이다. 무엇보다도 그들은 단편적인 개선보다는 대규모의 통합적이고 계획된 프로젝트를 신뢰했는데, 그 부분적 이유는 거대하고 자본 집약적인 계획을 시카고의 한 호텔 방에서 고안한 소련 집단 농장 설계의 경우처럼 거의 순전히 기술적인 훈련에 따라 운영할 수 있었기 때문이다. 계획의 산업적 내용이 비중면에서 더욱 커지고 또한 그 환경이 더욱더 획일적으로 (비료와 관개의 통제, 트랙터와 콤바인의 사용, 평지 개발 등을 통해서) 만들어질수록 운에 모든 것을 맡기는 일도 줄어들었다.[32] 지역적 토양, 지역적 경관, 지역의 노동력, 지역의 추진력, 지역적 기후는 미리 꾸려진 프로젝트와 거의 무관해 보였다. 동시에 이런 생각에 따라 착상된 계획은 계획가의 기술적 전문성, 중앙 통제 가능성과 더불어 특히 거의 모든 현장에 적용할 수 있는 '모듈'을 강조했다. 지역 엘리트들이 이와 같은 근대적 '쇼 프로젝트(show

그림 34 미국 농무부 전문가들의 지침과 함께 1970년 〈내셔널 지오그래픽〉에 데이비스 멜쳐(Davis Meltzer)가 그린 미래의 농장 삽화. 이 그림의 캡션은 21세기 초의 농장에 관해 상세히 설명하고 있다. 곡식밭은 마치 골프장 페어웨이처럼 펼쳐져 있고 가축우리는 고층 아파트를 닮았다. ······현대적 농가에 붙어 있는—비닐우산 같은 덮개가 있는—통제탑은 컴퓨터와 기상 보고, 농작물 가격 표시 테이프 작업으로 활기차게 돌아간다. 원격으로 조정되는 '경운기-콤바인'이 16킬로미터 길이의 밀밭 트랙을 따라 토양을 꽉 누르지 않도록 미끄러지듯이 움직인다. 탈곡한 곡식은 밭 옆에 있는 공기 튜브를 통해 저 멀리 도시 근처를 향해 뻗은 저장 엘리베이터로 흘러간다. 곡식을 수확한 기계는 다른 경작지에서 또 다른 곡물의 수확을 준비한다. 제트 헬리콥터가 살충제를 살포할 때 이와 비슷하게 생긴 장치가 이웃한 긴 콩밭에 물을 준다.

"지선 도로 건너의 모습을 보면, 고깔 모양의 제분기가 소 사료를 섞고, 지면 공간을 효율적으로 활용한 다층식 우리에 있는 소들이 그것을 먹는다. 튜브는 먹이를 기계적으로 분배하기 위해 움직인다. 중앙의 엘리베이터는 소를 위아래로 이동시키고, 배설물을 비료용으로 분해하기 위해 관 모양의 배수로 아래로 씻어내린다. 더 멀리 내다보면, 가공 공장에서 헬리콥터와 모노레일을 이용해 시장으로 운반할 쇠고기를 포장하고 있다. 조명 장식을 한 플라스틱 돔 건물은 딸기, 토마토, 셀러리 같은 고부가가치 작물을 재배하는 데 알맞은 통제된 환경을 제공한다. 멀리 떨어진 호수와 휴양지 근처에는 펌프 시설이 있어 이 거대한 작업을 진행하는 데 필요한 용수를 공급한다."

project)'를 자신이 주재하고 행사하기를 열망했기에 그것이 주는 이점 또한 분명했다.

민간 계획이든 공공 계획이든 이런 프로젝트의 절대 다수가 처한 비극적 운명은 이미 기록된 분명한 사실이다.[33] 대부분의 경우, 풍족한 은행 대출 보조금과 강력한 행정적 후원에도 불구하고 실패해버렸다. 각각의 실패마다 나름의 특성이 있지만 대다수 계획 속에 담긴 추상화의 수준이 치명적이었다. 앞으로 살펴보겠지만, 외부에서 수입된 신념과 비현실적 관념이 지역적 맥락을 천착하는 일보다 우선되었던 것이다.

모더니즘적 신념 대 지역적 관행

우리는 하이 모더니즘 농업의 교조적 신조가 대변하는 몇몇 주장과 그것에 도전하는 듯한 지역적 관행을 나란히 고찰함으로써, 외부에서 수입된 신념과 지역적 맥락 사이의 대립을 비교해보고자 한다. 앞으로 살펴보겠지만, 오늘날의 예상과 다르게 그러한 지역적 관행이 과학적으로도 건전하며, 어떤 경우에는 농업 개혁가들에 의해 강요되거나 장려된 경작 프로그램보다 더 우수하다는 사실이 밝혀졌다.

단작과 혼작

혼작에 비해 단작이 우월하다는 굳건한 신념이 제3세계 지역 대부분에서 정설로 받아들여지고 있는데, 이는 온대 지역에서 기원해 열대 지역으로 파급된 하이 모더니즘 농업의 근시안적 신조를 보여주는 것에 불과하다.

　서아프리카의 토속 농업 시스템을 예로 들어보자. 식민지 농업 전문가들은 동일한 농지에서 네 가지 이상의 농작물로(그 아종은 물론이고) 동시에 구성된 다양한 혼합농 시스템이 놀라울 정도로 잘 구축되어 있다는 사실에 직면했다.[34] 그들이 눈으로 확인한 대표적인 예가 그림 35에 잘 나타나 있다. 서구인의 눈에 그 시각적 효과는 무질서하고 조잡한 것이었다. 근대 농업의 관행으로 받아들여지는 시각적 코드화를 감안할 때, 대부분의 전문가는 더 이상 경험적으로 조사해볼 생각도 하지 않은 채 농작물의 외견상 무질서를 기술적 후진성의 징표로 간주했다. 이를

그림 35 시에라리온의 쌀 경작지에서 새로 만든 도랑 사이에 막대 묶음을 설치한 모습.

테면 그것은 과학 영농의 시각적 테스트에서 낙방한 셈이었다. 단일한 식물 재배로 혼작을 대체하자는 캠페인은 식민 관료들에 의해서 그리고 독립 후에는 그들을 계승한 국가 지도자에 의해서 동일하게 열정적으로 추진되었다.

어떤 '장소'의 매우 특정한 논리—특히 열대 토양, 기후, 생태—를 이해하게 됨으로써 우리는 혼작의 순기능을 설명하는 데 커다란 도움을 받는다. 다른 모든 조건이 동일하다고 가정한다면, 열대 환경에서 자연적으로 발생한 종의 다양성은 온대 지방의 그것에 비해 항상 광범위하다. 열대 숲 1에이커는 온대성 삼림 지대 1에이커보다 비록 각각의 개체 수에서는 적을지 몰라도 훨씬 많은 종류의 식물군을 갖고 있다. 그러므로 온대 기후에서는 손을 대지 않은 자연임에도 다양성이 떨어지기 때문에 더욱더 질서 있게 '보이며', 바로 이것이 서구인의 시각 문화에 영향을 미쳤을 것이다.[35] 혼작을 선호한 열대 지방의 경작자들은 경작 기술에서도 역시 자연을 모방했다. 혼작은 열대 우림 그 자체와 마찬가지로 햇빛, 비, 바람의 풍화 작용으로부터 얕은 토양을 보호하는 데 중요한 역할을 한다. 더 나아가 열대 농업의 계절적 변동은 기온보다 강우시기에 의해 더욱 지배를 받는다. 이런 이유로 혼작 전략이라는 다양성을 통해 농부들은 가뭄에 강한 식물로 토양을 유지하고 그 사이사이 비를 최대한 이용할 수 있는 농작물을 흩어놓음으로써 강우에 따른 위험을 분산할 수 있었다. 결과적으로, 획일화되고 통제된 경작 환경을 만드는 것이 온대 환경보다 열대 환경에서 본질적으로 더 어렵다는 얘기다. 더욱이 인구 밀도가 낮은 곳에서 광활한 계단식 경작이나 관개 시설에 기초한 노동 요건은 신고전주의적 언어로 엄밀히 표현하자면 '비경제적'이다.

여기서 제이콥스의 시각적 질서 체계와 기능적 작업 질서 사이의 중요한 구별을 상기해보자. 신문사의 사회부 데스크, 토끼의 내장 기관, 비행기 엔진의 내부는 아주 복잡해 보이지만 그들 각각은 때때로 목적의 수행과 관련한 질서를 훌륭하게 보여준다. 이런 예에서 볼 수 있듯이 외견상 드러나는 혼란은 한층 심오한 논리를 감추기도 한다. 혼작은 이런 질서의 식물적 변형이라고 할 수 있다. 아주 소수의 식민지 시대 전문가들만이 시각적 혼란 이면에 숨겨진 이런 논리를 주의 깊게 다루었다. 나이지리아의 균류학자 하워드 존스(Howard Jones)도 그중 한 명인데, 1936년에 그는 다음과 같이 주장했다.

〔유럽인에게는〕모든 것이 웃기거나 이상해 보일 것이다. 그리고 결국 그들은 서로 다른 식물을 질식할 정도로 유치하게 밀식하는 방법은 어리석다고 결론내릴 것이다. 그러나 더 자세히 들여다보면 모든 것에는 이

유가 있다. 식물은 마구잡이로 자라는 것이 아니다. 비가 올 때 물에 잠기지 않고, 토양 위로 비가 바로 쏟아져 미세한 토양이 쓸려가지 않도록 작은 이랑 위에 적당한 간격을 두고 심은 것이다. ……만약 벌거벗은 땅이었다면 다르겠지만 토양은 항상 무언가로 가득 차 있어서 햇빛에 의해 마르거나 비에 의해 쓸리지도 않는다. ……이것은 우리가 원주민 농업에 대한 최종 판단을 내리기 전에 매우 신중하고 철저해야 함을 경고하는 수많은 예들 가운데 하나일 뿐이다. 전통적 농업의 모든 방식과 농부의 생각이 하나같이 너무나 생경한 나머지, 일종의 본능적인 보수주의로부터 우리는 그것을 어리석은 것으로 단정하려는 유혹에 빠지기 쉽다.[36]

열대 지방의 다른 곳에서도 몇몇 예리한 관찰자들은 다른 종류의 농업 논리를 밝혀냈다. 에드거 앤더슨(Edgar Anderson)은 과테말라 시골에

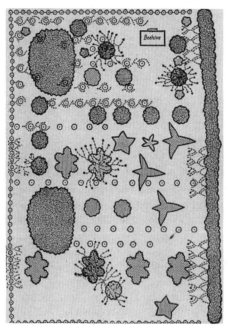

그림 36 에드거 앤더슨이 그린 과테말라 산타루치아의 과수 정원.

서의 식물학 연구를 근거로 시각적 질서 대 작업적 질서에 관한 놀라운 예를 보여주었다. 제멋대로 너무 자라 쓰레기더미처럼 보이는—서구에서는 결코 볼 수 없는—정원도 가까이에서 살펴보면 매우 효율적이고 잘 정돈된 질서가 존재한다는 사실을 깨달은 것이다. 앤더슨은 그 정원 중 하나를 스케치했는데(그림 36과 그림 37), 그 안에서 발견한 논리에 대한 그의 묘사는 상세하게 인용할 만한 가치가 있다.

처음에는 질서가 거의 없는 것처럼 보이지만 정원을 지도화할 경우 아주 뚜렷한 십자형으로 열을 지어 심어져 있다는 것을 알 수 있다. 원산지 품종 및 유럽의 과일 나무가 아주 다양하게 분포해 있다. 이를테면 아노나(Annona), 체리모야(cherimoya), 아보카도(avocado), 복숭아, 모과, 자두, 무화과, 커피 관목 등등이 자란다. 거대한 선인장도 열매를 얻기 위해 재배한다. 커다란 로즈마리, 루(rue), 포인세티아(poinsettia)와 덩굴

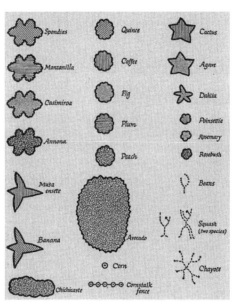

그림 37 산타루치아의 과수 정원 그림에서 에드거 앤더슨은 식물은 물론 그 식물의 일반적 속성을 나타내기 위해 상형문자를 사용했다. 둥근 형태의 상형문자는 유럽에서 들어온 과일 나무(자두, 복숭아)를 나타내고, 부정형의 동그라미는 아메리카 대륙의 과일 나무(만자닐라(manzanilla))를 나타낸다. 점선은 넝쿨 채소이고 작은 원은 아관목(亞灌木: 관목과 초본의 중간에 있는 식물—옮긴이), 큰 별은 육질 식물, 쐐기 모양은 바나나류 식물이다. 그림 36 오른쪽에 보이는 길고 좁다란 덩어리 모양은 마야인들이 울타리로 이용하는 관목을 표현한 것이다.

을 뻗은 월계화(tea rose)도 있다. 노란 사과처럼 열매로 맛 좋은 잼을 만드는 재배용 토착 산사나무는 한 줄 전체를 차지한다. 옥수수는 두 종류다. 수확한 후에도 막 제철을 맞은 깍지콩 덩굴을 지탱해주기 위해 울타리 역할을 하는 옥수수와 수염이 자라고 있는 훨씬 더 큰 다른 종류의 옥수수가 바로 그것이다. 이 지역에서 포장지로 사용하거나 토착적인 타말레(tamale) 요리에 옥수수 껍질 대신 이용하는 바나나 종류도 있다. 그 위로는 다양한 조롱박의 무성한 덩굴이 기어오른다. 차요테(chayote)는 다 익을 경우, 영양가 높은 뿌리의 무게가 몇 파운드에 이른다. 최근 그 뿌리를 파내느라 한쪽 구석의 땅이 작은 욕조만 한 크기로 움푹 파였다. 이 구덩이는 잡동사니와 집에서 나온 쓰레기를 넣어 비료를 만드는 데 사용된다. 정원 한쪽 끝에는 상자와 깡통으로 만든 벌집이 있다. 우리 미국인과 유럽인식으로 표현하면 이 정원은 채소 정원, 과수원, 약용 정원, 넝쿨더미, 비료더미, 양봉장이라고 할 수 있다. 가파른 경사지 꼭대기에 있다 해도 침식될 염려는 없다. 토양 표면은 거의 완전히 식물로 덮여 있는 것과 마찬가지이고, 아마도 1년 내내 그런 듯했다. 건기 동안에도 습기가 유지되고, 같은 종류의 식물이 서로 다른 식물 사이에 여기저기 떨어져 있어 병충해가 한 식물에서 다른 식물로 쉽게 번지지 않는다. 비옥함이 유지되는 것이다. 집에서 나온 쓰레기는 물론 다 자란 식물도 이용 가치를 다하면 식물들 사이에 묻힌다.

유럽인과 유럽계 미국인은 인디언에게 시간은 아무것도 아니라는 말을 자주 한다. 하지만 이 정원을 통해 인디언들의 행동을 곁에서가 아닌 가까이에서 자세히 들여다보면, 어떻게 그들이 우리보다 시간을 한층 더 효과적으로 분배하는지 알 수 있다. 정원은 계속적으로 무엇인가를 생산한다. 하지만 한 번에 필요한 노력은 아주 적은 분량이다. 잡초는 호박을 딸 때 약간 뽑아내고, 옥수수와 콩은 다른 넝쿨 콩을 마지막으로 딸

때 고랑에 묻고, 몇 주가 지난 뒤 그 자리에 다른 새 농작물을 심는다.[37]

과테말라 정원의 미시적 논리처럼 서아프리카의 혼작 체계 논리 역시 원시적이라고 오랫동안 무시되었지만, 마침내 공인을 받기에 이르렀다. 그것은 부분적으로 사실상 실패로 끝난 많은 단작 계획에 대한 반작용으로 연구되기 시작했다. 장점은 생산성 증가라는 협의의 관점에서도 분명했지만 지속 가능성, 보전, 식량 확보 같은 다른 목표를 염두에 둘 때 특히 두드러졌다.

다양한 형태의 혼작은 기본적으로 서아프리카 경작지의 80퍼센트를 차지한다.[38] 지금 우리가 알고 있는 기준에서 볼 때 이는 별로 놀라운 일이 아니다. 교작 시스템은 서아프리카 대부분의 토양 특성처럼 생산력이 낮은 토양에 가장 적합하다. 비옥한 토양보다 이런 토양에서 이와 같은 방식을 이용하면 수확량 면에서 한층 많은 이득이 생긴다.[39] 이유 가운데 하나는 단작에 비해 교작이 최적의 식재 밀도를 갖기 때문인데—아직 확실하게 알려지지는 않았지만—이는 뿌리 균류(root fungus) 사이의 상호작용과 관련이 있어 보인다. 이를테면 빽빽하게 채워 심은 결과 품종별 효율성을 향상시킨 것 같다. 경작 후반기에는 이런 무성함이 열대 농업에 주요 걸림돌이 될 수 있는 잡초를 억제하는 데도 도움을 준다. 이런 품종 간 혼합에서는 곡물과 협과류(莢果類, legume: 예를 들면 옥수수, 수수, 동부, 땅콩)를 섞는 것이 일반적인데, 각각의 작물은 토양의 서로 다른 깊이에서 영양분을 섭취하는 상호 보완적 영양 수요와 뿌리 체계를 갖고 있다.[40] 연작의 경우 첫 번째 농작물의 잔여물이 그다음 농작물을 이롭게 하는 것 같다. 한 경작지에 품종이 다양하다는 사실은 작물의 건강과 더불어 그에 따른 수확량에서도 유리한 효과가 있다. 혼작과 특정 작물을 분산 재배하는 방법은 다양한 병충, 질병, 잡초의 번식을 제한하며, 그렇지 않을 경우 단작하는 전답에서 보는 것처럼 상당한 황폐화로 귀결될 수도 있다.[41] 실제로 1930년대~1940년대 당시의 농경법과 어울리지 않게 앞서나간 전문가 두 사람은 다음과 같이 제안하기도 했다. "혼작을 포함한 원주민의 다른 농업 관행에 관한 체계적인 연구를 통해 요루바족(Yoruba: 나이지리아 남부에 거주하는 농경민—옮긴이)의 농법이나 다른 형태의 농업에 대해 비교적 작은 변화를 시도할 수 있다. 전체적으로 볼 때 그것은 친환경적 비료와 혼합 농업을 지향하는 혁명적인 변화보다 수확의 생산성과 토양의 비옥도를 증대시키는 측면에서 더 내실 있는 접근일 수 있다."[42]

혼작의 다층적 효과 중에는 수확량 및 토지 보전과 관련해 특히 두드러진 일련의 장점이 포함되어 있다. '위쪽' 농작물은 '아래쪽' 농작물에 그늘을 만들어주는데, 후자의 경우는 토양 온도가 낮고 지표면 습도가 높은 곳에서 잘 자라는 것들이 선택된다. 비가 내릴 때는 직접 토양에 닿지 않고 가늘게 분산되어 토양 구조에 대한 피해와 침식을 줄이면서 흡수된다. 키가 큰 작물은 그렇지 않은 작물에게 종종 훌륭한 바람막이 역할도 한다. 마지막으로 혼작 또는 연작 농사에서는 농작물이 한 가지라도 항상 자라며, 토양을 한데 모아둘 뿐 아니라 특히 태양·바람·비 등이 부실한 땅에 미치는 침출 효과를 감소시킨다. 만약 당장의 수확량 때문에 혼작을 선호하지 않는 경우라도 지속 가능성이나 그에 따른 장기적 생산이라는 측면에서는 추천할 만하다.

지금까지 혼합 경작에 대한 우리의 논의는 대체로 생산과 토양 보전이라는 좁은 의미에서만 이루어졌다. 경작자 본인이나 이런 방식을 사용해 그들이 얻고자 하는 그 밖의 다양한 목적은 간과한 것이다. 혼작의 최대 장점은 폴 리처즈(Paul Richards)가 주장한 대로 엄청난 유연성에 있다. 곧, 운용의 범위를 개인적 필요와 선호도, 지역적 조건, 절기 또는 간

절기 등 변화하는 환경에 탄력적으로 맞출 수 있다.[43] 농부는 파종과 수확 시기에 일어나는 노동의 병목 현상을 피하기 위해 혼작을 선택할 수도 있다.[44] 또한 서로 다른 농작물을 재배하는 것은 위험을 분산하고 식량 확보를 확실히 하는 방법이다. 경작자들은 한두 품종을 재배하는 대신 다음과 같은 방법을 취함으로써 기아에 대한 위험을 줄일 수 있다. 곧, 성장 시간이 길거나 짧은 작물, 가뭄에 강한 작물과 습한 조건에서 잘 자라는 작물, 병충해와 질병에 대한 저항력의 패턴이 서로 다른 작물, 거의 손실 없이 땅에 저장할 수 있는 작물(카사바처럼) 그리고 다른 모든 농작물을 추수하기 전 '배고픈 시기'에 수확 가능한 작물을 함께 심는 방법 등이다.[45] 마지막으로—이것이 아마도 가장 중요한 점일 것이다—이런 작물 각각은 나름대로 특수한 사회적 관계 속에서 배태되었다는 점이다. 가족 내 개별 구성원은 각각의 농작물에 대해 서로 다른 권리와 책임을 갖는다. 다시 말해서 농작물을 재배한다는 것은 사회적 관계, 의식(儀式)의 필요 그리고 음식의 취향을 반영한다. 농사를 짓는다는 것은 결코 신고전주의 경제학 교과서 한 페이지에서 뽑아낸 이윤 극대화 기업의 생산 전략만은 아니라는 얘기다.

대부분의 식민주의 농업경제학자와 서구식으로 교육받은 그들의 계승자가 갖고 있는 하이 모더니즘적 미의식과 이데올로기는 지역적 혹은 토착적 경작 관행에 대한 공정한 연구를 배제해왔다. 토착 재배법은 현대적이고 과학적인 농업에 의해 구제받아야 하는 한심한 관습으로만 여겨졌을 뿐이다. 이런 패권주의적 사고에 대한 비판은 제이콥스의 경우가 그랬던 것처럼 내부에서 시작된 것이 아니라 지적인 출발점과 사고의 관점이 근본적으로 다른 변방에서 비롯되었다. 이를테면 혼작의 합리성에 대한 옹호는 대부분 기득권 제도 밖에 있는 불한당 세력에게서 유래했다.

이 중 아마도 가장 두드러진 인물은 앨버트 하워드(Albert Howard, 훗날 앨버트 경이 됨)일 것이다. 인도에서 30년 이상 지역 사회의 후원을 받은 농업 연구가로 활동한 그는 주로 인도르 과정(Indore process), 즉 유기물 쓰레기에서 부식토를 만드는 과학적 처리 방법으로 유명한데, 서구의 농업경제학자와 달리 삼림 생태와 토착적 관행을 열정적으로 관찰했다. 무엇보다도 토양의 생산성과 지속 가능한 농업에 관심이 많았던 하워드는 숲의 자연적 다양성과 지역적 혼작 관행 둘 모두가 토양의 건강과 생산력을 유지하거나 증대시키는 데 성공적인 방법이라는 사실을 발견했다. 토양의 생산력은 단순한 화학적 구성의 문제이면서도 구조적 특성에 관한 문제이기도 하다. 곧, 토양의 경작 적성(또는 미세 구조), 탄산가스 포화 정도, 수분 유지력과 균류 군집 등이 부식토 생성에 필수적이다.[46] 이 복잡한 토양의 상호작용 가운데 전부는 아니어도 일부는 정확하게 측정할 수 있다. 하지만 또 다른 어떤 요소는 숙련된 관찰자가 비록 알아볼 수는 있어도 쉽게 측정할 수 없다. 하워드는 부식토 생산, 토양 구조, 식물의 반응에 관해 정교한 실험을 진행했는데, 그 결과 표준화된 서구의 관행보다 월등히 많은 수확량을 경험적으로 보여줄 수 있었다. 그러나 그의 주요 관심사는 1에이커에서 옥수수와 밀을 몇 부셸 정도 수확할 수 있는지에 관한 것이 아니라 장기간에 걸친 농작물 및 토양의 질과 건강이었다.

비록 아주 소수의 목소리였지만 서구에서도 혼작에 대한 연구가 서서히 진행되었다. 레이첼 카슨은 1962년에 출판한 혁명적인 책《침묵의 봄》에서 단작 자체를 위해 살충제와 제초제가 대량 사용되는 문제를 추적했다. 그녀의 설명에 의하면 곤충의 문제는 거대한 대지를 단 한 종류의 작물로만 채우는 데서 비롯되었다. 그러한 시스템은 특정 곤충의 폭발적인 개체수 증가를 위한 무대나 다름없다. 단일 작물을 경작하는 것은 자연의 작동 원리를 잘못 이용하는 것이며, 기술자나 생각할 법한 농법이다. 자연은 풍경에 엄청난 다양성을 부여했지만 인간은 그것을 단순화하는 데 열을 올렸다. 중요하게 점검해야 할 사항은 각 종마다 적절한 서식지의 크기를 제한하는 것이다.[47] 하워드가 단작이 토양 생산력의 손실과 그것에 대한 구제 방안으로 화학 비료 사용의 증가를 초래한다고 믿었듯이(미국에서는 1970년 1에이커당 260파운드를 사용했다), 카슨도 단작이 병충해의 폭발적 개체수 증가와 더불어 그것에 대한 구제 방안으로서 질병 자체보다 더 나쁜 살충제의 대량 사용을 초래한다고 주장했다.

이런저런 이유로 적어도 어떤 형태의 혼작은 아프리카 농부에게처럼 서구의 농부에게도 적합할 수 있다는 희미한 징조도 있다.[48] 하지만 지금 이 자리는 단작에 대한 혼작의 우월성을 보여주는 자리도 아니며, 나는 그럴 자격도 없다. 이 주제와 관련한 맥락에서 자유로운 단 하나의 정답은 없다. 왜냐하면 정답이란 추구하는 목표, 작물 그리고 그 작물을 심은 미시적 환경을 포함한 수많은 변수에 의해 좌우되기 때문이다. 그러나 내가 여기서 보여주고자 하는 것은 서구의 농업경제학이 선호하는 편협된 생산 지향적 이유에서조차 혼작을 수많은 농업 전략 가운데 하나로 일단은 시도해봄직하다는 것이다. 소수의 '불량한' 농업경제학자들 말고 모두가 그런 생각을 감히 해보지 않았다는 것은 제국주의 이데올로기와 하이 모더니즘 농업의 시각적 미의식에 내포된 권력을 향한 일종의 찬사나 마찬가지이다.

혼작의 경우는 또한 농업 관행 및 사회 구조 양자 모두와 관련한 이슈를 제기한다. 우리는 이 이슈—다양성의 회복과 지속력—에 관해 이 책의 나머지 부분에서 한층 상세히 다룰 예정이다. 다른 장점이나 단점이 무엇이든 혼작은 단작보다 한층 안정적이며 한층 쉽게 지속 가능한 형태이다. 그것은 경제학자들이 힉시언 소득(Hicksian income)이라고 일컫는 것을 산출할 수 있다. 곧, 기본 재산을 잠식하지 않은 채 소득의 흐름이 무한한 미래까지 지속되는 것이다. 동시에 혼작은 더 유연하고 융통성이 있다. 이를테면 황폐화되지 않은 채 스트레스와 피해를 더욱 쉽게 극복할 수 있다. 최근의 한 뛰어난 연구에서는—적어도 일정 수준까지는—한 경작지에 더 많은 품종이 있을수록 생산력과 회복력이 더 좋다는 점을 보여주고 있다.[49] 우리가 살펴본 것처럼 혼작이 토양 개량에 한결 좋다는 것은 두말할 나위가 없으며, 기후와 병충해 피해에 대한 저항력 역시 더욱 강하다. 비록 단기적으로는 단작이 항상 더 우수한 수확량을 보여준다 해도 장기적으로는 혼작이 결정적으로 더 낫다는 것을 고려해야 한다.[50] 임업에서 비롯된 단서를 농업에도 적용할 수 있다. 곧, 독일과 일본의 단일 품종 삼림은 심각한 생태학적 문제를 초래했고, 이를 구제하기 위해 건강한 숲에 필수적인 예전의 (곤충, 동식물 등의) 다양성에 다시금 근접하도록 하는 복원 생태학이 동원되었다.[51]

여기서 농업과 임업의 다양성과 제이콥스가 말한 도시 근린 지구의 다양성 사이에는 강한 유사성이 있다는 사실을 언급할 가치가 있다. 제이콥스가 말한 대로 근린 지구는 더 복잡할수록 시장 가격과 경영 상황의 단기적 충격에 더 잘 버틸 수 있다. 같은 이유로 다양성은 새로운 기회를 통한 이익 창출이라는 잠재적 성장 포인트를 제공하기도 한다. 반대로 고도로 분화된 근린 지구는 룰렛을 한 번 돌릴 때 모든 것을 걸어버리는 도박과도 같다. 만약 이긴다면 많은 것을 얻겠지만, 진 경우에는 모든 것을 잃을 수도 있는 것이다. 제이콥스에게 근린 지구의 다양성에 관한 핵심 포인트는 물론 인간생태학이었다. 동네에서 얻을 수 있는 재화와 서비스의 다양함, 그것을 가능케 하는 복잡한 인간관계, 안전을 증진시키는 보행자의 빈번한 왕래, 활기차고 편안한 근린 지구가 제공하는 시각적 이익, 이 모든 것은 이런 장소의 강점이 축적되도록 상호작용한다.[52] 식물의 시스템을 한층 안정적이게 만드는 다양성과 복잡성은─또 다른 차원에서 분명히─인간의 공동체 역시 더욱더 빈틈없고 만족스럽게 만든다.

항구적 경작지 대 이동 경작

대부분의 서아프리카 농부들은 이런저런 형태의 이동 경작을 해왔다.[53] 나무를 벌채하고 태우는 경작, 화전, 순환 휴경작 등 다양한 이름으로 불리는 이동 경작은 대부분 초목을 베어내고 불태워서 경작지를 정리하는 일시적 경작법을 말한다. 몇 년 동안 경작한 다음 새로운 경작지로 이용되기까지 방치된다. 궁극적으로, 새로운 초목이 자라서 경작지의 산출력이 예전 수준으로 복원되면 다시금 그곳에서 농사를 짓는 것이다. 혼작과 최소 경작제는 종종 이동 경작과 병행되었다.

혼작과 마찬가지로 이동 경작은 그것을 실행하는 토양, 기후 및 사회적 조건에서 볼 때 합리적이고 효율적이며 또한 지속 가능한 기술임이 밝혀졌다. 혼작과 이동 경작은 거의 언제나 연관되어 있다. 필리핀의 이동 경작에 관한 해럴드 컨클린(Harold Conklin)의 초기 연구는 매우 상세하며 수준 또한 타의 추종을 불허한다. 그의 연구에 의하면 이동 중에 새로 개간된 토지에서는 한 계절에 평균 40~60가지에 이르는 품종을 재배했다.[54] 동시에 이동 경작은 유난히 복잡해서 주권 국가나 국가가 위임한 개발 관리자의 관점에서 읽기가 매우 난해한 형태였다. 경작지 자체가 왔다 갔다 하는 데다 불규칙한 주기에 따라 경작되다 말았다 하기 때문에, 지적도를 만들기가 참으로 쉽지 않다. 물론 경작하는 사람 자체도 새로운 개간지 가까이로 간헐적으로 이동하기 때문에 정처 없기는 마찬가지였다. 파악하기 쉬운 납세자로 만드는 것은 말할 것도 없고 이런 인구를 등록하고 관리하는 일부터가 끝없는 헛수고였다.[55] 앞서 탄자니아의 사례에서 보았듯이 정부와 농업 당국의 과제는 이처럼 판독하기 어렵고 잠재적으로 치안이 부재한 공간을 영구적인 거주지와 항구적인 (가능한 한 단작화된) 경작지로 대체하는 것이었다.

이동 경작은 또한 인종에 상관없이 농업의 근대화를 꾀하는 모든 사람을 불편하게 만들었다. 왜냐하면 근대 농업은 어떠해야 하는가에 대한 그들의 이해를 모든 면에서 망쳐놓았기 때문이다. "이동 경작에 대한 초기의 반응은 거의 완전히 부정적이었다"고 리처즈는 기록했다. "그것은 나쁜 제도로서 착취적이고, 단정하지 못하며 오도된 것이다."[56] 이동 경작을 정교하게 개조한 논리는 경관과 생태계에 가능한 한 손을 적게 대고 토착 식물에 존재하는 공생 관계의 많은 부분을 가능한 한 모방하는 데 달려 있었다. 깔끔하게 다듬고 직선으로 정리된 경지에 익숙한 농업 관리자들에게 이러한 경작지는 개발되지 않은 자연과 다름없다는 것을 의미했다. 다시 말해 이동 경작에 대한 생태학적 경고는 개발 관료들을 매우 불쾌하게 만든 현상 이면의 이유였다.

순환 휴경법은 많은 장점을 갖고 있지만 그동안 거의 인정을 받지 못했다. 그것은 한 번 파괴되면 복원하기 힘든 고지대와 구릉 토양의 물리적 속성을 지탱해주었다. 땅이 풍족할 때는 순환 자체가 농사 관행의 장기적 안정성을 확보해주었다. 이동 경작자들은 큰 나무나 그루터기를 거의 치우지 않았다. 이러한 관행은 침식을 억제하고 토양 구조를 유지하는 데 도움을 주었지만 근대 농업 관료에게는 너절하게 보기 흉하다는 인상을 주었다. 몇 가지 예외가 있지만 화전은 쟁기가 아닌 괭이나 구멍 파는 막대기를 사용했다. 서구화된 농업경제학자들은 농부가 오직 한심한 무지와 게으름 탓에 땅의 표면만 긁는다고 생각했다. 그들은 쟁기를 이용해 땅을 깊게 파는 단작 시스템에 종사하는 사람들이 한층 발전되고 근면하다고 믿었다.[57] 새로운 화전을 개간할 때 쌓인 잡목림을 태우는 것도 소모적 행위라고 비난받았다. 그러나 얼마 지나지 않아 얕은 경작법과 태우기 방법이 매우 유익하다는 게 드러났다. 이를테면 전자의 경우는 특히 비가 많이 내리는 지역에서 토양을 보전하고, 후자의 경우는 병충해를 줄일 뿐 아니라 농작물에 귀중한 영양분을 공급한다. 실제로 실험해본 결과, 경작지에서 잡목을 (없애는 것보다) 태우는 것이—적당한 시기를 선택할 경우—더 많은 수확을 거둘 수 있었다.[58]

서구적 관점에서 교육받은 몇몇 사람에게 이런 경작법의 전체적인 효과는 말 그대로 후진적인 것이었다. 경작되지 않는 땅에는 태우기 위한 덤불 덩굴이 있고 절반만 개간된 땅에는 나무 그루터기가 여기저기 흩어져 있는 데다 여러 농작물이 줄도 맞추지 않고 아무렇게나 심어져 있기 때문이다. 그러나 결정적인 증거가 축적되면서, 이러한 겉모습은 심지어 생산주의적인 관점에서도 근사하다는 것이 분명해졌다. 리처즈의 결론대로 어떤 관행에 대한 적절한 평가는 눈으로 보기에 '선진적'이냐 '후진적'이냐가 아니라, 해당 환경에서 잘 작동하는가 여부에 달려 있다. 평가란 엄격하게 운영되는 '투입-산출' 실험을 요구한다. 만약 '일부분만 개간된' 땅에서 시행한 '얕은' 경작법이 경쟁 시스템보다 투입량에 비해 한층 많은 이윤을 내고 또한 이런 결과가 장기간 지속된다면, 그와 같은 기술은 하루 전이든 천년 전이든 언제 고안되었느냐에 상관없이 그 자체로서 훌륭한 것이다.[59] 비록 이동 경작에 대한 초기의 맹목적 비난에 의해 가려지긴 했지만, 사실상 아프리카 농부들이 대단히 수준 높은 관습을 구현하고 있다는 점이 드러났다. 대부분의 농부는 항구적인 저지대 경작법과 그것보다는 한층 취약한 구릉지나 고지대, 혹은 숲 속에서의 화전 방식을 결합했다. 흔히 추측하는 것처럼 더 좋은 것을 몰랐다기보다 대부분의 이동 경작자들은 자기가 신중하게 선택한 농사 기술의 범주에 익숙했을 뿐이다.

비료 대 비옥함

어떤 농장에서든 최고의 비료는 주인의 발자국이다.　　　　　　　　　　－공자

상업 비료는 마치 척박한 토양을 개선하고 수확량을 늘리는 마법의 접종인 양 선전되어왔다. 개발 관료들은 판에 박힌 듯 비료와 살충제를 땅을 위한 약으로 여겼다. 실질적인 결과는 종종 실망스러웠다. 실망의 두 가지 주요 원인은 우리의 한층 확대된 논쟁과 직접 관련이 있다.

　첫째, 비료 사용을 권고하는 것은 필연적으로 엄청난 단순화이다. 토양의 등급은 경작지 내 또는 경작지 간에 수많은 미시적 변화가 있다는 사실을 간과한 것이기 때문에 어떤 특정 경작지에 대한 비료 사용의 적절성에 관해서는 의문의 여지가 많다. 비료를 사용하는 조건, 투여량, 토양 구조, 재배하는 작물, 비료 사용 직전 및 직후의 기후 등이 모두 비료의 흡수와 효과에 지대한 영향을 미칠 수 있다. 리처즈가 관찰한 것처럼 농장과 경작지마다 불가피하게 사정이 다르기 때문에 모든 가능성에 대해 농부 스스로가 필요한 실험을 할 수 있는 개방적인 방식이 필요하다.[60]

　둘째, 비료 처방은 분석적 편협성으로 인해 더욱 악화된다. 그와 같은 처방 자체는 독일의 뛰어난 과학자 유스투스 프라이헤어 폰 리비히(Justus Freiherr von Liebig)의 연구에서 비롯되었다. 그는 1840년에 간행된 권위 있는 논문에서 토양의 주요 화학 영양소를 밝혀냈는데, 현재의 표준 비료 처방법(N, P, K)도 그의 덕분이다. 이는 위대한 과학적 진보였으며, 원대하면서도 대체적으로 유익한 결과를 동반했다. 그러나 문제는 이것이 제국주의적 지식처럼 군림할 때이다. 곧, 마치 토양의 모든 결함을 치료할 수 있다는 식으로 선전되는 경우인 것이다.[61] 하워드를 비롯한 다른 이들이 공들여 밝힌 대로 물리적 토양 구조, 탄산가스 포화도, 경

작 적성, 부식질, 균류 군집처럼 토양의 생산력과 식물의 영양 상태에 크게 영향을 미치는 매개 변수는 많이 있다.[62] 화학 비료는 사실상 유익한 유기 물질을 철저히 산화시킴으로서 그 미세 구조를 파괴하고 토양 산출력의 손실과 알칼리화를 촉진한다.[63]

이런 세세한 부분도 더욱더 큰 문제점에 비하면 덜 중요하다. 왜냐하면 효과적인 토양과학은 화학 영양소에서 멈춰서는 안 되며 최소한 물리학, 세균학, 곤충학, 지질학적 요소를 포함해야 하기 때문이다. 따라서 이상적으로 말하자면 비료에 대한 실용적 접근에는 두 가지 지식이 동시에 필요하다. 첫째는 한 사람의 전문가만 알고 있는 것이 아닌 보편적이면서도 학제적인 지식이다. 둘째는 해당 농부만 알고 있을 법한 특정 경작지의 속성에 대한 관심이다. 순전히 화학적인 영양의 관점과 토양 등급 기준만 중시하면서 특정 경작지의 조건을 쉽게 간과하는 절차는 비효율성 혹은 재앙을 위한 처방법이다.

'공인받지 못한' 혁신의 역사

대부분의 식민지 관료와 그들의 계승자는 하이 모더니즘에 대한 투철한 신념에 따라 토착 농업에 관한 부정확한 가설을 만들고 그 역동성에 대해서 눈을 감아버렸다. 토착적인 농업 관행은 영구불변이고, 정적이고, 융통성도 없는 게 아니라 지금까지 끊임없이 수정되고 개량되었다. 어떤 유연성은 예컨대 강우, 토양, 토양의 경사, 시장 기회, 노동 공급 등과 관련된 다양한 패턴에 적응할 수 있는 테크닉을 폭넓게 갖고 있다. 대부분의 아프리카 농부들은 전형적으로 한 계절에 하나 이상의 경작 기술을 활용하며, 당장 써먹을 수 있는 기술도 많이 알고 있다. 신세계에서 완전히 새로운 품종이 소개되었을 때, 적절한 경우에는 기민하게 받아들였다. 이로써 옥수수, 카사바, 감자, 고추와 더불어 신세계에서 들어온

콩과 조롱박 종류가 많은 아프리카 경작 시스템에 편입되었다.[64]

물론 농장에서의 '현장 실험', 선택, 적응의 역사는 아프리카나 다른 지역에서 사실상 공히 아주 오래된 이야기이다. 예컨대 민속식물학과 고식물학은 구세계의 주요 곡물 혹은 신세계 옥수수의 잡종과 변종들이 무수히 서로 다른 용도와 성장 환경을 위해 어떻게 선택되고 전파되어 왔는지를 역사적으로 매우 상세히 추적할 수 있었다. 동일한 관찰법은 생장 기능으로 번식하는 식물, 곧 종자에 의해서가 아니라 접목에 의해 번식하는 식물에 대해서도 통용된다.[65]

엄격하고 냉정한 시각에서 봤다면, 한층 많은 전문가들이 아프리카의 모든 농장을 작은 규모의 실험실로 간주하는 것에 상당한 근거가 있다고 결론 내렸을 것이다. 곽곽하고 변화무쌍한 환경에서 생계를 쥐어짜내야 하는 어떤 농촌 공동체가 자신의 안전과 식량 공급을 개선할 여하한 기회도 간과하지 않을 것은 너무나 당연한 일이다. 지역적 지식의 한계도 물론 강조할 필요가 있다. 토착 농부가 자신이 처한 환경과 그 환경의 가능성을 매우 잘 알고 있었던 것은 사실이겠지만 그들에겐 현미경, 항공 사진, 과학적 품종 개량 등 현대 과학의 도구가 제공하는 지식이 부족했다. 그들은 이를테면—세계 다른 지역의 농부가 그러했듯이—대규모 관개 계획이나 고도로 기계화된 농업을 가능케 하는 기술이 부족했거나 그러한 기술에 접근하는 길을 잘 몰랐다. 지중해 지역, 중국, 인도의 농부처럼 아프리카 농부도 자신들의 생태계를 위태롭게 만들 수 있었다. 비록 낮은 인구 밀도 때문에 그런 실책을 면했지만 말이다.[66] 그러나 대부분의 농업 전문가들이 토착 농부가 실제로 얼마나 많이 알고 있는지를 인정했다면, 또한 지역에서 필요할 경우 그들이 새로운 농작물과 기술을 기꺼이 받아들일 정도로 실용적이고 실험적인 기질을 가졌다는 것을 인정했다면, 로버트 체임버스(Robert Chambers)와 함께 다음과 같은 결론을 내렸을 것이다. "토착적 농업 지식은—비록 전문가들에 의해 무시되고 짓밟혀왔지만—개발 사업에 아직까지 미처 활용하지 않은 유일하게 가장 큰 지적 자원이다."[67]

하이 모더니즘 농업의 제도적 친화력

토착적 역량에 대한 대다수 농업 전문가의 고의적인 경멸은 내가 보기에 단순한 (교육 수준이 높고 도시에 거주하며 서구화된 엘리트들이 농부에 대해 갖는) 편견의 문제라든가 하이 모더니즘에 내재한 미학적 투철함의 문제가 아니다. 공식적인 태도는 오히려 제도적 특권의 문제였다. 관리들에게 제도적으로 보장된 지위가 있고 그 배후에는 권력이 있다는 기본 전제는 농부의 관행이 비합리적이라고 증명될 때까지 일단 그것이 합리적이라고 가정하는 만큼, 농부가 전문가로부터 배울 수 있는 것처럼 전문가도 농부로부터 배울 수 있다고 생각하는 만큼, 그리고 전문가가 농부와 서로 협상하는 데 정치적으로 대등해야 한다고 믿는 만큼, 손상되었을 것이다. 농업의 근대화를 꾀하는 대부분의 국가 프로젝트 가운데 미처 잘 알려지지 않은 논리는 중앙 정부의 권력을 강화하면서 농민의 자치권 그리고 중앙 정부 기관에 대한 농민 공동체의 자율성을 약화시키는 것이었다. 모든 새로운 물리적 관행은 어떤 방식으로든 권력, 부, 지위에 대한 기존의 분배 방식을 변화시켰다. 자신은 단지 어떤 제도적 이해관계와도 무관한 중립적 기술자라는 농업 전문가들의 주장을 액면 그대로 받아들일 수 없다.[68]

소련의 집단 농장과 우자마아 마을에서 중앙 집권화의 효과는 매우 분명하다. 엄청난 관개 프로젝트가 그랬다. 언제 물을 방출할지, 그것을 어떻게 배분할지, 물값을 얼마로 할지 결정하는 것은 어디까지나 정부 당국이었다. 농업 플랜테이션의 경우도 마찬가지였다. 그곳의 노동력은 마치 공장에서처럼 감독을 받았다.[69] 식민화된 농부에게 이러한 중앙 집권화와 전문가가 끼친 영향은 농부 자신의 노동을 극단적으로 탈숙련화시켰다. 사실상 이것은—심지어 가족농업과 자유 경제의 맥락에서도—시어도어 루스벨트 정권의 전원생활위원회(Country Life Commission) 의장이자 식물 품종개량학자이며 또한 농업과학의 전도자인 리버티 H. 베일리(Liberty H. Bailey)가 성원했던 유토피아적 미래였다. 베일리는 "특별한 자문과 지시를 제공하기 위해 식물학 박사, 품종개량학자, 토양 전문가, 건강 전문가, 가지치기와 소독약 뿌리기 전문가, 삼림 전문가, 레크리에이션 전문가, 시장 전문가 …… (그리고) 가사 전문가 …… (이 모두가) 등장할 것"[70]이라고 선언했다. 베일리에게 미래란 거의 전적으로 관료적 엘리트에 의해 조직화된 사회였다. "우리는 사회를 작은 부분으로 나눈 지역에 존재하는 것으로 보지 않으며, '가족 농장' 또한 자기만족만을 위해 사는 사람들이 소유한 것으로 여기지 않을 것이다. 이것이야말로 바로 모든 농사꾼은 본질적으로 노동자라는 의미이다. 우리는 조직의 막강한 권력을 가진 사람, 관리자인 사람, 과감한 방식으로 일을 처리할 줄 아는 사람을 가급적 많이 그 땅 위에 매어둘 필요가 있다. 만약 그런 사람들이 그 땅에서 어떤 적당한 기회를 찾을 수 없어 다른 직업을 선택할 수밖에 없게 된다면 이는 사회적으로는 물론 정신적으로 치명적인 결과가 될 것이다."[71]

이런 희망에 찬 선언과 의도에도 불구하고—순전히 기술적이고 중립적인 것으로 보이는—20세기 농업 혁신의 많은 부분을 조심스럽게 살펴보면, 그중 상당수가 농부의 자치권을 필연적으로 약화시키는 대신 상업적이고 정치적인 독점을 강화했다고 단정할 수밖에 없다. 특히 옥수수의 경우, 변종 씨앗의 혁명이 이런 효과를 낳았다.[72] 변종 옥수수는 스스로 생식력이 없거나 혹은 같은 특질의 '후세'를 번식할 수 없어서 이종교배 부모종을 교배시킨 종자 기업은 변형 종자에 대해 값비싼 소유권을 갖게 되며, 농부 스스로 선택한 자연 수분 변종과 달리 해마다 시장에서 판매할 수 있다.[73]

지난 30년간 개발한 밀, 쌀, 옥수수의 고수확 변종에 대해서도 비록 똑같지는 않아도 유사한 중앙 집권화 논리를 적용할 수 있다. 수확량과 관련한 이 곡식들의 엄청난 영향(농작물의 종류와 성장 환경에 따라 크게 변화되는 영향)은 농작물을 쓰러지지 않게 하는 짧고 강한 줄기 성장에 도움이 되는 질소 사용을 얼마나 광범위하게 허용하느냐에 따라 좌우된다. 이 곡식들의 잠재적 수확량을 실현하는 데에는 (일반적으로 관개를 통한) 풍부한 물, 상업용 비료의 대량 사용 및 살충제의 정기적 이용이 필요하다. 경작지를 준비하고 수확하기 위한 기계화 또한 진보했다. 개량 변종과 경작지의 생물학적 다양성이 부족하다는 것은 고수확 변종의 각 세대가 곰팡이, 녹병균 또는 곤충의 침입에 무너지고, 이것이 필연적으로 새로운 종자와 새로운 살충제 (곤충의 저항력이 강화될 때마다) 둘 모두에 대한 구매를 촉진한다는 사실을 의미한다. 결과적으로 식물 품종개량학자와 화학자들이 자신들은 계속 승리할 것이라고 확신하는 가운데 벌어지는 생물학적 무기 경쟁은 일반 경작자를 점점 더 공적 혹은 사적 전문가의 손아귀 안에 가두는 셈이다. 니에레레 정책의 진정으로 민주적인 측면에서와 마찬가지로 관료 엘리트의 위상을 위협할 수 있는 연구나 정책 요소는 결코 탐구되지 않거나, 설령 탐구된다 해도 정책 추진을 '감안하여' 이루어지는 경향이 있다.

농업과학의 단순화 가정

완벽한 통제는 혼란으로의 초대다. 전문가의 영역이 완고하고 배타적일수록 또한 그 속에서의 통제가 엄격
할수록 혼란이 더욱더 고조되는 것은 하나의 법칙이다. 온실이 있으면 겨울에도 여름 채소를 재배할 수 있
다. 하지만 그렇게 하는 것은 기후와 더불어 유례없는 실패의 가능성이라는 취약함을 자초하는 일이다. 1월
에 토마토를 재배하는 것은 떡갈나무나 박새가 1월에 살아가는 자연의 순리에 비해 훨씬 더 문제가 많다.
                                          ─ 웬들 베리(Wendell Berry), 《불안한 미국》

대부분의 국가 발전 프로그램 요소는 결코 강력한 통치 엘리트의 일시
적 기분에만 달려 있는 것은 아니다. 탄자니아의 촌락화조차도 분명히
오랫동안 건전한 농업경제학적 분석의 주제였다. 기계화, 관개, 비료 체
제뿐 아니라 목화, 담배, 땅콩, 쌀 같은 새로운 작물을 도입하는 계획에
는 장기간의 기술적 연구와 현장 실험이 선행되었다. 그렇다면 왜 수많
은 계획이 예견된 결과를 도출하는 데 실패한 것일까? 다음 장에서 다
룰 예정인 이 주제는 이런 문제의식과 긴밀히 연관된 것으로, 질문의 내
용은 다음과 같다. 농업적 관행과 생산에서 이룩한 수많은 성공적 변화
가 왜 국가에 의해서가 아니라 경작자 자신의 주도로 개척되었는가?

실험 변수의 고립

기록에 의하면─내가 보기에─문제의 대부분은 그 궁극적 목적이 매우
다양한 상황에 처할 수밖에 없는 실천가들에 의해 실제로 채택될 때마
다 제기되는 과학적 연구 자체의 체계적이고 필연적인 제약 때문에 발
생한다. 다시 말해서 어떤 문제는 중앙 통제를 위한 제도적 유혹, 관료
행정의 병리 또는 비록 미학적으로는 만족스럽지만 경제적으로는 허황
한 '쇼 프로젝트'보다 더 깊숙한 곳에 숨어 있다. 최적의 조건에서조차
연구실의 성과와 실험 농장의 자료는 궁극적으로 서로 부합해야 하는
인간 그리고 자연 환경에서 아주 멀리 떨어져 있는 것이다.

과학적 농업 연구에서 일반적인 절차는 역사적으로 수확 대비 투입의 변화에 대한 영향을 시험하기 위해 거의 전적으로 농작물별 실험에 초점을 맞추어왔다. 비록 최근에는 다른 변수들을 정밀하게 탐구하고 있지만 말이다. 따라서 실험이란 서로 다른 토양과 습도라는 조건 하에서 수확량을 테스트하거나, 아니면 어떤 변종이 쉽게 쓰러지지 않거나 기계를 이용해 추수하기 쉬운 방식으로 생장하는지를 판단하는 것이어야 했다. 생태학을 의식한 연구 역시 종종 이런 방식으로 진행되었다. 예컨대 열매 변종이 특정 병충해에 대한 생물학적 저항력을 갖는 데 도움이 될 만한 변수를 하나씩 고립시켜 따져보는 것이다.

몇 가지 변수의 고립은─이상적으로는 두 개를 고립하고 나머지는 통제하는─실험과학의 핵심 신조이다.[74] 하나의 절차로서 이는 과학적 연구를 위해 중요하고도 필요한 일이다. 실험 상황을 철저하게 단순화함으로써 명백하고 검증 가능하며 비인격적이고 보편적인 결과를 보장하는 것이다.[75] 카오스 이론의 개척자는 이렇게 표현한다. "물리학에는 기본적인 전제가 있다. 세계를 이해하는 방식은 어떤 물질이 완전히 기본적인 것이라고 이해될 때까지 그 요소를 계속 고립시켜가는 것이다. 그런 다음, 이해하지 못한 다른 것들을 지엽적인 것으로 가정한다. 그 가설은 다음과 같다. 순수한 상태의 사물을 바라봄으로써 구별 가능한 아주 적은 몇 가지 원칙들이 있다─정확하게 바로 이것이 분석적 개념이다. 그리고 당신이 좀더 지저분한 문제를 풀고자 할 때는 이것들을 더욱더 복잡한 방식으로 합친다. 할 수만 있다면 말이다."[76] 농업 연구에서 목하 실험 중인 것들을 제외한 모든 가능한 변수를 통제하려면 은연중에 이루어지는 농장의 크기, 유효 노동력, 경작자의 소망에 대한 가설은 말할 것도 없고 기후나 토양, 경관 같은 것들에 관한 가설도 표준화할 필요가 있다. 물론 '시험관(test tube) 연구'는 통제의 이상적 목표에 가장 근접한 것이다.[77] 그러나 연구소의 실험 경작지도 그 자체가 이미 극단적인 단순화이다. "좁고 고도로 단순화된 울타리 안에서" 통제를 극대화하는 반면, 그 나머지를 "완전히 통제 밖에" 두고서 무시한다.[78]

단작과 수확량에 대한 관심이 어떻게 바로 이런 종류의 패러다임에 가장 무난하게 부합하는지를 살펴보는 것은 쉬운 일이다. 단작은 설계를 복잡하게 만들지도 모를 다른 품종들을 제거하며, 수확량에 대한 관심은 특정한 질적 측면이나 취향이 목표가 될 경우 성가시게 생겨날 수 있는 측정의 문제를 회피한다. 임업과학은 단일 수종으로 이루어진 상업적 삼림에 관심이 있을 때 가장 쉽다. 농업과학이 가장 쉬워질 때는 '표준화된' 단위 면적당 옥수수 개량종을 가능한 한 가장 많이 얻을 수 있는 효과적인 방법을 질문할 경우이다.

실험실에서 실습 필지 내 연구 장소로 그리고 그 이후 실험 농장에서 실제 경작지로 옮길 때마다 실험적인 통제는 계속해서 상실된다. 리처즈는 이런 이동 과정에서 나타난 서아프리카 연구자들의 불안에 관해 언급한 적이 있다. 곧, 그들은 자신의 연구를 더 실용적으로 만들고 싶었지만 실험 조건이 느슨해지는 것을 걱정했다. 실험 대상으로 선정된 농장이 실험 결과에 대해 동일한 방식으로 반응할 수 있도록 비교적 얼마나 동질적이어야 하는지를 놓고 토론한 다음, 연구소 바깥으로 나가게 되면 잃을 수밖에 없는 실험적인 통제를 애통해했다. 그들은 다음과 같이 썼다. "불과 며칠 동안 모든 지역에 심는 것은 어려울 테고, 동일한 토양을 가진 농장 필지를 찾는 것도 거의 불가능할 것이다." 그리고 계속해서 다음과 같이 말했다. "병충해의 공격이나 나쁜 기후 같은 다른 종류의 방해는 어떤 처방법에는 영향을 미치지만 다른 처방법에는 그러지 않을 수 있다."[79] 리처즈의 설명에 따르면, 이것은 "직접적인 조사 과정에서 한두 개를 제외한 모든 변수를 통제하고자 하는 실험 농장에서의 '형식적인' 과학 연구 절차가 왜 실제 대다수 소농들의 행태와 관련해 '핵심에서 벗어났는지'를 말해주는 이유 중 하나라는 점에서 유익하다. 농부의 주요 관심은 이런 복잡한 상호작용과 예상치 못한 일들에 어떻게 대처하느냐이다. 과학자의 (특히 논문을 발표하기 위해 명쾌한 결과를 확보할 필요가 있는) 관점에서는 이런 농장 현장에서의 실험이 힘겨운 도전인 셈이다."[80]

과학은 많은 변수의 복잡한 상호작용을 동시에 다루는 의무를 갖고 있는 까닭에 근대 과학으로서 스스로를 구분 짓는 바로 그 특징을 잃게 된다. 그리고 미세한 실험 연구를 많이 한다 해도 이런 복잡성에 대한 단 하나의 연구와 똑같은 것을 축적하기는 어렵다. 반복해서 말하지만, 이는 결코 근대 과학 연구의 실험 기술에 반대하는 것이 아니다. 상호작용의 복잡성을 축소하지 않는 어떤 광범한 현장 조사 연구는 농부들이 그런 것처럼 '좋은 결과', 곧 높은 수확량을 성취하는 일련의 관행을 보여줄 수 있을지 모른다. 그러나 이런 결과를 확실하게 설명할 핵심적 요소를 결코 가려내지 못할 것이다. 내가 제안하는 것은 이렇다. 곧, 자신의 영역 안에서 과학적 연구 능력과 유용성을 인식하면서도 적합한 분석 기술을 갖추지 못한 종류의 문제를 다루는 데는 스스로 한계가 있다는 사실도 함께 인정하자는 것이다.

맹점

다시 혼작의 문제로 돌아와서, 우리는 왜 농업경제학자가 혼작에 반대하기 위해 미학적이고 제도적인 이유뿐 아니라 과학적인 근거를 제시하는지 알 수 있다. 교작의 복합적 형태는 '너무 많은 변수'를 동시다발적으로 끌어들인 나머지 우연적 관계에 대해서는 확실한 실험을 통해 증명할 기회를 가질 수 없었다. 우리는 혼작의 어떤 기술, 특히 질소 고정 작용을 돕는 콩과(科) 식물을 곡물과 결합하는 기술이 꽤 생산적이라는 사실을 알고 있지만, 이런 결과를 일으키는 정확한 상호작용에 관해서는 거의 아는 바가 없다.[81] 그리고 수확량이라는 단 하나의 종속 변수에 집중할 때조차 그것의 인과관계를 밝히는 데 문제가 적지 않음을 알고 있다.[82] 우리가 이러한 초점의 제약에서 벗어나 토양의 비옥도, 가축과의 상호작용(사료, 퇴비), 가족노동 공급과의 양립성 같은 종속 변수(결과)의 범위를 더 넓게 생각한다면, 비교상의 난점은 과학적 방법으로 결코 다루기 쉽지 않다.

여기서 과학적 문제의 본질은 물리적 시스템의 복잡성과 아주 유사하다. 뉴턴의 역학 법칙처럼 고상하리만큼 간단한 공식은 만약 우리가 두 천체의 부피와 둘 사이의 거리를 알고 있다면 각각의 궤도에 대한 계산을 상대적으로 쉽게 해준다. 그러나 하나의 천체를 추가해보라. 그러면 이러한 상호작용에서 비롯된 궤도의 계산은 훨씬 더 복잡해진다. (우리 태양계를 단순화해서) 열 개의 천체가 상호작용한다고 가정할 때,[83] 어떠한 궤도도 정확하게 반복되지 않으며, 그런 시스템의 지속적인 상태를 예견하는 것은 불가능하다. 새로운 변수가 생길 때마다 고려해야 할 상호작용의 수가 기하급수적으로 증가하기 때문이다.

내가 보기에 과학적 농업 연구가 매우 효과적인 방법에 근접한 어떤 농업 기술과 선택적 친화력을 보여준다고 주장하는 것은 사실을 지나치게 확대 해석한 것이 결코 아니다. 단일 품종의 농작물 수확을 극대화하는 것이 이러한 능력을 가장 효과적으로 활용한 기술이다. 과학적 삼림업자와 마찬가지로 농업 기관도 제도적 권력이 허용하는 한에서 자신의 지식 체계에 더욱 잘 부합하는 방식으로 환경을 단순화하려는 경향이 있다. 그들의 근대주의적 미학과 정치적·행정적 이해관계에 초점을 맞춘 농업 형태 역시 전문성에 입각한 그들의 과학적 소명 의식이

라는 범주에 안전하게 적응해왔다.[84]

그렇다면 실험 계획 영역 바깥에 있는 '무질서'는 어떻게 될까? 별도의 실험적 상호작용은 당초의 기대 효과를 강화할 때 이롭다고 증명할 수 있다.[85] 그 효과가 어떻게 나타날지 예상할 만한 선험적인 근거는 존재하지 않는다. 중요한 사실은 그것들이 전적으로 실험 모델 바깥에 있다는 것이다.

그러나 종종 이런 효과는 중요하기도 하고 잠재적으로 위협적이기까지 하다. 1947~1960년 사이에 발생한 가장 충격적인 사례는 전 세계적으로 살충제를 대량 사용한 것이다. 그중 가장 악명 높은 것이 바로 DDT이다. DDT는 모기를 박멸하고, 그럼으로써 해충이 옮기는 많은 질병을 줄이기 위해 살포되었다. 실험 모델은 대체로 모기 개체수를 박멸하기 위해 필요한 투여량의 농도와 이용 조건을 결정하는 데 한정되었다. 이런 시각에서 보면 모델은 성공적이었다. 곧, DDT는 모기를 박멸해 풍토성 말라리아와 다른 질병의 발병률을 극적으로 줄였다.[86] 하지만 우리는 그 잔여물이 인간을 포함한 먹이사슬을 따라 생명체 안에 흡수되었고, 그 결과 생태계가 황폐화되었다는 것을 뒤늦게 깨달았다. 토양, 물, 어류, 곤충, 새, 식물 등에 DDT와 그 밖의 살충제를 함께 사용함으로써 초래된 결과는 너무나 복잡해서 아직까지도 그 진상이 다 밝혀지지 않았다.

부실한 주변 시야

문제의 일부는 부작용이 계속해서 가지를 쳤다는 데 있다. 첫 번째 단계의 부작용—이를테면 지역 내 곤충 개체수의 감소와 소멸—은 꽃식물의 변화로 나타났고, 이는 설치류와 그 외 다른 식물의 서식지를 변화시켰다. 또 다른 문제는 다른 종에 대한 살충제 효과가 실험 조건 하에서만 실시되었다는 것이다. 그러나 DDT 살포는 실제 '현장' 조건에서 이루어졌으며, 카슨이 지적한 대로 과학자들은 살충제가 물이나 토양과 섞였을 때 발생할 일이나 햇빛과의 상호작용에 관해서는 알지 못했다.

이와 같은 상호작용의 영향을 인식한 것이 과학적 패러다임 '바깥'에서 시작되었다는 사실은 흥미롭기도 하고 시사적이기도 하다고 나는 생각한다. 이는 특히 사람들이 지저귀는 새의 개체수가 급격히 감소한다는 사실을 차츰 깨달으면서 비롯되었다. 부엌 창문 밖에서 더 이상 일어나지 '않는' 일에 대한 대중들의 경고가 결과적으로 (과학적 연구를 통해) 새의 내장 속에서 진행된 DDT 농축이 어떻게 알 껍질을 얇게 만들어 번식을 불가능하게 했는지 추적하도록 만든 것이다. 결국 이런 발견은 살충제의 영향과 관련한 수많은 연구를 촉진했고, 마침내 DDT 사용을 금지하는 법률을 제정하게 되었다. 다른 경우와 마찬가지로 이 사례는 부분적으로 과학적 패러다임의 힘이 실험 이외의 변수를 제외함으로써 이루어졌으며, 이러한 실험 이외의 변수는 흔히 그런 것처럼 종종 복수를 벌이기 위해 되돌아온다는 사실을 말해주고 있다.

경작의 효율성과 이윤에 관한 농업경제학적 분석 논리는 해당 농지를 비교 가능한 범위로 한정함으로써 설득력을 높이기도 한다. 그 도구는 기업으로서의 농장에 대한 미시경제학을 검토하기에 가장 유리한 방향으로 사용된다. 비용 요소, 투입량, 기후, 노동, 가격 등에 관한 단순화된 가정에 기초해 특정한 기계를 이용하는 것, 관개 장비를 구매하는 것, 혹은 어떤 종자 대신 다른 종자를 선택해 재배하는 것 등이 얼마나 이익이 되는지 또는 안 되는지를 보여주는 것이다. 마케팅을 포함한 이런 종류의 연구는 전반적으로 매우 자본 집약적이고 기계화된 방식으로 이루어질 수밖에 없는 규모의 경제학을 증명하려는 경향이 있다. 이런 좁은 관점 바깥에는 실험 과학에서 사용하는 것과 유사한 방식으로 한꺼번에 다루어야 하는 수백 가지의 고려 사항이 존재한다. 그러나 농업경제학적 분석을 통해 이런 견해를 받아들인 담당자들은—적어도 단기적으로는—자기 논리의 더 크고 더 확실한 결과에 경제적으로 책임이 없다는 사실을 분명히 할 정도의 정치적 능력을 갖추고 있다. 미국의 농업 패턴은 1972년 의회에서 한 불한당 같은 경제학자가 다음과 같이 증언하면서 그 윤곽이 명확하게 드러났다.

> 겨우 최근 10년 사이에 대규모 농업 회사가 …… 일부 비용을 외부화시킴으로써 자신의 이익을 챙길 수 있었다는 사실에 주목하게 되었다. 대규모 경영의 문제는 주로 농업 기업의 의사 결정 틀 바깥에서 일어났다. 쓰레기 처리, 오염 통제, 공공 서비스에 대한 추가 부담, 농촌 사회 구조의 악화, 세수 기반의 감소, 경제력 집중의 정치적 결과 같은 문제를 기업에서는 전형적으로 커다란 비용으로 간주하지 않았다. 당연히 이런 것들은 더욱더 큰 공동체가 지불해야 할 비용이 되었다.
> 이론적으로 볼 때 대단위 경영은 기업으로 하여금 넓은 범위의 비용과 이익 모두를 의사 결정 틀 안으로 끌어들일 수 있도록 해야 한다. 하지만 현실적으로 볼 때 대형화에 수반되는 경제력과 정치력은 대기업으로 하여금 이익은 취하되 비용은 넘기려는 유혹을 끊임없이 제공했다.[87]

다시 말해 비록 농업 회사의 사업 분석가들이 부실한 주변 시야를 가졌다 하더라도, 이런 기업들이 개별적 혹은 집단적으로 확보한 정치적 영향력은 그러한 약점이 공격받는 것을 모면하게 해주었다.

근시안
농민과 관련된 결정을 평가하려는 목적을 가진 거의 모든 연구는 한 시즌 혹은 기껏해야 몇 시즌 동안에 걸쳐 이루어진다. 이런 종류의 연구 계획이 암시하는 논리는 장기적 영향이 단기적 결과와 비슷할 것이라는 점이다. 수확량의 극대화를 절대적인 가치로 추구하는 사람들에게도 연구의 시간적 차원이 제기하는 문제는 직접적인 관련이 있다. 오직 당장의 수확량에만 관심을 갖고 있는 것이 아니라면—그 결과에 상관없이—그들은 힉시언 소득이나 지속 가능성과 관련한 이슈에 주목하게 되었을 것이다. 아마도 실질적으로 가장 중요한 구분은 농업 정책을 (가족농업, 경관 혹은 다양성의 보전 같은) 문화적·사회적 목표 달성으로 간주하는 사람과 생산 및 이익을 극대화하려는 사람 사이에 있는 것이 아니라, 단기적 안목을 가진 생산자와 장기적 안목을 가진 생산자 사이에 있다고 할 수 있다. 결국, 토양 붕괴나 물 공급에 대한 걱정은 환경 측면에서의 고려보다는 현재 생산량의 지속 가능성에 대한 관심 때문에 비롯된 것이다.

곡물 연구나 농업경제학에서 보이는 상대적으로 근시안적 성향은 심지어 생산지상주의자들을 위한 이익의 장기적 결과마저 배제한다. 혼작에 대한 많은 주장은 예컨대 생산 시스템의 하나로서 장기적 이익이라는 측면에서의 우월성을 옹호한다. 스티븐 마글린(Stephen Marglin)이 20년 또는 그 이상에 걸쳐 혼작을 계속 시도할 경우, 한두 시즌만 지속하는 시도와는 전혀 다른 결과를 가져온다고 주장한 것은 당연한 결론이다.[88] 잡종화와 반대되는 개방 수분(open pollination) 과정과 이에 대한 농부들의 선택은 수확량 측면에서 가장 좋은 교배종의 경우와 거의 비슷했을 뿐만 아니라 수익성을 포함한 다른 측면에서도 마찬가지로 우수했다는 사실은 하등 놀라운 일이 아니다.[89] 과학적이고 단종화된 삼림이 보여주는 장부상의 이익이 숲의 장기적인 건강과 생산성에 대해 상당한 대가를 치르고 이뤄진 것이라는 사실을 지금 우리는 알고 있다.

대부분의 농업이 가업(家業)이라는 사실을 감안한다면, 곡물 연구 및 농업경제학 분야에서 시간적 분석 단위를 한 세대의 총체적 가족 사이클로 설정하려는 연구가 더욱 많이 진행될 수 있었을 것이다.[90]

과학적 방법 그 자체의 논리는 어떤 것도 단기적 전망이 더 우세해야 한다고 요구하지 않는다. 오히려 그러한 관점은 제도적 그리고 아마도 상업적 압력에 대한 반응인 듯싶다. 반면 다른 조건이 일정하다는 가정 하에 몇 가지 변수를 고립시킬 필요가 있다는 점 그리고 실험 모델 바깥에 있는 상호작용 효과를 함께 묶어둘 필요가 있다는 점은 과학적 방법 안에 확실하게 자리매김 되어 있다. 그것들은 그 비전의 범주 안에서 이루어지는 엄청난 명료성을 위해 필요한 하나의 조건이다. 요컨대 과학의 실질적 관행이 차단시킨 경관의 일부들, 곧 사각지대와 주변 시야 및 장기 조망은 서로 함께 묶여 현실 세계의 상당 부분을 차지하고 있다.

과학적 농업의 단순화 관행

어떤 수확물은 다른 것들보다 더 평등하다

근대 농업 연구는 일반적으로 마치 투입 대비 생산량이 농민의 핵심 관심사인 것처럼 진행되었다. 이런 가정은 엄청나게 편리한 것이다. 이를테면 과학적 임업의 상업용 목재와 마찬가지로 포괄적이고 동일한 종류일 뿐만 아니라 획일화된 생산품은 다른 경작 기술을 통한 수확량과의 비교는 물론 총계 내에서의 양적인 비교도 가능하게 만들었다. 경작 면적, 면적당 수확량, 연도별 총생산을 보여주는 식으로 우리에게 익숙한 표는 일반적으로 개발 프로그램의 성공 여부를 측정하는 결정적인 방법이다.

그러나 모든 쌀, 모든 옥수수, 모든 기장이 동등하다는 전제는—그것이 아무리 유용하다고 해도—순전히 시장에서 판매하기 위한 상품이 아니라면 어떤 농작물에 대해서도 결코 타당한 가정이 아니다.[91] 각 곡물의 아종(亞種)은 구별 가능한 특색을 갖고 있다. 단지 자라는 방법뿐 아니라 수확한 곡물의 질로도 그렇다. 몇몇 문화권에서 벼의 특정 품종은 어떤 특별한 요리에 사용하기 위해 재배된다. 다른 품종은 특정한 제례 목적이나 지역 간 부채를 청산하는 데 사용되기도 한다. 한 품종의 벼를 요리 재료로서 다른 품종과 구별하는 몇몇 복잡한 고려 사항을 시에라리온(Sierra Leone)에서는 얼마나 중요하게 여기는지 리처즈는 이렇게 관찰했다.

요리가 엉망이라는 말은 '맛'에 대한 주관적 질문을 훨씬 뛰어넘어 종종 저장, 준비, 소비와 관련한 모든 특성을 한꺼번에 포괄하기도 한다. 이것은 토착적인 음식 가공 기술에 잘 맞는 품종인가? 껍질 벗기기가 쉽고, 잘 갈아지고, 또한 잘 빻아지는가? 요리하려면 얼마나 많은 물과 연료가 필요한가? 요리 전이나 요리 후에는 얼마나 오랫동안 보관할 수 있는가? 멘데(Mende) 지방 여성은 개량된 습지 쌀은 두 번 조리하면 '고지대' 쌀에 비해 맛이 떨어진다고 한다. 종류에 따라 쌀은 농번기 동안 조리에 필요한 시간을 줄여주기도 한다. 밥을 하는 데 하루에 서너 시간을 소비하기 때문에(쌀겨를 까고, 불을 피우고, 물을 길어오는 시간까지 포함해서) 노동력이 부족할 때는 결코 작은 문제가 아니다.[92]

지금까지 우리는 단지 껍질 있는 곡물에 대해서만 생각했다. 우리의 시야를 나머지 식물에까지 넓힌다면 어떨까? 곡물보다 식물 자체에서 수확하는 것이 훨씬 더 많다는 사실은 금방이라도 알 수 있다. 그래서 중남미 농부들은 수확하는 옥수수 알갱이의 수와 크기에만 관심을 갖지 않는다. 농부들은 옥수수 속을 세척용 솔이나 사료로 사용하는 데에도 관심을 갖는다. 옥수수 껍질과 잎은 포장지, 지붕 이엉, 사료가 되며, 옥수수 대는 덩굴 콩의 지주대 역할을 하기도 하고 사료나 임시 울타리로 사용하기도 한다. 중남미 농부들이 미국의 옥수수 벨트 지역 농민보다 옥수수 변종에 대해 더 많이 알고 있다는 사실은 부분적으로 그 변종에 대한 사용법하고도 관련이 깊다. 옥수수는 또한 시장에서 다른 목적으로 판매되기도 하므로 알갱이 이외의 품질에 의해서도 상품 가치가 매겨진다. 물론 널리 재배되는 어떤 품종에 대해서도 현실적으로 똑같은 얘기가 가능하다. 다양한 성장 단계에서 다양한 부분이 노끈, 식물 염료, 의료 찜질용, 날로 또는 익혀 먹는 잎, 포장 재료, 깔짚, 제례용 또는 장식용 등으로 이용될 수 있다.

따라서 상업적인 관점에서조차 식물은 단지 곡물만을 의미하는 것이 아니다. 모든 옥수수와 벼의 잡종 그리고 그 아종들어 똑같지는 않다. 무게 또는 부피로 제시되는 종자의 수확량은 경작자들이 관심을 갖는 많은 결과 중 불과 하나이다. 그게 아마도 가장 중요하지 싶다. 그러나 과학적 농업과 식물 품종 개량이 이것들의 가치와 용도에 대해 좀더 광범위한 계산을 하기 시작하면, 열 개의 천체에 관한 뉴턴류의 딜레마에 빠지게 된다. 게다가 모델을 통해 이러한 복잡성을 어느 정도 밝혀낸다 해도 그러한 관례는 예고 없이 변화하기 십상이다.

실험 경작지 대 실제 농장

앞서 언급했듯이 모든 환경은 엄밀히 말해 지역적 특수성을 갖고 있다. 연구실이나 실험실에서 새어나온 표준화되고 일반적인 고교회파(High Church: 영국 국교회의 한 파―옮긴이) 라틴어를 지역 교구의 방언으로 바꿀 때에는 항상 번역의 문제라는 것이 있게 마련이다. 경작지 준비, 재배 일정, 비료 요구 등에 관한 표준화된 해결책은 이를테면 귀리 같은 두 가지 작물이 자라는 돌 많은 저지대의 북향 들판에 적용할 경우 반드시 조정을 거쳐야만 한다. 연구소나 개간 관련 농업과학자는 다른 응용과학 분야의 전문가와 마찬가지로 이런 번역의 문제를 아주 잘 알고 있다. 문제는 항상 어떻게 해야 농민들에게 도움을 줄 수 있는 방향으로 결과물을 발견하고 전달하느냐에 있다. 결과물과 해결책을 쉽게 받아들이지 못할 경우 농부는 스스로 그것들이 자신의 필요에 부합한지를 결정해야만 한다.

지적도와 마찬가지로 농업 연구소의 실험 경작지는 실제 농민들의 경작지가 갖고 있는 다양성과 가변성을 대변할 수 없다. 연구자들은 토양, 경작지 준비, 파종, 강우, 기후 등과 관련해 표준화되고 또한 정상적인 범주 내에서의 가정을 전제로 움직일 필요가 있다. 반면 농부의 경지에는 조건과 행동 그리고―어떤 것은 미리 알 수 있고(토양 구조), 어떤 것은 전혀 어찌할 수 없는(기후)―사건들이 독특하게 결합한다. 이런 것들과 다른 변수 사이의 상호작용은 적어도 각각의 위상만큼이나 중요하다. 그러므로 막 파종한 돌 많은 토양에 일찍 닥친 계절풍의 영향은 아직 파종하지 않은 상태에서 물을 잔뜩 머금은 토양과는 서로 다르다.

실험적 작업의 평균과 표준화는 연평균 기후 또는 기준 토양이 통계적 허구라는 사실을 모호하게 만든다. 웬들 베리는 다음과 같이 말했다.

산업화된 농업은 농민으로 하여금 매년 경작할 때마다 거듭해서 똑같은 해결책이 필요한 일련의 문제점을 갖게 된다. 따라서 그 산업적 해결책이 간단하고 안전하게 농민의 해결 방식을 대체할 수 있다고 생각한다. 그러나 이것은 틀린 생각이다. 양호한 상태의 농장에서도 기후나 다른 변수 때문에 잇따라 발생하는 문제나 각각의 고유한 문제가 2년 연속 결코 같지는 않다. 좋은 농부는 (예술가, 쿼터백, 혹은 정치인처럼) 가능한 한 많은 해결책을 갖춘 장인이 되어야 하며, 압박을 받는 가운데서도 그중 하나를 적당한 때 적당한 곳에서 선택해 노련하게 적용할 수 있어야 한다.[93]

비록 날씨처럼 날마다 변덕스럽게 변하는 것은 아니지만 토양 또한 예외적이긴 해도 종종 같은 경작지 내에서 변한다. 농업과학의 단순화는 본질적으로 토양을 우선 산성도와 질소 수준 그리고 다른 질적 요소를 포함한 몇 가지 세세한 범주에 따라 분류한다. 단일 경작지의 토양을 분석할 경우에는 해당 경작지의 여러 곳에서 흙을 조금씩 모아 분석 샘플로 합친 다음 평균으로 표시한다. 이러한 절차는 주어진 경작지 내에서도 토양의 질이 위치에 따라 실질적으로 상당한 차이가 있다는 사실을 암시한다. 그러므로 비료 이용을 장려할 때 경작지의 어떤 장소에 대해서는 적절하지 않을 수 있지만, 다른 공식에 의해 사용하는 것과 비교할 경우 경작지 전체에 대해서는 평균적으로 덜 잘못된 것일 수 있다. 베리는 이런 종류의 일반화에 대해 재차 경고한다. "대부분의 논은—물론 대부분의 밭의 경우에도—토양의 유형이 각각 다르며, 토양의 느낌도 서로 다르다. 훌륭한 농부는 이런 점을 잘 알고 있으며 그에 따라 적절하게 토지를 이용해왔다. 그들은 자연 식생, 토양의 깊이, 구조, 경사, 배수에 관해 조심스러운 학생 모습이었다. 이를테면 그들은 이론적으로든, 방법론적으로든 혹은 기계론적으로든, 결코 일반적 원리를 적용하는 사람이 아니다."[94] 우리가 혼작의 관행을 토지가 가진 상황의 복잡성과 가변성에 덧붙일 때, 일반적 공식을 성공적으로 적용한 데서 비롯된 장애 요소를 실질적으로 극복하기란 어렵다. 우리가 특정 기후와 습도에 대한 어떤 식물의 내성 한계를 지식으로는 알고 있다 하더라도, 그 같은 한계 범주 내에서 그 식물이 반드시 번성할 것이라고 보장하기는 어렵다. 식물은 "전형적으로 언제, 어디서 그리고 어떤 조건 하에서 싹을 틔울 것인지에 관해 놀라울 정도로 까다롭다"고 앤더슨은 말한다. "어떤 식물이 다른 식물과 더불어 어떤 조건을 견딜 수 있고 어떤 조건을 견딜 수 없는지와 관련해 아주 복잡하게 얽혀 있는 상황은 몇몇 종에 대한 예비 단계 방식의 조사를 제외하고는 한 번도 제대로 연구된 적이 없다."[95]

토착 농민들은 경작에 중요한 지형 및 환경의 미세한 특징에 관해 유난히 예민하다. 서아프리카에 관한 리처즈의 분석 중 두 가지 사례는 너무나 사소해서 표준화된 양식 속에서는 쉽게 드러나지 않는 세부 상황들을 보여준다. 당혹스러울 정도로 작은 규모의 변수 가운데 리처즈는 지역의 관개 관행을 하위 변수들과 함께 최소한 11가지로 구분했다. 해당 지역이 정기적으로 범람하는 삼각주인지, 배수가 좋지 않은 접시형 침하 지대인지, 내륙의 계곡 습지인지에 따라 결정되는 관개 유형과 더불어 모든 것이 지질, 토양, 홍수, 강우 같은 지역적이고 특수한 세부 사항과 직접 관련되어 있다. 이처럼 경관 내부에 존재하는 모든 가능성을 적극 활용하고자 하는 작은 '계획'은 토목 공사 목표에 맞추기 위해 경관에 손을 대는 등 어떤 노력조차 불사하는 거대한 설계 도면과는 엄청난 차이가 있다.

리처즈가 분석한 두 번째 사례는 서아프리카 농부들이 지역 병충해에 대처하기 위해 어떤 품종의 쌀을 간단하지만 독창적인 방법으로 선택하는지를 보여준다. 시에라리온의 멘데 지방 농부는 벼 품종 선택에 대한 교과서적 충고를 무시한 채 긴 까끄라기(수염 또는 털이라 불리는)와 포엽(苞葉: 꽃 바로 아래나 그 가까이에서 봉오리를 싸고 보호하는 작은 잎—옮긴이)이 있는 변종을 선택해왔다. 교과서적 이론에 따르면 아마도 그런 품종은 열매가 더 낮은 위치에서 열리거나, 아니면 까끄라기와 포엽이 왕겨를 더 많이 만들기 때문에 타작 후에 키질을 한결 많이 해야 한다. 그러나 농부들의 이론에 따르면 긴 까끄라기와 포엽이 타작도 하기 전에 쌀알을 먹어 치우는 새들의 공격을 막을 수 있다. 미시적 관개와 조류의 피해에 대한 세부 내용은 농부에게 사활이 걸린 문제다. 그러나 이런 사정은 높은 곳에서 내려다보며 만든 근대 농업 계획 지도에는 나타나지도 않고, 나타날 수도 없다.

많은 비판가들은 과학적 농업이 생산지상주의적 대규모 단작을 체계적으로 선호해왔을 뿐만 아니라, 모든 농업은 본질적으로 지역적이기 때문에 그 연구 결과는 잘해봐야 제한적으로 이용될 수 있을 뿐이라고 주장한다. 하워드는 두 가지 전제를 바탕으로 근본적으로 다른 방식의 농업적 관행을 옹호했다. 첫 번째는 실험 경작지가 유용한 결과를 만들어낼 수 없다는 것이다.

> 작은 규모의 땅과 농장은 매우 다른 것이다. 자급자족 단위로 나누어진 작은 구획의 땅을 큰 농장에서 하는 것과 같은 방식으로 관리한다는 것은 불가능하다. 가축과 토지 사이의 본질적인 관계가 없어져버렸다. 좋은 농업의 원칙, 곧 적절한 순환 방식에 의해 토양의 비옥도를 유지하는 방법이 사라졌기 때문이다. 필지와 농업 사이에는 필연적인 관계가 없다. 필지는 그것이 속한 경작지를 대표하지도 못한다. 경작 필지를 모은다고 해서 조사하고자 하는 농업 문제를 대변할 수는 없다. ……그러니 기본적으로 근거가 취약한 기술에 고등수학을 적용한다고 해서 무슨 이득을 얻을 수 있겠는가?[96]

하워드의 두 번째 전제는 농장과 작물의 건강을 가늠하는 데 가장 중

요한 지표는 대부분 '질적(質的)'이라는 점이다. 예를 들어 작물과 토양
처럼 매해 혹은 매주 변하는 무수한 요소에 따라 상호작용하는 시스템
을 과연 수학의 정확성에 부합하는 양적 결과로 산출할 수 있겠는가?[97]
하워드가 지적하듯이 위험한 것은 편협하고 실험적이며 또한 전적으로
계량적인 접근 방식이 농민 대부분이 보유하고 있는 지역적 판단과 지
식의 형태를 완전히 대체할지도 모른다는 사실이다.

　그러나 하워드와 다른 이들은—나도 그렇지만—과학적 농업의 실험
연구에서 가장 중요한 요소를 놓쳤다. 농부들이 만족하는 최종 목표도
모르는 채 우리는 어떻게 이런 연구가 얼마나 유용한지 정의할 수 있을
까? 무엇에 대해 유용한 것일까? 과학적 농업이 놓치고 있는 가장 추상
적인 측면은 바로 이와 같은 인간 행위자에 있다. 이를테면 단지 모든
경작자가 최소한의 비용으로 최대한의 산출을 얻는 데만 관심이 있을
것이라는 상투적인 설정을 하고 있는 것이다.

허구의 농부 대 현실의 농부

복잡하고 변화무쌍한 것은 단지 날씨, 곡식, 토양뿐만이 아니다. 농부
역시 그러하다. 계절마다 그리고 종종 날마다 수백만 농민은 복잡한 목
표에 따른 무수한 다양성을 추구하고 있다. 이런 목표와 그것들 사이의
조합은 어떤 형태의 단순한 모델이나 설명도 허용하지 않는다.

　한 개 혹은 그 이상의 주요 곡물에 대한 수익 창출—농업 연구의 일반
적 표준이기도 하다—은 분명히 농민 대부분이 공유하는 목적이다. 그
럼에도 불구하고 이와 같은 목표가 다른 목적들에 의해 얼마나 결정적
으로 조정되는지를 관찰하는 것은 하나의 교훈이 될 수 있다. 아래에서
내가 제시하는 복잡성은 단지 수박 겉핥기에 불과하다.

　각각의 농민 가족은 농사짓는 방법을 규정하는 토지, 기술, 도구, 노

동력 등과 관련해 나름대로 고유한 자산을 갖고 있다. 노동력 공급이라는 한 측면만 보도록 하자. 유능한 젊은 일꾼들로 구성된 노동력이 풍부한 농장은 노동 집약적 작물을 키우거나, 농사 일정을 잡거나, 노동력이 부족한 곳에서는 결코 쉽지 않은 장인(匠人)적 부업을 개발하는 등의 선택지를 가질 수 있다. 더욱이 이와 같은 가족농업은 가족이 성장하는 시기에 따라 발전의 여러 단계를 거친다.[98] 어느 해에 잠시 동안 임금 노동을 위해 집을 떠나는 농부들은 밖에 나가 있는 일정을 조절할 수 있도록 더 일찍 또는 더 늦게 익는 작물 또는 손길이 덜 필요한 작물을 심을 수도 있다.

우리가 앞서 살펴봤듯이 특정 작물의 수익성은 곡물의 수확이나 그것을 생산하는 데 들어간 비용 그 이상의 것들과 관련되어 있다. 곡식의 그루터기는 가축이나 가금류의 먹이로서 중요할 수도 있다. 어떤 작물은 다른 곡식으로 전환할 때 토양에 기여하는 역할 때문에, 혹은 한데 섞어 심은 다른 곡식을 도와주는 기능 때문에 중요할 수도 있다. 어떤 곡식은 곡물로서보다 시장에서 팔든 가정에서 사용하든 공예품을 위한 원료로서 더욱더 중요할 수도 있다. 최저 생계 수준에 다다른 가족은 곡식을 수익성 때문이 아니라 수확량이 얼마나 꾸준한지, 또한 시장 가격이 폭락해도 계속 먹을 수 있는지 같은 기준에 근거해서 선택할 수도 있다.

지금까지 소개한 복잡성은 비록 너무나 정교해서 쉽게 모델화할 수는 없을지 모른다. 하지만 적어도 원칙적으로는 경제적 극대화라는 극단적으로 개량된 신고전주의 경제학적 관념 안에서 수용될 수는 있다. 우리가 미학과 제례, 취향 그리고 정치적이고 사회적인 고려를 추가할 경우 사정은 크게 달라진다. 특정 작물을 특정 방식으로 재배하는 데에는 완전히 합리적이긴 하지만 비경제적 이유도 얼마든지 있기 때문이다. 예컨대 이웃과 협조적인 관계를 유지하기 위해 그럴 수도 있고, 특정한 곡물이 집단의 정체성과 연관되어 있기 때문에 그럴 수도 있다. 아미시 교도나 메노나이트(Mennonite), 후터라이트(Hutterite) 사람들의 경험이 보여주듯이 이러한 문화적 관습은 상업적인 성공과 완벽하게 양립할 수 있다. 과학적 농업 연구가 수행하는 작업이 '가족농업'이라는 고도로 추상적인 수준을 지칭하는 동안 우리가 거의 모든 농업에서 진행 중인 현재의 관행을 제대로 이해하기 위해서는 가족 구성원 사이에 존재할지 모르는 다양한 목적을 구분하는 일이 필요하다는 사실을 깨달아야 한다. 각각의 가업은 가까이에서 조사할 경우—비록 전형적으로 동등하다고 할 수는 없어도—그 자체의 내부 정치를 포함한 협력관계다.

끝으로 '농민'이나 '농업 공동체'라는 단위 역시 기후나 토양, 경관처럼 마찬가지로 복잡하고 유동적이다. 이것들을 지도상에 표기하는 것은 이를테면 토양을 분석하는 것보다 더 문제가 많다. 내 생각에 그 이유는 이렇다. 농민의 전문성이 가끔은 자신의 토양을 평가하는 데 실패할 수는 있지만, 그 자신의 마음과 이해관계를 파악하는 농부의 전문성을 의심할 수는 없기 때문이다.[99]

와글와글한 복잡성과 관습적 토지 소유권 관행의 유연성이 오늘날의 부동산 자유 보유권이라는 엄격한 속박에서는 만족스럽게 표현될 수 없는 것처럼 경작자의 복잡한 동기와 목적 그리고 그가 경작하는 토지는 과학 농업의 표준화에 의해 결코 효과적으로 표현될 수 없다. 실험 연구에서 너무나 중요한 요소인 도식적 묘사는 대부분의 경우 농업적 일상에 적절히 적용할 수 있는 중요하고 새로운 지식을 생산할 수도 있고 또 실제로 생산해왔다. 그러나 이와 같은 추상적 개념은—다시 한 번 부동산 자유 보유권 제도와 마찬가지로—거꾸로 현실에 영향을 미치는 강력한 오역(誤譯) 장치가 된다. 최소한 이것들은 도식화된 묘사에 부합하는 농장에 잘 부합하는 연구 성과를 만들어내기 위해 작동한다. 곧,

대규모로 단작화되고 기계화된 상업 농장은 단지 시장을 위한 생산만을 가정한다. 덧붙여 이러한 표준화는 전형적으로 세금 인센티브, 대부, 가격 보조, 마케팅 지원금의 형태로 공공 정책과 연결되어 있다. 특히 도식화에 부적합한 기업들에게 부과된 불리한 조건 역시 그러한 공공 정책과 관련되어 있다. 그것은 현실을 그것의 관찰 격자로 슬쩍 밀어넣기 위해 체계적으로 작동한다. 그 효과는 당근보다는 채찍에 더 의존했던 소련의 집단화나 우자마아 마을의 쇼크 요법(shock therapy)과 다르지 않다. 그러나 이와 같은 강력한 격자는 장기간에 걸쳐 경관을 바꿀 수 있고 또한 바꾸고 있다.

두 가지 농업 논리의 비교

실제 농사의 논리가 매우 변화무쌍한 환경에 대한 독창적이고도 실천적인 반응이라고 한다면, 과학 농업의 논리는 이와 반대로 환경을 가능한 한 중앙 집중화와 표준화 공식에 적용시키는 것이다. 우리는 얀 다우베 판 데르 플루흐(Jan Douwe van der Ploeg)의 선구적 연구 덕분에 어떻게 이 논리가 안데스 지방의 감자 경작에 작용하는지를 알아낼 수 있게 되었다.[100]

판 데르 플루흐는 안데스의 전통적 감자 경작을 '공예(craft)'라고 부른다.[101] 농부들은 유난히 다양한 지역 생태와 더불어 살면서 그것에 대한 성공적인 적응과 점진적인 개선을 목표로 삼고 있다. 안데스 농민들의 기술은 한편으로는 협의의 생산주의적 목표를 달성하는 데도 성공적이었고, 다른 한편으로는 수확의 신뢰도와 지속 가능성이라는 측면에서도 탁월한 성공을 거두었다.

전형적인 농부는 윤작에 기초한 농지와 더불어 어디에서든 12~15개에 이르는 별도의 밭을 경작한다.[102] 토지 상황의 다양성(고도, 토양, 경작의 역사, 경사도, 바람과 태양에 대한 성향)을 고려한다면, 각각의 밭은 독특하다. '규격화된 밭'이라는 아이디어는 이런 맥락에서 공허한 추상적 개념일 뿐이다. 어떤 밭에는 단지 한 품종만 있고 다른 밭에는 2~10개 품종이 있는가 하면, 때로는 한 줄 안에서 또는 한 줄씩 교차 경작한다.[103] 각각의 품종은 그 장소에 제대로 놓인 판돈과 같다. 품종의 다양성은 새로운 잡종과 교배종을 통해 지역적 실험에 기여한다. 농민들끼리 서로 실험하고 교환하면서 개발한 많은 원산지 품종 감자는 오늘날 널리 알려진 독특한 특성을 갖게 되었다. 새로운 품종이 등장해 밭에서 실제로 적용될 때까지는 적어도 5~6년이 걸린다. 지난 시즌의 수확량, 질병, 가격, 달라진 필지 상황에 대한 반응 등의 결과를 놓고 매 계절마다 새로운 '판'을 만들기 위해 신중한 '내기(bet)'의 기회를 마련한다. 이런 농장은 뛰어난 수확량, 탁월한 적응성 그리고 신뢰성을 갖춘 시장 지향적 실험실이다. 아마도 더 중요한 것은 이러한 농장이 단지 농작물을 생산하는 것만은 아니라는 점이다. 농장은 농민과 농촌 공동체를 위해 식물의 품종 개량 기술, 유연 전략, 생태적 지식, 상당한 자신감 그리고 자치권을 재생산한다.

이처럼 '공예에 기초한' 감자 생산을 과학 농업에 내재된 논리와 비교해보자. 후자는 이상적 식물 형태에 대한 정의에서 시작한다. '이상적'이라는 말은 주로—비록 전적으로는 아니지만—수확량에 의해 정의된다. 이어서 식물 품종 개량 전문가들이 바람직한 특성을 지닌 유전자형을 만들기 위해 품종을 합성하기 시작한다. 그런 다음—오직 그런 다음에만—새로운 유전자형의 잠재력이 과연 어떤 상황에서 현실화될 수 있는지 판단하기 위해 해당 품종을 실험 경작지에서 재배한다. 이러한 기본 절차는 실제 경작자가 자신의 필지, 자신의 토양, 자신의 생태계에서 출발해 거기에 잘 맞을 만한 품종을 개발하고 선택하는 안데스의 '공예' 생산과는 정반대이다. 이 공동체에서 품종의 다양성은 대개의 경우 지역적 필요성과 생태학적 상황의 다양성 둘 모두를 반영한다. 반대로 과학적 감자 재배의 출발점은 새로운 품종과 유전자형이다. 그리고 경작지의 조건을 변경하고 동질화하는 데 모든 노력을 집중해 밭을 유전자의 특정한 요구에 부합하도록 맞춘다.

이상적 유전자형에서 시작해 재배 환경에 맞춰 자연을 바꾸는 논리는 예측 가능한 결과를 초래한다. 개간 사업은 본질적으로 농부의 밭을 유전자형에 적합하도록 다시 만들고자 하는 시도이다. 여기에는 일반적으로 질소 비료와 살충제 사용이 필수적이며, 그것들을 정확한 시간에 구입해 사용해야 한다. 또한 대부분의 경우 오직 관개 시설에 의해서만 충족될 수 있는 용수(用水) 체제를 갖출 필요가 있다.[104] 유전자형을 위한 모든 작업(심기, 경작하기, 비료 주기 등) 시기는 신중하게 맞춰진다. 이와 같은 과정의 논리가—비록 이 논리가 막상 현장에서는 조금도 실현되지 않는다 해도—농민을 비슷한 토양과 같은 높이의 밭에서 씨앗 봉지에 쓰여 있는 지시에 따라 같은 양의 비료, 살충제 그리고 물을 주는 이른바 '표준적' 농민으로 바꾸는 것이다. 이것이 바로 동질화의 논리로서 지역적 지식을 실질적으로 제거한다. 이런 동질화에 어느 정도 성공하느냐에 따라 그 유전자형은 생산 수준이란 측면에서 단기적으로 성공할 수도 있다. 반대로 이런 동질화가 불가능한 정도에 따라 그 유전자형은 실패할 수밖에 없기도 하다.

농업 전문가라는 직업을 새로운 품종의 장래성을 실현하기 위해 모든 농부의 필지를 획일화된 조건으로 만드는 것이라고 정의한다면, 농부의 밭에 실제로 존재하는 엄청나게 다양한 조건들—개중엔 절대 바꿀 수 없는 것도 있다—을 더 이상 따를 필요가 없을 것이다. 오히려 진흙 바닥에서 단순하고 획일적인 연구 이슈를 갖기보다는 농부의 밭(그리고 그들의 생활에서)에 연구의 추상적 개념을 부과하는 편이 더 쉽다. 안데스 산맥의 완고한 생태학적 다양성을 고려한다면 이것은 거의 치명적인 단계였다.[105] 혁명 훨씬 이전 러시아의 S. P. 프리돌린(S. P. Fridolin)과 마찬가지로 농업 전문가들은 행여 자신이 잘못된 각도에서 일하고 있지는 않을까라는 자문을 좀처럼 하지 않았다. "그는 자신의 일이 실제로는 농민을 해치고 있다는 사실을 깨달았다. 지역적 조건이 무엇인지 먼저 배우고 난 다음 농업적 관행을 이러한 환경에 더 잘 적응시키는 대신, 그는 추상화된 표준에 따라 지역의 관행을 '개선'하려 했다."[106] 과학적 농업이 엄청난 인공적 관행과 환경 조작을 선호하는 경향이 있다는 것은 그다지 놀라운 일은 아니다. 이를테면 관개 계획, 넓고 평평한 경지, 공식에 따른 비료 살포, 온실, 살충제 등 이 모든 것이 자연의 동질화와 통제를 가능케 하며 그 안에서 유전자형를 위한 이상적 실험 조건이 유지되는 것이다.

내 생각에는 더 큰 교훈이 여기에 있다. 상황이 명약관화할 때는 일련의 명시적인 규칙을 통해 앞으로 나아갈 수 있다. 선입견이 고착화되고 일차원적일수록 창조적 해석과 적응의 필요성은 점점 줄어든다. 판 데르 플루흐는 안데스 산맥의 경우 신종 감자에 결부된 '규칙들'이 너무나 구속적이어서 지역의 방대한 농사 방언을 도저히 성공적으로 번역할 수 없다는 사실을 암시한다. 국가 단순화, 집단화, 조립 라인, 플랜테이션, 계획된 공동체 등이 공통적으로 가진 주요 목적 가운데 하나는 현실에서 오직 골자만을 간추려 일련의 규칙들로 하여금 상황을 더욱더 잘 설명하고 행동을 더욱더 잘 실천하도록 만드는 것이다. 이런 단순화가 강제로 집행되는 한 규칙을 만드는 사람은 실제로 중요한 지침과 지시를 내릴 수 있다. 어떻든 바로 이 점이 내가 사회적, 경제적, 생산적 탈숙련화의 내적 논리라고 생각하는 것이다. 만약 환경이 단순화되어 규칙이 그것을 아주 잘 설명하게 된다면, 그와 같은 규칙과 기술을 만든 사람의 권력은 엄청나게 확장될 것이다. 따라서 그들의 권력은 그렇지 못한 사람의 권력을 감소시켰을 것이다. 그들이 성공하는 것과 비례해 높은 자치권과 기술, 경험, 자신감 그리고 적응력을 갖춘 농민은 그저 지시만 잘 따르는 농부로 대체될 것이다. 이처럼 다양성과 유동성 그리고 삶을 단순화하는 것은 제이콥스의 말을 빌리면 사회적 박제술의 일종이다.

새로운 감자 유전자형은 판 데르 플루흐가 보여주었듯이 일반적으로 당장은 아니더라도 3~4년 안에 실패한다. 토착 품종들의 무리와는 달리 새로운 품종이 번성하는 곳은 좀더 협소한 환경 조건을 갖춘 지역이다. 다시 말해서 수많은 조건을 새로운 품종이 잘 생산될 수 있도록 바로잡아야 한다. 이것 중 어느 하나라도 잘못되면(너무 더운 날씨, 비료의 지각 배달 등) 수확량은 극적으로 손해를 입게 된다. 그리고 몇 년이 못 가 새로운 유전자형은 "낮은 수준에서조차 생산하기가 불가능해진다."[107]

그러나 실제로 수많은 안데스 산맥의 농부는 순전히 전통적인 농부도 아니고, 과학 전문가를 생각없이 추종하는 사람도 아니다. 대신 그들은 자신의 목표, 자원, 지역적 조건을 반영하는 농사 전략을 독특한 혼합 방식을 통해 정교하게 만들고 있다. 새로운 감자가 자신의 목적에 부응할 경우, 그들은 조금씩 심어보거나 다른 품종과 섞어 심어볼 수도 있다. 또는 표준 비료 패키지를 사용하기보다 알팔파(alfalfa)나 클로버의 자연 퇴비를 덮거나 분뇨로 대신할 수도 있다. 그들은 다른 방식의 윤번 및 시점과 파종 기술을 끊임없이 창안하고 실험한다. 하지만 한편으로는 이런 수천 가지 '현장 실험'의 고유한 속성 때문에, 다른 한편으로는 전문가들의 의도적 무관심 때문에 그것들은 과학적 연구를 통해―보이지 않는 것은 아니지만―알아내기 어렵다. 농민은 농업 관행에 관한 한 일종의 다신교도가 되어 유용한 것이라면 무엇이든 제도권 과학에서 재빨리 낚아챈다. 그러나 제도권 연구자들은 훈련받은 유일교도로서 실천을 통해 얻어지는 비공식적 실험 결과를 흡수하는 데 지극히 무능해 보인다.

결론

하이 모더니즘적 농업이 그 실천자와 지지자들을 자극한 거대한 자신감은 결코 놀라운 것이 아니다. 이것은 서구 사회의 엄청난 농업 생산성과 분명한 연관성이 있고, 과학혁명 그리고 산업혁명의 힘이나 명망하고도 관련되어 있다. 또한 하이 모더니즘의 교의가 진리의 부적이 되어 진보를 향한 농업의 길을 밝혔다는 신념과 더불어 전 세계에 걸쳐 무비판적으로 확산되었다는 사실도 그리 놀랍지 않다.[108] 나는 과학적 농업으로 체계화된 기술과 그 결과에 대한 무비판적, 비과학적 신뢰가 그것이 실패한 데 따른 책임을 져야 한다고 생각한다. 하이 모더니즘적 농업의 준산업적 모델과 관련된 완벽한 신념의 논리적 단짝은 실제 농민의 농업 관행과 그것을 통해 배울 수 있는 교훈에 대한 명시적 경멸이었다. 만약 과학 정신이 이런 관행에 대한 회의론과 열정 없는 질문을 부추겼다면, 근대 농업은 맹목적인 신념으로서 멸시와 즉각적인 무시를 가르쳤다.

서아프리카를 포함한 다른 많은 지역의 농민은 현장에서 정기적으로 실험하고 그 결과를 평생에 걸친 농업 관행과 결합하는 실험자의 모습으로 더욱더 정확하게 자리매김 되어야 했다. 그 실험자들이 토착적 지혜로 정립한 과거의 연구 지식을 공유하는 수백 수천의 다른 지역적 실험자에게 둘러싸여 있고 또한 계속 그렇게 둘러싸여 있는 한, 그들은 연구실에 필적하는 현장에 수시로 출입한다고 말할 수 있다. 그들이 적절한 실험 통제 없이 대부분의 연구를 수행하므로 그 결과에서 잘못된 추론을 만들기 쉽다는 것도 분명한 사실이다. 또한 그들은 자신이 관찰한 것에 의해서만 제약을 받는다. 곧, 오직 실험실에서만 알 수 있는 미세한 과정은 그들에게 해당 사항이 없다. 장기간에 걸쳐 단일 농장에서 잘 작용할 것 같은 생태학적 논리가 전체 지역에서 지속 가능한 종합적 결과를 동시에 도출한다는 것도 결코 명확하지 않다.

그러나 서아프리카 농민이 자기만의 방식으로 평생에 걸친 신중한 현장 관찰자이고, 해당 지역에 대해 매우 정교한 지식을 소유하고 있다는 점은 과학적 연구자들이 절대로 흉내 내기 어렵다는 것도 부인할 수 없는 분명한 사실이다. 이들이 과연 어떤 종류의 실험자인지 한 번 짚고 넘어가도록 하자. 그들 자신의 생활과 그들 가족의 생활은 현장 실험의 결과에 직접적으로 의존한다. 바로 이와 같은 입장의 중요한 이점을 감안한다면, 농업과학자들이 농부가 알고 있는 것에 대해 주의를 기울여야 한다는 사실을 누구나 충분히 상상할 수 있다. 근대 과학 농업의 큰 결점은 그렇게 하지 않은 데 있다고 하워드는 역설한다. "농업 문제에 대한 접근은 실험실에서가 아니라 현장에서 이루어져야 한다. 문제되는 사실의 발견이 전투의 4분의 3을 차지한다. 이런 점에서 인생 자체를 자연과 가까이 보내는 주의 깊은 농부와 노동자는 연구자들에게 가장 큰 도움이 될 수 있다. 모든 농부의 생각은 존경할 가치가 있다. 그들의 관행에는 늘 훌륭한 이유가 있게 마련이다. 혼작 같은 경우에는 그들 자신이 여전히 선구자라고 할 수 있다."[109] 하워드는 토양, 부식토, 뿌리의 활동 등에 관한 자신의 발견 대부분을 전통적 농업 관행에 대한 신중한 관찰 덕택으로 돌린다. 그리고 "농민의 충고를 들을 필요가 없다고 말하는" 전문가를 다소 경멸한다. 이를테면 그들은 자신의 농작물을 파종에서부터 추수까지 쭉 지켜보지 않는 사람인 것이다.[110]

그렇다면 왜 현장의 실용적 지식에 대해 '비과학적' 경멸을 하는 것일까? 내가 말할 수 있는 한 여기에는 적어도 세 가지 이유가 있다. 첫 번째 이유는 앞서 언급한 '전문성'이다. 곧, 일반 경작자들이 더 많이 알수록 전문가와 그가 속한 제도의 중요성은 떨어질 수밖에 없다. 두 번째는 하이 모더니즘의 단순한 반사작용이다. 곧, 역사와 옛날 지식에 대한 경멸이다. 과학자는 항상 현대적이고 근대주의와 연관이 있는 반면 토착 농민은 근대주의에 의해 곧 사라지게 될 과거와 연관된다고 생각하기 때문에 과학자는 농민에게서 배울 것이 거의 없다고 느낀다. 세 번째 이유는 농민의 실행지가 과학적 농업 기준에 부합하지 않는 형태로 분류되고 대표되기 때문이다. 과학의 편협한 시각에 의하면 확실히 통제된 실험을 통해 증명하지 않으면 그 어떤 것도 공인받지 못한다. 공식적 과학 절차라는 도구와 기술 이외에 다른 형태로 이루어진 지식은 심각하게 수용할 가치가 없는 셈이다. 과학적 근대주의의 제국주의적 허세는 실험적 방식이 만들어놓은 구멍을 통해 도달한 지식만을 비로소 인정한다. 관습이나 민속적인 격언에서 비롯된 전통적 관행은 검증은 말할 것도 없고 주목조차 할 필요 없는 것으로 간주된다.

하지만 우리가 살펴보았듯이 농부들은 곡물 생산, 해충 통제, 토양 보전 등의 측면에서 유용한 결과를 잉태시킨 수많은 기술을 고안하고 완성해왔다. 현장 실험의 결과를 끊임없이 관찰하고 성공한 비법을 계속 유지함으로써 농부는 비록 왜 그렇게 되었는지에 관한 정확한 화학적 또는 물리학적 이유는 몰라도 실제로 작동하는 농업 관행을 나름대로 발견하고 정교하게 다듬어온 것이다. 다른 분야에서도 마찬가지이지만 농업에서는 "관행이 이론보다 한참 앞서왔다."[111] 실제로 이처럼 동시다 발적으로 상호작용하는 변수를 포함하는 성공적 농업 기술을 과학적 기술을 통해서는 결코 완전히 이해할 수 없을 것이다. 이제는 하이 모더 니즘이 아찔할 정도로 무시해온 지식의 한 종류, 곧 실행지를 좀더 자세 히 관찰할 차례다.

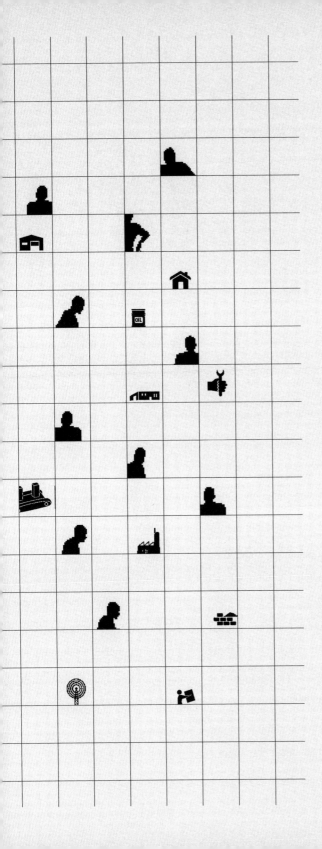

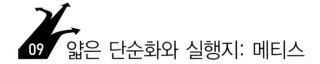

09 얇은 단순화와 실행지: 메티스

타루티노, 보로디노 또는 오스테를리츠. 이 가운데 그 어떤 전투도 사람들이 예상하고 기대했던 대로 일어나지 않았다. 그것이 전제 조건이다.

— 톨스토이, 《전쟁과 평화》

우리는 국가 권력에 의해 강제된 얇은 그리고 형식주의적인 단순화가 초래한 자연적·사회적 실패를 반복해서 살펴보았다. 기하학적이고 단일 품종만으로 이루어진 동일한 연령대의 삼림으로 귀결된 공리주의자들의 상업적·재정적 논리는 심각한 생태학적 파괴를 낳기도 했다. 단순화의 공식을 가일층 엄격하게 적용한 곳에서는 궁극적으로 삼림이 원래 가졌던 다양성과 복잡성을 복원하려는 시도, 혹은 좀더 정확히 말해서 '과학 이전' 삼림의 견고함과 내구성을 흉내 낸 '가상' 삼림을 만들고자 하는 노력이 필요하게 되었다.

몇몇 합리적 원칙에 따라 계획된 '과학적 도시'는 그곳 주민 대부분에게 사회적 실패로 간주되었다. 역설적이게도 계획 도시의 실패는—브라질리아의 경우처럼—거의 전적으로 계획 바깥에 존재하는 실용적 임기응변과 불법 행동에 의해 가까스로 파산을 면했다. 과학적 삼림 이면에서 골자만 추려낸 단순화 논리가 건강하고 '성공적인' 삼림을 만들기에 부적절한 처방전이었듯이 르코르뷔지에의 얇은 도시 계획 도식도 만족스러운 인간 공동체를 만들기에는 부적절한 처방전이었다.

앞을 내다보거나 뒤를 돌아보거나 어떤 거대한 사회적 과정도 우리가 고안할 수 있는 것에 비해 반드시 훨씬 더 복잡다단하다. 전위 정당의 미래 지도자로서 레닌은 혁명 과업에서 군사적 기강과 위계를 강조할 수밖에 없는 수많은 이유를 갖고 있었다. 10월 혁명 이후 볼셰비키 정부는 혁명을 실천하는 데 당의 중앙 집권적이고도 전방위적인 역할을 강조하기 위한 수많은 이유를 다시 한 번 갖게 되었다. 하지만 우리가 알고 있는 것은—그리고 레닌과 룩셈부르크도 알고 있었다—혁명이란 연병장에서의 훈련처럼 정확한 것이라기보다 톨스토이가 《전쟁과 평화》에서 묘사한 것처럼 임기응변, 착오 그리고 요행수에 더욱더 의존하는 위기일발의 상황이라는 점이다.

농업 집단화와 중앙 집권적 계획에 의한 생산의 얇은 단순화는 과거 소련의 집단 농장이든 니에레레 통치 하의 탄자니아 우자마아 촌락이든 상관없이 거의 유사한 운명을 맞이했다. 이때 완전히 붕괴하지 않고 겨우 살아남은 경우는 대개 미리 계획에 따라 예상하지 않았거나 아니면 명시적으로는 금지되었던 매우 필사적인 노력들 덕분이었다. 이로써 러시아 경제에서는 비공식 부문이 발전했다. 그것은 조그마한 개인 경작지의 역할이 중요했다는 점을 뜻하기도 하고, 러시아 식단에 공급된 대부분의 유제품과 과일, 채소, 고기가 사실은 국가 부문으로부터 '도둑질한' 시간과 장비 및 상품의 결과였다는 것을 의미하기도 한다.[1] 한편 강제 재정착한 탄자니아 사람들은 집단 생산 방식에 성공적으로 저항했고, 방목과 경작에 한결 적절한 장소를 찾아 옛날처럼 다시 떠돌아다니게 되었다. 때때로 농민의 삶과 농작물에 대해 국가 단순화를 철저하게 강요하는 것은—스탈린에 의해 강제된 집단 농장화 또는 중국의 대약진 운동에서처럼—대기근을 그 대가로 바쳐야 했다. 이따금 국가 관료들은 그와 같은 절망적인 상황 앞에서 도망쳤고, 비록 완전히 용인하지는 않았지만 공공 계획을 실제로 지탱해주는 여러 가지 비공식적 관행을 사실상 허용했다.

이처럼 국가가 강요하는 대규모 사회공학이 드러낸 일종의 극단적 사례는 내가 보기에 공식적으로 조직화된 사회 행위 일반에 대해 어떤 시사점을 제공한다. 계획을 염두에 둔 얇고 도식적인 사회 조직과 생산 모델은 성공적인 사회 질서를 창조하는 일련의 지침으로서는 부적당하다. 그런 것들만으로는 잘 기능하는 공동체, 도시 또는 경제를 결코 만들 수 없다. 더 엄밀히 말하면 공식적인 질서는 항상 그리고 상당히 비공식적인 과정에 기생한다. 그와 같은 비공식 과정의 존재는 공식 과정이 인지하지 못하는 가운데 공식 과정을 존재하게끔 하며, 공식 과정 혼자 힘으로는 스스로를 창조하거나 유지할 수조차 없다.

이러한 평범한 통찰은 그것을 준법 투쟁의 기초로 활용한 노동조합 세대들에게 오랫동안 뛰어난 전술상의 진가를 발휘해왔다. 준법 행동〔프랑스에서는 그레브 뒤 젤(gréve du zéle)이라고 한다〕에서 종업원들은 회사의 모든 규칙과 규제 조항을 하나하나 꼼꼼히 살핀 다음, 오로지 업무 내용으로 명기된 의무만을 자신의 작업으로 수행한다. 그들이 의도한 것처럼 이 경우 최종적인 결과는 일이 완전히 멈추거나, 아니면 매우 느릿느릿 돌아가는 것이다. 노동자들은 직장을 유지하고 또한 주어진 업무 지침을 충실히 따르면서도 동맹 파업의 실질적 효과를 달성한다. 또한 그들의 행동은 실제 노동 과정이 공식적인 작업 규정이 아닌 비공식적 이해와 임기응변에 얼마나 더 의존하는지를 확실히 보여준다. 예를 들어, 중장비 제조 회사인 캐터필러에 맞서 진행된 오랫동안의 준법 투쟁에서 노동자들은 엔지니어들이 하나하나 제시한 비효율적인 작업 규정을 준수했다. 그렇게 할 경우 자신들이 오랫동안 작업 과정을 통해 개발해 온 한층 숙련된 기술을 계속 적용하는 것에 비해 회사가 더 많은 금전적·시간적 부담을 가질 수밖에 없다는 점을 잘 알고 있었다.[2] 이를테면 규정에 따라 엄격하게 일하는 쪽이 능동적으로 노동에 임하는 것보다 덜 생산적이라는 검증된 가정에 의존했던 것이다.

사회 질서에 대한 이러한 견해는 분석적 통찰력이라기보다는 사회학적으로 자명한 이치에 더 가깝다. 그러나 이는 권위주의적 하이 모더니즘 계획이 잠재적으로 얼마나 파괴적인지 그 이유를 설명하는 데 매우 유익한 출발점을 제공한다. 그러한 계획이 무시하는―그리고 종종 억압하는―것은 어떤 복잡한 활동 안에서도 작동하는 모종의 실용적 기술이다. 이번 장에서 내가 이루고자 하는 목적은 이들 실용적인 기술, 노하우(재치 또는 기교),[3] 상식, 경험, 요령, 혹은 메티스 등으로 다양하게 불리는 것들을 개념화하는 것이다. 이들 기술은 과연 무엇인가? 그것은 어떻게 생성되고, 발전하며, 유지되는가? 형식적·인식론적 지식과 그것들의 관계는 무엇인가? 나는 하이 모더니즘의 많은 형태가 이들 두 가지 지식 종류 사이의 의미 있는 협력을 '제국주의적' 과학의 관점으로 대체해왔으며, 그 결과 실행지를 최상의 경우에는 중요하지 않은 것 그리고 최악의 경우에는 위험한 미신으로 간주하게 되었음을 보여주고자 한다. 과학적 지식과 실행적 지식 간의 관계는―앞으로 살펴보겠지만―전문가와 그들 조직이 제도적 헤게모니 장악을 위해 벌이는 정치적 투쟁의 일부이다. 이런 관점에서 보면 테일러주의와 과학적 농업은 단순한 생산 전략일 뿐만 아니라 통제와 착취의 전략이기도 하다.

메티스: 실행지의 개요

마르셀 데티엔(Marcel Detienne)과 장피에르 베르낭(Jean-Pierre Vernant)의 계몽적인 연구 덕분에 우리는 메티스라는 그리스적 개념을 통해 지역 토착적 경험에 착근된 지식의 형태와 국가 및 국가의 기술 기관들에 의해 사용되는 좀더 일반적이고 추상적인 지식의 형태를 서로 비교할 수단을 확보할 수 있게 되었다.[4] 그 개념과 용도를 상술하기 전에 지역 지식의 토착적 성격을 설명할 수 있는 간단한 예를 하나 먼저 소개함으로써 여기에 뒤따르는 토론의 바탕으로 삼겠다.

북미 대륙의 초기 유럽 정착민들이 언제 그리고 어떻게 옥수수 같은 신세계 품종을 경작해야 하는지 몰랐을 때, 그들은 도움을 얻기 위해 주변 아메리카 원주민의 지역적 지식에 눈을 돌렸다. 한 가지 전설에 따르면 그들은 스쿠안토(Squanto) 추장으로부터 〔또 다른 전설에 의하면 마사소이트(Massasoit) 추장이라고도 한다〕 오크나무 잎사귀가 다람쥐 귀의 크기만큼 자랄 때 옥수수를 심으라는 얘기를 들었다고 한다.[5] 오늘날의 입장에서 보면 비록 이것이 민간 전승적인 성격을 띠고 있을지 모르지만, 그와 같은 충고 속에는 뉴잉글랜드의 봄날에 자연적 사건이 어떻게 변화하는지를 섬세하게 관찰한 지식이 담겨 있다. 미국의 원주민들에게 앉은부채(skunk cabbage)가 나타나고, 버드나무에 잎이 돋고, 붉은날개검은새(red-winged blackbird)가 돌아오고, 하루살이가 첫 부화를 하는 것은 일련의 '질서 있는' 연속으로서 봄의 일정을 가시적으로 쉽게 확인할 수 있도록 해준다. 이들 사건이 일어나는 시점은 해마다 조금 이르거나 늦어질 수 있고, 그 진행 속도 또한 느려질 수도 있고 빨라질 수도 있지만 사건의 순서는 거의 틀림이 없다. 경험 법칙에 따르면 이것은 서리를 피할 수 있는 가장 확실한 공식이다. 아마도 식민지 개척자들이 그랬던 것처럼 우리 대부분은 스쿠안토의 조언을 일회성 관찰의 결과라는 이유로 거의 곡해한다. 또 우리가 토착적으로 형성된 기술 지식에 대해 알고 있는 모든 것을 무수히 부분적인 불필요한 신호의 축적일 뿐이라고 말한다. 만약 다른 지표들이 오크 나뭇잎 공식을 확증하지 못한다면, 신중한 경작자는 아마도 파종 시기를 좀더 늦출 것이다.

이러한 충고를 좀더 보편적인 측정 단위에 기초해 한 번 비교해보자. 《농사연감(The Farmer's Almanac)》의 전형적인 지역판(版)이 그 적절한 사례이다. 이를테면 이 책은 5월 첫 보름달이 뜬 이후, 또는 5월 20일이라는 특정한 날짜가 지난 다음에 옥수수를 파종하라고 제안한다. 어떤 경우든 이와 같은 조언은 뉴잉글랜드에서 위도와 경도에 따라 상당한 조정이 필요할 것이다. 남부 코네티컷에 맞는 날짜가 버몬트에서는 적합하지 않을 것이며, 계곡 지역에서 적절한 날짜가 언덕 지역(특히, 북사면 경사의 경우)에서는 통하지 않을 것이고, 해안 지역에 적합한 날짜가 내륙 지역에는 맞지 않을 것이다. 그리고 연감 발행인에게 일어날 수 있는 최악의 사태는 자신의 조언이 농작물의 실패를 초래하는 경우이기 때문에 연감에 실린 날짜는 대부분 실패를 회피할 수 있는 확실히 안전한 날짜가 될 수밖에 없다. 이러한 상업적 조심성의 결과, 나머지 매우 확실하게 귀한 성장 기간을 허비할 수도 있다.[6]

이와 대조적으로 미국 원주민의 교훈은 현장적이고 지역적인 것으로서 지역 생태계의 공통적인 특징에 맞춰져 있다. 곧, 그 지역의 오크나무 잎사귀에 관해서만 언급할 뿐 일반적인 오크나무 잎은 염두에 두지도 않는다. 이런 특수성에도 불구하고, 그 교훈은 이곳저곳으로 잘도 옮겨간다. 오크나무와 다람쥐가 있는 온대성 북미 지역이라면 어디에서든 성공적으로 적용할 수 있는 것이다. 순서를 관찰함으로써 얻게 된 정확성은 혹한을 앞두고 파종하는 위험을 분명히 제거하면서 며칠 동안이라도 성장 기간을 거의 틀림없이 확보한다.

스쿠안토의 것과 같은 실용적 지식은 물론 좀더 보편적이고 과학적인 용어로 옮길 수 있다. 식물학자도 오크 잎사귀의 최초 성장이 지면과 주변 온도를 높임으로서 가능하다는 사실을 관찰할 수 있을 것이고, 그것을 통해 옥수수가 자랄 수 있으며 또한 매서운 서리를 맞을 가능성도 거의 없다고 확신할 수 있다. 특정한 깊이에서의 평균 지온(地溫)도 마찬가지다. 이런 맥락에서 19세기 초의 수학자 아돌프 케틀레(Adolph Quetelet)는 브뤼셀에서 언제 라일락이 만개하는지와 같은 평범한 문제에 과학적 관심을 돌렸다. 수차례의 엄밀한 관찰을 한 이후 그는 라일락이 활짝 피는 것은 "마지막으로 서리가 내린 다음 일일 평균 온도의 제곱의 합이 섭씨 4264도에 이를 때"라고 결론지었다.[7] 바로 이것이 지식이다! 관찰에 필요한 기술이 주어진다면 이는 아마도 매우 정확할 것이다. 그러나 그것은 대부분 실용적이지 않다. 케틀레의 장난스러운 공식은 가장 실용적이고 지역적인 지식의 특징을 우리에게 일깨워준다. 곧, 그것은 더하지도 덜하지도 않은 채 당면 문제를 해결하는 데 필요할 정도로만 경제적이고 정확할 뿐이다.

'메티스'같이 아직 익숙하지 않은 용어를 소개하는 것에 대해 어떤 사람들은 주저할 것이다. 하지만 이 책의 경우 '메티스'는 '토착적 전문 지식', '민간 지혜', '실용적 기술', 테크네(techne, 전문 지식) 등과 같은 다른 그럴듯한 대안에 비해 내가 염두에 두고 있는 일련의 실용적 기술을 더욱더 잘 전달하는 것처럼 보인다.[8]

그 개념은 고대 그리스에서 나왔다. 오디세우스(Odysseus)는 자신이 갖고 있는 풍부한 메티스를 활용해 적을 물리친 다음 무사히 귀환한 것으로 종종 찬사를 받는다. 메티스는 영어로 흔히 '잔꾀(cunning) 또는 '교활한 지식(cunning intelligence)'으로 번역된다. 비록 이것이 틀린 것은 아니라 할지라도 이러한 번역은 메티스가 의미하는 지식과 기술의 범위를 충분히 대변하는 데 역부족이다. 더 넓게 이해할 경우, 메티스는 항상 변화하는 자연과 인간 환경에 적응해온 실용적 기술과 획득한 지혜의 포괄적 영역을 의미한다. 오디세우스의 메티스는 다음과 같은 장면에서 뚜렷하다. 그는 키르케(Circe)와 키클롭스(Cyclops) 그리고 폴리페무스(Polyphemus)를 속이고, 세이렌(Seiren)을 피하기 위해 자신을 돛대에 묶기도 했을 뿐만 아니라 자기 부하들을 단결시키고, 자신의 배를 수선했으며 부하들이 위험한 상황에서 하나하나 벗어날 있는 전술을 즉석에서 고안했다. 강조점은 따라서 두 군데에 찍어야 한다. 첫째는 계속해서 변화하는 상황에 성공적으로 적응하는 오디세우스의 능력이고, 둘째는 자신의 인간적 혹은 초인간적 적을 이해하고 능가할 수 있는 오디세우스의 역량이다.

모든 인간 활동이 상당한 정도의 메티스를 요구하지만 어떤 활동은 훨씬 더 많은 메티스를 요구하기도 한다. 우선 변덕 심한 물리적 환경에 적응하는 데 필요한 기술부터 시작하면 항해하는 방법, 연 날리는 방법, 양털 깎는 방법, 운전하는 방법 또는 자전거 타는 방법에 대한 지식의 획득은 메티스의 능력에 달려 있다. 이들 각각의 기술은 파도나 바람 또는 길을 '읽고' 적합한 조정을 하도록 만드는 연습 그리고 역량과 결부된 손 또는 눈 동작의 일치 능력을 필요로 한다. 이 모두에 메티스가 필요하다는 강력한 한 가지 증거는 그것이 자체 활동과 분리된 채로는 유난히 가르치기 어렵다는 사실이다. 누군가가 자전거 타는 방법에 대한 명시적인 지침서를 쓰려고 할 수는 있다. 하지만 그러한 지침이 자전거를 처음 타보는 풋내기에게 쓸모 있을 것이라고 상상하기란 매우 힘들다. 자전거를 타는 데 필요한 지속적이고도 거의 무의식적인 조정이 자전거 타기를 가능케 하는 최선의 가르침인 만큼 "자꾸 연습하면 잘하게 된다"는 격언은 바로 이러한 경우에 합당하다고 할 수 있다. 단지 균형 잡힌 동작에 대한 '느낌'을 통해서만 필수적인 조정이 자동적으로 몸에 밴다.[9] 도구나 재료에 대한 촉감과 직감을 필요로 하는 장인이나 무역상들이 전통적으로 오래된 도제 방식에 의해 양성된다는 사실은 전혀 이상한 일이 아니다.

어떤 사람이 대부분의 다른 사람에 비해 특정 기술을 더 빨리 습득하고 숙달하는 것처럼 보이는 것은 의심의 여지가 없는 사실이다. 하지만 이처럼 말로 표현하기 힘든 차이 이면에 (흔히 능숙함과 천재성 간의 차이를 말한다) 존재하는 현실은 자전거 타기, 항해, 낚시, 양털 깎기 등이 연습을 통해 습득된다는 사실이다. 모든 길, 바람, 시내 그리고 양은 서로 다른 데다 지속적으로 변화하기 때문에 오디세우스 같은 최고 실천가라도 수많은 서로 다른 조건 하에서 경험을 쌓았을 것이다. 만약 지금 타고 있는 배가 사나운 날씨를 헤쳐 나아가는 것에 당신의 생명이 달려 있다면, 당신은 이를테면 항해에 대한 자연 법칙을 분석해왔으나 실질적으로 배를 전혀 몰아본 적 없는 영리한 물리학자 대신 오랜 경험을 가진 숙련된 선장을 단연코 선호하게 될 것이다.

긴급 상황과 재난을 다뤄온 전문가들도 메티스의 본보기다. 소방관, 긴급 구조대, 긴급 의료원, 광산 재난팀, 병원 응급실 의사, 전력 복구단, 유정(油井) 화재 진압 팀은 물론—앞으로 살펴보겠지만—변덕스러운 환경 변화에 처한 농부와 목축업자 역시 피해를 줄이고 생명을 구하기 위해 기민하고 단호하게 반응해야만 한다. 비록 가르칠 수 있고 배울 수 있는 경험 법칙이 존재한다 하더라도, 모든 화재나 사고는 각각 독특하기 때문에 전투의 반은 어떤 경험 법칙을 어떤 순서로 적용해야 하는지 그리고 언제쯤 책을 던져버리고 대신 임기응변으로 임해야 하는지를 아는 것에 달려 있다.

유정 화재를 진압하기 위해 세계 도처에서 활동한 레드 어데어(Red Adair)는 이와 관련해 매우 눈에 띄는 진단적 사례이다. 1990년의 걸프전 이전, 레드 어데어 팀은 상당한 '임상' 경험을 갖춘 유일한 존재로서 값을 제 맘대로 불렀다. 화재는 매번 새로운 문제를 제기하고, 경험과 임기응변의 창의력 있는 혼합을 요구했다. 스펙트럼의 극과 극처럼 우리는 늘 반복되는 일만 수행하는 상대적으로 중요하지 않은 일반 사무원들을 레드 어데어와 비교할 수 있다. 당연한 일이지만 레드 어데어의 임무는 일상적인 것으로 폄하할 수 없다. 그는 예측할 수 없는 것—사고, 화재—을 시도해야 하고, 화재를 진압하거나 유정을 다시 틀어막는 데 필요한 기술과 장비를 (기존의 것에서부터 자기 자신이 발명한 것까지) 스스로 고안해야 한다.[10] 이와 대조적으로 사무원은 예측 가능하고 일상화된 환경을 다루며, 이것은 흔히 사전에 지시할 수 있고 또한 아주 미시적인 업무로 나눌 수 있다. 하지만 레드 어데어는 판에 박은 듯한 해결 방식을 적용하기 위해 자신의 환경을 단순화시킬 수 없다.

지금까지 소개한 예들은 대개 인간과 인간이 처한 물리적 환경 간의 관계와 관련된 것이다. 그러나 메티스는 인간 대 인간 사이의 상호작용에도 똑같이 적용할 수 있다. 다른 사람의 동작, 가치, 욕망 또는 제스처 따위에 대해 지속적인 적응을 요구하는 복잡한 신체 활동을 한 번 생각해보자. 권투, 레슬링, 펜싱은 상대방의 동작에 대한 순간적이고도 반자동적인 반응을 요구하는데, 이는 오직 오랜 연습을 통해 그와 같은 활동 자체를 익힘으로써 가능하다. 여기에는 속임수의 측면도 당연히 포함된다. 유능한 권투 선수는 자신에게 도움이 되는 반응을 유도하기 위해 동작을 속이는 방법을 배울 것이다. 만약 우리의 관심을 신체적 경쟁에서 무용, 음악 또는 섹스 같은 협동적 행위로 옮기더라도 경험에서 비롯되는 실용적 반응은 마찬가지로 필수적이다. 많은 스포츠에 메티스의 협동적이고 경쟁적인 측면이 혼합되어 있다. 축구 선수는 자기 팀원의 동작뿐만 아니라 상대방을 속이기 위한 팀 전체의 움직임이나 속임수 또한 잘 알고 있어야 한다. 특히 강조해야 할 점은 이러한 기술이 보편적이면서 동시에 특수하다는 사실이다. 이를테면 각 선수는 경기의 다른 측면을 통해 어느 정도 숙련되며 각 팀은 기술의 특정한 조합, 곧 그들 특유의 '분위기'를 갖게 된다. 끝으로 상대방과 치르는 각각의 경기는 어떤 방식으로든 그 자체로서 고유한 도전이다.[11]

좀더 크고 더 높은 차원에서 볼 때, 전시(戰時) 외교와 더불어 정치 자체도 메티스에 의존하는 기술이다. 각각의 경우, 성공적인 실천가는 자기 목적에 동료와 적수의 행태를 맞추고자 한다. 바람과 파도에 순응할 수는 있으나 그것에 직접적인 영향을 미칠 수 없는 선원과 달리 장군과 정치인은 상대방과의 끊임없는 상호작용 관계에 놓이며, 그들 각각은 서로를 이기고자 한다. 예상하지 못한 사건에—날씨 같은 자연적인 것이든 적의 동태 같은 인간적인 것이든—신속하고 능숙하게 적응하는 것은 한정된 자원에서 최선의 결과를 만들어내는 것과 더불어 미리 준비된 훈련으로는 결코 가르치기 쉽지 않은 종류의 기술이다.

메티스의 핵심은 그것이 필연적으로 암묵적이고 경험적인 속성을 갖고 있다는 점이다. 철학자 찰스 퍼스(Charles Peirce)가 암묵적 학습에 대해 실시한 단순한 실험은 이러한 과정과 관련해 무언가를 밝히는 데 도움을 줄 것이다. 퍼스는 사람들로 하여금 무거운 것 두 개를 들게 한 다음, 어떤 것이 더 무거운지 판단하게끔 했다. 맨 처음 사람들의 구별은 미숙했다. 그러나 오랜 기간 연습하고 난 뒤 사람들은 무게의 아주 미세한 차이도 정확히 구분할 수 있게 되었다. 자신들이 감지하거나 느끼는 것이 정확히 무엇인지 꼬집어 말할 수는 없었지만 차이를 구별해내는 실질적인 역량은 괄목하게 성장했다. 퍼스는 그러한 결과를 '어렴풋한 지각'을 통해 사람들 사이에 나타나는 일종의 교감의 증거로 받아들였다. 하지만 우리의 목적에 비추어 말하면 이는 오직 연습을 통해 얻을 수 있는 것이다. 실질적인 연습과 별도의 차원에서 이는 글이나 말의 형식으로는 결코 전달할 수 없는 원초적 지식의 한 종류다.[12]

우리가 지금까지 다룬 광범한 사례를 살펴보면 메티스의 본질과 그 관련성에 대해 어느 정도 초보적인 일반화를 시도해볼 수 있을 것이다. 메티스는 대체로 유사하지만 결코 정확하게 동일하지 않은 상황에 대해 가장 적용하기 쉬운 것으로서 그것을 실천하는 사람들에게는 거의 제2의 천성이 될 만큼 기민하고 실용적인 적응을 요구한다. 메티스의 기교는 경험 법칙을 나름대로 포함할 수도 있지만 그러한 법칙은 대개 연습(종종 공식적인 도제 관계 속에서)이나 전략을 통해 발달된 육감 또는 요령에 의해 획득된다. 메티스는 합리적 의사 결정의 형식적 과정을 적용할 수 없는 너무나 복잡하고 반복 불가능한 환경을 가정한다. 따라서 책을 통한 학습에 의해 성공적인 전달이 가능한 연역적 법칙으로의 단순화를 거부한다. 어떤 의미에서 메티스는 어떠한 공식도 적용할 수 없는 천재성이라는 영역과 기계적인 반복으로 습득할 수 있는 성문화된 지식 영역 사이의 넓은 공간에 가로놓여 있다.

지역성의 기예(技藝)

어떤 숙련된 기능에서나 도출될 수 있는 경험 법칙은 왜 아직까지도 그것을 실천에 옮기기에 몹시 부적당한가? 마이클 오크쇼트(Michael Oakeshott)에 의하면, 예술가나 요리사도 그들의 작품에 대해 실제로 글을 쓰거나 그것을 기술적 지식으로 압축하려는 시도를 할 수는 있다. 하지만 그들이 글을 통해 드러내는 것은 결코 자신이 알고 있는 지식의 전부가 아니라 설명문으로 축약할 수 있는 수준에 한정된 지식의 작은 일부분에 불과하다. 축약된 기교를 안다는 것과 그것을 통해 수행한 업적 사이의 거리는 아주 멀다. 곧, "이들 규칙과 원칙은 행위 그 자체에 대한 단순한 요약에 불과하다. 그것은 행위가 발생하기 이전에는 미리 존재하지 않고, 행위를 충분히 지배한다고 말할 수도 없으며, 그러한 행위에 박차를 가하지도 않는다. 원칙에 대한 완벽한 숙달은 그들이 하고자 하는 활동을 추구하는 과정상의 완전한 무능력과 나란히 존재할지도 모른다. 왜냐하면 활동을 추구하는 것은 이들 원칙의 적용을 통해 구성되지 않기 때문이다. 설령 그렇다 할지라도 원칙을 적용하는 방법에 대한 지식(활동이 실질적으로 추구하는 지식)은 그 원칙이라는 지식 속에서 받아들여지는 것은 아니다."[13]

메티스의 본질은 구체적인 상황 속에서 경험의 법칙을 어떻게 그리고 언제 적용하는지 아는 것이다. 절묘한 응용은 매우 중요하다. 그 이유는 메티스가 변덕스럽고 가변적이며(몇몇 사실은 알려지지도 않는다) 또한 특수한 상황에서 더욱더 가치를 발하기 때문이다.[14] 나중에 변화와 불확실성에 대한 질문으로 다시 돌아가겠지만, 여기서 나는 메티스의 지역성과 특수성에 대해 좀더 알아보고자 한다.

배를 다루는 기술과 관련해 항해사의 일반적 지식과 도선사의 특수한 지식 간의 차이에는 유익한 측면이 있다. 커다란 화물선이나 여객선이 주요 항구에 접근할 때 선장은 으레 그 배의 조종을 그곳 항구나 정박 위치에 능통한 현지 안내인에게 맡긴다. 배가 부두를 떠나 다시 해로까지 안전하게 빠져나갈 경우에도 동일한 절차를 되풀이한다. 사고를 피하기 위해 고안된 이러한 분별 있는 절차는—공해상(좀더 추상적인 공간)에서의 항해는 한층 일반적인 기술을 필요로 한다—특정 항구의 복잡함을 뚫고 도선하기 위해서는 상황에 따른 고도의 기술이 요구된다는 사실을 반영한다. 이때 우리는 도선술을 '지역적이고도 상황적인 지식'이라고 부를 수도 있다. 도선사가 알고 있는 것은 다음과 같다. 해안과 강어귀 주변의 해류와 조류, 현지 바람과 파도 패턴의 특이한 성격, 모래톱의 이동, 표시되지 않은 암초, 초미세 조류의 계절적 변화, 현지 교통 상황, 곶에서 벗어나 해협을 따라 부는 바람의 일상적 변화 패턴 그리고 밤중에 바다를 안내하는 방법 등이다. 여기에 다양한 조건 하에서 서로 다른 수많은 선박을 안전하게 정박시키는 방법이 포함된다는 것은 두말할 나위도 없다.[15] 그러한 지식은 당연히 특수하다. 왜냐하면 오직 현지에서의 연습과 경험에 의해서만 획득할 수 있기 때문이다. 제한된 생태학적 범위에서 매우 훌륭하게 적응하는 새 또는 곤충처럼 도선사는 '하나의' 항구에 대해 잘 알고 있다. 만약 그가 갑자기 다른 항구로 자리를 옮기면 그의 지식 가운데 많은 부분이 쓸모없게 되어버릴지도 모른다.[16] 비록 제한된 용도를 가진 상황적 지식임에도 불구하고 특정 항구에 대한 도선사의 지식은 선장에 의해서, 항만장에 의해서, 또한 특히 해상 교역의 손실 문제를 다루는 보험업자들에 의해서 그 중요한 가치를 인정받는다. 도선사의 경험이 항해의 일반 법칙에 비해 '지역적 우월성'을 확보하는 것이다.

마크 트웨인의 고전《미시시피 강에서의 삶》은 강을 운항하는 도선사들이 획득한 지식을 아주 자세히 묘사하고 있다. 그러한 지식의 일부는 여울, 조류 또는 운항에 따른 다른 위험을 예고하는 표면상의 특징에 대한 경험 법칙으로 이뤄져 있다. 하지만 그 대부분은 미시시피 강의 계절별 및 수위별 특성에 대한 도선사들의 매우 구체적인 친숙함으로 구성되어 있다. 곧, 오직 경험을 통해서만 특정한 장소에 대해 가질 수 있는 지식이다. 강 일반에 대한 지식이라고 적절히 말할 수 있는 어떤 것이 있기는 하겠지만, 이는 특정한 강에서 특정한 운항을 하는 데 도움을 주기에는 매우 빈약하고 불충분한 지식이다. 어떤 밀림에서의 원주민 안내인이나 브뤼헤 혹은 고대 아랍 도시 메디나에서의 현지 가이드 못지 않게 어떤 특정한 강에서 그 지역 출신 도선사의 역할은 매우 중요하다.

　메티스에 반영된 실제와 경험은 거의 항상 지역적이다. 그러기에 어느 산악 등정 가이드에게는 자신이 종종 등정해본 체어마트(Zermatt)가 최고일 것이고, 어느 조종사에게는 자신이 훈련받은 보잉 747s 기종이 최고일 것이며, 어떤 정형외과 여의사가 무릎 수술에 최고인 까닭은 그녀의 집도 경험이 그 분야에 대해 아주 많은 전문 지식을 쌓는 데 도움을 주었기 때문이다. 만약 이들 전문가의 분야가 갑자기 몽블랑으로, DC3s 기종으로, 손 부위로 바뀌면 그들의 메티스가 과연 얼마나 따라 옮겨갈 수 있을지는 전적으로 불확실하다.

　특정한 기술을 적용하는 모든 경우, 현장의 지역적 상황에 대한 특수한 조정이 필요하다. 직조공에게 새로 공급된 방적사(紡績絲) 또는 실은 각기 다르게 다뤄진다. 도공에게 새로 공급된 점토는 다르게 다뤄진다. 상이한 재료와의 오랜 경험은 이러한 조정 작업을 반자동적으로 만드는 효과를 갖게 된다. 직조공의 베틀이나 도공의 물레는 장인들이 알고 이해하는(또는 그럭저럭 알고 있다고 여기는) 각각의 고유한 특색을 갖고 있다는 점에서 그 지식의 특수성이 더욱더 심오해진다. 그리고 실제로 응용되는 모든 일반적 지식은 어느 정도 창의적인 번역을 요구한다. 베틀 일반에 대한 완벽한 지식이 디자인, 쓰임새, 목질 그리고 수선 등의 측면에서 어떤 독특한 특정 베틀의 성공적인 조작으로 곧장 이어지지는 않는다. 특정한 베틀에 대한 지식, 특정한 강에 대한 지식, 특정한 트랙터에 대한 지식 또는 특정한 자동차에 대한 지식을 말하는 것은 결코 터무니없지 않다. 왜냐하면 이는 일반적 지식과 상황적 지식 사이에 존재하는 갭의 크기와 중요성을 지적하는 것이기 때문이다.

　이성적인 차원에서 우리는 상황적·지역적 지식을 보편적 기반 지식과 대비되는 일종의 당파적 지식으로 생각해볼 수도 있다. 곧, 그러한 지식을 소유한 사람은 전형적으로 특정한 결과에 대해 열렬한 이해관계를 갖고 있다. 대규모 고액 상장 해운 회사를 위한 상업 선적과 관련해 보험업자는 사고 발생에 대비해 확률 분포를 무시하면 곤란하다. 하지만 안전한 항해를 바라는 선원 또는 선장에게 개인적으로 중요한 것은 단 하나의 사건 혹은 단 하나의 여정이 초래하는 결과이다. 메티스는 어떤 특정한 경우의 결과에 대해 필연적으로 영향을 미치는─성공 가능성을 높이는─능력이자 경험이다.

이전의 장들에서 우리가 살펴본 국가 단순화와 유토피아적 계획은 모두 시공간적으로 특수한 상황에서 수행하는 활동이 그 대상이었다. 삼림, 혁명, 도시 계획, 농업, 농촌 정착 등에 대해 일반적으로 무언가를 말할 수는 있다. 하지만 우리에게 더욱더 의미 있는 것은 '이러한' 삼림, '이러한' 혁명 그리고 '이러한' 농장을 이해하는 일이다. 모든 농업은 특정한 장소(들판, 흙, 농작물)와 특정한 시간(기상 패턴, 계절, 해충 수의 주기) 그리고 특정한 목적(가족 나름의 수요와 기호)을 배경으로 갖는다. 이런 특수성을 무시하는 보편적 법칙을 기계적으로 적용하는 것은 실질적인 실패, 사회적 환멸감 혹은 양쪽 모두를 초대하는 것과 다르지 않다. 보편적 공식은 대충대충 만든 데다 일반적일 수밖에 없는 이해를, 미묘하게 서로 다른 현장 사정에 맞춰 성공적으로 이식하는 일을 가능케 하는 지역적 지식을 제공하지도 않고, 제공할 수도 없다. 어떤 법칙이 더 일반적일수록 그것이 실제 현장에서 성공하기 위해서는 일종의 번역 과정이 필요하다. 이는 단순히 선장 또는 항해사의 경험 법칙이 도선사의 친근한 현장 지식보다 어떤 측면에서 열등한지를 깨닫는 문제가 아니다. 오히려 그들이 갖고 있는 경험 법칙이 대부분 항해와 조종에 대한 실제 경험에 입각해 성문화되었다는 사실을 제대로 깨닫는 문제다.

일반적인 경험 법칙과 메티스의 관계를 정리하는 데 마지막 한 가지 유추가 도움이 될지 모르겠다. 메티스는 지역 사례에 대해 일반 법칙을 성공적으로 적용하기 위해 만들어진 단순한 지역적 지표(지역의 평균 온도 또는 평균 강우량 같은)의 나열에 그치지 않는다. 언어에 비유하면, 나는 경험 법칙이 형식적인 문법과 유사하고, 메티스는 실제 구어에 더 가깝다고 본다. 구어가 문법에 의해 파생되지 않는 것 이상으로 메티스는 일반 법칙에 의해 파생되지 않는다. 말하기는 요람에서부터 흉내, 시늉 그리고 시행착오를 거쳐 발전한다. 모국어를 배우는 것은 추계학(推計學, stochastics)적인 과정, 곧 일련의 연속적이고도 자기 수정적인 과정이다. 우리는 문법적으로 정확한 문장을 만들기 위해 먼저 알파벳, 개별 단어, 품사 그리고 문법 규칙을 학습하지 않는다. 심지어 오크쇼트가 지적한 것처럼 구어 규칙에 대한 지식 자체는 지적인 문장 구사와 관련된 완벽한 무능력과 공존할 수도 있다. 문법적 규칙이 실제 말하기 연습을 통해 이해된다는 주장은 거의 진실에 가깝다. 말하기 영역의 언어 능력 향상을 겨냥하는 현대의 언어 교육도 이러한 점을 인정하고 있다. 그 결과, 패턴과 악센트에 비중을 두는 간단한 말하기 및 기계적 반복에서 언어 학습을 시작하는 대신, 문법적 규칙은 암묵적인 것으로 내버려두거나 아니면 실질적인 숙달을 위한 작문과 요약의 방법으로서 나중에 소개된다.

농사와 목축을 성공적으로 숙련하는 데 필요한 메티스 혹은 국지적 지식도—언어와 마찬가지로—일상적 연습과 경험을 통해 익히는 것이 아마도 최선일 것이다. 오랜 도제 생활을 하는 것같이 기능이나 기예가 그것을 지속적으로 연마하는 가정 안에서 성장한다는 것은 실습을 하는 데 더할 나위 없이 훌륭한 조건이다. 특정 직업과 연관된 이런 종류의 사회화는 대담한 혁신보다 기술의 보존을 오히려 선호할는지 모른다. 하지만 메티스의 경험과 지식 그리고 융통성을 배제하거나 억제하려는 어떠한 공식도 일관적이지 못하며 실패의 위험을 감수할 수밖에 없다. 곧, 일관성 있는 문장을 말하는 훈련은 단순한 문법 규칙을 익히는 것보다 훨씬 더 많은 것을 포함한다.

인식과 테크네의 관계

그리스인들에게, 특히 플라톤에게 인식과 테크네는 메티스와 완전히 다른 차원의 지식을 의미한다.[17] 테크네(혹은 전문 지식)는 엄격한 규칙(경험 법칙이 아닌), 원칙 및 명제의 형식으로 정확히 그리고 종합적으로 표현할 수 있다. 가장 엄밀한 의미에서 테크네는 자명한 첫 번째 원칙에서 도출되는 논리적 추론에 근거한다. 이념형(ideal type)으로서의 테크네는 어떻게 조직되고, 어떻게 성문화되고 교육되며, 또한 어떻게 수정되는가라는 문제와 관련해 그리고 그것을 드러내는 통계적 정확성이라는 측면과 관련해 메티스와 현저히 구분된다.

메티스가 맥락적이고 특수한 지식이라면 테크네는 보편적이다. 수학적 논리에 따르면 10에 10을 곱하면 언제나 그리고 영원히 100이다. 유클리드 기하학에서 직각은 90도를 의미한다. 물리학의 통념에 따르면 물의 빙점은 항상 섭씨 0도이다.[18] 테크네가 지식으로 자리 잡은 것에 대해 아리스토텔레스는 다음과 같이 말했다. "테크네는 경험을 통해 얻은 수많은 개념으로부터 유사한 것들과 관련한 하나의 집합이라는 보편적 판단이 설 때 만들어진다."[19] 테크네의 보편성은 분석적으로 작고, 명시적이고, 논리적인 단계로 이루어진다는 사실 그리고 그것에 대한 분해와 증명이 동시에 가능하다는 사실에서 비롯된다. 이와 같은 보편성은 테크네라는 형태의 지식을 공식적인 교육 과정을 통해 얼마간 가르칠 수 있다는 사실을 의미한다. 테크네의 법칙은 실용적 차원에서 활용할 수도 있고 그렇지 않을 수도 있는 이론적 지식을 제공한다. 결국, 테크네의 특징이 비인격적이고 종종 양적인 차원의 정확성 그리고 설명과 증명에 대한 관심이라면, 메티스는 개인적인 능력 또는 '접촉', 경험적 결과와 더욱더 밀접하다.

만약 지식의 이상적 또는 전형적 시스템으로 테크네를 설명하는 것이 근대 과학의 자화상과 닮았다면, 이는 우연이 아니다. 하지만 과학의 현실적 실천은 또 다른 차원의 그 무엇이다.[20] 테크네의 법칙은 일단 그것이 발견된 이후, 지식이 어떻게 부호화되고 명기되고 입증되는지를 상세하게 설명하는 것이다. 어떤 테크네 또는 인식의 법칙도 과학적 발명이나 통찰력을 설명할 수는 없다. 수학적 정리(定理)를 발견하기 위해서는 천재 또는 아마도 메티스가 필요할 것이다. 하지만 그러한 정리를 증명하려면 테크네의 교의를 따라야만 한다.[21] 따라서 테크네의 체계적이고도 비인격적인 법칙은 쉽게 결집되고, 포괄적으로 기록되며, 공식적으로 교육할 수 있는 지식 생산에 더욱 용이하다. 하지만 이들 법칙은 그러한 지식에 스스로의 힘으로 무언가를 보탤 수도 없고, 맨 처음 그러한 지식이 어떻게 발생했는지 설명할 수도 없다.[22]

무엇보다도 테크네는 추론의 자기 충족적 체계라는 특징을 갖고 있으며, 그 안에 있는 최초의 가정에서부터 결과가 논리적으로 도출된다. 지식의 형태가 이러한 조건을 만족시키는 정도만큼 그것은 비인격적이고 보편적이며 또한 맥락으로부터 전혀 영향을 받지 않는다. 그러나— 데티엔과 베르낭이 주장하듯이—메티스가 갖고 있는 특성의 기반은 "가변적이고 혼란스럽고 애매한 상황이며, 그러한 상황은 결코 정밀한 측정이나 정확한 계산 혹은 엄격한 논리에 스스로를 저당 잡히지 않는다."[23] 마사 누스바움(Martha Nussbaum)은 플라톤이 특히 자신의《국가론》에서 사랑의 영역을—대개의 경우 당연히 우연과 욕망 그리고 충동의 영역이다—어떻게 테크네와 인식론의 영역으로 전환시키려 했는지를 설득력 있게 보여주었다.[24] 플라톤은 세속적인 사랑을 저급한 식욕과 같은 것으로 간주했으며, 진리를 향한 철학자의 순결한 탐구 자세를 더욱더 닮기 위해 이들 기본적인 본능이 제거되길 바랐다. 순수한 추론의 우월성, 특히 과학적·수학적 논리의 우월성은 "그것이 고통의 순수이고, 최대한 안정적일 뿐 아니라 진리와 직결되어 있다"는 사실에 기초한다. 그러한 추론의 대상은 "인간이 무엇을 하든 혹은 무엇을 말하든 개의치 않으며, 원래의 모습 그대로 영원무궁하다."[25] 플라톤은 인간이 사랑했던 것 혹은 사랑해야 하는 것은 연인 그 자신(himself)이 아니라 연인에게 반영된 진정한 아름다움의 순수한 형태라고 말했다.[26] 오직 이러한 방식에 의해서만 사랑은 올바르고 합리적이며 또한 금욕적일 수 있다고 했다.

우연성, 추측, 맥락, 욕망, 개인적 경험 등을 최대한 배제하기 위한—이를테면 메티스로부터 자유로워지기 위한—인간의 노력은 결국 인간이 추구해야 할 가장 높은 가치로 간주되었다. 이것들은 철학자의 몫이다. 이런 기준에서 볼 때 유클리드 기하학, 수학, 분석철학의 몇 가지 자기 완성적인 형태나 음악이 아마도 가장 순수한 가치에 속할 것이다.[27] 자연과학이나 구체적 실험과 달리 이러한 분야는 물질세계의 우연성에 영향을 받지 않는 순수한 이념의 영역으로 존재한다. 그것들은 내면에서 또는 빈 종이 위에서 시작된다. 피타고라스의 정리, 곧 $a^2+b^2=c^2$는 장소를 가리지 않고 영원히 모든 직삼각형에 대해 진실이다.

사회과학을 포함해 서양 철학 및 과학에서 최근 다시 거론되는 주제 가운데 하나는 불확실성을 다룸으로써—유클리드 기하학이 갖고 있는 논리 추론적인 엄격성 같은 것을 용인하기 위한 목적 아래—지식 체계를 재정비하고자 하는 시도와 관련이 있다.[28] 자연과학의 경우 그 결과는 혁명적이었다. 철학과 인문학의 경우—그러한 노력을 마찬가지로 계속해왔지만—그 결과는 꽤나 애매모호하다. 데카르트의 유명한 명제 "나는 생각한다. 고로 나는 존재한다"는 수학적 명제를 흉내 내기 위한 첫 번째 단계였고, "사회를 해체하고자 위협하는 무질서에 대한 응답"[29]이었다. 제러미 벤담(Jeremy Bentham)과 공리주의자들의 목표는 쾌락과 고통(쾌락주의)에 대한 그들 나름의 계산을 통해 윤리에 대한 연구를 순수 자연과학으로 격하시키는 것, 다시 말해 "한 개인이 영향받을 수 있고 언급할 수 있고 또한 조사받을 수도 있는 모든 상황을 점검함으로써 그 어떤 것도 우연, 변덕 또는 원칙 없는 판단에 맡겨지지 않도록 하여 …… 결국에는 모든 것이 측정을 통해 넓이와 숫자, 무게 및 도량으로 판단되도록 만드는 것이다."[30]

테크네를 습득하기 위해 고안한 투체(tuche, 기회)조차 궁극적으로는 통계 및 확률 이론 덕분에 테크네의 공식으로 진입하게 될지도 모르는 하나의 독특한 사실로 전환되었다. 위험의 경우에도, 만약 예상 확률이 미리 주어진다면, 다른 것들과 더불어 마치 사실처럼 되어버리지만 (잠재적 개연성이 드러나지 않은) 불확실성은 여전히 테크네의 범위 바깥에 놓여 있다.[31] 위험이나 불확실성과 관련한 지적인 '직업'은 다양한 학문 분야에서 나타나며, 그 분석 영역을 정량화하거나 측정할 수 없고 단지 판단만 가능한 요소를 점차 배제하는 방향으로 재편되고 편협해진다. 좋게 말하면, 수치로 표현할 수 있는 핵심 변수의 (국민총생산에 따른 국부(國富), 여론 조사에 따른 국민의 의견, 심리 검사에 따른 가치관) 양상을 구분하고 관리할 수 있는 기술을 고안해온 것이다. 예컨대 신고전경제학은 이와 관련해 완전히 탈바꿈했다. 처음에는 소비자 선호도를 당연히 주어진 것으로 간주했으나, 나중에는 취향을 구분하기 위해 불확실성의 핵심적 요인으로 취급하게 되었다. 발명과 기업가의 활동은 외인적(外因的,

exogenous)인 것으로 취급되어 학문의 범위 바깥으로 던져졌다. 이를테면 측정이나 예측과 관련해 너무나 다루기 어려운 변수로 여겨진 것이다.[32] 학문의 영역은 진짜 불확실성이 압도하는 주제를 (생태학적 위험, 취향의 변화) 배제하는 대신, 계산 가능한 위험은 내부로 받아들였다.[33] 스티븐 마글린이 주장하듯이 "경제학에서 이기심과 계산 및 극대화를 강조"하는 것은 "자명한 상정(想定)"의 고전적 실례이며, 이는 "인간의 동기 그리고 행태의 복잡성과 신비를 해명하기 위한 심각한 시도라기보다 지식 체계의 우월성에 대한 이데올로기적 헌신을 더욱더 반영"하는 것이다.[34]

이와 같은 재편성 논리는 근대적 과학 영농의 실험적 관행 및 자체적 한계와 유사하다. 농학 분야로 좁혀서 살펴보면, 비록 정확성과 과학적 힘이라는 측면에서 엄청난 발전을 이룩했지만, 농학의 인위적 경계 바깥에 존재하는 상관없는 것 혹은 별로 재미없는 놀라운 것들을 포기하는 대가를 치렀다.[35] 테크네는 "단 한 가지 목적이나 목표를 가진 행위"에 가장 적합한데, "여기서 그 목적이란 행위 그 자체로부터 명시적으로 분리되어 계량적 측정이 가능한 것을 의미한다."[36] 따라서 과학적 영농에서 가장 성공적으로 다룬 문제는—실험 경작지에서 한 차례의 시도를 통해 한 가지 변수를 드러낸 성과와 똑같이—면적당 가장 적은 비용으로 가장 많은 양을 수확하는 방법에 관한 것이었다. 농민의 삶과 공동체, 가족의 수요, 장기간에 걸친 토양 구조, 생태학적 다양성 그리고 지속 가능성과 관련한 이슈는 포함시키기도 어렵고 완전히 배제하기도 어렵다. 효율성, 생산 함수 그리고 합리적 행위라는 공식은 오직 달성하고자 하는 목적이 단순하고 매우 명료하게 정의되고 또한 측정 가능할 때에만 명시적일 수 있다.

문제는—아리스토텔레스가 말한 것처럼—어떤 실질적 선택을 "심지어 원칙적인 차원에서도 결코 하나의 보편적 법칙 체계 내에 적절하게 그리고 완벽하게 담아낼 수 없다는 점이다."[37] 아리스토텔레스는 오랜 경험을 통한 실용적 지혜가 더욱더 우수한 결과를 가져다줄 수 있다는 사실을 보여주기 위한 두 가지 활동 사례로 항해술과 의학을 골랐다. 항해술과 의학은 반응성과 즉흥성 그리고 노련하고도 연속적인 접근을 요구한다는 점에서 메티스에 의존하는 활동이다. 만약 플라톤을 신뢰할 수 있었다면, 소크라테스는 자신의 가르침을 글로 옮기는 것을 그만두라고 일부러라도 말했을 것이다. 왜냐하면 소크라테스는 철학적 활동이 인식론이나 테크네보다 메티스에 더욱 적합하다고 믿었기 때문이다. 비록 철학적 대화의 형식을 취한다 할지라도 일단 기록된 텍스트는 성문화한 법칙에 따라 이미 결정된 모습을 보여준다. 이와 대조적으로 구전 대화는 생기가 넘치는 가운데 참가자의 상호 관계에 반응함으로써 미리 설정할 수 없는 목표 지점에 도달한다. 소크라테스는 오늘날 우리가 '소크라테스적 방법'이라고 부르는 교사와 학생 간의 상호작용만이—결코 그 결과 만들어진 텍스트가 아니라—철학이라고 분명히 믿었다.[38]

실용적 지식 대 과학적 설명

하이 모더니스트가 자신들의 계획을 단순히 강요하려는 과정에서 버리고자 했던 유용한 지식을 제대로 평가하려면 오로지 메티스의 잠재적인 업적과 범위를 이해할 때만 가능하다. 특히 과학적 지식의 헤게모니적 패권 구도 하에서 메티스가 폄하되는 가장 큰 이유는 메티스의 '발견'이 과학적 담론의 일반적 관행 속에 통합되기보다는 다분히 실용적이고 시기와 궁합이 맞아야 하며, 또한 맥락적이기 때문이다.

우리는 범위나 무게, 부피 등의 측정과 관련해 역사적으로 사용된 용어 가운데 메티스의 특징을 살펴보았다. 그 목적은 측정에 필요한 어떤 보편적 단위를 제공하기보다 항상 지역적인 목표를 달성하거나 아니면 어떤 중요한 지역적 특징을 (이를테면 '소 두 마리가 있는 농장'처럼) 나타내는 것이었다. 스쿠안토의 격언처럼 이러한 토착적인 측정 방법은 추상적인 측정이 할 수 있는 것보다 대개의 경우 분명히 더욱더 많은 정보를 전달한다. 그것은 확실히 지역적인 것과 한층 더 밀접한 정보를 전달한다. 무엇보다 장소에 따라 달라질 수밖에 없는 지역적이면서도 실용적인 지표라는 사실이 메티스는 혼란스럽고 일관적이지 않으며 국가 통치의 목적에 기여하기 어려울 것이라는 점을 확신시키는 듯하다.

식물상의 분류 또한 토착민 사이에서는 상당히 동일한 논리를 따른다. 중요한 것은 지역적 용도와 가치이다. 그러므로 여러 가지 식물군을 분류할 때 사용하는 범주는 실용적인 논리를 따른다. 이를테면 수프를 만들기에 좋은 것, 노끈을 만들기에 좋은 것, 벤 상처를 치료하는 데 이로운 것, 탈이 난 위장을 가라앉히는 데 효과적인 것, 가축에게 해로운 것, 옷을 짜기에 유용한 것, 토끼가 먹잇감으로 좋아하는 것, 울타리를 만들기에 좋은 것 등과 같이 말이다. 하지만 이러한 지식은 결코 정태적이지 않다. 대신 실용적인 실험을 통해 늘 확장된다. 그리고 이런 방식으로 식물군의 실체를 구분한 범주는 과학적 연구자들이 선호하는 린네식 식물 범주를 통해서는 종종 명쾌하게 분간하기조차 어렵다.[39]

메티스를 위한 리트머스 시험은 실용적인 성공에 달려 있다. 항해사는 안전하게 항해를 마쳤는가? 오디세우스의 책략들은 키클롭스를 속였는가? 습포제는 종기를 치료하는가? 농부들은 풍족하게 수확을 했는가? 만약 어떤 기술이 의도한 목적을 달성하는 데 효과적이고도 반복적으로 작동한다면, 메티스를 실천하는 사람들은 그것이 왜 그리고 어떻게 작용했는지 질문하거나 인과관계의 정확한 메커니즘을 규명하는 것에 결코 주저하지 않을 것이다. 그들의 의도는 더욱 포괄적인 지식체(知

識體)로 공헌하기보다 당장 자신이 직면한 구체적 사안을 해결하는 데 있다. 이는 메티스를 실천하는 사람들이라고 해서 새로운 해결책을 창안하지 않는다는 뜻은 아니다. 그들도 당연히 그렇게 한다. 아주 최근까지도 영농의 실질적인 모든 개량 사업은 기업이나 과학에서가 아니라 현장에서 나왔다. 그러나 이것이 의미하는 바는 메티스의 혁신이 전형적으로 드러내는 양상은 현존하는 요인의 재결합〔레비스트로스(Claude Lévi-Strauss)의 표현을 사용하면 브리콜라주(bricolage)〕[40]이라는 사실이다. 이를테면 견인력이라는 문제를 해결하기 위해 농민이 트랙터를 고안한 것은 아니다.[41] 마찬가지로 실행지라는 브리콜라주는 혼작이나 토양 강화 전략처럼 매우 훌륭하게 작동하지만 과학적으로는 아직 (미처?) 이해하지 못하고 있는 복잡한 기술이다.

실용적 지식의 힘은 환경에 대한 정밀하고 기민한 관찰이 매우 뛰어나다는 점에 있다. 스쿠안토처럼 전통적인 방식을 가진 경작자가 왜 자신의 환경에 대해 유능한 관찰자가 될 수밖에 없는지 그 이유는 자명하다. 그 이유는 과학적 지식과의 비교라는 맥락에서 다시 한 번 살펴볼 만한 가치가 있다. 첫째, 이들 경작자는 밀착된 관찰 결과에 사활을 걸 수밖에 없는 직접적인 이해관계를 갖고 있다. 과학자나 농업 자문관은 자신의 충고를 스스로 받아들일 필요가 없는 사람들인 데 반해 농민은 자신이 내린 결정 사항을 곧바로 실천하는 사람들이다. 오늘날의 전형적인 농민과 달리 전통적 농민은 경험 많은 이웃 이외에 달리 의지할 만한 외부 전문가가 없었다. 그런 만큼 자신이 알고 있는 것에 기초해 결정을 내려야만 했다.

둘째, 이들 대다수 경작자가 처한 빈곤 그리고 경제적 최저 신분은 그 자체로서 신중한 관찰과 실험을 유발하는 강력한 자극이 된다고 나는 주장한다. 2명의 어민이 강에서 생계를 유지해야 하는 상황을 가정해보

자. 한 어민은 어획량이 안정적이고 풍부한 강어귀에 산다. 다른 한 명은 어획량이 많지도 일정하지도 않아 매우 불확실한 생계를 영위할 뿐인 강어귀에 산다. 이 둘 가운데 가난한 쪽은 새로운 낚시법 고안, 물고기의 습성에 대한 면밀한 관찰, 그물과 어살(魚箭, weir)의 세심한 배치, 다른 어종들의 계절별 적기(適期)와 신호 파악 등등에 걸쳐 당장 생사를 가름하는 이해관계를 갖게 될 수밖에 없다.

영세한 경작자 또는 목축민이 경험의 장에서 연중무휴 생활한다는 사실을 우리는 잊지 말아야 한다. 따라서 그들은 부재지주 경작자뿐만 아니라 연구직 과학자조차 모르는 것들을 알고 있을 수 있다.[42] 끝으로, 앞의 장들에서 언급한 바 있듯이 이와 같은 경작자들은 관찰과 실천 그리고 실험을 위해 살아 있는 구전(口傳) 참고 도서관의 기능을 수행하는 지역 공동체의 상시적 구성원이다. 그 도서관은 결코 개인이 홀로 집성할 수 없는 지식체이다.

흔히 치명적인 위협에 의해 쫓기는 과정에서 촉발된 '과학 이전 단계' 사람들의 실험 정신은 매우 중요하고 효능 좋은 발견을 대거 가져왔다. 남미 인디언들은 기나나무의 껍질을 씹는 것이 말라리아의 효과적인 치료법이라는 사실을 발견했다. 그 활성 성분이 퀴닌(quinine)이라는 것을 알지도 못하고, 그것이 왜 효과적인지도 모른 채 말이다. 서양 사람들은 비타민 C에 대해 전혀 알지 못하는 상태에서 대황(大黃, rhubarb)같이 이른 봄에 섭취하는 어떤 음식이 겨울철에 괴혈병 증상을 경감시켜준다는 사실을 알았다. 페니실린이 출현하기 전, 어떤 빵에서 얻어낸 곰팡이는 오랫동안 감염을 방지하는 데 사용되었다.[43] 아닐 굽타(Anil Gupta)에 따르면 근대 조제법의 대략 4분의 3이 전통적으로 알려진 약에서 파생되었다고 한다.[44] 심지어 치료법이 없는 상황에서도 사람들은 종종 치명적인 전염병에 걸리는 계기를 감소시키는 방법을 알고 있었다. 대니얼 디포

(Daniel Defoe)가 쓴 《역병이 나던 해의 일지》에 나오는 런던 사람들은 1665년 발생한 선(腺)페스트에서 살아남는 방법은 다른 지역으로 이동하거나, 아니면 자기 방에서 칩거하는 것이라는 사실을 알고 있었다.[45] 오늘날 우리는 페스트의 매개충이 쥐를 통해 옮겨지는 벼룩이라는 사실을 알고 있으므로 당시 런던 사람들의 전략이 종종 효과를 발휘했다는 것을 이해할 수 있다. 하지만 디포가 살았던 동시대 사람들에게 이러한 효과적인 해결책은 우연히 적중한 것에 불과했다. 비록 페스트가 어떤 매개충에 의해 비롯된다고 생각했을지는 모르지만 말이다.

과학에 선행하는 실천과 관련해 가장 놀라운 사례는 1798년 윌리엄 제너 경(Sir William Jenner)이 백신 개발의 성공을 알리기 오래전, 천연두 확산을 억제하기 위해 우두 접종이 널리 보급되었다는 사실이다. 프레데리크 마글린이 인상 깊게 상세히 분석한 것처럼 이러한 이야기는 매우 귀중하다. 왜냐하면 순수한 메티스 기술이 어떻게 예방 접종의 한 형태에 이르게 되었는지를 보여주기 때문이다. 그것은 과학적 의료에서 거대한 이정표로 당당히 여겨지는 것을 흉내 냈거나 그 전조를 알려주었다.[46] 여기서 마지막으로 분명히 해두고자 하는 것이 있다. 그것은 바로 내가 근대 의학 연구 및 실험적 방법 대신 전통적인 치료법을 옹호한다는 점이다.[47] 하지만 더욱 강조하고 싶은 것은 지역적 지식, 시행착오 또는 우리가 좀더 관대하게 확률론적 방법이라고 부르는 것들이 과학적 방법론의 도움 없이도 실용적인 해결책을 고안해냈다는 사실이다.

우두 접종 기술은 적어도 16세기에 이르러 인도, 중동, 유럽 그리고 중국에서 폭넓게 시행되었다. 피부를 긁어내거나 호흡을 통해 얻은 인간의 천연두 성분을 사용해 매우 경미한, 따라서 거의 치명적이지 않은 천연두를 수용자에게 접종하는 방법이었다. '신선한' 천연두 성분은—통상적인 경로에서 활성화된 상태로 감염된 누군가의 농포나 상처 딱지에서 얻어낸 것―결코 사용하지 않았다. 접종은 전형적으로 그전 해 전염병이 도는 동안 약한 증상을 가졌던 사람에게서, 또는 그 이전 해에 접종한 사람들의 농포에서 얻어낸 성분으로 만들어졌다. 투약은 환자의 체격과 연령에 따라 조정할 수 있었다.

동종 요법(homeopathy)의 기본을 구성한다는 점에서 똑같은 원리인 우두 접종 이면에는 더욱더 오래된 경험이 반영되어 있다. 이런저런 방식의 접종은 근대 의학 탄생 이전에 널리 퍼져 있었다. 인도의 경우 우두 접종은 종교 전문가들에 의해 수행되었고 여신 시탈라(Sithala) 숭배와 완벽하게 통합되어 있었다.[48] 다른 사회의 경우, 비록 실제 진행된 과정은 놀라울 정도로 비슷할지라도 그 문화적 환경은 의심할 여지 없이 서로 달랐다.

따라서 우두 성분을 이용한 제너의 백신 발견은 결코 완전히 새로운 것이 아니다. 한 어린 소녀는 그에게 자신은 이미 우두를 맞았기 때문에 천연두에 걸리지 않는다고 말했다. 이 말을 들은 제너는 우두 성분을 자기 자녀들에게 접종했고, 그런 다음 자녀들이 천연두 백신에 아무런 반작용을 보이지 않는지 관찰했다. 물론, 백신은 우두 접종을 넘어선 대단한 진보이다. 살아 있는 천연두 성분을 사용했기 때문에 우두 접종은 비록 약화되긴 했지만 전염성이 남아 있는 활성 상태였다. 그 때문에 접종을 받은 사람 가운데 1~3퍼센트가량이 사망했다. 물론 이 비율은 전염병이 발생할 경우 6명 중 한두 명이 사망한 것에 비해서는 상대적으로 양호한 수치다. 제너의 요법은 죽은 바이러스를 사용했기 때문에 전염을 피할 수 있었고, 백신은 의사의 부주의로 인한 발병률을 현저히 낮출수도 있었다. 1000명 중 단 한 명만이 백신 그 자체로 인해 사망할 정도였다. 그의 업적은 분명 칭송받아야 하지만 "제너 방식의 백신이 과거와의 갑작스러운 단절이 아니라 접종 분야의 직접적인 후계자 및 상속인이라는 사실"[49]을 인식하는 것도 중요하다.

비록 백신보다 선호되지는 않았지만 우두 접종은 과학 이전 단계에서 실용적 치료법이 이룩한 감명 깊은 성취였다. 접종 원리는 오랫동안 알려져 있었고, 감염된 마을 내 수많은 위대한 실천가들이 성공적인 치료법을 개발하기 위해 노력했다고 상상할 수 있다. 새로운 치료법의 효능이 밝혀지자마자 뉴스는 어떤 전염병보다 더 빨리 전파되었고, 이것이 별로 성공적이지 못했던 그전의 예방책들을 재빨리 대체했다. 여기에 마술은 없다. 이러한 실용적 지식의 재료는 단순하다. 이를테면 절박한 필요성(예를 들어 문자 그대로 생사와 관련된 문제), 유사한 상황에서 효과를 나타내는 몇 가지 희망적 계기(접종), 어떤 것이라도 기꺼이 시도해보고자 하는 수많은 프리랜서 실험자,[50] '초조한' 시간(실험자나 그들의 의뢰인이 잇따른 전염병을 통해 다양한 전략의 결과를 관찰하는 동안) 그리고 공유(의 사소통의 채널을 통해)가 바로 그것들이다. 전자현미경을 필요로 하지 않았다고 해서 열정적인 관심, 세밀한 관찰, 서로 다른 가능성을 찾아 나선 수많은 아마추어 전문가 그리고 시행착오에 필요한 시간의 결합과 같은 것들이 실질적인 문제에 많은 귀중한 해결책을 제시하지 못했을 것이라는 생각은 참으로 놀랍기만 하다. 제너 이전의 우두 접종자들은 폴 리처즈가 묘사한 혼작 농민 같은 존재였다. 그들은 무언가를 그저 우연히 발견한 것이 아니라 실제로 작동하는 어떤 것을 고안했다. 다만 그것의 작동 원리에 대해 제대로 알지 못했을 뿐이다. 비록 이것이 그들이 관찰한 것에서 그릇된 추론을 도출할 위험성을 높이기는 했지만, 그렇다고 해서 그들의 브리콜라주가 이룩한 실용적인 성과가 줄어든 것은 아니었다.

실행지, 경험 그리고 확률론적 추론이라는 점에서 프리미엄을 가진 메티스가 오늘날 그것을 대체한 과학적 지식의 선임자 정도로 그치는 것은 물론 아니다. 그것은 불확실성이 너무나 두드러져서 우리의 (경험적) 직관에 대한 신뢰 그리고 우리의 직감에 대한 의존이 불가피해 보이는 복잡한 물질적 및 사회적 과제들에 오히려 가장 가까이 다가갈 수 있는 추론 방식이다. 일본의 물 관리에 대한 하워드의 설명은 이와 관련해 교훈적 실례를 제공한다. "일본에서 침수 통제는 한 판의 체스 게임과 같다. 삼림공학자는 계곡의 침식을 확인한 후 자신의 첫 번째 말을 움직인다. 한두 개의 방제 댐이 들어설 위치를 정하고 그것들을 건설하는 일이다. 그리고 자연이 어떻게 반응하는지 지켜본다. 이어서 삼림공학자는 두 번째 말을 움직인다. 그것은 한두 개의 댐이 추가되는 것일 수도 있고, 이전 댐을 보강하는 것일 수도 있고, 측면의 옹벽을 건설하는 것이 될 수도 있다. 관찰을 위한 또 다른 휴지 기간이 지난 다음 다시 말을 움직이는 방식이 계속되다 침식이 저지되는 순간 멈춘다. 퇴적이나 재녹화 같은 자연적 힘의 작동이 비용도 크게 절감하면서 실질적인 효과도 높이는 방향으로 활용되고 이용되는 것이다. '그 지역에서는 자연이 이미 해놓은 것 이상으로 욕심을 내지 않는다.'"[51] 하워드의 설명에 나오는 공학자들은 자신이 '어느 한 계곡의 예술'을 다루고 있다는 사실을 암묵적으로 알고 있다. 이전의 경험에 입각한 각각의 신중하고도 작은 발걸음은 새롭기는 하되 완전히 예측 가능한 효과를 가져오는 것은 아니다. 그것이 다시 다음 발걸음을 위한 출발점이 된다. 가치와 상호작용을 정확히 예측할 수 없는 수많은 변수를 포함하고 있는 거의 대부분의 복잡한 과제가 이런 장르에 속한다. 예컨대 집짓기, 자동차 수리, 새로운 제트 엔진의 완성, 무릎 외과 수술 또는 구획된 토지의 경작 같은 것들이다.[52] 비록 이런 상호작용은 물리적 환경뿐만 아니라 사회적 상호작용에까지―새로운 촌락 혹은 도시의 형성 및 거주, 권력의 혁명적 장악을 위한 조직화, 또는 집단 농업―해당되는 것이 사실이지만, 판단은 너무나 다양한 상호작용과 불확실성 앞에 압도될 수밖에 없다(이는 계산 가능한 위험과는 별개다).

35년여 전, 야심찬 사회 정책에 내재된 엄청난 복잡성을 인식한 찰스 린드블럼은 "그럭저럭 헤쳐가기의 과학(the science of muddling through)"[53] 이라는 인상 깊은 표현을 만들어냈다. 이 명언은 포괄적으로 검토되기는커녕 완벽하게 이해할 수도 없는 대규모 정책들에 대한 실용적 접근 정신을 강조한 것이다. 린드블럼은 공공 행정 모델이 정책의 취지에 대한 종합적 통달을 암묵적으로 가정한다고 비판한다. 하지만 현실적으로 볼 때 지식이란 제한적임과 동시에 파편화되어 있고, 수단 또한 목표에서 결코 산뜻하게 분리할 수 없다. 실제 정책 실행 과정에 대해 그는 제한적 비교의 점진적 접근, 수정된 시도가 뒤따르는 일련의 시행착오, 과거의 경험에 대한 의존 그리고 "비연속적 점증주의"[54]를 강조했다. 알베르트 허쉬만(Albert Hirschman)도 같은 점을 지적했는데, 그는 사회 정책을 주택 건축과 비교하면서 이를 더욱더 은유적으로 표현했다. "사회 변동이라는 건축가는 결코 확실하게 의존할 수 있는 청사진을 가질 수 없다. 그가 만든 각각의 주택은 과거에 지어진 것들과 다를 뿐만 아니라 새로운 건축 재료를 사용할 수밖에 없고, 심지어 아직 입증되지 못한 압력과 구조에 대한 실험도 불가피하게 이용한다. 따라서 집 한 채를 지은 건축가가 제시할 수 있는 가장 유용한 그 무엇은 이처럼 어려운 상황 속에서 결국 집짓기를 가능케 한 경험에 대한 이해이다."[55]

린드블럼과 허쉬만의 입장을 합쳐보면 결국 종합적 · 합리적 계획에 대한 야망에서 전략적으로 분별 있게 벗어나자는 것이다. 만약 우리에게 사회과학적 용어를 사용하는 것이 허락된다면, '제한적 합리성('총괄적 지배'보다는)'이나 '만족화('극대화'보다는)' 같은 용어 이면의 개념이 메티스의 의미에 훨씬 가깝게 들린다. 이들 용어는 훈련된 추측과 경험 법칙에 의해 작동하는 세상을 표현하기 위해 창안되었다.

책 너머에서의 학습

'그럭저럭 헤쳐가기'라는 점진적 접근은 침수 관리나 공공 정책 실행 같
은 분야에서 유일하게 신중한 과정처럼 보일 것이다. 여기에서는 놀랄
일이 거의 없다. 이런 경우, 과정을 좀더 다루기 쉬운 여러 단계로 분해
함으로써 불확실성의 수준과 그로 인한 재난의 잠재성이 감소된다는
사실이 결코 어떤 신출내기라도 이를 담당할 수 있다는 것을 의미하지
는 않는다. 이와 반대로 방대한 경험을 가진 누군가만이 다음 단계의 진
로를 결정하기 위해 초기 단계의 결과와 그것에 대한 반응을 해석할 수
있다. 아마도 사람들은 수차례에 걸쳐 놀라움을 경험하면서도 그것을
뛰어넘어 많은 성공을 이룩한 수문학자와 정책 입안자를 원할 것이다.
그들에게는 반응의 레퍼토리가 좀더 광범하고, 주변 상황을 파악하는
그들의 판단은 좀더 확실하다. 어떤 예상치 못한 것들이 기다리고 있을
지에 대한 그들의 감각 또한 좀더 정확하다. 다시 말하거니와 그들의 능
력 중 일부는 해석할 수 있고 가르칠 수 있지만 그 대부분은 암묵적인
상태로 남겨져 있다. 말하자면 그것은 오랜 경험을 통해 갖게 된 육감
같은 것이다. 일단 말로도 표현할 수 없는 것을 정확히 지적하고자 하는
시도가 얼마나 어려운지를 전제하고, 나는 그러한 지식이 얼마나 중요
한지 그리고 그것을 부호화된 형태로 정리하는 것이 얼마나 힘든 일인
지에 대해 말하고자 한다.[56]

메티스 지식은 종종 너무나 암시적이고 자동적이라 그것을 가진 사
람들이 그에 관해 설명할 때조차 쩔쩔매게 된다.[57] 기초 의학 교육의 개
요는 초기 단계의 매독을 진찰하는 데 눈부시게 높은 성공률을 보인 세
기말의 한 의사에 대한 이야기라고 나는 들었다. 실험실에서의 검사는

그의 진단 결과를 확인시켜주었다. 하지만 정작 그는 자신으로 하여금 그런 결론에 이르게끔 만든 의학 실험에서 본인이 발견한 것이 과연 무엇인지 정확히 알지 못했다. 그의 성공이 호기심을 끌기 시작하면서, 병원 관계자들은 2명의 다른 의사에게 몇 주 동안 그의 환자 진찰을 주의 깊게 관찰한 다음, 그가 발견한 것이 과연 무엇인지 알아보라고 지시했다. 마침내 그들과 그 의사는 자신들의 환자가 무의식적으로 눈을 경미하게 떨고 있다는 사실을 발견했다. 그 이후 눈의 미동은 매독의 보편적 증상으로 인식되었다. 비록 이러한 통찰력을 체계적으로 기록할 수도 있었지만 여기서 교훈으로 삼을 만한 점은 그것이 오직 세밀한 관찰과 오랜 임상 경험을 통해 이뤄졌다는 사실 그리고 심지어 그 이전에도 부지불식간에 그것을 알고 있었을지 모른다는 사실이다.

기술 또는 기예에 많은 경험을 갖고 있는 실천가라면 누구라도 움직임, 시각적 판단, 촉감 혹은 차별적 게슈탈트(gestalt, 형태) 등으로 구성된 거대한 레퍼토리를 발달시킬 것이다. 이를 통해 작업은 물론 정확한 직감의 범위를 판단하는데, 이는 오직 경험에서 비롯된 것으로 결코 실천과 분리된 채 전달되지 않는다. 몇 가지 간단한 사례가 이런 지식 특유의 미묘함과 절묘함을 말해준다. 인도네시아에서 바다를 항해하는 부기스(Bugis)라는 배의 나이 많은 선장들은 갑판 밑에서 잠을 자면서도 방향이나 기상, 조류 또는 이 세 가지 조합에 변화가 생기는 순간을 바로 알아차린다. 바다의 파도 높이가 달라질 때, 또는 파도가 다른 방향에서 배를 강타하기 시작할 때, 선장은 그것 때문에 배의 흔들림에 약간의 차이가 발생한다는 사실을 알아차린다. 이로써 모종의 변화가 일어났다는 사실을 즉각 감지하는 것이다.

마을에 디프테리아 환자가 발생해 집집마다 사람들을 수시로 격리시켜야 할 무렵, 어떤 의사가 자신을 따르는 젊은 의학도들을 데리고 회진에 나섰다. 환자를 보기 전 격리된 집의 현관에 들어서자 이 노련한 의사는 발걸음을 멈추고 이렇게 말했다. "잠깐. 이 냄새를 맡아보게! 이 냄새를 잊지 말아야 하네. 이것이 바로 디프테리아에 감염된 집의 냄새일세."[58] 또 다른 의사는 나에게 이런 얘기를 해준 적이 있다. 바쁜 병원에서 수천 명의 아기를 진료한 경험이 있는 그는 이제 단지 쳐다보기만 해도 아기가 심각한 상태인지, 혹은 즉각적인 처방이 필요한 상태인지 매우 정확하게 말할 수 있다고 했다. 그러면서 자신에게 그와 같은 판단력을 제공해주는 정확한 가시적 신호는 모른다고 했다. 하지만 아마도 얼굴 빛, 눈의 상태, 몸의 느낌 그리고 활력 같은 것들일 것이라고 그는 추측했다. 하워드는 다시 한 번 '숙달된 눈'이라는 설득력 있는 사례를 제시한다. "경험 많은 농부는 농작물을 통해 흙의 건강 상태와 부식토의 질에 대해 말할 수 있다. 농작물의 원기, 성장 상태, 풍부한 뿌리, 건강한 '빛' 등이 그것을 얘기해준다는 것이다. ……좋은 대지에 사는 동물의 건강 상태 역시 마찬가지이다." 하워드는 이어서 다음과 같이 말한다. 확실히 "무게를 달거나 그것을 측정할 필요는 없다. 숙련된 목축업자나 최상급 고기를 다루는 데 익숙한 정육업자라면 한 번의 눈짓만으로 모든 것이 좋다든가, 토양에 어떤 나쁜 성분이 있다든가, 동물을 사육하는 데 어떤 문제가 있다든가 따위를 충분히 짚어낼 수 있다."[59]

이러한 통찰력 또는 직관력은 어떠한 위상을 갖는가? 우리는 이러한 기술을 대다수 '영리한' 실천가들이 획득한 '상술'(사람을 속이지 않는다는 의미에서)이라고 부를 수 있다.[60] 우리는 이러한 일화에서 묘사한 모든 경험적 판단이 실험과 측정을 통해 실제로 입증될 수 있다는 것을 알아야 한다. 디프테리아는 실험실에서 발견할 수 있고, 아이의 빈혈증은 피 검사를 통해 확인할 수 있으며, 부기스 배의 선장은 바람의 변화를 직접 확인하기 위해 갑판 위에 올라갈 수 있다. 의심할 나위 없이 이는 자신들의 판단을 확인할 수 있는 직관과 공식적인 측정에 대한 접근 둘 다를 함께 갖고 있는 사람들을 다시 한 번 확실하게 안심시킨다. 그러나 메티스에 대한 인식론적 대안은 훨씬 느리고, 더 많은 인내를 요하며, 더욱 자본 집약적이고, 항상 결정적인 것도 아니다. 확률적으로 더 높은 (완벽하지는 않은) 정확성에 대한 신속한 판단을 요구할 때 그리고 상황이 잘 진행되고 있는지 아니면 무언가 잘못되고 있는지를 판단할 수 있는 초기 신호들에 대한 해석이 중요할 때, 메티스를 대체할 수 있는 것은 없다. 경험 많은 의사의 경우처럼 실제 검사가 필요한 것인지, 만일 그렇다면 어떤 검사가 필요한 것인지를 결정하는 것은 메티스다.

심지어 경험 법칙에서 비롯된 메티스의 일부도 실천적 경험을 성문화한 것이다. 단풍나무 수액을 시럽으로 졸이는 것은 결코 쉽지 않은 일이다. 만약 너무 오래하면 수액이 끓어 넘치고 말 것이다. 언제 불을 끌 것인지에 대한 판단은 온도계나 액체비중계(특정 중력을 가리키는)로 할 수도 있다. 그러나 유경험자들은 수액이 끓어 넘치기 바로 직전에 표면에 생기는 수많은 작은 거품을—활용하기에 훨씬 쉬운 가시적 경험 법칙—주시한다. 하지만 이와 같은 통찰력을 얻으려면 시럽을 만드는 사람의 실수가 필수적이다. 적어도 한 번 또는 그 이상의 실수가 필요하다. 항상 나를 즐겁게 해주는 중국 음식 요리법은 종종 다음과 같은 가르침을 포함한다. "대충 연기가 날 때까지 기름을 가열하시오." 이 요리법은 연기가 나기 직전의 기름 상태가 어떤지를 알기 위해 요리사가 수많은 실수를 범하는 것을 당연하게 여긴다. 단풍나무 시럽과 기름에 관한 눈대중 법칙은 당연히 경험에 의한 법칙이다.

과학적 방법과 실험실 검증에 근접할 수 없는 사람들은 고도로 정확한 고급 지식 체계를 발전시키기 위해 종종 메티스에 의존한다. 육분의(六分儀: 각도와 거리를 정확하게 재는 데 쓰는 광학 기계—옮긴이), 자석 나침반,

해도, 수중음파탐지기 이전에 성행했던 전통적인 항해술이 그 적절한 사례다. 나는 여기서 부기스 배에 대해 다시 한 번 언급하고자 한다. 왜냐하면 그것에 대한 기술이 진 애머렐(Gene Ammarell)에 의해 매우 훌륭한 기록으로 남아 있기 때문이다.[61] 공식적인 조수 간만표가 없는 가운데 부기스 배의 선장은 조수의 간만, 조류의 방향 그리고 조수의 상대적 크기를—이 모든 것이 항해 계획과 안전에 실질적으로 중요하다—예측하는 데 필요한 신뢰성 있는 방안을 정교하게 만들어왔다.[62] 낮 동안의 시간, 태음주기 상의 일수(日數) 그리고 계절풍에 근거한 계산을 통해 부기스 배의 선장은 조수와 관련해 자신이 필요로 하는 모든 정확한 정보를 머릿속에 미리 입력해두고 있다. 천문학자의 관점에서 보면 이런 식의 방법이 달의 편위(偏位) 각도와 아무런 관련도 없다는 사실이 이상할지 모른다. 그러나 계절풍은 달의 편위와 직접 연관이 있으므로 이는 효과적인 대용물이 될 수 있다. 이해를 돕기 위해 부기스 배 선장의 인지 지도(cognitive map)를—애머렐이 그랬던 것처럼—문자로 재구성할 수는 있다. 하지만 실제로 그것을 익히는 것은 배 안에서 이루어지는 구전과 비공식적 도제 관계를 통해서이다. 직면해야 할 현상의 복잡성을 감안한다면, 이런 식으로 조수를 판단하고 예측하는 시스템은 명쾌하리만큼 단순할 뿐 아니라 탁월하리만큼 효과적이다.

메티스의 역동성과 유연성

'전통적 지식'이라는 말 속에 있는 '전통적'이라는 단어는—내가 의도적으로 피하고자 했던 용어—의미를 잘못 전달하는 부적절한 말이다.[63] 19세기 중반, 서아프리카 지역의 탐험가들은 자신이 주식으로 먹던 신세계 곡물, 곧 옥수수를 재배하는 집단을 우연히 발견했다. 서아프리카 사람들이 두 세대 이상에 걸쳐 옥수수를 재배해온 것 같지는 않았지만,

그곳의 경작자들은 이미 자신에게 맨 처음 낟알을 준 옥수수의 신 또는 정령에 대한 정교한 종교 의식과 신화에 둘러싸여 있었다. 놀라운 사실은 그들이 옥수수를 선택하게 된 민첩성과 자신의 전통 속에 그것을 통합하는 데 걸린 속도이다.[64] 네 개 대륙에 걸쳐 우두 접종이 확실하게 전파되었다는 사실은 이른바 '전통적인 사람들'이 사활이 걸린 문제를 해결하는 데 필요한 기술을 얼마나 폭넓게 그리고 얼마나 신속하게 받아들였는지를 말해주는 추가적 사례일 뿐이다. 사례는 얼마든지 다양하다. 재봉틀, 성냥, 손전등, 등유, 플라스틱 용기 그리고 항생제는 생사가 달린 문제를 해결하거나 극심한 고통을 줄여준다는 이유로 곧바로 수용된 수많은 제품 가운데 일부일 뿐이다.[65] 우리가 살펴본 것처럼 메티스 지식의 핵심적 평가는 그 실질적 효능이며, 이러한 제품은 모두 그와 같은 시험에 깃발을 휘날리며 합격했다.

여기서 내가 주장하고자 하는 것에 더 이상의 강조나 더 정교한 설명이 필요할 것 같지는 않다. 다만 과학과 근대성 그리고 발전에 대한 어떤 식의 이해가 오늘날 너무나 강력한 주류 담론을 구축한 나머지 모든 다른 종류의 지식을 낙후되고 정태적인 전통 혹은 노파들의 실없는 이야기나 미신으로 간주하고 있다는 점은 꼭 말하고 싶다. 하이 모더니즘은 수사적인 차원에서 스스로를 후진성의 해독제인 양 표현하기 위해 이러이러한 '타자(他者)' 혹은 이러이러한 '어둠 속의 쌍둥이'를 필요로 했다.[66] 또한 이분법적 대립은 이들 두 가지 형태의 지식 언저리에 형성되는 제도 및 사람들 사이에 벌어지는 경쟁의 역사에서 비롯되었다. 근대적 연구 기관, 영농 실험 연구소, 비료와 기계류 판매업자, 하이 모더니즘 도시 계획가, 제3세계 발전론자 그리고 세계은행 관계자는 우리가 메티스라고 불러온 실행지를 체계적으로 훼손함으로써 자신들이 제도적으로 성공하는 길을 만들어가고 있다.

이런 맥락에서 그들이 정리한 메티스의 특성은 사실과 전혀 무관하다. 메티스는 융통성 없는 획일적인 그 무엇이 아니라 유연하고 지역적이며 또한 다양하다.[67] 실제로 메티스의 고유한 특성은 새로운 생각을 받아들이면서 그 속에 침투할 수 있도록 만드는 맥락성과 분절성이다. 메티스에는 정통 학설 또는 핵심 교육이 존재하지 않는다. 대신 그것을 실천하는 사람은 각기 자신만의 고유한 관점을 가진다. 경제학적인 개념으로 보면 메티스 시장은 종종 완벽한 경쟁 구조에 가깝다. 왜냐하면 지역적 독점이 아래 혹은 바깥으로부터의 혁신에 의해 깨질 수 있기 때문이다. 만약 새로운 기술의 효과가 드러난다면, 고객은 반드시 나타나는 법이다.

합리주의에 맞서는 전통주의를 옹호하기 위해 오크쇼트는 실재하고 현존하는 전통적 실용주의를 강조하면서 다음과 같이 말했다. "합리주의자들의 최대 오류는—비록 그것이 방법론에 내재되어 있는 것은 아니라 할지라도—'전통' 또는 그것보다 더 낮게 '실행지'라는 것을 엄격하고, 고정적이고, 불변적인 것으로 치부한다는 점이다. 사실상 그것은 매우 유동적인 데도 말이다."[68] 전통이란 부분적으로 지역적 차이를 반영하기 때문에 유연적이고 동태적이다. 오크쇼트는 다른 곳에서 이렇게 말하기도 했다. "어떠한 전통적 방식에 따른 행동도, 또한 어떠한 전통적 기술도 결코 불변으로 남아 있을 수는 없다. 그것의 역사는 지속적인 변화의 일부이다."[69] 변화는 돌발적이고 단절적이라기보다 작고 지속적인(점증주의적인) 경향이 있다.

기록 문화와 대비되는 구전 문화는 엄격한 정통성을 회피하는 만큼 강조할 만한 가치가 있다. 구전 문화는 어떤 것을 일탈적이라고 규정할 만한 아무런 교과서적 표준을 갖고 있지 않다. 따라서 구전 문화의 종교적 신화, 의식 그리고 민속은 이리저리 떠돌아다닌다. 현재 돌아다니는 이야기와 전통은 말하는 사람, 말을 듣는 사람 그리고 지역적 수요에 따라 달라진다. 위대한 전통에서 얼마나 벗어났는지를 측정할 어떤 성전(聖典) 같은 기준을 갖고 있지 않기 때문에 이러한 문화는 시간이 지남에 따라 달라질 수 있고, 바로 그런 이유 때문에 그것 자체가 전통에 충실한 채 남아 있는 것이라고 생각할 수도 있다.[70]

한 사회의 메티스 축적과 관련한 최상의 비유는 아마도 언어일 것이다. 물론 감정 표출을 위한 경험 법칙이 존재한다. 진부한 표현, 정중함을 드러내기 위한 상투적 문구, 욕설하는 버릇 그리고 판에 박힌 대화 같은 것들 말이다. 하지만 막강한 경찰력으로 무장한 중앙문법위원회 같은 것이 존재하지 않는 한 언어에는 항상 새로운 표현이 덧붙여지고, 독창적인 조합이 창안될 뿐 아니라 말장난이나 역설이 오래된 공식을 손상시킨다. 엄청난 압력과 빠른 변화 속에서 언어는 극적으로 변모하기도 하고 새로운 혼합물을 탄생시키기도 하지만 말하는 사람들에게 여전히 자신의 언어로 분명히 남아 있다. 언어가 나아가는 방향에 대한 영향력은 결코 공평하게 분배되지 않는다. 그러나 언어의 혁신은 멀리 그리고 넓게 퍼져나가며, 만약 다른 사람이 특정한 종류의 혁신을 유용한 것 혹은 적절한 것으로 간주한다면, 그것은 곧 그들에게 자기 언어의 일부가 된다. 메티스에서처럼 언어에서도 혁신자의 이름은 좀처럼 기억되지 않으며, 또한 이것이 그 결과를 상호 합작에 의한 생산물로 만드는 데 일조한다.

메티스의 사회적 맥락 그리고 메티스의 파괴

말레이시아의 작은 마을에서 현장 조사를 실시하는 동안, 나는 항상 내 이웃의 폭넓게 다양한 솜씨와 지역 생태에 대한 그들의 방대한 일상적 지식에 자주 감명을 받았다. 그중 한 가지 일화가 이를 잘 대변해준다. 내가 머물렀던 집 울타리 안에서 자라는 것은 그 지역에서 유명한 망고나무였다. 열매가 익을 무렵이 되면 친척과 지인들이 방문하곤 했는데, 그 목적에 과일 몇 개를 얻어가는 것도 있었지만 더욱 중요한 일은 다음 번에 그들 자신의 집에 심을 씨앗을 확보하는 것이었다. 하지만 내가 도착하기 직전 거대한 홍개미 떼가 나무에 몰려들어 미처 익지도 않은 열매 대부분을 망쳐놓고 말았다. 열매를 하나씩 봉지로 덮어씌우는 일도 가망이 없어 보였다. 나는 그 집안의 연장자인 매트 이사(Mat Isa)가 말린 니파 팜(nipah palm) 잎사귀를 망고나무 아래로 가져가 자세히 살펴보는 광경을 여러 차례 목격했다. 무엇 때문에 그러는지 묻자 그는 별로 내키지 않는 기분으로 그 이유를 설명해주었다. 자신이 볼 때 그것은 우리의 일상적인 대화 수준에 비교하면 매우 진부한 내용이었기 때문이다. 그는 울타리 뒤쪽에서 수많은 군집을 이루고 있는 작은 흑개미 떼가 거대한 홍개미 떼의 천적임을 알고 있었다. 또한 얇고 작살처럼 생긴 니파 팜 잎사귀가 나무에서 떨어지거나 시들게 되면 길고 가는 튜브처럼 말린다는 사실도 알고 있었다(사실상 이곳 주민은 그것을 권련을 만드는 튜브로 사용하고 있었다). 그리고 그가 알고 있는 한, 이러한 튜브는 흑개미 집단의 여왕개미가 알을 낳을 수 있는 최적의 장소였다. 몇 주가 지나 다량의 흑개미가 알을 부화하기 시작할 때까지 그는 마른 니파 팜 잎사귀를 일정한 장소에 놓아두었다. 그런 다음 알로 가득 찬 잎사귀를 망고나무에 기대 놓고, 그로부터 일주일에 걸친 엄청난 싸움을 지켜보았다. 많은 이웃 주민과—대부분은 회의적이었다—그들의 자녀는 개미 전쟁의 운명을 가까이에서 주시했다. 비록 크기는 절반 혹은 그 이상 작았지만 흑개미 떼는 마침내 홍개미 떼를 수적으로 압도하며 망고나무 아래쪽 지면을 장악해나가기 시작했다. 흑개미 떼는 망고나무 잎이나 열매를 좋아하지 않기 때문에 열매가 나무에 달려 있는 동안 망고나무는 안전할 수 있었다.

생물학적인 통제에 따른 이러한 성공적인 현장 실험은 다양한 종류의 지식을 전제로 한다. 예컨대 흑개미 떼의 서식지와 식생, 그것들의 부화 습관, 이동 가능한 부화 공간으로서 대체 가능한 지역 내 가용 재료, 홍개미 떼와 흑개미 떼의 전투 습성에 대한 경험 등이 그것이다. 매트 이사는 실용적 곤충학에 포함된 이러한 기술이 적어도 나이 든 자신의 이웃 사이에 널리 알려져 있다는 점 그리고 과거에도 한두 번 이러한 전략이 주효했다는 사실을 사람들이 기억하고 있다는 점을 분명히 말해주었다. 내가 볼 때 확실한 것은 어떠한 농업 파견 관리도 생물학적 통제에 대해서는 물론 개미에 대한 초보적인 지식조차 모르고 있었을 것이라는 점이다. 대부분의 농업 전문가는 도시에서 자랐고, 거의 전적으로 쌀이나 비료 그리고 금융 대출 등에 관심을 가진 사람들이다. 또한 대부분은 질문할 생각조차 하지 못하는 사람들이다. 바로 그들이 농민을 가르치기 위해 훈련받은 전문가라는 사람들이다. 이와 같은 전통 지식을 창출하고 유지하는 것은 평생에 걸친 관찰과 더불어 이런 종류의 지식을 평소에 교환하고 축적할 수 있는, 상대적으로 안정된 다세대 공동체 상황이 아니라면 좀처럼 상상하기 힘들다.

이러한 실제 사례를 거론하는 목적은 이런 것에 필적하는 실용적 지식을 재생산하는 데 필요한 사회적 조건을 환기시키기 위함이다. 이러한 사회적 조건은 최소한 이익 공동체, 축적된 정보 그리고 지속적인 실험 따위를 요구하는 것처럼 보인다. 경우에 따라 19세기 프랑스의 베유(veillée)처럼 실용적 지식을 수집하고 교환하는 목적에 거의 완벽하게 부합하는 듯한 모종의 공식적인 제도가 존재하기는 했다. 베유는—명칭이 암시하는 바와 같이—겨울 저녁 동안 이웃 농가끼리 갖는 전통적인 집회 관습의 한 형태이다. 흔히 가축에서 발생하는 온기를 활용하기 위해 헛간 같은 곳에 모였는데, 실제 그런 식으로 연료를 절약하기도 했다. 사교와 절약을 빼고 나면 의제가 따로 없었지만, 그 모임은 의견과 이야기, 농사 소식, 조언, 잡담, 종교적 또는 민속적 화제를 서로 나누는 사실상의 지역 의회 기능을 담당했다. 이때 참석자들은 견과류 껍질을 까거나 수를 놓기도 했다. 그곳에 참석한 구성원 모두가 전 생애에 걸쳐 관찰과 실행에 대한 이해관계를 가지고 또한 모든 가족이 영농과 관련해 자신의 결정이 초래하게 될 결과에 의존한다는 사실을 감안할 때, 실용적 지식에 관한 한 베유는 세상에 널리 알려지지 않았던 일종의 일일 세미나였다고 볼 수 있다.

이를 통해 우리는 메티스가 가진 두 가지 커다란 아이러니를 알 수 있다. 첫 번째, 메티스는 민주적으로 분배되지 않는다는 점이다. 메티스는 사람들 사이에 결코 널리 공유되지 않은 감각이나 요령에 의존할 뿐만 아니라, 그것을 습득하는 데 필요한 경험 및 연습에 대한 접근 또한 제한적일 수 있다. 장인 조합, 재능 있는 기술자, 특정한 계급, 종교적 사교 모임, 어떤 공동체 전체 그리고 남자 대부분은 종종 특정 종류의 지식을 독점한 채 이를 다른 집단과 공유하기를 꺼린다. 좋게 말해서 그와 같은 지식을 타인과 공유할 가능성은 한 사회의 구조와 어떤 지식의 독점에서 비롯되는 이점에 주로 의존한다.[71] 이런 입장에서 보면 메티스는 결코 단일 종류가 아니며, 그 비동질성을 감안할 때 우리는 아마도 '메티스들'이라고 불러야 할 것이다. 두 번째 아이러니는—메티스가 아무리 유연하고 포용적이라 해도—어떤 형태의 메티스는 스스로를 정교화하고 전파하기 위해 산업화 이전 삶의 핵심 요소에 의존하는 것처럼 보인다는 점이다. 시장과 국가로부터 멀리 떨어진 마을일수록 높은 수준의 메티스를 간직하는 경향이 있다. 왜냐하면 그들은 당장 손에 쥐고 있는 지식이나 물질에 거의 전적으로 의존해야 하므로 다른 선택의 여지가 없기 때문이다. 만약 매트 이사가 동네 상점에 가거나 농민협동조합 같은 곳을 방문해 흰개미를 퇴치할 수 있는 값싼 살충제를 발견했다면, 나는 그가 그것을 구매해 사용했을 것이라고 믿어 의심치 않는다.

어떤 형태의 메티스는 날마다 사라지고 있다.[72] 물리적 이동성, 상품 시장, 공교육, 직업의 전문화 그리고 매스 미디어가 심지어 아주 멀리 떨어진 공동체까지 확산됨에 따라 메티스를 정교화하기 위한 사회적 조건이 훼손되고 있다. 이와 같은 지역적 지식이 대대적으로 사라지는 것을 누군가는 환영할 수도 있다. 이는 나름대로 매우 정당한 일이다. 성냥이 폭넓게 이용되기 시작한 상황에서―한가로운 호기심 차원이 아니라면―누가 부싯돌과 부싯깃을 가지고 불 피우는 방법을 알고 싶어 하겠는가? 빨래판 또는 강가의 돌 위에 옷을 문지르는 방법을 아는 것은 의심할 여지 없이 중요한 기술이었다. 하지만 세탁기를 살 만한 여력이 있는 사람들에 의해 그런 기술은 흔쾌히 버려졌다. 마찬가지로 기계로 생산하는 값싼 스타킹이 시장에 출하되자 깁는 기술은 옛 기억에 대한 향수조차 없이 사라져버렸다. 부기스 배의 나이 든 선원은 "오늘날에는 도표와 나침반만 있으면 누구든지 배를 조종할 수 있다"고 말한다.[73] 하긴 왜 안 되겠는가? 표준화된 지식의 생산은 특정 기술에 대한 한층 보편적인―더욱 민주적인―이용을 가능하도록 만들었다.[74] 왜냐하면 그것은 더 이상 가입을 거절하거나 오랜 도제 생활을 강요하는 길드의 영역이 아니기 때문이다. 우리가 잃어버린 전 세계의 메티스는 대부분 산업화와 분업화의 불가피한 결과이다. 그리고 이러한 손실 가운데 상당 부분은 노역과 고역에서의 해방으로 경험되었다.

그러나 메티스의 파괴가 단순히 경제적 진보의 우연적이고도 필연적인 부산물에 불과하다고 믿는 것은 심각한 잘못이다. 소멸된 메티스를 오직 중심부에서만 가독 가능한 표준화된 공식이 대체한 결과는 사실상 국가와 거대한 관료주의적 자본주의 활동 속에 공히 잘 각인되어 있다. 하나의 '프로젝트'로서 메티스 죽이기는 지속적으로 추진되는 과업의 대상이지만, 그럼에도 불구하고 이는 끝내 성공할 수 없다. 왜냐하면 생산 또는 사회적 삶의 어떤 형태도 오직 공식에 의해서만—곧, 메티스 없이—작동할 수는 없기 때문이다. 하지만 프로젝트를 추진하게 만드는 논리는 경제적 통제와 재정적 수탈의 일종이다. 지역적 지식은 분산되어 있을 뿐만 아니라 상대적으로 자율적이기 때문에 수탈하는 데 결코 유리하지 않다. 메티스와 그것이 수반하는 지역적 통제를 감소시키거나 아예 제거하는 것은 국가의 경우에는 행정적 질서와 재정 확충을 위한 전제 조건이 될 것이며, 거대한 자본주의 기업의 경우에는 노동자의 규율과 수익의 전제 조건이 될 것이다.

공장 내 대량 생산 시스템의 발달에 따라 메티스의 종속(從屬)은 더욱 분명해졌다. 농업 생산에서도 그것에 필적하는 탈숙련화 과정이 강제적으로 진행되고 있다. 하지만 완전한 표준화에 대한 아주 끈질긴 장애물을 고려할 경우 농업 생산에서는 훨씬 덜 성공적일 것이라고 나는 믿는다.

스티븐 마글린의 초기 연구가 설득력 있게 보여준 것처럼 자본가의 이익은 효율성뿐만 아니라 효율성과 통제의 결합을 요구한다.[75] 하부 생산 수준에서의 분업화라는 결정적 혁신과 공장 내 생산의 집중화는 노동 과정을 단일 통제권 아래 귀속시키고자 하는 핵심 단계를 나타낸다. 기계화된 방직과 방적의 경우에서처럼 효율성과 통제는 동시적이다. 하지만 그것들은 종종 서로 관계가 없거나 심지어 모순될지도 모른다. 마글린에 의하면 "효율성은 기껏해야 잠재적인 이익을 만들어낼 뿐이며, 자본가들은 통제 없이 이윤을 낼 수 없다. 따라서 자본주의적 통제를 강화하는 조직 형태가 더 많은 이윤을 올릴지 모르고, 비록 생산성과 효율성에 부정적으로 작용하더라도 자본가들은 그것을 더 좋아할지 모른다. 이와 반대로 좀더 효율적인 방식의 생산 조직이되 자본가의 통제를 감소시키는 방향으로 진행된다면 이윤의 감소로 끝날 가능성이 높고, 결국에는 자본가들에 의해 거부당하고 말 것이다."[76] 장인주의적 생산의 전형적인 구조는 종종 효율성에 지장을 준다. 거의 '항상' 자본가의 이윤 추구에 장애물이 된다. 공장이 보급되기 이전에 성행했던 직물의 '선대제 시스템(先貸制, putting-out system)'의 경우, 작업 속도를 조절할 뿐만 아니라 감독하기 힘든 다양한 술수를 통해 자신의 이익을 증대시킨 쪽은 원료를 통제한 가내수공업자들이었다. 주인의 입장에서 볼 때 공장이 갖는 결정적인 장점은 시간 통제, 노동 강도 결정 그리고 원재료의 주체적 관리였다.[77] 효율적인 생산이 여전히 장인적인 기반에 기초해 조직화되는 정도만큼(마글린에 의하면 초기 모직 생산과 실크 리본 방직이 그랬다), 자본가들은 산재된 수공업 집단에게서 이익을 가로채기 어려웠다.

근대 대량 생산 양식의 귀재인 테일러는 메티스를 파괴하는 문제 그리고 저항적이고 준자율적인 장인 집단을 한층 적절한 집단 혹은 '공장의 손(factory hand)'으로 전환시키는 문제를 매우 명석한 눈으로 바라보았다. "과학적 관리라는 이름으로 …… 매니저들이 맡아야 할 역할이 있는데 …… 과거에 직공들이 소유해온 전통적인 지식을 모두 한곳에 수집한 다음, 정리와 분류 작업을 통해 이들 지식을 규칙, 법 그리고 공식으로 간소화시키는 의무가 바로 그것이다. ……따라서 과거 시스템에서는 직공에 의해 행해진 모든 계획이 새로운 시스템 아래서는 당연히 과학적 법칙에 따르는 경영을 통해 이루어져야 한다."[78]

테일러화된 공장에서는 오직 공장 관리자만이 전 과정에 대한 지식과 통제를 갖게 되고, 노동자는 전체 과정의 작은—종종 미세한—일부만 실행하는 역할로 축소되었다. 그 결과는 초창기 포드 공장에서처럼 종종 대단히 효율적이었다. 하지만 통제와 이윤을 위해서도 늘 엄청나게 요긴했다.[79]

테일러주의에 대한 유토피아적 희망은—프로그램화된 로봇 모델에 따라 모든 일손이 크고 작은 자동적인 동작으로 축소된 공장—실현될 수 없었다. 그것을 시도하지 않은 것은 아니다. 데이비드 노블(David Noble)은 수치적 제어로 작동하는 기계 도구를 만드는 데 엄청난 투자를 시도한 경우를 묘사했는데, 그 이유는 이것이 "인간 노동의 해방"[80]을 약속했기 때문이다. 궁극적으로 그것이 실패한 것은 메티스를 제거하고자 했기 때문이다. 경험 풍부한 노동자가 원료나 온도, 기계의 마모나 이상(異常), 또는 기능 장애 등과 같은 아주 작은 변화에 대해 나름대로 대처해온 바로 그 메티스를 말이다. 이와 관련해 어느 관리자는 다음과 같이 말한다. "수치적 통제는 마술처럼 보이지만, 당신이 자동으로 할 수 있는 모든 것은 부스러기에 불과하다."[81] 이러한 결론을 일반화할 수 있다. 모든 작업이 완전히 탈숙련화된 것처럼 보이는 기계 중심 작동 체계에서 노동의 일상적인 모습이 어떠한지를 뛰어난 민속지적 방법을 통해 연구한 켄 커스터러(Ken Kusterer)에 의하면 노동자들은 여전히 성공적인 생산에 절대적으로 필요한 개인적 차원의 기술을 발전시키고 있으며, 이는 신참이 당장 활용할 수 있는 공식으로 결코 간단히 정리할 수 없는 것이었다. 자신의 직업이 '비숙련'으로 분류되어 있다는 어느 기계 조작공은 자기 업무를 수행하는 것과 운전하는 것 사이의 유사점을 다음과 같이 표현한다. "모든 자동차는 기본적으로 동일하지만 모든 차는 각각 다르다. ……맨 처음 운전을 배우기 시작할 때, 당신은 그저 운전에 대한 규칙을 배울 것이다. 그러나 운전하는 방법을 알게 되면 당신이 운전하는 자동차에 대한 감각을 얻게 된다. 곧—당신도 알다시피—서로 다른 속도가 각각 어떻게 느껴지는지, 브레이크가 얼마나 말을 잘 듣는지, 엔진이 과열하기 시작하는 순간은 언제인지, 추운 날씨에 어떻게 시동을 거는지 같은 것들 말이다. ……그다음, 만약 당신이 20년 동안 3교대로 기계를 돌려왔다면, 자동차가 오래된 경우 경적 장치가 없는 상황에서 어떻게 해야 할지 아는 것처럼, 브레이크를 밟으며 오른쪽으로 차를 꺾는 것을 아는 것처럼, 어떤 방식으로 가스를 주입해야만 비로소 시동이 걸린다는 것을 아는 것처럼 아마도 당신은 자신이 취급하는 낡은 기계를 작동시키기 위해 무엇을 해야 하는지 잘 알게 될 것이다."[82]

테일러주의는 농업 생산에서도 유사한 측면이 있다. 어쩌면 그것은 더욱더 오래되고 더욱더 파란만장한 역사를 지녔을지 모른다. 제조업에서처럼 농업에서도 징세나 수탈을 좀더 확실히 하기 위해서는 단순한 생산 형태를 가진 효율성만으로는 역부족이다. 독립적인 소규모 자영농은—우리가 알고 있는 것처럼—많은 작물을 재배하기에 가장 효율적인 방법이다. 비록 그들이 생산물을 집하하고 가공하고 판매할 때 그에 따른 징세와 수탈의 가능성이 열려 있기는 하지만, 그와 같은 형태의 농업은 상대적으로 판독하기 어렵고 통제하기도 쉽지 않다. 자율적인 장인이나 프티부르주아 소상인을 상대할 때처럼 소농의 영리적 이윤을 감시하는 일은 관리자 입장에서 악몽이나 다름없다. 회피와 저항의 가능성은 헤아릴 수 없이 많으며, 정확한 연도별 통계를 확보하는 데 필요한 비용도 비록 엄두를 못 낼 정도는 아닐지 모르지만 엄청날 것임에 틀림없다.[83]

수탈과 통제에 관심이 지대한 국가는 목축업이나 이동 농업 대신 정착 농업을 선호한다. 같은 이유로 이와 같은 국가는 일반적으로 소규모

자작농보다 대규모 자작농을 선호하고, 다음으로 플랜테이션 또는 집단 농장을 선호하며, 그다음으로는 둘 모두를 선호하게 된다. 통제와 수탈만이 최우선 고려 사항이 되는 것이다. 결국은 농업에서 오직 최근의 두 가지 형태, 곧 플랜테이션과 집단 농장만이 노동력과 임금에 대한 직접적인 통제, 경작 방식과 기술에 대한 선택권 그리고 최종적으로는 기업의 생산과 이윤에 대한 직접적인 통제를 제공한다. 비록 농업의 집단화와 플랜테이션 방식이 효율성 측면에서 최상은 아니지만—지금까지 우리가 살펴본 것처럼—이들은 가독성이 가장 높아 징수에 매우 용이한 영농 형태가 되었다.

대자본 농업 생산자들도 공장 운영자와 같은 문제에 직면한다. 곧, 어떻게 하면 본질적으로 장인적인 또는 메티스적인 농부의 지식을 표준화된 체계로 전환해 자신이 작업과 노동 강도에 대해 더욱더 큰 통제권을 확보할 것인가 하는 문제다. 플랜테이션이 하나의 해결 방안이었다. 신체 건강한 사람들에게 집단 노동 의무를 강요했던 식민지 국가의 경우, 플랜테이션은 일종의 사적 집단 농장을 의미했으며, 노동력을 통제하는 데 필요한 시장 외적인 제재는 국가에 의존했다. 플랜테이션의 한두 영역은 효율성 측면에서 부족한 대목을 보상해주었다. 이를테면 정치적 영향력을 행사함으로써 보상금과 가격 담합 그리고 특권적인 독점을 확보해주는 것이다.

플랜테이션에 의해 가능해진 통제는—집단 농장의 경우는 더 말할 필요도 없이—거의 예외 없이 관리 감독에 소요되는 고비용, 경직성 그리고 간접비 같은 것들을 수반하게 된다는 점이 드러났다. 오늘날 플랜테이션 농업이 불신을 받는 가운데 새로운 대안 몇 가지가 고안되어 그것의 통제와 표준화를 복제하고 있다는 점은 언급할 가치가 있다. 그것들이 비록 형태는 다르지만 기능적인 측면에서는 유사성을 드러내기 때문이다.[84] 세계적 규모의 계약 농장 출현이 우선 눈에 띄는 사례다.[85] 양계 농민들이 튀김용 영계를 키우는 대규모 중앙 집중식 방법이 비효율적일 뿐만 아니라 심각한 질병과 환경 문제를 초래한다는 사실을 깨달을 무렵, 거대 기업들은 일종의 첨단 기술의 선대제 시스템을 고안했다.[86] 그들은 농민에게 병아리를 공급한 후 자신들 표준에 맞는 크기의 닭으로 자라면 재구입할 것을 (6주 또는 그 정도 이후) 계약한다. 농민 입장에서는 기업이 제시하는 규정에 충실한 계사(鷄舍)를 새로 짓거나, 아니면 그것에 상당하는 비용을 지불하며 정확한 시간표에 따라 그리고 기업이 공급하는 물품으로 닭에게 사료를 먹이고 물을 주고 약물을 투입할 의무를 가진다. 감독관은 규정을 준수하는지 여부를 자주 확인한다. 이때 기업 입장에서 누리는 이점은 엄청나다. 닭에 투자하는 것을 제외하고는 자본이 필요하지 않고, 자기 자신의 토지도 필요하지 않으며, 관리 비용도 적은 데다 일정한 상품 표준의 획득까지 가능하다. 이런 것들 못지않게 중요한 또 한 가지 이점은 계약을 갱신하지 않을 수도 있으며, 별도의 추가 부담 없이 농민에게 지불하는 가격을 매번 변경할 수 있다는 사실이다.

이러한 논리는 비록 외형은 아닐지라도 그 내용은 플랜테이션과 유사하다. 국내 시장이든 국제 시장이든 기업에게 필요한 것은 절대적이고도 확실히 보증된 상품의 동일성과 안정적 공급이다.[87] 수많은 서로 다른 지역에서 일정한 튀김용 영계의 출하를 관장하기 위해서는 시각적 표준화와 집적이 요구된다. 우리가 과학적 삼림의 경우에서 살펴보았듯이 이는 그저 땅 위의 현실을 정확히 반영하고 이것을 행정 관리들에게 전달할 수 있는 도량법을 고안하는 문제에 그치지 않는다. 무엇보다 우선 이것은 환경을 변화시키는 문제에 직면한다. 바로 그것이 표준화의 시발점이기 때문이다. 표준화한 사육, 규격에 맞게 지은 축사, 일정한 사료 공급 방식 그리고 강제적인 배급 일정만이—이들 모두는 계약을 통해 규정된다—단 한 명의 전문가로 하여금 튀김용 영계를, 이를테면 켄터키 프라이드치킨 같은 것을 사육하는 수백 개의 닭 공장을 감독하게 만들 수 있고, 기준에서 벗어나는 영계의 생산을 최소화할 수 있게 만든다. 전문가가 손에 들고 다니는 체크리스트를 상상해도 좋을 것이다. 계약 농업의 목적은 농장을 이해하거나 그것에 적응하겠다는 것이 결코 아니다. 오히려 그것은 처음부터 농장과 농장 노동을 '계약'이라는 격자에 맞추려고 변형시킨 것이다.

계약에 서명을 한 농민의 경우, 계약이 연장되는 한 이윤은 생긴다. 하지만 그러려면 상당한 위험을 감수해야 한다. 계약 내용은 짧고 작업 일정은 세분화되어 있으며, 구조 설비와 물품 공급은 강제적이다. 이론적으로 보면 계약 농민은 소기업가들이다. 하지만 자신의 토지와 건물에 대해 도박을 걸고 있다는 사실 이외에도 그들은 조립 라인에서 일하는 노동자보다 노동 시간에 대해 별로 더 많은 통제권을 갖고 있지 않다.

제국주의적 지식에 대항한 사례

그들은 말한다. ……그가 순수 과학을 위해 헌신했다고. ……그가 올바른 치료법을 통해 사람을 죽게 하는 편이 잘못된 치료법을 통해 사람을 구하는 것보다 낫다고.
— 싱클레어 루이스(Sinclair Lewis), 《애로스미스(Arrowsmith)》

내가 지금까지 모험처럼 펼쳐온 주장은 하이 모더니즘이나 국가 단순화 그 자체, 또는 인식론적 지식 그 자체에 맞서고자 함이 아니다. 시민권, 공공 위생 프로그램, 사회 안전, 교통, 커뮤니케이션, 보편적인 공교육 그리고 법 앞의 평등 등에 대한 우리의 생각은 모두 국가 중심적, 하이 모더니즘적 단순화에서 큰 영향을 받았다. 나는 한 걸음 더 나아가 볼셰비키 러시아와 사회주의 혁명 직후 중국이 경험한 초기 토지 개혁은 국가 주도의 단순화로서 사실상 농노제 치하에서 살아온 수백만 명의 사람을 효과적으로 해방시켰다고 생각한다. 인식론적 지식은—비록 그것을 실천하는 것은 메티스와 결코 분리될 수 없지만—나름대로 세상에 관한 지식을 우리에게 제공해왔으며 설령 그 어두운 측면을 감안하더라도 우리 가운데 누구도 쉽게 포기할 수 없는 것이다.

우리 자신과 우리의 환경에 대해 진정으로 위험하다고 판정된 것은 인식론적 지식의 보편주의적 허세와 권위주의적 사회공학 사이의 결합이다. 이러한 결합은 도시 계획 분야에서, 혁명에 대한 레닌의 견해에서(비록 실천하지는 않았지만), 소련의 집단 농장에서, 탄자니아의 강제 촌락화에서 그 힘을 발휘했다. 그 결합은 과학적 농업의 논리 속에 암묵적으로 내재해 있었고, 식민지 경영 속에서는 노골적으로 드러났다. 이와 같은 계획이 메티스나 지역적 편차를 무시하거나 능가한 채 불가능한 꿈을 향해 다가갈 때, 현실에서의 실패는 이미 예고된 것이나 마찬가지였다.

보편성을 주장하는 경향은 합리주의적 지식이 추구하는 방법 속에 내재해 있는 것처럼 보인다. 비록 나 자신이 지식 문제를 전공한 철학자는 아니지만, 이와 같은 인식론적 건물에는 메티스 또는 실행지가 자기 이름을 걸고 입장할 수 있는 출입구가 없는 것 같다. 문제가 되는 것은 바로 이와 같은 제국주의다. 파스칼이 말한 것처럼 합리주의의 가장 큰 패착은 그것이 "기술적 지식을 승인했다는 점이 아니라 다른 지식을 인정하는 데 '실패'했다는 사실에 있다."[88] 이와 대조적으로 메티스는 한 바구니에 모든 달걀을 담지 않는다. 이런 점에서 메티스는 보편적이지 않으며, 그런 의미에서 다원주의적이다. 물론 어떤 구조적 조건이 인식론적 주장의 이와 같은 제국주의적 성격을 뒤흔들 수는 있다. 민주적·

상업적 압력은 농업과학자로 하여금 농민에 의해 제기된 실질적인 문제를 자신들의 연구 주제로 삼도록 때때로 강요한다. 메이지 유신 시대의 일본에서는 3명으로 구성된 기술팀이 농민의 기술 혁신을 먼저 조사한 다음, 그것을 완성하기 위해 그 문제를 연구실로 가져갔다. 계획에 맞춰 브라질리아에서 떠나기를 거부한 건설 노동자, 또는 환멸에 찬 나머지 새로운 정착지에서 도망쳐 나온 우자마아 촌락의 주민은 자신들을 위해 만든 계획을 어느 정도 실패하게 만들었다. 하지만 이러한 저항은 인식론적 지식 그 자체의 범주 바깥에서 일어난다. 그 자신이 너무나 신중한 과학자였던 하워드 같은 사람은 영농이 일종의 '예술'이고 지식에는 비정량적 방식도 존재한다는 사실을 알아차린 다음, 체계적으로 분류된 과학적 지식의 영역 바깥으로 발길을 돌렸다.

(보통은 설익은) 자명한 사회 이론에 포획당한 권위주의적 하이 모더니즘 국가들은 인간 공동체와 개인의 생애에 돌이킬 수 없는 손상을 입히고 있다. 위험은—마오쩌둥이 말한 것처럼—통치자들이 국민이란 새로운 정권이 마음대로 그 위에 쓸 수 있는 '한 장의 백지' 같은 것이라고 믿을 때 더욱더 악화된다. 유토피아적 산업주의자 로버트 오웬(Robert Owen)은 뉴래너크(New Lanark) 공장 타운에 대해 똑같은 생각을 했다. 비록 국가적 차원이 아닌 도시적 차원에 그쳤지만 말이다. 오웬은 이렇게 주장했다. "각 세대는, 실질적으로 각 정부는 무한한 가능성을 위해 비워둔 빈 종이가 그 앞에 펼쳐져 있다는 사실을 보게 될 것이다. 만약 이 백지가 전통에 짓눌린 선조들의 비합리적인 낙서에 의해 더럽혀져 있다면, 합리주의자의 첫 번째 임무는 그것부터 깨끗하게 지우는 일이다."[89]

내가 생각하기에 오크쇼트 같은 보수주의자들이 간과한 것은 과거를 경멸하는 데 충분한 이유를 갖고 있을 만한 지식인 계급과 보통 사람에게 하이 모더니즘이 자연스럽게 어필한다는 점이다.[90] 후기 식민지 근대주의자들은 종종 자신의 권력을 무자비하게 휘둘렀다. 그 이유는 낙후된 상태에 처한 나머지 계몽이 절실한 국민을 개조하기 위해서였다. 혁명가들은 가난에 찌든 봉건적이고도 불평등한 과거를 경멸할 만한 모든 이유를 갖고 있었다. 그들은 자신의 손으로 과거를 타파하고자 했으며, 지금 당장 민주주의를 실천할 경우 그것이 구질서를 원상회복시키는 결과를 초래하지나 않을지 의심할 만한 이유 또한 갖고 있었다. 후진국에서 독립 이후에 등장한 지도자들은(때때로 혁명 지도자 자신) 과거의 식민지 지배와 경제적 낙후를 증오한다는 이유로 비난받지도 않았고, 그들이 자랑스러워할 수 있는 국민을 만들기 위해 시간과 민주주의 정서를 낭비한다는 이유로 비난받지도 않았다. 하지만 그들이 하이 모더니즘적 목표에 대해 가졌던 집념의 역사와 논리를 이해한다고 해서 그것이 초래한 엄청난 피해를 간과해서는 안 된다. 문제는 그들의 확신이 권위주의적 국가 권력과 결합하는 데 있었다.

10 결론

천문학자들이 자신의 계산으로 우주 시스템을 재편하려 하는 것과 거의 유사하게 그들은 하나의 가상적인 계획을 통해 사회를 재건하려 할 것이다.

－피에르 조제프 프루동, 《유토피아적 사회주의자들에 대해》

그러나 하나의 가상적인 지도를 사용하면서 그것이 진실이라고 믿는 사람은 아무 지도도 갖지 않은 사람 보다 훨씬 더 형편없다. 왜냐하면 물을 수 있는데도 묻지 않고, 자신의 길에서 마주치는 모든 세세한 내용을 관찰하지도 못하며, 또한 자신이 가야만 하는 방향에 대해 스스로 느끼거나 알고 있는 바를 모두 동원하며 끊임없이 탐구해가지도 못하기 때문이다.

－에른스트 슈마허, 《작은 것이 아름답다》

지금까지 우리가 살펴본 거대한 하이 모더니즘 사례는 적어도 두 가지 측면에서 비극이라고 판정할 만하다. 첫째, 상상력으로 무장한 지식인과 그 배후의 계획가들이 오만에 빠져 자신들이 언젠가는 죽을 수밖에 없는 존재라는 사실을 망각하고 마치 신이라도 되는 양 행동한 죄이다. 둘째, 그들의 행동은 부와 권력에 대한 추구를 부정적으로 보지 않았다. 대신 그것은 진정으로 인간적 삶의 조건을 향상시키고자 하는 소망에 의해 고무되었는데, 바로 그런 소망이 치명적인 결함을 갖고 있었다. 이와 같은 비극이 진보 그리고 합리적 질서에 대한 낙관적 견해와 매우 밀접하게 연관되어 있다는 점 자체가 엄중한 진단을 필요로 하는 하나의 이유다. 또 다른 이유는 하이 모더니즘적 신념의 세계적 보편성 때문이다. 우리는 식민지 개발 계획, 동양과 서양 모두의 계획된 도심, 집단 농장, 세계은행의 대규모 개발 계획, 유목 인구의 재정착 그리고 작업장에서의 노동자 관리 등 도처에서 다양한 외형을 가진 하이 모더니즘을 발견했다.

만약 그런 계획이 전형적으로 구사회주의 블록과 혁명적인 제3세계를 무대로 가장 극심한 인간적 및 자연적 희생을 초래했다면, 이는 그들의 권위주의적 국가 권력이 대의 기관에 의한 견제도 받지 않은 채 저항을 물리치고 앞으로 돌진했기 때문이다. 하지만 그들의 정당성과 매력이 의거한 배후의 사상은 온전히 서구의 것이다. 한때 유일신의 작용으로 여겨지던 질서와 조화는 과학자와 공학자 그리고 계획가에 의해 제공된 진보적 사상을 믿는 것으로 대체되었다. 우리가 기억할 것은 그들의 힘이 다른 형태의 조정에서 실패했거나 아니면 당장 발등에 떨어진 커다란 과업에 전적으로 부적절해 보이는 그런 국면에서도—이를테면 전쟁, 혁명, 경제적 파산 혹은 새로 쟁취한 독립—거의 도전을 받지 않았다는 사실이다. 그들이 준비한 계획은 17~18세기의 절대왕정 국가들이 고안한 가독성 및 표준화 도식과 완전히 닮았다. 그러나 전적으로 새로운 것은 사회의 전면적 개조를 위한 계획 및 그것을 집행하는 국가 기구의 비중이 엄청나졌다는 사실이다. 이를테면 인구 통계, 지적도, 신분증, 통계 기관, 학교, 매스 미디어, 정보 기관은 17세기의 어느 군주가 꿈꾸었던 것 이상으로 이 길을 따라 그들을 아주 멀리 데려갔다. 그리하여 20세기의 수많은 정치적 비극은 진보와 해방 그리고 개혁의 깃발이 나부끼는 가운데 진행되었다.

우리는 지금까지 이들 계획이 원래 의도했던 수혜자를 얼마나 좌절시켰는지 상세히 살펴보았다. 만약 나에게 이러한 실패의 이유를 단 한 문장으로 요약하라고 한다면, 다음과 같이 말할 것이다. 그러한 계획을 창시한 사람들은 실제 이상으로 자신을 똑똑하고 예측력 뛰어난 존재로 생각한 반면, 계획의 대상이 된 사람들에 대해서는 실제 이상으로 똑똑하지 않거나 무능한 존재로 간주했다. 이번 장의 나머지는 이와 같은 전반적인 평가를 좀더 폭넓게 이해하면서 몇 가지 의미 있는 교훈을 도출하는 데 할애할 것이다.

"문제는 무지야, 바보야!"

우리 선조가 범한 실수는 자신들이 '최후의 곡목'이라고 생각했다는 점이다. 그러나 노래 곡목은 무한히 존재하므로 그들이 최후의 곡목이 될 수는 없었다.

－유진 자미아틴, 《우리들》

이 단락의 표제로 내건 격언은 단순히 1992년 대통령 선거 당시 빌 클린턴 진영에서 사용한 내부 슬로건 "문제는 경제야, 바보야!"를 흉내 낸 자동차 범퍼 스티커용이 아니다. 이는 계획가들이 미래의 극단적 우연성을 통상적으로 얼마나 무시하는지에 대한 주의를 환기시키고자 하는 의도에서 비롯되었다. 미래에 대한 충고 가운데 지식의 불완전성이라는 전제에서 출발하는 것이 얼마나 드문가. 그 점에 관한 한 가지 작은 예외가 이와 같은 희소성을 잘 대변해준다. 내가 가르치고 있는 예일 대학교 건강 클리닉에서 출간하는 영양 관련 소식지가 바로 그것이다. 일반적으로 그런 종류의 소식지는 균형 잡힌 영양 섭취에 필수적이라고 알려진 주요 음식물, 비타민, 미네랄 등을 설명한 다음, 이들 카테고리에 기초한 식단을 권장한다. 하지만 예일 대학교 건강 클리닉의 소식지는 지난 20년 동안 올바른 영양에 많은 도움이 된 새롭고 중요한 요소가 많이 발견되었다는 것을 언급한 다음, 향후 10년 이내에 더욱 많은 요소가 연구자들에 의해 발견될 것이라고 덧붙였다. 따라서 '자신이 알지 못하는 것에 기초해' 그 소식지의 저자들은 각자의 식단을 가능한 한 다양하게 짤 것을 권장했다. 아직 확인되지 않은 많은 요소가 포함되어 있을 것이라는 신중한 가정에 입각해서 말이다.

사회 및 역사에 대한 분석은 대부분 불가피하게 인간사의 우연성을 감소시키는 효과를 갖는다. 한 가지 역사적 사건 혹은 어떤 특정한 상태는 단순히 그런 모습으로 존재할 뿐, 사실상 쉽게 다른 방향으로 흘러갈지 모르는 때조차 종종 결정적이거나 필수불가결한 것처럼 보인다. 심지어 확률론적 사회과학조차도—결과의 범위를 설정하는 것에 아무리 조심스럽다 하더라도—분석을 위해서라면 이런 확률을 마치 확고한 사실인 양 취급하는 경향이 있다. 미래를 놓고 내기할 경우, 우연성은 명약관화하다. 하지만 이와 같은 우연성에 영향을 미치며 미래를 만들어 가고자 하는 인간 행위자들의 역량도 명약관화하기는 마찬가지다. 그리고 내기하는 사람들이 진보의 역사 법칙 혹은 과학적 진리의 도움을 통해 자신이 미래의 모습을 알고 있다고 생각하는 경우, 우연성에 대해 갖고 있는 그들의 어떠한 지각도 자신의 신념 앞에서는 용해되고 말 것이다.

그러나 예상할 수 있는 것처럼 이들 각각의 구상은 계획가들의 역량 바깥에 있는 수많은 우연성에 의해 무력화되고 말았다. 그들이 만든 계획의 범위와 포괄성은 불확실한 결과를 초래할 수밖에 없는 것이었다. 비록 역사적 법칙과 그것에 관련된 변수 그리고 계산의 부차적인 사양들이 정확했다 하더라도 말이다. 계획가들의 세속적 야망은 비록 어느 정도 확신을 갖고 자신의 행동이 초래할 즉각적인 결과를 예측하긴 했지만, 어느 누구도 계산은커녕 그에 따른 2차 혹은 3차 결과 또는 그것들 간의 상호작용이 초래할 결과에 대해 정확하게 말할 수 없었다. 계획가들의 무대 위에 올라온 만능패 혹은 와일드카드는 어디까지나 그들의 모델 바깥에 존재하는 인간적 혹은 자연적 사건들이었다. 가뭄, 전쟁, 반란, 전염병, 금리, 세계소비자지수, 석유 봉쇄 등이 그 사례이다. 물론 그들도 이러한 개연성에 조정과 임기응변으로 대처할 수 있었고, 또한 실제로 그렇게 해왔다. 그러나 계획가들에 의한 초기 개입의 규모가 너무나 컸기 때문에 그들이 범한 실책은 대부분 결코 바로잡을 수 없었다. 마글린은 그들의 문제점을 다음과 같이 간명하게 설명한다. "만약 미래와 관련해 유일하게 확실한 것은 불확실하다는 점이고, 또한 유일하게 확실한 그 어떤 것은 우리가 놀라운 일을 기다리고 있다는 점이라면, 아무리 많은 양의 계획도, 아무리 많은 양의 처방도 미래에 드러날 우연성을 결코 다룰 수는 없다."[1]

중앙 계획 경제에 대한 프리드리히 하이에크 같은 우파 비평가와 "미래에 대한 입법은 불가능하다"고 선언한 표트르 크로포트킨 같은 권위주의적 공산주의에 대한 좌파 비평가 사이에서도 단지 이 대목에 관해서는—다른 지점에서는 전혀 아니다—이상할 정도로 완전히 일치된 견해를 보인다. 양쪽 모두 인간 행위의 다양성을 인정하며, 수백만 가지의 상호 교류를 성공적으로 조정하는 일이 얼마나 어려운지 잘 알고 있다. 좌절로 끝난 개발 패러다임을 신랄하게 비판한 허쉬만도 비슷한 의견을 표명하며 "삶에 대한 조금 더 많은 '배려', 미래에 대한 약간의 헐거운 기대, 예상할 수 없는 것에 대한 조금 더 많은 관용과 더불어 약간 더 적은 희망적 사고"[2]를 주문했다.

경험에 기초해 파산으로 치닫기 쉬운 개발 계획을 조금은 낮게 만들 수 있는 몇 가지 경험 법칙을—만약 지킬 수만 있다면—도출할 수 있을지도 모른다. 비록 나의 주요 목적이 개발 관행을 일일이 개혁하는 것이라고 말하기는 어렵지만, 그럼에도 불구하고 이러한 경험 법칙이 대충 다음과 같은 내용을 포함할 것이라는 점은 확실하다.

보폭을 작게 해라. 사회 변동에 대한 실험적 접근을 하는 데 지금 하고 있는 개입의 결과를 우리가 사전에 알 수 없다는 점을 명심하라. 이와 같은 무지를 전제한 다음, 가능한 한 보폭을 작게 취하고, 뒤로 물러나 관찰하며, 그런 이후 다음 차례의 작은 보폭을 계획하라. 생물학자 존 B. S. 홀데인(John B. S. Haldane)은 작은 것의 미덕을 다음과 같이 은유적으로 표현했다. "1000야드(약 914미터) 깊이의 수직 갱도 아래로 생쥐(mouse)를 떨어뜨려보라. 바닥에 닿자마자 생쥐는 미세한 충격을 입긴 하지만 곧 다시 걸을 수 있다. 하지만 쥐(rat)는 죽고, 사람은 어딘가 부러지고, 말은 허우적거린다."[3]

가역성에 유념하라. 만약 그것들이 실책으로 판명될 경우 쉽게 풀 수 있는 개입을 선호하라.[4] 역행할 수 없는 개입은 역행할 수 없는 결과를 초래한다.[5] 생태계에 대한 개입은 이 점과 관련해 우리의 특별한 배려를 촉구한다. 왜냐하면 생태계 내부의 상호작용이 어떻게 진행되는지 우리는 전혀 모르기 때문이다. 우리에게 필요한 신중한 태도에 대해 앨도 레오폴드(Aldo Leopold)는 다음과 같이 말했다. "지적인 땜질(tinkering)의 제1법칙은 모든 요소를 고려하는 것이다."[6]

놀라움에 대비하라. 예측할 수 없는 일에 직면해 최대한 조정이 가능한 계획을 선택하라. 영농 계획의 경우, 이는 여러 작물 가운데 어떤 것이라도 경작할 수 있는 토지를 선택하고 준비하는 것을 의미한다. 주거 계획의 경우에는 가구 구성이나 라이프스타일의 변화를 수용할 수 있는 '유연성 있는' 설계를 의미한다. 공장의 경우에는 장차 새로운 공정과 재료 또는 생산 라인을 포용할 수 있는 입지나 배치 또는 기계류의 선택을 의미한다.

인간의 창의성에 입각하라. 항상 훗날 이 계획에 동참하게 될 사람이 현재의 구상과 관련한 경험과 통찰력을 나름대로 갖고 있거나 발전시킬 것이라는 가정 하에 계획하라.

추상적 시민을 위한 계획

하이 모더니즘적 계획의 힘과 용의주도함은 우연성을 배제하는 데만 의존한 것이 아니라 계획의 대상이 되는 사람을 표준화하는 것에도 의존했다. 계획가들의 가장 고상한 목표에서조차 약간의 표준화는 암시되어 있다. 그 가운데 절대 다수는 좀더 평등한 사회를 만들고, 모든 시민(특히 노동자 계급)의 기본적 수요를 충족시키고, 현대 사회의 온갖 편의를 모든 사람에게 제공하고자 하는 것이 목표이다.

 하지만 이와 같은 혜택을 받는 인간이 과연 어떤 존재인지 한 번 생각해보라. 르코르뷔지에, 라테나우, 소련의 집단 농장 추진 세력 그리고 심지어 니에레레(아프리카 전통에 대한 그의 수사학적 관심과 관련해)같이 매우 다양한 인물은 보편적인 인구에게 필요한 것을 대상으로 계획을 구상했다. 몇 제곱미터의 주거 공간, 몇 에이커의 농장, 몇 리터의 수돗물, 대중교통 체계, 충분한 먹을거리, 신선한 공기, 휴식 공간 등이 그 실례이다. 표준화된 시민은 그들의 필요에 의해 획일적이 되고, 심지어 호환이 가능하기도 하다. 당연히 놀라운 점은 계획의 대상으로 삼은 인구 집단이—자유주의 이론에서 말하는 '표식 없는 시민'처럼—계획의 추진이라는 목적을 위해 특정한 성별이나 취향, 역사, 가치, 의견 또는 원래의 생각, 전통, 차별적 개성을 갖고 있지 않다는 것이다. 그들은 어떤 특정 인구 집단에 대해서도 응당 기대할 수 있는 특수하고 상황적이고 또한 맥락적인 속성을 갖고 있지 않으며, 우리는 그런 속성이 당연히 엘리트들의 몫이라고 생각한다.

맥락과 특수성의 결여는 결코 단순한 실수가 아니다. 어떤 대단위 계획에서든 불가피하게 전제되는 것이 바로 이러한 것들의 부재다. 계획 대상을 표준화된 단위로 간주할 수 있는 정도만큼 계획의 실천 단계에서 결단력은 강화된다. 엄격한 범주 안에서 제기된 질문은 분명하고 정량적인 대답을 가질 수 있다. 똑같은 논리가 자연 세계의 변환에도 적용된다. 상업용 목재의 양 혹은 밀의 수확량에 대한 질문은 이를테면 토양의 질, 곡물의 다양한 용도 그리고 미각, 혹은 공동체의 번영에 대한 질문에 비해 훨씬 더 정확한 계산을 가능케 한다.[7] 경제학이라는 학문은 그렇지 않을 경우 질적인 문제로 고려할 수 있는 문제를 단 하나의 계량법 혹은 계산법을 통해 정량적인 이슈로 전환하는 탁월한 해결 능력을 갖고 있다. 그리고 그 핵심은 이익이냐 손해냐 하는 것이다.[8] 만약 우리가 이와 같은 용의주도함에 도달하는 데 요구되는 대담한 가정과 그것이 대답할 수 없는 질문들을 이해할 수 있다면, 단일한 계산법은 대단히 귀중한 도구가 아닐 수 없다. 단지 문제는 그것이 패권적으로 작용할 때이다.

하이 모더니즘적 계획에서 아마도 가장 눈에 띄는 대목은—그것들의 매우 진지한 평등주의와 종종 나타나는 사회주의적 충동에도 불구하고—막상 보통 사람의 기술과 지혜 그리고 경험에 대해서는 별로 신뢰를 보내지 않는다는 점이다. 이는 테일러 방식의 공장에서 분명히 드러난다. 그곳에서 작업을 조직화하는 논리는 공장의 손들(hands)이 하는 기여를 일련의 반복적인 동작으로—가능한 한 기계와 똑같은 작동—축소하는 것이다. 그러나 이런 현상은 집단 농장에서도, 우자마아 촌락에서도, 계획된 도시에서도 마찬가지여서, 그곳에 속한 사람들의 움직임은 상당하리만큼 이러한 공동체의 설계 속에 이미 각인되어 있다. 만약 협동 국영 농장에 대한 니에레레의 야망이 좌절되었다면, 이는 협동 노동 구상을 통합하려는 계획이 실패했기 때문이 아니다. 어떤 계획의 야망이 크면 클수록, 또한 그것이 좀더 세심할수록—이론적으로 볼 때—우연성과 지역 현장의 주도권 그리고 경험의 몫으로 남겨지는 부분은 한층 적어진다.

현실을 벗겨 본질에 이르다

사회적 및 경제적 삶을 조사하는 데 익숙한 정량적인 기법은 그것들이 서술하고자 하는 세상이 스스로의 이미지에 따라 재구성될 때 가장 잘 작동한다.
—시어도어 포터, 《숫자들에 대한 신뢰》

만약 사실들이—다시 말해 살아 있는 인간 존재의 행동이—그와 같은 실험에 완강하게 저항할 경우 짜증이 난 실험자는 이론에 사실들을 부합시키는 개조를 시도한다. 실제로 이는 자신의 원래 이론이 천명했던—실험은 본디 사실들을 통해 만들어져야 하는 법이다—바에 따라 사회를 만들어가는 일종의 생체 실험을 의미한다.
—아이자이어 벌린, 《정치적 판단에 대해》

하이 모더니즘적 시각의 명쾌함은 결단코 그 단일성에 기인한다. 하이 모더니즘적 시각이 갖고 있는 단순화의 허상은 그것이 검토하고자 하는 어떤 활동이나 과정에 대해서도 오직 한 가지만 진행시킬 뿐이다. 과학적 삼림에서는 오직 상업용 목재만 자란다. 계획 도시에서는 단지 물자와 사람의 효율적인 이동만 있다. 주택 개발에서는 주거지, 온수, 하수 처리 그리고 수돗물의 효율적인 보급만 존재할 뿐이다. 의료 계획에서는 오직 전문 의료 인력의 신속한 투입만 있다. 그러나 우리 자신과 계획가 모두는 삼림이나 도시, 주택, 병원 각각이 상호 관련된 수많은 행위의 교차 지점으로서 그와 같은 단순한 묘사를 거부한다는 것을 알고 있다. A 지점에서 B 지점에 이르는 도로처럼 명백하게 단일한 기능을 갖고 있는 경우조차도 그것은 여가, 사회적 상호작용, 즐거운 기분

전환 그리고 A 지점과 B 지점 사이의 경관을 즐기는 공간으로 동시에 기능할 수 있다.[9]

어떤 특정 장소에 대해 인간의 행위에 관한 두 가지 서로 다른 지도를 상상해보는 것이 도움을 준다. 계획된 도시 근린 지대의 경우, 가로와 건물로 구성되는 첫 번째 지도는 일터와 주거지 사이의 이동, 물건 배달, 쇼핑에 대한 접근 등을 위해 계획가가 제공한 노선들로 표현된다. 두 번째 지도는 저속으로 촬영한 사진처럼 모든 비계획적 이동으로 구성된다. 이를테면 유모차 밀기, 윈도쇼핑, 어슬렁거리기, 친구 만나러 가기, 보도에서 돌을 차며 놀기, 개 산책시키기, 스쳐가는 풍경 바라보기, 일터와 주거지 간의 샛길 찾기 등이 바로 그것이다. 첫 번째 것에 비해 훨씬 복잡한 두 번째 지도는 사회생활과 관련해 매우 다른 패턴을 보여준다. 이웃이 오래될수록 두 번째 지도가 첫 번째 지도를 대체할 가능성은 매우 높다. 계획적으로 교외에 건설한 레빗타운(Levittown: 제2차 세계대전 후 미국에서 저소득층을 위해 건설한 마을의 총칭—옮긴이)이 50년 뒤 그것을 설계한 사람들이 상상했던 것과 완전히 다른 환경으로 바뀐 것처럼 말이다.

만약 우리의 연구가 무언가를 가르쳐주는 게 있다면, 그것은 첫 번째 지도 하나만으로는 대표성이 없을 뿐 아니라 사실상 지속 가능하지도 않다는 점이다. 모든 지엽적 폐해는 차지하더라도 동일한 수령대에 단일한 품종으로 재배되는 삼림은 결국 생태학적 재앙이다. 테일러 방식으로 운영되는 어떤 공장도 숙련된 노동력의 비계획적 임기응변 없이는 생산을 지속할 수 없다. 계획된 브라질리아는 수천 가지 방법으로 비계획적 브라질리아의 도움을 받아왔다. 제이콥스가 언급한 최소한 몇 가지의 다양성이 없다면, 꼭 필요한 골조만 남은 공공주택 사업은—세인트루이스의 프루이트 이고(Pruitt-Igoe)나 시카고의 카브리니 그린(Cabrini

Green)처럼—거주자에게 외면을 당할 수밖에 없다. 심지어 단기적 계획에 의한 제한된 목적을—상업용 목재나 공장의 생산품 같은 경우—위해서라도 일차원적 지도로는 어림도 없다. 산업형 농업이 원산지 품종에 의존하는 것처럼 첫 번째 지도는 그 외곽에서 작동하는 과정이 있기에 가능하며, 그것을 무시하는 한 위험을 각오해야 한다.

또한 우리가 살펴본 것처럼 이와 같은 가독성과 통제의 지도는 우리에게—특히 권위주의적인 국가를 등에 업고 있을 경우—자신의 이미지에 맞게 자연 및 사회 환경을 주조하는 일에 부분적으로는 성공할 수도 있다는 점을 가르쳐준다. 이처럼 얇은 지도가 사회적 삶 속에 각인될 때 과연 어떤 종류의 사람들이 길러질까? 이 점과 관련해 나는 이렇게 주장하고 싶다. 단일 재배 품종의 동일 수령대 삼림이 헐벗고 지속 불가능한 생태계를 표현하듯 하이 모더니즘적 도시 또한 단지 헐벗고 지속 불가능한 사회 시스템을 표현한다고.

사회를 어떤 틀 속에 좀더 강력하게 짜 맞추는 형태에 대한 인간의 저항은 중앙 집중화된 합리적 단일 계획안이 구체적으로 실현되는 것을 막는다. 만약 그것이 계획 그대로 실현되었다면 인간의 미래는 매우 절망적인 처지에 빠졌을 것이다. 예를 들어 르코르뷔지에의 계획 가운데 하나는 대규모 운송을 위한 간선도로를 따라 공장 노동자와 막사에 거주하는 그들의 가족이 서로 격리될 것을 요구한다. 이론적으로 볼 때 그것은 교통과 생산 문제에 대한 효율적인 해결책이었다. 만약 그 계획이 강제로 집행되었다면 그 결과는 직장과 주거지가 마치 병영 생활처럼 의기소침한 환경이 되었을 테고, 이는 도시 생활 전체의 활력 상실로 이어졌을 것이다. 이 계획은 테일러 방식의 모든 매력을 갖고 있었으며, 노동자의 동작을 단 몇 가지 반복적인 행동에 한정해 작업의 효율적 조직화를 꾀하고자 했다는 점에서 유사한 논리를 갖고 있다. 소련의 집단 농장, 우자마아 촌락, 혹은 에티오피아의 재정착지 이면에 깔린 판에 박은 듯한 설계 원리도 협애한 비전을 똑같이 드러낸다. 무엇보다 이것들은 생산의 중앙 관리 그리고 공적 생활의 통제를 촉진하기 위해 고안된 것이다.

엄격하게 기능적이며 한 가지 목적에만 한정된 거의 모든 제도는 무언가 새로운 목적을 실험하는 데 필요한 감정 박탈 탱크(sensory-deprivation tank) 자질을 어느 정도 갖고 있다. 수용소, 구빈원, 감옥, 소년원 등 18~19세기의 대단위 사회 통제 제도도 마찬가지다. 우리는 시간이 지남에 따라 재소자들 사이에 무관심, 침잠, 주도권 및 자발성 결여, 과묵함, 고집스러움 등으로 특징되는 어떤 제도적 노이로제가 생성되는 환경에 대해 잘 알고 있다. 이와 같은 노이로제는 박탈된, 감동 없는, 단조로운 그리고 통제된 환경에 대한 순응을 의미하는 것으로서 궁극적으로는 사람을 바보처럼 만든다.[10]

요컨대 삶과 생산을 위한 하이 모더니즘적 디자인은 자신이 대상으로 삼았던 사람들의 기술과 능력, 자주성 그리고 사기를 감소시키는 경향이 있다. 그런 설계 자체가 이러한 제도적 노이로제를 조금씩 유발하는 것이다. 혹은 하이 모더니스트의 수많은 동지들이 알아들을 수 있도록 이를 공리주의적 용어로 표현하면, 이러한 설계는 노동력의 '인적 자본'을 감소시키는 경향이 있다. 제이콥스가 말한 것처럼 복잡하고 다양하고 활기 넘치는 환경은 사람들에게 탄력성과 융통성 그리고 적응력을 부여하는 데 도움을 준다. 새로운 도전에 직면할 경우 주도권을 쥐고 대처할 수 있는 좀더 많은 경험은 바로 이것들에 의해 제공된다. 반면에 제한적이고 계획적인 환경은 덜 숙련되고, 덜 창의적이고, 덜 쓸모 있는 사람들을 양성한다. 사실상 이런 사람들은—일단 만들어질 경우—역설적이게도 위로부터 철저히 관리 감독을 받아야 하는, 정확히 바로 그런 종류의 인적 자원이 될 수밖에 없다. 바꾸어 말하면, 이런 수준의 사회공학 논리는 그와 같은 계획이 애초에 가정했던 바로 그런 종류의 계획 대상을 만들어왔던 것이다.

권위주의적 사회공학이 스스로 바라는 대로 세상을 창조하지 못했다고 해서 메티스와 관련해 결정적으로 중요한 상호 관계와 실천 관행의 수많은 초기 구조까지 그것에 의해 훼손되었다는 사실에 눈을 감아서는 안 된다. 소비에트 콜호스는 결코 권위주의적 사회공학의 기대에 부응하지 못했다. 그러나 그것은 농민의 노동력을 일개 직공처럼 취급함으로써 집단화 직전에 농민이 갖고 있던 수많은 농업 기술을 파괴했다. 비록 진즉에 폐기되었어야 할 구시대의 잘못된 제도(계급과 성별, 연령 그리고 가계에 기초한 토착 전제 정치)가 있긴 했다. 하지만 그것과 더불어 일정한 제도적 자율성마저 파괴된 것이다. 나는 여기서 고전적 무정부주의 논리, 곧 국가는 실증법과 중앙 집권적 조직을 통해 주체적 통치를 위한 개인의 역량을 훼손한다는 주장이 하이 모더니즘의 계획 격자에도 잘 들어맞는다고 생각한다. 그러한 제도적 유산 그 자체는 잘 부서지고 언젠가는 사라질지 모른다. 하지만 그것들이 경제적, 사회적 그리고 문화적 자기표현의 지역적 원천을 가난하게 만들 수도 있는 것이다.

도식적 접근의 실패와 메티스의 역할

모든 것이 당의 지도력 아래 있다고 말한다. 그런데 그 누구도 게나 물고기를 맡아 기르지 않는다. 하지만 그것들 모두는 살아 있다.
— 베트남의 쑤안 후이(Xuan Huy) 마을 사람

1989년 결정적인 정치적 개방이 있은 지 얼마 되지 않아 아직 여전히 소런이던 시절, 농업 전문가 회의가 소집되어 농업 부문의 개혁 문제를 논의하게 되었다. 참석자 대부분은 집단 농장을 해체한 다음 민영화하는 안을 지지했다. 그들은 1920년대까지 번창했으나 1930년 스탈린이 허물어버린 민간 부문이 다시 부활하기를 바랐다. 그리고 지난 3세대에 걸쳐 콜호스 소속 농민의 기술과 창의력 그리고 지식에 끼친 영향에 대해 거의 만장일치로 절망했다. 그들은 자신의 상황을 중국의 경우보다 더 나쁘다고 생각했다. 겨우 25년 동안 집단 농장을 경험한 중국에서는 농민의 기업가적 기술이 상당 부분 남아 있을 것이라고 생각했기 때문이다. 이때 갑자기 노보시비르스크(Novosibirsk) 출신의 한 여성이 그들을 향해 다음과 같이 소리쳤다. "무엇보다 당신들은 그곳 농민들이 지난 60년 동안 집단 농장을 어떻게 견뎌왔다고 생각합니까? 만약 그들이 나름의 창발성과 기지를 발휘하지 않았다면, 아마 살아남지 못했을 겁니다! 그들에게 융자나 보급이 필요했는지는 모르지만, 창발성에는 아무런 문제도 없었습니다."[11]

집단 농장화가 다방면에 걸쳐 실패했음에도 불구하고, 그곳 소속 농민은 최소한 살아남기 위한 방법과 수단을 발견한 것으로 생각된다. 이런 맥락에서 우리는 1930년의 집단 농장화에 대한 최초의 반응이 결의에 찬 저항 또는 심지어 반란이었다는 사실을 잊어서는 안 된다. 하지만 그것이 무위로 돌아가자 살아남은 사람들에게는 적어도 겉으로 보기에 순응하는 것 이외의 선택은 없었다. 그들은 결코 농촌의 명령 경제를 성공적으로 만들지 못했다. 하지만 주어진 할당을 최소한 채우며 자기 자신의 경제적 생존에 필요한 것을 확보하는 데는 성공했다.

1989년 장벽이 무너지기 이전 동독 지역 내 두 개의 공장에 대한 어느 기민한 사례 연구를 통해 용납이 되기도 했고 또한 필요하기도 했던 일종의 임기응변을 살펴볼 수 있다.[12] 각각의 공장은 낡은 기계와 열악한 원재료 그리고 예비 부품의 부족에도 불구하고 생산 할당을 충족시켜야 한다는 엄청난 중압감에 시달리고 있었다. 사실 여기에 그들이 매우 중시하는 보너스가 달려 있었다. 이와 같은 가혹한 조건 하에서 2명의 종업원이 공장을 위해 절대적으로 필요했다. 그들의 낮은 공식 직급하고는 상관이 없었다. 한 명은 단기간의 해결책을 즉석에서 제시하는 전천후 해결사로서 기계가 계속 돌아가게 하거나 생산 제품의 결함을 고치거나 아니면 아무 문제가 없는 것처럼 상황을 감추거나 혹은 원료를 최대한 오래 사용할 수 있게 하는 등의 일을 했다. 두 번째 노동자는 일종의 책략가로서 공식적인 유통 과정을 통해 적시에 제공되지 않는 예비 부품이나 기계 및 원료의 소재를 확인한 다음 그것들을 구매하거나 아니면 다른 것들과 물물 거래하는 일을 맡고 있었다. 이러한 책략가의 임무를 촉진하기 위해 공장은 가루비누, 화장품, 고급 용지, 방적사, 고급 와인과 샴페인, 약품 그리고 유행하는 옷가지처럼 귀중하고 오래가는 재화를 비축하는 데 필요한 기금을 통상적으로 운용해왔다. 공장에 핵심 밸브나 전동 공구가 부족해 주어진 할당량을 채우지 못할 것 같으면, 이들 총명한 사람은 공장에 당장 필요한 것들을 확보하기 위해 자신의 소형 트라반트(Trabant) 자동차 안에 물물 교환할 물건을 가득 싣고 전국을 돌아다니기 시작한다. 공장의 조직표에는 이들의 역할이 결코 드러나지 않는다. 하지만 공장이 살아남기 위해서는 다른 어떤 종업원보다 바로 이들의 기술과 지혜 그리고 경험이 제일 중요하다. 중앙 집권적 계획 경제에서도 결정적 요소는 항상 비공식적으로 존재하고 활동하는 메티스의 역할이었다.

방금 서술한 사례는 결코 예외가 아니라 규칙이다. 이러한 사례는 사회공학적 디자인을 통해 표현된 형식적 질서가 그것을 작동하기 위해 필수불가결한 핵심 요인을 불가피하게 방치한다는 사실을 보여준다.

만약 공장이 단순화된 설계 속에 명기된 역할과 기능의 한계 내에서만 운영되도록 강제된다면, 당장이라도 조업을 중단할 수밖에 없다. 집단주의적 명령 경제가 사실상 모든 곳에서 그나마 절뚝거리며 지탱된 것은 그 계획 외부에서 비공식 경제가 종종 필사적인 임기응변을 발휘했기 때문이다.

약간 달리 표현하면, 공식적 질서의 모든 사회공학적 체계는 사실상 좀더 커다란 체계의 하위 개념이다. 비록 그 상위 체계에 기생한다고까지 말할 수는 없지만 궁극적으로는 종속되었다고 볼 수 있다. 하위 체계는 흔히 비공식적이거나 선례에 따르는 다양한 과정에 의존하는데, 이런 것들은 결코 스스로 창조하거나 유지할 수 없다. 어떤 공식적 질서가 좀더 도식적이고, 좀더 얇고, 또한 좀더 단순화될수록 그 제한적 카테고리 바깥에서 발생하는 교란에 대해 탄력성이 낮고 저항력도 약하다. 하이 모더니즘에 대한 이러한 분석은 따라서 시장을 조정하기 위한 보이지 않는 손을 의미하며, 이는 중앙 집중적 경제와 반대되는 것이다. 하지만 한 가지 조심할 대목이 있다. 곧, 시장 그 자체가 조정을 위한 제도적 및 공식적 체계이긴 하지만, 시장은 참여자에게 나름대로 운신의 폭을 제공하며 그만큼 시장 역시 사회관계라는 좀더 큰 체계에 의존하고 있다는 점이다. 그리고 이와 같은 사회관계의 좀더 큰 체계는 시장 자체의 계산법으로는 알 수 없는 것일 뿐만 아니라 시장이 스스로 만들거나 유지하지도 못한다. 내가 여기서 염두에 두고 있는 것은 계약법이나 재산법상의 명백한 요소 또는 그것을 집행하는 국가의 강제력만이 아니다. 동시에 나는 시장 교환 관계를 가능하게 해주는 사회적 신뢰, 공동체 및 협력의 선행(先行) 패턴과 규범까지도 고려하고 있다. 결국, 가장 중요한 점은 경제란 "유한하면서도 비성장적인 생태계의 하위 체계"로서, 그 추진 역량과 상호작용을 그것을 지속시키기 위한 필수 조건으로

받아들여야 한다는 점이다.[13]

  내가 생각하기에 조정을 위한 거대하고도 형식적인 체계가 갖고 있
는 한 가지 예외 없는 특징은—겉으로 보기에는 비정상적으로 보이지
만 자세히 들여다보면—바로 그와 같은 형식적 질서에 필수적인 것으
로 간주되는 그 무엇을 동반하고 있다는 점이다. 이 중 대부분은 '구원
용 메티스'라고 이름 붙일 수도 있다. 비록 권위주의적 사회공학 구상에
빠져 있는 사람에게는 그러한 임기응변이 혼선과 발악의 징표로 보일
지도 모르지만 말이다. 제3세계의 도시뿐만 아니라 현대의 많은 도시조
차 슬럼이나 불량촌의 거주민들이 제공하는 필수적인 서비스 덕분에
기능을 유지하며 살아남고 있다. 우리가 살펴본 것처럼 공식적 명령 경
제는 전형적으로 불법적인 소액 무역이나 물물 교환 및 상품 거래에 의
존한다. 연금 제도, 사회 보장 제도 그리고 의료 보장 같은 공식 경제는
이런 것들로부터 아무런 보호도 받지 못하며 유동적으로 부유하는 인
구들에 의해 지탱된다. 마찬가지로 기계화된 영농 방식에서 잡종 작물
은 옛 원산지 품종의 다양성과 면역성 덕분에 버틸 수 있을 뿐이다. 이
들 각각의 경우, 비순응적 관행은 공식 질서의 필수불가결한 조건이다.

메티스 친화적 제도 중 한 가지 경우

과학적 삼림, 부동산 자유 보유권, 계획 도시, 집단 농장, 우자마아 마을
그리고 산업적 영농의 발명은 그 모든 독창성에도 불구하고 엄청나게
복잡한 자연 및 사회 시스템에 대한 아주 단순화된 개입을 의미했다. 총
체적 계산을 거부하는 상호작용의 시스템에서 추상화된 다음, 강요된
질서의 기초를 만든 것은 단 몇 가지 요소였다. 최상의 경우에도 새로운

질서는 단절되거나 상처받기 쉬웠으며, 그것을 맨 처음 만든 사람들도 예견하지 못한 임기응변에 의해 유지되었다. 최악의 경우에 그것은 산산조각 난 삶과 망가진 생태계 그리고 분절되고 황폐화된 사회라는 형언할 수 없는 피해를 초래할 뿐이었다.

이처럼 다소 전면적인 비판은 특히 사회 시스템의 경우와 관련해 최소한 다음 네 가지 고려 사항을 통해 조절할 필요가 있다. 첫째―그리고 가장 중요한 점은―그들이 이식하기로 계획한 사회 질서는 전형적으로 너무나 명백히 정의에 어긋나고 압제적이기 때문에 거의 모든 대안적 새로운 질서도 그것보다는 나아 보일 정도다. 둘째, 하이 모더니즘적 사회공학은 흔히 법 앞의 평등, 만인을 위한 시민권, 생존 · 건강 · 교육 · 주거의 권리 등과 같은 평등주의적이고 해방적인 사상 속에 은폐되어 있다. 하이 모더니즘적 교의가 내세우는 전제와 엄청난 매력은 국가가 기술적 진보의 혜택을 모든 국민이 누릴 수 있도록 해준다는 것이다.

하이 모더니즘적 계획에 대한 우리의 비난 수위를 조절하는 데 필요한 나머지 두 가지 고려 사항은 잠재적으로 그것에 담겨 있는 파괴적 결과와 관련되어 있기보다는 그것을 수정하고 궁극적으로는 끌어내릴 수 있는 보통 사람들의 역량과 더 연관이 있다. 대의 기구가 작동하는 경우 어느 정도 조정은 불가피하다. 대의 기구가 없을 경우, 시민 수천 명의 완고하고도 일상적인 저항이 어떻게 그와 같은 하이 모더니즘적 프로젝트를 파기하거나 재조정하도록 만들었는지 살펴보는 것도 여전히 의미가 있다. 물론 충분한 시간과 여유가 주어진다면, 어떠한 하이 모더니즘적 계획도 대중적인 실천을 통해 완전히 새로 만들어질 수 있다. 가장 가공할 만한 사례인 소련의 집단 농장도 모스크바에서의 정치적 갈등에 의한 것 못지않게 궁극적으로는 집단 농장 소속 농민의 소극적 노동 그리고 저항에 의해 무너졌다.

나는 어떤 직무에 대한 분업 혹은 계층적 조정이 갖는 명백한 이점을 부정하지 않는 대신 다기능적이고, 유연하고, 또한 적응력 높은 제도─다시 말해, 메티스에 의해 강력하게 형성된 제도─의 한 가지 사례를 들어보고자 한다. 공식 질서의 제한된 시스템 속에 가둬진 것들이 항상 자기 이익을 위해 그 시스템을 더 융통성 있게 만드는 것처럼 보이는 현상은 '사회적 순치'라는 공통된 과정을 암시한다. 두 번째 척도는 자율성과 다양성을 지향하는 사회적 자성(磁性)이다. 예를 들면 제이콥스가 말한 혼합 용도 근린 지역의 인기나 자영업에 대한 지속적인 매력이 그 실례다.

다양성과 더불어 어떤 형태의 복잡성은─그들의 매력과는 별개로─여러 가지 다른 강점도 갖는다. 우리가 알고 있는 대로 자연 체계 속에서 이런 이점은 다양하다. 오래전에 형성된 숲, 작물의 혼합 재배 그리고 꿀벌과 바람에 의해 수분(受粉)되는 원산지 품종 중심의 농업은 단기적으로 볼 때 단종의 삼림이나 경작지 혹은 동일한 잡종에 비해 덜 생산적일지 모른다. 그러나 그것들은 확실히 더욱더 안정적이고, 더욱더 자립적이며, 또한 전염병이나 환경적 스트레스 앞에 덜 취약하다. 따라서 그것들은 스스로 갈 길을 계속 유지하는 데 외부의 지원이 훨씬 덜 필요하다. 우리가 '자연 자원(야생 어류나 오래된 삼림 같은)'을 이른바 '양식 자연 자원(양식업이나 임업 같은)'이라고 부를 수 있는 것으로 대체할 때마다 필요한 것을 더 쉽게 얻고 또한 당장에는 생산성을 높일 수도 있는 것이 사실이다. 하지만 그것을 유지하는 데 드는 비용은 점점 더 늘어나는 대신, "대체 가능성, 탄력성 그리고 안정성"[14]은 감소할 수밖에 없다. 만약 이러한 시스템이 직면한 환경적 도전이 별로 심각하지 않고 예측도 가능하다면, 어느 정도의 단순화 역시 상대적으로 안정적일 것이다.[15] 하지만 다른 조건이 동일하다면 양식 자연 자원의 다양성이 감소할수록,

그것은 더욱더 취약해지고 지속이 불가능해진다. 문제는 대부분의 경제 시스템에서 외부 비용은 (예컨대 물 또는 공기의 오염, 재생 불가능한 자원의 고갈, 혹은 생물 다양성의 감소) 그러한 일이 협의의 손익 개념 안에서 비수익적인 것으로 감지되기 이전에 오랫동안 축적된다는 사실이다.

내가 보기에 유사한 사례를 인간이 만든 사회 제도에서도 개략적으로 유추할 수 있다. 이는 엄격하면서 단일한 목적을 추구하는 중앙 집중적 제도가 갖고 있는 취약성을 한층 유연하고, 다목적적이고 또한 분권화된 사회적 형태의 적응성과 대비하는 것이다. 한 제도의 작업 환경이 반복적이고, 안정적이고 또한 예측 가능한 한, 일련의 고정된 일상적 행위는 매우 능률적이라는 사실이 확인될 것이다. 하지만 대부분의 경제와 인간사에서 이는 드문 경우이며, 환경이 분명히 변화하고 있을 때 이러한 일상적 관행은 반(反)생산적이 될 공산이 높다. 반면, 장기간에 걸쳐 생존하는 어떠한 사회 제도는—가족, 소규모 공동체, 소농, 어떤 특정 사업 분야에서의 가족 기업—급변하는 상황 속에서 발휘하는 그들의 뛰어난 적응력을 잘 입증해준다. 결코 그것들이 무한정한 융통성을 갖춘 것은 아니다. 하지만 자신이 불가피하게 붕괴하리라는 예측을 뛰어넘어 나름대로 역경을 뚫고 나아간다. 소규모 가족농업은 노동의 유연성(자녀의 노동 착취를 포함해), 새로운 작물 또는 가축으로의 전환 역량 그리고 위험을 분산하려는 경향 덕분에 수많은 대규모의, 자본 집약적인, 기계화된 그리고 전문화된 회사나 국가 농장이 실패에 직면할 때에도 경쟁적 경제 구조 속에서 자신을 나름 존속시킬 수 있었다.[16] 이를테면 현장 지식이나 날씨 및 작물 상황에 신속히 대처하고 저렴한 간접비(규모가 작기 때문에)가 더욱더 중요시되는 경제 영역으로서 가족 농장은 대기업에 비해 몇 가지 엄청난 이점을 갖고 있는 것이다.

거대한 조직에서도 다양성은 안정성과 탄력성이라는 측면에서 자기 역할을 수행한다. 강철 생산을 전담한 스탈린 방식의 보석 같은 도시 마그니토고르스크가 기술 수준이 뒤처지고 더 새로운 제품이 필요할 때 매우 취약해지는 반면, 수많은 산업과 다양한 노동력에 기초해 특화를 이루지 못한 도시의 경우에는 더욱더 큰 충격도 헤쳐나갈 수 있다. 가장 발전한 산업 경제 안에서 복잡하면서도 종종 저임금의 생계형 전략, 자급자족적 접근 그리고 책 없이 습관적으로 외워서 하는 작업이 널리 확산되어 있을 뿐 아니라 매우 결정적인 역할을 한다는 점은 대단히 인상적이다. 비록 그것을 대부분의 회계 보고 형태에서는 거의 찾아볼 수 없지만 말이다.[17] 이탈리아 에밀리아 로마냐(Emilia-Romagna)의 꽤 복잡한 가족 회사에 대해서도 많은 이야기를 할 수 있다. 이들은 상호 의존적 네트워크와 융통성 그리고 고도의 기술을 갖춘 헌신적인 노동력 덕분에 극도로 경쟁적인 세계 섬유 시장에서 몇 세대 동안 번창했다. 가족 기업은 또한 익히 잘 알고 있는 지역 사회에 뿌리를 내리고 있다. 이는 친밀한 사회 활동과 시민적 기량 깊은 곳에 수세기에 걸쳐 형성된 것이기도 하다.[18] 이러한 기업과 그 기업이 의존하고 있는 좀더 농밀하고 다양한 사회는 고대의 유물처럼 보이는 것이 아니라, 탈산업화 자본주의에 더욱더 이상적으로 어울리는 사업 형태로 여겨진다. 심지어 자유주의적 산업화 사회의 시장 경쟁력이라는 협의의 개념 안에서조차 다목적적이고 적응력이 뛰어나며, 또한 소규모인 단위는 1920년대 그 어떤 하이 모더니스트가 상상할 수 있었던 것 이상으로 강력하다.

우리가 이와 같은 다용도 혹은 다목적 제도를 좀더 광의의 기준을 통해 평가할 경우 그 장점은 더욱더 커진다. 이런 수준에서 대부분의 논의는 앞서 제기한 질문, 곧 어떤 부류의 사람이 이러한 종류의 제도를 만들어내는가 하는 것으로 되돌아간다. 경제적 사업과 정치적 기술의 연계를 가장 확실히 주장한 사람은 자작농을 찬양한 토머스 제퍼슨이었다. 그는 독립적 영농이 요구하는 자율성과 기술이 책임 있는 의사 결정에 익숙한 시민, 사회에 대한 의존을 피할 수 있을 정도로 충분한 재산 그리고 자신의 동료인 시민과 더불어 사고하고 협상할 수 있는 전통을 만드는 데 기여할 것이라고 믿었다. 요컨대 자작농은 민주주의적 시민의 이상적 양성 기반이었다.

사회적 삶과 관련해 계획되거나 건설된 혹은 제정된 형태 가운데 어떤 것에 대해서도 유사한 테스트를 적용해볼 수 있다. 곧, 그 계획은 어느 정도까지 그것의 일부가 되는 사람들의 기술과 지식 그리고 책임성 강화를 약속하는가? 좀더 협의의 제도적 기초와 관련해 말하면, 이 질문은 그와 같은 형태가 그 계획을 구성하는 사람들의 가치와 경험을 얼마나 깊이 반영하는가 하는 문제가 된다. 각각의 경우 그 목적은 다음 두 가지를 서로 구분하는 것이다. 수정을 전혀 허락하지 않거나 거의 수용하지 않는 마치 '깡통 속 같은' 상황과, 메티스의 개발과 응용에 대체로 개방적인 상황.

전쟁 기념관을 비교하는 간단한 사례가 도움이 될지도 모르겠다. 워싱턴에 있는 베트남 전쟁 기념비는 그곳을 방문하는 사람들의 숫자나 방문객들이 얻는 감동을 고려할 때 이제껏 지어진 전쟁 기념비 가운데 가장 성공적인 것이다. 마야 린(Maya Lin)이 설계한 이 기념비는 잔잔하게 굽어진 부지 안에 설치한 길고 낮은 검은색 대리석 벽으로 이루어져 있으며(결코 압도적이지 않다), 바로 그 벽에 전사자들의 이름이 새겨져 있다. 그들의 이름은 알파벳 순서에 의한 것도, 군부대 단위에 의한 것도 아니다. 그들이 전사한 순서에 따라 연대기적으로 새겨져 있다. 이를테면 같은 교전에서 같은 날 전사한 사람들이 함께 기록되어 있는 것이다.[19] 산문의 형태이든, 조각의 형태이든 전쟁에 대해서는 별로 의미를 부여하지 않았다. 이는 베트남 전쟁이 여전히 촉발하고 있는 첨예한 정치적 분열이라는 측면에서 볼 때 별로 놀라운 일이 아니다.[20] 하지만 가장 감동적인 것은 베트남 전쟁 기념비가 그곳을 방문하는 사람, 특히 자신의 전우나 사랑했던 사람에 대한 기억에 존경을 표하기 위해 찾아오는 사람들에게 작동하는 방식이다. 그들은 벽에 새겨진 이름을 만지거나 문지르며 공예품이나 자신의 기념물을 남겨두기도 한다. 개중에는 시집도 있고, 여성의 하이힐도 있고, 샴페인 잔도 있고, 에이스를 포함한 풀 하우스 상태의 포커 패까지 있다. 실제로 이런 것을 너무 많이 남겨두는 바람에 그것들을 보관하기 위한 박물관을 건립하기도 했다. 수많은 사람이 벽 앞에 서서 같은 전쟁에서 사망한 각별한 연인들의 이름을 어루만지는 광경은 전쟁 자체에 대한 입장이 어떤지를 떠나 그것을 지켜보는 사람들의 마음을 움직인다. 나는 기념비의 상징적인 힘 가운데 가장 중요한 것은 사자(死者)들을 개방적으로 예우하는 능력이라고 생각한다. 방문자로 하여금 그들 자신의 의미, 그들 자신의 역사, 그들 자신의 기억에서 감명을 받도록 허락하기 때문이다. 사실상 기념비는 그 본래 의미를 완수하기 위해 참여를 요구한다. 비록 어느 누구도 그것을 로르샤흐 테스트(Rorschach Test)라는 인격 진단 검사법과 비교하지는 않겠지만, 그럼에도 불구하고 이 기념비는 그 자체가 촉발하는 것 못지않게 시민이 그것에 대해 부여하는 것들에 의해 본래의 의미를 확실히 성취하고 있다.

베트남 전쟁 기념비를 미국의 또 다른 전쟁 기념비와 비교해보자. 제2차 세계대전 때 이오지마의 수리바치 산 정상에서 성조기를 일으켜 세우는 모습을 묘사한 조각이 바로 그것이다. 수많은 생명의 희생을 통해 얻은 승리의 마지막 순간으로 회자되면서, 이오지마 상은 그 자체로서 분명히 영웅적이다. (국기로 상징되는) 애국심, 정복에 대한 언급, 현실보다 과장된 규모 그리고 승리를 통한 단결이라는 암묵적 주제는 지켜보는 사람들로 하여금 무엇을 기대해야 하는지 궁금증을 거의 남기지 않는다. 미국의 관점에서 그 전쟁이 무엇을 의미했고, 또한 무엇을 뜻하는지에 대해 거의 만장일치에 가까운 동의가 이루어진 상황에서 이오지마 기념비는 문자 그대로 기념비적이어야 하며, 그것이 전하고자 하는 메시지 또한 분명해야 한다는 점은 별로 놀랍지 않다. 대부분의 전쟁 기념물이 그렇듯이 비록 아오지마 현장이 엄밀하게 '통조림 속에 들어 있는' 느낌은 아닐지 모르지만, 상징적인 측면에서 스스로 충분히 넘치는 것은 사실이다. 방문객들은 태평양 전쟁에 대한 실질적 아이콘이 되어온 사진과 조각상을 통해 이미지를 응시하며 경외심을 가질 수는 있으나 그것이 전하고자 하는 메시지를 완성하기보다 그냥 수용할 뿐이다.[21]

관련된 사람들의 진화하는 메티스에서 자기 형태의 대부분을 받아들이는 제도나 사회적 형태 혹은 기업은 그만큼 경험과 기술의 범위를 확대하게 된다. "쓰지 않으면 잃어버린다"는 교훈에 따라 메티스 친화적인 제도는 이처럼 가치 있는 공공재를 사용하고 갱신한다. 이는 모든 사회적 형태에 배타적인 리트머스 실험으로서는 단연코 불충분하다. 모든 사회적 형태는 인간의 특정한 목적을 위해 '인위적으로' 구성되기 때문이다. 목표가 좁고 단순하며 또한 시간이 지나더라도 변화가 없는 경우, 체계화되고 위계적인 구조를 갖춘 일상적 절차는 단기적인 측면에서 매우 적절할 뿐만 아니라 아마도 가장 효율적일지 모른다. 하지만 이와 같은 경우에도 우리는 맹목적으로 진행되는 일상적 절차의 인간적 비용과 기계적 성과주의에 제기될 수 있는 저항을 염두에 두지 않으면 안 된다.

이와 대조적으로 제도의 질과 그 성과가 사람들의 열성적인 참여 여부에 달려 있는 모든 경우에는 이러한 리트머스 실험이 일리가 있다. 예를 들어 주택의 경우 그 성공은 사용자의 의견과 결코 분리될 수 없다.

인간적 취향의 다양성과 가족 형태의 불가피한 (그러나 예측할 수 없는) 변화를 주어진 조건으로 받아들여야 하는 주택 계획가들은 융통성 있는 건물 설계와 조정 가능한 평면 구상을 통해 처음부터 일정한 변경의 폭을 확보할 것이다. 같은 원리로, 근린 단지 개발업자는 일종의 다양성과 복잡성을 증진시킴으로써 이웃 사이의 활기와 내구성을 보장하고자 할 것이다. 무엇보다도 계획과 조닝의 권한을 위임받은 이들은 이웃 사람에게 자신의 설계 형태가 싫든 좋든 영구불변하다고 인식시키는 것이 자신의 임무라고 생각하지 않는다. 학교, 공원, 놀이터, 시민 단체, 기업체, 가족은 물론 심지어 계획 기구까지 포함하는 다양한 형태의 제도에 대해서도 우리는 똑같은 렌즈를 통해 나름대로 평가할 수 있다고 생각할 수 있다.

　자유민주주의에서는 수많은 좋은 제도가 이미 이러한 형태를 취해왔으며, 새로운 것을 창출해내는 데 전범 역할을 할 수도 있다. 민주주의 그 자체는 시민의 메티스가 조정이라는 방식으로 그 나라의 법과 정책을 끊임없이 수정해야 한다는 가정에 기초한다고 말해도 좋을 것이다. 하나의 제도로서 관습법이 장수하는 이유는 그것이 법적 규칙의 최종판이 아니라 새로운 상황을 맞이해 지속적으로 적용할 수 있는 약간의 포괄적 원칙을 제시하는 일련의 과정이기 때문이다. 마지막으로, 인간이 만들어낸 사회 제도 가운데 가장 특징적인 것이라고 말할 수 있는 최상의 모델은 언어이다. 언어는 결코 머물지 않는 의미와 지속성이라는 구조를 갖추고 있으며, 그것을 말하는 그 어느 누구의 임기응변에도 항상 개방되어 있다.

1부 가독성과 단순화의 국가 프로젝트

01 자연과 공간

1. Henry E. Lowood, "The Calculating Forester: Quantification, Cameral Science, and the Emergence of Scientific Forestry Management in Germany," in Tore Frangsmyr, J. L. Heilbron, and Robin E. Rider, eds., *The Quantifying Spirit in the Eighteenth Century* (Berkeley: University of California Press, 1991), pp. 315-342. 이어지는 설명은 대부분 로우드의 정교한 분석에 따른 것이다.

2. 가장 눈에 띄는 예외는 왕실이 사슴, 곰, 여우 같은 '신성한 사냥감'을 공급하기 위해 그들의 서식지를 보호한 것이다. 이를 전근대 사회만의 희귀한 허식으로 치부하지 않으려면, 에리히 호네커(Erich Honeker), 니콜라에 차우셰스쿠(Nicolae Ceauşescu), 게오르기 주브코프(Georgy Zhuvkov), 브와디스와프 고무우카(Władysław Gomułka), 요시프 브로즈 티토(Josip Broz Tito)처럼 현대판 '군주들'이 사냥에 대해 부여했던 막강한 사회적 중요성을 상기해볼 필요가 있다.

3. John Evelyn, *Sylva, or A Discourse of Forest Trees* (London, 1664, 1679), p. 118, 인용 출처: John Brinckerhoff Jackson, *A Sense of Place, a Sense of Time* (New Haven: Yale University Press, 1994), pp. 97-98.

4. 라마찬드라 구하(Ramachandra Guha)는 여기서 '무시'라는 단어가 적당하지 않다고 내게 상기시킨다. 국가는 자신의 관리 정책에 방해되는 행위를 전형적으로 통제, 규제 그리고 무력화하려고 노력했기 때문이다. 삼림에 대한 나의 (인정하건대 한정된) 지식은 구하와 그가 쓴 두 권의 책 덕분이다. *The Unquiet Woods: Ecological Change and Peasant Resistance in the Himalaya* (Berkeley: University of California Press, 1989). 그리고 마드하브 가드길(Madhav Gadgil)과 함께 쓴 *This Fissured*

Land: An Ecological History of India (Delhi: Oxford University Press, 1992). 서양 숲의 문화적 의미가 변하는 과정을 광범위하게 다루고자 할 때는 다음 책 참조. Robert Pogue Harrison, Forests: The Shadow of Civilization (Chicago: University of Chicago Press, 1992).

5. Harrison, Forests, p. 121.

6. 이 마지막은 하이젠베르크 원리를 살짝 비튼 사례다. 관찰이라는 행동을 통해 관찰된 현상을 변형시켜 그 현상의 관찰 이전의 상태가 근본적으로 미지의 상태로 놓여 있게 하는 대신, 이런 경우에 관찰의 효과는 문제가 되는 현상을 오랜 시간 동안 변형시킴으로써 사실상 그 현상은 그 렌즈가 보여주는 추상적이고도 가장 기본적인 이미지를 훨씬 더 닮게 된다.

7. Keith Tribe, Governing Economy: The Reformation of German Economic Discourse, 1750-1840 (Cambridge: Cambridge University Press, 1988) 참조. 17-18세기 유럽에서 국가 행정의 원칙을 체계적으로 정리하고자 한 더욱 일반적인 과정에 대해서는 '칼리지 드 프랑스'에서 '통치성'을 강의하며 '경찰국가'라는 주제를 (잘못) 내건 미셸 푸코에 의해 검토되었다. Graham Burchell, Colin Gordon, Peter Miller eds., The Foucault Effect: Studies in Governmentality (London: Harvester Wheatsheaf, 1991) 참조. 특히 4장을 볼 것.

8. 17세기 후반, 콜베르는 삼림 경영을 '합리화'하려는 장대한 계획을 품었다. 이는 밀렵을 방지하고 더 확실한 수익을 확보하기 위함이었다. 이를 위해 에티엔 드라레(Etienne Dralet)의 '삼림 체제 안내(Traité du régime forestier)'는 "규칙적인 성장과 용이한 감시를 위한" 부지의 규격화를 제안했다. 이런 노력에도 불구하고 독일의 새로운 기술이 수입된 1820년까지 프랑스에서는 진전이 없었다. Peter Sahlins, Forest Rites: The War of the Demoiselles in Nineteenth-Century France, Harvard Historical Studies no. 115 (Cambridge: Harvard University Press, 1994) 참조.

9. Lowood, "The Calculating Forester," p. 338.

10. 여러 가지 기술적 방법이 시도되었다. 실제 나무를 작게 잘라서 다시 압축해 부피를 측정해보기도 하고, 나무를 미리 알려진 부피의 통 안에 넣은 다음 일정한 양의 물을 채워 나무를 '제외한' 통의 부피를 측정하기도 했다 (ibid., p. 328).

11. 공리적인 틀은 원칙적으로 숲의 계산 가능한 '목적' 외의 용도를 강조하기 위해서도 쓰였다. 사냥감의 마리 수, 돛대로 쓸 만한 질을 가진 목재, 또는 목초지 면적 등을 예로 들 수 있다. 숲을 관리하는 여러 기관이 서로 상반되는 다양한 공리적 목적을 가졌을 때, 결과적으로 획일적이지 않은 지역 주민에게 교묘히 이런

상황을 이용할 여지를 제공할 수 있다. K. Sivaramakrishnan, "Forests, Politics, and Governance in Bengal, 1794-1994" (박사 학위 논문, 인류학과, Yale University, 1996) 참조.

12. 나는 여기서 몇 마디 덧붙이고 싶다. 숲을 사용하는 데 따른 국가의 시각은 민간 기업에 비해 더 길게 그리고 넓게 내다볼 수 있다. 민간 기업의 경우 오래된 숲을 약탈한 후 그 땅을 팔아버릴 수 있고, 아니면 밀린 세금을 내기 위해 다시 양도할 가능성이 있으며, 이미 그렇게 한 사례도 있다 (예컨대 20세기 전후 미국 중서부 지역 북부의 '벌목지'). 문제는 전쟁이나 재정적 위기에는 국가 역시 그와 같은 근시안적 태도를 갖는다는 점이다.

13. Lowood, "The Calculating Forester," p. 341. 또한 Harrison, Forests, pp. 122-123 참조.

14. 나무 군체를 복제해 한 종을 유전학적으로 균일하게 만들려는 최근의 시도는 균일성과 통제에 더 가깝게 접근하려는 또 하나의 극적인 단계이다.

15. 이런 실험에서 발생한 혁신의 하나로 '이재적 벌기령(理財的 伐期令)'이 있다. 순종 나무의 연간 성장에 대한 세심한 주의와 목재 수익에 대한 분명한 지식을 통해 삼림 전문가들은 추가로 1년 성장의 부가가치가 완전히 새로운 성장의 부가가치에 의해 추월당하는 지점을 정확히 계산할 수 있게 되었다. [물론 이 경우 좀 이르게 나무를 베어 넘어뜨릴 때 그리고 다시 심을 때 발생하는 감채 기금에 의한 공채·사채(社債)의 분할 상환금은 제외된다.] 이런 정확성은 두말할 나위 없이 목재 단위가 같고 시가가 비슷하다는 가정에서만 가능하다.

16. '재설계'라는 용어는 크리스 마저(Chris Maser)의 가치 있는 책 The Redesigned Forest (San Pedro: R. and E. Miles, 1988)에서 나왔다. 책의 앞부분 제목에서 그가 제시하는 비교를 통해 그의 주장 대부분을 추론할 수 있다. "자연은 예측할 수 없는 실험의 일환으로 숲을 설계했다. ……우리는 규제되는 숲을 설계하고자 노력한다." "자연은 장기 지속적인 숲을 설계했다. ……우리는 숲을 단기간의 확실한 현상으로 설계하고자 노력한다." "자연은 다양성을 띤 숲을 설계했다. ……우리는 단순하게 통일된 숲을 설계한다." "자연은 서로 연관된 과정의 숲을 설계했다. ……우리는 고립된 생산품에 기초한 숲을 설계하고자 노력한다." (p. vii.)

17. Honoré de Balzac, Les paysans (Paris: Pleiades, 1949); E. P. Thompson, Whigs and Hunters: The Origin of the Black Act (New York: Pantheon, 1975); Douglas Hay, "Poaching on Cannock Chase," in Douglas Hay et al., eds., Albion's Fatal Tree (New York: Pantheon, 1975); and Steven Hahn, "Hunting, Fishing, and

Foraging: Common Rights and Class Relations in the Postbellum South," *Radical History Review* 26 (1982): 37-64 참조. 독일의 적절한 사례로는 목재의 도난을 경기 변동 및 라인 지역에서의 실업률과 결부시켜 연구한 카를 마르크스(Karl Marx)의 첫 번째 발표 논문을 볼 것. 이 논문은 다음 책에 포함되어 있다. Peter Linebaugh, "Karl Marx, the Theft of Wood, and Working-Class Composition: A Contribution to the Current Debate," *Crime and Social Justice*, Fall-Winter 1976, pp. 5-16.

18. 세 차례 순환의 결과는 족히 200년은 걸리거나 아니면 6명의 삼림학자가 정년까지 연달아 직장에 다니면서 관찰해야 한다. 이에 비해 옥수수의 세 차례 순환을 비교하는 데는 3년이면 충분하다. 현존하는 거의 대부분의 삼림에서 세 번째 순환의 결과는 아직 보고된 바 없다. 숲에 대한 실험은 한 사람의 일생을 쉽게 넘어선다. Maser, *The Redesigned Forest* 참조.

19. 독일에서는 내가 설명한 바 있는 공리주의적 관점을 가진 입장과 반공리주의, 반맨체스터식 생각을 가진 입장 사이에 논쟁이 벌어졌다. 후자의 대표는 다른 누구보다도 카를 가이어(Karl Geyer)이다. 그는 혼합 숲의 옹호자이며 자연 재생을 지지했다. 그러나 공리주의가 단기적으로 성공하자 그것이 독일 과학적 삼림의 패권적 '수출 모델'이 되었다. 나는 아비드 넬슨(Arvid Nelson)이 나에게 이런 정보를 제공하고 또한 독일 삼림 정책의 역사에 대한 깊은 지식을 나와 공유한 것에 고마움을 느낀다. 식민지 인도의 삼림 책임자였던 독일인 디트리히 브란데스는 1868년에 공동체 숲과 국가 생산 숲이라는 두 가지 안을 제시했지만 전자는 영국 행정 당국에 의해 거부당했다. 국가 관리들은 독일 삼림의 복합적 유산 가운데 가장 읽기 쉽고, 관리하기 편하고, 수익성 높은 요소들만 추리는 데 관심이 있었던 것 같다.

20. 핀초트는 낭시에서 공부를 마친 후 프로이센과 스위스의 숲을 관광했다. 미국 최초의 삼림학교 설립자인 칼 솅크(Carl Schenk)는 독일 출신 이민자였으며 독일 대학에서 교육을 받았다. 핀초트에 앞서 1886~1898년 사이 미국 연방 정부 삼림 담당 책임자 버나드 페르노(Bernhard Fernow)는 모인덴(Meunden) 소재 프로이센 삼림학교의 졸업생이었다. 이런 정보를 제공해준 칼 제코비(Carl Jacoby)에게 감사한다.

21. 인도에서 식민지 삼림 정책에 대한 상세하고 분석적인 이야기는 Sivaramakrishnan, "Forests, Politics, and Governance in Bengal" 참조. 이 책의 제6장에서 저자는 과학적 삼림의 3대 원리가 증거의 축적에 의해 왜 파기되었는지 설명한다. 그 세 가지 원리는 단일 수종이 혼합 수종보다 상업적 목재로 좋다는 설, 화재는 파괴

적인 요인이기 때문에 피해야 한다는 설, 벌목이나 땔감을 수집하는 것은 삼림 관리 프로그램을 위협한다는 설이다.

22. Richard Plochmann, *Forestry in the Federal Republic of Germany*, Hill Family Foundation Series (Corvallis: Oregon State University School of Forestry, 1968), pp. 24-25; Maser, *The Redesigned Forest*, pp. 197-198에서 인용. 관심 있는 독자를 위해 원문에서 생략된 문장을 소개한다. "독일가문비나무를 예로 들어 말하겠다. 우리 독일가문비나무의 뿌리는 매우 짧다. 원래의 단단한 목재용 토양에 심었을 경우 첫 번째 세대는 예전에 있던 나무뿌리 자리를 따라 뿌리를 내릴 수 있다. 그러나 두 번째 세대가 되면 뿌리 시스템은 흙이 압축됨에 따라 짧아진다. 따라서 나무가 흡수할 영양소가 줄어든다. 독일가문비나무는 첫 세대의 경우 단단한 나무에 축적된 부식토를 통해 혜택을 받을 수 있다. 그러나 독일가문비나무 껍질은 넓은 잎사귀보다 쉽게 썩지 않으며 동식물들에 의해 분해가 잘 되지 않는다. 그러므로 습한 기후에서 부식산(humic acid)이 흙에 스며들고 동식물들의 흙을 메마르게 한다. 이로 인해 분해가 더욱 저해되고 거친 부식토의 진행도 더 빨라진다." 플로크만은 이런 과정이 소나무 숲에서도 유사하게 진행된다고 지적한다. 나는 이런 패턴을 예일 대학교 삼림 및 환경학과에 있는 데이비드 스미스(David Smith)와 함께 확인했다. 그는 삼림 기술에 대한 중요한 저서인 *The Practice of Silviculture*의 저자이기도 하다. 화재를 피하고 단일종 생산을 포함한 과학적 삼림 기술에 따라 숲의 건강과 생산이 어떻게 저해되었는지에 대해서는 다음을 참조하라. Nancy Langston, Forest Dreams, *Forest Nightmares: The Paradox of Old Growth in the Inland West* (Seattle: University of Washington Press, 1995).

23. "부러진 가지들이 단기 순환 지역에서 제거될 때, 야생동물 (조류 제외) 가운데 10퍼센트가 사라진다. 관리된 신규 삼림에서 부러진 가지와 넘어진 나무(통나무)가 제거될 때, 야생동물의 29퍼센트가 사라진다. '철저한 목재 관리'라는 단순 획일화된 개념에 따라 숲에서 부스러기들이 계속 제거되면서, 근대적 삼림은 최종적으로 단순화된 모습, 이를테면 '크리스마스트리 농장'과 가까워진다" (Maser, *The Redesigned Forest*, p. 19).

24. 이 과정에서 핵심적인 단계는 앨버트 하워드 경이 상세히 연구한 지하에서의 공생적 균류 뿌리 구조일 것이다. 제7장 참조.

25. 해충의 종류로는 "pine looper moth, pine beauty, pine moth, Nun moth, saw flies, bark beetles, pine needle cast fungus, pine blunder rust, honey fungus, red rot" 등이 있다 (Maser, *The Redesigned Forest*, p. 78).

26. 이런 관행에 대한 짧은 설명을 보려면 Rachel Carson, *Silent Spring* (Boston: Houghton Mifflin, 1962, 1987) 참조. 카슨은 이런 방식을 칭찬했는데, 그 이유는 살충제 사용 대신 생물학적 통제를 예고하는 것이라고 생각했기 때문이다.

27. 단일 품종의 생산을 최대화하기 위해 숲을 조작함에 따라 예상하지 못한 결과가 초래된 사례는 이제 전 세계에서 찾아볼 수 있다. 제2차 세계대전 후 일본은 땔감과 건축 자재 약탈로 인해 파괴된 숲을 재건하면서, 빨리 성장하고 상업성 높은 일본삼나무로 대체했다. 그 결과 높고 날씬하고 획일화된 삼나무를 심은 수킬로미터에 걸쳐 양분 유실과 산사태가 발생하고 지하 수면이 감소하고 또한 태풍이 불 때 쉽게 넘어지는 사태가 벌어졌다. 일본삼나무는 햇빛이 숲 바닥까지 닿지 못하도록 함으로써 동물을 보호하지도 못하고 심지어 동물들에게 식량을 제대로 제공 못한다. 도시 거주 일본인들에게 일본삼나무가 남긴 가장 단기적인 폐해는 계절적으로 발생하는 대량의 꽃가루로서, 이는 매우 심각한 알레르기의 발생을 초래했다. 하지만 이러한 알레르기 발생은 그와 같은 급진적 단순화가 초래한 좀더 심각한 결과 가운데 단지 겉으로 가장 쉽게 드러난 징후일 뿐이다. James Sterngold, "Japan's Cedar Forests Are a Man-Made Disaster," *New York Times*, January 17, 1995, pp. C1, C10 참조.

28. Maser, *The Redesigned Forest*, pp. 54-55. 오늘날 대다수 중요한 숲의 '상품'은 목재 자체라기보다 종이를 만들기 위한 펄프이다. 이에 따라 수종과 복제된 줄기의 유전자 조작을 통해 펄프의 이상적인 질과 양을 제공하게 되었다.

29. 복지 경제라는 맥락 아래 과학적 삼림의 관행은 지역 주민에게 대차대조표에 잘 나타나지 않는 비용을 전가시켰다. 토양 고갈, 수분을 보유할 수 있는 능력 및 수질의 상실, 사냥감의 감소, 생물 다양성 상실 등이 그 실례이다.

30. Plochmann, *Forestry in the Federal Republic of Germany*, p. 25. 물론 자연발생적인 순수한 수종의 목재도 있지만 이것들은 매우 한정된 생태 조건에서 발생한다. 이 주제에 대한 여러 관점에 대해서는 Matthew J. Kelty, Bruce C. Larson, and Chadwick D. Oliver, eds., *The Ecology and Silviculture of Mixed-Species Forests: A Festschrift for David W. Smith* (Dordrecht and Boston: Kluwer Academic Publishing, 1992) 참조.

31. 낸시 랭스턴(Nancy Langston)은 이렇게 총평한다. "숲을 고치려고 한 사람들 모두가 숲을 더 안 좋게 만들었다"(*Forest Dreams, Forest Nightmares*, p. 2).

32. 이어지는 설명은 James B. Collins, *Fiscal Limits of Absolutism: Direct Taxation in Early Seventeenth-Century France* (Berkeley: University of California Press, 1988)

참조.

33. P. M. Jones, *The Peasantry in the French Revolution* (Cambridge: Cambridge University Press, 1988), p. 17.

34. Collins, *Fiscal Limits of Absolutism*, p. 201, 204. 세금을 피할 수 있는 이런 능력 덕분에 재정 제도가 (적어도 상부에서) 의도하지 않았던 융통성을 갖게 되었으며, 혼란스러운 17세기 동안 국가는 추가적인 반란을 피할 수 있었다.

35. 하일브론(Heilbron)의 1791년 기록에 의하면, 영국 군대의 사령관은 스코틀랜드 성직자로부터 그들의 인구 목록을 전달받기 위해 자신의 부대를 마을에 주둔시키겠다고 협박했다(Tore Frangsmyr, J. L. Heilbron, and Robin E. Rider, eds., *The Quantifying Spirit in the Eighteenth Century* [Berkeley: University of California Press, 1991], p. 13).

36. 이것은 왕실이 장기적으로 수익을 최대화시키고자 하는 것으로 가정한다. 물론 그때나 지금이나 정부는 정치적·군사적 위기 때 미래를 담보로 그들의 숲이나 국민에게서 최대한 수익을 짜내려고 노력한다. 훌륭한 분석적 종합 연구로는 Charles Tilly, *Coercion, Capital, and European States, A. D. 990-1992* (Oxford: Blackwell, 1990) 참조. 저자는 전쟁 준비와 전쟁 수행이 국가 형성에 미친 영향을 강조한다. 또한 이 과정에서 '공물' 국가가 시민으로부터 직접 추출하는 국가로 발전하는 과정을 설명한다.

37. Witold Kula, *Measures and Men*, trans. R. Szreter (Princeton: Princeton University Press, 1986).

38. J. L. Heilbron, "The Measure of Enlightenment," in Tore Frangsmyr, J. L. Heilbron, and Robin E. Rider, eds., *The Quantifying Spirit in the Eighteenth Century* (Berkeley: University of California Press, 1991), pp. 207-208.

39. 이와 비슷한 논의는 Arjun Appadurai, "Measurement Discourse in Rural Maharastra," in Appadurai et al., *Agriculture, Language, and Knowledge in South Asia: Perspectives from History and Anthropology* (근간) 참조.

40. Ibid., p. 14.

41. 자바 촌락민들이 사용한 계층화 구분에서도 이와 동일한 목적이 작용했다. 'Kekurangans'는 '충분하게 갖지 못한 자'였고, 'Kecukupans'는 '충분하게 가진 자'였다. Clifford Geertz, *Agricultural Involution* (Berkeley: University of California Press, 1963) 참조.

42. 관습적으로 보이는 것들이 그 유래는 길지 않을 수 있다. 재협상에서 불리할 때

는 언제나 최소한 한 단체의 이득을 위해 기존 제도가 고정적이고 신성불가침하게 보이도록 하는 것이 유리했다.

43. 가끔 권력의 균형이 다른 방향으로 움직일 수 있다. 프랑스에서 십일조 제도의 장기적 쇠퇴에 대한 증거로는 Emmanuel LeRoi Ladurie and Joseph Gay, *Tithe and Agrarian History from the Fourteenth Century to the Nineteenth Century: An Essay in Comparative History*, trans. Susan Burke (Cambridge: Cambridge University Press, 1982), p. 27 참조.

44. Kula, *Measures and Men*, p. 150. 1920년대~1930년대 미얀마 저지대에서 소작인에게서 세를 현물로 받는 지주의 쌀 바구니는 '손수레 파손자'라는 별명을 얻었다 (James C. Scott, *The Moral Economy of the Peasant: Rebellion and Subsistence in Southeast Asia* [New Haven: Yale University Press, 1976], p. 71).

45. 파리의 유명한 철제 트와즈(toise: 길이의 단위—옮긴이)는 그랑 샤틀레(Grand Châtelet)의 한 벽면에 설치되었다. Ken Alder, "A Revolution Made to Measure: The Political Economy of Metric System in France," in Norton W. Wise, ed., *Values of Precision* (Princeton: Princeton University Press, 1995), p. 44 참조.

46. 17세기 정확성의 화신 마르센(Marsenne)은 평미레로 민 용기에 17만 2000개의 밀 낱알이 채워지는 반면 듬뿍 쌓은 용기에는 22만 160개의 낱알로 채워진다고 계산했다 (Kula, *Measures and Men*, p. 172). 귀리처럼 더 큰 곡물에서는 이점이 별로 없다.

47. Ibid., pp. 73-74. 관습적 측정에 대한 다른 저항에서처럼 이런 방식은 그러한 관행을 막기 위해—이 경우에는 빵집의 빵 덩어리—무게를 달자고 주장함으로써 시 당국과 주민을 자극했다.

48. Ibid., pp. 98-99.

49. Ibid., p. 173.

50. 사실상 재정이 어려운 지역의 적극적인 탈세는 '지연'을 통해 이루어짐으로써 부당한 세금에 대한 실질적인 반항은 일어나지 않았다.

51. 켄 애들러(Ken Alder)가 지적하듯이 표준화를 강요할 수 있는 중앙 집중적 권력의 부재가 영국, 독일 또는 미국에서 전국적인 시장의 성장을 방해하지는 않은 것 같다 ("A Revolution Made to Measure," p. 62). 이동성과 경제 성장만으로 교환의 공통된 표준이 만들어지지는 않는다. 더 광범한 역사적 접근을 위해서는 Frank J. Swetz, *Capitalism and Arithmatic: The New Math of the Fifteenth Century* (La Salle, Ill.: Open Court, 1987) 참조.

52. Kula, *Measures and Men*, pp. 203-204에서 인용.

53. Alder, "A Revolution Made to Measure," p. 48.

54. Ibid., p. 54.

55. Ibid., p. 56. 미터법은 측량법 개혁이라는 공세에서 한 개의 포탄 정도밖에 되지 않았다. 한동안 하루를 10시간으로, 한 시간을 100분으로, 1분을 100초로 나누고자 하는 시도가 있었다. 또한 숫자 시스템을 12진법으로 하려는 시도도 있었다.

56. Ibid., pp. 122-123.

57. 최근 프랑스에서 이슬람 여학생들이 머리 수건을 쓰고 등교해도 괜찮은지에 대한 열정적인 논쟁이 있었는데, 나는 이런 것이 세속적인 교육에서 차별받지 않는 시민의 전통을 지키는 것이라고 믿는다.

58. Alder, "A Revolution Made to Measure," p. 211.

59. 토니 주트(Tony Judt)가 기민하게 지적하듯이 혁명적인 법령에 따라 제정된 국민의 권리와 자연 또는 개인 권리 간의 차이는 여기에 있다. 전자는 원칙적으로 국가와 그 법을 조건으로 하기 때문에 법령에 의해 폐지될 수 있으나, 후자는 원칙적으로 축약될 수 없다. Judt, *Past Imperfect: French Intellectuals, 1944-1956* (Berkeley: University of California Press, 1992) 참조.

60. 프랑스에서 시민권에 대한 혁명적 개념은 유대인 공동체에 고통을 주었던 법적 방해물을 휩쓸어버렸다. 프랑스 혁명 이후 나폴레옹의 정복 과정에서 프랑스 군대가 침투한 지역 전역에 거주하는 유대인은 완전한 시민권을 얻었다. Pierre Birnbaum and Ira Katznelson, eds., *Paths of Emancipation: Jews, States, and Citizenship* (Princeton: Princeton University Press, 1995) 참조.

61. Gianfranco Poggi, *The Development of the Modern State: A Sociological Introduction* (Stanford: Stanford University Press, 1978), p. 78. 동등한 시민권에 뒤따른 인권의 발전에도 불구하고, 이 중대한 단계 또한 국가와 국민 사이에 있던 중간 구조를 도려냈고, 이에 따라 국가가 처음으로 국민에게 직접 접근할 수 있게 되었다는 사실을 우리는 결코 잊어서는 안 된다. 동등한 시민권은 법률적인 평등과 남성의 보통선거권만을 의미하는 것이 아니라―나폴레옹의 군대에 동원된 사람들에게서 곧 확연해진 것처럼―보편적인 징병 의무도 함께 규정했다. 국가라는 높은 위치에서 저 아래 있는 사회는 전국적으로 동등하게 끝없이 나열된 특수한 개인적 역량, 즉 국민, 납세자, 징집 대상으로 보였다.

62. Kula, *Measures and Men*, p. 286에서 인용.

63. 에드워드 P. 톰프슨(Edward P. Thompson)은 *Whigs and Hunters: The Origin of*

the Black Act (New York: Pantheon, 1975)에서 이렇게 썼다. "8세기 동안의 잇따른 법률적 판단은 변호사가 절대적 자산 소유권에 대한 관심으로 방향을 전환했다는 것을 보여준다. 또한 (최소한의 의심도 발견되지 않을 경우) 법은 사용권의 중첩과 같은 지저분한 복잡성을 혐오한다는 사실도 보여준다"(p. 241).

64. 시민법은 농업을 명시하지 않았으나 한 건의 예외가 있다. 파리 유역과 북쪽에 위치한 부유하고 영향력 있는 수많은 소작인을 의식해 소작에 대한 지침을 정한 것이다. 이 짧은 논의의 기초 연구에 대해 알려준 피터 존스(Peter Jones)에게 감사를 표한다. Serge Aberdam, *Aux origines du code rural, 1789-1900: Un siecle de debat*(연도는 표기하지 않았지만 아마 1978~1980년으로 추정된다).

65. "En resumé, la ligne genérale du projet de 1807 est de refuser toute specificité au droit rural en ramenant, autant que possible, les rapports socieux à la campagne à la forme d'authorité légale que la bourgeoisie projette sur l'ensemble de la population"(요컨대, 1807년의 일반적인 정책 제안은 농법에 대한 특수성을 부인하는 데 있었다. 이렇게 함으로써 농촌의 사회관계를 가능한 한 부르주아들이 전체 인구에 법률적으로 적용한 법적 권위의 맥락에 부응하도록 했다〔나의 번역〕. ibid., p. 19).

66. 이러한 정치적 윤리 규정은 식민지에 전혀 없었다. 민중의 의견과 관례보다 행정적 편의와 상업적 논리가 우선이었다. 좋은 사례 연구로는 Dennis Galvan, "Land Pawning as a Response to the Standardization of Tenure," chap. 4 of "The State Is Now Master of Fire: Peasant Lore, Land Tenure, and Institutional Adaptation in the Siin Region of Senegal"(박사 학위 논문, 정치학과, University of California, Berkeley, 1996) 참조.

67. Ibid., p. 18.

68. Ibid., p. 22.

69. 식민지 베트남에서 인두세는 추정 인구를 기준으로 공동체 전체를 대상으로 부과되었다. 만약 총액을 지불하지 않으면 경찰이 와서 무엇이든 (예를 들면 물소, 가구, 보석) 압류한 다음 경매를 통해 액수를 채웠다. 이런 시스템은 압류 대상 재산이 가장 많은 마을의 물주들로 하여금 제시간에 세금을 내도록 만들었다.

70. 이런 일반화는 집단 농장의 현대 사회주의적 형태에서도 타당성이 있다. 헝가리에서 집단 농장이 처음 만들어졌을 때 농지의 상당량이 기록에서 '사라졌다'. Istvan Rev, "The Advantages of Being Atomized: How Hungarian Peasants Coped with Collectivization," *Dissent* 34 (Summer 1987): 335-349 참조. 중국의 대약진 운동

이후에도 많은 집단 농장이 지역의 생존을 위해 중앙 정부에 그들의 생산 정보를 숨겼다. Daniel Kelliher, *Peasant Power in China* (New Haven: Yale University Press, 1992) 참조.

71. 지적 측량은 넓은 영지를 소유한 귀족이 주체가 되어 이루어질 수도 있었다. 이런 측량을 통해 세금을 부과할 만한 토지와 지금껏 교묘히 세금을 회피해온 주민을 찾아낼 수 있다고 확신했기 때문이다.

72. 덴마크와 노르웨이의 사례 모두 역사적 가치가 있는 다음의 분석에 의거한다. Roger J. P. Kain and Elizabeth Baigent, *The Cadastral Map in the Service of the State: A History of Property Mapping* (Chicago: University of Chicago Press, 1992), p. 116 참조.

73. 미국 북부의 대평원과 캐나다에 있는 후터라이트(Hutterite) 곡물 재배 농부의 높은 효율성은 상반되는 수많은 증거 가운데 단 한 가지일 뿐이다. 더 많은 설명을 위해서는 George Yaney, *The Urge to Mobilize: Agrarian Reform in Russia* (Urbana: University of Illinois Press, 1982), pp. 165-169 참조.

74. 멕시코의 최근 사례에 대한 뛰어난 분석을 위해서는 Sergio Zendejas, "Contested Appropriation of Governmental Reforms in the Mexican Countryside: The Ejido as an Arena of Confrontation of Political Practices," in Sergio Zendejas and Pieter de Vries, eds., *Rural Transformation as Seen from Below: Regional and Local Perspectives from Western Mexico* (La Jolla, Calif.: Center for U. S.-Mexican Studies, University of California, San Diego, 1997) 참조. 젠데야스가 보여주듯이 멕시코 혁명을 통해 발생한 '에히도(ejido)' 시스템은 전국 2만 8000개 에히도의 농업 패턴, 택지 규모, 마을의 공동 토지 사용권과 관련한 정보를 정부로 하여금 갖지 못하게 했다. 미초아칸(Michoacán) 마을 사람들은 측량, 등록 및 경작권 부여 작업이 곧 재산권의 개인화, 공동 토지의 분할, 부동산세의 강요로 이어진다고 봄으로써 자신의 땅이 측량되는 것을 저지했다. 국가의 자유 보유 토지 시장을 구상하는 헌법 제27조의 수정에 따라 그들의 우려는 정당화되었다. 이는 지역 토지 시장 확립의 차원이 아니었다. 이와 관련해 마을 주민 한 사람은 이렇게 말했다. "우리는 에히도 토지 필지를 증서가 있거나 없거나 상관없이 언제나 팔고 빌려주지 않았나요?" 오히려 이는 정부 권력이 뒷받침되어 지역적 및 전국적 토지 시장을 형성하는 차원이었다. 이를 위해 국가가 맨 처음 한 일은 혁명을 통해 획득한 지역적 자율성이 불투명하게 만든 토지 소유 상황의 가독성을 높이는 것이었다. 이런 맥락에서 또한 Luin Goldring, *Having One's Cake and Eating It, Too:*

Selective Appropriation of Ejido Reform in an Urbanizing Ejido in Michoacan (근
간) 참조.

75. 여기서 내가 통일성에 관한 그릇된 인상을 심어준 것 같다. 사실 '검은 땅' 러시
    아에서도 여러 종류의 토지 소유 방식이 있었고 많은 마을은 땅을 재배분하지 않
    았다 (Yaney, *The Urge to Mobilize*, p. 169).

76. Ibid., p. 212.

77. 야니가 지적하듯이 메노나이트(Mennonite) 농지 중에 길게 찢어진 형태와 잘 통
    합된 농장 모두 동등한 생산성을 보였다 (ibid., p. 160).

78. 새로 정착한 땅에서 항상 그랬던 것은 아니지만 '집단' 정착지에서처럼 토지를
    공동으로 소유하면서 정부가 바라는 것을 반대하는 일도 역시 흔했다.

79. 위의 책 제7장과 제8장 참조. 농민 은행은 가난한 농부에게 대출을 하도록 강력
    한 압력을 받는 상황에서 본의 아니게 예전의 분배 제도를 권장했다. 은행은 채
    무 불이행을 대비한 담보물이 필요했지만, 더 가난한 농부에 대한 농지 분배는
    보증이 될 만한 고정된 땅의 부재를 의미했다. 이런 어려운 문제에 직면해 은행
    은 마을 전체를 대상으로 또는 인근의 확인 가능한 땅에서 농사짓는 농민 집단을
    대상으로 대출하게 되었다. 여기서 한 가지 언급할 만한 것은 오늘날의 세제 시
    스템에서와 같이 신용 시스템 역시 가독 가능한 재산 관리 제도를 필요로 한다는
    사실이다.

80. Ibid., pp. 412-442.

81. Orlando Figes, *Peasant Russia, Civil War: The Volga Countryside in Revolution,
    1917-1921* (Oxford: Clarendon Press, 1989), chap. 6, "The Rural Economy Under
    War Communism."

82. 지적 측량 이전에 어떤 토지는 모두에게 공개되면서도 누구의 소유도 되지 않았
    다. 이런 토지는 사회적 합의를 통해 이용이 규제되었다. 최초의 지적 측량 이후
    이런 토지는 국가 소유로 지정되었다. 모든 땅의 소유가 분명해지면서 개인 소유
    가 아닌 땅은 국가 재산으로 전환된 것이다.

83. Kain and Biagent, *The Cadastral Map*, p. 33. 소득원이 되지 않는 바다, 강과 쓰레
    기는 생략되었다. 전체적인 운영은 *Mode d'arpentage pour l'impôt foncier*라는
    지침서에 의거했다.

84. Ibid., p. 5에서 인용.

85. 페테르 반데르기스트(Peter Vandergeest)가 지적하듯이 제3세계에서는 전문가들
    이 GPS 기술을 통해 지적 측량 또는 토지 이용 지도 작성을 현지 방문 같은 불편

없이 작성할 수 있게 되었다 ("Mapping Resource Claims, or, The Seductive Appeal of Maps: The Use of Maps in the Transformation of Resource Tenure," 공동재산 연구협회 모임에서 발표한 논문, Berkeley, June 1996).

86. 산사태, 부식, 분열과 결착 등으로 인해 땅 자체가 가끔씩 움직인다. 이런 '움직임'에 관한 재미있는 연구 논문으로는 Theodore Steinberg, *Slide Mountain, or The Folly of Owning Nature* (Berkeley: University of California Press, 1995) 참조.

87. 나는 이전 연구에서 동남아시아를 배경으로 이 문제를 다루었다. Scott, *The Moral Economy of the Peasant*, chap. 4 참조.

88. 1785년 오스트리아 황제 프란츠 요제프는 토지세 기준으로 순수익과 총수입 둘 중에 하나를 선택해야 했다. 이 가운데 훨씬 간단한 총수입이 선택되었다 (예컨대, 토지 단위당 평균 수확×토지 단위×평균 곡물 가격=총수입). 정확성과 공평성을 희생하면서 행정적으로 가능한 절차를 택할 수밖에 없었던 것이다. Kain and Biagent, *The Cadastral Map*, p. 193 참조.

89. Ibid., p. 59.

90. 이와 같은 일반화와 관련해 중요한 예외로는 채광권과 하층토 매장물 관련 소득에 관한 문제를 들 수 있다.

91. Eugene Weber, *Peasants into Frenchmen: The Modernization of Rural France, 1870-1914* (Stanford: Stanford University Press, 1976), p. 156.

92. 인도의 '영구적인 정착' 과정과 그 지적(知的) 근간에 대한 훌륭한 분석으로는 Ranajit Guha, *A Rule of Property for Bengal: An Essay on the Idea of Permanent Settlement* (Paris: Mouton, 1963) 참조. 구하가 말하듯이 18세기에 영국 지배자들이 접한 기존의 토지 보유 제도는 해독이 완전히 불가능한 것이었다. "모든 단계에서 그들은 준(準)봉건적 권리 및 의무와 부딪쳤고, 서양의 상식으로는 이를 도저히 이해할 수 없었다. 페르시아 상형문자로 된 부동산 계정 문서는 그들을 어리둥절하게 만들었다. 그들이 재산법과 관련해 고대 및 중세 문서에 사용된 언어에 통달하지 못한 것은 여러 문제 중 아주 작은 일부일 뿐이었다. 기억과 관행으로만 기록된 전통은 여러 지역적 관습에 뿌리 깊게 박혀 있었으며, 이는 문서상의 어떤 법률과도 동일한 권위를 누렸다" (p. 13).

93. 식민지 법제가 토지 분쟁 조정, 토지 이용권, 사회 구조에 어떤 변화를 가져왔는지에 대한 사려 깊고 철저한 연구로는 Sally Falk Moore, *Social Facts and Fabrications: 'Customary' Law on Mount Kilimanjaro, 1880-1980* (Cambridge: Cambridge University Press, 1986) 참조.

94. 완벽한 지적 측량, 자유 보유권 및 토지에 대한 전국적 시장은 가독성을 세금 관리자뿐 아니라 부동산 투기꾼에게도 유익한 수준으로 끌어올린다. 일반적으로 상업화는 모든 상품과 서비스를 공통된 통화로 지정한다. 틸리는 이것을 '상업 경제의 가독성'이라고 부른다. 틸리는 이렇게 썼다. "상품과 서비스의 적은 부분만 사고 팔리는 경제에서는 몇몇 조건이 군림한다. 징세관은 자원을 정확하게 관찰하거나 평가할 수 없으며, 어떤 특정 자원에 대해 많은 사람이 자신의 권리를 주장한다"(*Coercion, Capital, and European States*, pp. 85, 89).

95. 평등은 물론 순전히 지역적이었다. Kain and Biagent, *The Cadastral Map*, p. 225 참조. 1667년 콜베르의 삼림법도 분명 데카르트 방식으로 프랑스의 숲 공간을 성문화하려는 시도였다. 여기에 대해서는 Sahlins, *Forest Rites*, p. 14 참조.

96. 말레이시아에서 중국인들은 특정한 농지를 법적으로 소유할 수 없게 되어 있다. 이런 제약을 피하기 위해 중국인 한 사람은 말레시아인 공모자의 이름으로 토지를 등록한다. 이와 함께 공모자가 자신의 법적 재산권을 행사하지 못하도록 그것보다 훨씬 더 가치 있는 대출 문서에 서명하게 하고 그 중국인은 채권자로 기록된다.

97. 프랑스의 혁명적 법률은 십일조를 완전히 폐지하기보다 점진적으로 없애기 위해 일시적인 '십일조 상환 지불'을 실시했다. 대중의 저항이 너무 전면적인 데다 이에 대처하기가 어려워지자 결국 지불을 포기할 수밖에 없었다. James C. Scott, "Resistance Without Protest and Without Organization: Peasant Opposition to the Islamic Zakat and the Christian Tithe," *Comparative Study in Society and History* 29, no. 3 (1987): 417-452 참조.

98. Ian Hacking, *The Taming of Chance* (Cambridge: Cambridge University Press, 1990), p. 17. 홉스(Thomas Hobbes)의 제자 페티는 가치와 생산성을 정확하게 측정하기 위해 설문을 실시했다. 정치경제학에 대한 그의 이론은 *Political Arithmetik, or A Discourse Concerning the Value of Lands, People, Buildings* …… (1691) 참조.

99. 북미와 오스트레일리아의 땅들이 사실상 비어 있었다는 가공된 이야기는 그 땅들이 시장 교환이라는 측면에서 생산 요인으로 사용되지 않았다는 것을 의미하며, 따라서 이런 토지가 '재설계'되는 기반을 제공했다. 이런 가공된 이야기는 스코틀랜드의 고지대 정리, 미국의 인디언, 뉴질랜드의 마오리족, 오스트레일리아의 원주민, 아르헨티나 원주민 등으로부터의 토지 착취와 같은 맥락이다.

100. Heilbron, *The Quantifying Spirit in the Eighteenth Century*의 서론 p. 17.

101. Theodore M. Porter, *Trust in Numbers: The Pursuit of Objectivity in Science and*

Public Life (Princeton: Princeton University Press, 1995), p. 22. 포터는 '기계적 객관성'이 관료주의의 수단으로 어떻게 이용되었는지를 설득력 있게 보여준다. 특히 민주주의에서 전문가의 판단과 전문성이 개인의 이기적인 목적 달성을 감추고 있지 않는가라는 의구심이 존재한다. 민주적이고 중립적인 그럴듯한 외관과 함께 비인격적인 의사 결정 시스템의 외양을 드러내기 때문이다.

102. Kain and Biagent, *The Cadastral Map*, p. 320에서 인용.

103. 이 주제와 관련해 사람들은 내가 왜 시간의 단순화 문제를 다루지 않는지 궁금해할 수 있다. 업무와 행정에서 선형적인 시간의 합리화와 상업화는 마땅히 함께 논의해야 할 주제이지만 여기서 다루기에는 너무 길고 또한 다른 출처에서 더욱더 상상력 풍부하게 논의되었다. 다른 누구보다도 E. P. Thompson, "Time, Work, Discipline, and Industrial Capitalism," *Past and Present* 38 (December 1967)을 참조하라. 더 정교한 분석을 위해서는 Ronald Aminzade, "Historical Sociology and Time," *Sociological Methods and Research* 20, no. 3 (May 1992): 456-480 참조.

104. Heilbron, *The Quantifying Spirit in the Eighteenth Century*의 서론. pp. 22-23.

105. Hacking, *The Taming of Chance*, p. 145. 나폴레옹은 1806년 이후 인구 조사를 실시하지 않았다. 그가 벌인 전쟁이 프랑스 인구에 미친 파멸적 영향이 드러날까 두려웠기 때문이다.

02 도시, 사람 그리고 언어

1. 누구나 예상할 수 있는 것처럼 행정적 및 군사적 질서를 염두에 두고 설계된 왕실의 마을에 비해 자치적인 마을은 지역적 지식을 더 소중하게 여겼을 것이다.

2. 그러나 카스바의 비가독성은 극복 못할 것은 아니었다. 비록 장기적으로 엄청난 정치적 비용을 치르긴 했지만, 집요한 경찰력과 고문 그리고 지역 정보원들의 네트워크에 의해 알제리 민족해방전선의 저항은 결국 꺾이고 말았다.

3. 미국의 많은 시 당국이 중심지를 효과적으로 통제하는 데 실패함에 따라 '순찰형 경찰'의 하나로 '지역 사회 경찰'의 부활을 다시 시도하게 되었다. 지역 경찰 제도의 목적은 지역 사회의 물리적 지형과 함께 특히 지역 주민과 절친한 지방 경찰을 창설하는 것인데, 그들의 협조는 현재 효과적인 치안 업무에 매우 중요한 것으로 평가되고 있다. 그 목표는 과거에 아웃사이더로 인식되었던 경찰을 인사이더로 변모시키는 것이다.

4. 내게 1843년 툴루즈(Toulouse) 시에서 정찰대 소속 군대 장교들이 제작한 두 장의

지도에 대한 설명서를 보내준 론 아민제이드(Ron Aminzade)에게 감사드린다. 이 자료의 출처는 *Archives de l'Armée, Paris*, dossier MR 1225이다. 이 지도에는 통과하기 힘들어 보이는 도로나 지형, 군사적 이동을 방해하는 수로, 지역 주민의 태도, 그들이 사용하는 사투리를 이해하는 데 따르는 어려움, 시장의 위치 등이 표시되어 있다.

5. Rene Descartes, *Discourse on Method*, trans. Donald A. Cress (Indianapolis: Hackett, 1980), p. 6. Harrison, *Forests*, pp. 111-112에서 인용.

6. Lewis Mumford, *The City in History: Its Origins, Its Transformations, and Its Prospects* (New York: Harcourt Brace Jovanovich, 1961), p. 364.

7. Ibid., p. 387.

8. Ibid., p. 369에서 인용.

9. 예컨대 토머스 모어(Thomas More)의 이상적 도시는 완벽하게 동일해서 "토지의 특성을 제외하고는 모든 도시가 정확하게 같은 모습이기 때문에 도시 중 하나를 알게 되면 도시 모두를 아는 것과 마찬가지이다"(More, *Utopia*, ibid., p. 327에서 인용).

10. 도스토옙스키(Fyodor Dostoyevsky)가 "세계에서 가장 추상적이고 사려 깊은 도시"라고 말한 상트페테르부르크는 계획된 이상적 도시의 가장 대표적인 실례이다. Marshall Berman, *All That Is Solid Melts into Air: The Experience of Modernity* (New York: Penguin, 1988), chap. 4 참조. 바빌론 사람들과 이집트 사람들 그리고 물론 로마인들은 '격자형 정착지'를 만들었다. 계몽주의 시대 훨씬 이전에는 직각을 문화적 우수성을 나타내는 증거로 여겼다. 리처드 세넷(Richard Sennett)에 의하면 "문화적 표현으로서 격자형 도시를 처음 고안한 사람은 전통적으로 밀레투스의 히포다무스(Hippodamus)라고 알려져 있다. 그는 격자가 문명화된 삶의 합리성을 표현한다고 믿었다. 군사 정복지에서 로마인들은 야만인 부대의 무질서와 무정형과 자신들의 요새, 곧 카스트라를 비교하려 했다"(*The Conscience of the Eye: The Design and Social Life of Cities* [New York: Norton, 1990], p. 47).

11. 사실 대부분이 그렇다. 링컨(Lincoln), 아처(Archer), 블루 아일랜드(Blue Island) 같은 몇몇 도로는 옛날 인디언식의 오솔길 형태를 갖고 있으며, 따라서 기하학적 논리에서 벗어나 있다.

12. 독자들도 알고 있다시피 맨해튼 상류 쪽과 시카고의 일부 격자 블록은 그 형식적 질서에도 불구하고 본질적으로 방치되어 위험하다. 형식적인 질서가 아무리 잘 되어 있더라도 빈곤, 범죄, 사회 해체, 관료에 대한 적대감 등과 같은 커다란 대항

적 요인을 극복할 수는 없다. 그 지역에 대한 불가독성의 징표로서 미국 통계국은 통계 수치에 잡히지 않는 흑인의 숫자가 백인의 경우보다 6배 많다고 인정한다. 인구 통계가 주 하원의원의 의석을 결정하기 때문에 이처럼 실제보다 적게 측정된 인구는 정치적 폭발성을 갖고 있다.

13. 이에 대한 생각을 알기 위해서는 지리학자인 Yi-Fu Tuan, *Dominance and Affection: The Making of Pets* (New Haven: Yale University Press, 1984) 참조.

14. Denis Cosgrove, "The Measure of America," in James Corner and Alex S. MacLean, eds., *Taking Measures Across the American Landscape* (New Haven: Yale University Press, 1996), p. 4. 물론 사람들은 널따랗게 모형화된 경관을 평면 위에 투영한 메르카토르 도법에 익숙하다.

15. Mumford, *The City in History*, p. 422.

16. 이 계획은 가독성이 높아진 재정상의 공간을 창조했을 뿐 아니라 그 계획의 내부 정보를 이용해 부동산 투기를 한 일부 사람들에게 행운을 주기도 했다.

17. 루이 14세 이전의 절대 군주들은 오래되고 준(準)계획적인 바로크 도시를 파리에 넘겨주었다. 하지만 루이 14세의 선택은 자신의 계획을 베르사유 같은 '새로운 공간'에 아낌없이 집중하는 것이었다.

18. 마크 기로워드(Mark Girouard)가 언급한 것처럼 이 계획에는 공원(특히 거대한 불로뉴의 숲), 병원, 학교, 대학, 막사, 감옥, 신축 오페라 하우스 같은 공공 시설 및 공공 기관이 포함되어 있었다 (*Cities and People: A Social and Architectural History* 〔New Haven: Yale University Press, 1985〕, p. 289). 대략 1세기 후에 로버트 모지스는 훨씬 더 큰 반대에도 불구하고 이와 유사한 뉴욕 시 재건에 착수했다.

19. John Merriman, "Baron Haussmann's Two Cities" (typescript, p. 8)에서 인용. 나중에 프랑스어로 출간된 Merriman, *Aux marges de la ville: Faubourgs et banlieues en France, 1815-1871* (Paris: Seuil, 1994) 9장에 실림. 이 부분에 대한 나의 논의는 메리먼의 세심한 설명 덕분에 가능했다. 별도로 표시하지 않은 한 모든 번역은 내가 한 것임.

20. 멈퍼드는 다음과 같이 썼다. "파리 시내에 있는 오랜 중세 도로는 도시의 자유를 위한 마지막 도피처 가운데 하나가 아니었을까? 나폴레옹 3세는 폭 넓은 대로를 건설하기 위해 좁은 길과 막힌 길을 없애고, 지구(地區) 전체를 밀어버리는 것을 승인했다. 이것은 도시 내부에서의 공격을 방어하기 위한 가장 좋은 방법이었다" (*The City in History*, pp. 369-370).

21. Louis Girard, *Nouvelle histoire de Paris: La deuxieme republique et le second*

empire, 1848-1870 (Paris,1981), p. 126. Merriman, Aux marges de la ville, p. 15에서 인용. 훗날 좌파 노동자 계급이 파리 교외에 형성한 '좌익 벨트(ceinture rouge)'와의 유사성은 놀랄 만하다. 남아프리카공화국의 아파르트헤이트 제도 하에서 소웨토(Soweto)를 위시한 다른 몇몇 흑인 거주 도시들은 비록 명시적으로 인종 격리를 위해 세워진 것이었지만 행정 당국의 입장에서는 가독 불가능한 저항적 공간이었다.

22. 당시에는 신뢰할 만한 지도가 없었기 때문에 계획가들은 우선 정확한 지도를 만들기 위해 삼각 측량이 필요했고, 이를 위해 나무 탑을 건설했다. David H. Pinkney, *Napoleon III and the Rebuilding of Paris* (Princeton: Princeton University Press, 1958), p. 5. 참조.

23. Jeanne Gaillard, *Paris, la ville, 1852-1870* (Paris, 1979), p. 38. Merriman, *Aux marges de la ville*, p. 10.

24. Ibid., pp. 8-9.

25. Ibid., p. 9. Translation by Merriman.

26. Pinkney, *Napoleon III*, p. 23. 일반적인 인구통계학의 역사에 따르면 19세기까지 서구에서 도시 인구는 전염병과 높은 사망률로 인해 자체 재생산을 하지 못했다는 것이 통설이다. 도시의 성장은 주로 농촌 지역에서의 인구 유입을 통해 이루어졌다. 비록 이런 견해에 대한 도전이 있긴 했지만, 그 증거는 여전히 설득력이 높다. Jan de Vries, *European Urbanization, 1500-1800* (Cambridge: Harvard University Press, 1984), pp. 175-200에 나오는 명료한 종합과 평가를 참조.

27. Pinkney, *Napoleon III*, chap. 2.

28. Merriman, *Aux marges de la ville*, pp. 7-8. 또한 T. J. Clark, *The Painting of Modern Life: Paris in the Art of Manet and His Followers* (Princeton: Princeton University Press, 1984), p. 35 참조. 직선에 대한 루이 나폴레옹과 오스망의 병적인 집착은 많은 농담의 소재가 되었다. 예를 들어 에드몽 아붓(Edmond About)의 연극에 나오는 한 등장인물은 센 강이 직선으로 흐르게 될 날을 꿈꾼다. 왜냐하면 센 강의 '불규칙한 굴곡'은 정말로 일종의 충격이기 때문이다(Clark, *The Painting of Modern Life*, p. 35에서 인용).

29. Pinkney, *Napoleon III*, p. 93.

30. Clark, *The Painting of Modern Life*, p. 66. 구(舊)카이로나 농촌 마을 등을 묘사하는 오리엔탈리스트들의 정연한 해설이 파리를 찾는 아랍인에게 자신들의 사회를 바라보는 데 완전히 새로운 시각을 제시했다는 사실에 관한 발군의 분석적 연구

는 Timothy Mitchell, *Colonizing Egypt* (Berkeley: University of California Press, 1991), 특히 chaps. 1-3 참조.

31. Gaillard, *Paris, la ville*, p. 568. Merriman, *Aux marges de la ville*, p. 20에서 인용.

32. David Harvey, *Consciousness and the Urban Experience* (Baltimore: Johns Hopkins University Press, 1985), p. 165. Merriman, *Aux marges de la ville*, p. 12에서 인용. 또한 거의 같은 주제를 다루고 있는 David Harvey, *The Urban Experience* (Baltimore: Johns Hopkins University Press, 1989) 참조.

33. Jacques Rougerie, *Paris Libre, 1871* (Paris, 1971). Merriman, *Aux marges de la villa*, p. 12에서 인용.

34. Merriman, *Aux marges de la ville*, p. 28.

35. Ibid., p. 30.

36. 〈위트니스〉에 대한 이처럼 기민한 묘사는 베네딕트 앤더슨 덕분이다. 좀더 일반적으로, 인구 조사 및 총체적 분류 격자로서 지도에 대한 그의 분석은 여기서 나의 생각에 큰 영향을 미쳤다. Anderson, *Imagined Communities: Reflections on the Origin and Spread of Nationalism* (London: Verso, 1983) 참조. Thongchai Winichakul, *Siam Mapped: A History of the Geo-Body of a Nation* (Honolulu: University of Hawaii Press, 1994) 역시 놀랄 만한 책이다.

37. 예컨대 William E. Wormsley, "Traditional Change in Imbonggu Names and Naming Practices," *Names* 28 (1980): 183-194 참조.

38. 영구적인 부계 성을 채택하는 것이 상당히 진척되긴 했지만 완벽한 방법은 아니었다. 국가는 이름이 아무리 독특하고 명료한 것이라 할지라도 어떻게 그것을 개인과 연관시켰을까? 신분증이나 사회보장번호, 검문 체제처럼 이름 역시 시민의 협조를 요구한다. 평소 그것을 갖고 다니거나 관료가 요구할 경우 제시해야 한다는 점에서 그렇다. 대부분의 근대 국가 체제에서는 확실한 신분을 시민 자격의 선행 요건으로 만듦으로써 협조를 얻어냈지만, 더 억압적인 체제에서는 신분을 확인하는 문서를 갖고 다니지 않을 경우 엄격한 제재를 가했다. 그렇지만 이에 저항하려는 심리도 폭넓게 퍼져 있는데, 개인은 자신의 신원 확인을 거부하거나 혹은 남의 신원을 도용하는 경우도 있다. 따라서 궁극적인 신분증은 몸에 변경할 수 없는 표시를 남기는 것인데 타투, 지문, 'DNA 서명' 등이 바로 그것이다.

39. 나는 특히 오스트레일리아 국립대학교의 빌 제너(Bill Jenner)와 이언 윌슨(Ian Wilson) 그리고 하버포드 대학의 폴 스미스(Paul Smith)가 중국에 대해 조언해준 것에 감사한다. 인구 등록을 위한 진나라와 한나라의 행정 계획은 야심적이었다.

그러나 그들의 목적이 실제로 얼마나 완벽하게 달성되었는지는 중요한 질문으로 남아 있다. 제너는 목적 대부분이 달성되었다고 주장하지만, 알렉산더 우드사이드(Alexander Woodside)는 목표와 결과의 차이가 상당히 존재했을 것이라고 말한다.

40. 'Ideas of Freedom in Asia'라는 주제로 Humanities Research Centre, Australian National University, July 4-6, 1994에 발표된 W. J. F. Jenner, "Freedom and Backwardness: Europe and China" 참조. 또한 Patricia Ebrey, "The Chinese Family and the Spread of Confucian Values," in Gilbert Rozman, ed., *The East Asian Region: Confucian Heritage and Its Modern Adaptation* (Princeton: Princeton University Press, 1991), pp. 45-83 참조.

41. Ebrey, "The Chinese Family," pp. 55-57.

42. Ibid., p. 59.

43. 내가 아는 한 아이슬란드는 20세기 말까지도 성을 갖고 있지 않았던 유일한 유럽 국가이다.

44. 피렌체의 인구 조사에 대한 설명은 거의 대부분 David Herlihy, Christiane Klapisch-Zuber, *Tuscans and Their Families: A Study of the Florentine Catasto of 1427* (New Haven: Yale University Press, 1985)을 참조했다.

45. 토지 소유에 대한 것과 마찬가지로 나이 문제 역시 국가의 수중에 들어갈 때는 일상적 관행과 대단히 달랐다. ibid., pp. 162-169 참조. 지역의 관습에 따르면 정확한 나이는 중요하지 않았다. 필요한 것은 대략적인 나이와 출생 순서 (예컨대 장남, 막내) 정도였다. 이런 경향은 피렌체의 인구 조사에서 나이가 35세, 40세, 45세, 50세, 60세처럼 5년·10년 단위로 표기된 사실에서 알 수 있다. 하지만 국가 입장에서는 여러 가지 이유로 정확한 나이가 중요했다. '조세 성년'이 되고 징집 연령으로 분류되는 나이는 18세였고, 인두세 부과 대상에서 면제되는 것은 60세 이후였다. 여기서 예상할 수 있는 것처럼 18세 직전과 60세 직후에는 인구학적으로 믿을 수 없는 과밀 현상이 존재했다. 성의 경우에서처럼 나이 문제 역시 엄격하고 직선적이고 연대기적인 의미에서 볼 때, 국가 프로젝트에서 기원했다.

46. 서양에서는 여자와 가내 노비 그리고 고용 노예가 법적으로 가족의 대표인 남성 가장의 소유물로 간주되었기 때문에 (투표권과 더불어) 맨 나중에 성을 부여받았다.

47. 아버지를 따르는 다른 성의 경우는 그다지 명확하지 않다. 따라서 'Victor Hugo'는 원래 단순히 'Victor, Hugo의 아들'을 의미했을 것이다.

48. 이 주제와 관련해 나는 훌륭한 연구 보조자이며 이 문제에 대한 전문가인 케이트

스탠턴(Kate Stanton)에게 큰 도움을 받았다.

49. C. M. Matthews, *English Surnames* (London: Weidenfeld and Nicolson, 1966), pp. 35-48.

50. 매튜스는 이렇게 썼다. "오직 1버게이트(0.25에이커 정도)만 가진 빈농도 거대한 토지를 상속하는 부농만큼이나 장자 상속권에 대한 관심이 많았다. 토지 소유는 장원 법정에서 '법원 문서 사본'을 받는 것에 의해서만 권리를 주장하거나 부여 받을 수 있었다. 이는 종신 부동산권자의 이름을 문서상에 기입해야 한다는 사실을 의미했다. 이러한 제도는 조부와 부친을 따라 같은 성을 갖는 것에 대한 직접 적인 인센티브를 제공했다"(ibid., p. 44). 14세기 영국에서는 높은 사망률 때문에 만일의 경우에 대비해 차남 이하도 조부와 부친의 이름을 따를 수 있었다.

51. 관련 고문서를 살펴보면 우리는 종종 성이 좀더 뚜렷해지는 순간을 발견할 수 있다. 예를 들어 16세기 초 헨리 8세 통치 때 한 웨일스 남자는 법정에서 자기 이름을 밝힐 것을 요구받자 웨일스 방식대로 "Thomas Ap(son of) William, Ap Thomas, Ap Richard, Ap Hoel, Ap Evan Vaughan"이라고 답했다. (William Camden, *Remains Concerning Britain*, ed., R. D. Dunn〔1605; Toronto: University of Toronto Press, 1984〕, p. 122). 이에 대해 법관은 "옛날 습관을 버려라"며 야단을 쳤고, 그 이후 웨일스 남자는 자신이 거주하는 곳의 이름을 따라 이름을 모스턴(Moston)이라 불렀고, 그 이름을 자기 후손에게 물려주었다고 한다. 이와 같은 '행정적인' 성을 토머스의 이웃들은 아마도 거의 몰랐을 것이다.

52. Rodney Hilton, *Bond Men Made Free: Medieval Peasant Movements and the English Rising of 1381* (New York: Viking Press, 1977), pp. 160-164.

53. 나에게 필리핀 사례를 알려준 Rosanne Ruttan, Otto van den Muijzenberg, Harold Conklin, Charles Bryant에게 감사한다. 핵심 정보는 Domingo Abella, ed., *Catalogo alfabetico de Apellidos* (Manila: National Archives, 1973)에 담겨 있다. 또한 O. D. Corpuz, *The Roots of the Filipino Nation*, vol. 1 (Quezon City: Aklahi Foundation, 1989), pp. 479-480 참조. 수마트라 동부 지역에 사는 카로 바타크족(Karo-Batak) 의 이름과 정체성 형성 과정에 대한 통찰력 있는 분석을 위해서는 Mary Margaret Steedly, "The Importance of Proper Names: Language and 'National' Identity in Colonial Karoland," *American Ethnologist* 23, no. 3 (1996): 447-475 참조.

54. 거의 300년 동안, 필리핀 사람들이 사용하는 스페인 달력은 스페인 사람들이 사 용하는 달력보다 하루가 앞섰다. 물론 마젤란 탐험대가 지구의 서반구를 돌아 여 행하면서 날짜를 변경하지 않았기 때문이다.

55. Abella, *Catalogo Alfabetico de Apellidos*, p. viii.

56. Ibid., p. vii.

57. 필리핀 사람들이 똑같은 목표를 실현하기 위해 구두나 문자로 된 족보를 갖고 있지 못한 것처럼 말이다.

58. Abella, *Catalogo Alfabetico de Apellidos*, p. viii.

59. 프랑스에서 영구적인 부계 성과 국가 건설 사이의 상관성을 가장 잘 분석한 책으로는 Anne Lefebvre-Teillard, *Le nom: Droit et histoire* (Paris: Presses Universitaires de France, 1990) 참조. 그녀는 행정부와 사법부 소속 국가 관리들이 어떤 방식으로 이름 짓는 관습을 정당화하며 또한 그것을 변경하는 조건을 어떻게 제한했는지에 대한 과정을 조사했다. 19세기 말에 만들어진 시민 명부, 특히 가족등록부는 치안 유지, 징집, 죄인 처벌, 선거 관리에 중요한 수단이 되었다. 경찰과 시민이 만날 때 처음 나누는 표준적 인사 "신분증을 보여주세요(Vos papiers, Monsieur)"는 바로 이 시기에 나타났다. 1871년 파리 코뮌 마지막 시기에 시청과 법무부의 화재로 인해 시민 명부가 파괴되고 이에 따라 행정적 '맹인' 상태를 경험을 하게 된 관리들은 인명부를 한 부씩 더 제작해 보관했다.

60. Robert Chazon, "Names: Medieval Period and Establishment of Surnames," *Encyclopedia Judaica* (Jerusalem and Philadelphia: Keter Publishers and Coronet Books, 1982), 12:809-813. 1930년대 나치는 일련의 '성명 법령'을 통과시켰다. 그 유일한 목적은 이방인과 유대인을 구별하는 것이었다. 아리안족 계통의 이름을 가진 유대인은 그 이름을 변경하라는 (혹은 'Israel'이나 'Sarah'를 덧붙이라는) 강요를 받았으며, 유대인 계통 이름을 가진 아리안족 사람 역시 이름을 바꾸어야 했다. 승인을 획득한 성명 목록은 수집·보관되었고, 논쟁의 여지가 있는 것들은 족보 연구를 위해 라이히(Reich) 사무실로 보내졌다. 일단 이러한 행정적인 절차가 끝난 다음, 이름만으로도 국외 추방이나 처형을 위해 유대인을 선별해내는 작업이 가능했다. Robert M. Rennick, "The Nazi Name Decrees of the Nineteen Thirties," *Journal of the American Name Society* 16 (1968): 65-88.

61. 일례로 터키에서는 1920년대 들어 아타튀르크(Ataturk) 대통령의 근대화 전략의 일환으로 성의 도입이 추진되었다. 정장, 모자〔페즈(fezz: 남자들이 쓰는, 빨간 빵 모자같이 생긴 것—옮긴이)가 아닌〕, 항구적인 성 그리고 근대적인 조국은 모두 그의 계획에 부합하는 것이었다. 폐위된 샤(Shah)의 아버지 레제 샤(Reze Shah)는 모든 이란인으로 하여금 성명 체계의 국가적 합리화를 위해 그들이 거주하는 곳 이름을 성으로 사용할 것을 명령했다. Ali Akbar Rafsanjani는 라프산잔(Rafsanjan)

출신의 Ali Akbar를 뜻한다. 이런 방법은 후손이 자신의 본적이 어디인지 알 수 있다는 장점이 있음에도 불구하고, 해당 지역인 라프산잔 안에서는 그다지 효과가 없었다. 국가가 이동성이 높거나 현재의 거주지에 살고 있지 않은 사람에게 특히 관심을 기울였을 법하다.

62. 친교 목적을 제외한 식사 규칙 또한 강력한 사회적 배제의 한 방법이었다. 만약 주변의 다른 집단과 구별되는 조직을 구성하기 위해 일련의 문화적 규범을 만들고 싶다면, 이를 시작할 수 있는 가장 확실한 방법은 구성원들로 하여금 조직 이외의 사람과 대화하거나 식사하는 것을 금지하는 것이다.

63. 베네딕트 앤더슨이 통찰력 있게 지적했듯이 '국가 이력(national past)'이 종종 사이비 가계도와 일치함에도 불구하고 이것은 사실이다.

64. Eugen Weber, *Peasants into Frenchmen: The Modernization of Rural France, 1870-1914* (Stanford: Stanford University Press, 1989), chap. 6. 웨버는 19세기의 마지막 25년간 프랑스 성인 인구의 거의 절반이 프랑스어 이외의 모국어를 가지고 있었음을 지적한다. 프랑스어 사용 정책이 접경 지역에 미친 영향에 대해서는 Peter Sahlins, *Boundaries: The Making of France and Spain in the Pyrenees* (Berkeley: University of California Press, 1989) 참조. 행정적인 차원에서 지정된 공식 언어는 프랑스의 경우 최소한 16세기까지 거슬러 올라가지만, 다른 국가에서는 가장 빨라야 19세기 중반이다.

65. 이 과정에 대한 분석적인 설명이 필요하다면 Abram de Swaan, *In Care of the State* (Oxford: Polity Press, 1988) 참조. 특히 chap. 3 "The Elementary Curriculum as a National Communication Code," pp. 52-117.

66. Weber, *Peasants into Frenchmen*, p. 73.

67. Ibid., p. 113에서 인용.

68. Ibid., p. 197.

69. 표준적인 시장 지역의 지리 묘사는 G. William Skinner, *Marketing and Social Structure in Rural China* (Tucson: Association of Asian Studies, 1975) 참조.

70. 프랑스 교통 패턴의 중앙 집중화에 대한 자료는 대부분 Cecil O. Smith, Jr., "The Longest Run: Public Engineers and Planning in France," *American Historical Review* 95, no. 3 (June 1990): 657-692에서 얻을 수 있었다. 또한 Corps des Ponts et des Chaussées, U. S. Army Corps of Engineers in Theodore Porter, *Trust in Numbers: The Pursuit of Objectivity in Science and Public Life* (Princeton: Princeton University Press, 1995), chap. 6 참조.

71 Weber, *Peasants into Frenchmen*, p. 195.

72. 다양한 계획의 비용, 상업성, 군사적 효과 등에 대해서는 끊임없는 논쟁이 있다. 이와 관련한 역사에 관해서는 Francois Caron, *Histoire de l'exploitation d'un grand réseau: La compagnie des chemins de fer du Nord* (Paris: Mouton, 1973), Louis-Maurice Jouffroy, L'ere du rail (Paris: A. Colin, 1953). 참조. 에즈라 슐라이 만(Ezra Suleiman)의 서지학적 도움에 감사한다.

73. 일반적으로 철도 여행과 직선 그리고 정확한 시간표 사이의 기술적 친화력은 '유 선형'과 더불어 모더니즘에서 중요한 심미적 요소이다.

74. Smith, "The Longest Run," pp. 685-671. 스미스에 의하면 르그랑 스타는 제1차 세계대전에 참전하기 위해 소집된 재향 군인들이 파리를 통해 집결했다는 것을 말해준다. 만약 좀더 분산된 철도 계획이 있었다면 전선으로 투입되는 데 더욱더 직접적인 루트가 있었을 것이다. "스트라스부르의 일부 재향 군인들은 알자스로 전투하러 가기 전에 제복을 갖추어 입기 위해 수도인 파리를 경유해 보르도에 도 착했다." 폰 몰트케(Von Moltke) 장군은 북부 독일연합 지역에서 모젤 강 및 라 인 강 사이의 전투 지역까지 자신의 군대를 이동시키는 데 모두 여섯 개의 철도 노선이 있다는 사실을 알고 있었다. 반면 프랑스 군대는 전투 지역으로 이동하기 위해 보주 산맥를 통해 스트라스부르 또는 메스로 우회해야만 했다. 가장 결정적 인 것은 파리가 포위당했을 때, 르그랑 스타는 지휘관 없이 남게 되었다는 점이 다. 전쟁이 끝난 다음 통수권자는 이와 같은 결점을 메우기 위해 더 많은 횡단도 로를 건설해야 한다고 주장했다.

75. Ian Hacking, *The Emergence of Probability: A Philosophical Study of Early Ideas About Probability, Introduction, and Statistical Inference* (Cambridge: Cambridge University Press, 1975).

76. 나는 특히 그림 13의 복사본을 제공하고 이 책에 싣는 것을 허락해준 암스테르담 시립박물관 측에 감사한다. 'Hungerwinter and Liberation in Amsterdam' 전시회 카탈로그 *Here, back when*······ (Amsterdam: City Museum, 1995).

77. *Here, back when*······, p. 10.

78. 안네 프랑크의 경우에서 알 수 있듯이 많은 의식 있는 시민이 유대인을 기꺼이 도시나 시골에 숨겨주었기 때문에 체계적인 행정 조치로서 유대인 추방은 궁극 적으로 실패했다. 유대인들이 당국의 눈에서 사라지자 나치 당국은 더욱더 네덜 란드인들에게 의지하게 되었다. 이로써 네덜란드인들은 나치를 위한 현지 추적 자가 되었다.

79. 비록 이러한 사실이 역동적으로 보일 때조차 일반적으로 그것은 '점들을 연결하는 과정'을 통해 연속적인 움직임인 것처럼 보이는 복합적인 정태적 관찰의 결과이다. 사실 A 지점과 B 지점 사이에서 실제로 발생한 일은 미스터리로 남아 있는데, 그러한 불분명한 관계는 두 개의 지점을 직선으로 연결하는 관습에 의해 얼버무려진다.

80. 이것은 베네딕트 앤더슨이 *Imagined Communities*에서 사용한 방법이다.

81. 나는 현실을 표현하는 데 관리들이 보통 사람에 비해 반드시 더 추상적 혹은 압축적인 비전을 필요로 하는 것은 아니라고 주장한 래리 로만(Larry Lohmann)에게 감사한다. 오히려 관리들에게 필요한 것은 그들 자신의 제도적 역할에 부응하는 이익과 실천에 도움을 주는 사실들이었다. 로만은 내가 '단순화'라는 용어를 아예 사용하지 않기를 바란 것 같지만 나는 이를 수용하지 않았다.

82. 여기에는 최소한 세 가지 문제가 있다. 첫째는 그 범주의 설득력이다. 가족을 위해 일하거나 가족 소유의 땅을 사용하거나 수고비를 곡물 또는 현금으로 받는 사람들은 어떻게 분류할 것인가? 이런 경우에 대한 임의적 결정은 때때로 결론을 모호하게 만든다. 시어도어 포터는 프랑스 국립통계원의 숙련된 통계 입력 관리조차 직업 분류의 20퍼센트를 사실과 다르게 입력한다고 밝혔다(*Trust in Numbers*, p. 41). 통계 관리의 목적상 비록 그것을 달성하기 위한 관습이 진실의 일부를 희생함에도 불구하고 자료 입력 관리들에게는 최대한의 신뢰를 보장했다. 우리가 나중에 다시 살펴보게 될 두 번째 문제는 어떻게 그 범주가—더 구체적으로는 그 범주 뒤에 존재하는 국가 권력이—자료를 만들어내는가 하는 점이다. 예를 들어 1970년대 미국이 불경기에 처했을 동안 공식적 실업률은 13퍼센트에 달했다. 하지만 이는 과장된 수치라는 우려도 있다. 이런 주장을 제기하는 주된 이유는 많은 명목상 실업자가 장부에 기재되지 않는 비공식 경제 부문에서 일하고 있으며, 세금 때문에 자신의 수입이나 취업 사실을 숨겼기 때문이다. 우리는 그때나 지금이나 국가의 세제 시스템이 자료 은행 바깥에 머무를 수밖에 없는 무대 밖 현실을 초래하는 경향이 있다고 말할 수 있다. 세 번째 문제는 정보의 수집과 집계를 담당하는 사람은 전달된 정보에 각별한 이해관계를 가질 수 있다는 점이다. 베트남 전쟁 동안 사망자 수와 진압한 마을의 숫자는 군사 작전의 성공 여부를 측정하는 데 중요한 역할을 했다. 하지만 상관들을 즐겁게 하기 위해 그런 숫자를 과장해서 보고함에 따라 현실과 점점 더 큰 차이를 드러내게 되었다.

83. 인구 조사를 하는 사람과 받는 사람 사이의 상호 주관적 가변성을 제거하는 것이 목적이다. 여기에는 표준화되고 기계화된 절차가 필요하며, 이때 개인의 주관적

판단 여지는 사라진다. Porter, *Trust in Numbers*, p. 29 참조.

84. Charles Tilly, *Coercion, Capital, and European States, A.D. 990-1992* (Oxford: Blackwell, 1990), p. 100.

85. 과학적 삼림 관리에서 이와 같은 경향의 지표가 되는 것은 경영학에서 가져온 수많은 '최적 통제 이론' 관련 문헌이다. 적용과 참고를 위해서는 D. M. Donnelly, D. R. Betters, "Optimum Control for Scheduling Final Harvest in Even-Aged Forest Stands," *Forest Ecology and Management* 46 (1991): 135-149 참조.

86. 이러한 풍자가 국가 과학의 초기 옹호자들이 지녔던 감상적 이상주의를 포착하지 못할 정도로 동떨어진 것은 아니다. 여기서 나는 프로이센 통계학의 대부 에른스트 엥겔(Ernst Engel)의 말을 인용하고자 한다. "정확한 자료와 정보를 얻기 위해 통계 조사는 한 개인이 땅 위에서 사는 일평생을 함께 따라 다닌다. 개인 정보에는 출생 일자, 세례 여부, 예방 접종, 학교 성적 등이 포함되며, 근면성과 학교 졸업 및 그 이후의 교육과 발전 정도는 물론 성인 남성이 되었을 때의 체격과 무기 취급 능력까지도 파악할 수 있다. 뿐만 아니라 생애 전체에 걸쳐 그의 족적을 동반한다. 곧, 어떤 직업을 선택했는지, 어디에서 가계(家系)를 이루었는지, 젊었을 때 돈을 많이 벌어 노후를 준비했는지, 결혼은 했는지, 그렇다면 언제 몇 살 때 했는지, 배우자는 누구인지 등 통계는 그의 인생이 잘 풀릴 때와 안 풀릴 때를 불문하고 개인을 추적한다. 그가 탄 배가 난파를 당해 물질적, 도덕적 혹은 정신적 피해를 입게 되면 통계는 그것 역시 기록한다. 사람은 죽어서야 통계에서 자유롭게 된다. 물론 그때에도 사망 당시의 정확한 나이와 사망 원인을 확인한다"(Ian Hacking, *The Taming of Chance* [Cambridge: Cambridge University Press, 1990], p. 34). 어느 누구도 19세기 국가의 관심 사항과 그것이 만들어낸 문서 기록 이상의 완벽한 목록을 요구하기 힘들 것이다.

87. 틸리는 식민지와 관련한 주제에 대해 말하면서, 유럽의 국민 국가에서는 이러한 과정 대부분을 간접 통치가 직접 통치를 대신하는 것으로 설명한다(*Coercion, Capital, and European States*, pp. 103-126).

88. Donald Chisholm, *Coordination Without Hierarchy: Informal Structures in Multiorganizational Systems* (Berkeley: University of California Press, 1989), p. 10.

89. 이 과정은 앤더슨에 의해 가장 잘 묘사되었다. "상상적 지도가 이끄는 대로 식민지 국가는 교육, 사법, 공중 보건, 치안, 이민과 관련한 새로운 관료 기구를 조직했다. 이는 인종주의적 위계 원칙에 따라 만들어졌음에도 불구하고 항상 대등한 것인 양 이해되었다. 차별적인 학교와 법정, 병원, 경찰서 그리고 이민국의 그물망에서 쏟

아져 나온 피지배 민족은 시간이 흐름에 따라 실제 사회생활을 국가의 더욱더 앞선 환상에 부합시키는 '거래 습관'을 드러냈다" (*Imagined Communities*, p. 169). 영국에서 국가 건설의 문화적 차원과 관련한 주장은 Philip Corrigan and Derek Sayer, *The Great Arch: English State Formation as Cultural Revolution* (Oxford: Blackwell, 1991) 참조.

2부 변혁적 비전들

03 권위주의적 하이 모더니즘

1. 내 동료 폴 랜도(Paul Landau)는 보르헤스(Borges)의 이야기를 떠올렸다. 곧, 어느 국왕이 왕국을 있는 그대로 나타내지 않은 지도에 불만을 가져 결국에는 일대일 비율로 지도를 그릴 것을 강요했다. 그 지도가 완성되자 현재의 왕국을 완벽하게 덮음으로써 표현이 현실을 감추고 말았다.

2. 평범한 사례 하나가 도움을 줄 것이다. 자유민주주의에서랄지라도 현대 사회의 보통 시민이 직면하게 되는 좌절 가운데 하나는 자신의 독특한 상황을 관료주의 체제의 힘 있는 담당자에게 표현할 때의 어려움이다. 공무원은 자신에게 닥칠 모든 상황에 대처할 수 있도록 고안한 단순화된 격자를 통해 문제를 관리한다. '폐기' 또는 '보류'라는 식으로 한 번 결정이 내려지면 수순은 대개 틀에 박힌 방식으로 진행된다. 공무원은 현안을 기존 범주 안에서 적절히 분류하려고 노력하는 반면, 시민은 그와 같이 범주화된 사례로 취급되는 것에 저항한다. 자주 좌절하긴 하지만 시민은 자신의 독특한 사례가 그 자체로 고유한 입장에서 검토되기를 바란다.

3. 필자는 데이비드 하비의 *The Condition of Post-Modernity: An Enquiry into the Social Change* (Oxford: Basil Blackwell, 1989)에서 '하이 모더니즘'이라는 용어를 빌려왔다. 하비는 제2차 세계대전 이후에 이런 종류의 모더니즘이 정점에 오른 것으로 보았으며, 그의 관심은 특히 자본주의와 생산 조직에 있었다. 하지만 하이 모더니즘에 대한 그의 묘사는 다음에 인용한 것처럼 이 책에서도 통용될 수 있다. "지식과 생산의 표준화된 조건 하에서 '단선적 진보, 절대적 진리, 이상적 사회 질서를 위한 합리적 계획에 대한' 신뢰는 특히 단호하다. 그 결과 나타난 모더니즘 역시 '실증주의적, 기술관료적 그리고 합리주의적'이었는데, 이는 전위적인 엘리트 계획가, 예술가, 건축가, 비평가 그리고 다른 고품격 기호를 가진 수호자들의 작품에서도 나타났다. 유럽 경제의 '근대화'는 빠르게 진행되었고 국제 정치와 세계 무

역의 전면적 공세는 후진적인 제3세계에 대해 자애롭고 진보적인 '근대화 과정'을 촉발한다는 명분으로 정당화되었다" (p. 35).

4. 미국의 '공공 기업가'에 대한 사례 연구를 위해서는 Hyman Rickover, J. Edgar Hoover, and Robert Moses, *Public Entrepreneurs: Toward a Theory of Bureaucratic Political Power: The Organizational Lives of Hyman Rickover, J. Edgar Hoover, and Robert Moses* (Bloomington: Indiana University Press, 1980)에 대한 유진 루이스(Eugene Lewis)의 연구 참조. 라테나우처럼 모네 역시 제1차 세계대전 동안 경제적 동원을 경험했다. 제2차 세계대전 동안 그가 재개한 역할은 영국과 프랑스를 위해 대서양을 횡단하는 전쟁 물자 공급을 체계화하는 데 도움을 주는 것이었다. 전쟁이 끝난 다음 프랑스와 독일의 석탄과 철 생산 통합 계획에 기여할 당시, 그는 이미 초국가적인 관리 분야에서 수십 년의 경험을 쌓은 터였다. Francois Duchene, *Jean Monnet: The First Statesman of Interdependence* (New York: Norton, 1995) 참조.

5. 여기서 논쟁을 벌이지는 않겠지만, 나치즘은 모더니즘의 반동적 형태로서 가장 잘 이해할 수 있다고 생각한다. 진보 좌파와 마찬가지로 나치 엘리트는 국가가 강제하는 거대한 사회공학 비전을 갖고 있었다. 물론 여기에는 몰살, 배제, 강제 불임, 선택적 교배 등이 포함되며, 이는 인간에 대한 유전적 '개량'을 목표로 한 것이었다. 모더니즘의 치명적인 형태로서 나치즘 사례는 Zygmunt Bauman in *Modernity and the Holocaust* (Oxford: Oxford University Press, 1989)에 의해 훌륭하고 설득력 있게 제시되었다. 또한 같은 선상에서 Jeffrey Herf, *Reactionary Modernism: Technology, Culture, and Politics in Weimar and the Third Reich* (Cambridge: Cambridge University Press, 1984) 그리고 Simon B. Steyne (Oxford: Oxford University Press, 1993)가 번역한 Norbert Frei, *National Socialist Rule in Germany: The Fuhrer State, 1933-1945* 참조.

6. 나에게 반동적 하이 모더니즘 계획이 그 진보적인 변종 못지않게 보편적이라는 점을 상기시켜준 제임스 퍼거슨(James Ferguson)에게 감사한다.

7. 어떤 의미에서도 이것은 보수주의에 대한 요약이 아니다. 다양한 유형의 보수주의자가 권력을 유지하기 위해서라면 시민적 자유 따위는 상관하지 않은 채 여하한 형태의 잔인성에 의존할 수는 있다. 그러나 그들의 열망과 오만은 훨씬 더 제한적이다. 왜냐하면 그들의 계획은 (반동적 근대주의자들의 계획과 달리) 새로운 집합체, 새로운 가족과 집단 충성 그리고 새로운 사람을 창조하기 위해 사회를 온통 뒤집어엎는 것과 같은 일을 필요로 하지 않기 때문이다.

8. 1995년 3월 31일 뉴질랜드 웰링턴에 있는 빅토리아 대학에서 바츨라프 하벨이 행한 연설. *New York Review of Books* 42, no. 11(June 22, 1995): 36에 수록.

9. Zygmunt Bauman, *Socialism: The Active Utopia* (New York: Holmes and Meier, 1976), p. 11에서 인용.

10. 권위주의적 환경론의 지적 계보에 대한 계몽적 논의를 살펴보려면 Douglas R. Weiner, "Demythologizing Environmentalism," *Journal of the History of Biology* 25, no. 3 (Fall 1992): pp. 385-411 참조.

11. Michael Adas, *Machines as the Measure of Men: Science, Technology, and Ideologies of Western Dominance* (Ithaca: Cornell University Press, 1989)과 Marshall Berman, *All That Is Solid Melts into Air: The Experience of Modernity* (New York: Penguin, 1988) 참조. 내가 보기에 하이 모더니즘에서 새로운 것은 종합적 계획에 대한 열망이 아니다. 많은 제국주의적 및 전체주의적 국가도 그와 비슷한 열망을 갖고 있었기 때문이다. 새로운 것이 있다면 행정적 기술과 사회적 지식이며, 이를 통해 전체 사회를 조직화하려는 발상이 가능해졌다. 과거의 경우 이는 군대 막사나 수도원을 조직화하는 일에 대해서만 가능했다. 이런 점에서 Alan Sheridan (New York: Vintage Books, 1977)가 번역한 *Discipline and Punish: The Birth of the Prison*에서 미셸 푸코가 논의한 것은 설득력이 있다.

12. 여기서 나는 과학적 지식과 발명(많은 것들이 18세기 혹은 그 이전의 일이다) 측면에서의 진보 그리고 과학적 발명이 일상의 물질적 생활에 영향을 미친 대규모 변화(일반적으로 19세기의 일이다)를 구분하고 싶다.

13. R. Szreter (Princeton: Princeton University Press, 1986)이 번역한 Witold Kula, *Measures and Men*, p. 211.

14. Ian Hacking, *The Taming of Chance* (Cambridge: Cambridge University Press, 1990), p. 38에서 인용. 자코뱅 당은 몇 년 뒤 사회 질서를 변혁시킴으로써 최초로 행복을 기술적으로 관리하려 했다 해도 무방할 것이다. 생쥐스트(Saint-Just)가 쓴 것처럼 "행복의 개념은 유럽에서 새로워졌다." Albert O. Hirschman, "Rival Interpretations of Market Society: Civilizing, Destructive, of Feeble," *Journal of Economic Literature* 20 (December 1982): pp. 1463-1484 참조.

15. 나는 제임스 퍼거슨에게 큰 은혜를 입었으며, 이 책의 초기 단계에서 주어진 그의 통찰력 있는 비평이 나를 이런 방향으로 이끌었다.

16. 예를 들어 Graham Buschell, Colin Gordon, and Peter Miller eds., *The Foucault Effect: Studies in Governmentality* (London: Harvester Wheatsheaf, 1991), chap. 4

참조.

17. Hacking, *The Taming of Chance*, p. 105. 해킹은 어떻게 통계적 '평균'이 '정상'의 범주로 변형되었으며, '정상'이 다시 사회공학에 의해 성취해야 할 '규범적' 기준으로 변형되었는지를 매우 잘 보여준다.

18. 지금까지 진행된 수많은 역사적 연구에 의하면 우생공학의 발전을 위한 국가적 지원이 서양 사회 전반에서 매우 보편적이었다는 것은 명백하다. 인종의 물리적 및 정신적 특성을 보호하기 위해 국가가 개입해야 한다는 믿음은 진보주의자 사이에 공유되었고, 이는 국제적 사회 운동의 활성화로 이어졌다. 1926년까지 48개 미국 주 정부 가운데 23개 주가 불임 수술을 허용하는 법을 갖고 있었다.

19. Gareth Stedman-Jones, *Languages of Class: Studies in English Working-Class History, 1832-1982* (Cambridge: Cambridge University Press, 1983) 참조. 서구에서 식민주의의 '근대화 책무'와 관련 있는 모든 노력의 발단은 농촌과 도시를 불문하고 사실상 그들 나라 내부의 하층 계급 인구를 동화시키고 문명화시키는 프로그램에서 시작되었다는 점을 인식하는 것이 중요하다. 만약 차이가 있다면 아마도 식민지 상황의 경우 관료가 피정복 인구에 대해 더 강압적인 권력을 행사했으며, 따라서 사회공학 측면에서 더 큰 위업을 성취했다는 것이다.

20. '본성'에서 자유로운 '기술관료적 및 목적적 인간'을 창조하고자 하는 시도를 다룬 공상과학 소설 이야기는 C. S. Lewis, *That Hideous Strength: A Modern Fairy Tale for Grown-Ups* (New York: Macmillan, 1946) 참조.

21. '야생' 정원과 관련해 흥미로우면서도 문제가 될 만한 것은 '무질서'의 정확한 형태조차 상세하게 계획되었을 경우이다. 여기서 중요한 것은 미학적 계획을 통해 방치된 자연을 복제함으로써 어떤 시각적 효과를 갖도록 설계하는 것이다. 역설적인 점은 자연을 흉내 내 설계한 동물원처럼 억지스럽다는 것이다. 억지스럽다는 말은 그러한 설계가 결코 동물이 서로를 잡아먹는 것까지 묵인하는 것은 아니라는 점에서 그렇다!

22. Karl Marx, *Communist Manifesto*. Berman, *All That Is Solid Melts into Air*, p. 95 에서 인용.

23. 기관차를 대체한 비행기는 많은 점에서 20세기 초반의 근대성을 정의하는 이미지였다. 1913년 미래파 예술가이자 극작가인 카지미르 말레비치(Kazimir Malevich)는 'Victory over the Sun'이란 제목의 오페라를 무대에 올렸다. 마지막 장면에서 관중은 무대 뒤에서 미래파 국가에 의해 중력이 정복되었음을 알리는 프로펠러의 힘찬 포효와 환성을 들었다. 말레비치와 동시대 사람인 르코르뷔지에는 비행

기를 새 시대의 대표적인 상징이라고 생각했다. 항공의 영향에 대해서는 Robert Wohl, *A Passion for Wings: Aviation and the Western Imagination, 1908-1918* (New Haven: Yale University Press, 1996) 참조.

24. 자코뱅주의자들은 달력이 제1년에서 다시 시작되고, 새로운 세속적 체계에 따라 달(month)과 날짜(day)의 이름을 다시 짓는 신선한 출발을 시도했다. 전적으로 새로운 캄보디아 국가의 창설 의도를 상징하기 위해 폴 포트(Pol Pot) 정권은 영 년(零年)에서 시작했다.

25. Harvey, *The Condition of Post-Modernity*, p. 99에서 인용.

26. 여기에서 남성 인칭 대명사는 하나의 관습이라기보다 신중하게 만들어진 선택이 었다. Carolyn Merchant, *The Death of Nature: Women, Ecology, and the Scientific Revolution* (San Francisco: Harper, 1980) 참조.

27. 예컨대 Margaret M. Bullitt, "Toward a Marxist Theory of Aesthetics: The Development of Socialist Realism in the Soviet Union," *Russian Review* 35, no. 1 (January 1976): 53-76 참조.

28. Baruch Knei-Paz, "Can Historical Consequences Falsify Ideas? Or, Karl Marx After the Collapse of the Soviet Union," Department of Political Science, Yale University, New Haven, November 1994의 정치 이론 워크숍에 제출한 논문.

29. Raymond Aron, *The Opium of the Intellectuals*, trans. Terence Kilmartin (London: Secker and Warburg, 1957). 이 책은 아롱의 예언자적 반대를 드러낸 것으로 이 분야에서 가장 중요한 문건이다.

30. 사업 계획이 점점 커지고, 더욱 자본 집약적이고, 더욱 중앙 집권화될수록 권력과 후원의 측면에서 그들의 집착은 더욱더 커졌다. 이런 맥락에서 홍수 조절 프로젝 트와 세계은행 프로젝트에 대한 비판을 보려면 James K. Boyce, "Birth of a Mega-project: Political Economy of Flood Control in Bangladesh," *Environmental Management* 14, no. 4 (1990): 419-428 참조.

31. Harvey, *The Condition of Post-Modernity*, p. 12.

32. *Coercion, Capital, and European States, A. D. 990-1992* (Oxford: Blackwell, 1990)에 나오는 찰스 틸리의 중요한 이론적 기여 참조.

33. 볼셰비키의 사례에서처럼 내전은 혁명적 권력을 강화하는 데 따른 대가일 수도 있다.

34. 백인 거주 식민지(예컨대 남아프리카공화국, 알제리)와 반란 진압 작전(베트남, 알제리, 아프가니스탄 등)은 대규모 인구 이동과 강제 재정착을 동반했다. 그러

나 이러한 대부분의 사례에서 종합적 사회 계획이 겉치레로라도 주민들의 복지를 위했다는 말은 참으로 하기 어렵다.

35. 나는 특히 George Yaney, *The Urge to Mobilize: Agrarian Reform in Russia* (Urbana: University of Illinois Press, 1982), pp. 448-462에서 도움을 얻었다.

36. Anson Rabinbach, *The Human Motor: Energy, Fatigue, and the Origins of Modernity* (Berkeley: University of California Press, 1992), pp. 260-271. 전쟁 발발 훨씬 이전인 1907년에 라테나우를 비롯해 수많은 건축가와 정치 지도자들은 산업과 예술 분야에서 기술적 혁신을 도모하는 데 헌신한 독일공작연맹(Deutsche Werkbund)을 설립했다.

37. Gregory J. Kasza, *The Conscription Society: Administered Mass Organizations* (New Haven: Yale University Press, 1995), 특히 chap 1, pp. 7-25 참조.

38. Rabinbach, *The Human Motor*, p. 290.

39. 미국의 과학 기술과 생산의 발달에 대한 최근의 평가에 대해서는 Nathan Rosenberg, *Perspectives on Technology* (Cambridge: Cambridge University Press, 1976); Rosenberg, *Inside the Black Box: Technology and Economics* (New York: Cambridge University Press, 1982); Philip Scranton, *Figured Tapestry: Production, Markets, and Power in Philadelphia, 1885-1942* (New York: Cambridge University Press, 1989) 참조.

40. Theodore R. Schatzki and Wolfgang Natter, eds., *The Social and Political Body* (New York: Guildford Press, 1996), pp. 181-219에 있는 Ernest J. Yanorella and Herbert Reid, "From 'Trained Gorilla' to 'Humanware': Repoliticizing the Body-Machine Complex Between Fordism and Post-Fordism" 참조.

41. Rabinbach, *The Human Motor*, p. 272. 여기서 라빈바흐는 찰스 S. 마이어(Charles S. Maier)의 독창적인 논문 "Between Taylorism and Technocracy: European Ideologies and the Vision of Industrial Productivity in the 1920s," *Journal of Contemporary History* 5, no. 2 (1970): 27-63의 결론을 부연 설명한다.

42. 소스타인 베블런(Thorstein Veblen)은 이러한 관점을 설명하는 것과 관련해 미국에서 잘 알려진 사회과학자였다. 이와 같은 이데올로기의 문학적인 형태는 Sinclair Lewis, *Arrowsmith*와 Ayn Rand, *Fountainhead*에서 명백히 드러나지만, 이 둘의 정치적 입장은 매우 상이하다.

43. Rabinbach, *The Human Motor*, p. 452. 라테나우의 저작을 보기 위해서는 예컨대 *Von kommenden Dingen* (Thing to come)와 *Die Neue Wirtschaft* (The new

economy) 참조. 후자는 전후(戰後)에 쓴 것이다.

44. Walther Rathenau, *Von kommenden Dingen* (1916). Maier, "Between Taylorism and Technocracy," p. 47에서 인용. 마이어는 전쟁 기간 동안 독일의 자본과 노동 사이의 명백한 조화가 궁극적으로는 망국적인 인플레이션 정책을 그 대가로 지불했다고 지적했다.

45. Michael Adas, *Machines as the Measure of Men: Science, Technology, and Ideologies of Western Dominance* (Ithaca: Cornell University Press, 1989), p. 380. Sheldon Wolin, *Politics and Vision: Continuity and Innovation in Western political Thought* (Boston: Little, Brown, 1960). 셸던 월린은 정치적 스펙트럼에 상관없이 비슷한 의견을 가졌던 사상가들의 명단을 광범위하게 제시한다. 그 명단은 한편으로는 파시스트와 민족주의자, 다른 한편으로는 자유주의자, 사회민주주의자 그리고 공산주의자를 포함한다. 또한 지역적으로는 프랑스, 독일, 오스트리아-프로이센〔라테나우의 측근이자 전후 관리 경제를 옹호한 프로이센의 리하르트 폰 묄렌도르프(Richard von Möellendorf)〕, 이탈리아〔좌파의 안토니오 그람시(Antonio Gramsci)와 우파의 마시모 로카(Masimo Rocca)와 베니토 무솔리니(Benito Mussolini)〕 그리고 러시아〔'소련의 테일러(Soviet Taylor)'라고 불린 알렉세이 카피토노비크 가스테프(Alexej Kapitonovik Gastev)〕에 걸쳐 있었다.

46. V. I. Lenin, *The Agrarian Programme of Social-Democracy in the First Russian Revolution, 1905-1907*, 2nd rev. ed. (Moscow: Progress Publishers, 1954), p. 195, September 28, 1917 (맨 앞의 강조만 덧붙인 것임).

47. Leon Smolinski, "Lenin and Economic Planning," *Studies in Comparative Communism* 2, no. 1 (January 1969): 99. 스몰린스키에 의하면 레닌과 트로츠키는 전력 집중 체제가 어떻게 중심부에 의존하는 농업 인구를 만들어내는지, 그리하여 그것이 어떻게 농업 생산의 국가 통제를 가능케 하는지에 대해 분명히 알고 있었다고 주장한다.

48. Lenin, *Works* (Moscow, 1972), 27:163. Ranier Traub, "Lenin and Taylor: The Fate of 'Scientific Management' in the (Early) Soviet Union," (trans. Judy Joseph, in *Telos* 34 〔Fall 1978〕: 82-92에서 인용). (원래는 *Kursbuch* 43 〔1976〕에서 출판되었음.) 소련에서 테일러주의의 '음유시인'은 가스테프였다. 가스테프의 시와 수필은 인간과 기계 사이의 '결합' 가능성을 서정적으로 다루었다. "많은 사람이 우리가 인간을 나사나 너트 또는 기계처럼 다루는 것을 불쾌하게 생각한다. 그러나 우리가 나무의 성장과 철도의 확장을 두려움 없이 수용하는 것처럼 이것 역시

우리는 받아들여야 한다" (ibid., p. 88에서 인용). 대부분의 노동자 기구는 1930년
대 스탈린의 숙청 당시 문을 닫았으며, 전문가는 추방되거나 총살되었다.

49. Lenin, "The Immediate Tasks of the Soviet Government," *Izvestia*, April 28, 1918.
Maier, "Between Taylorism and Technocracy," p. 51 n. 58에서 인용.

50. Graham Burchell, Colin Gordon, and Peter Miller, *The Foucault Effect: Studies in
Governmentality* (London: Wheatsheaf, 1991, p. 106 참조. 여기에 푸코의 강연
두 개와 인터뷰가 실려 있다).

51. 이러한 관점은 20세기에 들어와 하이에크에 의해 더욱 강력하게 그리고 논쟁적
으로 제기되었다. Friedrich Hayek, *The Road to Serfdom* (Chicago: University of
Chicago Press, 1976) 참조.

04 하이 모더니즘 도시: 실험과 비평

1. 나는 이번 장의 초고에 대한 탈리아 포터르스(Talja Potters)의 식견 있는 조언에 특
히 감사한다.

2. 르코르뷔지에는 1927년 국제연맹 본관 설계 공모전에 참가해 1등상을 받았지만,
그의 디자인은 실현되지 않았다.

3. 이 시대에 관해서는 Jean -Louis Cohen, *Le Corbusier and the Mystique of the USSR:
Theories and Projects for Moscow 1928-1936* (Princeton: Princeton University Press,
1992) 참조.

4. 근대성과 미국 도시에 대한 훌륭한 분석으로는 Katherine Kia Tehranian, *Modernity,
Space and Power: The American City in Discourse and Practice* (Cresskill, N.J.:
Hampton Press, 1995) 참조.

5. Le Corbusier(Charles-Eduard Jeanneret), *The Radiant City: Elements of a Doctrine
of Urbanism to Be Used as the Basis of Our Machine-Age Civilization*, trans,
Pamela Knight (New York: Orion Press, 1964). 이 책의 프랑스어판 원서는 *La ville
radieuse: Eléments d'une doctrine d'urbanisme pour l'équipement de la civilisation
machiniste* (Boulogne: Editions de l'Architecture d'Aujourd'hui, 1935)이다. 뒤따
르는 분석은 영문판과 프랑스어판에 공히 의존한 것이다.

6. Le Corbusier, *The Radiant City*, p. 220.

7. 대다수 하이 모더니스트처럼 르코르뷔지에 또한 비행기에 애정을 갖고 있었다. 그
는 이렇게 썼다. "건축가나 도시 계획가로서 …… 나는 내 자신이 비행기 날개 위
에 있는 느낌을 갖도록 했고, 조감(鳥瞰)을 취하도록 했으며, 세상을 공중에서 내

려다보도록 만들었다. ……이제 그 눈은 마음이 주관적으로만 볼 수 있었던 것의 실체를 보게 되었다. 〔공중에서 내려다보는 관점은〕 우리의 감각에 덧붙여진 또 하나의 새로운 기능이다. 곧, 새로운 측량의 기준이며 새로운 감각의 기초이다. 인간은 새로운 목표를 고안하기 위해 이것을 사용할 것이다. 도시는 그들의 잔재 위에 세워질 것이다. James Corner and Alex S. MacLean, *Taking Measures Across the American Landscape* (New Haven: Yale University Press, 1996), p. 15에서 인용.

8. Le Corbusier, *The Radiant City*, p. 322 (강조는 덧붙인 것임).

9. Ibid., p. 121.

10. Robert Fisherman, *Urban Utopias of the Twentieth Century: Ebenezer Howard, Frank Lloyd Wright, and Le Corbusier* (New York: Basic Books, 1977), p. 186.

11. Le Corbusier, *The Radiant City*. p. 134.

12. Ibid., pp. 82-83.

13. Le Corbusier, "When the Cathedrals Were White," trans. Francis Hyslop. Richard Sennett, *The Conscience of the Eye; The Design and Social Life of Cities* (New York: Norton, 1990), p. 169에서 인용. 1935년 1년여에 걸친 르코르뷔지에의 미국 방문에 대해서는 Mardges Bacon, *Le Corbusier in America: Travels in the Land of the Timid* 참조. 르코르뷔지에는 자신이 원하던 프로젝트를 수주하는 데 실패했다. 이는 미국의 도시 계획가들이 그의 철거 위주 구상을 심지어 정면에서 반박했기 때문임이 분명하다.

14. Le Corbusier, *The Radiant City*. p. 123 (강조는 원저자).

15. 유기체적 과정에 관한 분열적 논리를 잘 설명하는 입문서로는 James Gleick, *Chaos: Making a New Science* (New York: Penguin, 1988) 참조.

16. Le Corbusier, *The Radiant City*. p. 178. 그러나 자신이 세운 실제 건축물에서 르코르뷔지에의 실천은 훨씬 다양했다.

17. Ibid., pp. 22-23. 그가 건축하지 못한 (그 당시 가장 세계적이던) 국제연맹 본관 설계에서 1등상을 받은 것은 아이러니하게도 어울리는 일이다.

18. Ibid., p. 46.

19. Ibid., pp. 29-30. 오늘날 미국의 공동체 실패와 교외 스프롤(sprawl) 현상 배후에 엄격하면서도 기능적으로 제한된 조닝 법률이 존재했다는 주장을 설득력 있게 제기한 것으로는 James Howard Kunstler, "Home from Nowhere," *Atlantic Monthly*, September 1996, pp. 43-66 참조.

20. Lawrence Vale, *Architecture, Power, and National Identity* (New Haven: Yale

University Press, 1992), p. 109.

21. Le Corbusier, *The Radiant City*. p. 71.

22. 이런 단순화에 대한 한 가지 대안은 최종 사용자나 소비자의 취향에 따르는 것이다. 사람들은 그곳에 거주하기를 원하는가? 현재 거주자는 그곳에 사는 것에 만족하는가? 이런 기준을 사람들의 부담 능력을 똑같이 제기하는 시장의 기준과 혼동해서는 안 된다.

23. 내가 '르코르뷔지에 원칙'이라고 표현한 것은 사실상 그의 건축물이 금전적으로 저렴한 것도 아니고, 기능적으로 효율적인 것도 아니었기 때문이다. 그럼에도 불구하고 그의 실제 건축물은 자신의 이론적 원칙보다 훨씬 더 흥미롭다.

24. Le Corbusier, *The Radiant City*. p. 7.

25. Le Corbusier, Fishman, *Urban Utopias*, p. 193에서 인용.

26. Le Corbusier, *La ville radieuse*, pp. 178-179 (저자의 번역).

27. Le Corbusier, Fishman, *Urban Utopias*, p. 208에서 인용.

28. 사회적·정치적 질서에 대한 이러한 공간적 표상을 《법률(the Laws)》에 나오는 플라톤의 도시 계획안과 비교해보라. 중앙에는 아크로폴리스가 있고, 도심은 동심원(同心圓)으로 이루어져 있으며, 교외에는 (시민이 아닌) 장인들이 살고, 개발 지역 안팎의 경계를 구분하는 원이 그려져 있다. 이와 같은 '파이' 형태는 12개 조각으로 나뉘어져 위병 충원과 연례 교대 작업의 기초로 활용되었다. Pierre Vidal-Naquet, "A Study in Ambiguity: Artisans in the Platonic City," chapter 11 of *The Black Hunter: Forms of Thought and Forms of Society in the Greek World*. trans. Andrew Szegedy Maszak (Baltimore: Johns Hopkins University Press, 1986), pp. 224-245 참조.

29. 도시 계획의 천재들이 자신의 비전을 실현할 수 있는 권한을 부여해줄 독재자를 찾는 일은 독일의 저명한 지리학자이자 중심지 이론을 창시한 발터 크리스탈러의 경우에도 확실히 예외는 아니었다. 그는 "새로 차지하게 된 폴란드 영토에 도시 주거지의 위계적 질서를 형성하는 일에 도움을 주기 위해" 나치 정권에 협력했다. 이는 평지에 육각형의 시장과 도시 입지 이론을 적용할 수 있는 기회였다. 전쟁이 끝난 후 그는 "중심지 이론이 요구하는 최적 유형에 따라 전쟁으로 황폐화된 도시를 재배치하려면 권위주의 정권을 활용하는 것이 필요하다는 희망을 갖고" 공산당에 입당했다. 이는 입지 경제에 대한 단순한 분석적 묘사로 시작된 것을 '강압적으로 밀어붙이고자' 했던 하나의 전형적인 시도였다. Hans Carol, "Geographica: Walter Christaller, A Personal Memoir," *Canadian Geographer* 14, no. 1 (1970): 67-69.

이 문건에 대해서는 오토 판 덴 뮈첸베르크(Otto Van den Muijzenberg)에게 매우 감사하는 바이다.

30. Le Corbusier, *The Radiant City*. p. 181.

31. Ibid., p. 154.

32. 나는 '파시즘' 같은 논란 많은 개념을 사용하는 데 특히 신중하고자 한다. 여기에는 정당한 근거가 있다. 르코르뷔지에가 파르테논 신전의 아름다움에 대해 글을 쓸 때 그 이면엔 폭력에 대한 찬양이 깔려 있었다. 그는 "파르테논을 기억하라"고 썼다. 이어서 "그것의 명확성과 정확한 선, 그것의 강렬함, 그것의 경제성, 그것의 '폭력'을 기억하라"고 썼다. 또한 "은총과 '테러'에 의해 만들어진 경관 중앙에 엄청난 절규가 있음을 기억하라. 그리고 강력한 힘과 순수함까지도"라고 썼다 (ibid., p. 187 〔강조는 덧붙인 것임〕). 르코르뷔지에는 또한 우리가 이제부터 살펴보겠지만 자신의 반대자와 도시 빈민을 비인격화하는 경향을 드러낸다. "모든 것이 계획의 지혜에 달려 있으며 …… 내가 여기서 말하는 사회란 이미 그 자체가 계획 경제에 의해 제공된 것이며, 지금 우리가 알고 있는 사회의 모든 '기생적인 존재'를 없애버린 것이다" (p. 73 〔강조는 덧붙인 것임〕).

33. 이와 유사한 오만함을 이유로 멈퍼드는—20세기적 관점에서—훨씬 덜 광대한 편인 바로크 양식의 계획 정신을 비난했다. 데카르트의 주장에 대한 자신의 비평에서 (이 책의 1장 참조) 멈퍼드는 유기체적인 사고와 기계적인 사고를 비교했다. "전자는 전반적 상황에서 튀어 나오며, 후자는 삶 그 자체보다 정신에 훨씬 더 비중을 둔 개념의 교묘한 체계를 위해 삶의 현실을 단순화시킨다. 하나는 '다른 어떤 물질들'과 협력해 작동하든가 아니면 그것들을 이끄는 것인데, 전자는 그들의 존재를 인정하고 그들의 목적을 이해하지만 후자는—바로크식 독재자의 것—자신의 법, 자신의 명령, 자신의 사회를 고집하는 가운데 그의 명령에 따라 움직이는 하나의 전문적 권위에 의해 강제된다. (*The City in History; Its Origins, Its Transformation, and Its Prospects* 〔New York: Harcourt Brace Jovanovich, 1961〕), p. 394. 비계획적 집적을 통해 성장한 도시에 비해 중앙 집중적으로 고안된 도시가 더욱더 매력적인 것으로 다가온 까닭은—데카르트의 경우에서처럼—'기하학 정신'에서 비롯된 것이 아니다. 이미 17세기부터 계획된 도시는 왕권을 상징하면서 더욱더 건강한 것으로 간주되었다. 따라서 존 에벌린(John Evelyn)이 찰스 2세와 함께 유럽에서의 추방 생활을 끝내고 돌아와 기록했듯이 런던은 "나무로 지어진 북향의 '비인공적' 주택이 밀집된 곳으로, 주요 도로는 너무나 좁고 기형적이어서 멀리서 봤을 때와 사뭇 달랐으며, 담장끼리도 '비대칭'이었다" (Mark Jenner, "The Politics

of London Air: John Evelyn's Fumifugium and the Restoration," *Historical Journal* 38, no. 3 [1995]: 542에서 인용 [강조는 덧붙임 것임]).

34. Fishman, *Urban Utopias*, p. 213에서 인용.

35. 르코르뷔지에는 우파와 연결된 산업주의자들의 '프랑스 부흥(Redressment Francais)' 모임의 일원이었다. 이러한 연관성과 더불어 특히 르코르뷔지에의 소련 내 활동에 대해서는 Cohen, *Le Corbusier and the Mystique of the USSR* 참조.

36. Le Corbusier, *The Radiant City*. p. 131 (강조는 원저자). 그는 이어서 다음과 같이 말했다. "계산의 힘이 얼마나 강한지 신중하지 못한 자들은 그 앞에 제단을 세우고 숭배하고 싶은 유혹에 빠질 정도다."

37. 르코르뷔지에는 특히 이 건물의 투명성과 선에 대해 자부심을 갖고 있었다. 이것 역시 1920년대 무렵 그의 대다수 다른 건축물처럼 필로티(pilotis) 구조로 되어 있었다. 이를 설명하면서 르코르뷔지에는 다음과 같이 썼다. "완전히 새롭고 견고한 이 건물의 진가 그리고 하부 구조의 흠잡을 데 없는 선을 인정하라. 이 건물은 유리창에 전시한 사물과 닮았다. '따라서 완벽하게 읽을 수 있다'" (Le Corbusier, "Les Techniques sont l'assiette même du lyricisme: Elles ouvrent un nouveau cycle de l'architecture," in *Précisions sur un état présent de l'architecture et de l'urbanisme* [Paris, 1930]. Cohen, *Le Corbusier and Mystique of the USSR*, p. 77에서 인용 [강조는 덧붙인 것임]).

38. 마침내 르코르뷔지에는 자신의 소비에트 경험을 씁쓸하게 회고했다. "나는 몇 차례 소련의 도시 설계를 부탁받았다. 하지만 불행하게도 그것은 허풍이었다. 이 점에 대해 진심으로 유감스럽다. ⋯⋯나는 사회적 진실의 기초에 대해 깊이 공부함으로써 자연스러운 방법을 통해 조화롭고 즐거운 무계급 사회를 처음으로 창조했다. 내가 소련에서 별로 정당해 보이지 않는 이유들을 참고 지냈다는 사실을 생각하는 것이 가끔 고통스럽다. Cohen, *Le Corbusier and Mystique of the USSR*, p. 77에서 인용.

39. Ibid., p. 109에서 인용. 자신의 모스크바 도시 계획과 관련해 직선에 대한 집착을 르코르뷔지에는 다음과 같이 표현했다. "구부러진 선은 불구를 의미하며, 굽은 길은 당나귀나 다닐 만한 길이다" (ibid., p. 15에서 인용).

40. Ibid., p. 93에서 인용 (강조는 원저자). 《The Radiant City》의 대부분이 그런 것처럼 이 단락 역시 자신의 계획을 유일하게 실현해줄 수 있는 사람, 즉 정치 권력자에 대한 끝없는 구애를 보여준다.

41. Colin Rowe, *The Architecture of Good Intention: Towards a Possible Retrospect*

(London: Academy Editions, 1995) 참조.

42. Le Corbusier, ibid., p. 152에서 인용.

43. Le Corbusier, Fishman, *Urban Utopias*, p. 177에서 인용.

44. Le Corbusier, *The Radiant City*. p. 116.

45. Ibid., p. 138.

46. Ibid., p. 176

47. Ibid., p. 120. 바로크 도시 계획가들은 또한 도시의 협소한 도로가 국가에 위협이 된다는 사실을 알았다. 어둡고 굽은 도로를 두려워했던 나폴리의 왕 페란테(Ferrante)에 관한 멈퍼드의 언급 참조 (*The City in History*, p. 348).

48. Le Corbusier, *The Radiant City*. p. 120. 별난 각주 한 곳에서 르코르뷔지에는 기념 동상 하나를 상상한다. 맨 앞줄에 루이 14세, 나폴레옹 1세, 나폴레옹 3세가 서로 손을 잡은 채 서 있고 뒷줄에는 콜베르와 오스망이 미소를 지으며 역시 서로 손을 잡고 있는 동상이다. 앞줄에 서 있는 3명의 자유로운 손에는 다음과 같은 훈계가 담긴 팻말이 들려 있다. "계속할 것, 하느님의 이름으로."

49. Ibid., p. 27.

50. Ibid., p. 187.

51. Ibid., p. 185.

52. Ibid., p. 70. 포디즘과 테일러주의의 영향은 여기에서도 명백히 드러난다. David Harvey, *The Condition of Post-Modernity: An Enquiry into the Origins of Social Changes* (Oxford: Basil Blackwell, 1989), pp. 35-44 참조. 르코르뷔지에는 자신의 최초 20년 동안의 전문적 활동을 마치면서 순수주의를 구조주의에 굳건히 결합시켰다. 구조주의자들에게는 물체의 가장 효율적인 형태가 곧 이상적인 것이었다. 따라서 장식적 요소는 배제되었다. 왜냐하면 장식은 기능적 디자인의 순수한 아름다움에서 멀어지기 때문이다. 이러한 정신을 반영한 주택 설계는 내부에서 시작되었고, 그것의 기능성과 이용 가능한 자재가 주택의 형태와 외관을 결정했다. 이데올로기적 성향에도 불구하고 르코르뷔지에의 설계는 항상 자신의 고전적이고도 자연적인 형태와 연관된 그림 같은 선을 중시했다. 활동 말기에는 자신의 스튜디오에서 '기능주의'라는 단어의 사용을 배제하기도 했다. 르코르뷔지에의 초기 디자인과 지적 환경에 대한 논의는 Russel Walden, ed., *The Open Hand: Essay on Le Corbusier* (Cambridge: MIT Press, 1975) 중 특히 Charles Jencks, Anthony Sutcliffe, and Mary Patricia Mac Sekler가 발췌한 부분 참조.

53. Le Corbusier, *The Radiant City*. p. 121.

54. Ibid., p. 128. 매우 흥미로운 사실은 르코르뷔지에의 대규모 계획들과 비교했을 때 오히려 그의 소규모 프로젝트들이 미적 혹은 실용적인 측면에서 공히 더욱더 성공적이라는 점이다. 특히 롱샹(Ronchamp)에 있는 노트르담뒤오(Notre Dame du Haut) 소성당은 뛰어난 건축물로 간주된다. 또한 라쇼드퐁(La Chaux-de-Fonds)에 있는 그의 초기 주택들은 나중에 스스로 버린 장식적 요소 때문에 후한 평가를 받고 있다.

55. James Holston, *The Modernist City: An Anthropological Critique of Brasília* (Chicago: University of Chicago Press, 1989).

56. 브라질은 내륙 개발을 위한 야심찬 계획을 수립했다가 실패한 역사를 갖고 있다. 1972년에는 수많은 팡파르 속에서 (그리고 생태학적 관심 속에서) 아마존 고속도 로를 개통했으나 1980년대 말에 이르자 주변 숲이 너무 많이 성장해 도로를 통과 할 수 없게 되었다.

57. Lawrence J. Vale, *Architecture, Power, and National Identity* (New Haven: Yale University Press, 1992), p. 125에서 인용.

58. Holston, *The Modernist City*, pp. 113-119 참조.

59. Ibid., p. 115.

60. 이러한 전통을 르코르뷔지에의 의도와 비교해보라. 그는 이렇게 썼다. "카페를 비롯한 여가 공간은 더 이상 파리의 보도를 잡아먹는 곰팡이가 아닐 것이다. 우 리는 거리를 없애야 한다"(*Towards a New Architecture*, trans. Frederick Etchells 〔New York: Praeger, 1959), pp. 56-59.

61. Holston, *The Modernist City*, pp. 119-136의 흥미로운 분석 참조.

62. Ibid., pp. 105-107. 나는 convivencia를 '사회성'보다는 '충만'으로 번역하고자 한다. 이렇게 하는 편이 홀스턴이 의도하는 것에 더 가까울 것이다 (p. 105).

63. Ibid., pp. 24-26.

64. Ibid., p. 24.

65. 물론 브라질리아의 생활과 관련해 거주민이 실제로 좋아하는 것들도 있다. 예컨 대 정부 시설, 높은 생활수준, 아동에게 안전한 환경 등이 그것이다.

66. Ibid., p. 163.

67. Ibid., p. 171. 독립적 소형 주택은 단지 유년 시절 초기에 확립되는 표현적 관행 일 수도 있다.

68. Ibid., pp. 177-180에서 수페르쿠아드라의 아파트 디자인이 브라질의 전통적 공공 공간이나 사회 공간을 어떻게 잠식했는지에 대한 홀스턴의 흥미로운 분석 참조.

69. Ibid., p149. Kevin Lynch, *The Image of the City* (Cambridge: MIT Press, 1960). 린치의 '상상성(imageablility)'이라는 개념은 장소나 근린 공간의 '그림'이 어떻게 계획가나 행정가보다 주민에 의해 더 잘 그려질 수 있는가라는 문제와 연관이 있다. 홀스턴이 보여준 것처럼 질서의 두 가지 형태는 부정적으로 연결되어 있다.

70. Holston, *The Modernist City*, p. 209.

71. Ibid., p. 210에서 인용.

72. 찬디가르에 대한 나의 정보는 다음과 같은 것에서 나왔다. Ravi Kalia, *Chandigarh: In search of an Identity* (Carbondale: Southern Illinois University Press, 1987), Russell Walden, ed., *The Open Hand: Essays on Le Corbusier* (Cambridge: MIT Press, 1977)에 있는 3편의 글; Maxwell Fry, "Le Corbusier at Chandigarh," pp. 351-363; Madhu Sarin, "Chandigarh as a Place to Live In," pp. 375-411; Stanislaus von Moos, "The Politics of the Open Hand: Notes on Le Corbusier and Nehru at Chandigarh," pp. 413-457.

73. 펀자브의 정치인들 역시 이 프로젝트를 반겼다. 그들은 이것이 펀자브 분할 이전의 수도이자 무굴(Mogul) 권력의 거점 그리고 란지트 싱(Ranjit Singh)의 시크(Sikh) 왕국 수도 라호레(Lahore)의 손실에 대한 보상이라고 생각했다. 이러한 사실을 알려준 라마찬드라 구하에게 감사한다.

74. 맥스웰 프라이(Maxwell Fry)가 설명했듯이 그 무렵 르코르뷔지에는 대형 공간에서 차지하는 건축물의 시각적 효과에 집착하고 있었다. 그는 루브르에서 엘리제를 지나 개선문에 이르는 거대한 축이 그려진 파리 도시 계획 도면을 보여주며 "단일한 시점에서 가장 멀리 볼 수 있는 웅장한 거리"를 만들고자 했다. Fry, "Le Corbusier at Chandigarh," p. 386.

75. Sarin, "Chandigarh as a Place to Live In," p. 386.

76. 예를 들어, 15년 정도 먼저 출판된 Percival Goodman and Paul Goodman, *Communitas; Means of Livelihood and Ways of Life* (New York: Vintage Books, 1947) 참조. 이 책은 제이콥스의 책에서 발견할 수 있는 것과 동일한 주제를 많이 다루고 있지만, 분권화와 테크놀로지의 도입을 촉구하기도 한다.

77. 뉴욕에서는 제이콥스가 로버트 모지스 같은 개발 주역의 대표적인 앙숙으로 보였다.

78. 한편, 제이콥스는 건축에 대해 매우 많은 지식을 갖고 있었다. 그녀는 건축가와 결혼했고, 신문과 잡지 편집 일에서 출발한 경력은 〈Architectural Forum〉이라는 미국의 대표적 건축 저널의 부편집자로 이어졌다.

79. 이와 동일한 시기에 일어난 흥미로운 사건은 레이첼 카슨의 *Silent Spring* (Boston: Houghton Mifflin, 1962)이었다. 카슨은 살충제의 남용에 대한 영향력 있는 공격을 다음과 같이 평범하면서도 강력한 질문으로 시작했다. "새들의 울음소리는 다 어디로 사라진 거죠?"

80. Jane Jacobs, *The Death and Life of Great American Cities* (New York: Vintage Books, 1961), p. 15.

81. Ibid., p. 376. 일찍이 구조주의자이던 르코르뷔지에는 이러한 관점을 원칙의 문제로서 결코 부인하지 못했을 것이다. 하지만 계획의 시행 단계에서 그는 언제나 도시 계획의 조형적인 속성 혹은 롱샹에 있는 노트르담뒤오(1953)에서처럼 개별 건축물의 가치를 중시했다.

82. 현재의 구획 제도에 대한 유용한 비평은 James Howard Kunstler, "Home from Nowhere," *Atlantic Monthly*, September 1996, pp. 43-66에서 찾아볼 수 있다.

83. Jane Jacobs, *The Death and Life*, p. 375. 규율화된 예술 작업에 대해 말할 경우 잭슨 폴락(Jackson Pollock)보다 요제프 알베르스(Josef Albers)에 대해 언급하는 것이 특히 합리적으로 보인다. 이런 점에서 르코르뷔지에가 화가에서 출발했고 한 번도 그림 그리기를 멈추지 않았다는 점을 상기하면 좋을 것이다.

84. Ibid., p. 437.

85. Ibid., p. 31-32. 사회적 신뢰나 사회 자본에 대한 최근의 사회과학적 관심은 경제적 비용의 결핍을 드러냄으로써 이와 같은 평범한 진리가 이제는 공식적인 연구 주제가 되고 있다는 것을 알려준다. '거리의 시선'에 대한 제이콥스의 지적은 공동체적 감정의 가장 원초적인 수준을 가정한다는 점에서 특히 주목할 만하다. 탈리아 포터르스가 나에게 일깨워준 것처럼 거리의 시선이 공동체 일부 또는 전체에 적대적이라면 공공의 안전은 결코 향상될 수 없다.

86. Ibid., pp. 38-40. 이와 같은 비공식적 감시망과 사회 질서의 핵심적 군상이 급속히 소멸하는 그리고 공개적 비난의 대상인 프티부르주아지라는 사실은 주목할 만하다.

87. Ibid., pp. 59-62.

88. Ibid., pp. 60-61. 제이콥스는 전형적인 사탕 가게 주인이 아침 한나절을 보내는 동안 베푸는 대가 없는 서비스의 목록을 제시한다. 그녀는 이러한 서비스가 상점 주인과 고객을 더욱더 '가깝게 엮는다'고 생각한다.

89. Ibid., p. 56 (강조는 원저자).

90. Ibid., pp. 84-88. 제이콥스는 1928년에 나온 여가 관련 지역 계획 보고서를 인용

한다. 그 내용은 5-15세의 아이들 4분의 1만이 놀이터에서 놀고, 나머지는 "여러 가지 활동이 풍부한" 길거리에서 논다는 것이다. 놀이터는 "삶과 모험으로 와글 거리는" 도시의 길거리와 비교할 수 없다.

91. 현대적인 주택에서 부엌에도 텔레비전이 설치되어 있다면, 집에서 가장 사용 빈 도가 높은 공간이라는 측면에서 다른 어떤 공간도 부엌과 경쟁하기 어렵다. 네덜 란드 출신인 내 동료 탈리아 포터르스에 의하면, 1920-1970년 사이 네덜란드가 지은 노동자용 아파트에서 부엌의 크기는 일부러 매우 작게 제한되었다. 노동자 로 하여금 중산층 사람처럼 버젓이 거실에서 식사하고 사교 모임을 갖도록 하기 위함이었다.

92. 제이콥스가 쓴 '소규모 블록의 필요성'이라는 장이 그녀의 분석 모델이다. *The Death and Life*, pp. 178-186 참조.

93. Ibid., p. 222.

94. 여러 가지 직업에 덧붙여 1950년대의 제이콥스는 엄마이면서 아내였다.

95. 왜 어린이들이 놀이터보다 길거리에서 노는 것을 선호하는지에 대한 제이콥스의 설명은 다음과 같다. "대부분의 도시 건축 계획가는 남자다. 흥미롭게도 그들은 설 계나 계획을 할 때 정상적인 낮 시간대의 생활에서 남성을 제외시킨다. 주거 생활 을 계획하면서, 그들은 주부나 취학 전 아동의 일상적 수요를 채우는 데 목적을 둔 다. 다시 말해 엄격한 모계 사회를 계획하는 것이다" (*The Death and Life*, p. 83).

96. Ibid., pp. 372-373 (강조는 원저자). 제이콥스의 비판을 바로크 도시 계획에 대한 멈퍼드의 비평과 비교해보라. 멈퍼드에 의하면 바로크 도시 계획은 "무자비하고 일방적이며 비협조적이다. ……〔그리고〕도시 발전의 좀더 유기적인 방법을 의 미하는 느리고 복잡한 상호작용과 시행착오를 통한 인내심 있는 조정과 수정 과 정에 무관심하다" (*The City in History*, p. 350).

97. Jane Jacobs, *The Death and Life*, p. 289. 경제적 다양화 과정에 대한 밀도 있는 분 석을 위해서는 제이콥스의 최근 저서 *The Economy of Cities* (New York: Random House, 1970) 참조. 법학 이론가인 캐럴 로즈(Carol Rose)에 의하면 담장, 벽, 울타 리, 창문, 대문 등과 같은 시각적 표식은 정태적이며 변치 않는 재산의 수사법으 로 기능함으로써 역사적 변화를 무시한다. Carol Rose, *Property and Persuasion: Essay in the History, Theory, and Rhetoric of Ownership* (Boulder: Westview Press, 1994), 특히 chap. 9 "Seeing Property," pp. 267-303 참조.

98. Jane Jacobs, *The Death and Life*, p. 287.

99. Ibid., p. 391. 프루동이나 크로포트킨 같은 영향력 있는 무정부주의자들의 주장

이 이 구절에서 반향을 불러일으킨다. 나는 제이콥스가 폴 굿맨(Paul Goodman)의 저작에서 나왔음직한 이러한 공명(共鳴)을 의도적으로 시도했는지는 알지 못한다. 하지만 여기서 놓치고 있는 사실은 국가 주도의 도시 계획이 부재하더라도 대규모 상업적·투기적 활동으로 인해 도시 경관이 매일 변화하고 있다는 점이다. 제이콥스의 주장은 결국 계획되지 않은 도시를 규모가 작고 명목상으로 동등한 수많은 활동의 결과로 간주함으로써 '자연스러운 것'으로 받아들이는 결과를 낳는다.

100. Ibid., p. 737.

101. 표준화된 목재나 시트록(Sheetrock: 석고 보드의 상품명―옮긴이), 바닥재 그리고 가장 잘 알려진 못에 이르기까지 건축물의 몇몇 구성 요소는 오랜 시간에 걸쳐 대량 생산되었다. 시어스 로벅(Sears Roebuck) 회사의 가정용 공구는 이미 1890년대부터 사업을 시작했다.

102. 군대에서처럼 업적이 가장 중요할 경우 이러한 논리는 다른 기준에 의해 대체될 수 있다. 따라서 군인은 각자의 발에 맞는 서로 다른 치수의 군화를 신기는 하지만 머리 스타일은 서로 똑같다.

103. Jane Jacobs, The Death and Life, p. 241.

104. Ibid., p. 238. "그리고 오직 그때만"이라는 경고는 제이콥스가 이례적으로 인식한 결과일지도 모른다. 자유 경제 체제에서는 포괄적 계획이 부재한 상황에서 도시를 결정짓는 비대칭적 시장의 힘은 결코 민주적일 수 없다.

105. Ibid., p. 241.

106. 이와 같은 논리를 도시 설계 논의에 잘 적용한 저작으로는 Michel de Certeau, The Practice of Everyday Life (Arts de Faire: La pratique de quotidien), trans. Steven Rendall (Berkeley: University of California Press, 1984) 참조. 이런 맥락에서 가능한 또 다른 비유는 프리드리히 하이에크가 주장한 방식에 따라 발전한 시장에서 찾아볼 수 있다. 이러한 비유에서 내가 발견한 문제점은 근대적 의미의 시장은 '자생적 사회 질서'와 동일하지 않다는 사실이다. 곧, 칼 폴라니(Karl Polanyi)가 역설했듯이 오히려 그것은 19세기에 강압적 국가에 의해 강요되었다. 내가 보기에 관습법의 발전에 대한 하이에크의 설명은 거의 정확하다. 어떻든 도시나 시장 그리고 관습법은 모두 '자연적'이지도 않고 '자발적 사회 질서'와도 전혀 무관한 역사적 권력 관계의 피조물일 뿐이다. 계획을 강력히 비판하는 과정에서 제이콥스는―마치 하이에크가 시장을 자연화하듯이―계획되지 않은 도시를 자연화하려는 유혹을 종종 받는다.

107. Ibid., p. 138.

108. 제이콥스의 몇 가지 통찰력이 쇠퇴한 도시의 상징이던 뉴욕 사우스브롱스의 일부 황폐화된 지역이 초기 단계에서 회복하는 데 도움을 준 것처럼 보인다. 기존 건물과 아파트의 재정비, 복합 용도 개발과 도시 정주 장려 정책, 소규모 대출의 촉진, 소규모 활동의 지원 등을 조화롭게 병행함으로써 활기찬 근린 관계가 새로 만들어진 것처럼 보인다.

109. Ibid., p. 336-337에서 인용. 1957년 6월 '건축 포럼'이라는 심포지엄에서 탱클의 호소문이 발표되었다.

110. Lisa Redfield Peattie, *Planning, Rethinking Ciudad Guayana* (Ann Arbor: University of Michigan Press, 1987) 참조.

111. Jane Jacobs, *The Death and Life*, p. 195.

05 혁명당: 계획과 진단

1. V. I. Lenin, *What Is to Be Done? Burning Questions of Our Movement* (New York: International Publishers, 1929), p. 82.

2. Robert Conquest, "The Somber Monster," *New York Review of Books*, June 8, 1995, p. 8에서 인용. 우리는 또한 레닌이 또 하나의 유토피아 작품인 톰마소 캄파넬라(Tommaso Campanella)의 《태양의 도시(City of the Sun)》 예찬론자라는 사실을 알고 있다. 종교적 이상향을 그린 이 책에는 도시민의 영혼과 마음을 형상화해주는 강력한 교육적 · 교훈적 내용이 담겨 있다.

3. 교실과 병영에 관한 은유는 레닌이 당내에서 갖고 있던 평판과 일치한다. 동료들은 그를 '독일인' 혹은 '박사님'이라고 불렀는데, 그 이유는 레닌이 취리히에서 보낸 시간 혹은 독일에서 받은 도움 때문이 아니라 단순히 '그의 단정함이나 자기 규율' 때문이었다(Conquest, "The Somber Monster").

4. Lenin, *What Is to Be Done?* p. 80.

5. Ibid., p. 84 (강조는 덧붙인 것임).

6. Ibid., p. 161 (강조는 덧붙인 것임).

7. Ibid., p. 114. 여기서 레닌은 독일의 사회민주주의자들을 주목한다. 그는 이들이 러시아 사회민주주의자들보다 훨씬 더 낫다고 생각했다. 또한 이 책 116쪽에서 레닌은 "어떠한 운동도 지도자들의 안정적인 조직 없이는 영속성을 가질 수 없다"고 단언했다. 이 이슈는 사실상 모든 사회주의 운동에서 논쟁거리가 되었다. 우리는 이것을 이탈리아의 공산주의자이자 이론가였던 안토니오 그람시의 저작에서도

발견할 수 있다. 그람시는 기본적으로 이 문제에 관한 한 레닌과 같은 입장을 취했다. 이에 반해 로자 룩셈부르크는—앞으로 살펴보겠지만—이에 관해 레닌과 전혀 다른 방향의 결론에 도달했다.

8. Ibid., p. 162.

9. Ibid., p. 95.

10. Ibid., p. 15.

11. Ibid., p. 40에서 인용. 레닌이 각주(p. 41)에서 언급했듯이 노동자 계급이 지식 계급으로 성장해 사회주의 이데올로기의 창조자 역할을 수행하는 것은 가능하다. 그는 이렇게 덧붙인다. "하지만 노동자들은 노동자로서 참가하는 것이 아니라 프루동이나 바이틀링(Wilhelm Weitling)처럼 사회주의 이론가로서 참여한다."

12. Ibid., p. 33.

13. Ibid., p. 41.

14. Ibid., p. 151 (강조는 덧붙인 것임). 레닌은 여기서 특히 전위 정당의 기관지 〈이스크라〉에 대해 언급한다.

15. Ibid., pp. 120-121.

16. Ibid., p. 122 (강조는 원저자).

17. 이를테면 Kathy E. Ferguson, "Class Consciousness and the Marxist Dialectic: The Elusive Synthesis," *Review of Politics* 42, no. 4 (October 1986): 504-532 참조.

18. Lenin, *What Is to Be Done?* p. 129.

19. Ibid., p. 120-121 (강조는 덧붙인 것임).

20. '선동'은 이런 맥락에서 또 다른 진단용(診斷用) 단어이다. 이는 외부 요인에 의해 '선동'되었을 때에만 움직이는 고인 물을 생각나게 한다.

21. 트로츠키 휘하 군사들이 볼셰비키 독재 세력에 대항하는 진정한 프롤레타리아 계급의 반란을 진압할 무렵 개최된 1921년의 제10차 당대회에서 부하린을 비롯한 몇몇은 농민들로부터 노동자 계급 여러 분파로 퍼져나간 '프티부르주아 전염병'을 비난했다. Paul Averich, *Kronstadt, 1921* (Princeton: Princeton University Press, 1970), chap. 3, 특히 pp. 129-130 참조.

22. 레닌은 실제 질병이나 전염병을 예방하는 문제를 직접 챙겼다. 위생 규칙을 제정해 크렘린 궁이 청결한 무균 환경이 되도록 했다. 예컨대 그는 이렇게 지시했다. "(기차를 이용해) 도착하는 모든 사람은 투숙하기 전에 목욕을 해야 하며 더러운 옷가지는 목욕탕에 비치한 살균 시설에 넣어야 한다. 누구든지 이 공중위생 규칙을 어기는 사람은 즉각 크렘린 궁에서 추방될 것이며 사회에 해로움을 끼친 죄로

기소될 것이다." Dimitri Volkogonov, *Lenin: Life and Legacy*, trans. Harold Shukman (London: Harper Collins, 1995)로부터 Robert Service, "The First Master Terrorist," *Times Literary Supplement*, January 6, 1995, p. 9에 인용.

23. Lenin, *What Is to Be Done?* p. 79 (강조는 덧붙인 것임).

24. Bruce M. Garver, *The Young Czech Party, 1874-1901, and the Emergence of a Multi-Party System* (New Haven: Yale University Press, 1978), p. 117. 피터 러틀랜드(Peter Rutland)는 나에게 이러한 과시는 결코 권위주의적 이데올로기에 바탕을 둔 정치적 운동에만 국한되지 않는다고 말했다. 대신 정밀성과 통합성을 추구하는 위로부터의 기계적 관점 가운데 하나로서 물질문화에 적용될 뿐 아니라 민족주의 운동, 부르주아 운동, 민주주의 운동 등에서도 공유된다고 했다. 조직화된 단체 운동의 전통은 물론 미국 대학에서 미식축구 경기 하프타임에 하는 취주악단의 퍼레이드에도 남아 있다. 사회 운동을 기계에 비유하는 것에 대해 좀더 알고 싶으면 이 책의 제6장 참조.

25. 부쿠레슈티에 건축될 뻔했던 니콜라에 차우셰스쿠 대통령의 공화국 궁전에는 이런 식의 디자인이 많다. 의회 건물은 차우셰스쿠의 유압식 이동 연단을 둘러싼 다층의 발코니를 갖고 있으며, 궁전 안에 있는 600개의 시계는 모두 차우셰스쿠의 방에서 조정되었다(*New York Times*, December 5, 1991, p. 2). 이와 대조적으로 레닌은 개인숭배에 반대했다. 즉, 당 자체가 혁명적 오케스트라의 지휘자였다.

26. 그럼에도 불구하고 르코르뷔지에나 레닌 모두 한결같고 꼼꼼하고 또한 관료주의적인 기질의 소유자가 아니었다는 사실을 반드시 언급해야겠다.

27. Hannah Arendt, *On Revolution* (New York: Viking, 1965).

28. E. H. Carr, *The Bolshevik Revolution, 1917-1923*, vol. 1 (Harmondsworth; Penguin, 1966), p. 35. 레닌은 이 책 80쪽에 인용되어 있다. E. H. 카는 2월 혁명의 모든 정파에 대해 이러한 판단을 내렸다. "혁명적 정당들은 혁명 과정에서 직접적인 역할을 수행하지 않았다. 그들은 혁명을 기대하지도 않았으며, 처음에는 혁명에 대해 다소 당혹스러워하기도 했다. '노동자 대표들의 페트로그라드 소비에트(Petrograd Soviet of Worker's Deputies)'가 혁명의 순간을 만들어낸 것은 중앙의 지도력이 부재한 가운데 일어난 노동자 집단의 자발적 행동이었다. 그것은 1905년 혁명에서 순간적인 그러나 영광스러운 역할을 담당한 페테르스부르크 소비에트(Petersburg Soviet)의 부활이라고 말할 수 있다" (p. 81).

29. 이를테면 Ibid. 참조. Sheila Fitzpatrick, *The Russian Revolution* (Oxford: Oxford University Press, 1982); Marc Ferro, *The Bolshevik Revolution: A Social History of*

the Russian Revolution, trans. Norman Stone, (London: Routledge and Kegan Paul, 1980).

30. 이와 같은 상황에 대한 러시아 최고의 묘사는 《전쟁과 평화》에서 톨스토이가 나폴레옹의 러시아 침공 장면을 탁월하게 분석한 것을 들 수 있다. *War and Peace* (New York: Simon and Schuster, 1942), pp. 713, 874, 921, 988. 또한 John Keegan, *The Face of Battle* (New York: Viking Press, 1976) 참조.

31. 레닌이 혁명을 이끌어가는 자율적 행동을 인정한 것은 1917년 10월 혁명 이후였다. 1918년 레닌은 이렇게 말했다. "무정부주의자들의 생각이 마침내 살아 있는 형태를 갖췄다." Daniel Guérin, *Anarchism: From Theory to Practice*, trans. Mary Klopper (New York: Monthly Review Press, 1970), p. 85 참조. 게랭에 의하면 초기 볼셰비키 입법의 상당 부분은 자율적 행동과 실천을 사후에 기정사실화한 것이었다.

32. Orlando Figes, *Peasant Russia, Civil War: The Volga Countryside in Revolution, 1917-1921* (Cambridge; Cambridge University Press, 1996)의 풍부한 사료에 기초한 상세한 설명 참조.

33. Milovan Djilas, *The New Class* (New York: Praeger, 1957), p. 32.

34. 이와 같은 사항을 지적해준 피터 퍼듀(Peter Perdue)에게 감사한다. 질라스 역시 같은 관점을 가지고 있었다 (ibid.).

35. 공식 기록이 혁명 과정에 직접 참여한 사람들의 개인적 · 집합적 경험을 전적으로—비록 부분적으로는 집합적 기억을 형성할지는 모르지만—대체할 수는 없다. 개인적인 기억이 없는 사람들, 따라서 교과서나 애국 연설을 통해 혁명을 접한 사람들은 대안이 될 만한 다른 정보가 없는 한 공식적인 이야기를 그대로 믿을 것이다.

36. 이것이 다음과 같은 짧은 노래의 요점이다. "못 하나가 부족해서 편자를 잃게 되었고, 편자 하나가 부족해서 말을 잃게 되었고, 말이 없어서 사자(使者)를 잃게 되었고, 전갈을 못 받아서 전투에 졌고, 승리를 못해서 왕국을 잃고 말았다……." (John M. Merriman, ed., *For Want of a Horse: Choice and Chance in History* [Lexington, Mass.: S. Green Press, 1985]).

37. 우연성을 강조하는 역사적 설명을 찾아보기란 매우 어렵다. 이미 지나간 사건에 대해 설명한다는 것은 실제로 종종 반사실적인 정리정돈과 일관성을 요구한다. 자신이 참여한 행사를 다룬 신문 기사를 읽은 사람이라면 누구나 이와 같은 사실을 알 수 있다. 다리에서 투신한 사람이나 살인을 한 사람이 훗날 무슨 무슨 다리

에서 뛰어내린 그리고 총을 쏜 누구 누구로 알려진다는 사실을 생각해보라. 한 사람의 인생에서 일어난 사건은 결말을 고려해 다시 읽히며, 지극히 우연일 수도 있는 사건이 마치 불가피했다는 인상을 남긴다.

38. 볼셰비키 혁명의 경우 역시 공식적인 이야기는 볼셰비키가 궁극적으로 주도권을 장악한 진짜 인기 있는 대중운동을 포함할 필요가 있었다. 마르크스주의 역사학 은 전투적이고 혁명적인 프롤레타리아를 요구한다. 이것이 날조할 필요 없는 2월 혁명과 10월 혁명의 한 가지 측면이다. 정작 설명에서 빠진 것은 새로운 국가 기 구와 자치적인 소비에트 및 농민 사이에 벌어진 격렬한 투쟁이었다.

39. Averich, *Kronstadt, 1921*, p. 160에서 인용한 레닌의 말. 직접적인 증거는 없지만 나는 여기서 레닌이 의식적으로 룩셈부르크를 모방했다고 믿는다. 이것에 대한 선례는 1905년 혁명에 대해 레닌이 느낀 순간적인 희열에서 찾아볼 수 있다. "혁 명은 억압받고 착취받는 이들의 향연이다. ……혁명의 시기만큼 대중이 선두에 나 서서 새로운 사회 질서의 창조자로 적극 활동할 때는 없다. 그런 시기에는 사람들 이 기적을 행할 능력을 가진다." "Two Tactics of Social Democracy." Richard Stites, *Revolutionary Dreams: Utopian Vision and Experimental Life in the Russian Revolution* [New York: Oxford University Press, 1989], p 42에서 인용.

40. V. I. Lenin, *State and Revolution* (New York: International Publishers, 1931), p. 23 (강조는 원저자). 힘에 의해 '지도받아야' 할 사람은 혁명의 적인 부르주아가 아 니라―프롤레타리아를 제외한―강제력이 필요 없는 피착취 계급이라는 사실을 지적해둔다. 국가의 강제력 동원이 프롤레타리아 혹은 그들의 대표에 의해 민주 적으로 결정된다는 생각을 하지 못하도록 레닌은 혁명 직후―레스제크 콜라콥스 키(Leszek Kolakowski)가 언급한 바에 따르면―자신의 입장을 분명히 했다. "프 롤레타리아 독재의 요점은 절대 권력으로서, 법에 의해 제한받지 않고 순전히 직 접적인 폭력에 기초한다는 것이다. 또한 그는 세계 전체를 완전히 적화시킬 때까 지는 자유도 없고 민주주의도 없을 것이라고 말했다(이 단어들은 레닌이 직접 사 용한 것이다)." "A Calamitous Accident," *Times Literary Supplement*, November 6, 1992. p. 5 참조.

41. Lenin, *State and Revolution*, pp. 23-24.

42. Ibid., p. 38 (강조는 원저자).

43. Ibid., p. 83 (강조는 덧붙인 것임).

44. Lenin, "The Immediate Tasks of the Soviet Government," March-April 1918, Carmen Claudin-Urondo, *Lenin and Cultural Revolution*, trans. Brian Pearce

(Sussex: Harvester Press, 1977), p. 271에서 인용. 여기서 '공회 민주주의'와 관련된 간결한 자연주의적 이미지는 염두에 둘 만한 가치가 있다. 아마도 룩셈부르크의 저작에서 빌려왔음이 거의 틀림없다.

45. David Harvey, *The Condition of Post-Modernity: An Enquiry into the Origins of Cultural Change* (Oxford: Basil Blackwell, 1989), p. 126 참조. 하비는 레닌, 포드, 르코르뷔지에, 에베네저 하워드 그리고 로버트 모지스를 모더니스트로 구분했다.

46. 물론 사실상 인간의 주관성을 무시하는 이런 종류의 어떤 문제에 대해서도 합리적이고 효율적인 해법은 없다. 효율적인 생산 설계는 노동력의 적극적인 반응에 필수적으로 의존한다. 오하이오 주 로드스빌(Lordsville)에서 '효율적인' 대량-조합 라인을 싫어한 노동자들은 어물어물 생산 작업에 임함으로써 생산 체계를 비효율적인 것으로 만들어버렸다.

47. Lenin, *State and Revolution*, pp. 84-85 (강조는 원저자). 마르크스, 엥겔스 그리고 레닌은 노동자 계급의 규율에서 벗어난 모든 주변부 인간들을 지칭하기 위해 룸펜(부랑자)이라는 말을 사용했다. 룸펜적 요소에 대한 그들의 경멸은 끝이 없어 '자격 없는 빈민'에 대한 빅토리아 시대 엘리트들의 준인종차별적 태도를 연상케 한다.

48. Stites, *Revolutionary Dreams*, p. 32.

49. V. I. Lenin, *The Agrarian Question and the Critics of Marx*, 2nd rev. ed. (Moscow: Progress Publisher, 1976). 농업에 관한 레닌의 기본적 입장은 1889년에 쓴 *The Development of Capitalism in Russia* 이전에 이미 형성되어 있었다. 이 책은 농촌에서 자본주의가 자생적으로 발전할 것이라고 예견했으나 그 규모는 레닌이 생각한 정도에 미치지 못했다. 러시아 농촌에 대한 마르크스의 분석을 수정한 주요 저서로는 Teodor Shanin, ed., *Late Marx and the Russian Road: Marx and the Peripheries of Capitalism* (New York: Monthly Review Press, 1983) 참조.

50. Ibid., p. 45.

51. V. I. Lenin, *The Agrarian Programme of Social Democracy in the First Russian Revolution, 1905-1907*, 2nd ed. (Moscow: Progress Publishers, 1977), p. 70.

52. 농업 경영과 관련해 실증적 가계 조사를 중시한 독일과 오스트리아의 연구소들은 세기말에 들어서 영향력이 매우 높았다. 이와 같은 전통을 이어받은 러시아의 위대한 경제학자는 알렉산드르 V. 차야노프(Alexandre V. Chayanov)였다. 신중한 학자였던 차야노프는 소규모 자산을 옹호했으며 스스로 유토피아에 관한 소설을 쓰기도 했다. 소비에트 관료이기도 했던 그는 1932년 스탈린의 경찰에 체포되

어 1936년에 처형당한 것으로 알려졌다. 현대 러시아에서 소농의 효율성과 확장을 주장하며 레닌의 입장과 대립했던 또 다른 사람으로는 표트르 마슬로프(Pyotr Maslov)를 들 수 있다.

53. Lenin, *The Agrarian Question*, p. 86.

54. Ibid.

55. 더 광범위한 설명을 보려면 Jonathan Coppersmith, *The Electrification of Russia, 1880-1926* (Ithaca: Cornell University Press 1992), Kendall Bailes, *Technology and Society Under Lenin and Stalin: Origins of the Soviet Technical Intelligentsia* (Princeton: Princeton University Press, 1978) 참조. H. G. 웰즈(H. G. Wells)는 소련을 방문한 다음 1920년 10월 레닌과 자신이 나눈 대화 내용을 열정적으로 기록했다. "착한 정통파 마르크스주의자처럼 레닌은 모든 '유토피아'를 비난했지만 그 역시 마침내 유토피아, 전기 기술자의 유토피아에 굴복하고 말았다"(*Russia in the Shadows* 〔New York: George H. Doran, 1921〕, p. 158).

56. Lenin, *The Agrarian Question*, p. 46. 전기를 처음 접한 사람들에게 그것이 얼마나 깜짝 놀랄 만한 일이었는지를 오늘날에는 잊고 살기 쉽다. 블라디미르 마야콥스키(Vladimir Mayakovsky)는 "전기가 발명된 이후 나는 자연에 대한 흥미를 잃었다"고 말한 것으로 알려졌다. (Stites, *Revolutionary Dreams*, p. 52). 사실상 레닌이 언급한 모든 것 가운데 송전선 없이 움직일 수 있는 동력으로서 트랙터는 전기보다 더 실용적인 것으로 판명되었다.

57. '러시아 전기화를 위한 정부위원회'를 설립한 1920년 12월 22일 제8차 소비에트 대회에 보낸 레닌의 보고서에서. Robert C. Tucker, ed., *The Lenin Anthology* (New York: Norton, 1975), p. 494에서 인용.

58. 전기화를 가능하게 만든 중앙 집중화는 또한 대규모 단전과 절전을 초래하기도 했다. 기술적 집중화 실현은 유토피아적 약속하고는 종종 매우 대조적인—비록 희극적이지는 않지만—결과를 보여주었다. 마르코스(Marcos) 치하의 필리핀에 매우 분명한 사례가 하나 있는데, 여기에 대해서는 Otto van den Muijzenberg, "As Bright Lights Replace the Kingke: Some Sociological Aspects of Rural Electrification in the Philippines," in Margaret, M. Skutsch et al., eds., *Towards a Sustainable Development* (근간) 참조.

59. 예상하는 바와 같이 전기의 빛과 '계몽주의적' 나로드 사이의 유사점은 소비에트 수사학에서 종종 환기되었다. 말하자면 볼셰비키의 기술적 프로젝트를 문화적 프로젝트에 결합시키는 것이었다. 레닌은 다음과 같이 말했다. "당에 가입하지

않은 농민 대중에게 전기가 제공하는 빛은 '비자연적' 빛이다. 그러나 우리가 비
자연적이라고 간주하는 것은 농민과 노동자가 지주와 자본가의 굴레 아래 수백
년 혹은 수천 년 동안 낙후와 가난 그리고 억압 속에 살지 않으면 안 되었던 일이
다. 이제 우리가 반드시 시도해야 할 일은 우리가 건설하는 모든 발전소를 계몽
을 위한 근거지로 전환해 대중들로 하여금 전기를 의식하도록 만드는 것이다"
(Tucker, *The Lenin Anthology*, p. 405에서 인용).

60. Figes, *Peasant Russia, Civil War*, p. 67.

61. 그는 당의 규율을 담보하는 데 폭력의 역할에 대한 믿음을 버린 적이 없다. 1922년
슈야(Shuya) 지방의 종교인들이 교회 재산 압류에 저항하는 시위를 공개적으로
벌일 무렵, 레닌은 대량 보복을 역설했다. "사람들을 더 많이 죽일수록 낫다. 우
리는 지금 대중에게 향후 수십 년 동안 감히 저항할 생각조차 못하도록 가르칠 필
요가 있다" (John Keep, "The People's Tsar," *Times Literary Supplement*, April, 7.
1995, p. 30에서 인용).

62. Averich, *Kronstadt, 1921*, p. 224에서 인용 (강조는 덧붙인 것임).

63. Rosa Luxemburg, "Mass-Strike, Party, and Trade Union" and "Organizational
Questions of Russian Social Democracy," in Dick Howard, ed., *Selected Political
Writings of Rosa Luxemburg* (New York: Monthly Review Press, 1971), pp. 223-
270, 283-306; Luxemburg, "The Russian Revolution," trans. Bertram D. Wolfe, in
Mary-Alice Waters, ed., *Rosa Luxemburg, Speaks* (New York: Pathfinder Press,
1970), pp. 367-395. 만약 룩셈부르크가 독일에서 권력을 잡았다면 그녀의 신념
가운데 얼마나 많은 것이 계속 유지되었을지 생각해보는 것도 재미있다. 하지만
확실한 것은 실권(失權)했을 때 그녀의 견해가 레닌이 권력을 잃었을 때와 완전
히 달랐다는 점이다.

64. 엘츠비에타 에팅거(Elzbieta Ettinger)는 룩셈부르크가 평범한 노동자의 지혜에
대해 가졌던 신뢰의 근원 중 하나는 폴란드 보통 사람들의 직관과 통찰력을 찬미
한 폴란드 민족 시인 아담 미츠키에비츠(Adam Mickiewicz)에 대한 애정이라고
주장한다. *Rosa Luxemburg: A Life* (Boston: Beacon Press, 1986), pp. 22-27 참조.

65. Luxemburg, "Mass-Strike, Party, and Trade Union," p. 229. 무정부주의를 거부했
음에도 불구하고 룩셈부르크의 견해는 혁명과 관련해 보통 사람들의 독립적이고
창조적인 역할에 주목하는 무정부주의자와 상당 부분 겹친다. 예를 들어 G. D.
Maximoff, ed., *The Political Philosophy of Bakunin: Scientific Anarchism* (New
York: Free Press, 1953), p. 289 참조. 이 책에 따르면 중앙위원회 지도력의 한계

에 대한 바쿠닌의 견해는 중앙위원회의 역할에 대한 룩셈부르크의 신중한 의견을 예시한다.

66. 노동 계급 운동을 이런 식으로 분석하는 방법은 1898년 룩셈부르크가 취리히 대학에서 쓴 박사 논문 "The Industrial Development of Poland"에서 비롯되었다. J. P. Nettl, *Rosa Luxemburg*, vol.1 (London: Oxford University Press, 1966) 참조.

67. Rosa Luxemburg, "Mass-Strike, Party, and Trade Union," p. 236.

68. 룩셈부르크는 심미적인 것에 대해서도 자유로운 태도를 가졌다. 그의 연인이자 동지였던 레오 요기헤스(Leo Jogiches)에게 자신의 프티부르주아적 취향과 욕망과 관련해 지속적으로 비난을 받았지만, 룩셈부르크는 스스로 혁명에 몸 바쳐 일하면서도 개인적 삶의 가치를 옹호했다. 이와 같은 룩셈부르크의 기백은 스파르타쿠스 당원의 기관지 〈붉은 깃발(Die Rote Fahne)〉의 디자인과 관련해 그녀가 제시한 충고에 아주 잘 드러나 있다. "내 생각에 신문은 영국 잔디처럼 대칭적이거나 잘 단장할 필요가 없다. 대신 그것은 야생 과수원처럼 길들여지지 않은 채, 재능 있는 젊은 사람들의 삶과 윤기로 가득 차 있는 편이 더 낫다"(Ettinger, *Rosa Luxemburg*, p. 186에서 인용).

69. Luxemburg, "Organizational Question," p. 291 (강조는 덧붙인 것임).

70. "독일에서 노동자 계급의 혁명적 에너지를 일깨우는 것은 결코 과거의 애석한 추억 속에 남아 있는 독일 사회민주당의 지도 정신을 불러오는 방식이 되어서는 안 된다. 〔혁명적 에너지를 각성시키는 것에 도움을 주는 요소는〕 단지 모든 심각한 두려움 그리고 관련된 모든 과업의 복잡성에 대한 이해와 정치적 성숙과 정신적 독립성의 결과 그리고 '대중들의 비판적 판단 능력과 다양한 핑계 아래 수십 년 동안 사회민주주의에 의해 체계적으로 압살되어온 역량'의 결과이다"(Luxemburg, "The Russian Revolution," pp. 369-370 〔강조는 덧붙인 것임〕).

71. Luxemburg, "Mass-strike, Party, and Trade Union," p. 236.

72. Ibid., p. 237.

73. Ibid., p. 241.

74. Ibid., pp. 241-242.

75. Luxemburg, "Organizational Questions," p. 306.

76. Luxemburg, "The Russian Revolution," p. 389. 노동자 계급의 윤리적이고 이상적인 측면을 줄곧 강조한 나머지 아마도 룩셈부르크는 먹고사는 문제의 중요함을 과소평가한 것 같다. 그러한 관심은 적어도 1917년에는 혁명적 행동을 좁은 의미의 노동조합주의로 쉽게 유도할 수 있었다. 예를 들어 그녀나 레닌 모두 오

웰이 *Road to Wigan Pier* 혹은 *Down and Out in Paris and London*에서 밝힌 노동자 계급의 물질적 욕구를 존중하는 모습을 보여주지 않았다. 레닌이 노동자를 감시와 훈육이 상시적으로 필요한 게으른 학생처럼 취급했다면, 아마도 룩셈부르크는 다른 어떤 것 가운데서도 그들의 민족주의적 성향과 간헐적인 소심함을 놓친 것 같다.

77. Ibid., p. 390. 교과서를 언급한 것은 조롱하기 위해서가 아니다. 19세기 말의 사회주의를 바라보는 우리 시대의 관찰자를 놀라게 하는 것은 그것이 너무나 교과서적이고 교육학적이라는 점이다. 사회주의적 사고에서 교실에 관한 은유는 보편화되어 있었고, 공식적 교육 또한 규범적이었다. 룩셈부르크는 자신의 경력 대부분을 당 고급학교에서 수업하거나 채점하는 것으로 보냈다.

78. Ibid. (강조는 덧붙인 것임). 이를 이탈리아의 무정부주의자 에리코 말라테스타(Errico Malatesta)의 접근 방법과 비교해보자. 그는 1907년의 저서 *Anarchy*에서 다음과 같이 말했다. 비록 자비로운 권위주의적 사회주의자가 가능하다 할지라도 그것은 "생산력을 크게 감소시킬 것이다. 왜냐하면 정부는 주도권을 일부에게 제한할 것이기 때문이다"(Irving Louis Horowitz, *The Anarchists* (New York: Dell, 1964), p. 83에서 인용).

79. Luxemburg, "The Russian Revolution," p. 391.

80. Ibid.

81. 수많은 다른 반체제 인사와 달리 콜론타이는 암살당하거나 노동자 수용소로 보내지지 않았다. 그녀는 비판을 자제하겠다는 암묵적인 조건 아래 일련의 의전적 · 외교적 직책을 맡으며 살아남았다. Beatrice Farnsworth, *Alexandra Kollontai: Socialism, Feminism, and the Bolshevik Revolution* (Stanford: Stanford University Press, 1980) 참조.

82. Alexandra Kollontai, *Selected Writings of Alexandra Kollontai*, trans. Alix Holt (London Allison and Busby, 1977), p. 178. 이 인용문의 출처는 콜론타이의 글 "The Workers' Opposition"인데, 1921년에 나온 번역본이다. 현재 러시아어 원본은 찾을 수가 없다.

83. Ibid., p. 183. 가족의 자치권에 관한 이슈는 또 다른 문제이다. 콜론타이는 소비에트 어머니는 아이들을 '내 것'이나 '네 것'이 아닌 '우리의 아이들, 공산주의 국가의 아이들'로 생각하도록 권장했다.

84. Ibid., p. 182.

85. Ibid., p. 185.

86. Ibid., pp. 191, 188, 190.

87. Ibid., p. 187.

88. Ibid., pp. 187, 160.

3부 촌락과 생산의 사회공학

1. Pierre-Joseph Proudhon "Q'est-ce que c'est la propriété?" Daniel Guérin, *Anarchism: From Theory to Practice*, trans. Mary Klopper, (New York: Monthly Review Press, 1970), pp. 15-16에서 인용.

2. 좀더 정확하게 말하면 사회란 구성원의 목적과 활동(물론 그들의 저항을 포함해서)을 보여주는 것뿐만 아니라 예전 국가 '계획'의 흔적을 보여주는 것 같다. 그리고 그들 각각은 특정한 지질학적 층위 속에 놓여 있다.

3. 이 구절은 Norbert Elias, *The Civilizing Process*, vol. 1 of The History of Manners, trans. Edmund Jephcott (New York: Pantheon, 1982)의 제목에서 나왔다. 하지만 이는 앞으로 살펴보겠지만 비서구 지역에서 이러한 계획을 실행한 '근대화주의자들'의 자기 묘사에도 적용된다. 또한 Elias, *Power and Civility*, the second volume of The History of Manners 참조.

4. *Von Thünen, Isolated State* (1966), trans. Carla M. Wartenberg (Oxford: Pergamon Press); G. William Skinner, *Marketing and Social Structure in China* (Tucson: Association of Asian Studies, 1975) 참조. 발터 크리스탈러는 중심지 이론의 창시자이다. 스키너는 1932년 에를랑겐(Erlangen) 대학에서 학위 논문을 통해 이 이론을 정립한 이후 자기 연구의 주제로 삼았다.

5. 수상 수송은 육지 수송보다 훨씬 더 쉬웠다. 따라서 근접성은 물리적 거리에 의해 측정되기보다 추상적으로 측정되어 '이동 시간'이 더 중요했다. 이들 왕국은 종종 조공 관계와 더불어 장거리 교역의 오랜 역사를 가졌기 때문에 곡물이나 인력의 수탈뿐만 아니라 보석이나 귀금속, 의약품, 수지(樹脂) 같은 고가 품목에도 관심이 많았다. 왜냐하면 후자가 장거리에 걸쳐 이루어지는 교역에서 수익도 많고 관리도 용이했기 때문이다.

6. 이와 관련된 한 가지 실례는 소우(Saw) 여왕이 나라티하파테(Narathihapate) 왕에게 한 충고에서 발견할 수 있다. *The Glass Palace Chronicle of the King of Burma*, trans. Pe Maung Tin & G. H. Luce (London: Oxford University Press, 1923), p. 177

참조. 여기에는 이렇게 쓰여 있다. "영역상의 국가를 생각하라. 당신은 사람이나 주민을 미워해서는 안 된다. 주변의 시골 사람들을 미워해서도 안 된다. 시골 사람들은 머뭇거리며 그대의 왕국으로 들어오지 않을 것이다. 그들은 당신의 지배를 두려워한다. 왜냐하면 당신, 알라웅(Alaung) 왕은 난폭한 지도자이기 때문이다." 동남아시아의 현상에 대한 고전적 분석으로는 Michael Adas, "From Avoidance to Confrontation: Peasant Protest in Pre-Colonial and Colonial Southeast Asia," *Comparative Studies in Society and History* 23. no. 2 (1981): 217-247 참조. 해변이나 강가에 사는 사람들은 '노로 투표한다'고 말할 수 있다.

7. 인구 이탈 문제는 동남아시아에서만 유별난 것이 아니었다. 흑사병으로 인구가 3분의 1로 줄어든 14세기 후반부터 15세기까지 유럽의 귀족들은 흑사병으로 죽은 사람들에 의해 버려진 땅으로 도주한 사람에게 호감을 얻음으로써 농노들을 끌어모아야 하는 심각한 과제에 직면했다. 개방된 국경을 가진 노예 국가는 이 점에서 항상 취약했다. 남북 전쟁 이전 미국의 노예는 북부 지역, 캐나다 또는 서부의 '자유 주(州)'로 도망갈 수 있었다. 러시아에서도 차르 율령의 대부분은 도망간 노예에 관한 내용이었다. 일반적으로 국경이 개방된 곳에서는 인구를 가두기 위한 충분한 강제력을 동원할 수 없는 한 비자유적 노동 형태를 유지하기 어려웠다.

8. 이와 같은 논리는 내륙 지역에 있는 왕국에서 가장 잘 작동한다. 하지만 수탈의 기반으로 사용할 수 있는 교통의 관문 혹은 자연적 독점으로 기능하는 전략적 위치라면 그러한 논리는 무너진다. 내가 염두에 두고 있는 것은 강 하구[말레이시아 지역에서는 훌루-힐리르(hulu-hilir)로 구분], 해협, 고개 혹은 필수 자원 생산 지역에 대한 통제 등이다.

9. 동남아시아의 사례를 놓고 말하면, 국가 형성은 집중적이고 집약적인 경작, 지속적으로 잉여 농산물을 생산하면서도 그곳을 쉽게 떠나지 못하는 인구[이를테면 토지 개간과 수로 개발에 들어간 높은 매몰 비용(sunk cost) 때문에] 그리고 (음식처럼) 부피가 크면서도 (곡물처럼) 쉽게 저장되고 또한 이동이 가능할 뿐만 아니라 상대적으로 부피당 또는 무게당 가치가 높은 상품을 생산하는 인구에 의해 부추겨진다고 말할 수 있다.

10. 이와 같은 공간에 거주하는 사람들은 물론 이 문제를 달리 보았다. 곧, 자신들의 자유, 이동성 그리고 자존심을 왕실 지배 하의 구속 상태와 비교한 것이다. 이와 관련해 얼핏 생각나는 매우 보편타당한 아프가니스탄의 속담은 양자의 차이를 다음과 같이 포착한다. "세금은 계곡을 먹고, 자존심은 언덕을 먹는다."

11. 이와 같은 공간을 떠올리기 위해 가장 좋은 방법 가운데 하나는 도망간 농노와

노예들이 어디에서 심신을 회복했는지 그리고 탈주한 노예들의 마룬(Maroon) 공동체가 어디에 세워졌는지를 살펴보는 것이다. 그런 장소는 비국가적 공간으로서 당국에서는 가급적 그런 곳을 없애려고 했다. 이와 관련해 미국에서 가장 대표적인 사례는 남북 전쟁 이전 남부에서 자유를 찾은 흑인들이 독립적인 생존을 영위하는 데 필요한 대규모 목초지를 없애려고 획책한 일과 흑인을 노동 시장으로 내몰아 종종 예전 주인을 위해 다시 일하게 만든 일 등을 들 수 있다. 도망한 대다수 노예는 임금 노동에 항구적으로 종속되어 살기보다는 개방된 대지에서 농업, 어업, 수렵, 채집 그리고 약간의 방목을 하며 조심스럽게 사는 것을 선호했다. 스티븐 한(Steven Hahn)이 설명했듯이 일련의 울타리 치기 관련 법률, 수렵과 채집 금지 조처, 방목 규제, 부랑법 등은 이와 같은 비임금 노동 공간(즉, 비국가적 공간)을 없애기 위해 고안된 것이다. Hahn, "Hunting, Fishing, and Foraging: Common Rights and Class Relations in the Post-Bellum South," *Radical History Review* 26 (1982): 37-64 참조.

12. 이것이 지리학적 결정론처럼 비쳐지지 않도록 나는 인간의 행위라는 측면이 비국가적 공간을 창출하고 유지하는 데 커다란 역할을 한다는 점을 강조하고 싶다. 한계는 있지만 대도시 지역 일부도 만약 국가가 반란 집단 혹은 저항 세력에 대한 통제력을 크게 상실할 경우 비국가적 공간이 될 수 있다.

13. 메라투스 사람들에게서 '그들의' 숲을 빼앗는 것과 관련한 목표는 국가의 벌채와 재정 계획에 대한 토지의 편입을 좀더 쉽게 만드는 것이다.

14. Anna Lowenhaupt Tsing, *In the Realm of the Diamond Queen: Marginality in an Out-of-the Way Place* (Princeton: Princeton University Press, 1993), pp. xiii, 28, 41.

15. Ibid, pp. 48, 93.

16. 필리핀의 타를락(Tarlac)과 팡가시난(Pangasinan) 지역에서 이와 같은 정착지를 본 기억이 난다. 여기에는 각 주택의 계단 옆 정면에 커다란 글씨로 그곳에서 잠을 자는 가족 구성원 모두의 이름과 나이가 쓰여 있어 야간 순찰을 도는 경비대가 허가받지 않은 방문객을 확인하는 일이 한결 쉬웠다.

17. 사탕수수는 한 번 수확하면 건조와 발효로 인한 손실을 막기 위해 신속하게 찧어야 한다. 대형 분쇄기(종종 설탕의 '핵심'이라고 부르는 데는 일리가 있다)의 필요성과 사탕수수의 운송과 관련한 문제 그리고 처리 과정상의 엄청난 부피 감소는 일종의 자연스러운 병목 현상을 초래한다. 이에 따라 분쇄기 주인은 직접적으로 또는 다른 관련 계약을 통해 생산을 통제한다. 커피, 담배, 차, 고무 또는 야자유와 비교할 때 중앙 집중적 생산과 관련해 사탕수수가 갖는 장점은 이런 점에서

독특하다.

18. 독립적 경작자인 말레이시아 사람들을 집단 농장에 충원하는 일이 거의 불가능해졌다. 따라서 농장에서는 점점 더 많이 필요한 노동력을 확보하기 위해 인도나 중국에서 노동자를 수입하는 것이 훨씬 더 편리했다. 이 한 가지 사실만으로도—만약 식민주의자들이 말레이시아 사람들과 수입 노동자 계급이 토지를 둘러싸고 벌이게 될 경쟁으로 인한 정치적 위험을 기꺼이 감수하겠다고 마음먹는 한—집단 농장이 왜 더 선호되었는지를 알 수 있다. 다른 곳에서는 징수에 필요한 가독성 높은 공간을 창출하기 위해 또 다른 해결책이 동원되었다. 이를테면 자바에서는 '컬처 시스템[Culture System: 수출용 작물의 경작을 강제한 네덜란드 동인도 회사의 정책. culture의 어원이 '경작하다(cultivate)'인 데서 비롯된 용어—옮긴이]'이 세금 대신 너무나 자주 모든 마을의 토지에 수출용 작물을 심을 것을 요구했다. 경제적으로 자립적인 농부들에게 임금 노동 혹은 집단 농장 작업을 강요하는 것이 필수적인 상황에서 현금으로 지불하는 무차별 연간 인두세가 종종 유용하다는 사실이 판명되었다.

19. 베트남 전쟁 동안 새뮤얼 헌팅턴(Samuel Huntington)은 도덕적으로는 둔감하지만 사회학적으로는 옳은 관찰을 했다. 곧, 농촌 지역에 대한 대규모 공습과 그에 따른 주요 대도시 주변에서의 지속적인 거대한 피난민 정착지 건설은 유권자에게 영향을 미치고 그들을 동원하고자 하는 사람들에게 많은 이점을 제공했다. 헌팅턴은 수용소에 갇힌 사람들은 여전히 농촌 지역에 살고 있는 사람들에 비해 훨씬 더 조종하기 쉽다는 것을 그 이유로 들었다. 비록 암시적이기는 하지만 무시무시한 논리는 흠잡을 데가 없다. 왜냐하면 폭탄을 농촌 지역에 비처럼 쏟아 부을수록 미국과 사이공에 있는 미국의 동맹 세력은 잇따른 어떠한 평화적 선거 경쟁에서도 승리할 기회가 커지기 때문이다. Huntington, "Getting Ready for Political Competition in South Vietnam" 1970년경 '아시아 소사이어티의 동남아시아 개발 자문 그룹'에서 행한 발표문에서.

나는 사회 이동에 관한 이러한 논리야말로 산업화 초기에 쇠퇴하는 농촌 공동체가 새로 막 형성되기 시작한 프롤레타리아 집단에 비해 집단적 저항의 근원이 되는 경우가 더 많았던 일반적 현상을 설명하는 데—비록 이에 대한 마르크스주의의 규범적 설명에도 불구하고—결정적인 요소라고 믿는다. 강제적이든 비강제적이든 재정착은 종종 과거 공동체를 붕괴시키면서 그것을 조직화되지 않은 신참자끼리의 일시적 군중으로 대체한다. 역설적으로 그와 같은 인구는 당분간 마르크스가 《루이 보나파르트의 브뤼메르 18일》에서 '보카쥬(bocage: 북부 프랑스 농민들이 자신의 경작지를 구분하기 위해 키가 작은 관목으로 울타리를 만든 것—옮긴이)'로 묘사한 농민보다 '자루 속의 감자'를 훨씬 더 많이 닮았다고 할 수 있다.

06 소비에트 집단화, 자본주의적 야망

1. 소련의 하이 모더니즘에 대해 논의한 가장 중요한 참고 자료는 아마도 Richard Stites, *Revolutionary Dreams: Utopian Vision and Experimental Life in the Russian Revolution* (New York: Oxford University Press, 1989)일 것이다. 이 책에 나와 있는 상세한 참고문헌은 입수 가능한 대부분의 자료를 포함하고 있다.

2. 우리는 이러한 추론이 자유주의 교의에 대한 왜곡이 아니라는 것을 알고 있다. 존 스튜어트 밀이 계몽주의 사조의 자유주의적 아들이라는 사실에는 의심의 여지가 없다. 하지만 그는 사회적 낙후 상태가 근대주의자들의 손에 권위주의적 권력을 쥐어주는 것에 충분한 정당성을 제공한다고 믿었다. Ernest Gellner, "The Struggle to Catch Up," *Times Literary Supplement*, December, 9, 1944, P. 14 참조. 이와 관련해 좀더 자세한 논의를 보려면 Jan P. Nederveen Pieterse and Bhikhu Parekh, eds., *The Decolonization of the Imagination: Culture, Knowledge, and Power* (London: Zed Press, 1995) 참조.

3. Stites, *Revolutionary Dreams*, p. 19. 엥겔스는 이들과 같은 공산주의적 이상주의 계획을 '병영 공산주의'라 부르며 경멸했다.

4. 프로이센에서 태어나 볼테르를 포함한 몇 명의 백과전서파와 교류했던 예카테리나 여제는 합리적 질서에 대한 열정을 부모에게서 물려받았다.

5. Sheila Fitzpatrick, *The Russian Revolution* (Oxford: Oxford University Press, 1982), p. 119. 내가 알기로 '거대광'이라는 용어는 소비에트 연방에서도 사용되었다. 소련의 거대한 계획 대부분이 궁극적으로 실패했다는 점은 그 자체로서 매우 중요한 이야기다. 로버트 컨퀘스트는 그 중요성을 날카롭게 관찰했다. 그는 "냉전의 종식은 실리콘 밸리에 의한 마그니토고르스크의 패배"라고 주장했다. ("Party in the Dock," *Times Literary Supplement*, November 6, 1992, p. 7). 마그니토고르스크에 대한 산업적, 문화적, 사회적 역사에 대해서는 Stephen Kotkin, *Magnetic Mountain: Stalinism as a Civilization* (Berkeley: University of California Press, 1995) 참조.

6. 흥미로운 비슷한 사례를 프랑스 대혁명 이후 프랑스 농촌 지역에서 볼 수 있다. 이때 '반기독교화' 캠페인과 더불어 세속화된 의식이 권장되었다.

7. Stites, *Revolutionary Dreams*, p. 19. 스탈린 치하에서 금욕이 어떻게 사치로 전환

되었는지를 알아보려면 Vera Sandomirsky Dunham, *In Stalin's Time: Middle-Class Values in Soviet Fiction* (Cambridge: Cambridge University Press, 1976) 참조.

8. Stites, "Festivals of the People," chap. 4 of *Revolutionary Dreams*, pp. 79-97.

9. Ibid., p. 95. 세르게이 에이젠슈테인의 영상을 통해 대중 극장에서 혁명이 재현됨으로써 실제 혁명에 가담하지 않았던 사람들의 인식에 강한 시각적 이미지를 남겼다.

10. 작곡가와 영화 제작자 또한 '영혼의 기술'이 요구되었다.

11. Stites, *Revolutionary Dreams*, p. 243에서 인용.

12. 자신이 좋아한 또 다른 책, 즉 캄파넬라의 《태양의 도시》에서 강한 영향을 받았음이 틀림없는 레닌은 영감을 주는 비문이 잘 새겨진 혁명가들의 동상이 기념비적 건축물로서 도시 곳곳에 세워지기를 원했다. Anatoly Lunacharsky, "Lenin and Art," *International Literature* 5 (1935. 5): 66-71 참조.

13. Stites, *Revolutionary Dreams*, p. 242.

14. 이 부분은 모두 곧 출간될 Deborah Fitzgerald, *Yeoman No More: The Industrialization of American Agriculture*에 전적으로 의존한 것이다. 장과 쪽수는 초본 원고의 것이다.

15. Ibid., chap 2, p. 21.

16. 많은 평론가들이 강조했듯이 노동 과정의 재설계는 숙련된 장인과 노동자로부터 생산에 대한 통제권을 박탈했고 이는 관리자의 수중으로 옮아갔다. 노동력이 '탈숙련화'되는 정도에 비례해 그들의 권한과 특권은 더 늘어났다.

17. 1920년경, 미국에서 제작한 농기계 시장은 대부분 농장 규모가 비교적 작은 미국 내가 아니라 농장 규모가 비교적 큰 외국, 곧 캐나다, 아르헨티나, 오스트레일리아, 러시아 등이었다. Fitzgerald, *Yeoman No More*, chap. 2, p. 31.

18. 캠벨 기업에 대한 좀더 완벽한 설명은 "The Campbell Farm Corporation," chap. 5. ibid. 참조. 참고로 미국의 농업 경제 공황은 1930년이 아니라 제1차 세계대전 말에 시작되었다는 사실을 덧붙인다. 그때는 따라서 대담한 실험을 추진할 만한 시기였고, 토지의 가격과 임대료도 쌌다.

19. 밀과 아마는 이번 장 후반부에 등장할 개념에 의하면 '프티부르주아적' 식량의 반대 개념인 '프롤레타리아적' 식량이다.

20. Fitzgerald, *Yeoman No More*, chap. 4, pp. 15-17.

21. 위 참조, nn. 14 and 18.

22. 이런 종류의 또 다른 농장으로서 1930년대 뉴딜 정책과 직접 연관된 것은 'Fairway Farms Corporation'이다. 위스콘신 대학에서 제도경제학을 공부한 M. L. 윌슨과

헨리 C. 테일러(Henry C. Taylor)에 의해 1924년 설립된 이 회사는 토지가 없는 농민을 과학적·산업적 농민으로 바꾸고자 계획했다. 이 새로운 기업의 자본금은 중재자를 통해 존 D. 록펠러(John D. Rockefeller)에게서 나왔다. 윌슨과 테일러 그리고 같은 위스콘신 대학의 진보적 그룹이 워싱턴에 있는 루스벨트 정부의 영향력 있는 자리로 옮겨가면서, 'Fairway Farms Corporation'은 뉴딜의 많은 농업 정책이 의욕적으로 추구한 프로그램의 모델이 되었다. 더 자세한 연구는 Jess Gilbert and Ellen R. Barker, "Wisconsin Economists and New Deal Agricultural Policy: The Legacy of Progressive Professors" (미간행 논문, 1995) 참조. 1920년대는 농업 부문의 실험적 정책을 활발하게 시행한 시기였다. 왜냐하면 제1차 세계 대전 이후 농산물 시장의 경기 하락이 이와 같은 위기를 극복하기 위한 정책 시도를 촉진했기 때문이다.

23. Fitzgerald, *Yeoman No More*, chap. 4, pp. 18-27. 캔자스의 산업형 농장과 먼지 폭풍으로 알려진 생태적 재앙과의 관계를 알기 위해서는 Donald Worster, *Dust Bowl: The Southern Plains in the 1930s* (New York: Oxford University Press, 1979) 참조.

24. Fitzgerald, *Yeoman No More*, chap. 4, p. 33. 계획의 개요는 Mordecai Ezekial and Sherman Johnson, "Corporate Farming: The Way Out?" *New Republic*, June 4, 1930, pp. 66-68 참조

25. Michael Gold, "Is the Small Farmer Dying?" *New Republic*, October 7, 1931. p. 211, Fitzgerald, *Yeoman No More*, chap. 2, p. 35에서 인용.

26. Ibid., chap. 6, p. 13. 또한 Deborah Fitzgerald, "Blinded by Technology: American Agricultural History in the Soviet Union 1928-1932," *Agricultural History* 70, no. 3 (summer 1996): 459-486 참조.

27. 열정적인 방문객 가운데에는 존 듀이(John Dewey), 링컨 스테펀스(Lincoln Steffens), 렉스퍼드 투그웰(Rexford Tugwell), 로버트 라폴레트(Robert LaFollette), 모리스 레웰린 쿠크(Morris Llewellyn Cooke) (당시 미국에서 과학적 관리 방법에 가장 정통한 전문가들), 서먼 아널드(Thurman Arnold) 등이 포함되어 있었다. 물론 토머스 캠벨도 그 일원이었는데, 그는 소련의 실험을 "지금까지 세상이 들어본 것들 가운데 가장 큰 농업 이야기"라고 불렀다. 진보적이고 근대화된 농촌 생활을 지향하는 소련의 계획을 격찬하는 내용의 전형은 로버트 라폴레트의 아내 벨 라폴레트(Belle LaFollette)의 진술 속에 드러나 있다. 그녀는 이렇게 말했다. "만약 소련이 이런 식으로 나아간다면 모든 토지는 트랙터로 경작될 것이고, 전기로 모든 마을의

불을 밝힐 수 있을 것이며, 모든 지역 공동체는 학교, 도서관, 집회장, 체육 시설을 제공하는 중앙 회관을 갖게 될 것이다. 도시의 산업 근로자를 위한 그들의 계획에도 모든 편익과 편의가 포함될 것이다"(Lewis S. Feuer, "American Travelers to the Soviet Union, 1917-1932: The Formation of a Component of New Deal Ideology," *American Quarterly* 14 [Spring 1962]: 129에서 인용). 또한 David Caute, *The Fellow Travellers: Intellectual Friends of Communism*, rev. ed. (New Haven: Yale University Press, 1988) 참조.

28. Feuer, "American Travelers to the Soviet Union," pp. 119-149. Fitzgerald, *Yeoman No More*, chap. 6, p. 4에서 인용.

29. Fitzgerald, *Yeoman No More*, chap. 6, p. 6.

30. Ibid., p. 37.

31. Ibid., p. 14.

32. Ibid., p. 39 (강조는 덧붙인 것임).

33. Robert Conquest, *The Harvest of Sorrow: Soviet Collectivization and the Terror-Famine* (New York: Oxford University Press. 1986), p. 232에서 인용. 이것이 사실상의 '전쟁'이라는 좀더 뚜렷한 인식은 M. M. 하테예비치(M. M. Khateyevich)의 다음과 같은 주장에서 나타난다. "농민과 우리 정권 사이에 무자비한 투쟁이 진행 중이다. 그것은 죽음에 이르는 항쟁이다. 금년은 우리의 능력과 그들의 인내를 실험하는 해였다. 굶주림은 과연 누가 이곳의 주인인지를 그들에게 보여주었다. 수백만 명의 생명이 희생되었으나 이곳 집단 농장은 살아남았고 우리는 전쟁에서 이겼다"(ibid., p. 261에서 인용).

34. 거의 비슷하게 지독했던 중국의 이른바 대약진 운동을 이와 유사한 사례로 비교할 수 있다. 하지만 나는 소련의 사례에 집중하기로 했다. 소련의 집단 농장화는 중국의 대약진 운동보다 30년 전에 일어나 그동안 학자들의 관심을 많이 받았으며, 특히 지난 7년간 공개된 러시아 측 사료가 그 시대에 관한 우리의 지식을 크게 확장했기 때문이다. 중국의 실험에 관해 대중적으로 쓰인 최근의 저작으로는 Jasper Becker, *Hungry Ghosts: Secret Famine* (London: John Murray, 1996) 참조.

35. 국영 농장 가운데 생산성이 높게 드러난 경우, 그러한 성과는 전형적으로 기계, 비료, 농약, 제초제 등의 경우처럼 비용이 많이 투입된 결과였다. 따라서 이는 경제적으로 비합리적이었다.

36. 집단화와 그 결과에 대해 매우 통찰력 있는 설명으로는 Moshe Lewin, *The Making of the Soviet System: Essays in the Social History of Interwar Russia* (New York:

Pantheon, 1985), 특히 part 2, pp. 89-188 참조.

37. 다양하고 유동적인 직업을 가진 엄청난 부동 인구를 설명하기 위해 나는 '룸펜'이라는 말을 사용한다. 비록 마르크스와 레닌은 이 개념을 범죄적 경향과 정치적 기회주의를 근거로 늘 경멸적으로 사용했지만, 나는 그런 의도를 갖고 있지 않다.

38. 1932년 8월의 비밀 지령을 기안한 사람이 스탈린이라는 사실이 최근 들어 정설로 굳어지고 있다. 그 비밀 지령은 "성스럽고 결코 손을 대어서는 안 될" 국가 재산으로 선포된 곡물을 움켜쥔 사람은 누구를 막론하고 "인민의 적"으로 간주했고, 따라서 즉각 체포해 사살하라고 명령했다. 똑같은 스탈린이 1935년에는 '명예로운 콜호스니크' 제2차 대회에서 사적 농지의 적당한 소유를 옹호했다. 그는 "대다수 콜호스니크는 과일을 심고 채소를 재배하고 벌을 치기를 원한다. 콜호스니크는 고상한 삶을 지향한다. 이를 위해 0.12헥타르는 충분치 않다. 0.25 혹은 0.5헥타르 정도는 할애해야 하며, 어떤 지역에서는 심지어 1헥타르를 허용할 필요가 있다"고 말했다. (Sheila Fitzpatrick, *Stalin's Peasants: Resistance and Survival in the Russian Village After Collectivization* [New York: Oxford University Press, 1995], pp. 73, 122에서 인용.)

39. Ibid., p. 432.

40. 1995년 4월 14일 뉴헤이븐에 있는 예일 대학교 농업 연구 프로그램에서 발표된 Orlando Figes, "Peasant Aspirations and Bolshevik State-Building in the Countryside, 1917-1925," p. 24. 피지즈는 이러한 견해를 최소한 1890년대까지 소급되는 사회주의적 계보에 연계시키고 있는데, 그 내용은 경제적 진보에 따라 비운을 겪게 된 농민의 처지를 공개적으로 천명하는 것이다.

41. R. W.Davies, *The Socialist Offensive: The Collectivisation of Soviet Agriculture, 1929-1930* (London: Macmillan, 1980), p. 51.

42. Conquest, *Harvest of Sorrow*, p. 43.

43. 또한 정상적이라면 농촌 지역에 소비재나 농업 관련 물품을 공급했어야 할 도시 기업의 파산은 농민들로 하여금 시장에서 물건을 구매하기 위해 곡식을 내다 팔아야 하는 동기를 더욱더 위축시켰다.

44. Orlando Figes, *Peasant Russia, Civil War: The Volga Countryside in Revolution, 1917-1921* (Oxford: Clarendon Press, 1989) 참조. 이 책은 매우 뛰어난 통찰력과 자세한 분석을 갖추고 있다. 심지어 혁명이 임박한 상황도 비슷한 공백 상태를 초래한다. 1905년 혁명 이후 차르 정부는 농촌을 평정하는 데 거의 2년을 소비했다.

45. 마을의 상대적 단합은 혁명 과정을 통해 증가했다. 가장 부유한 지주들은 마을을

떠나거나 몰락했고 가장 가난하고 토지가 없던 이들이 약간의 토지를 취득했다. 그 결과 마을 사람은 더욱더 사회경제적으로 동질화되었고, 외부의 요구에 유사한 반응을 드러내게 되었다. 수많은 자영 농민이 공동 경작지로 되돌아오라는 압력을 받았다. 그 때문에 그들은 자신의 가족이 공동 경작지 일부를 분양받기 위해서라도 이제는 전체 마을에 의존할 수밖에 없었다. 따라서 콤베디가 볼셰비키의 정책 수단으로 기능한 경우 왜 그것이 한층 더 대표성을 갖춘 마을 소비에트의 완강한 저항에 직면했는지를 이해하기란 어려운 일이 아니다. "사마라(Samara) 지방의 한 관리는 콤베디와 소비에트 사이의 갈등이 그 무렵 농촌 지역의 '계급 갈등'을 대표했다고 주장했다" (ibid., p. 197). 더 큰 마을에서는 교육받은 청년, 학교 교사, 제대 군인 사이에 볼셰비키 농업 계획에 대한 약간의 지지 세력이 나타났는데, 그들은 제1차 세계대전이나 내전 당시 붉은 군대로 활동하면서 볼셰비키가 된 사람들이었다. (그리고 이들은 새로운 집단 농장에서 자신이 지도자적 역할을 할 수 있다고 여겼을지도 모른다). Figes, "Peasant Aspirations and Bolshevik State-Building" 참조.
46. 텃밭에서의 수확을 포함해 수제품이나 교역 등을 통해 얻은 부수입을 감추고자 하는 경향도 있었다. 똑같은 기간 동안 인력이나 견인용 가축, 비료, 씨앗 같은 자원이 불충분해 어떤 농지에서는 경작이 전혀 이루어지지 않거나 이루어진다 하더라도 평상시에 비해 훨씬 적은 양만 생산할 수밖에 없었다는 점을 덧붙인다.
47. Yaney, *The Urge to Mobilize*, pp. 515-516 참조. 야니에게 그러한 지속적인 야망은 그가 제정 러시아 치하의 '메시아적 사회농학자'라고 이름 붙인 것에서부터 볼셰비키 방식의 집단 경작자에 이르기까지 분명했다. 일부 사례에서 그들은 똑같은 사람들이었다.
48. Figes, *Peasant Russia, Civil War*, p. 250.
49. 기아와 도시에서의 탈출이 도시 산업 노동자 숫자를 1917년의 360만 명에서 1920년의 150만 명 미만으로 감소시켰다. Fitzpatrick, *The Russian Revolution*, p. 85.
50. Figes, *Peasant Russia, Civil War*, p. 321.
51. Fitzpatrick, *Stalin's Peasants*, p. 39에서 인용.
52. 적어도 이론적으로 가장 '진보적'인 것은 프롤레타리아적이고 산업적이며 또한 집단적인 국영 농장이었다. 그곳에서는 노동자들이 임금을 받았고 어떤 사적 토지도 허용되지 않았다. 이들 국영 농장은 또한 초기에 엄청난 규모의 국가 투자를 받았다. 생산 통계를 보려면 Davies, *The Socialist Offensive*, p. 6 참조.
53. Ibid., pp. 82-113.

54. Fitzpatrick, *Stalin's Peasants*, p. 4.

55. Conquest, *Harvest of Sorrow*, p. 183.

56. Andrei Platonov, *Chevengur*, trans. Anthony Olcott (Ann Arbor: Ardis, 1978).

57. M. Hindus, *Red Breed* (London, 1931), Davies, *The Socialist Offensive*, p. 209에서 인용.

58. Davies, *The Socialist Offensive*, p. 205.

59. 집단 농장의 규모는 소련이 존재했던 전 시대에 걸쳐 엄청났고 심지어 미국의 기준에서 볼 때도 그랬다. 프레드 프라이어(Fred Pryor)는 1970년의 경우 국영 농장은 평균 10만 에이커 이상이었고, 집단 농장은 평균 2만 5000에이커 정도였다고 추산한다. 국영 농장이 크게 선호된 이유는 투입에의 접근성, 기계화 그리고 다른 보조금 때문이었다. Frederick Pryor, *The Red and the Green: The Rise and Fall of Collectivized Agriculture in Marxist Regimes* (Princeton: Princeton University Press, 1992), table 7, p. 34 참조.

60. Fitzpatrick, *Stalin's Peasants*, p. 105.

61. Ibid., pp. 105-106. 토양과 기존의 경작 패턴 역시 무시되었다고 생각해도 무방하다.

62. 볼셰비키가 설명하듯이 "콜호스는 농민이 가난과 어둠에서 탈출할 수 있는 '유일한' 수단이었다"(Davies, *The Socialist Offensive*, p. 282). 전기와 기계류 그리고 집단화가 초래한 문화적 변혁을 그린 아마도 최상의 시각적 이미지는 세르게이 에이젠슈테인의 영화 〈제너럴 라인〉일 것이다. 이 영화는 하이 모더니즘의 이상주의적 열망을 말과 낫이 함께하는 느릿느릿하고 어두운 나로드의 삶과 전기 발전기와 트랙터, 윙윙거리는 기계, 엔진, 비행기 같은 이미지를 대조하는 방식으로 전달한다.

63. Fitzgerald, *Stalin's Peasants*, p. 194.

64. Ibid., pp. 306-309.

65. 지역적 특성화가 현지의 토양과 기후 조건을 무시한 채 이보다 더 극단적인 형태로 이루어진 중국 농촌의 경우를 보려면 Ralph Thaxton, *Salt of the Earth: The Political Origins of Peasant Protest and Communist Revolution in China* (Berkeley: University of California Press, 근간) 참조.

66. Figes, *Peasant Russia, Civil War*, p. 304. 집단화에 반대하는 초기의 많은 저항에서 유사한 점은 구체적인 형태를 띤다. 농민은 노동 의무, 곡물 인도, 부채 등에 관한 모든 기록을 없애버렸다.

67. Conquest, *Harvest of Sorrow*, p. 152.

68. 농노제와의 유사성은 Fitzgerald, *Stalin's Peasants*, pp. 128-139에 상세히 나와 있다. 농노제와 노예제의 비교에 대한 정밀하고도 박식한 연구로는 Peter Kolchin, *Unfree Labor: American Slavery and Russian Serfdom* (Cambridge: Harvard University Press, 1987) 참조.

69. Lev Timofeev, *Soviet Peasants, or The Peasants' Art of Starving*, trans. Jean Alexander and Alexander Zaslavsky, ed., *Armando Pitassio and Alexander Zaslavsky* (New York: Telos Press, 1985) 참조.

70. 나는 미르를 귀족과 국가에 대한 농민의 적응으로 해석하는 역사학계의 설명에 동의한다. 귀족과 국가는 미르를 징세, 징병 그리고 노예제와 유사한 의무 부과에 필요한 집합적 단위로 간주했다. 가구들 사이의 주기적인 토지 재분배는 모든 이들로 하여금 자신의 인두세를 지불할 수단을 갖도록 했는데, 이는 공동 경작지를 대상으로 집합적으로 부과되었다. 러시아의 분배적 공동 경작지가 갖고 있던 상대적 연대 의식은 지주 지배 계급과 맺고 있는 관계라는 측면에서 역사적으로 이례적이다. 이러한 주장은 그와 같은 연대 의식이 일단 자리를 잡고 나면 저항을 포함한 다른 목적을 위해 봉사할 수도 있다는 사실과 완전히 양립한다.

71. Fitzgerald, *Stalin's Peasants*, p. 106 (강조는 덧붙인 것임).

72. 나의 동료 테오도어 샤닌(Teodor Shanin)과 그의 연구팀에게 매우 감사한다. 왜냐하면 12개 이상의 집단 농장에 대한 비교 연구를 수행 중인 그들이 이번 장에서 사용한 지도와 사진을 내게 제공했기 때문이다. 특히 1912년에 만들어졌으며 볼로그다(Vologda) 시에서 32킬로미터 떨어진 곳에 위치한 옛 유트키노(Utkino) 마을의 사진을 제공해준 갈랴 야스트레빈스카야(Galya Yastrebinskaya)와 올가 수보티나(Olga Subbotina)에게 감사한다.

73. 이사하지 않은 옛날식 주택 자체가 대로를 따라 거의 같은 크기의 필지로 나뉘어져 있는 것에 주목하라. 나는 18세기에 마을이 처음 만들어질 때 이런 형태를 갖추게 된 어떤 행정적인 이유가 있었는지, 아니면 원래 개척민 스스로 격자 형태를 구상했는지 잘 알지 못한다. 재배치된 과거 주택이 원래 어떻게 사라지게 되었는지 역시 미스터리로 남아 있다.

74. 물론 똑같은 논리가 작은 공장이나 장인 생산에 비해 대단위를 선호하는 산업 분야에도 적용된다. 제프리 삭스(Jeffrey Sachs)에 의하면 "중앙의 계획가들은 분야당 수백 혹은 수천 개의 작은 작업장을 조정하고자 하는 열망이 없다. 표준화된 전략은 따라서 가능한 한 거대한 기업을 만드는 것이다" (*Poland's Jump into the*

Market Economy (Cambridge: Cambridge University Press, 1993) 참조). 소련 경제의 맥락에서 가장 큰 산업 단위는 마그니토고르스크에 있는 거대한 철강 단지이다. 오늘날 이것은 산업적, 환경적 재앙을 웅변하는 충격적인 사례가 되었다.

75. 소련 농업의 생태적 결과에 대한 좀더 광범위한 논의를 보려면 Murray Feshbach, *Ecological Disaster: Cleaning Up the Hidden Legacy of the Soviet Regime* (New York: 1995); Ze'ev Wolfson (Boris Komarov), *The Geography of Survival: Ecology in the Post-Soviet Era* (New York: M. E. Sharpe, 1994) 참조.

76. 나는 1990년에 약 6주 동안 노이브란덴부르크에서 그리 멀지 않은 메클렌부르크 평원 내 동독의 협동 농장(구 집단 농장)에서 일한 적이 있다. 현지 공무원들은 산업용으로 사용하는 데 매우 높은 전분 함량을 갖고 있는 감자와 호밀의 단위 생산량이 세계적 수준이라는 점을 매우 자랑스러워했다. 하지만 경제적인 측면에서 이런 정도의 산출을 내기 위해 필요한 (노동, 기계류, 비료 등) 투입 요소의 시장 가격을 고려할 경우 어떤 회계 기준을 적용하더라도 결코 효율적 기업이라고 말할 수 없다는 점은 확실했다.

77. 수많은 관료적 '병리 현상'이 소련식 집단 농장의 실패를 더욱더 증폭시켰다는 사실에는 의심의 여지가 없다. 여기에는 관료들이 질보다 정해진 양적 결과(예컨대 곡식의 수확량, 감자의 무게, 무쇠의 중량)에 더 집착했다는 점 그리고 전문화와 명령 구조라는 긴 사슬이 관료들로 하여금 더 큰 결과를 보지 못하게 만들었다는 점 등이 포함된다. 관료들이 상급자가 아닌 고객의 비위를 맞추기 어려워한다는 사실은 한편으론 집단 '명령주의'의 병폐가, 다른 한편으로는 개인적 부패와 자기 잇속 차리기가 일대 성황이었다는 사실을 말해준다. 소련의 경우에서처럼 혁명적이고 권위주의적인 체제 하의 하이 모더니즘 계획은 따라서 대의민주주의 체제에 비해 정해진 궤도에서 더 쉽게 그리고 더 길게 이탈할 가능성이 높다.

78. 집단화를 향한 질주는 1930년 스탈린의 저 유명한 '성공의 현기증'이라는 연설에 의해 잠시 중단되었다. 그 연설은 많은 사람을 집단 농장에서 떠나게 만들었다. 그러나 얼마 되지 않아 집단화는 재개되었다. 급속한 산업화 추진에 필요한 자본금을 마련하기 위해 1930년에는 480만 톤의 곡물을 그리고 1931년에는 520만 톤의 곡물을 수출했다. 그리고 그다음 해부터 즉각 수년 동안 기근이 찾아왔다. Lewin, *The Making of the Soviet System*, p. 156 참조.

79. 이를 국가사회주의가 어디까지 갈 것인지에 대한 바쿠닌의 전망과 비교해보라. 바쿠닌은 이렇게 말했다. "그들은 정부의 모든 권력을 강력한 손아귀에 집중시킬 것이다. 왜냐하면 인민은 어리석다는 사실이 정부에 의한 강력하고도 세심한

배려를 요구하기 때문이다. 그들은 단 하나의 국가 은행을 만들어 그 수중에 모든 상업적, 산업적, 농업적 그리고 심지어 과학적 생산자를 집중시킬 것이다. 또한 그들은 인민 대중을 두 개의 군대로 나눌 것이다. 하나는 산업 군대요, 다른 하나는 농업 군대다. 그들을 직접 감독하는 것은 국가 엔지니어들이며, 그들은 과학적·정치적 계급이라는 새로운 특권을 갖게 될 것이다" (W. D. Maximoff, *The Political Philosophy of Bakunin: Scientific Anarchism* [New York: Free Press, 1953]. p. 289에서 인용).

80. '선택적 친화력'이라는 개념은 자본주의적 규범과 제도 그리고 프로테스탄트 윤리 관계에 대한 막스 베버(Max Weber)의 분석에서 나온 것이다. 베버는 양자 간의 직접적인 인과관계를 말하는 것이 아니라 '정합' 혹은 공생을 말할 뿐이다.

81. Gabriel Ardant, *Theorie sociologique de l'impôt* (Paris: CEVPEN, 1965) 제2권 4, 5장 참조.

82. Michel Crozier, *The Bureaucratic Phenomenon* (Chicago: University. of Chicago Press, 1964), p. 239에서 인용. 아브람 데 스반(Abram de Swaan)은 이렇게 언급했다. "19세기 학교 체제는 당시 공장 체제와 몇 가지 측면에서 매우 유사한 모습을 보여준다. 곧, 표준화, 형식화, 정확성 그리고 규율의 강요는 학교와 공장 양쪽 모두에 매우 중요했다" (*In Care of the State*, p. 61).

83. 1989년이 되기 직전 개인 소유 토지와 집단 공유 토지의 관계에 대한 자세한 연구로는 Timofeev, *Soviet Peasants, or the Peasants' Art of Starving* 참조.

07 탄자니아의 강제 촌락화: 미학과 소형화

1. 니에레레는 900만 명 이상의 인구를 우자마아 마을로 이전해야 한다고 주장했다. 그러나 이들 마을 중 상당수는 행정적인 허구였고, 어떤 것들은 그전에 존재하던 인구를 기준으로 삼고 있었다. 그 가운데는 부풀린 정부 통계가 포함되어 있기 때문에 진실에 가까워지려면 좀더 신중한 수치가 필요할 것이다. Goran Hyden, *Beyond Ujamaa in Tanzania: Underdevelopment and an Uncaptured Peasantry* (Berkely: University of California Press, 1980), p. 130 n. 2 참조.

2. 재임 기간 동안 니에레레는 거의 모든 사회주의권 국가를 방문했다. 제3세계 전체에 걸쳐 마르크스주의에 감화된 국가 발전 계획을 체계적으로 조사한 것으로는 Forrest D. Colburn, *The Vogue of Revolution in Poor Countries* (Princeton: Princeton University Press, 1994) 참조.

3. 이러한 다섯 개 프로젝트에서 농업의 기계화와 규모 대비 수익에 초점을 맞춘 비

판으로는 Nancy L. Johnson and Vernon W. Ruttan, "Why Are Farms So Small?" *World Development* 22, no. 5 (1994): 691-706 참조.

4. 우리가 살펴본 것 것처럼 이들의 영향력은 식량농업기구, 국제개발은행(IBRD), 세계은행에서 일하는 수많은 사람들에게 매우 직접적이었다. 국제연합의 개발 관련 조직은 미국의 경제학자, 농업경제학자, 기술자 그리고 관료들로 구성되어 있었다.

5. 예를 들어, Lionel Cliffe and Griffiths L. Cunningham, "Ideology, Organization, and the Settlement Experience of Tanzania," in Lionel Cliffe and John S. Saul, eds., *Policies*, vol. 2 of *Socialism in Tanzania: An Interdisciplinary Reader* (Nairobi: East African Publishing House, 1973), pp. 131-140 참조.

6. Lionel Cliffe, "Nationalism and the Reaction to Enforced Agricultural Change in Tanganyika During the Colonial Period," in Lionel Cliffe and John S. Saul, eds., *Politics*, vol. 1 of *Socialism in Tanzania: An Interdisciplinary Reader* (Nairobi: East African Publishing House, 1973), pp. 18, 22. 농민과 국가의 관계에 대한 뛰어난 분석으로는 Steven Feierman, *Peasant Intellectuals: Anthropology and History in Tanzania* (Madison: University of Wisconsin Press, 1990) 참조.

7. William Beinert, "Agricultural Planning and the Late Colonial Technical Imagination: The Lower Shire Valley in Malawi, 1940-1960," in *Malawi: An Alternative Pattern of Development*, proceedings of a seminar held at the Centre of African Studies, University of Edinburgh, May 14 and 25, 1984 (Edinburgh: Centre of African Studies, University of Edinburgh, 1985), pp. 95-148.

8. Ibid., p. 103.

9. 비너트가 설명한 것처럼 이러한 계획은 종종 "빗물 배수와 제방의 높이, 이랑 세우기, 시내 제방의 보호, 초원의 강제 휴식, 곡물의 복원 그리고 궁극적으로는 대상 재배(strip-cropping: 등고선을 따라 띠 모양으로 작물을 심는 것—옮긴이) 윤작의 완벽한 체계"를 포함한다 (ibid., p. 104).

10. 대부분 무의식중에 발생하는 이러한 이동은 이상할 것이 없다. 농업의 '외관'은 특수하고 역사적인 조건에 따라 가변적인 것들에 각인되어 있어 시각적으로 확연히 달라 보일 때까지 간과되는 경향이 있다. 예를 들어 1989년 이전 보헤미아(Bohemia) 북부를 처음 방문했을 때 나는 울타리나 가로수에 의해 구획되지 않은 채 3~5킬로미터까지 길게 펼쳐진 거대한 옥수수 집단 농장을 보고 깜짝 놀랐다. 그때 나는 농촌에 대한 나의 시각적 기대라는 것이 가로수, 울타리, 좀더 작고 더욱 불규칙한 필지, 독립 농가의 외형 등으로 구성되어 있다는 사실을 깨달았

다. (만약 내가 예컨대 캔자스 주에서 성장했다면 그렇게까지 놀라지는 않았을 것이다.)

11. Beinert, "Agricultural Planning," p. 113.

12. 전통적인 지리학과 남아프리카 식민지 계획의 데카르트식 논리 사이의 차이점에 대한 매우 통찰력 있는 설명은 Isable Hofmyer, *They Spend Their Lives as a Tale That Is Told* (Portsmouth, N. H: Heinemann, 1994) 참조.

13. Ibid., pp. 138-139.

14. 다양한 해석에 대한 실례로는 J. Phillips, *Agriculture and Ecology in Africa* (London: Faber and Faber, 1959); F. Samuel, "East African Groundnut Scheme," *United Empire* 38 (May-June 1947): 133-140; S. P. Voll, *A Plough in Field Arable* (London: University Presses of New England, 1980); Alan Wood, *The Groundnut Affair* (London: Bodley Head, 1950); Johnson and Ruttan, "Why Are Farms So Small?" pp. 691-706; Andrew Coulson, "Agricultural Policies in Mainland Tanzania," *Review of African Political Economy* 10 (September-December 1977): 74-100 참조.

15. Coulson, "Agricultural Policies in Mainland Tanzania," p. 76.

16. Johnson and Ruttan, "Why Are Farms So Small?" p. 694. 새뮤얼의 좌우명에도 불구하고, 그 계획은 3만 2000명의 아프리카 노동력을 고용하도록 고안되었다.

17. 영구 정착은 또한 탕가니카의 식민지 보건과 수의학 정책의 근본이다. 이와 관련해서는 Kirk Arden Hoppe, "Lords of the Flies: British Sleeping Sickness Policies as Environmental Engineering in the Lake Victoria Region, 1900-1950," Working Papers in African Studies no. 203 (Boston: Boston University African Studies Center, 1995) 참조.

18. Goran Hyden, *Beyound Ujamaa in Tanzania* (London: Heineman, 1980).

19. 독립 운동 기간 동안과 그 직후에 농민들은 만들라고 명령받은 계단식 논을 허물었고, 자기가 소유한 소의 숫자를 줄이는 것을 거부했다. Andrew Coulson, *Tanzania: A Political Economy* (Oxford: Clarendon Press, 1982), p. 117 참조.

20. "President's Inaugural Address" (December 10, 1962), in Julius K. Nyerere, *Freedom and Unity: A Selection from Writings and Speeches, 1952-1965* (London: Oxford University Press, 1967), p. 184. 나는 요엘 가오 히자(Joel Gao Hiza)가 인류학 분야에서 쓴 통찰력 있는 에세이 "The Repetition of 'Traditional' Mistakes in Rural Development: Compulsory Villagization in Tanzania," (April 1993)에서 탄자니아와 관련한 자료의 도움을 받았다. 그는 또한 많은 참고문헌을 소개해주었을 뿐

아니라 자신의 분석적 판단과 문헌에 대한 지식을 항상 관대한 자세로 나와 공유했다.

21. Julius K. Nyerere, "Socialism and Rural Development" (September 1967), in Nyerere, *Freedom and Socialism: A Selection from Writings and Speeches, 1965-1967* (Dar es Salaam: Oxford University Press, 1968), p. 365. "현재 모든 토지는 국가에 귀속되어 있다" (p. 307)고 한 니에레레의 말처럼 독립 이후 곧바로 단행된 개별 자유 보유권 폐지는 촌락화를 강요하기 위한 법적 조치 가운데 하나였다는 사실을 언급할 가치가 있다. 니에레레는 '공동 소유'라는 아프리카 전통 측면에서 이러한 조치를 정당화했고, 따라서 공동 소유와 국가 소유 간의 차이를 없애고자 했다.

22. Coulson, *Tanzania*, p. 237에서 인용 (강조는 덧붙인 것임).

23. 우리는 니에레레가 '제대로 된' 마을에 대해 품었던 강력한 시각적 이미지를 상상할 수 있다. 이를테면 마을의 윤곽, 공동 경작지를 십자 모양으로 가로지르는 트랙터, 진료소, 학교, 공공 서비스 기관, 소규모 촌락 기업 등이 있을 테고, 아마도 그 앞에는 전기 엔진과 전등이 있을 것이다. 도대체 이런 이미지는 어디에서 왔을까? 러시아, 중국, 서양에서?

24. Nyerere, *Freedom and Socialism*, p. 356에서 인용.

25. Ibid.

26. 1961년 세계은행 보고서 p. 19, in Coulson, *Tanzania*, p. 161에서 인용.

27. Cliffe and Cunningham, "Ideology, Organization, and the Settlement Experience," p. 135. 저자들은 모종의 정치적 이유로 마을의 실제 위치와 명칭을 밝히지 않았다. 비록 증명할 수는 없지만 이 재너두(Xanadu: 무릉도원—옮긴이)가 탄자니아의 수도 다르에스살람과 가까이 있어 그곳을 방문한 공무원들이 감탄했을 것이라고 추측한다.

28. 동시대의 에티오피아나 우간다, 남아프리카공화국, 모잠비크, 자이레 같은 이웃 나라의 법체계와 비교할 때 니에레레의 탄자니아는 그 자체가 천국이었다. 그럼에도 불구하고, TANU는 법률 체계를 일상적으로 거부하거나 완전히 무시했다. 1962년의 예방적 구금법은 악명 높았던 남용 행위로부터 어떠한 보호 수단도 제공하지 못했다. 1964년 초 군대 폭동 이후에는 거의 대부분 음모에 가담하지 않은 약 500여 명의 체제 반대자를 검거하는 과정에서 남용되었다. 예방적 구금법 이외에도 니에레레 정권은 수많은 권위주의적 식민지 법률에 자주 의존했다. 이와 관련해서는 Cranford Pratt, *The Critical Phase in Tanzania, 1945-1968: Nyerere*

and the Emergence of a Socialist Strategy (Cambridge: Cambridge University Press, 1976), pp. 184-189 참조.

29. Jannik Boesen, Birgit Storgaard Madsen, and Tony Moody, *Ujamaa: Socialism from Above* (Uppsala: Scandinavian Institute of African Studies, 1977), p. 38. 참고한 것은 웨스트 레이크 지역에서 1969년 이전에 시행된 마카지 마파 재정착 프로그램이다.

30. Ibid., p. 77.

31. Cliffe and Cunningham, "Ideology, Organization, and the Settlement Experience," pp. 137-139; Lionel Cliffe, "The Policy of Ujamaa Vijijini and the Class Struggle in Tanzania," in Cliffe and John S. Saul, eds., *Policies*, vol. 2 of *Socialism in Tanzania: An Interdisciplinary Reader* (Nairobi: East African Publishing House, 1972), pp. 195-211; Coulson, "Agricultural Policies in Mainland Tanzania," pp. 74-100 참조. 마지막에 언급한 논문은 탄자니아의 농업 정책에 대한 발군의 종합적 분석이다.

32. Cliffe and Cunningham, "Ideology, Organization, and the Settlement Experience," p. 139.

33. Coulson, "Agricultural Policies in Mainland Tanzania," p. 91.

34. 니에레레는 라디오 연설을 통해 명령을 내렸고, 연설 내용은 교훈적이었다. 그는 청취자들에게 TANU 정부가 아루샤(Arusha) 선언 이후 국민에게 해왔던 모든 것, 예컨대 인두세 폐지, 초등학교 수업료 폐지, 농촌에서의 항구적인 상수도 공급, 보건소와 진료소 증설, 초등학교 시설 증대 등을 환기시켰다. 그런 다음 농민들에게 이러한 혜택에 무엇으로 답례를 해야 하는지 계속 주문했다. 니에레레 대통령은 농민들이 실제로 아무것도 하지 않았음을 시사했다. 그들이 나태한 채로 조국의 사회주의 발전에 기여해야 할 책임을 회피하려 했다면서 말이다. 그는 비록 강제적인 방법으로 모든 사람을 사회주의자로 바꿀 수 없다는 사실은 알지만, 자신의 정부가 할 수 있는 일은 모든 사람을 촌락에 거주하게 하는 것이고 1976년 말 이전에 그것을 다 이루기를 원한다고 말하며 연설을 마쳤다. (Hyden, *Beyond Ujamaa in Tanzania*, p. 130).

35. 10월 초에 개최된 TANU 제16차 격년 회의가 우자마아 촌락 운동을 각 지방에 맡기기보다 국가 주도로 실시해야 한다고 정부에 재촉하면서 '촌락 지역의 지도 만들기'를 촉구하며 폐회했을 때 이미 무대는 만들어진 상태였다 (*Daily News* [Dar es Salaam], Oct, 2, 1973). 이에 따라 다음 몇 달 동안 좀더 단순한 기법을 활용하

게 될 지방 요원을 양성하기 위해 토지 관료와 전문 측량사를 소집했고, 그 결과 그들은 새로운 촌락을 설계할 수 있었다 (*Daily News* 〔Dar es Salaam〕 Jan, 30, 1974). 하지만 우자마아 촌락에 대한 '전면적' 접근은 TANU와 농촌개발부, 제2차 5개년 계획 등에 의해 적어도 1969년부터 강조되었다. Bismarck U. Mwansasu and Cranford Pratt, *Towards Socialism in Tanzania* (Buffalo: University of Toronto Press, 1979), p. 98 참조.

36. Coulson, "Agricultural Policies in Mainland Tanzania," p. 74에서 인용. 또한 Juma Volter Mwapachu, "Operation Planned Villages in Rural Tanzania: A Revolutionary Strategy of Development," *African Review* 6, no. 1 (1976): 1-16 참 조. 이 담론은 좀더 상세한 분석을 요구한다. 마지막 두 문장의 주체는 물론 니에 레레와 TANU 엘리트에 의해 실제로 대표되는 '국가' 혹은 '탄자니아'라는 비인 격적 행위자이다. 강제라는 맥락에서 선택의 언어적 허구는 여전히 유지된다. 마 지막으로, 대다수 탄자니아 사람들이 영위하는 삶을 묘사하기 위해 '죽음의 삶'이 라는 구절을 사용한 것은—마치 예수가 라자로에게 했던 것처럼—니에레레와 지 배 정당을 탄자니아 국민을 죽음에서 소생시킬 구원자의 역할로 승화시킨다.

37. Dean E. McHenry, Jr., *Tanzania's Ujamaa Villages: The Implementation of a Rural Development Strategy*, Research Series no. 39 (Berkeley: Berkeley Institute of International Studies, 1979), p. 136; Mwapachu, "Operation Planned Villages"; Katabaro Miti, *Whither Tanzania?* (New Delhi: Ajanta, 1987), pp. 73-89 참조.

38. 1961년 세계은행 보고서는 냉소적으로 이렇게 표현했다. "사람들이 새로운 지역 으로 이동할 경우, 그들은 자신의 익숙한 환경에 남아 있을 때보다 변화를 더 잘 수용하는 것 같다" (Coulson, *Tanzania*, p. 75에서 인용). 이것은 아마도 강제 정 착 이면의 심리적 전제였을 것이다. 나는 세계은행 임원에게서 수천 명의 자바 섬 사람을 외곽 도서로 이전시키는 계획의 초기 단계에 관해 이야기를 들은 적이 있다. 그는 비용이 싸게 먹히는 배를 이용하는 것보다 비행기를 이용하는 편이 더 낫다고 했다. 첫 비행 경험이 사람들을 적절히 혼란시킨 다음 재정착지의 혁 명적이고도 항구적인 상태로 이동시켜주기 때문이라고 했다.

39. Coulson, *African Socialism in Practice: The Tanzanian Experience* (Nottingham: Spokesman, 1979), pp. 31-32에서 인용.

40. Helge Kjekhus, "The Tanzanian Villagization Policy: Implementation Lessons and Ecological Dimensions," *Canadian Journal of African Studies* 11 (1977): 282, Rodger Yaeger, *Tanzania: An African Experiment*, 2nd ed. (Boulder: Westview

Press, 1989), p. 62에서 인용.

41. A. P. L. Ndabakwaje, Student Report, University of Dar es Salaam, 1975, McHenry, *Tanzania's Ujamaa Villages*, pp. 140-141에서 인용. 유명한 사례 중 하나는 새로운 촌락을 건설하는 과정에서 자신의 토지가 몰수당하자 한 경작자가 화를 내며 지역 간부를 총으로 쏘아 살해한 것을 들 수 있다. B. C. Nindi, "Compulsion in the Implementation of Ujamaa," in Norman O'Neill and Kemal Mustafa, eds., *Capitalism, Socialism, and the Development Crisis in Tanzania* (Avebury: Aldershot, 1990), pp. 63-68 참조. Bruce McKim, "Bureaucrats and Peasants: Ujamaa Villagization in Tanzania, 1967-1976" (term paper, Department of Anthropology, Yale University, April 1993), p. 14에서 인용.

42. 당시 상황에서 새로운 촌락으로 강제 이동하는 것과 관련해 두려움이나 의심을 정확히 이해하려면 P. A. Kisula, "Prospects of Building Ujamaa Villages in Mwanza District," (Ph.D diss., Department of Political Science, University of Dar es Salaam, 1973) 참조. 이 논문을 나에게 소개해준 데이비드 스펄링(David Sperling)에게 감사를 표한다. 많은 지역에서 우자마아 마을로부터 도망치는 행위는 치안 부대에 의해 엄중히 감시를 받았다.

43. Ibid., p. 134. 어쨌든 '우리 쪽' 사람이 아닌 '반대쪽' 사람들로 구성된 인구에 대해 하이 모더니즘 이주 계획을 강요하는 것이 더 어렵다고 주장할 수는 있다. 이것이 왜 촌락화 과정이 키고마나 도도마 같은 빈민 지역에서 먼저 실시되었는지 그리고 왜 유목 생활을 하는 마사이족에게 특히 강요하기 어려웠는지를 설명하는 데 도움이 될 것이다.

44. Coulson, *African Socialism in Practice*, p. 66에서 인용.

45. Ibid.

46. Sally Falk Moore, *Social Facts and Fabrications: 'Customary' Law on Kilimanjaro, 1880-1980* (Cambridge: Cambridge University Press, 1986), p. 314.

47. 그건 그렇고 이 대목에서 나는 안 그랬으면 흥미로웠을 고런 하이든의 책이 그런 기회를 완전히 놓쳤다고 생각한다. 탄자니아 농민의 저항은 아주 오래된 어떤 '감정 경제'의 결과라기보다 대부분 실패로 끝난 수많은 국가 사업의 극단적 결과가 초래한 고통스러운 기억에 합리적으로 대응한 결과이다.

48. 탕가(Tanga)에서 일어난 다른 사례를 들자면 니에레레의 방문을 앞두고 만들어진 후 나중에 철거된 '포템킨 촌락'을 지적할 수 있다. Hyden, *Beyond Ujamaa in Tanzania*, pp. 101-108 참조.

49. Mwapachu, "Operation Planned Villages," Coulson, *African Socialism in Practice*, p. 121에서 인용.

50. Henry Bernstein, "Notes on State and the Peasantry: The Tanzanian Case," *Review of African Political Economy* 21 (May-September 1981), p. 57.

51. Jannik Boesen. Coulson, *Tanzania*, p. 254에서 인용.

52. Boesen, Madsen, and Moody, *Ujamaa*, p. 165.

53. Coulson, "Agricultural Policies in Mainland Tanzania," p. 88 (강조는 덧붙인 것임).

54. Phil Raikes, "Eating the Carrot and Wielding the Stick: The Agricultural Sector in Tanzania," in Jannik Boesen et. al., *Tanzania: Crisis and Struggle for Survival* (Uppsala: Scandinavian Institute of African Studies, 1986), p. 119. 비우호적인 가격과 통화 이동은 1973년부터 1975년까지 수입 총량의 5배 증가가 가격 면에서는 30배 증가한 것을 의미했다.

55. 여기서 핵심은 아마도 생계를 위한 생산과 판매를 위한 생산의 차이일 것이다. 나는 시장에서의 판매를 위한 거시경제학적 인센티브는 거의 중요하지 않다고 강조한 브루스 매킴(Bruce McKim)에게 감사한다. 국가판매위원회에서 정한 생산자 가격은 사실상 몰수에 가깝고, 가게에서 팔 수 있는 물건도 별로 없었다.

56. 식민지 시대 때부터 오랜 역사를 갖고 있는 이 법령의 의도는 농민으로 하여금 건조한 조건에서도 잘 자라는 작물을 심도록 강제함으로써 기근 동안 정부의 식량 구제 비용을 줄이는 것이었다.

57. 모잠비크의 목화 경작 제도는 이러한 정책의 가혹한 모델이었다. 포르투갈은 인구를 집중하기 위해 엄청난 노력을 했는데, 그 목적은 공무원과 특허권 소유자에게 면화 경작과 출하를 강제할 수 있도록 하기 위함이었다. 필지는 측량사들에 의해 서로 다르게 표시되었으며, 모든 가구에 한 필지씩 할당되었다. 개인적으로 발행된 통행증을 통해 그것을 소지한 사람이 그해의 할당량을 모두 채웠는지를 확인할 수 있도록 사업이 추진되었다. 만약 이행하지 않았을 경우, 체포되거나 매질을 당할 뿐 아니라 일부 노동자를 징발해 무시무시한 사이잘 농원으로 쫓아버릴 수도 있었다. 이에 관한 매우 상세하고 포괄적인 설명은 Allen Isaacman, *Cotton Is the Mother of Poverty: Peasants, Work, and Rural Struggle in Colonial Mozambique, 1938-1961* (Portsmouth, N. H.: Heinemann, 1996) 참조.

58. 공무원들은 생산뿐만 아니라 소비 또한 규제하기를 원했다. 예를 들어 1974년 중반 도도마 지역의 경우, 모든 기본 식품에 대한 민간 소매상의 거래는 국영 소비자협동조합과 우자마아 상점이 독점하기 위해 금지되었다. "Only Co-ops Will

Sell Food in Dodoma," *Daily News* (Dar es Salaam), June 6, 1974 참조. 아마도 이러한 조치는 일반적으로 당 간부나 하급 공무원에 의해 운영된 '관영' 상점의 실패 경험을 통해 나타났을 것이다. 만약 이러한 식료품의 소매 거래에 대한 독점이 바라던 것보다 더 많아졌다면 당황스러웠을 것이다.

59. Boesen, Madsen, and Moody, *Ujamaa*, p. 105.

60. Graham Thiele, "Villages as Economic Agents: The Accident of Social Reproduction," in R. G. Abrahams, ed., *Villagers, Villages, and The State in Modern Tanzania*, Cambridge African Monograph Series, no. 4 (Cambridge: Cambridge University Press, 1985), pp. 81-109.

61. 다섯 가지 작물에 대한 통계의 초기 내용은 Boesen, Madsen, and Moody, *Ujamaa*, p. 102 참조.

62. Graham Thiele, "Villages as Economic Agents," pp. 98-99 . 또한 Don Hassett, 'The Development of Village Co-operative Enterprise in Mchinga II Village, Lindi Region," in Abrahams, *Villagers, Villagers*, pp. 16-54 참조.

63. 이에 따라 우후루 대철도(Great Uhuru Railway, 중국의 원조로 건설되었음) 주변, 킬롬베로(Kilombero) 지구의 지역 담당 서기 느두구 리앙데르(Ndugu Lyander)는 사람들에게 (자신이 직면한 저항의 기운을 넌지시 암시하면서) 이렇게 환기시켰다. "모든 가족은 지정된 2에이커의 토지를 경작해야만 한다. 이는 토지를 갖고 있지 않은 모든 가족에게 해당되며, 어떤 변명도 용납되지 않을 것이다" ("100,000 Move to Uhuru Line Villages," *Daily News* 〔Dar es Salaam〕, October 28, 1974).

64. Bernstein, "Notes on State and the Peasantry," p. 48.

65. Ibid. 번스타인은 그 무렵 탄자니아 정부가 재정 위기에 직면했다고 서슴없이 지적한다. 국가 예산과 공무원의 증가는 장기간에 걸쳐 외자를 포함한 경제 및 정부 재정 성장 속도보다 빨랐다. 생산도 늘이고 정부 재정도 늘이겠다는 두 가지 희망을 갖고 농민 경제를 조직화하려던 시도는 사실상 불가능한 것으로 판명되었다.

66. 임금 노동자에 의해 생산이 이루어진 준국영 법인의 괄목할 만한 성장이 있었다. 이들 법인 상당수는 농업(곡물과 설탕 그리고 젖소용 사료)에 전념했다. 특히 준국영 설탕 법인의 운영은 국영 사이잘과 차 농장처럼 대규모이고 자본 집약적이었다.

67. Coulson, *Tanzania*, p. 255에서 인용.

68. Ibid., p. 161.

69. Ibid., p. 92.

70. Ibid., p. 158.

71. Nyerere, "Broadcast on Becoming Prime Minister" (May 1961), in Nyerere, *Freedom and Unity*, p. 115.

72. Coulson, "Agricultural Policies in Mainland Tanzania," p. 76.

73. 예상할 수 있는 것처럼 우자마아 촌락화는 중요한 환경적 결과와 더불어 정주자, 개인, 친족 집단 사이에 엄청난 토지 분쟁을 초래했다. Achim von Oppen, "Bauern, Boden, und Baeume: Landkonflikte und iher Bedeutung fuer Ressourcenschutz in tanzanischen Doerfern nach Ujamaa," *Africa Spectrum* (February 1993)의 훌륭한 분석 참조.

74. Boesen, Madsen, and Moody, *Ujamaa*, p. 115.

75. Phil Raikes, "Coffee Production in West Lake Region, Tanzania," Institute for Development Research, Copenhagen, Paper A.76.9 (1976), p. 3. Coulson, "Agricultural Policies in Mainland Tanzania," p. 80에서 인용. 또한 Phil Raikes, "Eating the Carrot and Wielding the Stick," pp. 105-141 참조.

76. Boesen, Madsen, and Moody, *Ujamaa*, p. 67.

77. James De Vries and Louise P. Fortmann, "Large-scale Villagization: Operation Sogeza in Iringa Region," in Coulson, *African Socialism in Practice*, p. 135.

78. Bernstein, "Notes on State and the Peasantry," p. 59에서 적절한 구절을 취함.

79. Mwapachu, "Operation Planned Villages," p. 117 (강조는 덧붙인 것임).

80. 그 당시 니에레레의 연설뿐만 아니라 언론에 보도된 공식 보고에서도 이러한 숫자는 사망률과 소득, 소비 등과 같은 농촌의 변화를 나타내는 지표와 종종 무관했다. Jannik Boesen, "Tanzania: From Ujamaa to Villagization," in Mwansasu and Pratt, *Towards Socialism in Tanzania*, p. 128 참조.

81. Coulson, *African Socialism in Practice*, p. 65에서 인용. 양적 성공에 대한 집착은 신문에서도 그대로 나타난다. 곧, 얼마나 많은 사람이 새로운 촌락으로 이동했고, 얼마나 많은 촌락이 형성되었으며, 얼마나 많은 작물이 파종되었고, 구역 내 몇 퍼센트의 주택이 재입주를 마쳤으며, 얼마나 많은 필지가 재정비되었는지 등등에 관한 기사가 넘쳐났다. 다르에스살람에서 간행되는 *Daily News*의 대표적인 기사로는 "14, 133 Move into Villages in Chjunya," February 19, 1974; "Two Months After Operation Arusha: 13,928 Families Move into Ujamaa Villages," October 21, 1974; "Iringa: Settling the People into Planned Villages," April 15, 1975 참조. 한편, 니에레레는 스탈린과 달리 '현기증 나는 성공' 같은 연설을 하지 않았다. 대

신 촌락화에 대한 잠정적 중단을 요구했다. 다른 한편 탄자니아의 촌락화는 그렇게 야만적이지 않았다. 니에레레는 연설을 통해 이와 같은 인구의 집중이 '품위 있는 삶에 필요한' 공공 서비스의 제공을 가능하게 만들 것이라고 계속해서 설명했다.

82. Coulson, *Tanzania*, pp. 320-331.

83. 설득력 있게 논의한 유사한 사례로는 James Ferguson, *The Anti-Politics Machine: "Development," Depoliticization, and Bureaucratic Power in Lesotho* (Cambridge: Cambridge University Press, 1990) 참조. 퍼거슨은 "레소토의 '개발 관련' 부서는 빈곤을 제거할 목적으로 국가 관료 기구에 우연히 포함된 기계가 아니다. 그것은 어쩌다 '빈곤'을 마중물로 삼아 관료주의적 국가 권력을 강화하고 증대하기 위한 수단이었다"고 결론 내렸다. 탄자니아에서는 관료 계급이 권력을 획득할 수 있는 좀더 효과적인 방법이 여전히 존재했다. 그 속에는 농업 생산과 소매 부문의 구매자인 아시아계 소수 무역상을 대체하거나, 무역과 산업 전체를 국유화하는 방법 등이 포함되었다. 이는 재정 위기가 더 이상 확대되지 않도록 만들었음에도 불구하고 정부 예산과 국가 관료의 규모가 1970년대 중반까지 경제 성장률을 상회할 만큼 증가했다는 점에서 잘 드러난다.

84. 인색한 경관 속에서 그대로 가만히 있는 것은 자살이고, 움직이는 것은 생존의 조건이다. 이런 경향에 부합하는 확장된 그리고 다분히 시적인 사례를 보려면 Bruce Chatwin, *The Songlines* (London: Cape, 1987) 참조.

85. M. L. Ole Parkipuny, "Some Crucial Aspects of the Maasai Predicament," in Coulson, *African Socialism in Practice*, chap. 10, pp. 139-160.

86. 예를 들어 Raikes, "Eating the Carrot and Wielding the Stick" 참조. 그에 의하면 "많은 정책이 탄자니아 정부와 반사회주의 비판가들이 공통으로 갖고 있던 농업 '근대화'에 대한 가정에 기반을 두었으며, 이 가운데 적지 않은 것들이 식민지 시기에서 (변화가 있건 없건 간에) 넘어왔다"고 한다 (p. 106). 세계은행 개발 패러다임을 레소토에 적용한 것에 대한 훌륭한 분석으로는 Ferguson, *The Anti-Politics Machine* 참조.

87. 론 아민제이드는 나와의 사신(September 22, 1995)에서 촌락화 실패에도 불구하고 니에레레의 인기가 지속된 이유는 부분적으로 재정착을 포함한 국가 정책이 연령과 성별에 따른 사회적 위계를 약화시킴으로써 젊은 세대와 여성의 지위를 상대적으로 개선한 데 있다고 말했다.

88. 촌락화의 속도는 1974년 후반 들어 급격하게 둔화되었다. 앞선 2년간의 흉작에

이어 그 무렵 수확을 절반 정도로까지 감소시킨 한해(旱害)가 닥쳤기 때문이다. 촌락화와 강제 경작이 식량 공급 부족을 얼마나 악화시켰는지 정확히 판단하기란 어렵다. 어쨌든 탄자니아는 외국산 석유와 기계류의 가격이 하늘로 치솟던 바로 그 무렵, 전례 없이 많은 양의 식량을 수입할 수밖에 없었다. 비록 식량 부족 사태가 많은 농민으로 하여금 식량 배급을 받기 위해 이주에 더 자발적으로 참여하게끔 만들었지만, 자신들이 재배한 식량을 국가시장위원회에 넘기고자 하는 의지는 더욱더 약화되었다. 이런 각박한 상황 아래 대규모 사회적 실험은 무기한 연기되었다. Hyden, *Beyond Ujamaa in Tanzania*, pp. 129-130, 141, 146; Deborah Bryceson, "Household, Hoe, and Nation: Development Policies df the Nyerere Era," in Michael Hodd, ed., *Tanzania After Nyerere* (London: Pinter, 1988), pp. 36-48 참조.

89. 탄자니아에서 잉여 생산 인구 대부분은 국경 가까이에 거주함으로써 결정적인 전술상의 이점을 확보했는데, 양쪽 방향으로 밀수 행위를 하는 것은 언제나 가능한 선택이었다.

90. 여기서 다시 마르크스주의 시스템 가운데 행정 구조와 개발 계획, 경제 조직을 모방하는 것과 관련해 가장 좋은 자료는 Colburn, *The Vogue of Revolution*, 특히 chap. 4 and 5, pp. 49-77 참조.

91. Girma Kebbede, *The State and Development in Ethiopia* (Englewood, N. J.: Humanities Press, 1992), p. 23에서 인용.

92. 매우 섬세하고 통찰력 있는 자료로는 Jason W. Clay, Sandra Steingraber, and Peter Niggli, *The Spoils of Famine: Ethiopian Famine Policy and Peasant Agriculture*, Cultural Survival Report 25 (Cambridge, Mass.: Cultural Survival 1988), 특히 chap. 5, "Villagization in Ethiopia," pp. 106-135 참조. 하나의 제국으로서 에티오피아 정부는 군사적 주둔과 식민지화의 오래된 전통을 갖고 있었다. 북쪽의 인구를 남쪽의 오로모(Oromo) 지역으로 강제 이주시킨 것도 멩기스투에 의해 계승된 이러한 전통의 연장선에 있다.

93. Ibid., pp. 271, 273.

94. John M. Cohen and Nils-Ivar Isaksson, "Villagization in Ethiopia's Arsi Region," *Journal of Modern African Studies* 25, no. 3 (1987): 435-464. 이 수치들은 약간 수상하다. 각각의 마을에는 명목상 1000명의 주민을 입주시키기로 계획했기 때문에, 이 숫자에다 촌락의 숫자를 곱한 다음 공무원 같은 약간의 인구를 더 추가한 것으로 보인다. 코헨과 아이작슨(Isaksson)은 컬처럴 서바이벌(Cultural Survival: 토착민

의 인권을 보호하기 위해 1972년에 설립한 비영리 단체—옮긴이) 소속 클레이와 그의 동료들에 비해 체제가 주장하는 것을 더 곧이곧대로 믿는 경향이 있다.

95. Ibid., p. 449.

96. 이와 유사한 기하학적 정확성은 폴 포트의 캄보디아에서 계속되었다. 토성을 허물어 길게 뻗은 운하를 만들고, 불규칙한 밭을 없애는 대신 넓은 논을 만들었다. 인구 집중, 강제 노동, 수렵 생활과 도망의 금지, 식량 배급 관리 그리고 처형은 에티오피아의 경우 극히 드물었다. Ben Kiernan, *The Pol Pot Regime: Race, Power, and Genocide in Cambodia Under the Khmer Rouge, 1975-1979* (New Haven: Yale University Press, 1996), chap. 5 참조.

97. Clay, Steingraber, and Niggli, *The Spoils of Famine*, p. 121. 소련에서처럼 에티오피아는 국영 농장이라는 별도의 범주를 갖고 있었다. 그곳에서는 고용된 노동을 원칙으로 했고, 최소한 초기에는 기계화 수준이 높았다. 정부의 직접적인 통제를 통해 주곡과 수출용 작물의 생산이 기대되었다. "1970년대 후반, 자발적인 집단화 과정이 느려지자 정부는 미래의 국영 농장을 위해 기계화 농업이 가능한 평평하고 비옥한 지역을 찾기 시작했다. 베일(Bale)에서 촌락화가 이루어진 근본적 이유는 그곳 거주민을 내쫓고 국가 기구를 위해 직접 생산에 기여하도록 하겠다는 발상 때문이었다"(ibid., p. 149).

98. Ibid., pp. 190-192, 204.

99. 이 프로그램의 뿌리는 "인구 과밀, 토양 침식, 삼림 남벌 등으로 고통받는 북부 지역 농민의 재배치를 제안한" 1973년 세계은행 보고서까지 거슬러 올라갈 수 있다. 비록 당시에는 1984-1985년의 기아 사태에 대한 정책적 대응이라고 불렸지만 말이다(Cohen and Isaksson, "Villagization in Ethiopia's Arsi Region," p. 443). 이들 사업 계획 이면에 깔린 모종의 사회적 통제 논리는 Donald Donham, "Conversion and Revolution in Maale, Ethiopia," Program in Agrarian Studies, Yale University, New Haven December 1, 1995 참조.

100. 특히 Kebbede, *The State and Development*, pp. 5-102. 그리고 Clay, Steingraber, and Niggli, *The Spoils of Famine*, 여러 쪽 참조.

101. Clay, Steingraber, and Niggli, *The Spoils of Famine*, p. 23.

102. 한 농부는 클레이에게 이렇게 말했다. "내가 재배하는 사탕수수는 모두 6종류이다. 붉은 종류 두 가지와 금방 숙성하는 흰 종류 두 가지 그리고 열매가 아직 푸른 상태에 있을 때 먹는 것도 있다. 테프에는 다섯 종류가 있고 옥수수에는 세 종류가 있다. 붉은색, 오렌지색, 하얀색 말이다. 각각은 파종하고 재배하는 계절

이 다르다" (ibid., p. 23).

103. Ibid., p. 55.

104. 식량 원조는 다시 재정착을 위해 사람들을 끌어 모으는 데 사용되었고, 일단 그곳에 모이면 사람들을 계속 붙잡아두기 위해서도 이용되었다. 데르그의 전형적인 수법은 식량 배분을 위한 시간과 공간을 알린 다음 모인 군중을 배로 실어 나르는 것이었다.

105. 이 시각적 코드화의 극단적인 모습은 차우셰스쿠의 루마니아에서 찾을 수 있다. 그곳에서는 (통제하기 쉬운) '근대적 아파트 단지' 건설에 필요한 공간을 확보하기 위해 수백 개의 마을이 파괴되었고, 마치 하나의 거대한 기업이 자체적인 분업 시스템을 갖고 있는 것처럼 시골은 엄격하게 전문화된 농업 지역들로 구분되었다. 차우셰스쿠 체제는 이와 같은 것을 완벽한 '체계화'라고 했다. 이 점에 관한 최고의 설명은 아마도 Katherine Verdery, *What Was Socialism and What Comes Next* (Princeton: Princeton University Press, 1996) 특히 chap. 6, pp. 133-167에서 찾을 수 있을 것이다.

106. 여기에서도 Donald Worster, *The Dust Bowl: The Southern Plains in the 1930s* (New York: Oxford University Press, 1979) 참조.

107. John Berger, *Ways of Seeing* (London, 1992), p. 16, Martin Jay, *Downcast Eyes: The Denigration of Vision in Twentieth-Century French Thought* (Berkeley: University of California Press, 1993)에서 인용. 근대성과 비전에 관한 좋은 자료로는 David Michael Levin ed., *Modernity and the Hegemony of Vision* (Berkeley: University of California Press, 1993) 참조.

108. 이런 입장을 견지하는 더욱더 상세한 논의를 위해서는 James C. Scott, *Domination and the Arts of Resistance: Hidden Transcripts* (New Haven: Yale University Press, 1990), pp. 45-69 참조.

109. 지그문트 바우만은 *Modernity and the Holocaust* (Oxford: Oxford University Press, 1989)에서 '정원의 비유'와 관련해 똑같은 주장을 했다. 그는 여기서 근대주의적 사고 일반, 특히 나치의 인종 정책이 갖고 있는 특징을 발견한다.

110. 이 점은 Sally Falk Moore, *Social Facts and Fabrications*, 특히 chap. 6에서 경험적으로나 분석적으로나 공히 매우 잘 다루고 있다.

111. 이와 관련해 어떤 거시 정책의 이니셔티브가 초래함직한 결과에 대해 우리가 가진 보통 수준의 지식이 '게처럼 현명한' 조정 전략을 만든다는 고전적인 주장은 Charles E. Lindblom, "The Science of Muddling Through," *Public Administration*

Review 19 (Spring 1959): 79-88 참조. 20년 후 후속 논문이 나왔는데 이것은 Lindblom, *Democracy and the Market System* (Oslo: Norwegian University Presses, 1979), pp. 237-259에 실려 있다.

112. 내가 보기에 이러한 입장을 지지하는 사람들은 그 일이 작동하기 위해서는 토지 (자연)나 노동(사람)을 생산 요소(상품)로 다루는 데 시장이 그 자체의 엄청난 단순화를 필요로 한다는 사실을 간과하거나 무시했다. 이는 다시 인간 공동체 는 물론 자연에 대해서도 매우 파괴적일 수 있고, 또 그래왔다. 어떤 의미에서 과학적 삼림의 단순화는 과학적 측정의 단순화에 따라 이루어지고, 그와 같은 단순화는 상업적 목재 시장에 의해 가능해졌다. 순수한 시장 논리에 대한 비판으 로 최고의 걸작은 Karl Polanyi, *The Great Transformation* (Boston: Beacon Press, 1957)이다.

113. '인위적'이고 '자연적'인 것 사이의 이분법이 언어와 공동체 같은 것을 대상으 로 할 때는 궁극적으로 성립하기 어렵다는 것을 나는 알고 있다. 내가 '인위적' 이라고 하는 것은 언어나 공동체가 중앙에서 단번에 계획된다는 의미이며, 점진 적으로 형성되는 공동체와는 확실히 구분된다.

114. J. C. O'Connor, *Esperanto, the Universal Language: The Student's Complete Test Book* (New York: Fleming H. Revell, 1907) 참조. Pierre Janton, *Esperanto Language, Literature, and Community*, trans. Humphrey Tonkin, et. al., (Albany: State University of New York Press, 1973) 참조. 물론 에스페란토에서 '보편적' 이라는 말은 사실 '유럽적'이라는 의미다.

115. 이런 맥락에서 Susan Stewart, *On Longing: Narratives of the Miniature, the Gigantic, the Souvenir* (Baltimore: Johns Hopkins University Press, 1984) 참조.

116. 소련의 테마파크로 1939년에 설립한 '인민 경제 실현 기념관'에 대한 뛰어난 분 석으로는 Jemey Gambrell, *Once upon an Empire: The Soviet Paradise* (New Haven: Yale University Press, 근간) 참조. 비슷한 것이 인도네시아에도 있는데, 이는 1965년 이후 인도네시아 대통령 수하르토의 부인이 디즈니랜드를 방문한 직후 만든 것이다. 이에 대한 분석은 John Pemberton, "Recollections from 'Beautiful Indonesia's (Somewhat Beyond the Postmodern," *Public Culture* 6 (1994): 241-262; Timothy C. Lindsey, "Concrete Ideology: Taste, Tradition, and the Javanese Past in New Order Public Space," in Virginia Matheson Hooker, ed., *Culture and Society in New Order Indonesia* (Kuala Lumpur: Oxford University Press, 1993), pp. 166-182 참조.

117. 진짜인 것처럼 보이기 위해 본보기를 만든 또 다른 사례는 1950년대 후반 대약진 운동의 재앙이 한창일 무렵, 마오쩌둥의 부하들이 건강한 농민들과 엄청나게 많은 수확물을 마오쩌둥이 탄 기차가 지나가는 길가에 배치해 정교하게 속인 일을 들 수 있다.

118. Yi-Fu Tuan, *Dominance and Affection: The Making of Pets* (New Haven: Yale University Press, 1984).

119. Lawrence Vale, *Architecture, Power, and National Identity* (New Haven: Yale University Press, 1992), p. 90.

120. 새로운 수도가 갖는 한 가지 정치적 이점은—정확하게 말해서—그것이 기존의 어떤 집단에도 속하지 않는다는 사실이다. 새로운 수도를 건설하는 것은 그렇지 않을 경우 직면할 수밖에 없는, 비록 폭발적이지는 않지만 매우 미묘한 선택을 피할 수 있도록 해준다. 똑같은 논리로 영어가 인도의 공용어가 된 이유는 그것이 어떤 특정한 전통적 공동체에 배타적으로 귀속되지 않은 채 가장 널리 쓰이는 유일한 언어였기 때문이다. 하지만 영어는 인도 내 영어 사용 엘리트의 '소유물'이었다. 그들의 '방언'이 공용어가 되었을 때 그것은 엄청난 특권이었다. 한편, 극복해야 할 도시의 과거가 부재했던 미국이나 오스트레일리아의 경우, 진보와 질서의 비전을 표현하는 계획된 수도를 건설했는데, 이는 필연적으로 토착민의 정착 관행과 크게 달랐다.

121. Vale, *Architecture, Power, and National Identity*, p. 293.

122. Ibid., p. 149.

123. Coulson, "Agricultural Policies in Mainland Tanzania," p. 86.

124. 모잠비크 사례에 대한 뛰어난 설명은 Isaacman, *Cotton Is the Mother of Poverty*, chap. 7 참조.

125. Coulson, "Agricultural Policies in Mainland Tanzania," p. 78에서 인용. 이 문건은 불량하고 나태한 경작자들에게서 건전하고 근면한 경작자를 분리하는 일이 얼마나 중요한 일인지를 줄곧 강조한다. '거점' 혹은 작은 반란 중심지를 찾고자 했던 남미의 혁명 전략과 개발 사업에서의 '초점 지역' 전략이 같은 지적 계보에 속하지나 않는지 궁금하다.

126. Pauline Peters, "Transforming Land Rights: State Policy and Local Practice in Malawi," paper presented at the Program in Agrarian Studies, Yale University, New Haven, February 19, 1993.

127. Birgit Müller, 미간행 보고서, 1990.

128. Kate Xiao Zhou, *How the Farmers Changed China: Power of the People* (Boulder: Westview Press, 1996).

129. 불가피하게 얇을 수밖에 없는 권위주의적 하이 모더니즘의 사회적 허구와 비록 공개적으로 인정할 수는 없지만 그 허구를 필연적으로 보완할 수밖에 없는 '일탈적' 관행 사이에서 점점 더 늘어가는 괴리는 매우 특징적이다. 이 주제에 대해서는 나중에 살펴보겠지만 여기서 다음과 같은 언급 정도는 해두는 것이 적당해 보인다. 곧, 허구로 가득 찬 공공 영역에 대한 형식적 존경과 일상생활을 재생산하는 데 필요한 관행 사이의 간극에서 파생하는 위선과 냉소 그리고 해학은 종종 그러한 사회의 순수문학, 시 그리고 음악의 원재료로 사용된다는 사실이다.

08 자연 길들이기: 농업의 가독성과 단순성

1. 가장 확실한 원시림도 수세기에 걸친 인위적인 산물이라는 점이 설득력 있는 증거가 될 것이다. 예를 들면 Darryl Posey, "Indigenous Management of Tropical Forest Eco-systems: The Case of the Kayapo Indians of the Brazilian Amazon," *Agroforestry Systems 3* (1985): 139-158; Susanna Hecht, Anthony Anderson, and Peter May, "The Subsidy from Nature: Shifting Cultivation, Successional Palm Forests, and Rural Development," *Human Organization* 47, no. 1 (1988): 25-35; J. B. Alcorn, "Huastec Noncrop Resource Management: Implications for Prehistoric Rain Forest Management," *Human Ecology* 9, no. 4 (1981): 395-417; and Christine Padoch, "The Woodlands of Tae: Traditional Forest Management in Kalimantan," in William Bentley and Marcia Gowen, eds., *Forest Resources and Wood Based Biomass Energy as Rural Development Assets* (New Delhi: Oxford and IBH, 1995) 참조.

2. 완전히 상업화된 체제에서 시장화된 곡물의 경우, 이윤의 극대화는 작물 양의 극대화와 정확하게 일치하지 않는다. 노동력이 부족한 곳에서 경작자는 노동 단위당 작물 수익을 최대화하는 데 더 많은 관심을 기울였다. 반면 토지가 부족한 경우에는 에이커당 수익에 초점을 맞추었을 것이다.

3. Paul Richards, *Indigenous Agricultural Revolution: Ecology and Food Production in West Africa* (London: Unwin Hyman, 1985), p. 160. 이번 장에서는 주로 이 책을 참고했다. 리처즈는 과학적 농업 연구에 헌신했다. 아프리카 농업의 현존 관행을 편견 없이 관찰하면서 그는 지역 농민의 실질적 문제와 목표를 반영하고자 했다.

4. 국가 권력과 도시에서의 소비 그리고 엘리트들의 경제적 이익을 선호하는 농업 정책을 초래하게 된 구조적이고도 제도적인 이해관계는 Robert Bates, *Markets and*

States in Tropical Africa: The Political Basis of Agricultural Policies (Los Angeles: University of California Press, 1981)이 설득력 있게 분석했다. 나의 분석은 베이츠의 정치경제학적 시각 바깥에 있는 정책적 실수의 더욱더 깊은 원인을 다룬다.

5. Jack R. Harlan, *Crops and Man*, 2nd ed. (Madison, Wis.: American Society of Agronomy, Crops Science Society America, 1992), p. 5.

6. 주요 곡물과 관련해—모든 초목과에서—이는 일종의 공생적 의태 관계를 형성해 왔다. 각각의 주요 곡물은 하나 이상의 유사한 특정 환경에서 자라는 같은 과(科) 의 풀을 갖고 있다. 이 풀은 곡물 품종과 정확하게 동일한 경작 조건 아래서 번성 하지만, 일찌감치 튼튼한 종자를 흩뿌릴 경우 경작지에서 자생할 수도 있다.

7. Harlan, *Crops and Man*, p. 127.

8. 내가 2년간 현장 연구를 했던 말레이 반도 마을의 경우, 나이 많은 농부는 벼를 이 름과 성질에 따라 대략 80여 종까지 알고 있었다.

9. 사실 개간이나 밭은 그 자체가 저항력의 강력한 선별자이다. 경작자가 임의로 다 음 계절을 위해 종자를 고른다거나 작물을 밭에서 자생하도록 남겨둔다 할지라도, 다음 해 작물의 저항력은 경작지 저항이라고 불리는 현상을 통해 다시 증가하게 된다. 어떤 원산지 품종이든 (무작위 교배종과 돌연변이를 포함해) 병충해, 불리한 기후 등 앞에서 최대한 버틸 수 있게 하는 방법은 무작정 다음 계절에 더 많은 씨 를 뿌리는 것이다. Harlan, *Crops and Man*, pp. 117-133 참조.

10. "아마도 과거 1000년 동안 농부들이 만든 전체적인 유전적 변화는 지난 100년 정도 에 걸쳐 더욱더 체계적이고 과학적인 노력을 통해 성취한 것보다 훨씬 많았을 것 이다" (Norman Simmonds, *Principles of Crop Improvement* [New York: Longman, 1979]. Jack Ralph Kloppenberg, Jr., *First the Seed: The Political Economy of Plan Biotechnology, 1492-2000* [Cambridge: Cambridge University Press, 1988], p. 185) 에서 인용. 나는 이번 장의 많은 부분을 클로펜버그의 자세한 분석에 의존했다.

11. James Boyce, "Biodiversity and Traditional Agriculture: Toward a New Policy Agenda—a Pre-Proposal" (미간행 원고, January 1996). 또한 Boyce, "The Environ- mental Impact of North-South Trade: A Political Economy Approach," Working Paper 1996-3, Department of Economics, University of Massachusetts, Amherst, 1996 참조. 실제로 근대적 변종과 전통적 농업 사이의 관계는 보완적이라기보다 상호의존적이다. 전통적 농업은 근대적 농업 방식을 생존을 위한 필요조건으로 간주하지 않는다. 반면 근대 농업은 토착 종의 유전적 자본에 의존하는 것 같다. 이에 근거해 보이스는 (종자 은행에 반대하면서) 종자를 원래 장소에 보존하자고

주장한다. 또한 전통적인 경작자를 보호함으로써 원산지 품종을 개발하자고 주장한다.

12. 시각적 호소는 분명히 수확량, 취향, 수익성에서 비롯된 미학적 가치에 의존한다. 미국에서 과일, 채소, 가축을 대상으로 진행하는 각종 경연 대회의 전통을 보면, 일반적으로 일등 수상은 비록 수익성 측면에서는 경제성이 낮더라도 이상적인 옥수수, 이상적인 돼지가 차지했다. 물론 구매자가 충분한 미적 프리미엄을 이상적인 돼지에 지불할 경우, 미의식과 수익이 동시에 발생할 것이다. Kloppenberg, *First the Seed*, p. 96 참조.

13. Ibid., p. 117. 이어지는 두 개의 관찰 기록도 같은 구절에 근거한 것이다.

14. R. E. Webb, and W. M. Bruce, "Redesigning the Tomato for Mechanized Production," in *Science for Better Living: Yearbook of Agriculture, 1968* (Washington: United States Department of Agriculture, 1968), p. 104, ibid., p. 126에서 인용. 클로펜버그는 계속해서 이렇게 말한다. "변종은 특별히 채소 산업 분야에 매력적이다. 시금치, 당근, 오이와 유채속 식물(양배추, 콜리플라워 등)이 변종화되었고 비선별적, 일회적, 기계 추수를 위해 다시 디자인되었다"(ibid.). 수확량은 차치하더라도 어떤 곡물의 기계 경작, 분류, 포장은 일찌감치 작물의 선택과 개량에 영향을 미쳐왔다.

15. Ibid., p. 127.

16. Jim Hightower et al., *Hard Tomatoes, Hard Times*, Task Force on the Land Grant College Complex of the Agribusiness Accountability Project 최종 보고서 (Cambridge: Schenkman, 1978).

17. 미국 정부조사위원회, 생물과 농업 분과, 농업회의, 주요 작물의 유전학적 취약성 위원회(Committee on Genetic Vulnerability of Major Crops), *Genetic Vulnerability of Major Crops* (Washington: National Academy of Sciences, 1972), p. 21.

18. Ibid., p. 12.

19. 유전적 동일성의 또 다른 영향은 식물의 개체 전체를 같은 환경 스트레스 앞에 취약하게 만든다는 점이다.

20. 식물 전염병의 수학적 모델을 만든 최초의 과학자는 판 데르 플랑크(van der Plank)였다. 주요 작물의 유전학적 취약성 위원회, *Genetic Vulnerability of Major Crops*, pp. 28-32 참조.

21. 같은 논리가 당연히 인간의 질병에도 통한다. 다른 조건이 동등하다면, 산재된 인구가 집중된 인구보다 더 건강하다. 서유럽의 도시 인구는 적어도 19세기까지

자체적으로 증가하지 않았다. 시골의 비교적 건강한 인구로부터 보충되는 것에 의존했다. 건강과 관련해 다양성과 분산의 결합, 생물학적 획일성과 높은 치사율이 뒤따르는 집단의 결합 이면에 존재하는 전염병학적 근거로는 Alfred Crosby, *Ecological Imperialism: The Biological Expansion of Europe, 900-1900* (New York: Cambridge University Press, 1988), Mark Ridley, "The Microbe's Opportunity," *Times Literary Supplement*, January 13, 1995, pp. 6-7 참조. 전염병 기간의 분산 논리는 주요 전염병의 원인과 매개를 이해하기 훨씬 전부터 알려져 있었다. 예를 들면 Daniel Dafoe, *A Journal of the Plague Year* (1722; Harmondsworth: Penguin, 1966) 참조.

22. 사실 그리 많지는 않다. 우리가 배웠다시피 인간에 대한 항생제의 마구잡이식 이용과 작물에 대한 살충제의 무절제한 이용은 공격 대상인 병원균이 자연 선택의 압력을 통해 인간과 작물의 방어 능력 이상으로 훨씬 더 빠르게 순응하고 돌연변이로 등장하는 문제를 일으켰다. 이런 이유로 살충제의 새로운 세대는 병원균보다 한 걸음 앞서도록 만들어져야 했고, 폐결핵과 콜레라 같은 전염병은 일단 멸종했다고 생각했지만 더욱 치명적인 변종으로 되돌아왔다. 이런 맥락에서 Randolph M. Nesse and George C. Williams, *Evolution and Healing: The New Science of Darwinian Medicine* (London: Weidenfeld and Nicolson, 1995) 참조.

23. David Pimentel and Lois Levitan, "Pesticides: Amounts Applied and Amounts Reaching Pests," *BioScience* 36, no. 2 (February 1986): 87.

24. Kloppenberg, *First the Seed*, pp. 118-119. 전 세계적으로 면화와 더불어 높은 수확량을 위한 쌀 변종은 살충제를 가장 많이 사용한다.

25. 바이러스와 박테리아 질병에 저항력이 생긴 변종과 매개체(곤충)의 발달 그리고 인간 전염병 사이에는 놀라운 유사점이 있다. John Wargo, *Our Children's Toxic Legacy: How Science and Law Fail to Protect Us from Pesticides* (New Haven: Yale University Press, 1996), pp. 15-42에 실린 말라리아와 그 매개체인 학질모기에 관한 논의 참조.

26. "제초제의 광범위한 사용으로 인한 대가가 없었던 것은 아니다. 식물의 질병과 관련해 살충제 사용에서 비롯된 45건 중 30건은 제초제로 인해 생긴 것이었다 (Kloppenberg, *First the Seed*, p. 247). 비록 간접적이라 해도 똑같이 황폐화라는 결과를 초래한 살충제 및 다른 작용제 사례에 관한 연구 문헌은 많다. 예를 들어 1995년 텍사스에서 엄청난 양의 말라티온(malathion)이 목화다래바구미를 통제하기 위해 사용되었는데, 이때 많은 이로운 곤충도 죽었기 때문에 사탕무를 먹는 거염벌레가 폭발적으

로 증가했다. "Where Cotton's King, Trouble Reigns," *New York Times* (October 9, 1995) p. A10, and Sam Howe Verhovek, "In Texas, an Attempt to Swat and Old Pest Stirs a Revolt," *New York Times* (January 24, 1996), p. A10 참조.

27. 주요 작물의 유전학적 취약성 위원회, *Genetic Vulnerability of Major Crops*, p. 6.

28. Ibid., p. 7 (강조는 덧붙인 것임).

29. Ibid., p. 1. 1969년에 상업적으로 심은 완두콩 가운데 비주류 작물을 세어보니, 96퍼센트가 단 두 가지 변종으로 구성되어 있었다. 1970년의 옥수수 잎마름병은 귀리의 사례에서 이미 증명되었다. 모든 형태의 관녹병균을 막기 위해 개량된 '기적의 귀리' 빅토리아는 1940년 전 국토에 걸쳐 재배되었지만 1946년 창궐한 전염병에 굴복했다. 그때까지 귀리는 20세기 초반처럼 널리 재배되지 않았기 때문에 이 재앙에 대해서는 그다지 많이 알려져 있지 않다.

30. 이러한 사례에 대한 괄목할 만한 연구 목록은 Kloppenberg, *First the Seed*, p. 168 참조.

31. James B. Billard, "More Food for Our Multiplying Millions: The Revolution in American Agriculture," with photographs by James R. Blair and a painting of the farm of future by Davis Meltzer, *National Geographic* 137, no .2 (February 1970): 147-185. 이 글은 Wendell Berry, *The Unsettling of America: Culture and Agriculture* (San Francisco: Sierra Club Books, 1977), chap. 5에서 통렬한 비판의 대상이 되었다. 정보에 근거한 일종의 환상처럼 어떻게 이 사소한 기사 하나가 1997년의 시점에서도 유지되고 있는지 놀랍기만 하다. 농업에서 가장 중요한 변화인 생명과학과 재조합 DNA 전환 혁명이 그 미래 전망에 한 조각의 티끌도 없고 유전적 취약성이나 살충제 사용 문제도 없다고 하니 말이다.

32. Albert O. Hirschman, *Development Projects Observed* (Washington: Brooking Institution, 1967) 참조.

33. 이와 같은 다섯 가지 계획(이 중 넷은 민간 계획이고 하나는 1947년의 탕가니카 땅콩 계획으로 알려진 공공 계획)에 대한 상세한 분석은 Nancy L. Johnson and Vernon W. Ruttan, "Why Are Farms Are So Small?" *World Development* 22, no. 5 (1994): 691-706 참조.

34. Richards, *Indigenous Agricultural Revolution*, pp. 63-116. 이러한 논의에서 나는 혼작(混作) 과 합작(合作)이라는 용어를 구별 없이 사용하려 한다. 간작(間作)은 혼작의 한 형태로 두 번째 재배종을 첫 번째 재배종 줄 사이에 심는 것이다. 윤작(輪作)은 같은 경작지에 겹쳐서 재배하는 작물의 연속성을 말하며, 이 역시 혼작

의 또 다른 형태다.

35. 기후가 까다로울수록 생태 다양성은 감소한다. 툰드라 기후에 가까울수록 나무, 포유류, 곤충의 종수는 적어진다. 물론 이와 같은 현상은 산악 지대에서 해발고도가 높아짐에 따라 생기는 기후대에도 나타난다.

36. Paul Richards, "Ecological Change and the Politics of African Land Use," *African Studies Review* 26, no. 2 (June 1983): 40에서 인용. 리처즈는 또한 비슷한 시기에 토양 침식에 대항하는 아프리카식 기술의 확대 적용을 열정적으로 서술한 더들리 스탬프(Dudley Stamp)를 인용한다. "나이지리아 여행에서 나는 원주민 농부가 비록 세부적으로는 약간 개선의 여지가 있다 해도 원칙적으로는 더 이상 훌륭할 수 없는 농사 계획을 발전시켜왔으며, 또한 어떤 지역에서 이미 실행한 대로 이 계획은 토양 침식과 비옥도 상실에 거의 완벽하게 대처할 수 있다는 사실을 알게 되었다. 따라서 아프리카 사람들이 다른 지역의 대량 토양 침식에 대한 해결책에 기여한다고 할 수 있을 것이다" (p. 23).

37. Edgar Anderson, *Plant, Man, and Life* (Boston: Little, Brown, 1952), pp. 140-141. 앤더슨이 묘사한 정원이 그토록 다양한 이유는 두말할 나위 없이 마을 주민이 시장에서 구매하기보다 생계에 필요한 식량 대부분을 직접 재배하려 하기 때문이다. 그러나 요점은 시각적 무질서 이면에 있는 계획성이다.

38. Richards, *Indigenous Agricultural Revolution*, p. 63.

39. Ibid., p. 70.

40. 전통적인 경작 시스템 대부분은 혼작이든 윤작이든 상관없이 곡물과 콩과 식물을 이런 방식으로 결합하는 것이다.

41. Richards, *Indigenous Agricultural Revolution*, pp. 66-70.

42. H. C. Sampson and E. M. Crowther, "Crop Production and Soil Fertility Problems," *West Africa Commission, 1938-1939: Technical Reports*, part 1 (London: Leverhulme Trust, 1943), P. 34, ibid., p. 30에서 인용. 혼작을 혼합농과 혼동해서는 안 된다. 혼합농은 (전형적으로는 필지별로) 다양한 작물과 가축을 생산하는 농업이며 유럽식 소자작농의 모델이다.

43. Richards, "Ecological Change and the Politics of African Land Use," p. 27.

44. 이것은 크게 보면 기술의 선택이 어떻게 단지 농부의 기본 자산에 달려 있는지를 보여주는 하나의 사례일 뿐이다. 그러나 결코 유일한 것은 아니다.

45. 엄밀히 말해서 이런 장점 가운데 많은 것들은 개별 품종을 여러 개의 작은 구획으로 나누어 재배함으로써 얻을 수도 있다. 이때 잃어버리는 것은 앞서 언급한

혼작의 몇몇 장점이다.

46. 균류 군집은 종자식물의 뿌리와 특정 균의 균사체 사이의 공생 관계를 나타낸다.

47. Rachel Carson, *Silent Spring* (1962: Boston: Houghton Mifflin, 1987), p. 10.

48. 유기농 재배를 하는 농부는 때때로 살충제와 비료의 대량 사용을 피하는 방법으로 혼작을 선택한다. 이와 같은 특정 종류의 (전부는 아니지만) 혼작에서 나타나는 가장 일반적인 장애는 희소한 생산 요소가 너무 노동 집약적이라는 점이다. 이와 같은 노동 집약성의 얼마나 많은 부분이 모든 기계 기구가 실제로 단일 경작만을 염두에 두고 고안되는 결과를 초래했는지 알기란 어렵다. 그 선구자인 웨스 잭슨(Wes Jackson)은 3년 동안 생산적인 측면에서만 보면 혼합 경작이 단일 경작을 능가한다는 사실을 보여주었다. 둘째 그리고 셋째 해에 혼합 경작의 수확이 더욱더 컸다는 사실은 두 작물 사이의 상호작용이 이런 성과의 원인임을 보여준다(Jackson, "Becoming Native to This Place," Agrarian Studies Program에서 발표, Yale University, New Haven, November 18, 1994). 하워드와 마찬가지로 잭슨 역시 토양 자산을 보존하거나 확대하게 될 농업 형태를 발전시키는 데 주로 관심이 있었다. 그와 같은 보존은 안정적인 저지대에서는 시급하지 않다. 하지만 생태학적으로 취약한 토양(예컨대 언덕이나 고지대)을 가진 지대에서는 매우 중요하다. 다년초를 혼작하는 것이 이런 목적을 달성하는 데 특히 적합하다.

49. 초원 지대 생태계에 관한 비교 실험 연구는 더욱더 다양한 생태계가 더욱더 생산적이고 회복력이 빠르다는 다윈의 기본 전제를 확인해준다. 미네소타 대학의 생태학자들은 임의로 선택한 잔디 종을 서로 다르게 심은 100제곱피트(약 9.2제곱미터)짜리 필지 147개를 비교했다. 그 결과는 다음과 같았다. "더 많은 종이 있을수록 식물 바이오매스가 더 많고 성장 과정에서 더 많은 질소를 유지했다. 종들이 수적으로 적을수록 성장은 빈약했고 토양 상층에서 걸러지는 질소의 양은 더 커졌다. 가뭄 이후 많은 종이 남아 있는 필지는 그렇지 못한 필지보다 최고 생산성을 한층 빠르게 회복했다. 장기적으로 볼 때, 추가된 종은 기후 또는 병충해 전염이라는 곤경에서 생태계를 보호하는 데 절대 필요하다는 것이 증명되었다" Carol Kaesuk Yoon, "Ecosystem's Productivity Rises with Diversity of Its Species," *New York Times*, March 5, 1996, p. C4 참조.

50. 이런 이점 중에는 비용의 측면에서 비료와 살충제 같은 투입에 대한 지출이 더 적다는 것도 포함될 수 있다.

51. 겉으로 보기에 거친 자연 환경〔구름, 수류(水流), 기류, 전염병 등〕이면에 있는 질서를 연구하는 이들은 자신들이 프랙탈(fractal) 시스템과 리니어(linear) 시스

템이라고 부르는 것을 비교하게 되었다. 여기서 우리의 논의와 관련 있는 주된 차이점은 프랙탈 과정의 유연성과 강력함이라고 할 수 있다. 혼란 속에서도 생존할 수 있고 넓은 범위의 빈도에 걸쳐 작용하는 프랙탈 과정은 사실상 생물학적 과정에서 보편적인 것이다. 반대로 리니어 과정은 한 번 궤도에 떨어지면 새로운 직선 위에서 계속 방향을 바꾸다 초기 평형 상태의 범위로 돌아오지 않는다. 혼합 경작은 바로 이런 의미에서 장애와 관련해 더욱 큰 포용력을 갖고 있다.

52. 어느 정도까지는 그렇다. 제이콥스는 근린 지역의 성공이 어떤 용도를 약화시키고 궁극적으로 장소를 변화시키게 될 자산 가치에 어떤 영향을 미치는지 보여준다. 제이콥스의 시각에서 볼 때 평형 상태는 없으며 도시의 다른 부분들에서 반복적으로 시작되는 순환이 존재할 뿐이다.

53. 이동 경작은 또한 동남아시아와 라틴아메리카의 많은 지역에서도 일반적이다.

54. Harold C. Conklin, *Hanunoo Agriculture: A Report on an Integral System of Shifting Cultivation in the Philippines* (Rome: Food and Agriculture Organization of the United Nations, 1957), p. 85. 경작자들의 기술과 지식에 관한 컨클린의 넓은 식견에 경탄하지 않고는 그의 꼼꼼한 설명을 읽을 수가 없다.

55. 그리고 물론 이런 이유로도 그런 사람들은 국가 영토가 아닌 곳에 머물거나 그곳으로 떠난다.

56. Richards, *Indigenous Agricultural Revolution*, p. 50. 리처즈는 계속해서 다음과 같이 말한다. "식민지 의회 부장관 W. G. A. 옴스비 고어(W. G. A. Ormsby Gore)는 시에라리온에서 예컨대 자연림은 '산악' 미(米) 또는 '평야' 미 경작을 위해 개간되지 않은 땅을 찾아내는 과정에서 무자비하게 파괴되었다고 보고하면서 당대의 분위기를 요약했다"(pp. 50-51).

57. Ibid., p. 42.

58. Ibid., chap. 2 참조. 리처즈는 다음과 같이 결론을 맺는다. "토양의 비옥화라는 관점에서 오늘날 토양과학은 숲의 농부들이 재를 중시하고 사바나 농부들이 '거름'과 '퇴비'를 중시하는 것이 타당하다는 사실을 확인했다"(p. 61). 온두라스의 화전 기술에 관한 탁월한 분석은 Kees Jansen, "The Art of Burning and the Politics of Indigenous Agricultural Knowledge," paper presented at a congress entitled "Agrarian Questions: The Politics of Farming Anno 1995," May 22-24. 1995, Wageningen, The Netherlands 참조.

59. Richards, *Indigenous Agricultural Revolution*, p. 43. 이런 맥락에서 리처즈는 지속 가능성만 보장될 경우 시장의 효율성이 유일한 테스트라는 전제를 수용했다.

60. Ibid., p. 61.

61. 리비히는 자신의 공식이 모든 토양 문제를 치료할 수 있다고 정말 믿었다.

62. 하워드가 행한 수많은 실험 가운데 대표적인 시도는 '친환경 비료(질소 고정 작용을 돕는 콩과 작물을 곡물 재배에 앞서 갈아엎기)'였다. 이는 더 많은 부식토 생성에 필요한 화학 작용(첫째는 호기성, 둘째는 혐기성)을 증진시키기 위해서는 적절한 타이밍과 토양의 수분 정도뿐만 아니라 다른 변수들에 의해서도 그 효과가 크게 좌우된다는 것을 보여준다. Sir Albert Howard, *An Agricultural Testament* (London: Oxford University Press, 1940) 참조.

63. 알칼리화는 집중적인 관개 과정에서 남은 소금에 의해서도 발생한다. 캘리포니아 임페리얼 밸리 지대에서 알칼리화로 고생한 경작자들은 그것이 파괴적인 비율로 축적되지 않도록 배수 하수관을 점점 더 짧은 간격으로 설치해야만 했다.

64. 구세계의 식물인 쌀은 훨씬 일찍이 들어와 적응했다. 다년생이었지만 쌀은 일년생 식물처럼 재배되었다.

65. 이 역사가 얼마나 깊은지는 지난 4000년간 인간이 어떤 주요 동물이나 식물을 새로 길들이지 않았다는 사실에서 드러난다. 이 이야기에 대해서는 Carl O. Sauer, *Agricultural Origins and Dispersals* (New York: American Geographical Society, 1952) 참조. 사우어는 이 분야에서 선구적인 러시아 과학자 N. I. 바빌로프(N. I. Vavilov)의 중요한 연구에 크게 의존하고 있다. N. I. Vavilov, *The Origin Variation, Immunity, and Breeding of Cultivated Plants*, trans. K. Starr Chester, vol. 13, nos. 1-6 of *Chronica botanica* (1949-1950). 감자는 반드시 잘라서 번식·생장하는 식물 가운데 가장 좋은 예이다.

66. 예외는 있다. 그중 하나는 에티오피아와 에리트레아 북쪽 지역으로서 생태학적으로 황폐화된 곳이다. 토양의 침식, 오염 또는 지하수 고갈과 지구 온난화에 대한 산업 세계의 기록도 선견지명의 교훈적 예는 아니라는 점을 덧붙여 말해둘 필요가 있다.

67. Robert Chambers, *Rural Development: Putting the Last First* (London: Longman, 1983), Richards, *Indigenous Agricultural Revolution*, p. 40에서 인용. 농업 혁명은 항상 국가가 아니라 자주적인 농민의 행동이었다는 하워드의 주장을 옹호하는 사례가 있다. 산업화의 기초가 된 영국의 농업 혁명부터 아프리카에서 옥수수, 담배, 코코아 같은 새로운 작물을 널리 받아들인 것까지 하워드의 일반화는 사실처럼 들린다. 그러나 이는 대규모 관개 프로젝트 또는 더욱더 최근에 연구 기관 주도로 이루어진 밀, 쌀, 옥수수의 고수확 변종 개량에는 잘 들어맞지 않는다. 이

와 같은 국가 지원형 혁신은 전형적으로 중앙 집중화를 강력히 암시한다.

68. James Ferguson, *The Anti-Politics Machine: Development, Depoliticization, and Bureaucratic Power in Lesotho* (Cambridge: Cambridge university Press, 1990). 퍼거슨은 국제적 및 국내 개발 기관의 제도적 권력이 자신들의 활동 근거를 과학자들의 중립적 개입에서 찾기 위해 얼마나 사활을 거는지 명쾌하게 보여준다.

69. 대형 관개 시설의 경우, 상류와 하류 사용자 사이의 용수권을 할당하는 문제와 관련해 중앙 집중화 논리가 당연하다는 전제에는 이의가 있을 수 있다. 상당히 큰 규모의 관개 시스템이 수백 년간 강제력을 행사하는 중앙 집권적 통치 기구 없이도 성공적으로 운영된 적이 있기 때문이다. 이 시스템이 어떻게 작동했으며, 특히 아시아 개발은행의 농업경제학자와 수문학 전문가의 단순화 논리에 의해 어떻게 파괴되었는지를 보여주는 훌륭한 연구로는 J. Steven Lancing, *Priests and Programmers: Technologies of Power in the Engineered Landscape of Bali* (Princeton: Princeton University Press, 1991) 참조. 또한 Elinor Ostrom, *Governing the Commons: The Evolution of Institutions for Collective Action* (Cambridge: Cambridge University Press, 1990)도 유용함.

70. Stephen A. Marglin, "Farmers, Seedsmen and Scientists: Systems of Agriculture and Systems of Knowledge" (미간행 문건, 1991년 5월, 1992년 3월 개정)에서 인용. 마글린의 설명은 과학 농업의 생태학적이고 제도적인 결과에 관한 예리한 분석이다. 지식 체계에 관한 그의 분석은 제8장에서 다룰 메티스에 대한 나의 분석과 매우 유사하다. 우리는 각기 연역적 지식과 실용적 지식을 구별하기 위해서는 그리스 철학의 지식 개념을 이용해야 할 필요성이 있다는 것을 발견했다. 나는 그의 논의가 유용하고 명확하다고 생각한다. 미국 농업 관행에 대한 마글린의 분석은 Deborah Fitzgerald, *Yeomen No More: The Industrialization of American Agriculture*(근간)와 함께 유용하게 읽을 만하다.

71. Marglin, "Farmers, Seedsmen and Scientists," p. 7.

72. '잡종(hybrid)'이라는 단어의 의미가 변했다. 원래는 모든 이종교배 잡종을 의미했으나 지금은 단지 순수 계통 사이의 동종 번식 잡종만을 의미한다.

73. 마글린은 미국 농무부와 종자 대기업 사이의 유착 관계를 기록했다. 이러한 관계를 통해 종자 기업은 옥수수 교배종에서 우위를 확보했다. 이런 우위는 자가 수분하는 밀과 쌀의 경우에는 가능하지 않을 것 같다. 왜냐하면 이런 작물의 수확량 향상은 유전적으로 안정된 새로운 변종에 의해 달성되기 때문이다. Marglin, "Farmers, Seedsmen and Scientists," p. 17.

74. 이와 같은 통제는 단지 가장 현실적인 실험에서나 근접하기 때문에 모든 실험은 외생 변수 또는 실험 계획에 의해 뽑힌 것들 이외의 변수에 관한 상당한 논의를 촉발한다. 이러한 경우 후속 실험이 불량 변수를 통제할 때까지 그 결과는 애매할 수밖에 없다.

75. Marglin, "Farmers, Seedsmen and Scientists," p. 5.

76. Mitchell Feigenbaum, James Gleick, *Chaos: Making a New Science* (New York: Penguin, 1988), p. 185에서 인용.

77. 실험 연구 과학은 필연적으로 표준화되고 정화된 자연(예를 들면 카탈로그상의 정제된 시약)과 인간이 만든 관찰 도구를 사용함으로써 시행된다. 이와 같은 목표와 관련해 신뢰성 있는 처리는 성공적인 실험과 더불어 실험 과정에서의 자기 변호 수준을 일정 부분 향상시킨다. Theodore M. Porter, *Trust in Numbers: The Pursuit of Objectivity in Science and Public Life* (Princeton: Princeton University Press, 1995), chap. 1 참조. 또한 Ian Hacking, "The Self-Vindication of the Laboratory Sciences," in Andrew Pickering, ed., *Science as Practice and Culture* (Chicago: University of Chicago Press, 1992), pp. 29-64 참조.

78. Berry, *The Unsettling of America*, pp. 70-71. 왜 가장 관심 있는 종속 변수가 영양적 가치, 새싹을 틔우는 시기, 맛, 내한성이 될 수 없는지에 대해 원칙적으로 이유는 없다. 그러나 덜 주관적이고 더 정량화될 수 있을 때 연구는 한결 쉬워질 것이다.

79. D. S. Ngambeki and G. F. Wilson, "Moving Research to Farmer's Fields," *International Institute of Tropical Agriculture Research Briefs*, 4:4, 1, 7-8. Richards, *Indigenous Agricultural Revolution*, p. 143에서 인용.

80. Richards, *Indigenous Agricultural Revolution*, p. 143.

81. Sauer, *Agricultural Origins and Dispersals*, pp. 62-83.

82. 많은 가능성 가운데 좀더 '적극적인' 원인을 찾는 데 어려움이 많은 것에 덧붙여 혼작에 대한 연구는 수확량의 다른 조합을 비교하는 데 따른 공식을 발견하고 또한 정당화해야 할 것이다. 비용이 같다고 가정하면 200부셸의 리마 콩과 300부셸의 옥수수 수확량 또는 300부셸의 리마 콩과 200부셸의 옥수수 수확량 중에서 어떤 것이 나을까? 시장 가격(매주, 매년 달라진다는 것을 뜻한다), 칼로리 함유량, 전반적 영양분 가치 또는 다른 방식을 이용해 과연 공통분모에 도달할 수 있을까? 어려움은 빠르게 쌓여간다.

83. 이를테면 모든 위성, 소행성, 가까운 별 등을 무시한 태양계 버전이다.

84. 1977년 쓴 글에서 웬들 베리는 수사적으로 미 농무부에 다음과 같은 질문을 던졌

다. "토양 관리의 다양한 시스템을 실험하는 통제 경작지는 어디에 있습니까? 짐수레를 끄는 동물과 소규모의 기술, 대체 에너지원을 이용하는 작은 농장의 작업자들은 오늘날 다 어디에 있습니까? 농업 화학품이 없는 경작지는 어디에 있습니까? 만약 이런 것들이 존재한다면 우리 시대에 아마도 가장 잘 지켜지는 비밀일 것입니다. 그러나 그것들이 존재하지 않는다면 과학 농업의 과학적 권위는 어디에서 나오는 것입니까? 적절한 통제 없이는 증거도 없습니다. 어떤 좋은 의미에서도 실험은 없습니다"(The Unsettling of America, p. 206). 바로 이때부터 그와 같은 비교가 시작되었다. 그 많은 결과물이 미국 농무부 유기농 팀의 Report and Recommendations on Organic Farming에 실렸다(Washington: USDA, 1980). 서아프리카 쪽 이야기와 유사하다는 사실은 충격적이다. 각각의 경우에 어떤 관행은 조사할 가치조차 없다고 판단되었다. 왜냐하면 그것을 부분적으로 후진적이고 비효율적이라고 가정했기 때문이다. 비정상적인 것과 주류 이론의 장기적 결과가 분명히 드러날 때에만 이런 관행을 조심스레 관찰하기 시작했다.

85. 예를 들어 오랫동안 두통 완화제로 사용된 아스피린은 최근에서야 다른 유익한 효과도 많다는 것이 발견되었다.

86. 지나고 나서 보면 비용 편익 분석의 관점에서 이런 질병의 감소가 너무 소중한 나머지 환경에 끼친 어떤 피해도 초월한다고 주장할 수 있을 것이다. 그러나 이것이 핵심은 아니다. 핵심은 이 경우에 비용이 실험 모델 '바깥'에 있다는 것이고, 따라서 여하튼 제대로 평가할 수 없다는 점이다.

87. Philip M. Raup, University of Minnesota, testifying before the U. S. Senate Small Business Committee (March 1, 1972), Wendell Berry, The Unsettling of America, p. 171에서 인용.

88. Marglin, "Farmers, Seedsmen, and Scientists," pp. 33-38.

89. 예를 들어 Kloppenberg, First the Seed, chap. 5 참조. Harlan, Crops and man, p. 129는 지난 60년간의 실험에 의하면, 경작지에 남겨져 종자로 선택된 보리가 식물개량학자들이 달성하고자 한 수확량의 95퍼센트를 생산했으며 이것들은 거의 확실히 더 강인하고 질병에 대해서도 내성이 강한 보리였다고 보고한다.

90. 가족 발달 사이클에 관한 고전적인 연구는 A. V. Chayanov, The Theory of Peasant Economy, introduction by Theodor Shanin (Madison: University of Wisconsin Press, 1986). 안정적 가족농업을 하나의 제도로 이해하는 정책 논쟁 중 하나는 땅과 환경의 질을 유지하고 향상시키는 점에 대한 세대 간의 이해 차이가 자본주의 기업의 경우보다 더 심하다는 데 있다. 똑같은 논리가 많은 형태의 소작농과 토

지 임차가 자멸적인 관행으로 이어졌다는 것을 주장하기 위해 전통적으로 활용되었다.

91. 이런 곡물이 비록 시장에서는 모두 동일하다 해도, 각각은 독특한 노동 요구량, 재배 과정상의 특성 그리고 경작자에게 중요한 차이를 만들어내는 저항성 등을 갖고 있다.

92. Richards, *Indigenous Agricultural Revolution*, p. 124.

93. Wendell Berry, "Whose Head is the Farmer Using? Whose Head is Using the Farmer?" in Wes Jackson, Wendell Berry, and Bruce Coleman, eds., *Meeting the Expectations of the Land: Essays in Sustainable Agriculture and Stewardship* (San Francisco: North Point Press, 1984), Marglin, "Farmers, Seedsmen and Scientists," p. 32에서 인용.

94. Berry, *The Unsettling of America*, p. 87. 나는 나 자신을 베리가 사용한 용어의 의미대로 훌륭한 농부라고 생각하지는 않는다. 하지만 내가 갖고 있는 3에이커짜리 작은 양 목장에서는 초목의 유형만 보고 적어도 여섯 가지 다른 토양 조건을 구별할 수 있다. 그중 네 가지는 배수와 직접 관계가 있고 나머지 두 가지는 경사도, 햇빛 그리고 과거의 용도에서부터 계속되는 영향을 반영한다.

95. Anderson, *Plants, Man, and Life*, p. 146.

96. Howard, *An Agricultural Testament*, pp. 185-186.

97. Ibid., p. 196.

98. Chayanov, *The Theory of Peasant Economy*, pp. 53-194 참조.

99. 그 사람이 그것들을 전적으로 확신하든 그렇지 않든, 우리는 누군가가 자기 자신의 이해관계와 결합했을 때 그를 최고의 전문가라고 부를 수 있다.

100. Jan Douwe van der Ploeg, "Potatoes and Knowledge," in Mark Hobart, ed., *An Anthropological Critique of Development* (London: Routledge, 1993), pp. 209-227. 이 책을 내게 알려준 스티븐 구드먼(Stephen Gudeman)에게 감사한다.

101. 크래프트라는 단어와 메티스라는 단어를 비교해보라. 이것에 대해서는 제9장에서 자세히 설명할 것이다.

102. 과학적 농업의 논리가 왜 개발업자를 복수 경작지와 복수 재배종의 화해할 수 없는 적으로 만들었는지 설명할 수 있다. 모델을 위한 과학적 방법에 아무렇지도 않게 너무나 많은 변수를 배치했기 때문이다.

103. Van der Ploeg, "Potatoes and Knowledge," p. 213.

104. 좀더 넓은 의미에서 볼 때 관개, 표준 비료 사용, 온실, 인공 강우, 교배종 및 복제

는 곡물을 환경에 맞춘다기보다 기후와 환경을 곡물에 맞추는 결정을 뜻한다. 이것이 바로 버넌 W. 루턴(Vernon W. Ruttan)이 '토지 대역(land substitutes)'이라고 부른 것이다. "Constraints on the Design of Sustainable Systems of Agricultural Production," *Ecological Economics* 10 (1994): 209-219 참조.

105. 어떤 농업 환경에서는 다른 곳에 비해 더 쉽게 처리 방법을 끌어낼 수 있다. 쉽게 침식되지 않는 풍부한 토양에 물이 많은 저지대는 즉각적인 큰 피해 없이 더 동질적인 것으로 취급할 수 있다. 반면 평평하고 골이 파인 토양으로 이루어진 연약하고 반건조 경사지는 아주 조심해서 다루어야 할 필요가 있다.

106. Yaney, *The Urge to Mobilize*, p. 445.

107. Van der Ploeg, "Potatoes and Knowledge," p. 222. 저자는 그것이 쇠퇴한 것에 대해 정확한 이유를 규명하지는 않는다. 새로운 변종을 위해 강력하게 추천된 단작은 병충해 개체수와 질병의 성장을 촉진했다. 이는 토양에서 중요한 영양소를 격감시켰을 뿐 아니라 2~3세대에 걸쳐 유전자형이 기력을 잃게 되었다.

108. 비타민이란 부적은 이와 유사한 그 무언가를 제공한다. 비타민의 존재 및 건강을 위한 그 역할의 발견은 중요한 도약이었다. 그러나 우리 조상이 마늘을 엮어 목에 두름으로써 보호받는다고 느꼈던 것과 유사한 방식으로 지금은 별로 필요하지도 않은 많은 사람이 비타민을 즐겨 복용하고 있다.

109. Howard, *An Agricultural Testament*, p. 221.

110. Ibid., p. 160. Richards, *Indigenous Agricultural Revolution*은 다음과 같이 주장하며 이에 동조한다. "어떤 학생도 자신이 참여자의 관점에서 이슈를 확실히 파악할 때까지는 농부에게 농사법을 바꾸라고 충고하려 들지 않을 것이다. 아무도 교과서에서 본 대로만 파일럿들이 비행기를 조종하기를 기대하지 않을 것이다. 그런데 왜 농부가 농장을 '진짜로' 조종해본 적도 없는 자문가라는 사람들에게 통제권을 넘겨주기를 기대하는가?" (p. 157).

111. Howard, *An Agricultural Testament*, p. 116.

4부 사라진 고리

09 얇은 단순화와 실행지: 메티스

1. 사유 경작지 경제에 대한 통찰적 논문은 Lev Timofeev, *Soviet Peasants, or The Peasants' Art of Starving*, trans. Jean Alexander and Victor Zaslavsky, ed., Armando

Pitassio and V. Zaslavsky (New York: Telos Press, 1985) 참조. 육류를 일반화하는 데 예외는 쇠고기다. 하지만 돼지고기, 양고기 그리고 닭고기의 공급은 주로 사유 필지 또는 국가 시장 채널 바깥에서 이루어졌다.

2. Louis Uchitelle의 "Decatur," *New York Times*, June 13, 1993, p. C1.

3. Michel de Certeau, *The Practice of Everyday Life* (Arts de faire: Le pratique du quotidien), trans. Steven Rendall (Berkeley: University of California Press, 1984). 또한 Jacques Rancière, *The Names of History: On the Poetics of Knowledge*, trans. Hassan Melehy (Minneapolis: University of Minnesota Press, 1994) 참조.

4. Marcel Detienne and Jean-Pierre Vernant, *Cunning Intelligence in Greek Culture and Society*, trans. Janet Lloyd (Atlantic Highlands, N.J.: Humanities Press, 1978), 처음에 는 프랑스어로 출간. *Les ruses d'intelligence: La mētis des grecs* (Paris: Flammarion, 1974).

5. 내가 알고 있는 이야기는 오크나무 종류가 흰색인지, 붉은색인지, 껍질이 딱딱한 것인지 혹은 그 밖에 다른 것인지를 구분한 것 같지 않다. 다람쥐에 대해서도 마찬 가지다. 다람쥐는 공통적으로 회색으로 간주되었다. 하지만 북미 원주민은 맥락 에 따라 종류를 이처럼 상세히 구분했다.

6. 이 《농사연감》의 조언을 다루면서 나는 유럽인 정착자들이 다른 지역의 농민처럼 스스로의 경험 법칙을 나름대로 재빨리 발전시켜왔다는 사실을 무시하려 한다. 사 실 그들도 다른 경작자가 어떻게 하고 있는지 면밀한 관심을 갖고 있었다. 일반적 으로 사람들은 밭을 갈거나 씨앗을 뿌리는 데 맨 처음이 되기를 바라지도 않지만 맨 나중이 되기를 바라지도 않는다.

7. Ian Hacking, *The Taming of Chance* (Cambridge: Cambridge University Press, 1990), p. 62에서 인용. 심지어 케틀레의 공식에서도 계산은 예측 불가능한 사건, 곧 '마지막 서리'에서 시작되고 있음에 주목하라. '마지막 서리'라는 때는 오직 일 이 벌어진 뒤에 알려지기 때문에 케틀레의 공식 또한 행동을 위한 유용한 지침은 못 된다.

8. '토착적 기술 지식'이나 '보통 사람들의 지혜' 같은 말은 나로 하여금 이런 종류의 지식을 '전통적' 혹은 '후진적인' 사람들에게만 국한시킬 가능성이 있는 것으로 보 인다. 내가 강조하고 싶은 것은 공장의 작업 공간이든 연구 실험실이든 대부분의 근대적 활동 속에 이와 같은 기술이 암묵적으로 작동하고 있다는 점이다. '지역적 지식'과 '실용적 지식'이라는 용어가 좀더 나아 보이기는 하지만, 둘 다 지속적으 로 변화하고 동태적인 메티스의 측면을 포착하기에는 지나치게 제한적이고 정태

적인 것으로 생각된다. 이 개념은 그리스 신화에서 유래한다. 제우스의 첫 번째 신부 메티스는 크로노스를 속여 약초를 먹게 했는데, 그 결과 크로노스는 제우스의 나이 많은 형을 토하고 말았다. 제우스는 그 형이 자신을 해칠까봐 두려워했다. 이에 제우스는 아테네를 낳기 전에 메티스를 삼켜버렸고, 따라서 메티스의 모든 지혜와 책략도 덩달아 몸속에 넣게 되었다. 아테네는 제우스의 허벅지에서 태어났다.

9. 걸음마를 처음 배우는 아이의 자꾸 넘어지거나 보기에 이상한 발놀림과 1년 정도 걷기 시작한 아이의 걸음걸이 사이에 존재하는 차이는 그와 같이 명백하게 단순한 기술을 익히기 위해 필요한 복잡성과 '현장 훈련'에 대한 하나의 판단 자료다.

10. 걸프 전쟁 당시 경험 없는 팀들이 전례 없이 많은 화재에 대처하기 위해 세계 도처에서 고용되었다. 수많은 새로운 기술이 시도되었고, 상당히 새로운 현장 경험이 축적되었다. 한 팀은 문자 그대로 유정의 정두(井頭, wellhead) 지점에서 화재를 진압하기 위해 (다이너마이트 혹은 물이 아니라) 제트 엔진을 갖춘 장비를 이용했는데, 마치 생일 케이크 위의 촛불 같았다.

11. 단체 시합의 이러한 측면이 종종 경기 결과를 비이행 관계(非移行 關係, nontransitive relation)로 만드는 부분적인 이유이다. 곧, A팀이 통상적으로 B팀에게 이기고 B팀은 다시 일반적으로 C팀을 무너뜨린다 하더라도, A팀과 C팀 사이에 존재하는 기술상의 특수한 '관계'는 종종 C팀이 A팀에 승리하게 만든다.

12. 도교는 정확하게 바로 이런 종류의 지식과 기술을 강조한다. 퍼스의 관찰과 장자(莊子)의 그것을 비교해보라. "요리사 팅(Ting)은 자신의 칼을 내려놓으며 대답했다. 내가 관심을 가진 것은 도(道)이며, 그것은 기술을 능가하는 것이다. 맨 처음 황소를 칼로 잡았을 때 내가 볼 수 있는 것은 황소 그 자체였다. 3년쯤 지나자 나에게는 더 이상 황소 전체가 보이지 않았다. 그리고 지금, 지금의 나는 정신을 사용해 그 일에 임할 뿐 육안으로는 보지 않게 되었다. 인식과 이해는 멈추고, 그것이 원하는 곳으로 정신이 찾아온다. 나는 맨얼굴로 다가가 커다랗게 움푹 파인 곳을 가격한 다음, 크게 뚫린 틈새로 칼을 가져간다. 그 이후에는 있는 그대로 내버려둔다. 따라서 나는 아무리 작은 인대나 힘줄 하나에도 손을 댄 적이 없고 관절은 더 말할 것도 없다" (*Chuang Tzu: Basic Writings*, trans. Burton Watson [New York: Columbia Univ. Press, 1964], p. 47).

13. Michael Oakeshott, *Rationalism in Politics and Other Essays* (New York: Basic Books, 1962). 버크적인 의미의 보수주의 사상가로서 오크쇼트는 권력이나 특권 및 재산이라는 측면에서 과거가 현재에 물려준 것이라면 무엇이나 옹호하는 경향이 있다. 다른 한편 인간의 삶을 디자인하는 순수하고 합리주의적인 계획에 대

한 비판이나 실천의 우연성에 대한 그의 이해는 영악하고 대담하다.

14. Martha C. Nussbaum, *The Fragility of Goodness: Luck and Ethics in Greek Tragedy and Philosophy* (Cambridge: Cambridge University Press, 1986), p. 302. 특히 누스바움은 인간의 삶에서 정열과 애착을 허용하는 도덕적 체계와, 전적으로 인간적 삶을 유보한 채 "도덕적인 안전과 합리적인 권력"을 추구하려는 폐쇄적이고 자족적인 도덕적 체계의 차이에 관심을 기울였다. 《향연(Symposium)》을 어떻게 해석하느냐에 따라 플라톤은 후자의 전형이며, 아리스토텔레스는 전자의 전형이다.

15. 이와 같은 구분에 대해 나는 Gene Ammarell, "Bugis Navigation" (Ph.D. diss., Department of Anthropology, Yale University, 1994)에 크게 빚졌다. 부기스 배 선장의 전통적 항해술에 대한 애머렐의 분석은 내가 알고 있는 한 토착적 과학 지식을 이해하는 데 단연 최고다.

16. 조종사의 지식을 Bruce Chatwin, *Songlines* (London: Jonathan Cape, 1987)에 나오는 다음과 같은 관찰과 비교해보라. "오스트레일리아의 건조한 중심부는 …… 미기후(微氣候: 지표면에서 1.5미터 정도 높이까지 기층의 기후—옮긴이), 땅속의 수많은 광물, 다양한 식물과 동물의 조각 그림 맞추기 같은 것이었다. 사막의 한 지역에서 자란 사람은 그쪽의 동식물에 대해 알 것이다. 그는 어떤 식물이 식용인지 안다. 물이 어디 있는지도 안다. 땅속 어디에 덩이줄기가 있는지도 안다. 다시 말해서 자기 영역 안에 있는 모든 '것들'에 '이름을 붙임'으로써 그는 항상 살아남을 수 있다. 그러나 만약 그의 눈을 가리고 다른 나라로 데려갈 경우 …… 그는 실종되거나 아니면 굶어죽기 십상일 것이다" (p. 269).

17. 아래의 내용과 관련해 나는 Nussbaum, *The Fragility of Goodness*, Stephen A. Marglin, "Losing Touch: The Cultural Conditions of Worker Accommodation and Resistance," in Frédérique Apffel Marglin and Stephen A. Marglin eds., *Dominating Knowledge: Development, Culture, and Resistance* (Oxford: Clarendon, 1990), pp. 217-282에서 크게 도움을 받았다. 마글린의 주장은 그 이후 출간된 두 논문에서 더욱 정교해졌다. "Farmers, Seedsmen, and Scientists: Systems of Agriculture and Systems of Knowledge (미간행 논문 May 1991, revised March 1992); "Economics and the Social Construction of the Economy," in Stephen Gudeman and Stephen A. Marglin, eds., *People's Ecology, People's Economy* (근간). 두 책 모두를 읽은 독자는 테크네에 대한 누스바움과 마글린의 용법이 서로 다르다는 점을 알게 될 것이다. 누스바움에게 이는 인식론과 유사하다. 적어도 플라톤의 세계에서 이들 둘은 메티스 혹은 실용적 지식과 구분된다. 마글린은 '테크네'(T/Knowledge)를 내가 사

용한 메티스와 거의 같은 방식으로 사용하며, 그것을 '인식론'(E/Knowledge)과 확연히 구분한다. 나는 누스바움의 차별적 개념을 수용하기로 했다. 그 이유는 그녀의 용법이 플라톤과 아리스토텔레스의 원본에 더욱더 충실하기 때문이다. 누스바움의 입장을 지지하는 것은 피에르 비달-나케(Pierre Vidal-Naquet)도 마찬가지다. 그에 의하면 "G. 캄비아노(G. Cambiano)가 정당하게 [옳게] 지적한 것처럼 플라톤에게 '인식론', '활력', '테크네'는 하나의 개념 체계로서 서로를 보강한다. 이를테면《공화국(The Republic)》은 수학의 통제 아래 '테크나이(technai)', '디아노이아이(dianoiai)' 그리고 '에피스테마이(epistemai)'로 구성된 단위가 놓인다. 그것들은 기술, 지적 과정 그리고 과학을 각각 의미한다" (*The Black Hunter: Forms of Thought and Forms of Society in the Greek World*, trans. Andrew Szegedy-Maszak [Baltimore: Johns Hopkins Press, 1986], p. 228). 그럼에도 불구하고 마글린의 논지에 친숙한 사람이라면 내가 형식적 비교를 도출하기 위해 그의 용어를 사용하지 않는 반면 그의 대조법에 의존하고 있다는 사실을 알아차릴 것이다.

18. 내가 기억하는 한 이는 단지 해수면에서만 그렇다. 다시 말해 상수는 보편적 관습이며 위도에 따라 가변적이다.

19. Nussbaum, *The Fragility of Goodness*, p. 95에서 인용.

20. 특히 실험과학 분야에서 과학의 실천 혹은 민속지학과 관련한 연구 문헌은 양적으로 급증하는 추세다. 이들 대부분은 한편으로는 과학의 실제적 관행, 다른 한편으로는 그것의 부호화된 양식 (이를테면, 논문이나 연구 보고서) 사이의 차이를 강조한다. Bruno Latour, *Science in Action: How to Follow Scientists and Engineers Through Society* (Cambridge: Harvard University. Press, 1987), Ian Hacking "The Self-Vindication of the Laboratory Sciences," in Andrew Pickering, ed., *Science as Practice and Culture* (Chicago: University. of Chicago Press, 1992), pp. 29-64; Andrew Pickering, "From Science as Knowledge to Science as Practice," ibid., pp. 1-26. 또한 Pickering, "Objectivity and the Mangle of Practice," in Allen Megill, ed., *Rethinking Objectivity* (Durham: Duke University. Press, 1994), pp. 109-125 참조.

21. Marglin, "Losing Touch," p. 234.

22. 이런 주제에 대해 여러 가지 방법을 통해 가장 많은 철학적 탐구를 시도한 저서로는 Michael Polanyi, *Personal Knowledge: Towards a Post-Critical Philosophy*, (Chicago: University. of Chicago Press, 1958) 참조.

23. Detienne and Vernant, *Cunning Intelligence*, pp. 3-4.

24. Nussbaum, *The Fragility of Goodness*, chap. 5 and 6.

25. Ibid., p. 238.

26. 내가 'himself'라고 표현한 까닭은 플라톤이 남성과 소년 사이를 가장 고귀한 사랑의 관계라고 여겼기 때문이다.

27. 어떤 의미에서 음악은 순수 형태다. 하지만 플라톤은 음악의 감정적 호소를 의심했고, 사실상 이상적인 국가는 특정 형태의 음악을 금지해야 한다고 믿었다.

28. 사회과학과 관련해 하나의 중요한 비판은 이러한 관점을 좋은 출발점으로 삼을 수도 있을 것이다. 생물학에서 유래한 과학적 언어 및 방법론적 위세를 빌어 많은 사회과학자들은 객관적이고 엄정하며 또한 철저히 반복 가능한 종류의 기법을─객관적이고 계량적인 대답을 제공한다─기대하고 시도했다. 따라서 대부분의 공공 정책 분석이나 비용 편익 분석은─가설을 용감하게 설정하고 서로 어울리지 않는 변수를 비교하기 위해 타당하지 않은 계량법을 활용함으로써─까다로운 질문에 대한 정량적 대답을 생산하기 위해 노력했다. 그들은 객관성, 엄밀성 그리고 반복 가능성은 얻었지만 그 대가로 정확성을 잃었다. 이런 견해를 짧고 설득력 있게 논한 것으로는 Theodore M. Porter, "Objectivity as Standardization: The Rhetoric of Impersonality in Measurement, Statistics, and Cost-Benefit Analysis," in Allan Megill ed., *Rethinking Objectivity* (Durham: Duke University Press, 1994), pp. 197-237 참조.

29. Marglin, "Farmers, Seedsmen, and Scientists," p. 46.

30. Jeremy Bentham, P*auper Management Improved, Nussbaum, The Fragility of Goodness*, p. 89에서 인용.

31. Hacking, *The Taming of Chance* 참조. 오래전 워런 위버(Warren Weaver)는 자신이 '조직화되지 않은 복잡성'이라고 부른 것과 '조직화된 복잡성'이라고 부른 것을 구분했다. 전자는 평균적 결과치를 파악할 수 있는 통계적 기술을 통해 다룰 수 있고, 후자는 그런 기술을 만들어낼 수 없다. 왜냐하면 그것들의 비무작위적이고(nonrandom), 체계적인 관계의 복잡성이 우리로 하여금 간섭의 1차 반응에 대해─2차, 3차 반응은 더 말할 것도 없이─완전한 이해를 못하도록 하기 때문이다.

32. Marglin, "Economics and the Social Construction of the Economy," pp. 44-45.

33. 그러나 경제학에서는 초점이 좁아짐에 따라 그 범위가 늘어났다. 윌리엄 D. 노드하우스(William D. Nordhaus)가 종종 그럴듯한 정확성으로 지구 온난화 같은 생태적 이슈를 다루기 위해 분투하는 것을 보라. Nordhaus, "To Slow or Not to

Slow: The Economics of the Greenhouse Effect," *Economic Journal*, July 1991, pp. 920-937 참조.

34. Marglin, "Economics and the Social Construction of the Economy," p. 31. 마글린은 인식론적 경제학(epistemic economics)의 범주 '안에서' 공공선이라든가 지속가능성, 불확실성 같은 주제를 설명하고 비판한다. 하이에크 자신도 이에 대해 회의적이었다. "이론적 지식의 발전이 도처에서 우리로 하여금 복잡한 상호 연관성을 점점 더 식별 가능한 특정 사실로 줄일 수 있는 입장으로 이끈다는 환상은 새로운 과학적 오류를 초래한다. 그와 같은 오류는 주로 겉치레뿐인 지식의 횡포에서 기인한다. 그런 지식은 누구도 소유하고 있지 않으며 심지어 과학의 진보가 우리에게 제공할 것 같지도 않다" (*Studies in Philosophy, Economics, and Politics* [Chicago: University of Chicago Press, 1967], p. 197).

35. 극단적인 경우, 이러한 전략은 베트남 전쟁 당시의 신체 추적과 유사한 측면이 있다. 이는 군사적 진보와 관련해 최소한 정확한 측정을 제공한 기술로 여겨졌다.

36. Nussbaum, *The Fragility of Goodness*, p. 99.

37. Ibid., p. 302.

38. Ibid., p. 125. 따라서 플라톤의 《파이드로스(Phaedrus)》에서 소크라테스는 작문의 발명을 개탄하며 책은 질문에 대한 대답이 될 수 없다고 주장했다. 그는 예술 작품의 유기적 일체성을 높이 평가했는데, 그 주장과 양식이 장차 나타날 관객을 고려해야 하기 때문이다. 《일곱 번째 편지(Seventh Letter)》에서 플라톤은 자신의 가장 깊은 가르침은 글로 쓰이지 않는다고 썼다. R. B. Rutherford, *The Art of Plato: Ten Essays in Platonic Interpretation* (London: Duckworth, 1996) 참조.

39. Harold Conklin, *Hanunoo Agriculture: A Report on an Integral System of Shifting Cultivation in the Philippinesb* (Rome: Food and Agriculture Organization of the United Nations, 1957) 참조.

40. Claude Lévi-Strauss, *La pensée sauvage* (Paris: Plon, 1962).

41. 하지만 일단 트랙터가 보급되기 시작하자 (특히 동력 인출 장치(power take-off, PTO)를 갖춘), 농민과 기술자들은 트랙터 발명자가 전혀 상상하지 못한 창의적인 방법으로 그것을 활용했다.

42. 이번 장 끝부분에서 나는 이와 같은 자명한 이치와 관련한 한 가지 일화로, 말레이시아의 한 농부가 홍개미의 공격으로부터 망고나무를 어떻게 막아냈는지를 설명하고자 한다.

43. Gladys L. Hobby, *Penicillin: Meeting the Challenge* (New Haven: Yale University

Press, 1985).

44. Anil Gupta, "Agrarian Questions: The Politics of Farming Anno 1995," May 22-24, Wageningen, The Netherlands (네덜란드의 한 학회에 발표된 논문). 지난 20~30년 동안 많은 연구 실험실이 전통 의약품 가운데 상당한 양을 수집하고 분석하기 시작했다는 사실은 메티스가 현대 의학과 약학에 남긴 유산을 찾기 위한 자본이 풍부해졌다는 징표다. 이와 같은 제품의 자산권 문제에 관해서는 Jack Ralph Kloppenberg, Jr., *First the Seed: The Political Economy of Plant Biotechnology, 1492-2000* (Cambridge: Cambridge University Prss, 1988) 참조.

45. Daniel Defoe, *Journal of the Plague Year* (1722; Harmondsworth: Penguin, 1966). 이러한 책략이 가난한 사람에 비해 부자에게 더 실용적이었다는 점을 주목할 필요가 있다. 그 결과는 결코 무차별적이지 않았다. 페스트는 런던의 가난한 사람들에게 훨씬 더 치명적이었다.

46. Frédérique Apffel Marglin, "Smallpox in Two Systems of Knowledge," in Marglin and Marglin, *Dominating Knowledge*, pp. 102-144.

47. 과학적 의술과 관련해 물론 다른 모델도 있는데, 그중 어떤 것은 전형적인 대증 요법(對症療法) 대신 근본적으로 다른 처방을 필요로 한다. 따라서 다원주의적 의학은 그렇지 않을 경우 병적인 조건으로 간주될 만한 것들의 적응적 기능에 주목한다. 그 실례가 대다수 여성이 임신한 지 3개월 무렵에 경험하는 입덧이다. 입덧은 태아에게 해로운 독소를 전달한다고 알려진 음식, 특히 과일과 채소를 거부하는 신체의 적응이다. 또 다른 예는 일반적인 독감이나 감기에 걸렸을 때 발생하는 신체의 열이다. 이는 감염균과 싸우는 면역 체계를 활성화시키려는 일종의 적응 메커니즘이다. 다윈의 입장이 옳은 한 우리는 의학적 조건에서 어떤 것이 우호적인—더 정확하게 표현하면—더 적응적인 기능인지를 묻지 않을 수 없다. 이에 관한 입문을 위해서는 Randolph M. Nesse and George C. Williams, *Evolution and Healing: The New Science of Darwinian Medicine* (London: Weidenfeld and Nicolson, 1995) 참조.

48. 프레데리크 마글린의 설명 가운데 많은 부분은 우두 접종을 억제하고 그것을 백신 접종으로 대체하고자 한—의심할 여지 없이 선의에서 비롯되었으나—다분히 강제적이었던 영국의 노력과 그러한 노력에 대한 일반 사람들의 반발을 다루고 있다. 마글린에 의하면 영국은 우두 접종을 백신 접종으로 재빨리 대체하는 데 성공했다. 하지만 이와 똑같은 주제를 연구한 나의 인도 출신 동료 수미트 구하(Sumit Guha)에 의하면 영국은 우두 접종을 그렇게 빨리 종식시키는 데 필요한

인력이나 힘을 갖고 있지 않았을 가능성이 높다.

49. Donald R. Hopkins, *Princes and Peasants: Smallpox in History* (Chicago: University of Chicago Press, 1983), p. 77, Marglin, "Losing Touch," p. 112에서 인용. 백신 예방 접종과 그것의 탄저병 및 광견병에 대한 적용에 대해서는 Gerald L. Geison, *The Private Science of Louis Pasteur* (Princeton: Princeton University Press, 1995) 참조.

50. 불치병에 대해 항상 그런 것처럼 치료와 예방약을 위해 문자 그대로 수천 명의 경쟁자가 모여들었다.

51. Albert Howard, *An Agricultural Testament* (London: Oxford University Press, 1940), p. 144 (강조는 원저자). 하워드는 여기서 로더밀크(Lowdermilk)의 저작을 언급한다. 비록 하워드가 출전을 밝히지는 않았지만, 그가 언급한 사람이 1949년에 남아프리카공화국의 바수톨란드(Basutoland)를 방문한 A. W. C. 로더밀크(A. W. C. Lowdermilk)라고 나는 믿는다. 그의 논문은 예일 대학교 스털링 기념도서관에 있다.

52. 제트 엔진의 경우 "개발 과정에서 누구의 역할이 가장 지대했는지 판단하는 것이 어렵기로 악명이 높다." 또한 파일럿은 운항 테스트를 받은 이후에도 오랜 경험을 가진 기술자의 지도를 받아야만 한다. Nathan Rosenberg, *Inside the Black Box: Technology and Economics* (New York: Cambridge University Press, 1982), 특히 pp. 120-141 참조. 이 경우 과학적 방법의 한계는 제트 엔진 속에서 작동하는 무수히 많은 독립 변수의 (서로 다른 기술도 포함해) 상호작용 결과를 예측하는 일이 불가능하다는 사실과 관계가 있다는 점을 로젠버그는 분명히 하고 있다. 또한 Kenneth Arrow, "The Economics of Learning by Doing," *Review of Economic Studies*, June 1962, pp. 45-73 참조.

53. Charles E. Lindblom, "The Science of Muddling Through," *Public Administration Review* 19 (Spring 1959): 79-88. 이 논문이 처음 나온 지 20년이 지나 린드블롬은 다른 논문에서 이 주장을 확대시켰다. 그 제목은 기억하기 쉽게도 "Still Muddling, Not Yet Through"이다. Lindblom, *Democracy and the Market System* (Oslo: Norwegian University Press, 1988), pp. 237-259.

54. Lindblom, "Still Muddling, Not Yet Through."

55. Albert O. Hirschman, "The Search for Paradigms as a Hindrance to Understanding," *World Politics* 22 (April 1970): 243.

56. 암묵적 지식은 지식 철학과 인지심리학에서 담론의 거의 핵심이다. 예컨대 Gilbert

Ryle, *Concept of the Mind* (New York: Barnes and Noble, 1949) 참조. '어떻게 알 것인가(knowing how)'와 '그것에 대해 알기(knowing that)'에 대한 그의 구분은 메티스와 인식론에 대한 나의 구분과 유사하다. 또한 Jerome Bruner, *On Knowing: The Essays for the Left Hand* (Cambridge: Belknap Press, Harvard University Press, 1962) 참조.

57. 커다란 농구공의 움직임은 그림으로 그릴 수도 있고 심지어 가르칠 수도 있다. 그러나 그것과 똑같은 움직임을 교통에서나 실제 게임에서 만든다는 것은 유감스럽게도 완전히 별개의 문제이다.

58. 이와 비슷한 것으로 의사들이 진단할 수 없는 질병에 의해 시카고의 한 병원에서 사망한 환자 이야기가 있다. 비록 그 환자가 해외여행으로 인해 모종의 열대병에 고통을 받고 있다는 것은 알았지만 의사들의 실험이나 연구는 아무런 소용이 없었다. 어느 날, 인도 출신의 한 의사가 동료와 함께 회진을 돌다 우연히 그 환자 앞에 멈춰 서서 공기 냄새를 맡더니 "여기에 X라는 녀석이 와 있군"(나는 그 병명을 기억하지 못한다)이라고 말했다. 그는 정확했다. 하지만 불행하게도 그 환자가 소생하기에는 이미 너무 늦었다.

59. Howard, *An Agricultural Testament*, pp. 29-30.

60. 마글린은 '영리한(crafty)'이라는 단어가 기술에 대한 경험적 지식이라는 관념과 더불어 어떻게 '메티스'가 함축하는 '정교한(cunning)'이라는 개념까지 동반하게 되었는지를 설명한다. "Economics and the Social Construction of the Economy," p. 60 참조.

61. 부기스 배의 선원들은 해상 환경을 관찰하는 데 비상한 능력을 갖고 있었다. 그들은 날씨, 바람, 육지의 발견 그리고 조류를 예측할 수 있는 수많은 징후를 모아두었다. 무지개 색깔 가운데 가장 지배적인 것도 나름대로 의미를 갖고 있었다. 이를테면 노란색은 더 많은 강우를, 파란색은 더 많은 바람을 뜻한다. 북서쪽에 나타나는 아침 무지개는 서쪽에서 부는 계절풍을 예고한다. 배의 난간에서 소리가 나면, 예를 들어 만약 '케, 케, 케' 하는 소리가 나면 풍향의 변화를 의미한다. 독수리 같은 것이 하늘 높이 솟구치면 이틀 안에 비가 내린다. 이처럼 신뢰할 수 있는 많은 연관성은 아마 좀더 '과학적으로' 설명할 수도 있겠지만 어쨌거나 그것들은 수 세대에 걸쳐 신속하고 정확한 그리고 종종 생명을 구하는 신호로 기능했다.

62. Ammarell, "Bugis Navigation," chap. 5, pp. 220-282.

63. 하나의 대안은 '토착적 지식' 혹은 '토착적 기술 지식'이라는 용어인데, 이와 관련한 문헌도 점점 늘어나는 추세다. 나는 이런 용어 자체에 대한 거부감은 없다. 하

지만 그것이 이미 발전된 세계에 속한 기술과 경험을 지칭하는 한, 누군가에 의해 그것은 자기 완성적인, 완벽하게 충분한, 근대 과학 지식을 완강하게 거부하는 그 무엇을 함축한다. 사실은 그것이 실험 및 외부와의 접촉을 통해 지속적으로 변화하고 있음에도 불구하고 말이다. 이 용어에 대해 아주 예외적으로 설득력 높은 비판을 한 다음의 두 논문 참조. Akil Gupta, "The Location of 'the Indigenous' in Critiques of Modernity," 미국인류학회 제91차 연례회의, 샌프란시스코, December 2-6, 1992; Arun Agrawal, "Indigenous and Scientific Knowledge," *Indigenous Knowledge and Development Monitor*, 4, no. 1 (April, 1996):1-11. 또한 Agrawal, "Dismantling the Divide Between Indigenous and Scientific Knowledge," *Development and Change* 26, no. 3 (1995): 413-439 참조.

64. 이런 관점에 입각한 일반적인 연구로는 Eric Hobsbawm and T. O. Ranger, *The Invention of Tradition* (New York: Cambridge University Press, 1983) 참조. 이 두 사람은 비록 엘리트들이 자신의 지배와 통치를 정당화하기 위해 '발명한' 전통에 주로 관심을 가졌지만, 이른바 전통이라고 알려진 많은 것들이 사실은 그리 오래된 것이 아니라고 말하는 그들의 일반적인 지적도 경청할 만하다.

65. 나는 여기서 사람들이 아마도 자기 정체성의 핵심에 좀더 가까운 습관이나 규범을—장례 의식, 종교적인 믿음, 우정에 대한 생각 등등—얼마나 쉽게 포기하는지와 관련된 주제를 다루지 않는다. 하지만 적응과 관련해 가장 궁금하고도 중요한 측면은 가난한 사람과 주변부 사람이 많은 자본이 필요하지 않은 혁신에 종종 선봉으로 나선다는 점이다. 이러한 사실은 결코 놀라운 일이 아니다. 왜냐하면 가난한 사람의 경우 만약 현재의 삶에 희망이 보이지 않는다면 가끔은 도박을 해볼 만하기 때문이다. 이따금 공동체나 문화 전체가 전반적인 무력감에 빠져 자신의 범주가 이 세상에서 더 이상 의미 없다고 여겨질 때 이와 같은 도박은 새로운 예언자가 출현해 미래의 길을 예시하는 천년왕국의 분위기를 띨 수도 있다. 산업화 이전 국가에 대한 식민지 정복, 종교 개혁 당시 독일의 농민 전쟁, 영국의 내전 그리고 프랑스 대혁명이 이 범주에 속한다고 볼 수 있다.

66. James Ferguson, *The Anti-Politics Machine: 'Development,' Depoliticization, and Bureaucratic Power in Lesotho* (Cambridge: Cambridge University Press, 1990).

67. Marglin and Gudeman, *People's Economy, People's Ecology*에서 아서 에스코바 (Arthur Escobar)가 교배의 개념을 정교화시킨 것 참조.

68. Oakeshott, "Rationalism in Politics," in *Rationalism in Politics*, p. 31.

69. Oakeshott, "The Tower of Baal," in *Rationalism in Politics*, p. 64.

70. 만약 그러한 사회에서 혁신이 전통과 양립하는 것처럼 보여야 수용된다면 그것은 전통의 유연성을 말해주는 또 다른 근거이다.

71. 발전된 나라들에서도 체계화된 인식론적 지식에 대한 접근은 소득, 성별, 사회적 지위, 종교 등의 기준에 따라 첨예하게 제한되어 있다. 하지만 차이점은 발전된 나라들에서는 의학, 과학, 기술, 생태 등의 비밀이 원칙적으로 알려져 있다는 점, 곧 모든 이들이 그것을 사용하고 수정할 수 있다는 사실이다.

72. 새로운 형태의 메티스가 지속적으로 생성되는 것은 두말할 나위도 없다. 확실한 것은 근대 사회에서나 덜 근대화된 사회에서나 공히 메티스는 편재한다는 사실이다. 아마도 결정적인 차이점은 산업화 이전 사회에 비해 근대 사회는 일반적으로 공교육을 통해 전달되는 체계화된 인식론적 지식에 특히 의존적이라는 것이다.

73. Ammarell, "Bugis Navigation," p. 372.

74. 많은 도제 교육이 실제로 한 젊은 장인을 훈련시키는 데 필요한 기간보다 더 길었다는 사실에는 의심의 여지가 없다. 또한 도제 교육은 마스터 장인의 독과점에서 발생하는 수익을 증대시킬 목적으로 얄팍한 속임수가 개입된 고용 노동이었다.

75. 작업 과정을 통제하려는 욕망은 단지 단기간의 수익 증대만을 위한 것이 아니었다. 관리자들에게 이는 시장에 적응하거나 자기 상급자의 요구에 부합하기 위해 작업 과정 자체를 상부에서 변형시키는 능력과 관련해서도 중요했다. 켄 커스터러는 생산 과정에 대한 관리자의 통제를 회사의 '항해술'이라고 불렀다. Ken Kusterer, *Know-How on the Job: The Important Working Knowledge of 'Unskilled' Workers* (Boulder: Westview Press, 1978) 참조.

76. Marglin, "Losing Touch," p. 220.

77. Ibid., p. 222. 하지만 자본가들이 머지않아 깨달은 것처럼 선대제 시스템의 장점 가운데 하나는 대규모 노동 파업 및 장비 고장에 덜 취약하다는 점이다.

78. Taylor, ibid., p. 220 n. 3에서 인용.

79. 마글린이 말한 것처럼 "오직 관리자 측에서만 접근 가능한 인식론의 형태로 노동자의 지식을 요약할 때에만 관리자의 통제는 단단한 기초를 확보할 것이다"(ibid., p. 247).

80. David F. Noble, *Forces of Production: A Social History of Automation* (New York: Oxford Press, 1984), p. 250. ibid., p. 248에서 인용.

81. Noble, *Forces of Production*, p. 277, Marglin "Losing Touch," p. 250에서 인용.

82. Kusterer, *Know-How on the Job*, p. 50에서 인용.

83. 소득세를 도입하기 전에 구체제의 행정 관료들이 오직 토지와 관련한 좀더 항구

적인 사실 혹은 부동산 소유 관계에 근거해 세금을 산정하는 편이 가장 쉽다고 생각한 것도 바로 이 때문이다.

84. 주인-대리인(principal-agent) 분석이라고 부르는 사회 이론의 한 분과는 한 개인을 다른 사람의 요구에 따라 설득하는 다양한 기법을 주로 다룬다. 상상할 수 있듯이 이것을 가장 직접적으로 적용하는 분야가 경영학이다.

85. Michael J. Watts, "Life Under Contract: Contract Farming, Agrarian Restructuring, and Flexible Accumulation," in Michael J. Watts and Peter O. Little, eds., *Living Under Contract: Contract Farming and Agrarian Transformation in Sub-Saharan Africa* (Madison: University of Wisconsin Press, 1974), pp. 21-77 참조. 또한 Allan Pred and Michael J. Watts, *Reworking Modernity: Capitalism and Symbolic Discontent* (New Brunswick: Rutgers University Press, 1992) 참조.

86. 튀김용 양계 사업 시스템은 부화 및 병아리 양육을 전담하는 농장이나 사료의 어떤 요소만 생산하는 농장을 포함한다. 채소를 생산하는 계약 농업도 제3세계에 널리 퍼져 있으며, 최근에는 돼지 사육의 영역까지 확장되고 있다.

87. 물론 과학적 번식 방법에 의해 처음부터 통일성을 이루어냈다.

88. Oakeshott, "Rationalism in Politics," p. 20에서 인용 (강조는 덧붙인 것임).

89. Ibid., p. 5에서 인용.

90. 과거가 자신에게 유산으로 남겨준 습관이나 관행 그리고 도덕에 대해 오크쇼트가 의기양양해하는 것을 두고 대다수 오늘날의 독자는 동조하기가 결코 쉽지 않을 것이다. 왜냐하면 유대인, 여성, 아일랜드 사람 그리고 일반 노동자 입장에서는 오크쇼트 같은 영국의 대학교수가 과거의 침전물로부터 축복받았다고 말하는 것을 어떻게 받아들여야 할지 모르기 때문이다.

10 결론

1. Stephen A. Marglin, "Economics and the Social Construction of the Economy," in Stephen Gudeman and Stephen Marglin eds., *People's Ecology, People's Economy* (근간).

2. Albert O. Hirschman, "The Search for Paradigms as a Hindrance to Understanding," *World Politics* 22 (April 1970): 239. 다른 곳에서 허쉬만은 사회과학 전반에 대해 비슷한 질문을 했다. "하지만 그렇게 많은 예언이 실패로 귀결된 지금, 예측력에 대한 과신을 다소 희생하는 가운데 이제는 복잡성을 받아들이는 것이 사회과학에 이익이 되지 않겠습니까?" ("Rival Interpretations of Market Society: Civilizing, Destructive,

or Feeble?" *Journal of Economic Literature* 20 (December 1982): 1463-1484).

3. Roger Penrose, "The Great Diversifier," a review of Freeman Dyson, *From Eros to Gaia,* in the *New York Review of Books,* March 4, 1993, p. 5에서 인용.

4. 모든 경험 법칙이 그런 것처럼 이 또한 절대적인 것은 아니다. 예컨대 재난이 임박해 신속한 결정이 필수적일 때는 예외이다.

5. 다른 이유로 사형 제도를 반대하지 않는 사람에 대해 이것은 내가 아는 한 사형 제도에 대한 가장 강력한 반대 의견이다.

6. Aldo Leopold. Donald Worster, *Nature's Economy,* 2nd ed., (New York: Cambridge University Press, 1994), p. 289에서 인용.

7. 이런 종류의 문제에 대한 전형적인 사회과학적 해결은 그것을 정량적인 내용으로 바꾸는 것이다. 이를테면 시민을 대상으로 미리 정해진 규모에 따라 공동체의 복지를 평가하게 하는 식이다.

8. "모든 것은 당신이 현실을 수천 가지 측면에서 한 가지, 단 한가지로 축소할 때 가장 또렷하게 정확해진다. 당신은 무엇을 해야 할지 안다. ……동시에 성공 혹은 실패의 정도를 측정할 수 있는 완벽한 잣대도 있다. 요점은 이렇다. 사기업 이론의 진짜 강점은 그 냉혹한 단순화에 있으며, 이는 눈부신 성공 과학에 의해 창조된 정신적 패턴에 감탄스러울 정도로 잘 부합한다. 과학의 장점 역시 현실을 하나 아니면 한두 개로 '축소'시키는 것, 특히 질적인 것을 양적인 것으로 바꾸는 것에서 비롯된다" (E. F. Schumacher, *Small is Beautiful: A Study of Economics as if People Mattered* (London: Blond and Briggs, 1973), pp. 272-273.

9. John Brinckerhoff Jackson, *A Sense of Place, a Sense of Time* (New Haven: Yale University Press, 1994), p. 190 참조.

10. 이런 착상과 관련해 나는 Colin Ward, *Anarchy in Action* (London: Freedom Press, 1988), pp. 110-125에 큰 빚을 졌다.

11. "Agrarian Reform in the USSR"이라는 주제로 열린 Agrarian Scientists' Association 제1차 회의에서의 개인적인 메모. Moscow, June 24-28, 1991.

12. Birgit Müller, *Toward an Alternative Culture of Work: Political Idealism and Economic Practices in a Berlin Collective Enterprise* (Boulder: Westview Press, 1991), pp. 51-82.

13. Herman E. Daly, "Policies for Sustainable Development," paper presented as the Program in Agrarian Studies, Yale University, New Haven, February 9, 1996, p. 4.

14. Ibid., pp. 12-13. "그 한도 내에서, 모든 다른 생명종은 양식 자연 자원이 된다. 좀

더 작은 인구 규모에서 번식하고 관리되는 것은 인간과 그들의 가구(家具)에 좀 더 넓은 공간을 제공하기 위해서이다. 반복성, 탄력성, 안정성, 지속 가능성 같은 수단적 가치는—삶을 즐거움이라고 하는 인간종의 내재적 가치와 더불어—무엇이든 삶의 규모를 증대하는 것이라고 정의되는 '효율성'을 위해 희생될 것이다" (p. 13).

15. 나는 이 점을 강조해준 동료 애런 애그러월(Arun Agrawal)에게 매우 고마운 마음을 전한다.

16. 이런 주장과 관련한 고전적 탐구로서 많은 사례를 실증적으로 연구한 Robert M. Netting, *Smallholders, Householders: Farm Families and the Ecology of Intensive, Sustainable Agriculture* (Stanford: Stanford University Press, 1993) 참조.

17. 이것과 관련한 중요한 책으로는 Enzo Mingione, *Fragmented Societies: A Sociology of Economic Life Beyond the Market Paradigm*, trans. Paul Goodrick (Oxford: Basil Blackwell, 1991) 참조.

18. Robert Putnam, *Making Democracy Work: Civic Traditions in Modern Italy* (Princeton: Princeton University Press, 1993).

19. 마야 린은 죽은 이들의 이름을 이런 순서로 배열할 것을 주장했는데, 전쟁 기념관이 만들어질 무렵 적지 않은 논쟁을 촉발했다.

20. 베트남 전쟁 기념관 옆에는 작은 분대 단위 병사들이 부상당한 동료를 운반하는 모습의 조각상이 있다. 이것은 현재의 벽 형태로 전쟁 기념물을 만드는 것에 반대한 수많은 재향 군인 단체가 원래 제안한 작품이다.

21. 상상력을 통해 이와 유사한 논리를 어린이를 위한 놀이터에 적용한 것은 "Play as an Anarchist Parable," chap. 10 in Ward, *Anarchy in Action*, pp. 88-94 참조.

옮긴이의 글

이 책은 20세기에 들어와 참으로 전성시대를 구가하게 된 근대 국민국가가 사회와 자연을 어떻게 인식하고 독해했는지를 살핀 다음 권력 엘리트들이 그것을 토대로 세상을 어떻게 변형시키고자 했으며, 궁극적으로 그와 같은 노력이 대개 왜 실패로 귀결되고 말았는지를 따진다. 책제목인 "국가처럼 보기(seeing like a state)"의 의미는 국가의 눈으로 세상을 읽고 국가의 힘으로 세상을 바꾸고자 했다는 것이고, 책의 부제 "왜국가는 계획에 실패하는가"는 그것이 현실에서 여의치 않았을 뿐만 아니라 인류 문명에 오히려 엄청난 해악을 초래한 측면도 많다는 뜻이다.

이 책의 키워드 가운데 하나는 '가독성'이다. 곧, 국가가 공간과 사람들을 자신이 읽기 쉽게 만들었다는 것이다. 세상을 읽기 편하고 간단하게 만드는 방책은 이 책의 또 다른 키워드, 곧 '단순화'이다. 토지 소유관계를 제도화하고 성씨를 창제하며, 표준어를 지정하고 도시를 계획하며, 각종 측정법을 정비하고 교통을 체계화하는 것이 그 대표적인 경우다.

다음으로 등장하는 결정적인 키워드는 '하이 모더니즘'이다. 그것은—저자 스콧의 표현을 그대로 옮기자면—"대략 1830년대부터 제1차세계대전까지 서유럽과 북미 지역이 경험한 산업화와 관련이 있는 것으로, 과학적·기술적 진보에 대한 신념의 강력한 근육질 형태"다. 만약 단순화를 통한 가독성의 증대가 국가에 필요한 사회적 사실들에 대한 '묘사'에 해당한다면, 하이 모더니즘은 국가 권력의 행사를 통해 사람과 자연을 개조하여 세상을 재구성하고자 하는 '처방' 같은 것이다.

이러한 하이 모더니즘은 20세기 대부분의 국가들에 도입되고 선호되었다. 그것은 각 나라가 처한 역사적 조건과도 무관했고 좌우 이념적 스펙트럼도 초월한 범용(汎用) 이데올로기였다. 이는 이 책이 집중적으로 분석하고 있는 구체적 사례들이 서유럽, 구소련, 미국, 동남아시아, 남미, 아프리카 등에 걸쳐 있는 것만 봐도 너끈히 알 수 있다. 문제는 이러한 사회공학적 발상이 고의적인 악의에서 출발한 것은 아니라는 점이다. 국민을 위한다는 국가 권력의 진정성 자체에는 의심의 여지가 없다는 것이 스콧의 생각이다.

그럼에도 불구하고 그 결과는 낭패 혹은 대재앙인 경우가 많았다. 소련의 집단 농장이 그랬고, 탄자니아나 에티오피아 등지의 강제 촌락화가 그러했다. 브라질리아나 찬디가르의 신도시 건설이 그랬고 제3세계 국가들의 수많은 개발 계획이 그러했으며, 미국의 산업 영농도 그런 점에서는 사정이 크게 다르지 않았다. 엄청난 인명 손실, 인권 유린과 폭력의 만연, 환경 파괴와 공동체의 붕괴는 변명의 여지없이 하이 모더니즘으로 무장한 20세기 근대 국민국가의 부산물이다.

물론 이 책의 저자가 하이 모더니즘의 긍정적인 측면을 완전히 외면하는 것은 아니다. 전근대 시대의 보통사람들이 감내한 희생과 고통을 감안할 경우 근대 국민국가는 해방적이고도 진보적인 성격을 분명히 갖는다. 하이 모더니즘은 법 앞의 평등, 만인을 위한 시민권, 그리고 생존·건강·교육·주거의 권리 등의 측면에서 인류 문명에 나름대로 기여를 한 것이다. 바로 이 대목에서 이 책의 목적은 더욱 뚜렷해진다. 곧—다시 저자의 입을 직접 빌려—"인간의 삶을 개선하기 위해 선의를 갖고 시작한 수많은 유토피아적 계획이 궁극적으로 실패할 수밖에 없었던 확실한 이유를 제시하는 것"이다.

스콧에 따르면 결정적인 패착은 하이 모더니즘과 권위주의의 결합이다. 문제는 권위주의적 하이 모더니즘인 것이다. 근대주의나 공공 계획 그 자체가 원인 제공자라기보다 그것의 과용과 오용 그리고 남용이 비극의 씨앗이라는 주장이다. 권위주의적 하이 모더니즘은 인간적 창의성을 억압했고, 지역적 다양성을 간과했으며, 무엇보다 현장이나 일상 속에 녹아 있는 전통적·토착적·구체적 지식을 무시했기 때문이다. 그것을 스콧은 메티스라고 하는데, 그와 같은 실천적 또는 실용적 지식(practical knowledge)을 이 책에서는 실행지(實行智)로 번역했다. 이와 같은 메티스는 '국가처럼 보기'가 제도권 지식의 패권주의를 구축하는 과정에서 알게 모르게 가려지고 짓밟혀왔다.

그렇다면 이제 무엇을 어떻게 할 것인가? 하이 모더니즘의 병폐와 해악 때문에 우리 인류가 전근대 사회로 되돌아가야 할 이유는 없다는 것이 스콧의 판단이다. 그렇다고 그가 급진적인 탈근대를 주장하고 있는 것도 아니다. 저자에 따르면 지금 우리에게 현실적으로 필요하고 가능한 것은 하이 모더니즘의 기능 순화와 역할 수정에 따른 근대의 완성, 말하자면 유종의 미다. 그리고 그것은 거시적 발상의 자제, 점진주의적 접근, 다양성과 자율성의 증진, 역사와 관습의 존중, 소통의 활성화, 분권화와 민주주의의 심화, 그리고 무엇보다 '국가처럼 보지 않는' 종류의 지식이나 지혜의 수용 등을 통해 이루어질 수 있다고 본다.

《국가처럼 보기》에 대한 위의 간략한 요약은 사실상 무모하고 위험한 일일지도 모른다. 담고 있는 콘텐츠나 전달하고자 하는 메시지가 한두 쪽으로 정리되기에 우선 이 책은 부피가 너무 두껍다. 게다가 내용의 측면에서도 매우 넓고 깊다. 《국가처럼 보기》는 역사학, 정치학, 사회학, 경제학, 지리학, 인류학, 언어학, 철학, 농학, 임학, 조경학, 생태학, 도시계획학 등 학문의 거의 전 분야를 가로지르고 있다. 또한 구체적 사례에 임하는 저자의 집요함과 집중력 앞에서는 경외감을 느끼지 않을 수 없다. 결국, 이 책은 통독할수록, 그리고 정독할수록 진정한 값어치가 드러난다고 말할 수밖에 없다.

'국가처럼 보기'에 관한 한 우리나라의 근·현대사는 누구에게도 뒤지지 않는다. 하이 모더니즘은 일제 식민지하에서 이미 시작되었다고 보아야 할 것이다. 그 연장선에서 1948년 이후 한국은 그 어떤 의미에서도 국가 중심적 사회였다. 그리고 그 백미는 1962~1996년 사이의 국가 주도 공공 계획이었다. 네 차례의 경제개발 5개년 계획과 다섯 차례의 경제사회발전 5개년 계획이 바로 그것이다. 언필칭 대한민국의 성공적 근대화 60년(1948~2008년) 가운데 절반 이상이 국가 계획의 시대를 거쳐 온 것이다. 그만큼 이 책이 우리에게 주는 시사점과 교훈은 지대할 수밖에 없다.

스콧이 한국의 권위주의적 하이 모더니즘을 직접 다루지 않은 것은 아쉽다. 하긴 한국만이 아니라 이 책에서는 중국이나 일본의 사례도 분석 대상에서 빠져 있다. 한국을 포함한 동아시아 신흥 산업국의 경우는 범세계적으로 실패한 하이 모더니즘의 예외여서 그랬을까? 아니면 국가 주도 공공 계획을 폐기한 직후 IMF 경제 위기를 맞이했다는 점에서 한국 역시 권위주의적 하이 모더니즘의 예정된 운명을 공유했기 때문일까? 꼬리에 꼬리를 무는 의문에 대한 대답은 이제 우리의 몫이 될 수밖에 없다. 게다가 우리 사회에서 '국가처럼 보기'의 관행은 아직도 강력하다. 그렇다면 공공 계획을 아예 하지 말라는 것이 아니라 신중하고 슬기롭게 잘 하라는 스콧의 충고는 우리에게 대단히 값지지 않을 수 없다.

공부하는 것을 직업으로 삼으면서 결심한 것 가운데 하나는 번역 일을 절대 하지 않겠다는 것이었다. 남의 저서를 우리말로 옮긴다는 것을 무언가 비창조적인 일로 간주한 나머지 거기에 투입할 수고나 시간이라면 더 주체적인 지적 창조 행위에 매진하리라 생각한 것이다. 하지만 어찌어찌하다가 이번에 결국 번역에 손을 대고 말았는데, 개인적으로 참으로 귀한 경험이었다. 번역의 의미와 가치를 재발견하고 재인식하는 계기가 되었기 때문이다. 그리고 우리나라의 현재 지적 풍토에서 번역의 중요성은 아무리 강조해도 지나칠 수 없다는 생각까지 하게 되었다. 대학을 논문 공장으로 만들고, 교수를 논문 기계로 만드는 작금의 분위기에서 대작(大作) 저술에 필생의 정열을 바치기가 현실적으로 힘들다면 차라리 번역이라도 많이, 그리고 제대로 해야 하지 않겠는가 하는 느낌조차 들었다. 내가 이 직업에서 물러나기 전에 과연《국가처럼 보기》같은 책을 한 권 쓸 수 있을까 하는 자괴심이 번역하는 내내 들었다는 것을 이 자리에서 고백하지 않을 수 없다.

그럼에도 불구하고 번역 작업 그 자체는 참으로 어렵고 고통스러웠다. 번역의 목적과 의미를 계속 자문해왔던 것도 바로 이 때문이다. 이 세상에서 가장 다양한 언어로, 그리고 가장 널리 번역된 책, 곧 성경을 번역하는 문제에 관해 1611년에 출판된 영국의 이른바《제임스 왕 성경》은 '독자들에게 보내는 서문'에서 이렇게 적었다. "번역, 그것은 창문을 열어젖히고 빛을 들이는 것이요, 껍질을 깨고 알맹이를 먹게 하는 일이요, 장막을 걷고 가장 성스런 곳을 들여다보게 하는 것이요, 우물 뚜껑을 열고 물을 얻게 하는 일이다"(알베르토 망구엘, 정명진 옮김,《독서의 역사》, 세종서적, 2000. p. 397). 문자 그대로 성스러운 경전의 번역이기에 과연 그럴 수도 있겠다 싶다. 하지만 《국가처럼 보기》를 한글로 옮기면서 나는 일단 힘을 빼기로 했다. 이 책의 본문 중에도 나오지만 러시아 혁명을 언급하는 과정에서 당과 인민 사이의 관계로서 레닌이 언급한 이른바 '인전대(transmission belt)' 역할이야말로 번역의 본분이 아닐까 생각했다. 저자와 독자 사이의 인전대 말이다.

이 책은 서울대학교 환경대학원에서 내가 맡고 있는 수업 "계획이론"에서 몇 년 동안 학생들과 여러 차례 같이 읽었다. 그중에서도 박사과정에 속한 김동완(현재는 박사다), 김민희, 김성연, 김예성, 여희경, 장지인, 정유진, 최민정은 이 책의 번역 과정에 참여했다. 이 자리를 빌려 감사의 뜻을 전한다. 이 책이 번역되기까지 에코리브르의 박재환 사장은 너무나 오랫동안 기다려주었다. 그저 미안하고 고마울 따름이다. 가끔 번역이 '결정적으로' 막혔을 때 해결사는 아내, 오진숙이었다. 쑥스럽지만 사의를 표한다. 그럼에도 불구하고 이 책에 남아 있을 것이 거의 틀림없는 수많은 오역은 전부 내 탓이다. 여성들은 산고(産苦)가 아무리 심했다고 해도 곧 잊고 다시 아기를 갖는다고 한다. 내 생애 최초의 번역 작업이 정말로 지긋지긋하고 힘들었던 것은 사실이지만, 지금 마음으로는 다시 하면 좀더 여유 있게, 그리고 조금은 더 잘 할 수 있을 것 같다.

2010월 12월
전상인

그림 출처

그림 1. P. Mark S. Ashton Collection 소장 사진. P. Mark S. Ashton 제공.

그림 2. Angelo Lomeo 사진. Bullaty Lomeo Photographers 제공.

그림 3-6. George Yaney, *The Urge to Mobilize: Agrarian Reform in Russia, 1861-1930* (Urbana: University of Illinois Press, 1982), pp. 147, 149, 148, 150. © Board of Trustees of the University of Illinois (1982). University of Illinois의 허가를 받아 실음.

그림 7. Alex S. MacLean 사진. James Corner and MacLean, *Taking Measures Across the American Landscape* (New Haven: Yale University Press, 1996), p. 51. Alex S. MacLean, Landslides 제공.

그림 8. Mark Girouard, *Cities and People: A Social and Architectural History* (New Haven: Yale University Press, 1985), p. 91. 브뤼헤 시청 제공.

그림 9. Chicago Historical Society 소장 지도. Chicago Historical Society의 허가를 받아 실음.

그림 10. A. Alphand, *Les promenades de Paris*, 2 vols. (Paris, 1867-1873) 수록 지도, 도판 11, 12.

그림 13. Amsterdam Historical Museum 전시회, "Hungerwinter and liberation in Amsterdam" (1995). Amsterdam Historical Museum 제공.

그림 14-17. Le Corbusier, *The Radiant City*, trans. Pamela Knight (1933; New York: Orion Press, 1964), pp. 204, 220, 225, 149.

그림 18. Lucio Costa 지도. Lawrence Vale, *Architecture, Power, and National Identity* (New Haven: Yale University Press, 1992, 재판), p. 118.

그림 19-26. James Holston 사진. Holston, *The Modernist City: An Anthropological Critique of Brasília* (Chicago: University of Chicago Press, 1989), pp. 100, 102,

132, 313. 그림 23은 Abril Imagens/Carlos Fenerich 사진. James Holston 제공.

그림 27. Ravi Kalia, *Chandigarh: In Search of an Identity* (Carbondale: Southern Illinois University Press, 1987), p. 97. ⓒBoard of Trustees, Southern Illinois University (1987). Trustees of Southern Illinois University의 허가를 받아 실음.

그림 28-30. Plan and photograph courtesy of Teodor Shanin 지도와 사진 제공.

그림 31. Jannik Boesen, Birgit Storgaard Madsen, and Tony Moody, *Ujamaa: Socialism from Above* (Uppsala: Scandinavian Institute of African Studies, 1977), p. 178. 출판사의 허가를 받아 실음.

그림 32. John M. Cohen and Nils-Ivar Isaksson, "Villagization in Ethiopia's Arsi Region," Journal of Modern African Studies 15, no. 3 (1987): 450. Cambridge University Press의 복사 허가를 받아 실음.

그림 33. Jason W. Clay, Sandra Steingraber, and Peter Niggli, *The Spoils of Famine: Ethiopian Famine Policy and Peasant Agriculture*, Cultural Survival Report no. 25 (Cambridge, Mass.: Cultural Survival, 1988), p. 248. Cultural Survival, Inc.의 허가를 받아 실음.

그림 34. Davis Meltzer 그림. James B. Billard, "The Revolution in American Agriculture," with illustrations by James R. Blair, *National Geographic* 137, no. 2 (February 1970): 184-185. Davis Meltzer/National Geographic Image Collection 의 허가를 받아 실음.

그림 35. Paul Richards, *Indigenous Agricultural Revolutions: Ecology and Food Production in West Africa* (London: Unwin Hyman, 1985), 도판 3. Paul Richards 제공.

그림 36-37. Edgar Anderson, *Plants, Man, and Life* (Boston: Little, Brown, 1952), pp. 138-139. Missouri Botanical Garden의 허가를 받아 실음.